AS PRIMEIRAS-DAMAS DE
ROMA

Annelise Freisenbruch

AS PRIMEIRAS-DAMAS DE
ROMA

Tradução de
ANDREA GOTTLIEB DE CASTRO NEVES

1ª edição

EDITORA RECORD
RIO DE JANEIRO • SÃO PAULO
2014

CIP-BRASIL. CATALOGAÇÃO NA FONTE
SINDICATO NACIONAL DOS EDITORES DE LIVROS, RJ

F935p
Freisenbruch, Annelise, 1977-
As primeiras-damas de Roma: as mulheres por trás dos césares / Annelise Freisenbruch; [tradução de Andrea Gottlieb Oliveira]. – 1ª ed. – Rio de Janeiro: Record, 2014.

Tradução de: The First Ladies of Rome
ISBN 978-85-01-08391-3

1. Imperatrizes – Roma – Biografia. 2. Roma – História – 30 A.C.-476 D.C. 3. Roma – Usos e costumes. I. Título.

12-4427
CDD: 937.0609
CDU: 94(37)

Título original em inglês:
THE FIRST LADIES OF ROME

Copyright © Annelise Freisenbruch, 2010

Texto revisado segundo o novo Acordo Ortográfico da Língua Portuguesa.

Todos os direitos reservados. Proibida a reprodução, armazenamento ou transmissão de partes deste livro, através de quaisquer meios, sem prévia autorização por escrito. Proibida a venda desta edição em Portugal e resto da Europa.

Direitos exclusivos de publicação em língua portuguesa para o Brasil
adquiridos pela
EDITORA RECORD LTDA.
Rua Argentina, 171 – 20921-380 – Rio de Janeiro, RJ – Tel.: 2585-2000,
que se reserva a propriedade literária desta tradução

Impresso no Brasil

ISBN 978-85-01-08391-3

Seja um leitor preferencial Record.
Cadastre-se e receba informações sobre nossos lançamentos e nossas promoções.

Atendimento direto ao leitor:
mdireto@record.com.br ou (21) 2585-2002.

EDITORA AFILIADA

Para meus pais

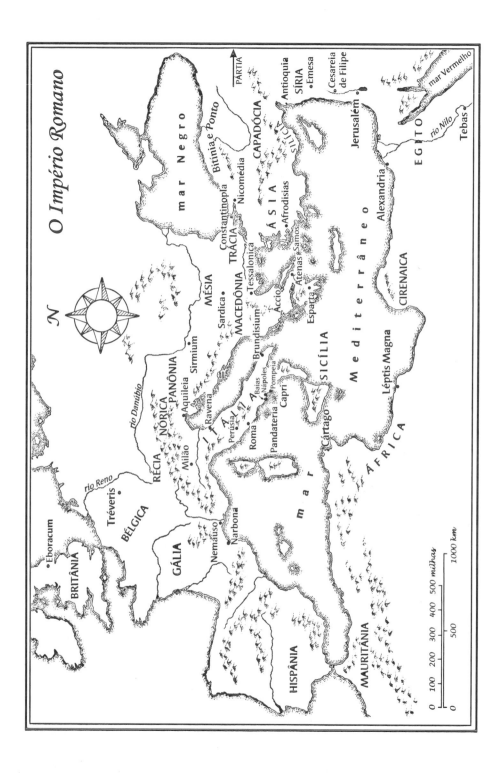

Sumário

Lista de Ilustrações	9
Árvores Genealógicas	11
Introdução: Eu, Claudia...	17

1. Ulisses de vestido: O nascimento de uma primeira-dama romana   27
2. Família oficial: As mulheres de Augusto   65
3. Conflitos familiares: A princesa do povo e as mulheres do reinado de Tibério   107
4. Bruxas do Tibre: As últimas imperatrizes júlio-claudianas   141
5. A pequena Cleópatra: Uma princesa judia e as primeiras-damas da dinastia flaviana   183
6. Boas imperatrizes: As primeiras-damas do século II   215
7. A imperatriz filósofa: Júlia Domna e o "matriarcado sírio"   245
8. A primeira imperatriz cristã: As mulheres da era de Constantino   279
9. Noivas de Cristo, filhas de Eva: As primeiras-damas da última dinastia romana   307

Epílogo	347
Agradecimentos	351
Nota sobre as convenções usadas para nomes e datas	355
Notas	357
Bibliografia selecionada	395
Índice remissivo	409

Lista de Ilustrações

1. Lívia supervisionando a produção de roupas. (Reproduzido com permissão de the Syndics of the University of Cambridge Library)
2. Sian Phillips em *I, Claudius*. (Copyright © BBC)
3. Painéis de jardins da vila de Lívia em Prima Porta. (© Photo SCALA. © 2010. Photo Scala, Florença — cortesia do Ministero Beni e Att. Culturali)
4. Jean Auguste Dominique Ingres, *Virgil Reading the Aeneid to Livia, Octavia and Augustus.* (Musees Royaux des Beaux-Arts de Belgique, Bruxelas, Bélgica/Giraudon/The Bridgeman Art Library)
5. Busto de Otávia. (© Deutsches Archaologisches Institut, Rom. Foto: Felbermeyer, Neg. D-DAI-Rom 1940.1170)
6. Moeda exibindo Marco Antônio e Cleópatra. (© The Trustees of the British Museum)
7. Moeda exibindo Júlia, Caio e Lúcio. (BPK/Munzkabinett, Staatliche Museen zu Berlin)
8. A Antônia da Casa Wilton. (Harvard Art Museum, Arthur M. Sackler Museum, Fundo em Memória de Randolph Coleman III, Turma de Harvard de 1964 e Fundo David M. Robinson, 1972.306. © 2005 The Estate of David Smith/Licença concedida pela VAGA, N. Y. Foto: Michael A. Nedzweski © President and Fellows of Harvard College)
9. *Agrippina Landing at Brundisium with the Ashes of Germanicus.* (© Photo SCALA © 2010. Yale University Art Gallery/Art Resource, NY/Scala, Florença)
10. Fotografia de *Roma*, de Fellini. (Fonte: BFI)
11. Folha de rosto de *La Donna Delinquente*. (© British Library Board 8416.h.13)
12. A Gemma Claudia. (Museu Kunsthistorisches, Viena, Áustria/The Bridgeman Art Library)

10 AS PRIMEIRAS-DAMAS DE ROMA

13. Agripina, a Menor coroando Nero. (Escavações da Universidade de Nova York em Afrodísias)
14. Nero com o cadáver da mãe. (Biblioteca Britânica, Londres, RU/ © British Library Board. Todos os direitos reservados/The Bridgeman Art Library)
15. Relevo mostrando parto. (© Photo SCALA. Ostia Antica, Museo Ostiense. © 2010)
16. Boneca de marfim. (Roma, Musei Capitolini. Archivio Fotografico dei Musei Capitolini)
17. Joias. (© The Trustees of the British Museum)
18. Retrato de múmia de Faium. (© The Trustees of the British Museum)
19. Pente de marfim. (© The Trustees of the British Museum)
20. Busto de Lívia. (© Ny Carlsberg Glyptotek, Copenhagen)
21. Busto de Agripina, a Maior. (Roma, Musei Capitolini. Archivio Fotografico dei Musei Capitolini)
22. Busto de mulher flaviana. (Cortesia do San Antonio Museum of Art)
23. Busto de Plotina. (© Soprintendenza Speciale per i Beni Archeologici di Roma)
24. Busto de Júlia Mamea. (Louvre, Paris, France/Giraudon/The Bridgeman Art Library)
25. Capa de *Agrippa's Daughter*, de Howard Fast. (Reproduzida com a permissão de Syndics of the University of Cambridge Library)
26. Apoteose de Antonino Pio e Ânia Galeria Faustina. (© photo SCALA. Vaticano, Courtyard of the Corazze. © 2010. Photo Scala, Florença)
27. Tondo de Berlin de Septímio Severo, Júlia Domna e seus dois filhos. (Museu Staatliche, Berlim, Alemanha/The Bridgeman Art Library)
28. *The Dream of St Helena*, de Paolo Veronese. (© National Gallery, Londres)
29. Descoberta da Vera Cruz por Helena. (© British Library Board — Add.30038, f.237)
30. Sarcófago de Santa Helena. (Museus e Galerias do Vaticano, Cidade do Vaticano, Itália/Alinari/The Bridgeman Art Library)
31. Estilicão, Serena e Euquério. (Basilica di San Giovanni Battista, Monza, Itália/ The Bridgeman Art Library)
32. Moeda com imagem de Pulquéria. (© The Trustees of the British Museum)
33. Gala Placídia rezando para São João Evangelista. (Ravena, Biblioteca Classense, cod. 406, n.138, ord. B, lettra O)
34. Mausoléu de Gala Placídia. (© Photo SCALA. Ravena, Mausoléu de Gala Placídia. © 2010. Photo Scala, Florença)

DINASTIA JÚLIO-CLAUDIANA

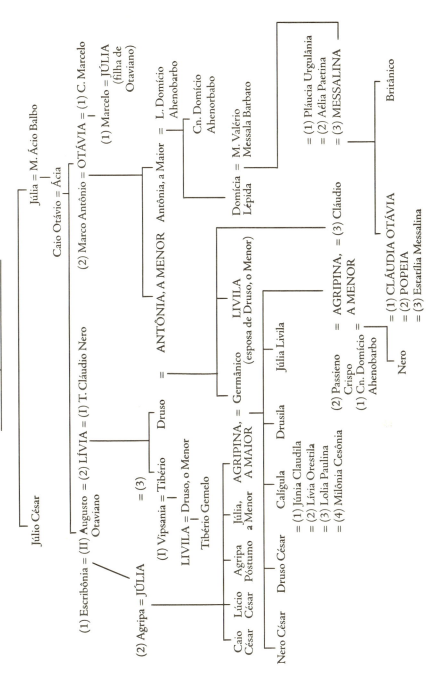

DINASTIA FLAVIANA

Tito Flávio Sabino I = Vespásia Polla

Flávia Domicília = Vespasiano

Flávia Domicília II = Quinto Petílio

Corbulo = Cássia Longina

DOMÍCIA LONGINA = Domiciano

Menino, morreu ainda bebê

Tito Flávio Clemente = Flávia Domicília III

Tito Flávio Sabino II = Desconhecida

(1) Arrecina Terúlia = Tito
(2) Márcia Furnilla =

Tito Flávio Sabino III = Desconhecida

Tito Flávio Sabino IV = JÚLIA FLÁVIA = Domiciano
(filha de Tito e (irmão de Tito
Márcia Furnilla) e Domicília II)

FAMÍLIAS DE TRAJANO, ADRIANO E OS ANTONINOS

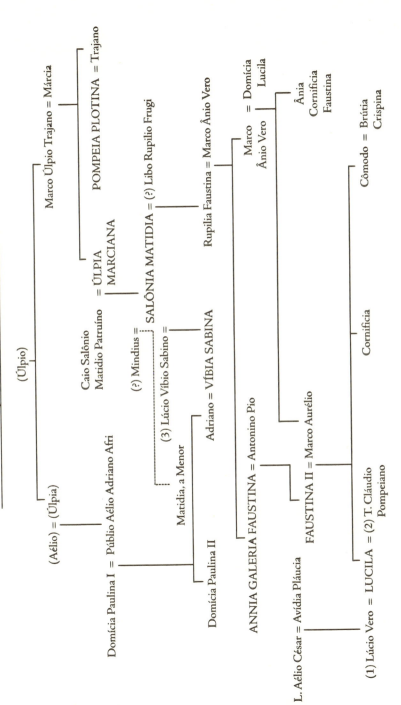

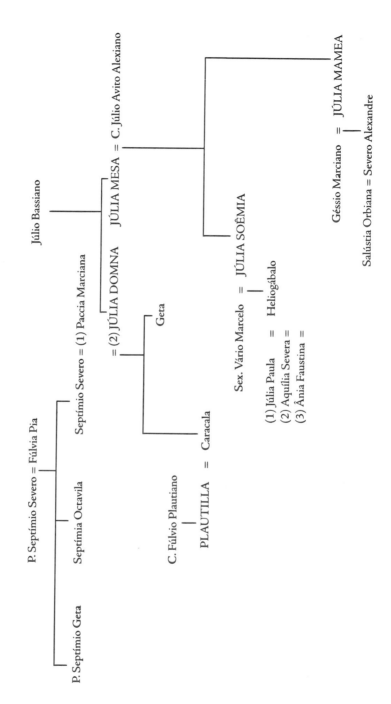

OS TETRARCAS E A DINASTIA CONSTANTINIANA

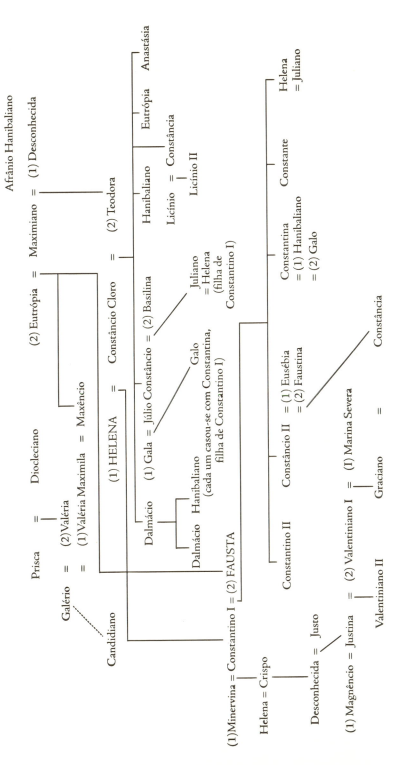

DINASTIA TEODOSIANA

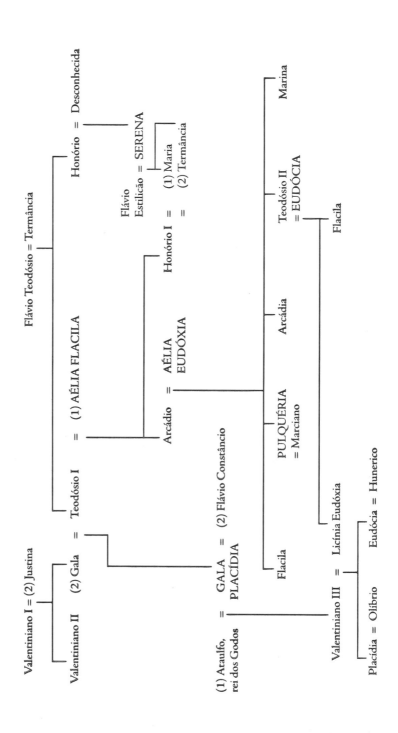

INTRODUÇÃO

Eu, Claudia...

A esposa de César deve estar acima de qualquer acusação.

Plutarco, *Vida de Júlio César*
Senhora Landingham, *The West Wing*[1]

Se visitantes do Museu de Arqueologia Clássica da Universidade de Cambridge achassem que entraram no pátio de recreação privado de um colecionador de arte, não poderíamos culpá-los. Ao caminharmos por esta longa galeria cheia de ecos, com seu elevado teto de vidro lascado, e tendo como trilha sonora o farfalhar dos lápis de artistas trabalhando em croquis, somos regalados com um desfile de cerca de 400 das imagens mais icônicas e inconfundíveis do mundo clássico. Lá estão os frisos e frontões removidos por Lorde Elgin do Parthenon; lá está Apolo Belvedere, já adorado como a mais bela estátua sobrevivente da Antiguidade; lá está a perturbadora escultura do Vaticano do drama de Laocoonte e seus filhos sendo arrastados para seu túmulo marinho, estrangulados por duas serpentes, diante das muralhas condenadas de Troia.

Ao chegarmos ao último compartimento do circuito do museu, somos recebidos por um hall da fama romano — uma sequência de retratos de cabeças dos homens que governaram Roma. A maioria dos nomes mais famosos está aqui, suas fisionomias moldadas em mármore conjurando suas personalidades históricas tão conhecidas: um jovem e rechonchudo Nero, o encarquilhado e teimoso Vespasiano, o erudito e barbudo Adriano e um emaciado e abatido Cômodo. Espremido, parecendo deslocado na última fileira dessa ilustre galeria de cabeças patrícias cinzentas, o rosto pálido e suave de uma mulher. Seu nome está gravado com simplicidade numa placa logo abaixo: *Faustina, a Menor*; nem mais nem menos. É uma máscara anêmica, pintada com spray e desprovida de expressão, indecifrável, as ondas de seus cabelos penteados cuidadosamente arranjadas, os glóbulos de seus olhos amendoados inexpressivos fitando algo atrás de nós.[2]

O que esse eco de giz nos conta sobre o que essa mulher representou? Pois que um eco, além de inanimado, como a maioria das outras coisas neste museu, não passa de uma cópia, uma reconstrução de gesso criada a partir do original há mais de um século, quando as coleções de esculturas e o próprio estudo da arte clássica estavam na moda. No negócio incerto da identificação de rostos do mundo antigo, não há sequer certeza de que esta seja realmente Faustina, a Menor — um nome que dificilmente evocará alguma lembrança, mesmo apesar de ela ter sido a esposa do muito admirado 16º imperador de Roma, Marco Aurélio. Como poderíamos imaginar a vida da mulher por trás da enigmática máscara de gesso, que contemplou todo um império por sobre os ombros do marido, e não obstante cuja vida deixou pouquíssimas evidências se comparadas às deixadas pela vida dele?

A tentação de imitar Pigmalião, cedendo à fantasia de trazer Faustina e as outras grandes mulheres da Roma imperial de volta à vida, é incrivelmente forte, e capturou muitos artistas e escritores. Talvez o mais famoso entre todos os retratos modernos seja o do autor inglês Robert Graves, que, em agosto de 1933, enquanto vivia exilado na pacata vila maiorca de Deya, despachou seu mais recente manuscrito para os editores de Londres, esperando desanimado que ele o ajudasse a pagar a dívida de 4 mil libras de sua casa. O livro era *Eu, Cláudio, Imperador*, um relato da primeira dinastia do Império Romano contado da perspectiva de seu gaguejante epônimo Cláudio, o quarto imperador de Roma. Graves expressou desprezo pela obra, chamando-a de um "truque de mágica literário". Contudo, tanto ela quanto sua sequência, *Cláudio, o Deus*, foram um sucesso de crítica e também de venda, e em 1976 os romances foram adaptados para a televisão na Inglaterra e nos Estados Unidos. A saga de 13 episódios, anunciada com o bordão "A família cujo negócio era governar o mundo", logo se tornou o *Sopranos* da época, recebendo aplausos pelo elenco de estrelas inglesas e se tornando campeã de audiência nos dois países onde foi exibida. Entretanto, contrariando a ênfase do foco narrativo dos livros de Graves, as verdadeiras estrelas da série — que dominaram a maioria das cenas, atraíram a atenção dos críticos e cujos rostos se tornaram a imagem promocional definitiva do programa — foram as mulheres da vida de Cláudio, particularmente sua avó Lívia, esposa do primeiro imperador de Roma, Augusto, e sua terceira e quarta esposas, Messalina e Agripina. Essas mulheres compunham um trio perigoso: Lívia, maquiavélica, que eliminou todos os rivais do filho Tibério com uma indiferença inumana; Messalina, assassina

INTRODUÇÃO   19

provocadora que traía e humilhava o marido idoso; Agripina, uma viúva negra cujas mãos estavam por trás da morte de Cláudio.[3]

O legado deixado por *Eu, Cláudio, Imperador* foi bem ilustrado na recente e popular série da HBO *Roma*, que escolheu a sobrinha de Júlio César, Atia [em português chamada de Ácia], como seu personagem mais malévolo e memorável. Ainda que quase não existam evidências históricas da vida de Atia além da sugestão de que ela foi uma mãe devotada e moralmente correta para o filho Otaviano, na série ela foi interpretada com vivacidade, roubando a cena como uma mulher sedutora, sagaz e amoral — um remanescente cultural da precursora dos anos 70 da série. No entanto, o retrato desfavorável do próprio Graves das mulheres mais importantes de Roma não se desenvolveu apenas a partir da névoa criativa da imaginação do autor. Ele simplesmente decidiu na maior parte do tempo seguir as descrições feitas pelos antigos comentaristas mais reverenciados e conhecidos de Roma, defendendo a decisão como um ato de virtude: "Em nenhum momento *fui contra* a história...", escreveu em defesa dos temas do livro, citando Tácito e Suetônio, entre outros historiadores romanos, como corroborantes para o seu perfil das mulheres da primeira dinastia romana.[4]

Ao ler os relatos literários antigos que inspiraram Graves, percebemos que suas caracterizações parecem inteiramente apropriadas. Além de Lívia, Messalina e Agripina, uma amostra das biografias conservadas das mulheres da era romana imperial inclui uma filha zombadora que desgraçou o pai embebedando-se no fórum e depois fazendo sexo com estranhos na tribuna; uma amante vaidosa e bela que persuadiu o imperador a matar a própria mãe para poder se casar com ela; uma esposa que cometeu adultério com um ator antes de conspirar para o assassinato do marido; e uma madrasta que tentou seduzir o próprio enteado e depois engendrou sua execução, assistindo enquanto ele era cozido até a morte como punição. Júlia, Popeia, Domícia e Fausta são apenas algumas das mulheres cujas reputações geraram a reação histórica amplamente hostil às mulheres de Roma ao longo do tempo. São mulheres tão caluniadas que seus nomes em várias épocas foram invocados como justificativas para negar às mulheres participação no poder político, seus rostos exibidos — literalmente, em alguns casos — como espectros malignos e universais da delinquência assassina, da promiscuidade e da criminalidade.[5]

Graves não foi o primeiro a exumar as mulheres da Antiguidade das páginas de Tácito e seus contemporâneos romanos. Longe disso. A imagem das mulheres da Roma imperial já fora criticada por séculos de produção cultural ocidental pós-clássica através de espectros caleidoscópicos de peças, histórias, romances, óperas, filmes, poemas, compêndios pornográficos, pinturas, gravuras, esculturas, ilustrações manuscritas e até mesmo ilustrações de baralho e outras curiosidades. Desde o século XIV, quando os primeiros catálogos biográficos de mulheres notórias da história começaram a aparecer, encabeçados pelo *De claris mulieribus* (Sobre Mulheres Famosas), escrito por Giovanni Boccaccio em 1374, as damas romanas fizeram aparições regulares em tais listas. Em um pequeno número de casos isolados, elas eram apresentadas como modelos do estoicismo e do patriotismo feminino. Com mais frequência, porém, eram as protagonistas de contos severamente admonitórios direcionados a jovens damas de mentes rebeldes em volumes que atraíram um grande número de leitores na sua época, tais como o tomo de 1766 do clérigo escocês James Fordyce, *Sermons to Young Women*. Na história e na literatura, seus nomes foram reciclados como pseudônimos para outras mulheres famosas — e controversas: Catarina, a Grande, Ana Bolena, Mary Stuart, Lucrécia Bórgia, Catarina de Médici, Leonor da Aquitânia, Maria Antonieta e Josefina Bonaparte, para citar apenas algumas, que em algum momento foram comparadas a suas contrapartes femininas do Império Romano. Num nível mais doméstico, havia até mesmo uma "Messalina de Ilford" — Edith Thompson, de 29 anos, que em janeiro de 1923 tornou-se a primeira mulher a ser enforcada em 15 anos na Inglaterra pela suposta participação no assassinato do marido. Muitos desde então questionaram o veredito, mas a imprensa na época não hesitou em citar o conteúdo erótico das cartas de Thompson para Frederick Bywaters — seu amante e também acusado — como uma justificativa para chamá-la com o nome da terceira esposa ninfomaníaca e assassina de Cláudio.[6]

Contudo, nem todas as avaliações das mulheres ligadas às casas imperiais romanas foram negativas. Muitas gozam de reputações relativamente favoráveis, tanto em fontes literárias da Antiguidade quanto em lendas póstumas — incluindo Agripina, a Maior, mãe da infame mãe do imperador Nero, Agripina, a Menor (ou a Jovem). Depois de ter ficado viúva no ano 19 com a controversa morte de seu popular marido Germânico, Agripina, a Maior, tornou-se uma figura revigorante de simpatia para aqueles que acreditavam que o imperador Tibério e sua mãe Lívia haviam tido uma participação no assassinato de Germânico. Tanto Caenis quanto Berenice, amantes respectivamente do pai e filho Vespasiano e Tito, já apareceram como heroínas em peças e romances populares, enquanto

INTRODUÇÃO

Helena, mãe do primeiro imperador cristão de Roma, Constantino, foi até mesmo canonizada. No entanto, não há dúvidas de que foram suas contrapartes incastas e despóticas, com a ajuda das adaptações para a ficção de suas vidas, que dominaram o conceito popular que definiria as mulheres da Roma imperial, e até mesmo os exemplos excelsos parecem ginoides de papelão, equivalentes da Antiguidade às esposas de Stepford.

Este livro reabre o caso arquivado sobre Lívia e outras "primeiras-damas" romanas com o objetivo de revelar algo além do permitido por seus estáticos e cartunescos estereótipos. Porém, a tentativa de falar sobre elas e a seu favor envolve suas próprias complicações. Roma era um mundo completamente masculino. A entidade romana foi definida exclusivamente pelas realizações das esferas masculinas do militarismo e da política, esferas das quais suas cidadãs eram excluídas. Até mesmo a palavra romana *virtus*, "coragem", originou-se da palavra *vir*, "homem". As mulheres não tiveram o direito de ocupar cargos políticos em nenhum ponto da história romana. Elas não podiam comandar exércitos, não podiam votar nas eleições, tinham relativamente poucos direitos sob a lei, e de forma geral exerciam um papel limitado e fixo na vida pública romana em comparação a seus maridos, irmãos, pais e filhos. Apesar de evidências casuais de rebeliões femininas contra leis impopulares, e do debate entre juristas e filósofos sobre os privilégios que deveriam ser concedidos às mulheres romanas no tocante à educação e à herança de bens, na Antiguidade não havia nada que sequer lembrasse um movimento pelos direitos das mulheres. A maioria (ainda que nem todas) das primeiras-damas romanas aqui discutidas jamais teria ganhado atenção na história se não fosse pelos homens com quem se casaram ou pelos filhos que tiveram, e suas biografias eram invariavelmente desenvolvidas à sombra e dominadas pelos reflexos de seus parentes do sexo masculino.

Um dos principais enigmas para o historiador moderno que estuda as mulheres da Roma antiga é que nem sequer um único texto escrito por uma mulher, o que se aplica às mulheres da família imperial, sobreviveu nos registros históricos, com a exceção de fragmentos de poesias, cartas e desenhos. Enquanto as esposas de políticos atualmente podem dar entrevistas ou escrever suas memórias a fim de esclarecerem suas vidas, a única autobiografia de uma mulher da Antiguidade conhecida, escrita pela mãe de Nero, Agripina, a Menor, em algum momento foi vítima da mão da censura histórica, e o mesmo aconteceu a outras obras escritas por mulheres que podem ou não ter um dia existido.

Os homens da Antiguidade também foram vítimas desse tipo de acidentes e sabotagens literárias — os escritos de Cláudio, por exemplo, não sobreviveram, textos que podem ou não ter exercido alguma influência sobre o veredito popular de que o quarto imperador romano foi um personagem cômico e inútil.[7] Mas o blecaute sistemático imposto sobre as vozes das mulheres da história antiga reflete preconceitos mais gerais em relação ao sexo feminino, e principalmente o valor ou o desejo de ouvi-las. O resultado disso é que jamais poderemos ver as mulheres da Antiguidade sob outra luz que não pelos olhos daqueles que na maioria das vezes escreveram sobre elas décadas ou até mesmo séculos depois de suas mortes, e que com frequência estavam menos interessados nessas mulheres como indivíduos, apresentando-as como meras coadjuvantes nas narrativas das vidas de seus parentes do sexo masculino.

Talvez o maior dilema de todos, porém, esteja em traçar um curso através do terreno literário arriscado ao qual na maioria das vezes precisamos recorrer em busca de impressões das mulheres da Roma imperial. Como escolher, por exemplo, entre as versões contrastantes coexistentes de Lívia? — Uma tirana ingovernável, de acordo com o historiador romano e crítico convicto da dinastia júlio-claudiana Tácito; uma matrona casta com a beleza de Vênus, de acordo com o poeta Ovídio; uma fortaleza estoica em face do luto segundo o filósofo Sêneca. Fontes antigas costumam ser um nó górdio confuso e frustrante de contradições, suposições, fofocas, insinuações e desvios do assunto. Ademais, ao contrário de nós, seus autores não compartilhavam das mesmas preocupações biográficas, tais como o desenvolvimento do personagem e a motivação psicológica, algo que se aplica especialmente às suas descrições de personagens femininos. Em vez disso, costumam pintar seu tema em pinceladas apressadas com cores primárias, super-ficiais, atribuindo-lhes arquétipos morais nos quais podem encerrá-las — como madrastas conspiradoras, por exemplo (Lívia, Agripina, a Menor, e, de certa forma, a esposa de Trajano, Plotina), ou esposas sofridas (a irmã de Augusto, Otávia, e a primeira mulher de Nero, Cláudia Otávia).[8]

Ao nos vermos diante de tamanhos dilemas, a tentação é selecionar as partes das histórias sobre as mulheres da Antiguidade que soam mais plausíveis — o que geralmente é feito descartando-se as que parecem mais absurdas — e então recorrer à psicanálise e à intuição para preencher as lacunas. Por outro lado, a ta-refa de decidir definitivamente que elementos dos esboços crus desses personagens são verdadeiros e quais são falsos é, na maioria dos casos, uma missão impossível.

INTRODUÇÃO 23

Nenhum historiador tem uma antena privilegiada sintonizada no passado, e não seria honesto afirmar que podemos agir como ventríloquos dessas mulheres na ausência de suas próprias vozes e de outros pedaços de suas vidas. Este livro não pretende fazê-lo, tampouco afirma ser uma "biografia" dessas mulheres em nenhum sentido convencional — ele não pode entrar em suas cabeças, não pode nos fornecer uma radiografia completa de suas vidas.[9]

Além disso, precisamos é de uma abordagem agnóstica para a série de opções narrativas e protótipos da primeira-dama romana com a qual deparamos, visto que lutar contra um distúrbio de personalidades históricas múltiplas no que diz respeito a definir quem foram realmente as mulheres romanas por trás das máscaras e caricaturas de suas descrições antigas é precisamente a chave para a nossa compreensão do seu lugar na sociedade romana. Meu argumento é o de que as identidades das primeiras-damas de Roma parecem fluidas, contraditórias e contenciosas por terem sido definidas a partir da história e da reputação política do imperador a quem estavam ligadas pelo casamento ou outro parentesco, bem como pela reação crítica ao seu governo. De forma geral, os imperadores busca-vam projetar uma imagem de si mesmos como fortes homens de família, e seus familiares do sexo feminino eram usadas como embaixadoras da boa vontade e modelos da propriedade familiar, promovendo essa imagem. No entanto, é claro, nas mãos de oponentes de um imperador ou de uma dinastia sucessora ávida por cortar laços e apagar memórias de seus predecessores, a descrição de sua esposa podia ser bem diferente.

É por isso que o uso do termo "primeira-dama" no título e no texto do livro parece adequado. Trata-se, em parte, de uma referência à descrição de Lívia em mais de uma ocasião na literatura da Antiguidade como *femina princeps* — versão feminilizada do título escolhido pelo marido, Augusto, de *princeps*, que significa "chefe" ou "cidadão principal" —, cuja tradução aproximada é "primeira-dama".[10] Contudo, o termo também chama atenção para as semelhanças inescapáveis, e por vezes impressionantes, entre o papel essencial exercido por essas mulheres da Roma antiga e o de suas contrapartes políticas modernas na "venda" de uma imagem doméstica de seus maridos — pois, na maioria das vezes, essa imagem ainda pertence aos maridos, e não às esposas — ao seu público enquanto aju-dam a promover seu legado político, como afirmo que fizeram Lívia e as outras primeiras-damas romanas.

Então, devemos ver, por exemplo, como esposas de imperadores romanos foram individualmente elogiadas por comportamentos como a adoção de uma atitude amigável, receptiva, para com seus súditos, sacrificando roupas e possessões para ajudarem a levantar fundos para o exército romano, e cultivando um estilo de vida frugal, tudo pela imagem do imperador. Se considerarmos algumas das mulheres para as quais o termo "primeira-dama" foi originalmente cunhado, veremos comportamentos modelo como esses reverberando através do tempo com exatamente o mesmo propósito. A primeira-dama presidencial americana Martha Washington, por exemplo, deu início a uma tradição por vezes imitada de abrir a residência oficial certos dias da semana a visitas, um gesto adequado à esposa de um dos pais fundadores republicanos da América; Edith Wilson leiloou a lã de um rebanho de ovelhas de Shropshire e doou o lucro para ajudar nos gastos com a Primeira Guerra Mundial durante a presidência do marido, Woodrow; e Michelle Obama seguiu os passos práticos da filha de Andrew Johnson, Martha Johnson Patterson, e da esposa de Rutherford B. Hayes, Lucy — a primeira pastoreava vacas leiteiras nos campos da Casa Branca e a segunda guardava os recibos de suas roupas para inspeção —, plantando uma horta, uma atitude politicamente inteligente numa época ecologicamente consciente e economicamente difícil na qual o marido estava submetido a um escrutínio.

Assim como certas imperatrizes romanas foram tachadas de perdulárias ou acusadas de interferir na política pelos oponentes de seus maridos, críticas semelhantes já foram feitas a várias primeiras-damas modernas. Tanto Mary Lincoln quanto Nancy Reagan atraíram fortes críticas por seus gastos — a primeira por recibos de roupas não pagos em um período no qual famílias choravam a morte de parentes na Guerra Civil Americana, e a segunda pelo anúncio, logo no início do governo do marido, da compra de mais de 200 mil dólares em porcelana para a Casa Branca no dia anterior à declaração de planos para reduzir os padrões de qualidade da merenda escolar. Em uma ilustração de como modelos positivos e negativos podem ser ligados à mesma primeira-dama, Michelle Obama é a última em uma longa série de mulheres de presidentes que se exaltaram ao expressar opiniões políticas pessoais estridentes, o que, no seu caso, levou à adoção do papel mais delicado de "mãe em chefe" a fim de não arriscar a perda de votos de mentes mais conservadoras.[11] Mesmo apesar de as esposas políticas da Antiguidade e da atualidade pertencerem a mundos completamente diferentes no que diz respeito

INTRODUÇÃO   25

ao acesso a oportunidades políticas e sociais, os modelos da feminilidade transmitidos através da história permanecem imutáveis em muitos aspectos.

Este livro tem início no começo da era imperial, exatamente no momento
em que o marido de Lívia, Augusto, estava prestes a tornar-se o primeiro
imperador de Roma, e ela sua primeira imperatriz, acompanhando os passos
de uma seleção de mulheres que se sucederam a Lívia no papel do primeiro
ao quinto século e culminando na morte de uma das últimas imperatrizes
do Império Romano do Ocidente, Gala Placídia. Nem todas as mulheres das
famílias imperiais desse longo período puderam ser incluídas, mas o livro se con-
centra naquelas que são evidenciadas pela tradição, e cujas histórias são as mais
importantes no desenrolar da narrativa da história romana. As esposas imperiais
são o tema principal da maioria dos capítulos. Em muitos casos, porém, filhas,
irmãs, mães e outros familiares do sexo feminino têm um papel tão importante
quanto o das esposas dos imperadores — a exemplo de alguns casos observados
no curso da história das primeiras-damas americanas, notavelmente no século
XIX, quando sobrinhas, irmãs e noras de um presidente eram frequentemente
convocadas a servirem de consortes substitutas na Casa Branca em face da relutância da própria esposa do presidente.[12]

Olhar de volta para o passado muitas vezes pode ser como olhar através de
um painel de vidro coberto de gelo, detrás do qual formas e cores indistintas
movem-se numa câmera lenta embaçada. Essa experiência é muito semelhante à
que temos ao buscar um vislumbre do mundo das mulheres de Roma. Contudo,
ocasionalmente imagens e formas se aproximam da vidraça, quase entrando em
foco e nos fazendo retorcer os olhos no nosso desejo de vê-las claramente. Todos
ansiamos por satisfazer esse desejo, uma sensação de necessidade de entrar em
contato com o passado, de estar onde alguém certa vez esteve, de tocar algo que
ele ou ela tocou. Jamais poderemos saber exatamente quem foram as "verdadeiras" Lívia, Messalina, Agripina e companhia, o que pensavam, como se sentiam,
se eram realmente tão más ou santas como foram pintadas. Mas isso jamais
reprimirá o frisson que sentimos em momentos de descoberta, que parecem nos
levar um passo tentador para mais perto delas: os restos cremados de uma das
escravas que outrora arrumaram os lençóis de Lívia ou lhe serviram uma taça do
seu vinho tinto favorito; a casa belamente decorada onde viveu a filha desonrada
de Augusto, Júlia; uma boneca articulada de marfim com a qual uma menina
um dia brincou na casa imperial; ou uma carta escrita por um jovem imperador,

cheia de memórias sobre longas conversas noturnas com a mãe, que se sentava aos pés de sua cama.

É em momentos como esses, combinados ao nosso desejo cada vez maior de refletir sobre o papel vital que as mulheres de Roma tiveram em seu grande palco, que o rosto pálido de olhos negros do museu começa a ganhar vida.

1

Ulisses de vestido: O nascimento de uma primeira-dama romana

A nação romana era caracterizada pela grandeza: suas virtudes, seus vícios, sua prosperidade, seus infortúnios, sua glória, sua infâmia, sua ascensão e queda, foram todos grandes. Até mesmo as mulheres, desprezando os limites da barbárie e da ignorância, típicos desse sexo em outras nações, imitavam o heroísmo e a ousadia dos homens.

Mary Hays, *Female Biography* (1801)[1]

As chamas pareciam ter saído do nada e pegaram desprevenidos os que estavam presos em seu caminho, cortando uma faixa letal através das alamedas de oliveiras e pinheiros de Esparta. Enquanto línguas de fogo se erguiam para o ar da noite, enchendo-o do cheiro acre da seiva das árvores queimadas, os sons secos de galhos quebrando se misturavam a gritos cheios de pânico e ao arfar de pessoas em busca de ar. Um homem e uma mulher corriam através de uma floresta em chamas. O caminho era perigoso; em certo ponto, os cabelos e as bordas do vestido da mulher foram queimados. Mas não havia tempo para checar os danos. As forças inimigas estavam bem atrás deles e já os perseguiam havia algum tempo. Semanas antes, o casal fugitivo e seus companheiros de viagem quase foram capturados enquanto tentavam embarcar clandestinamente em um barco que deixava o porto de Nápoles — o choro mal-humorado de seu filho ainda bebê quase os entregando. O nome do homem era Tibério Cláudio Nero, e a mulher era sua esposa de 17 anos, Lívia Drusa.[2]

O ano era 41 a.C. Três anos antes, o assassinato do ditador Júlio César por dissidentes agindo em nome da liberdade havia jogado a República Romana em uma guerra civil, dividindo as classes governantes da elite em dois campos amargamente opostos: aqueles que apoiavam os assassinos Brutus e Cássio e aqueles que optaram por ficar ao lado dos autodenominados defensores de César, entre os quais seu sobrinho de 18 anos, nomeado seu herdeiro, Caio Otávio e seu tenente Marco Antônio. Juntamente ao ex-cônsul Marco Lépido, esses autodesignados mosqueteiros haviam formado um acordo frágil conhecido como triunvirato e partiram para esmagar Brutus e Cássio na Batalha de Filipo em outubro de 42 a.C.

Todavia, não tendo demorado muito para que Otaviano e Antônio entrassem em conflito, a elite romana foi forçada a declarar mais uma vez sua lealdade, o que um ano depois provocaria embates violentos entre partidários rivais na Itália, que forçaram o nobre Tibério Nero — o qual havia optado por ficar ao lado de Antônio — e sua jovem esposa Lívia a uma fuga desesperada. Uma contagem regressiva de dez anos tinha, então, início, com os cursos de todos os destacamentos destinados à Batalha de Áccio, de 31 a.C., a grande batalha marítima na qual Antônio, financiado pela amante egípcia Cleópatra, se lançaria contra Otaviano e o destino do Império Romano seria traçado de uma vez por todas.

No primeiro ato desse grande drama, Lívia Drusa ainda era apenas uma figurante na multidão, um personagem invisível em uma sociedade onde poucas mulheres podiam conquistar seu próprio nome como figuras públicas. Porém, os eventos do segundo ato, no qual o homem, cujas tropas perseguiam-na através de Esparta, substituiria Tibério Nero como seu marido, catapultaram-na para o status de protagonista, e quando a peça alcançou seu grand finale Lívia estava prestes a se tornar a "primeira-dama" do despertar da era imperial e a fundadora da dinastia júlio-claudiana que a inaugurou. Para alguns a mais poderosa e certamente uma das mais controversas e formidáveis mulheres a ocupar o papel — seu bisneto Calígula mais tarde lhe daria a alcunha de *Ulixes stolatus* ("Ulisses de vestido"), uma referência híbrida ao guerreiro grego conhecido pela sua ousadia e à *stola* usada por matronas romanas importantes —, Lívia foi o modelo que todas as esposas dos imperadores romanos deveriam seguir.[3] Ninguém sintetizaria melhor do que ela os riscos e paradoxos de ser uma mulher romana na vida pública.

Ao contrário de sua contraparte egípcia Cleópatra, de quem ela seria considerada uma mera atriz substituta tanto na década seguinte quanto na memória histórica, Lívia Drusa não foi educada para o papel de dinasta imperial, embora tampouco fosse uma intrusa no meio político romano. Nascida em 30 de janeiro de 58 a.C.

na distinta família patrícia dos claudianos, que se gabavam da suposta descendência do refugiado de guerra troiano Eneias — um dos fundadores lendários da raça romana —, Lívia tinha 14 anos quando o assassinato de Júlio César no dia 15 de março de 44 a.C. gerou uma guerra civil dentro da elite romana.[4] O clã claudiano, de quem era descendente pelo lado do pai — sua mãe, Alfídia, era de uma família abastada, mas menos aristocrática, da cidade costeira italiana de Fondi —, era uma presença importante no ambiente político da República romana desde seus primeiros dias no século V a.C., ostentando não menos que 28 consulados, cinco ditaduras e seis triunfos (honras públicas concedidas a generais bem-sucedidos). Uma conexão adicional através do pai à ilustre família Lívia — que tinha entre seus membros Marco Lívio Druso, o qual se tornara um herói popular de comunidades italianas que pediam a cidadania romana no início do século I a.C. — só contribuía para o respeito que lhe era atribuído.[5] Tal pedigree fazia da jovem Lívia um grande trunfo matrimonial para qualquer um que aspirasse ao poder político, e um pretendente bem-sucedido apresentou-se em 43 a.C.[6]

Tibério Cláudio Nero, ele mesmo membro de um ramo menos celebrado do clã claudiano, tinha a mesma natureza política que o rico pai de Lívia, Marco Lívio Druso Claudiano, que um ano mais tarde estaria do lado derrotado em Filipo. Descrito em uma carta do grande estadista romano Cícero como um "jovem de origem nobre, talentoso e comedido", Tibério Nero havia tido uma ascensão razoavelmente auspiciosa nos degraus do progresso romano durante a década de 40, ocupando primeiro o cargo de questor e depois de pretor, somente um grau abaixo do cargo mais elevado de cônsul.[7] Tendo gozado de certo favor durante o governo de Júlio César, cuja frota comandou com sucesso na Guerra de Alexandria, ele não obstante transferiu sua lealdade depois do assassinato de César, optando, como seu futuro sogro, por apoiar os assassinos Brutus e Cássio. Mais tarde, entretanto, voltou a mudar de lado, desta vez para o de Marco Antônio.

A hierarquia política romana ainda estava imersa na grande confusão gerada pela morte de Júlio César quando Tibério Nero, demovido do desejo anterior a 50 a.C. de se casar com a filha de Cícero, Túlia, optou por um casamento com a parenta Lívia, que, então com 15 anos de idade, era provavelmente cerca de 20 anos mais nova que ele, uma diferença comum entre noivos na sociedade romana.[8] O casamento provavelmente foi preparado pelo pai de Lívia, embora as mães romanas evidentemente pudessem dar suas opiniões nos enlaces — a união da primeira opção de Tibério Nero, Túlia, com seu terceiro marido Dolabela, por exemplo, foi arranjado por sua mãe, Terência, com o consentimento resignado de Cícero.[9] Legalmente, contudo, quase toda mulher romana, com a exceção das seis sacerdotisas das Virgens Vestais, responsáveis por conservar o fogo da deusa Vesta, estava totalmente submetida à autoridade de seu pai ou *paterfamilias* enquanto ele estivesse vivo. A partir do século I a.C., a maioria permanecia nessa situação até mesmo depois do casamento. Isso se devia à crescente prevalência desde aquele século dos casamentos sem *manus* (*manus* aqui quer dizer possessão ou poder), ou, em outras palavras, casamentos em que uma mulher — e mais importante que isso seu dote na forma de dinheiro e propriedades — permanecia sob a jurisdição legal de seu pai, e não de seu marido. Esses arranjos se tornaram a norma graças ao desejo de clãs abastados como o de Lívia de conservar seu patrimônio e preservar a integridade de suas famílias ao não permitirem que seus membros do sexo feminino passassem ao controle de outros *paterfamilias*.[10]

Uma moça na posição de Lívia tecnicamente tinha o direito de se recusar a se casar, mas apenas se pudesse provar que o homem escolhido pelo pai para ser seu noivo não tinha um bom caráter, uma opção da qual provavelmente poucas moças sentiam-se capazes ou inclinadas a tirar vantagem. O casamento era a única ocupação respeitável para uma mulher romana livre, mas também era o lubrificante da engrenagem da hierarquia política romana. Uma jovem aristocrática como Lívia, que tinha poucas oportunidades de conhecer pessoas do sexo masculino ou feminino fora do círculo restrito da família, podia perfeitamente esperar casar-se mais de uma vez ao longo da vida em uma cultura elitista na qual o casamento na maioria das vezes não era uma união romântica, mas um facilitador de alianças sociais e políticas entre famílias ambiciosas, alianças estas que podiam muito bem residir em um terreno instável.[11]

Na véspera de um casamento extravagante da alta sociedade como o seu, Lívia provavelmente passou pelo primeiro de uma série de procedimentos cerimoniais que simbolizavam a passagem da infância para a vida adulta e a transição da casa do pai para a do marido. Primeiro, a noiva romana jogava fora objetos infantis — como brinquedos e as togas em miniatura que usara ao longo da infância — e vestia uma túnica reta de lã (*tunica recta*), que havia tecido ela mesma num tear especial. No dia seguinte, essa simples túnica matrimonial era presa à cintura com uma cinta de lã cujo complexo nó "hercúleo" seria eventualmente desfeito pelo marido. Seus longos cabelos, que passavam a noite confinados numa rede, eram arrumados num estilo austero que envolvia o uso peculiar de uma lança afiada para separá-los em seis tranças firmes antes de serem presos com fitas de lã.[12]

O noivo e os convidados costumavam chegar à casa do pai da noiva à tarde. Embora os casamentos romanos não fossem uma união religiosa, vários rituais eram realizados no dia do evento, incluindo o sacrifício de um porco para garantir bons auspícios para a aliança. Palavras de consentimento eram trocadas entre o casal de noivos, e o casamento era selado quando uma convidada casada, ou *pronuba*, tomava as mãos direitas da noiva e do noivo e as unia. Geralmente, um contrato era assinado pelos noivos e por testemunhas, o casal brindava com a saudação *Feliciter* ("Boa sorte") e um banquete de casamento precedia a escolta da noiva ao seu novo lar, para onde o marido já havia se dirigido a fim de esperá-la. Podemos imaginar a cena embalada pelos sons distantes de cantos ecoando pela cidade, misturados ao tráfego da tarde e ao falatório de comerciantes fechando seus negócios com o aproximar da noite. Serpenteando através de uma rota perfumada pelo cheiro forte das tochas de pinho, flautistas forneciam o acompanhamento musical para a multidão barulhenta, que havia se servido de bebidas alcoólicas em abundância durante o banquete que acabara de consumir e agora tropeçava e ria alto enquanto cantava os versos matrimoniais tradicionais "*Hymen Hymenae!*" e "*Talasio!*", jogando punhados de nozes para crianças e residentes locais curiosos que haviam vindo assistir ao desfile.

No meio da confusão, o lindo véu amarelo ovo de Lívia, ou *flammeum*, reluzia como um farol na escuridão, drapejado sobre uma grinalda de verbena e manjerona doce. Chinelos, ou *socci*, amarelos para combinar, talvez adornados com pérolas, apareciam e sumiam de vista sob sua túnica cintada enquanto ela era conduzida pelos dois meninos que seguravam suas mãos, escolhidos entre os filhos de amigos casados da família como arautos dos filhos que ela um dia teria. Um terceiro menino marchava à frente com uma tocha de pinho, e, em vez de um buquê, um carretel era carregado para ela, um símbolo de seus deveres domésticos. Apesar da presença desses símbolos inócuos de uma vida de casada respeitável, a atmosfera era permeada por um humor bem-intencionado, mas lascivo, e a noiva tinha que tolerar piadas obscenas e canções cheias de insinuações antes de chegar ao novo lar marital. Quando a barulhenta escolta de Lívia finalmente a deixou diante da porta da frente de Tibério Nero, ela a encontrou discretamente decorada com flores pelo noivo. Como se esperava dela, Lívia cerimoniosamente cobriu a ombreira da porta com gordura animal e afixou nela novelos de lã revolta — rituais cujo intuito era garantir riqueza e abundância para a vida do casal. Finalmente, ela foi erguida com cuidado sobre o solado da porta por seus jovens acompanhantes. Era necessário cuidado: para qualquer noiva, cair ao ser introduzida à casa do marido era considerado um sinal de mau agouro. Dentro da casa, depois de ser presenteada pelo marido com fogo (uma tocha) e água (numa jarra ou vaso) — símbolos de sua responsabilidade como esposa de cozinhar, limpar e prover as necessidades do esposo — ela provavelmente foi conduzida por outra mulher casada até seu novo quarto antes de receber o noivo para que a consumação se realizasse.[13]

A situação de Lívia como noiva adolescente era inteiramente normal. As moças das classes superiores do final da República romana geralmente embarcavam no primeiro casamento no início da adolescência, às vezes até mesmo aos 12 anos. Isso garantia que sua fase mais fértil não fosse desperdiçada num lugar onde a incidência de mortalidade infantil era elevada. A reprodução, aspecto pelo qual as mulheres romanas eram mais publicamente valorizadas, era um imperativo para uma mulher na posição de Lívia, enquanto a esterilidade, pela qual a culpa era invariavelmente atribuída à esposa e não ao marido, podia ser usada como argumento para um divórcio. Assim, não surpreende que a data de 16 de novembro de 42 a.C. marque o ponto na história de Roma em que Lívia deixou sua primeira pegada com a documentação de seu primeiro filho, Tibério, o menino cujo choro quase estragou o disfarce dos pais quando fugiam pela cidade-Estado grega de Esparta, e que um dia se tornaria imperador de Roma.[14]

O nascimento de Tibério deu-se em casa, no Monte Palatino, o bairro residencial mais exclusivo de Roma. Por dar acesso ao fórum romano, o centro de atividades da cidade, e por suas ligações sagradas a momentos cruciais do passado mítico de Roma tais como o nascimento dos gêmeos que fundaram a cidade, Rômulo e Remo, o Palatino era o lar ideal para um político ambicioso como Tibério Nero. Um verdadeiro *Quem é Quem* das pessoas que fizeram o final do período republicano, de Cícero a Otaviano e Marco Antônio também optaram por fazer dele seu local de residência, e a própria Lívia provavelmente havia crescido lá na casa do pai.[15]

O nascimento de um filho era um evento acompanhado de perto na vida de uma mulher romana. Do momento da concepção à alimentação e ao desmame, as mães inexperientes sofriam um bombardeio de conselhos — alguns baseados nas teorias de respeitados profissionais da medicina, outros enraizados em superstições. Antes da chegada do bebê Tibério, Lívia supostamente recorreu a várias técnicas oferecidas por esposas mais velhas a fim de garantir o nascimento do filho, incluindo uma em que incubou um ovo de galinha carregando-o nas mãos em forma de cuia e o mantendo aquecido nas dobras da toga, onde nasceu um pintinho macho de penas eriçadas, o que era interpretado como sinal de que o bebê seria um menino.[16]

Os conselhos mais pragmáticos, embora igualmente desprovidos de base científica, de especialistas da medicina como Sorano, que escreveu anos depois, no século II, recomendavam que o melhor momento para a concepção era perto do final da menstruação, e depois de uma refeição leve e de uma massagem.

Os nascimentos eram todos realizados em casa, e uma futura mãe com recursos como Lívia era acompanhada por mulheres que enchiam o quarto, incluindo várias parteiras, mantidas pelas famílias mais ricas como criadas fixas. Os maridos não entravam no quarto — embora relatos narrassem que o pai de Otaviano, Caio Otávio, atrasara-se para uma votação do Senado em 62 a.C. quando sua esposa, Ácia, entrou em trabalho de parto —, enquanto a participação de médicos era algo praticamente inédito. Uma lápide notável de terracota de Isola Sacra, perto do porto romano de Óstia, oferece-nos um vislumbre extraordinário do processo envolvido no parto de uma mulher romana. Uma parteira (provavelmente a homenageada no relevo grosseiramente talhado) está curvada, sentada num banco baixo, sobre uma mulher nua em trabalho de parto que se agarra com força aos braços de uma cadeira de parto, as costas apoiadas por outra mulher de pé atrás dela. A partir de outras fontes médicas, sabemos o que o relevo não mostra — que havia um buraco em forma de lua crescente na cadeira através do qual o bebê era pego pela parteira.[17] Um espéculo de bronze com um desagradável formato de vagina foi descoberto nas ruínas de Pompeia; esse tipo de instrumento era usado para examinar o canal vaginal em caso de complicações. Se os conselhos registrados por Sorano foram seguidos, havia óleo quente, água e compressas à mão, e o ar foi perfumado com ervas como o poejo e frutas cítricas frescas para acalmar a mãe exausta.[18]

Dar à luz na Antiguidade era uma experiência perigosa tanto para a mãe quanto para o filho. Estima-se que cerca de 25% dos bebês morriam antes do primeiro aniversário, e os epitáfios funerários oferecem muitos cantos a mães que morreram em trabalho de parto.[19] Quando, por outro lado, o parto era bem-sucedido, como foi o de Lívia, de 16 anos, ao dar à luz o pequeno Tibério,

34   AS PRIMEIRAS-DAMAS DE ROMA

a casa logo se enchia de amigos parabenizando e dando tapinhas nas costas do pai orgulhoso, e há evidências literárias de que as mulheres também recebiam um apoio pós-parto de outras mulheres da família.[20] Nove dias depois do nascimento, um cerimonial chamado *lustratio* era realizado com rituais de purificação e o bebê era oficialmente batizado.[21] O escrutínio público da criação da criança, porém, não parava por aqui. Apesar do fato de a maioria dos membros da elite aparentemente entregar os filhos a amas de leite para a amamentação, muitas fontes antigas criticavam a prática e insistiam que as mulheres deviam amamentar os próprios filhos. Uma descrição do século II relembra um visitante filósofo chamado Favorinus que critica a mãe de uma moça ao vê-la tentar poupar a filha das exigências da amamentação logo depois do parto, insistindo que o caráter moral da criança seria prejudicado pelo leite de amas servis estrangeiras que podiam muito bem ser viciadas na garrafa. Ele prossegue:

> Pois que tipo de maternidade pela metade, imperfeita e antinatural, carrega um filho no ventre e logo depois o afasta de si?... Ou será que você pensa... que a natureza deu mamilos às mulheres para servirem de meros pontos de beleza, e não para o propósito de alimentar seus filhos, mas como adorno para os seios?[22]

Mesmo apesar de críticas intelectuais como esta muitas vezes não conseguirem impedir que as mães da época de Lívia entregassem seus bebês a outras mulheres para a fase do desmame, e o compêndio ginecológico de Sorano na verdade recomendasse o emprego de amas de leite para mães exaustas, as sátiras às fêmeas que não queriam suportar a perturbação e os danos causados à imagem pelo nascimento dos filhos. O narcisismo dessas mulheres era retratado pelos críticos da sociedade em que Lívia cresceu a fim de revelar o contraste com os velhos dias do início da história de Roma, um período habitado por mulheres incomparáveis como Cornélia — matriarca muito festejada do século II a.C. que de acordo com os relatos dispensara a ajuda contratada e criara os filhos "em seu seio" e "sentados no seu colo".[23]

Uma antiga biografia de Tibério preserva a informação de que a própria Lívia empregou uma ama de leite, ou *nutriz*, para cuidar do filho, um dos poucos vislumbres que temos desse período da vida dela.[24] Trata-se, entretanto, de um detalhe importante, já que nos leva diretamente ao pensamento romano em relação à mulher ideal, um padrão pelo qual Lívia e suas sucessoras no papel de primeira-dama de Roma seriam julgadas. As mulheres raramente eram elogiadas nos textos da Antiguidade por agirem segundo seus próprios interesses. Em vez disso, eram elogiadas por promoverem os interesses do marido e dos filhos, e, através deles, a glória de Roma. Cornélia, como a mãe dos irmãos políticos populistas Tibério e Caio Graco, era celebrada pelo papel que teve em sua infância, criando-os para serem oradores eloquentes e jovens virtuosos alimentados pelo leite materno. Da mesma forma, detalhes da criação de Tibério por Lívia sobreviveram porque os biógrafos da Antiguidade em questão estavam interessados não em Lívia, mas em como a criação de Tibério por ela pode ter influenciado o homem — e imperador — que ele eventualmente se tornaria.

Essas avaliações ainda não haviam sido escritas. Na época, apesar de sua impressionante árvore familiar, Lívia ainda fazia parte do núcleo gigantesco de figurantes na narrativa desse período turbulento da história romana. Mas o desdobramento de eventos políticos e as aspirações de seu marido logo a levaram para mais perto do centro da ação.

Logo depois de sua vitória conjunta sobre Brutus e Cássio em Filipo no ano 42 a.C. — a vitória que resultou no suicídio do pai de Lívia — a lua de mel dos arquirrivais Marco Antônio e Otaviano não durou muito. O relacionamento entre o carismático guerreiro veterano e o ambicioso prodígio político sempre fora um casamento por conveniência. Ao retornarem da cena da vitória, Antônio partira para inspecionar a porção do território oriental do Império Romano que lhe fora atribuída. Isso deixou o terceiro triúnviro Lépido encarregado da província da África e Otaviano com a jurisdição sobre a Itália e com a impopular tarefa de retomar a posse de terras e redistribuí-las entre tropas militares que haviam recebido a promessa de uma recompensa por apoiarem os triúnviros contra Brutus e Cássio. Logo se estabeleceu entre os acampamentos de Otaviano e Antônio uma guerra fria que não mostrava sinais de derreter na década seguinte.

Com Lépido cada vez mais deixado de lado, as classes romanas desgastadas pelo conflito se viram sob a pressão de declararem lealdade a um dos dois rivais candidatos ao poder supremo, e não demorou para que Tibério Nero fizesse sua escolha, decidindo unir-se a Antônio. Deixando Roma clandestinamente com Lívia e o filho recém-nascido em 41 a.C., eles conseguiram chegar a Perúsia (atual Perúgia), na Itália central, onde encontraram a esposa de Antônio, Fúlvia, e seu irmão Lúcio liderando tentativas de fomentar o descontentamento popular contra Otaviano entre os italianos cujas terras haviam sido tomadas.[25]

A terceira mulher de Antônio, Fúlvia, foi uma personagem muito controversa durante a campanha, uma mulher cujo assassinato nas fontes antigas nos dá uma ideia do que aguardava as *femmes dangereuses* da era imperial. Roma era uma sociedade militarista agressiva, que considerava a guerra um campo crítica — e exclusivamente — da realização masculina. A presença de uma mulher na linha de frente era um anátema, fazendo de Fúlvia um alvo óbvio para os oponentes de Antônio, que lucraram politicamente com o espectro de uma mulher cuidando das operações do marido no campo. Descobertas arqueológicas recentes em Perúgia de projéteis lançados durante o impasse entre os lados opostos nos fornecem uma ideia da retórica empregada. As descobertas incluem projéteis nos quais foram talhados insultos depreciativos contra Fúlvia — frases como "Estou apontando para a boceta de Fúlvia" e "Lúcio Antônio careca e Fúlvia, abram as bundas".[26] Os comentários da imprensa sobre ela registrados nos arquivos da história romana não são muito melhores que esses rabiscos crus.[27] Para um historiador da Antiguidade, o prazer macabro de Fúlvia diante da prisão do mais duro crítico de Antônio, Cícero, cuja cabeça ela ordenou que fosse apresentada diante de si a fim de poder cortar a língua mercurial agora sem vida do grande orador com um grampo de cabelo — uma versão feminina da adaga ou espada —, consolidava sua reputação como um terrível híbrido de características masculinas e femininas. O próprio Otaviano, por sua vez, era o suposto autor de um poema obsceno sobre ela, em que afirmava que Fúlvia, frustrada pelos casos de Antônio com outras mulheres, havia intimado Otaviano a "lutar contra mim ou me comer", convite do qual o autor declinava zombeteiramente.[28]

O fato de uma mulher romana entrar num território tradicionalmente masculino, como Fúlvia estava fazendo, não necessariamente provocava a sua imediata condenação. A história ricamente idealizada do passado mítico da cidade estava pontuada por casos de mulheres como Cloélia, uma jovem enaltecida por ter resgatado um grupo de mulheres que haviam sido feitas reféns pelo rei etrusco Porsena, tendo atravessado o Tibre a nado com elas sob uma chuva de lanças inimigas e recebido um agradecimento público com uma estátua na Via Ápia, uma honra geralmente reservada a homens durante a República. Outras mulheres, tanto fictícias quanto reais, eram elogiadas por sua bravura "masculina" no suicídio. A mais notável entre esse grupo era Lucrécia, cujo estupro por Sexto

Tarquínio, filho do rei romano Tarquínio, o Soberbo, foi o catalisador para a derrubada da Monarquia em 509 a.C. e a fundação da República sobre princípios ostensivamente democráticos. Lucrécia receberia elogios eternos como um modelo para as mulheres romanas por ter cravado uma faca no coração depois do estupro a fim de não permitir que sua castidade comprometida trouxesse desonra ao pai e ao marido. Havia ainda damas que intervinham diretamente para negociar a paz entre facções masculinas, como Vetúria e Volúmnia, que, como resposta a um apelo de outras matronas romanas dentro da cidade, negociaram a retirada dos portões citadinos de seu respectivamente filho e marido, Coriolano, quando este ameaçou invadir Roma no século V a.C.; e como as Sabinas, cujo rapto pelos primeiros colonos romanos ameaçou estimular a guerra entre os imigrantes e seus vizinhos sabinos, mas cujos apelos por reconciliação levaram à paz. Todas essas histórias foram ambientadas em períodos de grande instabilidade na história romana, nos quais tiranos eram derrubados ou frustrados e eras de paz restauradas. A mensagem era que se todas as mulheres fossem tão castas quanto Lucrécia, tão corajosas quanto Cloélia e tão sábias como Vetúria e Volúmnia, Roma jamais voltaria a cair nas armadilhas da perversão, da corrupção e do nepotismo que a haviam afligido em vários pontos de sua trajetória histórica.[29]

O costume, por outro lado, ditava que mulheres como Fúlvia — e mais tarde a amante de Antônio, Cleópatra —, que se imiscuíam no território político e militar exclusivo aos homens, deviam ser classificadas como arautos de um mundo que estava virando de cabeça para baixo. A linha divisória entre a esfera feminina da vida doméstica e o mundo público dos homens era fixa, e a desgraça acometia qualquer mulher que desse indícios de estar ultrapassando-a. Uma das mulheres desviadas da era republicana era Clódia Metelli, citada durante um discurso no tribunal realizado em 56 a.C. por Cícero, quando ele defendia seu ex-amante Célio Rufo da acusação de tentativa de assassinato cometida contra ela. Cícero, que afirmava que a alegação havia sido fabricada pelo irmão de Clódia, Clódio, com quem tinha uma rixa antiga, questionava Clódia como testemunha afirmando que ela fazia parte de um grupo social baderneiro, beberrão e sexualmente promíscuo que frequentava o popular resort costeiro de Baias, ao sul de Roma. A palavra condenatória usada por ele foi que ela era "notória", sugerindo que Clódia havia quebrado a regra tácita da sociedade romana que ditava que o papel de uma mulher era ser vista, mas jamais ouvida.[30]

Os verdadeiros alvos dessas difamações, contudo, geralmente eram os homens que toleravam a incursão de uma mulher na esfera pública, os quais, de acordo com as definições romanas de masculinidade, deviam ser considerados fracos e efeminados, incapazes de manter sua própria casa em ordem. Estes, pelo menos, são os sentimentos por trás da descrição de Plutarco de Fúlvia como "uma mulher que não dava nenhuma importância à prática da fiação nem ao trabalho doméstico, e não estava interessada em ter poder sobre um marido que não passava de um cidadão, mas queria governar um governante e comandar um comandante — e, consequentemente, Cleópatra devia a Fúlvia o favor de ter ensinado Antônio a submeter-se a uma mulher."[31] Num contraste total, os epitáfios das tumbas de mulheres do período pintavam retratos em tons de sépia de suas ocupantes como modelos domésticos que, sem jamais vacilar, trouxeram filhos ao mundo, amaram seus maridos, cuidavam da casa, fiavam lã e eram capazes de ter uma conversa, mas sabiam qual era o seu lugar.[32] Para o modo de pensar romano, essa esposa dona de casa que fiava lã era a mulher ideal, moldada à imagem da mártir heroica Lucrécia, que estava ocupada com seu tear quando o estuprador Sexto Tarquínio a viu pela primeira vez. O contraste entre ela e Fúlvia não podia ser maior.

No final das contas, a campanha de Fúlvia e Lúcio para fomentar uma oposição a Otaviano em favor de Antônio foi frustrada no início de 40 a.C., quando as forças de Otaviano cercaram seu acampamento, forçando os rebeldes a partirem numa fuga caótica — fugitivos entre os quais estavam Tibério Nero e Lívia. O ano seguinte de suas vidas passou-se num exílio peripatético, e as datas de seus inúmeros deslocamentos durante esse período tornam-se incertas. Forçados primeiramente a ir para o resort de Praeneste, a leste de Roma, eles seguiram de lá para Nápoles, onde por pouco não foram identificados pelas tropas de Otaviano graças ao choro de Tibério. O bebê foi passado de mão em mão entre Lívia, sua babá e os outros viajantes que os acompanhavam na tentativa de acalmá-lo enquanto se dirigiam clandestinamente para o porto. Ao chegarem à Sicília, as esperanças do marido de Lívia de receber a proteção de outro renegado, Sexto Pompeu — que usara a ilha como sua base desde a fuga da cena da derrota de seu pai Pompeu nas mãos de Júlio César — foram frustradas quando Otaviano começou a sondá-lo quanto a um acordo de paz. Lívia e Tibério Nero partiram, então, para a Grécia, onde Esparta parece ter finalmente oferecido uma recepção calorosa ao jovem casal, graças provavelmente às portas abertas pelo nome da família dos claudianos, que favorecera interesses na região. Todavia, seu esconderijo foi descoberto, o que os forçou à partida rápida e caótica noturna pelo incêndio na floresta de Esparta.[33]

Esta foi a tumultuosa primeira incursão de Lívia no cenário mortal do último período da República. Com detalhes vívidos como seu vestido e cabelo sendo chamuscados enquanto ela corria pela floresta espartana em chamas e suas tentativas frenéticas de silenciar o filho que chorava, a cena lembra mais o prólogo autobiográfico de um candidato político, a narração de um locutor do canal *Biography* da luta de um injustiçado contra as adversidades. Na ausência de um testemunho de primeira ou sequer de segunda mão, jamais saberemos se ela era uma parceira consciente nos objetivos políticos de Tibério Nero ou se não passava de uma cúmplice passiva seguindo obedientemente os passos do marido. Inscrições de Pompeia datadas do século I, durante o qual as mulheres romanas, embora privadas do direito ao voto, pediam apoio para certos candidatos políticos, juntamente ao exemplo ativo de matronas republicanas como Fúlvia, ilustram que as mulheres podiam promover e promoviam as causas políticas dos homens da família.[34] Apesar da concepção romana dos discursos públicos como outra peça fundamental da identidade masculina, inadequada para as mulheres, protestos e rebeliões femininos na defesa de seus próprios interesses também não eram inéditos — o incidente mais famoso tivera lugar um ano antes do cerco a Perúsia, 42 a.C., quando Hortênsia, a filha de um dos grandes oradores da época, Hortênsio, fez um discurso contra a imposição dos triúnviros de um imposto que mais tarde foi parcialmente revogado. A própria Lívia, agora que seu pai estava morto e ela era *sui iuris* — independente a não ser pela supervisão de um guardião que cuidava de alguns de seus interesses —, estava legalmente livre para deixar Tibério Nero se quisesse. Ao permanecer ao lado do marido, ela assumiu um papel que até mesmo seus futuros difamadores reconheceriam como honrado da parte de uma mulher, como reconheceu o historiador Tácito ao escrever sobre a virtude exibida pelas mulheres que em outros períodos turbulentos "acompanharam seus filhos em fugas" e "seguiram os maridos para o exílio".[35]

Não obstante, está claro que se não fosse a intervenção das circunstâncias, um casamento prolongado com Tibério Nero, por melhores que fossem suas credenciais, nunca teria rendido a Lívia mais do que um reconhecimento passageiro nos anais da história romana. Em vez disso, enquanto ela e o marido se recuperavam das feridas, foi outra mulher que se viu temporariamente sob os holofotes públicos.

Na tentativa de restaurar sua frágil aliança, Otaviano e Antônio concordaram em deixar as guerras de Perúsia para trás e declarar uma trégua. No porto de Brundisium (Brindisi), na costa adriática da Itália, em outubro de 40 a.C., os termos para um tratado foram acertados, confirmando as recompensas das províncias orientais do Império para Antônio e as das províncias ocidentais para Otaviano, enquanto o coadjuvante Lépido foi despachado para a província da África, para bem longe do centro da ação. Para selar o acordo, Otaviano arrancou uma página do caderno de negociações de seu tio-avô, Júlio César, oferecendo a mão da recém-enviuvada irmã mais velha Otávia — que, 13 anos antes, havia sido a isca de uma barganha semelhante oferecida por César a seu rival Pompeu (embora tenha sido rejeitada por este último) — em casamento ao oponente. A morte de Fúlvia por uma doença no início do ano enquanto tentava juntar-se a Antônio na Grécia havia removido qualquer obstáculo do seu lado, e embora o protocolo romano recomendasse que Otávia deveria passar dez meses de luto depois da morte em maio do marido Caio Cláudio Marcelo antes de poder se casar outra vez, as necessidades políticas de seu irmão não podiam esperar. O tratado e o casamento que o acompanhou consolidaram a paz entre Antônio e Otaviano, com Otávia, de 29 anos, servindo como elo entre eles.[36]

Otávia era, de certa forma, a mulher silenciosa dessa época na política romana, lembrada hoje em dia principalmente como uma espectadora passiva forçada a um papel secundário ao da rival mais exótica Cleópatra no afeto de Antônio. Em sua encarnação na tragédia de Shakespeare *Antônio e Cleópatra*, Otávia é descrita como um diálogo "santo, frio e estático" cuja frigidez jogaria Antônio nos braços de sua "atraente egípcia", enquanto um drama televisivo recente sobre o Império Romano retratou-a como amarga estraga-prazeres, um peão prostituído nos planos das conspirações da mãe, Ácia.[37] A reputação de Otávia na Antiguidade era um pouco mais impressionante. Além de ter recebido declarações inspiradoras de devoção do irmão Otaviano, ela era descrita como alguém cuja beleza, honra e prudência podiam muito bem domar a tendência à infidelidade do libertino Antônio. Acima de tudo, ela recebeu grandes elogios como mãe. Nos três anos que se seguiram a Brundisium, ela deu à luz duas filhas, Antônia, a Maior, e

Antônia, a Menor, que criou juntamente ao filho e às duas filhas do primeiro casamento e também aos enteados do relacionamento de Antônio com Fúlvia, uma prole que somava um total de sete.[38] Em síntese, Otávia figurava na mente romana como o antídoto perfeito, passivo e dócil para "mulheres más" como Cleópatra e Fúlvia, um modelo de perfeição nos moldes de Cornélia e alguém cujo exemplo outras mulheres de sua geração seriam encorajadas a seguir.

Contudo, num aspecto importante, o papel criado para Otávia no casamento com Antônio representava um rompimento com o passado. Logo depois do casamento, Antônio encomendou uma série de moedas de ouro, prata e bronze de uma casa de cunhagem que operava em várias cidades orientais sob seu controle, moedas essas que exibiam tanto ele quanto sua nova esposa. Exemplares minúsculos, do tamanho de unhas, dessas moedas sobrevivem, mostrando as cabeças de Antônio e Otávia, os retratos do casal cunhados individualmente, um na frente e outro no verso, ou com os perfis lado a lado. O lançamento dessas moedas representa um gesto significativo, pois, além de anunciarem uma nova aliança dinástica entre as duas metades do Império com uma harmonia ostensivamente feliz, elas fizeram de Otávia a primeira mulher claramente identificável a aparecer em moedas romanas por mérito próprio. Ademais, pelo que se sabe, esta foi a primeira vez que a imagem de uma mulher foi usada ao lado da de seu marido para reforçar as credenciais políticas dele.[39]

Uma moeda era um meio particularmente poderoso para a estreia visual de uma mulher romana como ícone público. Moedas permitiam que réplicas da imagem gravada fossem duplicadas e distribuídas em grande escala, encontrando rapidamente o caminho para as palmas e os bolsos dos súditos de um governante. De certa forma, o primeiro retrato público de Otávia foi algo decididamente tradicional, apresentando-a como a dedicada e fiel esposa de uma lenda romana, um apoio secreto ao marido. Até mesmo seu penteado era uma mensagem — um arranjo meticulosamente feito conhecido como *nodus* (que significa literalmente "nó") numa referência ao distintivo rolo de cabelo puxado forçosamente acima da testa. Esse topete rígido no século I a.C. estava na moda tanto entre mulheres abastadas quanto entre as de menos recursos, sua austeridade discreta projetando a imagem apropriada para uma esposa e mãe romana respeitável, e seria o estilo que Otávia usaria durante toda a vida, pelo menos nas representações oficiais.[40] Entretanto, apesar da familiaridade agradável do *nodus*, as moedas pós-Brundisium iam contra o *status quo* que anteriormente se recusava a contemplar a imagem de uma mulher viva na iconografia financiada pelo estado. Retratos de mulheres já haviam aparecido em moedas das províncias orientais do Império, mas jamais em moedas emitidas pela própria Roma.[41] Do ponto de vista do Senado, sancionar a imagem de uma mulher numa moeda que representaria o governo de Roma para seus súditos era uma grande inovação que Otaviano não tardaria a usar para virar a mesa contra seu oponente.[42]

Por enquanto, porém, o efeito pretendido ainda era que o súdito que estivesse contemplando ou segurando descuidadamente a pequena moeda se lembrasse da unidade do casal gravado nela e da unidade no coração do triunvirato com Otávia fazendo o papel da base que mantinha todo o edifício ereto. Pelo menos durante algum tempo a ilusão de que esses amargos ex-rivais haviam se tornado uma família feliz parece ter surtido o efeito desejado, e a trégua firmada em Brundisium acalmou os ânimos da política do Mediterrâneo. Como parte dos termos do acordo separado firmado por Antônio e Otaviano com Sexto Pompeu, que se encontrava na Sicília, aqueles que haviam apoiado esse fora da lei contra os triúnviros agora teriam permissão de retornar do exílio sem represálias, uma anistia que finalmente permitiu que Lívia, seu marido e filho abandonassem a desconfortável vida em fuga. Eles voltaram para Roma em 39 a.C. Como punição por sua deslealdade, porém, os oponentes dos triúnviros teriam devolvidos apenas 25% dos bens que lhes haviam sido tomados. Tibério Nero estava entre aqueles a quem a punição foi aplicada. Isso certamente significou o fim de quaisquer perspectivas de uma carreira política brilhante para o marido de Lívia, uma aposentadoria obscura forçada para o ex-pretor. No que diz respeito a Lívia, contudo, seu destino estava prestes a sofrer uma reviravolta surpreendente.[43]

Enquanto Antônio partia para o Oriente naquele mês de outubro na companhia da nova esposa, seu jovem cunhado reavaliava suas próprias opções maritais. Filho de um respeitável, mas pouco importante, clã de equitadores cujas ligações a Júlio César através de sua mãe Ácia eram o único motivo para a sua fama, um casamento vantajoso seria para o ambicioso Otaviano mais importante do que para a maioria. A decisão que tomara um ano antes, em 40 a.C., de casar-se com Escribônia, uma mulher já divorciada duas vezes e dez anos mais velha que ele, fora motivada pelas conexões da família dela com o renegado siciliano Sexto Pompeu, com quem o triunvirato tentava na época entrar num acordo. Era o segundo casamento de Otaviano depois de uma breve — e, de acordo com ele, não consumada — união com a filha de Fúlvia, Cláudia, que havia sido dissolvida quando ele se desentendeu com o padrasto de Cláudia, Antônio. Antes disso, Otaviano já tivera pelo menos um noivado rompido ligado a seu nome, o que ilustra a velocidade e facilidade de um noivado, divórcio e segundo casamento entre a elite romana em uma atmosfera onde maridos, pais e irmãos que precisassem forjar alianças com famílias influentes usavam seus familiares do sexo feminino como uma moeda crucial.[44]

Mas antes que o ano 39 a.C. terminasse, numa demonstração implacável da facilidade com que essas alianças podiam ser feitas e quebradas, Otaviano divorciou-se de Escribônia — horas depois de ela ter dado à luz a sua única filha, Júlia — e convidou a ex-esposa grávida de um de seus oponentes para ir morar com ele, num prelúdio de um casamento. A mulher grávida em questão era Lívia. Assim, ela começou o ano como exilada política e terminou no papel de consorte de um dos homens mais poderosos do mundo.[45]

Como o par se conheceu e veio a abandonar seus respectivos cônjuges é um tema que tem produzido muita confusão e controvérsia. Otaviano mais tarde escreveria sobre a decisão abrupta de divorciar-se de Escribônia depois de apenas um ano de casamento: "Eu não suportava as implicâncias dela."[46] Seus críticos, entre os quais Tácito — avaliando os eventos do ponto de vantagem de um século à frente — afirmavam que, pelo contrário, Otaviano fora fascinado e tentado pela beleza de Lívia, e a roubara de Tibério Nero à força. Cartas cheias de farpas de Antônio para seu rival, preservadas pelo biógrafo imperial Suetônio, insinuavam que Escribônia fora conduzida à saída por ter objetado ruidosamente demais o fato de ter uma rival, e que Otaviano era tão lascivo que certa vez havia seduzido a esposa de um convidado — possivelmente Lívia, embora não esteja claro — durante um jantar, desgrenhando seu cabelo e virando seu rosto corado para a mesa.[47] Outras fontes, porém, retratam Tibério Nero menos como um marido traído e mais como um cúmplice que aceitou tudo de boa vontade, afirmando que ele até mesmo substituiu o pai da esposa ao conceder sua mão na cerimônia e depois participou do banquete de casamento.[48]

Mais intriga ronda o fato de que à época do seu segundo casamento, no outono de 39 a.C., Lívia já estava grávida de seis meses do segundo filho, Druso, ao qual deu à luz quando já vivia com Otaviano, no dia 14 de janeiro de 38 a.C. Ela teve apenas três dias para recuperar-se do parto antes da cerimônia de casamento, realizada no dia 17 de janeiro.[49] Como era de se prever, a gravidez de Lívia foi o assunto da cidade. A suposta preocupação de Otaviano em relação às regras da etiqueta, tomando tempo até mesmo para perguntar aos sacerdotes se era permitido se casar com uma mulher grávida, não impediu a inevitável especulação sobre a paternidade de Druso, resumida num dito sarcasticamente humorístico que atraiu muita popularidade:

> Que sorte têm os pais
> Cujo filho passa apenas três meses no ventre![50]

Trata-se de um intrincado cenário de anedotas a se examinar, e várias teorias já foram apresentadas na tentativa de desatar o nó da narrativa da história. Já foi feita, por exemplo, a sugestão de que os rumores da ilegitimidade de Druso foram alimentados por comparsas perversos de Antônio. Outros argumentam que os próprios filhos de Tibério Nero quando adultos tentaram sufocar sugestões de que o pai não passava de um indefeso marido traído ao afirmarem que ele havia concordado com o arranjo.[51] As duas suposições são plausíveis, dada a propensão da sociedade romana de lançar cortinas de ferro sobre episódios históricos desagradáveis. Contudo, há claramente outros planos em jogo por trás da preservação dessas histórias. Aqueles que liam ou ouviam os relatos do rapto de Lívia de Tibério Nero estavam sendo convidados a avaliar as credenciais masculinas dos rivais, um eixo em volta do qual todas as batalhas políticas romanas eram lutadas. Alguns queriam retratar Tibério Nero como um paladino da moralidade, enquanto outros eram levados a tirar a conclusão de que Otaviano era o mais másculo dos dois.[52]

Pelo menos uma conclusão segura quanto aos motivos do casamento de Otaviano e Lívia pode ser tirada: a fertilidade comprovada e a árvore genealógica de Lívia seriam inestimáveis para seu novo marido. O relacionamento de Otaviano com o ditador assassinado Júlio César abrira muitas portas em sua ascensão através dos degraus da vida pública, mas as origens de sua própria família imediata pertenciam inegavelmente à classe média, o que o deixava vulnerável ao desdém da aristocracia política romana, que não tardava em detectar o cheiro da burguesia. O casamento com Lívia, que tinha uma linhagem familiar impecável que a ligava a duas das maiores e mais reverenciadas dinastias romanas — os claudianos e os livianos —, podia silenciar de uma vez por todas tais críticas. Essas considerações poderiam perfeitamente ter levado o muito ambicioso Otaviano a voltar suas atenções para a esposa de um de seus oponentes.

Tenha ou não Tibério Nero protestado ao perder seu lugar ao lado da esposa para o rival mais jovem, isso de qualquer forma não o teria ajudado muito. Sua estrela estava apagando, seu crédito político já havia sido praticamente consumido em Roma e ele havia perdido a maior parte de suas propriedades como punição — um grande contraste com a ascensão estratosférica de Otaviano, agora a um passo de ter nas mãos todos os ases do baralho imperial. Aquiescer de bom grado provavelmente era a melhor opção para Tibério Nero. Depois do divórcio, ele passou cinco anos vivendo uma aposentadoria tranquila, até morrer por volta do ano 32 a.C. depois de ter nomeado Otaviano guardião de seus dois filhos. Eles viviam com Tibério Nero desde a separação dos pais, conforme decidido pela lei romana, que depois de um divórcio geralmente concedia a custódia dos filhos ao pai.[53] Foi Tibério, de nove anos, que subiu na plataforma do orador do fórum romano para fazer o discurso fúnebre para o pai.

Escribônia retirou-se para as sombras e aparentemente não voltou a casar-se, embora tenha passado dos 80 anos, uma idade muito avançada na Antiguidade. Não se sabe se ela teve permissão para ficar com a filhinha, Júlia, ou se esta ficou com o pai — embora a lei automaticamente tenha concedido sua custódia para Otaviano, era permitido que as crianças permanecessem com a mãe quando conveniente. Como Júlia era recém-nascida e considerando os planos políticos de Otaviano, é mais provável que a menina tenha ficado sob os cuidados da mãe pelo menos naquele momento.[54] A história de Escribônia, contudo, cruzar-se-ia dramaticamente com a de Júlia mais à frente. O retrato hostil pintado da esposa por Otaviano como uma víbora implicante continua sendo sua descrição mais influente, mas outros que viveram na Antiguidade demonstraram mais admiração por ela, entre os quais o filósofo Sêneca, que a chamou de *agravisfemina* (uma mulher "séria" ou "digna") pelo conselho sólido que ela deu muitos anos depois a um sobrinho-neto desgraçado sobre como enfrentar sua punição como um homem. O escritor do discurso fúnebre de uma de suas filhas de um casamento anterior, por sua vez, se referia a ela lisonjeiramente como "a doce mãe Escribônia".[55] Embora este fosse um epíteto costumeiro do vocabulário do obituarista, a lealdade irrestrita de Escribônia como mãe de fato seria seu legado mais notável.

Depois da morte de seu pai em 32 a.C., a casa dos filhos de Lívia, Tibério e Druso, de cinco anos, passou a ser uma elegante, ainda que relativamente modesta, propriedade de pedra no Monte Palatino ocupada pela sua mãe, agora com 26 anos, e seu padrasto desde o casamento dos dois. A casa havia sido confiscada por Otaviano durante a onda de banimentos que se seguiu à Batalha de Filipo da família de Quinto Hortênsio, o famoso orador e grande rival de Cícero que havia acumulado uma fortuna com sua carreira na justiça e deixara a vila para a filha Hortênsia e o filho Quinto Hortênsio Hórtalo. Os dois eram grandes oponentes de Otaviano. Hortênsia, que como vimos herdou o dom do pai para a oratória, tornou-se uma heroína para as mulheres de mente republicana do século XVIII — como a historiadora inglesa Catherine Macaulay — pela posição que assumiu contra Otaviano e por seus planos de lançar impostos sobre as mulheres romanas abastadas em 42 a.C. O irmão de Hortênsia morreu em Filipo, lutando a favor de Brutus e Cássio. Ao adotar a casa da família como sua própria casa, Otaviano não apenas colocava sal na ferida dos irmãos, mas mostrava ao mundo os espólios da vitória de Filipo da forma mais grosseira possível.[56]

Traços escassos sobreviveram dos passos de Lívia como esposa de Otaviano ao longo da década seguinte. Entretanto, podemos traçar a imagem de um estilo de vida luxuoso a que ela, como uma matrona romana trafegando pelos primeiros círculos da sociedade republicana de Roma, tinha acesso graças a fontes como a correspondência de Cícero, cujas cartas contêm impressões tanto dos prazeres domésticos quanto do glamouroso cenário social disponível para mulheres modernas e bem relacionadas como sua própria esposa, Terência — cuja gigantesca fortuna pessoal foi usada para financiar a carreira política de Cícero —, e sua filha Túlia, a quem Tibério outrora fizera a corte.[57]

Escritas duas décadas antes do seu assassinato brutal em 43 a.C., as cartas de Cícero, endereçadas principalmente a seu confidente íntimo Ático, pintam um retrato da idílica vida familiar. Por outro lado, ouvimos referências a longas viagens de verão de Terência e Túlia pelas propriedades cheias de criados de resorts costeiros como Âncio, ao sul de Roma, um destino de férias particularmente popular entre os plutocratas do Império. A vida urbana também oferecia várias distrações. Embora proibidas de entrarem em prédios públicos do governo tais como o do Senado, as mulheres romanas tinham uma liberdade de locomoção relativa se comparadas a suas segregadas ascendentes atenienses. Além de reuniões religiosas reservadas às mulheres, como os rituais da deusa Bona Dea, havia também vários eventos a que comparecer, tais como peças e jogos públicos nos quais, ao contrário do que aconteceria mais tarde, as mulheres ainda podiam se sentar ao lado dos homens. Nessas ocasiões era possível socializar com amigos

ULISSES DE VESTIDO: O NASCIMENTO DE UMA...   47

e também assistir aos espetáculos, como observaria o poeta subversivo Ovídio jocosamente em um poema anos depois, ao dizer que o circo era um bom lugar para começar um caso e aconselhar os leitores do sexo masculino a abanarem o objeto de sua afeição com o programa de uma corrida para ganhar seu sorriso.[58]

Havia jantares a planejar, oferecer e frequentar, nos quais, ao contrário de suas irmãs atenienses do período clássico, mulheres romanas respeitáveis comiam lado a lado em poltronas reclináveis com os homens — embora o consumo excessivo de vinho fosse um hábito malvisto para as mulheres.[59] Uma das poucas referências que temos do paradeiro de Lívia durante a década de 30 nos conta que em 36 a.C. ela, seus filhos e Otaviano receberam permissão para realizar um banquete de estado anual celebrando a vitória definitiva sobre Sexto Pompeu, com quem qualquer ilusão de trégua havia sido frustrada pelo divórcio de Otaviano de Escribônia. Várias batalhas navais se seguiram antes da derrota de Sexto para o tenente de Otaviano, Marco Agripa, na Batalha de Nauloco. Se o banquete de celebração em questão seguiu o protocolo tradicional para um jantar, Lívia convidou as mulheres e Otaviano, os homens.[60] Como pela etiqueta os homens podiam comparecer a festas sozinhos, mas as mulheres deviam ter um acompanhante, provavelmente o banquete contou com mais homens do que mulheres entre os convidados, e tal como suas contrapartes em jantares mistos no século XIX, as mulheres eram aconselhadas a reservar suas observações a assuntos adequados, e não tentar se imiscuir em tópicos tipicamente masculinos como as obras dos poetas modernos. Contudo, elas de vez em quando tinham a permissão de participar das distrações que se seguiam aos jantares, tais como recitais literários, apresentações de mágicos, ou até mesmo de anões, embora alguns desaprovassem a prática de permitir que as mulheres assistissem a tais espetáculos.[61]

Tal como a de Terência, a rotina diária de Lívia provavelmente girava em grande parte em torno da do marido, que era dominada pelo menos na primeira metade do dia pelo *salutatio*, uma recepção realizada exclusivamente para os homens que começava de madrugada e contava com um fluxo constante de amigos entrando pelas portas de homens proeminentes como Cícero e Otaviano em busca de ajuda ou conselhos em várias questões pessoais e econômicas. O próprio Cícero afirmava detestar tal obrigação diária, queixando-se para Ático que só tinha tranquilidade quando estava ao lado da esposa e dos filhos. Enquanto isso, esperava-se que as mulheres da elite passassem as manhãs delegando tarefas aos empregados e supervisionando a administração da casa. Não se sabe se durante o último período da

48 AS PRIMEIRAS-DAMAS DE ROMA

República mulheres do status de Lívia e Terência recebiam suas próprias comitivas de visitantes durante o *salutatio* matutino, embora Lívia certamente não fizesse isso durante a era imperial. Mas temos conhecimento de convites de mulheres a outras para visitas de cortesia, e sabemos que ocasionalmente as mulheres até mesmo recebiam desacompanhadas visitantes do sexo masculino confiáveis, como fez a esposa de Ático, Pilia, quando pegou a vila de Cícero no Lago Lucrino emprestada certo verão para um período de férias com o marido e a filha.[62]

As famílias abastadas de Roma costumavam manter várias propriedades para uso particular, mudando-se no início da primavera de suas residências urbanas para vilas costeiras luxuosas às margens do mar em resorts da moda como Âncio, e se retirando nos abafados meses de verão para o frescor das Colinas Albanas e Montes Sabinos, nos arredores de Roma, cujas montanhas eram pontilhadas pelos retiros de verão das famílias privilegiadas.[63] Como ilustram as cartas de Cícero, viagens pela Itália entre casas familiares sem a escolta dos maridos era um hábito perfeitamente *de rigueur* para as matronas romanas respeitáveis, e sabe-se que certas mulheres romanas ricas do período — incluindo Terência, Fúlvia e a própria Lívia — eram proprietárias consideráveis. A joia no esplêndido portfólio de Lívia, provavelmente herdada de seu pai depois da morte deste, era uma magnífica vila rural localizada numa região conhecida como Prima Porta, situada a 14,4 km da cidade na Via Flamínia, uma das principais avenidas que partiam de Roma em direção ao norte, e um relato identifica seu paradeiro aqui pouco depois do casamento com Otaviano.

Foi necessário esperar que as escavações do que restou dessa vila, descoberta em 1596, fossem realizadas no final do século XIX para que fosse estabelecida uma conexão entre ela e uma propriedade da região que se sabia ter pertencido a Lívia, validada em parte pela descoberta da famosa Prima Porta Augustus, a estátua mais famosa existente do marido de Lívia.[64] Localizada no alto de uma montanha, a propriedade possuía belos jardins e vistas de tirar o fôlego da zona rural local que podiam ser admiradas da sua varanda, entre as quais as magníficas paisagens do vale do rio Tibre com Roma à distância e das Colinas Albanas, cujos topos estavam cheios de santuários consagrados. Devido ao depósito calcário avermelhado no terreno rochoso local, que também foi usado na construção da casa de Lívia, Prima Porta na Antiguidade já havia sido chamada de *Saxa Rubra*, ou "Pedras Vermelhas", enquanto os mais velhos conheciam a vila pelo nome de *ad Gallinas Albas*, traduzido coloquialmente como "Casa da Galinha Branca".[65]

Proprietários de vilas romanas valorizavam o frescor e as sombras que abrigavam do sol em suas casas nas montanhas. Fontes com cascatas e jardins cheirosos ofereciam um oásis refrescante no calor, e havia uma preferência por colocar os quartos e as áreas de alimentação no meio da casa, longe do calor das paredes exteriores.[66] Mas ainda havia formas de deixar o exterior entrar, conforme provado pela descoberta notável em 1863 na vila de Lívia de uma grande sala de jantar (*triclinium*) de verão subterrânea, medindo pouco menos que 6 x 12 metros. Aqui, as paredes foram pintadas com papoulas, rosas damasco, rosas damascenas, mirtas e crisântemos. Sobre uma paleta de fundo pintada com um turquesa quente, melros, rouxinóis, perdizes e sabiás voam entre os galhos de limoeiros, laranjeiras, romázeiras e ciprestes, e há até mesmo uma gaiola fixada numa balaustrada de mármore e um belo gramado com uma cerca de cana e vime. Protegida do calor escaldante do verão nesse refúgio subterrâneo de veraneio, Lívia certa vez fez o papel de anfitriã política dos convidados do marido que ou vinham das vilas vizinhas ou viajavam de Roma, e pode até mesmo ter sido responsável por encomendar o design e a decoração únicos do *triclinium*.[67]

Os visitantes que examinarem de perto esse exuberante mural botânico e ornitológico, agora iluminado no frescor do ar-condicionado do Museo Nazionale de Roma, encontrarão um detalhe intrigante. Aconchegadas entre as palmeiras e pinheiros cuidadosamente recriados nas paredes da sala estão loureiros, uma visão comum num jardim romano, mas que no caso em questão possui um significado em particular. A presença dos loureiros na decoração, associada à referência às "galinhas brancas" no nome da vila, remete-nos a um famoso presságio que Lívia supostamente teria tido enquanto se encontrava na residência e que se tornou parte essencial da história de vencedor orgulhoso de seu marido nos anos que se seguiram a Áccio.

De acordo com a história, contada por mais de uma fonte da Antiguidade, certo dia, pouco depois do casamento com Otaviano, Lívia retornava à vila quando uma galinha branca como a neve, derrubada do bico de uma águia que voava logo acima, caiu do céu sobre seu colo. No bico da galinha estava um ramo de loureiro, que Lívia pegou e decidiu plantar no chão seguindo o presságio. Enquanto a galinha produziu uma saudável prole de pintinhos, o ramo de loureiro multiplicou-se para formar um bosque de árvores. A história de o pássaro ter caído do céu no colo de Lívia parece fantástica demais para ser verdade, mas escavações recentes na vila indicam que o bosque de loureiros talvez fosse menos mítico. Lotes de plantio de cerâmica perfurada, ideais para o plantio de loureiros, foram encontrados na extremidade sudoeste da encosta de Prima Porta, preparados nos fornos da própria vila.[68]

Embora o bosque propriamente dito ainda não tenha sido encontrado pelos escavadores, a ideia de sua existência serviu como um poderoso talismã para gerações de herdeiros de Lívia e Otaviano. Mais tarde, quando os imperadores romanos descendentes de Otaviano e Lívia faziam desfiles triunfais, carregavam e se cobriam de ramos de loureiro que diziam terem sido arrancados do bosque da vila.[69] Enquanto os loureiros crescessem na vila de Lívia, a dinastia fundada por seu marido continuaria prosperando, e o loureiro — uma árvore associada ao deus romano Apolo — tornar-se-ia a insígnia de Otaviano, um símbolo do seu direito divinamente concedido de governar. Assim, foi a Lívia, ainda num processo de renovação em termos históricos, que foi concedido o primeiro papel importante como castelã do mito da vitória do marido. Ela se faria cada vez mais gravada na mente do povo romano nos anos que se seguiriam. Entretanto, enquanto a década chegava ao fim, Lívia continuava interpretando um papel secundário ao da cunhada se considerarmos os anais do período.

Otávia continuava recebendo aclamações por seu papel como mediadora entre os homens mais poderosos do Império. Na primavera de 37 a.C., por volta da época em que ficou grávida da filha mais nova, Antônia, a Menor, Otávia foi convocada a acalmar os ânimos em outra contenda entre o marido e o irmão e a agir como intermediária na negociação do seu acordo de divisão de poder no Golfo de Tarento, sul da Itália.[70] Relembrando os papéis interpretados por pacificadoras lendárias como Vetúria, Volúmnia e as Sabinas, ao falar sobre o acordo comentaristas da Antiguidade afirmariam que um compromisso aceitável foi alcançado apenas graças à diplomacia tranquila de Otávia, Antônio e Otaviano concordando em emprestar navios e soldados um ao outro para suas respectivas campanhas contra Partos e a Sicília. Otávia foi brindada como "uma maravilha entre a raça feminina".[71] A celebração do seu papel como reconciliadora levou-a a aparecer mais uma vez nas moedas do marido, desta vez com a cabeça de Antônio e a de Otaviano juntas como as de gêmeos siameses voltadas para o perfil dela — o reverso exibia três galés com as velas ondulando. Outras peças de bronze sobreviventes exibem os traços gastos de Antônio e Otávia de frente um para o outro no reverso da moeda, enquanto na frente é possível discernir um casal representando o deus do mar Netuno e sua esposa Anfitrite numa carruagem puxada por cavalos-marinhos, abraçados entre as ondas.[72]

Esse quadro romântico, porém, representa mais do que uma charada. Com os impasses resolvidos satisfatoriamente em Tarento, inclusive a renovação do acordo de divisão do poder entre os triúnviros por mais cinco anos, Antônio deixou a Itália mais uma vez no outono de 37 a.C. e retornou ao leste. Otávia costumava passar o inverno com o marido em Atenas, mas desta vez ele deixou a esposa e filhos para trás em Roma sob os cuidados de Otaviano. Como desculpa, Antônio usou o pretexto de que queria mantê-los fora de perigo enquanto dava continuidade a uma longa campanha contra o Império Parta no leste. Entretanto, isso não era verdade. Nas palavras de Plutarco, "uma terrível calamidade adormecida havia um longo tempo" estava prestes a despertar.[73] A instável aliança política e doméstica de Roma estava prestes a ser irremediavelmente rompida, e as frágeis bases da união de Antônio e Otávia completamente expostas. Tomando emprestada a frase de outra esposa real desiludida, poderíamos dizer que esse casamento era composto não por duas, mas por três pessoas.

Cleópatra VII, rainha do Egito — a última e mais famosa beneficiada de uma dinastia macedônica de faraós que governava o Egito havia quase três séculos desde a sua conquista por Alexandre, o Grande —, herdara o trono em 51 a.C., aos 17 anos. Ela passou a década seguinte imersa em conflitos familiares provocados em parte por sua determinação de fazer negócios com os governantes romanos, a quem fornecia apoio militar e financeiro em troca de garantias territoriais. Durante esse período, Cleópatra estabeleceu uma aliança particularmente íntima com Júlio César, de quem se tornou amante, e sua união produziu um filho, Cesarion. Depois de passar dois anos hospedada na casa dele no Tibre, provocando murmúrios de desaprovação de Cícero — que numa carta contou ao velho amigo Ático que a arrogância da rainha no período que passou na casa de César "faz meu sangue ferver" — o assassinato de César levou-a de volta para o Egito.[74] Três anos depois, em 41 a.C., Cleópatra recebeu a visita de um mensageiro convidando-a para reuniões diplomáticas na cidade de Tarso, sul da Ásia Menor, com o triúnviro Antônio, que assumira os domínios orientais do Império Romano como parte de seu acordo de divisão de poder com Otaviano e Lépido. O resto — bem, o resto é história.[75]

O caso de Antônio e Cleópatra, que teve início enquanto ele ainda estava casado com Fúlvia, já foi recriado e interpretado em inúmeras ocasiões na literatura, na arte e no cinema, talvez mais notoriamente e com certeza prodigamente na produção cinematográfica de 1963 de Joseph L. Mankiewicz *Cleópatra*, estrelando Elizabeth Taylor e Richard Burton.[76] Outras encarnações vão de telas do pintor renascentista Giovanni Battista Tiepolo, passando por tampas de relógios de prata, a caixas de rapé e roupas gritantes de mau gosto fabricadas entre os séculos XVII e XIX.[77] Entre as reconstruções literárias, é claro que o destaque é *Antônio e Cleópatra*, de Shakespeare, embora também haja narrativas de Chaucer, Boccaccio e Dryden. A principal fonte para a peça de Shakespeare, contudo, foi a tradução em inglês do relato escrito no início do século II pelo biógrafo de Antônio, Plutarco.[78]

Embora Plutarco houvesse consultado relatos anteriores, inclusive o de Quinto Délio, testemunha ocular do primeiro encontro entre Antônio e Cleópatra, ele claramente também recorreu à própria imaginação para narrar a história do casal, preenchendo com ficção lacunas no material que usou como fonte, descrevendo cenas em que não havia ninguém além dos próprios protagonistas no aposento ou colocando longos discursos nas bocas dos personagens que jamais poderiam ter sido registrados para a posteridade.[79] Tanto para a história do conflito entre Antônio e Otaviano no Áccio quanto para entender as histórias das primeiras imperatrizes de Roma, cuja ascensão se deu depois da sua morte, é essencial reconhecer que Cleópatra, o modelo original para uma série caleidoscópica de cópias medievais e modernas da rainha egípcia, é em si mesma uma entidade composta, tecida através de uma miscelânea de fontes e julgamentos produzidos, editados e disseminados em meio à atmosfera da vitória de Roma sobre o Egito e da batalha do Áccio, promovidos pelo eventual conquistador de Cleópatra, Otaviano. A Cleópatra que conhecemos atualmente, descrita certa vez por um autor antigo como uma mulher preparada para usar suas *artes meretricae* ("artes de meretriz") a fim de obter o que queria do romano Antônio, é, na verdade, um espectro, o eco de um fantasma criado e conservado pela máquina da publicidade de Otaviano, disposto a descrever Cleópatra como a encarnação dos valores femininos bárbaros que era seu dever e destino esmagar, e, no processo, obter uma vitória moral tanto para os valores masculinos romanos da *virtus* ("coragem") e da *pietas* ("piedade"), que afirmava representar, quanto para os traços femininos tradicionais da fidelidade e da castidade sintetizados por sua esposa Lívia e por sua irmã Otávia.

Na narrativa de Plutarco, à chegada espetacular de Cleópatra a Tarso em 41 a.C. seguiu-se uma troca de hospitalidades competitivas entre ela e Antônio, cada um tentando superar o outro com banquetes abundantes, um combate em que Antônio levou a pior. Apesar disso, a companhia de Cleópatra à mesa de jantar era o bastante para cativá-lo a ponto de ela conseguir levá-lo para passar o inverno em Alexandria, todas as preocupações com seus deveres militares abandonadas. Segue-se uma série de histórias sobre a estada de Antônio no Egito, um catálogo de anedotas e proezas curiosas retratando o casal como hedonistas inveterados e travessos. Cleópatra encorajava Antônio a tomar parte em todo tipo de passatempos, incluindo as apostas e a caça, e há rumores de que eles até mesmo fundaram um clube de bebida chamado de "Sociedade dos Amantes da Vida Inimitáveis" e que se vestiram como escravos para poder perambular pelas ruas de Alexandria, para o prazer da população. Os dois gastavam dinheiro como água, oferecendo banquetes para 12 pessoas que poderiam ter alimentado cem. O par também pregava peças. Chateado certo dia com a falta de sucesso na pescaria no porto de Alexandria enquanto Cleópatra observava, Antônio disse a um de seus escravos que nadasse imerso na água e prendesse um peixe já capturado no seu anzol, que prontamente ergueu em triunfo. Cleópatra revidou no dia seguinte em frente a uma grande audiência de amigos, os quais já havia prevenido, ao ordenar que um de seus próprios escravos prendesse um peixe que claramente não era nativo do Mediterrâneo ao anzol de Antônio, que ficou muito constrangido ao puxá-lo.[80]

Fossem rumores ou fatos, contos como esse compunham uma munição inestimável para Otaviano na Itália. Em 40 a.C., Cleópatra deu à luz gêmeos, Alexandre Hélio e Cleópatra Selene, mas a notícia da expulsão de Lucius e Fúlvia pelas tropas de Otaviano na Perúsia já haviam afastado Antônio de sua segunda família egípcia, levando-o de volta à Itália e ao seu confronto com Otaviano. O resultado foi o pacto de Brundisium, ratificado pelo casamento de Antônio com Otávia. Cleópatra de repente saiu de cena, e assim permaneceu durante os três anos que se seguiram, enquanto Antônio, atraído de volta para o lado do rival, dirigia operações militares contra os partias de Atenas, onde havia estabelecido residência com Otávia.

Todavia, no outono de 37 a.C., enquanto Otávia ainda recebia louvores pelo papel que teve no acordo de paz entre o irmão e o marido em Tarento, Antônio voltou para o leste a fim de reunir-se a Cleópatra. Em seguida, com Cleópatra financiando-o, ele tentou invadir Partos em 36 a.C., mas acabou numa fuga desastrosa que mancharia sua reputação militar. Enquanto isso, Otaviano havia matado dois coelhos com uma cajadada só: derrotara o velho inimigo dos triúnviros, Sexto Pompeu, na batalha de Nauloco no dia 3 de setembro, e ao mesmo tempo expulsara Lépido de sua terceira posição na mesa do triunvirato sob a acusação de tentar usurpar a autoridade de Otaviano na batalha pela Sicília. Três haviam se tornado dois e a maré virava gradativamente a favor de Otaviano.

A carta que Otaviano tinha sob a manga era Otávia. Assim como ela fora um instrumento para a paz, agora se tornaria um instrumento para a guerra. No verão de 35 a.C., pouco depois que Antônio sofrera o revés humilhante na campanha parta, Otávia viajou de Roma para a sua antiga residência marital em Atenas, levando consigo dinheiro, suprimentos de guerra e reforços para o marido. É Plutarco quem é novamente nosso informante, descrevendo primeiramente a recepção de Otávia em Atenas, onde ela encontrou cartas de Antônio proibindo-a de seguir em frente, e seu autocontrole mesmo apesar da raiva diante do fato de ter sido enganada. Em seguida, ele traça uma imagem dos temores mentais de Cleópatra diante da possibilidade de que "Otávia estivesse a caminho para um combate corpo a corpo com ela" e de sua estratégia de fingir estar doente para disfarçar a tristeza diante da possibilidade de perder Antônio. Reprovado pelas damas de companhia de Cleópatra, que o censuraram cheias de lástima por negligenciar a mulher que o amava tanto, de acordo com relatos Antônio se tornou "tão delicado e efeminado" que foi persuadido a abandonar seu último projeto militar e retornar para o lado de Cleópatra em Alexandria. Otávia foi forçada a voltar a Roma, mas se recusou a sair da casa que compartilhara com o marido, contrariando a vontade do irmão. Ela decidiu lá permanecer cuidando tanto de seus filhos quanto dos filhos de Antônio com Fúlvia, continuando a receber os amigos dele e no processo "prejudicando Antônio sem o propósito de fazê-lo, pois ele passou a ser odiado por ter traído uma mulher da sua qualidade".[81]

Os retratos de Cleópatra como uma manipuladora ardilosa, de Antônio como um homem delicado e efeminado e de Otávia como uma mulher fiel traída são todos marcas da campanha cada vez mais ruidosa de Otaviano para persuadir o povo romano de que era o único homem capaz de governá-los. Com uma sabedoria tática típica, ele aproveitou com prazer a oportunidade de obter grandes lucros políticos da crise matrimonial da irmã e a empregou numa estratégia que tinha como objetivo favorecer suas credenciais como defensor da velha e conservadora moralidade enquanto pintava Antônio como um fantoche castrado de uma rainha estrangeira. No processo, um frágil teto de vidro quebrou-se para as mulheres da vida pública romana à medida que Lívia e Otávia tornavam-se cada vez mais importantes para ajudar a definir a imagem de Otaviano como um marido, irmão e homem de família devotado.

No ano 35 a.C. veio a gota d'água. Na tentativa de promover sua campanha para vender ao público romano a imagem de sua esposa e irmã como as novas Cornélias de sua época, Otaviano aprovou a gratificação especial de Otávia e Lívia com uma série de honras e privilégios consideráveis. Elas ganhavam três novos direitos: em primeiro lugar, receberam uma proteção conhecida como *sacrosanctitas*, o que tornava o ato de proferir insultos contra elas uma ofensa; em segundo, receberam imunidade da *tutda* — a tutela masculina —, o que na prática significava que elas tinham liberdade para administrar suas próprias finanças; em terceiro, estátuas representando Otávia e Lívia seriam encomendadas para exibição pública.[82]

Esses três sinais de distinção colocavam as duas mulheres numa posição extraordinária e sem precedentes. O direito da *sacrosanctitas* era uma concessão reservada unicamente à classe política masculina publicamente eleita dos tribunos. O fato de Otávia e Lívia agora terem esse privilégio era um reconhecimento à sua elevação a uma posição de importância política pública até então impossível para mulheres. Também sugere que houvera um agravamento do combate verbal entre os campos de partidários de Antônio e Otaviano, que levara a insultos retaliativos a Lívia e Otávia — ou pelo menos essa era a impressão que Otaviano *desejava* criar. A concessão da *tutela* não era exatamente uma novidade, já que era um direito há muito compartilhado pelas Virgens Vestais. Contudo, todas as outras mulheres romanas, até mesmo aquelas cujos pais e maridos haviam morrido, eram solicitadas a aceitarem a supervisão de um *tutor* ou guardião, e a honra pela associação às Virgens Vestais era óbvia. Otávia e Lívia deveriam ser tratadas da mesma forma que as mulheres mais reverenciadas da sociedade romana.[83]

A sua representação pela construção de estátuas, no entanto, era potencialmente mais significativa ainda. Políticos da República Romana já haviam há muito se mostrado oponentes sólidos à ideia de uma mulher ser venerada por meio de esculturas públicas. Em 184 a.C., um discurso do grande orador e defensor da moral Catão, o Velho, havia ironicamente desprezado a ideia, e

56 AS PRIMEIRAS-DAMAS DE ROMA

antes do anúncio de Otaviano em 35 a.C. sabe-se de um único outro exemplo em que uma mulher romana real foi publicamente honrada na cidade com uma estátua representando-a — ninguém menos que Cornélia, celebrada pelo papel que teve como mãe dos Graco com a dedicação a ela de uma estátua de bronze que infelizmente está perdida.[84] Mas, com essa exceção, a ideia de uma mulher ter um lugar na galeria pública masculina de representações honrando os líderes mitológicos e históricos de Roma era ainda extremamente estranha à classe senatorial notoriamente temerosa de dar permissões para que as mulheres cruzassem a linha da política.

Otávia, é claro, já tinha um tipo de retrato público no Oriente graças às moedas lançadas por casas gregas e asiáticas sob a jurisdição de seu marido Antônio durante os anos mais pacíficos de seu casamento. Além disso, embora estátuas de mulheres fossem um tabu na cidade de Roma, não era incomum a construção de estátuas das esposas, filhas e mães de homens importantes nas áreas gregas orientais do Império. As casas reais do Ocidente também demonstravam apreensão diante da possibilidade de ceder espaço às suas dinastias em moedas e por meio de estátuas. Mantendo as práticas dos Ptolomeus, Cleópatra espalhou representações da própria imagem por todo o seu reino na forma de estátuas, relevos em templos e moedas. Talvez esta tenha sido a chave para a motivação de Otaviano para sancionar essas estátuas da irmã e da esposa em Roma. Ao concordar com a construção de esculturas representando Otávia e Lívia, Otaviano estava explicitamente colocando as mulheres da sua própria família em competição direta com sua contraparte oriental.[85]

Mas havia riscos nessa tática, já que a construção de estátuas representando familiares do sexo feminino no Oriente era uma prática que andava de mãos dadas com a realeza, e podia deixar seu financiador vulnerável à acusação de aspirações dinásticas, um assunto delicado na Roma republicana. Otaviano precisava agir com cuidado. Seu gesto significava que numa única tacada Otávia e Lívia estariam emancipadas de muitas das restrições supervisionais do seu sexo, e ao mesmo tempo passariam a ser as mulheres mais estudadas de toda a cidade. Portanto, Otaviano tinha que produzir os retratos certos a fim de não ofender os tradicionalistas de cujo apoio precisava.

Não é possível identificar se alguma das representações sobreviventes do catálogo de Lívia e Otávia é o protótipo dessas primeiras estátuas, mas uma das mais prováveis candidatas pode ser encontrada no andar térreo do Museo Nazionale de

Roma.[86] Um busto de mármore com alguns buracos de quase 40cm de altura, seu rosto exibe uma mulher de uma beleza serena, com traços simétricos proporcionais e olhos grandes com pálpebras pesadas, as madeixas cuidadosamente penteadas no estilo *nodus*, para cima, com algumas poucas mechas escapando da linha do penteado logo acima das orelhas. Encontrado em Velletri, sudeste de Roma, esse busto foi amplamente aceito como uma representação de Otávia, cuja família tivera origem na região, e a identificação é reforçada pelas semelhanças faciais com representações de seu irmão Otaviano e por comparações com o seu próprio perfil exibido em moedas. Além disso, o estilo mais antiquado do seu *nodus*, o cabelo preso num ponto mais alto do que seria a moda nas décadas seguintes, está de acordo com a sugestão de que essa representação pode de fato ser uma versão próxima das esculturas originais de Otávia encomendadas em 35 a.C.[87]

O busto de Velletri é a imagem mais reproduzida de Otávia na atualidade. Um número e uma variedade muito maior de representações antigas de sua cunhada Lívia sobrevivem graças à longa vida que esta teve sob os holofotes, mas, durante um período em que a prática de se construir esculturas femininas ainda estava se desenvolvendo, as representações das duas eram tão parecidas que distingui-las com alguma segurança às vezes é impossível. Infelizmente, nem moedas nem outras representações podem nos oferecer reproduções mais fiéis da aparência real de Lívia, Júlia e outras mulheres imperiais do que nos oferecem as dos homens romanos. Às vezes, contudo, é possível notar peculiaridades faciais que ajudam na identificação — por exemplo, algumas das primeiras representações de Lívia como uma mulher de rosto redondo e lábios finos com dentes levemente grandes, traço compartilhado por outros membros da família claudiana, enquanto Otávia exibe uma expressão séria e uma estrutura óssea aristocrática que caracteriza as representações do seu irmão. Entretanto, na maioria das vezes, essas representações eram imagens idealizadas cujos patrocinadores estavam menos preocupados com a exatidão do que com a projeção de uma imagem meramente apropriada que podia ser uniformemente reproduzida por artistas e escultores através de todo o Império. Essa própria constância já transmitia a mensagem que estava sendo silenciosamente espalhada.[88] A representação de Lívia e Otávia com uma uniformidade inescrutável, exibindo penteados perfeitos no estilo *nodus*, em suas primeiras estátuas proclamava a defesa das virtudes da feminilidade tradicional apropriada romana, e uma repreensão digna era oferecida ao abandono por Antônio de sua esposa romana pela egípcia Cleópatra.

Não devemos imaginar que as ruas do Império foram subitamente invadidas por imagens de mulheres — isso seria correr o risco de ofender ideias tradicionais do lugar de uma mulher na esfera pública. Porém, com algumas estátuas estrategicamente posicionadas, Otaviano convocava o mundo romano com uma trombeta, convidando seu povo a ver sua esposa e irmã como musas do seu projeto de recuperar a havia muito perdida era dourada da história romana — uma era dourada em que mulheres lendárias como Lucrécia se sacrificavam no altar do dever, uma era dourada de cuja restauração Otaviano oferecia-se tacitamente para ser o arquiteto.

Enquanto Otaviano projetava imagens de mármore de Otávia e Lívia como paradigmas da modéstia feminina para os cidadãos de Roma, Cleópatra substituía Otávia nas moedas romanas de Antônio, emitidas pelas casas sob seu controle. Registros sobreviventes de uma tiragem emitida por volta de 33 e 32 a.C. mostram que um grande número de *denarii* de prata, a moeda de Roma, foi encomendado por ordens de Antônio depois que ele finalmente alcançou algum sucesso militar no Oriente defendendo a Armênia com a ajuda financeira de Cleópatra. Essas moedas exibem Antônio de um lado e Cleópatra do outro, com a proa de um navio em primeiro plano simbolizando a contribuição de Cleópatra com recursos navais para a vitória.[89]

Apesar da construção de estátuas de Lívia e Otávia, a inclusão de uma rainha estrangeira na moeda oficial de um general romano era um ato completamente sem precedentes e profundamente provocativo numa cultura política tão ideologicamente oposta tanto à ideia de uma mulher ocupar uma posição tão próxima do poder — e, por sinal, uma mulher estrangeira — quanto ao princípio do governo monárquico. Em 34 a.C., Antônio levou a celebração de sua vitória mais à frente ao encenar um triunfo extravagante no estilo romano na cidade natal de Cleópatra, Alexandria, e nessa ocasião disse ter presenteado formalmente Cleópatra e seus filhos com vastas faixas de território agora conhecidas como as "Doações de Alexandria". Otaviano sabia exatamente que botão apertar para deixar as classes políticas nervosas com o que estava acontecendo em Alexandria. Usando preconceitos romanos antigos contra o feminino, fraco, imoral, servil e bárbaro Oriente, ele continuou retratando Antônio agressivamente como um traidor dos valores masculinos tradicionais romanos, um poodle no colo de Cleópatra.

Antônio refutou diretamente pelo menos uma das várias acusações feitas por Otaviano contra ele — a de que era um beberrão, um estereótipo comum do Oriente — ao escrever um ensaio intitulado "Sobre Sua Embriaguez", que foi perdido. Em cartas enviadas para seu ex-cunhado, ele também acusava Otaviano de hipocrisia por ganhar pontos com o argumento da moralidade sexual ao relembrar os casos do próprio Otaviano:

> O que deu em você? Você é contra o fato de eu estar me deitando com Cleópatra? (...) e o que dizer de você? É fiel a Lívia Drusa? Dou-lhe os parabéns se quando esta carta chegar você não houver se deitado com Tertullia, ou Terentilla, ou Rufilla, ou Salvia Titsenia — ou todas. Em que lugar nos entregamos ao ato sexual, ou com quem o praticamos — será isso tão importante assim?[90]

Relembrando o casamento do oponente, Antônio também declarava que o casamento de Otaviano com Lívia havia sido realizado com "uma pressa indecente", e lhe lembrava da época em que seus amigos costumavam arranjar filas de mulheres nuas para que ele as inspecionasse como se estivesse num mercado de escravos.[91]

Tal como nas manobras eleitorais modernas, tirar lucros políticos dos pecadilhos do oponente era uma tática comumente empregada por rivais competindo por cargos na Roma republicana. Os homens mais famosos do período — Cícero, Pompeu, Júlio César — foram todos acusados de seduzir as esposas de outros homens numa época ou outra, de forma que a acusação de Antônio de que Otaviano fora infiel a Lívia não era nada fora do comum. Não obstante, requeria refutações se Otaviano estivesse disposto a colocar-se publicamente contra Antônio como guardião dos valores romanos, e seu biógrafo do século I Suetônio cita as justificativas dadas pelos amigos de Otaviano, que, embora admitissem suas infidelidades, afirmavam que nenhuma havia sido motivada pela luxúria imprudente. Pelo contrário, ao seduzir as esposas e filhas de seus inimigos, ele conseguia informações que ajudavam na sua campanha política, e, portanto, na defesa dos interesses de Roma.[92]

Vários dos mais notórios relatos romanos da infâmia de Cleópatra foram preservados através de poemas e histórias escritos depois do último confronto entre os dois lados do Áccio. Mas o que eles nos dão é uma ideia do tipo de injúrias que estavam sendo cometidas contra ela nos anos anteriores, incluindo acusações de gula culinária e sexual. Plínio, o Velho, escreveu no século I que

Antônio e Cleópatra certa vez haviam desafiado um ao outro para verem quem seria capaz de oferecer o banquete mais extravagantemente caro, e que Cleópatra ganhara a aposta jogando um de seus brincos de pérola numa taça de vinagre, deixando-o dissolver e depois engolindo-o calmamente.[93] A história certamente capturava a imaginação e foi um dos episódios mais popularmente recriados da arte da Renascença ao século XVIII. Esse tipo de conto reflete uma antiga preocupação da parte dos moralistas romanos que lamentavam o materialismo desmedido de plutocratas hedonistas tanto entre contemporâneos quanto em períodos anteriores. O próprio Plínio, o Velho, lamentava que na sua época os romanos gastavam mais de cem milhões de sestércios por ano em pérolas e perfumes importados do Oriente. Os gastos exagerados com comida eram uma particular fonte de ultraje.[94] Histórias lascivas dos banquetes extravagantes de Antônio e Cleópatra, e o desperdício financeiro dos dois, tocavam diretamente essa tendência moralista da consciência romana. Provavelmente um dos hábitos mais conhecidos de Cleópatra era que ela gostava de tomar banho com leite de burro para manter a suavidade da pele. O fato de que o mesmo hábito mais tarde foi supostamente adotado por mulheres romanas consideradas tão libertinas e corruptas quanto Cleópatra, como a segunda mulher de Nero, Popeia, talvez indique que a prática costumava ser atribuída a qualquer mulher que fosse vista como uma ofensora da moralidade.[95]

No verão de 32 a.C., depois de mais um ou dois anos dessa brincadeira de gato e rato, Antônio finalmente se divorciou da pobre Otávia, ordenando que alguns de seus homens fossem até Roma e a expulsassem, reduzida a lágrimas, de sua casa. A máquina de propaganda de Otaviano rapidamente decolou.[96] Ele despachou uma delegação para as Virgens Vestais, que costumavam agir como guardiãs de documentos importantes dos cidadãos, com o intuito de obter o testamento de Antônio. Quando as Virgens Vestais recusaram-se a dá-lo, Otaviano foi pessoalmente buscar o documento, já preparado por partidários de Antônio que haviam servido de testemunhas e em seguida partido. Depois de colocar as mãos no testamento, Otaviano convocou reuniões com o Senado e a assembleia popular a fim de lê-lo para todos. Entre as passagens destacadas por Otaviano estava a revelação de que Antônio deixara grandes somas de dinheiro para seus filhos com Cleópatra, e — a mais devastadora — a de que ele havia pedido para ser enterrado ao lado da rainha egípcia em Alexandria.[97]

A atitude de Otaviano ao publicar o testamento de outro homem era ilegal e os relatos da reação dos romanos divergem. Alguns dizem que as declarações de Otaviano foram encaradas com constrangimento, outros, com ceticismo, enquanto há os que relatam que elas convenceram a todos, até mesmo os amigos mais próximos de Antônio, de seus piores medos — ou seja, de que Antônio estava na palma da mão de uma mulher e até mesmo planejava transferir a sede do governo romano para o Nilo.[98] O resultado, por outro lado, é o mesmo em todos os relatos. Ninguém conseguiu digerir as histórias de Antônio, um general romano, vestindo roupas orientais e andando atrás da liteira de uma mulher na companhia de seus eunucos. Em outubro, a decisão de declarar guerra foi aprovada. Como Otaviano não queria sofrer a acusação de iniciar uma guerra civil, contudo, o alvo oficial de sua declaração não era Antônio — que, afinal de contas, era um cidadão romano —, mas Cleópatra, o que forçava Antônio a mostrar seu intuito ao escolher lutar ao lado do Egito.[99]

Os meses seguintes foram tomados por preparações para a batalha. Exércitos foram levantados, arcas para a guerra enchidas e declarações de lealdade trocadas com promessas de terras e recompensas. De ambos os lados, a batalha pelo direito de reclamar uma causa continuou ao longo do outono e do inverno de 32 a.C. Circulavam rumores de presságios e profecias prevendo a derrota de Antônio, provavelmente iniciados por agentes de Otaviano. O próprio Otaviano afirmou publicamente que Antônio estava fazendo uso de drogas, e que quando chegasse a hora de lutar seus oponentes seriam o cabeleireiro de Cleópatra, seu eunuco e suas damas de honra.[100] Na verdade, com a rica Cleópatra como sua patrocinadora, Antônio começou com um número maior de tropas e fundos à sua disposição.[101] No entanto, graças à superioridade do comando do tenente de Otaviano, Agripa, a vantagem de Antônio ficou para trás logo nos primeiros embates, ocorridos na primavera e no verão de 31 a.C. Finalmente, a maior parte da frota naval de Antônio foi levada de volta a uma ancoragem perto de Áccio, na desembocadura estreita do Golfo de Arta. Na tarde de 2 de setembro, depois de vários dias de conflitos e impasses, as duas frotas finalmente fizeram um avanço substancial em direção uma à outra através da superfície azul brilhante do mar Jônico para decidirem o destino do Império Romano.[102]

(...) de um lado, Augusto César, liderando os homens da Itália à batalha ao longo do Senado e do Povo de Roma, seus deuses domésticos e seus grandes deuses (...) do outro, com a riqueza do mundo bárbaro (...) vinha Antônio triunfante (...) com ele navegavam o Egito e o poder do Oriente até Báctria, e lá estava na retaguarda o maior ultraje de todos, a esposa egípcia! E vieram com velocidade, todos juntos, e toda a superfície do mar agitou-se e produziu espuma pelo impulso dos remos e as ondas formadas pelas proas de bicos triplos (...) sangue fresco começou a avermelhar os campos de Netuno (...) mas lá no pontal de Áccio, Apolo via tudo e fazia reverência. Aterrorizados pela visão, todo o Egito e a Índia, todos os árabes e todos os shabanos batiam em retirada, e a própria rainha pôde ser vista pedindo por ventos e estendendo as velas para que as puxassem. Ela havia desamarrado as cordas das velas e as arriava naquele momento.[103]

Anos depois da Batalha de Áccio, a imagem de Cleópatra hasteando suas velas púrpura e partindo numa fuga vergonhosa do teatro da batalha com Antônio era um tema constantemente escrito na literatura em homenagem à vitória de Otaviano. Áccio não fechou a última cortina, e, na verdade, o número de baixas foi relativamente pequeno, mas a batalha foi o pivô que decidiu o destino de Otaviano e Antônio. Depois de escapar com alguns de seus navios ainda intactos, Antônio e Cleópatra tocaram a vida em Alexandria, onde passaram mais um ano até a chegada de Otaviano no verão de 30 a.C., quando veio o golpe final às suas terras e forças marítimas. O ato final da história de Antônio e Cleópatra tornou-se uma verdadeira lenda. Depois que um deprimido Antônio tirou a própria vida e sangrou até a morte nos braços de Cleópatra, a rainha egípcia conseguiu atrair a piedade de Otaviano, chegando até mesmo a oferecer presentes a Otávia e Lívia para ganhar sua simpatia. Assim, ela ganhou permissão para visitar a tumba de Antônio, onde mais tarde foi encontrada morta numa poltrona dourada, tendo se suicidado por envenenamento pela picada de uma víbora, de acordo com os relatos mais populares, ou a partir do veneno que levava nos grampos do cabelo. Uma de suas damas de companhia, Charmion, que também ingerira veneno, ainda conseguiu sussurrar em resposta a uma censura furiosa de um soldado romano: "Não é mais do que esta dama, a descendente de tantos reis, merece", uma frase que Shakespeare pegou emprestada 16 séculos depois para a sua própria encenação do ocorrido.[104] Frustrado nas esperanças de levar sua ilustre prisioneira de guerra de volta para Roma, Otaviano mais tarde ordenou que uma imagem de Cleópatra fosse carregada pelas ruas da cidade num desfile triunfante, uma imagem que diziam exibir uma cobra carregando a rainha morta pela boca. A última rivalidade da República havia chegado ao fim. Ao contrário de seu pai e de seu ex-marido, Lívia apostara no cavalo certo.

Lívia não se tornou imperatriz de Roma da noite para o dia. A transformação da república para a monarquia após a morte de Antônio e Cleópatra não foi instantânea: Roma ainda estava se recuperando, ensanguentada, após décadas de guerra civil, e Otaviano compreendia a necessidade de agir com cuidado, consciente do destino de seu tio-avô, Júlio César, cujas tentativas de coagir o estado para que aceitassem seu governo autocrático haviam resultado em seu assassinato. Em 27 a.C., três anos depois da morte de Antônio e Cleópatra, Otaviano apresentou um grande espetáculo ao renunciar aos extraordinários poderes ditatoriais que lhes eram de direito como triúnviro, pedindo pela restauração da república e declinando dos paramentos da realeza despótica. Em troca de seu gesto de humildade, o Senado, o orgulho acariciado pela promessa da restauração de seus antigos poderes constitucionais, pediu a Otaviano que se tornasse cônsul vitalício e lhe deram o título de *Augustus,* que significa "divinamente favorecido" e *princeps,* ou "primeiro cidadão", título comumente usado durante a República por um estadista importante. Na prática, o que fizeram foi lhe dar as chaves para o Império, um mandado para o poder absoluto cuidadosamente encoberto pela linguagem republicana tradicional a fim de lubrificar as engrenagens da transição.

Lívia, por enquanto, não recebeu nenhum título oficial. Augusto evitou dar à esposa qualquer título honorífico equivalente ao seu, e foi somente depois da sua morte, quase quarenta anos mais tarde, que seu papel no sistema dinástico foi reconhecido com uma variante do cognome do seu próprio marido, *Augusta.* A palavra "imperatriz" atualmente é aceita para as mulheres casadas com os imperadores romanos, mas não há equivalente para ela em latim. O público romano aparentemente não expressara oposição à exposição de representações de Lívia em espaços públicos desde a concessão de 35 a.C. Contudo, aceitar que lhe fosse concedido um status oficial semelhante ao que era gozado pelas rainhas das famílias reais orientais, em uma sociedade que ainda estava se acostumando à ideia de ser governada por um único homem e onde a memória de Cleópatra ainda estava fresca na mente do povo, era um passo maior do que as pernas podiam dar.[105]

A vitória de Antônio fora obtida à custa de uma promessa de campanha para limpar Roma, e não apenas suas ruas e espaços públicos, mas seu coração e sua alma. Tendo castigado Antônio e Cleópatra como representantes do vício corruptor e da debilidade moral que tanto enfraqueciam a antiga República, o novo governante de Roma prometia tornar-se o defensor das antigas virtudes de um passado dourado, uma era em que os homens abandonavam seus arados para irem para a guerra e as mulheres preferiam morrer a trair seus votos matrimoniais. Se essa ilusão precisava funcionar, o guarda-roupa da família do próprio imperador precisava estar limpo, livre de esqueletos. Assim, enquanto Augusto reconstruía templos negligenciados e aprovava uma legislação que prometia restaurar a decência, sua irmã mais velha, Otávia, sua filha, Júlia e sua esposa, Lívia, eram apresentadas como reencarnações fiéis das mulheres virtuosas da era dourada, das Lucrécias, das Vetúrias e das Volúmnias, cujos ideais castos e sábios no passado haviam ajudado a salvar Roma.

Mas ao menos uma dessas mulheres demonstraria um compromisso bem menor com a causa do que a outra. Augusto, como um estudioso colocou, pode ter "conscientemente forjado um legado familiar tão convincente quanto a Camelot de Jackie Kennedy".[106] Porém, tal qual aconteceu a Camelot, o sonho tornou-se amargo, a miragem tremulou e desapareceu.

2

Família oficial: As mulheres de Augusto

Há alguém em Roma que não tenha dormido com a minha filha?!

Augusto em *I, Claudius*, da BBC (1976)[1]

Os planos políticos do primeiro imperador de Roma tiveram início, literalmente, em casa. Determinado a provar a seu público que ele realmente era o "primeiro entre iguais", um homem do povo, uma pessoa comum como todos eles, Augusto rejeitou a oportunidade de se mudar para um palácio luxuoso no estilo dos de dinastias orientais como a de Cleópatra, optando por permanecer com sua família na antiga casa do exclusivo, mas densamente povoado, Monte Palatino, onde o povo podia passar pela frente de sua casa — o equivalente antigo ao político que sabe usar a mídia moderna e deixa seu nome no catálogo público de telefone.[2]

Loureiros flanqueavam a entrada da porta da frente do imperador, talvez originários de ramos tirados da propriedade de Prima Porta de Lívia para anunciar o papel da imperatriz como a magnânima castelã da nova sede imperial. Além disso, uma coroa de folhas de carvalho dada a Augusto por um estado grato era tudo o que distinguia externamente a casa das vizinhas. A fachada de igualdade era mantida no interior, e com seu ambiente de pedra minimalista e mobília simples, a casa onde a "família oficial" de Roma vivia certamente surpreendeu pelo menos um futuro visitante romano com sua modéstia se comparada às residências grandiosas dos futuros imperadores:

66   AS PRIMEIRAS-DAMAS DE ROMA

O novo palácio [de Antônio] não era notável nem pelo seu tamanho nem pela sua elegância; o palácio real era apoiado por colunas baixas de peperino, e as salas de estar desprovidas de mármore ou pisos com mosaicos elaborados (...) a simplicidade com que o palácio de Augusto era mobiliado pode ser deduzida pelo exame dos estofados e mesas ainda preservados, muitos dos quais dificilmente seriam considerados adequados para um cidadão.[3]

Suetônio, o autor dessa descrição, teve a oportunidade de visitar a casa somente décadas depois de ela ter sido ocupada por Lívia e Augusto. Sua descrição da falta relativa de luxo pode ser corroborada atualmente graças às escavações realizadas no Monte Palatino entre 1861 e 1870 por Pietro Rosa, um arquiteto e topógrafo italiano que havia sido contratado por Napoleão III — ele mesmo descendente de uma dinastia imperial obcecada por encontrar os palácios dos césares.[4] A descoberta de Rosa em 1869 de parte da casa de Augusto — que se acredita ter sido os aposentos pessoais de Lívia graças à descoberta de um cano d'água de chumbo com seu nome escrito — provou que ela de fato era ladrilhada com um mosaico preto e branco, e não pelo mármore importado mais caro, um uso inteligente de pedras locais que transmitia eloquentemente para o público romano as preferências modestas da nova família imperial.[5]

Precisamos admitir que a antiga propriedade confiscada de Hortênsio havia sido ampliada na última década. Dois anos depois do casamento com Lívia, Augusto adquirira uma propriedade vizinha, uma vila que havia pertencido ao senador romano Cátulo, outrora um dos homens mais ricos de Roma. A compra tornou Augusto o maior proprietário de terras do Monte Palatino e as casas combinadas agora não apenas abrigavam o aparato do governo imperial, mas ofereciam acomodações para o círculo familiar inteiro. Paredes com murais belíssimos de personagens mitológicos e paisagens rurais em uma paleta rica dominada pelo caro cinábrio vermelho e pelo amarelo anunciavam a importância e a proeminência social da família, ainda que de uma forma que se mantinha dentro da linha sutil que separava o bom gosto da ostentação ofensiva. Ao se tornar *princeps*, Augusto também acrescentou uma extensão à sua casa na forma de um templo ao seu patrono Apolo que cobria uma área do tamanho da metade de um campo de futebol. Com uma deidade morando logo ao lado, Augusto tomava o cuidado de adotar uma estética pessoal sóbria, encorajando a família a fazer o mesmo.

FAMÍLIA OFICIAL: AS MULHERES DE AUGUSTO   67

Assim, enquanto os abstêmios hábitos pessoais do próprio Augusto eram transmitidos para avaliação, incluindo-se aí a informação de que ele dormia no mesmo quarto em uma cama rebaixada com cobertas simples não importava qual fosse a estação do ano, mantinha uma dieta frugal de pão integral, peixe, queijo e figos, e desprezava as sedas e linhos finos usados pelos plutocratas, a nova imperatriz Lívia também demonstrava ter pouco tempo para cuidar da aparência, e se diz até que ela ofuscou o exemplo do marido vestindo-se num estilo discreto e evitando enfeites pessoais.[6] Era uma imitação à admirada Cornélia, que certa vez reagiu à exibição de suas joias por uma conhecida dizendo que não precisava desse tipo de luxo, declarando com magnificência: "Minhas joias são meus filhos."[7] Até mesmo a receita supostamente usada por Lívia no pó para a limpeza dos dentes era uma mistura simples de uso comum, que consistia em urtiga seca (uma espécie escolhida por sua qualidade granulosa e abrasiva) que ficava de molho na salmoura e era assada com sal de rocha até tostar, uma mistura que parecia pouco saborosa, embora no caso dela fosse perfumada com um bálsamo exótico importado de nardo.[8]

Outro rumor populista transmitido do Palatino era que as vestimentas de lã do imperador eram feitas pessoalmente por Lívia, Otávia, Júlia, ou, mais tarde, por uma de suas netas. O bordado de lã era considerado o passatempo ideal para uma matrona romana, o que é refletido nas lendas romanas de mulheres virtuosas ocupadas com seus teares e carretéis, bem como o costume de pendurar lã crua na porta quando uma noiva entrava na casa marital pela primeira vez.[9] O encorajamento dado por Augusto para que sua esposa, sua irmã e sua filha cultivassem esse talento promovia a ilusão de uma casa cheia de tranquilidade doméstica, modéstia e dignidade moral. Os teares costumavam ficar no átrio, o local mais público da casa, onde, em casas abastadas, os escravos tinham a melhor luz para trabalharem sob os olhos atentos de sua senhora. Visitantes e transeuntes curiosos que andavam pela rua agitada em frente à casa do imperador e olhassem pelas grandes portas duplas — que eram mantidas de propósito permanentemente abertas — aparentemente, portanto, viam a imperatriz e suas companheiras à sombra fresca do átrio ocupadas com esse afazer doméstico.[10]

As tentativas de Augusto de pintar os membros do sexo feminino de sua família como irmãs rústicas do tear destoavam do fato de que a casa do Palatino possuía centenas de empregados, alguns dos quais certamente eram responsáveis pela tarefa de fazer as roupas de Augusto. Na verdade, temos até o nome de um dos

68 AS PRIMEIRAS-DAMAS DE ROMA

indivíduos envolvidos, pois em 1726 uma construção extraordinária foi escavada na Via Ápia, uma descoberta que permitiu a reconstrução de um perfil quase forense da criadagem — composta em sua maioria por homens, como se pôde comprovar — que servia diariamente à família augusta.

A construção era o *Monumentum Liviae*, um columbário ou catacumba próxima à extremidade dos domínios de Augusto. Ela continha os restos cremados de mais de mil escravos e homens libertos romanos, suas cinzas dispostas em colunas de *ollae* (urnas funerárias) empilhadas em pequenos nichos em volta do sepulcro parecidos com ninhos de pombo — daí o nome columbário, que quer dizer literalmente "pombal". A maioria dos que foram sepultados aqui trabalhava para a família imperial, e graças à inestimável pesquisa recentemente feita com as placas de mármore localizadas sob cada nicho agora sabemos que cerca de noventa indivíduos cujas cinzas foram encontradas no columbário trabalhavam para a própria Lívia, o que faz dela a principal patrona do sepulcro. Cabeleireiros, massagistas, porteiros, copistas e secretários, contadores, lacaios, pesadores de lã, limpadores de janelas, sapateiros, pedreiros, encanadores, polidores de móveis, ourives, prateiros, padeiros, supervisores de cerimoniais, médicos, amas de leite e até mesmo um responsável por fixar suas pérolas — indivíduos empregados por Lívia em todas essas e mais ocupações estão registrados lá. Entre os que tiveram seus nomes registrados, temos conhecimento de um homem liberto chamado Auctus cujo trabalho como *lanipendius* era medir e dividir a lã entre as escravas da casa imperial para que usassem em seus teares.[11]

Os restos do *Monumentum Liviae* representam apenas uma amostra da criadagem que trabalhava na residência romana de Lívia, e não incluem aqueles que trabalhavam em várias outras propriedades, como a vila de Prima Porta. Somente as pessoas mais ricas da sociedade romana podiam manter um número tão grande de criados, e a natureza extremamente especializada das tarefas que eles exerciam é um testemunho da riqueza e do prestígio de sua proprietária. O guarda-roupas de Lívia era tão burocratizado que ela tinha dois assistentes para cuidar de suas roupas cerimoniais, outro para guardar suas roupas, e outro, chamado Parmeno, responsável somente por suas vestes púrpura. Lochias, a *sarcinatrix*, consertava suas roupas; Menófilo, o sapateiro — *cakiator* —, mantinha a imperatriz calçada com as sandálias de tiras e as botas de solado de cortiça comumente usadas pelas mulheres de Roma; e o título do trabalho de Eutactus, o *capsarius*, sugere que sua

FAMÍLIA OFICIAL: AS MULHERES DE AUGUSTO

tarefa diária era cuidar de uma caixa de algum tipo, talvez uma arca com as roupas de Lívia ou um receptáculo mais portátil que servia de bolsa para a imperatriz.[12]

Deveríamos provavelmente interpretar a imagem de Lívia e Otávia sentadas para que todos os membros do populacho romano que passassem pudessem vê-las tecendo amavelmente togas para Augusto como algo semelhante à competição para ver quem assa mais biscoitos realizada a cada quatro anos entre as esposas dos candidatos à presidência americana.[13] Considerando o talento de manipulador de Augusto, não é difícil imaginar que a cena de sua esposa e sua irmã tecendo no Átrio fosse coreografada nas ocasiões certas para manter o público distraído e tentar convencê-los de que a família oficial praticava o que pregava — ainda que a população romana provavelmente tenha encarado a imagem com algum ceticismo.

Porém, apesar de toda essa encenação, transparência era a palavra de ordem do dia. Na verdade, a preocupação de Augusto em relação a isso era tão grande que ele continuou repetindo seus hábitos quando idoso, tendo famosamente proibido sua filha única Júlia e as netas de "dizerem ou fazerem qualquer coisa às escondidas ou que não pudesse aparecer nas crônicas diárias" — o boletim cotidiano de notícias lançado do Palatino para o público.[14] No caso de Júlia, o conselho provar-se-ia em vão.

Vimos Júlia pela última vez quando ela era um bebê de apenas dias, chorando depois do parto realizado pelas parteiras de sua mãe Escribônia na véspera da partida de Augusto para formar uma nova família com Lívia. Quando seu pai se tornou o governante do Império Romano, ela tinha dez anos e havia sido recebida de braços abertos ao quadro da família feliz que Augusto tanto queria promover. No Palatino não lhe faltavam companheiros de brincadeira, entre os quais seus meio-irmãos Tibério e Druso, sua prima Antônia, a Menor — a mais nova das quatro filhas de Otávia —, e o filho de Otávia Marcelo, este três anos mais velho que Júlia.[15]

Embora as biografias imperiais da Antiguidade com frequência nos contem sobre os dias de infância e juventude dos meninos que cresceram para serem imperadores, os mesmos cronistas romanos não tinham interesse pelos anos de formação de suas irmãs e primas, entre as quais Júlia. Com base nos relatos da criação de outras meninas romanas da vizinhança, sabemos que a infância para meninas como Júlia era de forma geral muito rápida. Em uma ilustração da

70 AS PRIMEIRAS-DAMAS DE ROMA

transição abrupta entre a infância e a vida adulta, pulando a adolescência, se uma menina morresse antes de alcançar a idade adequada ao casamento — legalmente definida na idade mínima de 12 anos pelo pai de Júlia — seus brinquedos favoritos podiam ser enterrados para ela, brinquedos que serviam de instrumentos de aprendizado para transmitir à menina o ideal ao qual ela deveria aspirar para sua vida adulta. Bonecas de marfim e ossos com membros articulados foram encontradas nos caixões de meninas romanas, bonecas com ventres abrigando bebês em proporções muito diferentes, digamos, da Barbie moderna, e com o cabelo no estilo da moda corrente entre as mulheres da elite da época.[16]

Na infância, os cabelos de Júlia eram penteados com um estilo mais simples do que o desse alter ego adulto, presos num rabo de cavalo com faixas de lã ou *vittae* até ficarem longos o bastante para serem presos com grampos no estilo *nodus* preferido por sua madrasta e sua tia, o que teria acontecido quando ela estivesse prestes a alcançar a idade para se casar. Uma simples túnica longa com mangas amarrada com uma faixa roxa era o uniforme padrão tanto para meninos quanto para meninas livres de Roma. Uma correntinha protetora usada em volta do pescoço e chamada de *bulla* no caso dos meninos e uma *lunula* com formato de lua no caso das meninas (a Lua era o símbolo de Diana, a deusa romana da castidade) eram os únicos enfeites para as crianças. Apesar da obsessão dos romanos por mulheres com quadris largos, debaixo da túnica as meninas também usavam uma faixa peitoral, ou *strophium*, cujo propósito era amarrar os seios que estavam nascendo na tentativa de torná-los proporcionais ao ideal romano de magreza para os corpos femininos.[17]

Antes do casamento, a criação de uma menina variava muito entre as famílias, dependendo da riqueza e da inclinação da família. As habilidades literárias básicas de ler e escrever eram ensinadas à maioria das meninas das classes superiores, mas poucas alcançavam a educação mais avançada em retórica e filosofia oferecida aos meninos antes da idade de dez ou 11 anos. Em vez disso, como sintetizado pelas próprias recomendações educacionais de Augusto às mulheres de sua família, a prioridade eram os talentos domésticos úteis no casamento. Uma escrava nascida na casa de sua senhora — como a cabeleireira de Lívia, Dorcas — podia também receber uma educação, mas de um tipo vocacional.[18]

A educação das mulheres era um tema controverso durante o início do período imperial. Alguns filósofos argumentavam que as meninas deviam receber uma educação semelhante à dos meninos, mas uma linha de opinião tradicional mais ruidosa desprezava a ideia e predizia que mulheres que recebessem muita educação ou se tornariam escritoras pretensiosas, ou mulheres vis e amorais.[19] Poucas famílias de elite, entretanto, particularmente aquelas com uma tradição intelectual orgulhosa, como as famílias de Quinto Hortênsio e Cícero, não obstante encorajavam tanto suas filhas quanto seus filhos a buscarem as realizações educacionais de seus ancestrais. A antiga *bête noire* de Augusto, Hortênsia — que famosamente enfrentou os triúnviros na tribuna em 42 a.C. —, pode ter sido uma das poucas mulheres a ganhar fama como oradoras públicas, mas tutores em gramática também eram empregados para lecionar a outras meninas, como Caecilia, filha do amigo de Cícero, Ático, enquanto a grande Cornélia escrevia cartas que eram publicadas como modelos aclamados de estilo. Aulas de música, outrora vistas como inapropriadas, acabaram entrando no currículo de algumas casas, e algumas meninas aprendiam a ler e escrever tanto em grego quanto em latim. Uma educação tão diversificada não era, contudo, motivada por nenhuma filosofia pedagógica progressista, mas pelo desejo tradicionalista de garantir que as meninas destinadas a serem as esposas de políticos proeminentes se tornassem companheiras e anfitriãs adequadas para os maridos em suas carreiras, além de boas guardiãs da educação de seus filhos, que deviam supervisionar.

Dadas as evidências de que tutores particulares eram empregados por meninas privilegiadas como Caecilia, Júlia com certeza beneficiou-se das aulas de Marcus Verrius Flaccus, o gramático que Augusto trouxe à sua casa pelo salário anual monstruoso de 100 mil sestércios para ensinar os criados jovens da casa do Palatino, embora certamente também passasse algum tempo adquirindo as habilidades mais domésticas que seu pai estava decidido que deveriam ser desenvolvidas pelas mulheres da família.[20] Sabemos pelo menos que uma das filhas de Júlia recebeu uma educação literária, e quando também consideramos a situação privilegiada de Júlia, que vivia em uma casa que era visitada diariamente pelos maiores embaixadores culturais da época, entre os quais Horácio e Virgílio, e com acesso à recém-construída biblioteca imperial do Palatino, não é de surpreender que mais tarde ela fosse ser lembrada pelo seu "amor por cartas e por possuir um conhecimento considerável — o que não era difícil alcançar em sua casa".[21]

Porém, as reservas em relação aos limites para a educação de uma mulher não desapareceram. Com frequência, a descrição de uma moça como *docta*, ou "inteligente", era um eufemismo para algo bem menos respeitoso. No caso de Júlia, o eufemismo seria dolorosamente verdadeiro.

Na primeira metade do reinado de Augusto, as mulheres da família imperial permanecem seguramente fora das manchetes literárias. Para a maioria dos residentes do Império Romano, as representações públicas eram o único ponto visível de conexão entre o imperador e sua família. Protótipos de esculturas oficiais da família imperial eram encomendados e criados em Roma e depois exibidos nas províncias, onde serviam de modelo para os escultores, oficinas e casas de cunhagem locais. Variações podiam surgir quando artistas ou casas de cunhagem individuais tomavam liberdades criativas, mas o retrato básico permaneceu o mesmo.[22] Ao serem publicamente exibidos em fóruns municipais, entradas de templos ou até em casas particulares de famílias abastadas, esses retratos silenciosos serviam para lembrar à população feminina do Império o papel que deveria imitar. Quando ela cresceu, as representações da filha do imperador, Júlia, mostravam-na com os cabelos presos no mesmo *nodus* rígido e controlado usado por sua madrasta e sua tia, sob a égide de quem ela estava sendo educada.[23] O efeito geral era a conformidade com as boas e velhas máximas republicanas da pureza doméstica e da lealdade, ainda que promovidas por um meio que estava longe de ser tradicional.

Longe dos olhos do público, contudo, e apesar de continuar agindo de acordo com o modelo que queria transmitir da senhora entregue aos afazeres domésticos através de suas representações públicas, a própria Lívia finalmente avançava gradual e discretamente para fazer seu próprio nome. Augusto passou grande parte do período entre 27 e 19 a.C. no exterior, viajando pelos seus domínios imperiais, primeiramente na Gália e na Espanha, e mais tarde no Oriente. Mesmo apesar de uma linha conservadora da opinião romana desprezar a perspectiva de uma mulher acompanhar o marido em viagens além-mar, Lívia acompanhou o imperador, sintetizando a importância que Augusto atribuía à esposa ao projetar sua imagem no exterior. Embora sua presença não tenha sido muito registrada pelos historiadores da Antiguidade do reinado de Augusto, o testemunho silencioso dos objetos dedicados a Lívia na região — incluindo um curioso e não explicado épsilon (a letra "E" em grego) em Delfos, na Grécia — sugere que ela cumpria

FAMÍLIA OFICIAL: AS MULHERES DE AUGUSTO

vários deveres cerimoniais de dedicação equivalentes às cerimônias atuais em que a esposa de um chefe de estado visitante corta faixas inaugurais.[24]

Até certo ponto, Lívia estava lá simplesmente para ver e ser vista pelas multidões que saíam para as ruas a fim de verem a grande liteira abobadada acolchoada com seda avançar a uma velocidade preguiçosa de 32 km por dia, percorrendo um itinerário que incluía aparições em locais políticos populares como o oráculo de Delfos. Os imperadores romanos gostavam de viajar com estilo, e atrás da liteira de Augusto seguia-o um verdadeiro exército de carroças puxadas por mulas carregando escravos para cada contingência, entre os quais cozinheiros, empregadas, médicos e cabeleireiros. Um dos sucessores de Augusto chegou ao ponto de ter um jogo de tabuleiro adaptado para a sua carruagem, enquanto outro a equipou com assentos giratórios.[25] Apesar do tabu associado às viagens de mulheres, o gigantesco cortejo de Antônio com certeza incluía damas de honra para acompanhar sua esposa, enquanto companhias mais estimulantes eram oferecidas por associadas da imperatriz em seus territórios independentes, mulheres como Salomé, a esposa do rei Herodes, da Judeia, com quem a imperatriz estabeleceria uma amizade e correspondência que durariam para a vida inteira. Certas paradas até mesmo lembravam algo semelhante a um retorno ao lar. Durante uma das viagens de Augusto à Grécia no final dos anos 20, o imperador concedeu aos espartanos a honra de comparecer à sua missa pública, aparentemente num sinal de reconhecimento à sua ajuda a Lívia quando ela se refugiou no local com Tibério Nero — ironicamente, é evidente, enquanto fugia do próprio Augusto.[26]

No entanto, a presença de Lívia nessas viagens ia muito além de um mero enfeite, o que é comprovado pela evidência de uma carta escrita por Augusto à ilha grega de Samos, encontrada em 1967 gravada no mármore da parede de um arquivo durante escavações realizadas na cidade turca de Afrodisias. Em algum momento do início do reinado de Augusto, os ilhéus de Samos escreveram para o imperador pedindo sua independência do controle imperial. Em sua resposta preservada, Augusto se desculpa e explica aos ilhéus por que deve lhes recusar um privilégio que havia concedido somente ao povo de Afrodisias. Ele tomara a decisão com relutância, como conta aos samianos, mesmo apesar da insistência vigorosa de Lívia a seu favor:

74 AS PRIMEIRAS-DAMAS DE ROMA

> Minhas intenções para com vocês são boas, e eu gostaria de fazer um favor à minha esposa, que é ativamente a seu favor, mas não a ponto de ir contra meus costumes.[27]

Lívia pode ter falhado na primeira tentativa, mas é evidente que ela podia ser uma negociante persuasiva, pois depois que o grupo de viagem de Augusto passou dois invernos em Samos entre 21 e 19 a.C., ele finalmente lhes concedeu sua independência. O reconhecimento dos ilhéus de Samos pelos esforços da imperatriz em sua defesa é sugerido pelas estátuas de Lívia encontradas na ilha.[28]

O fato de uma mulher poder servir de guardiã do acesso ao marido de certa forma não era algo novo na política romana. Durante a era republicana, várias mulheres da elite de fato agiram como patronas e intermediárias entre os maridos e partes externas. Cícero, por exemplo, recorreu a Múcia Tércia ao buscar uma aliança com seu marido, Pompeu, e até mesmo Cleópatra supostamente tentou ganhar o apoio de Lívia e Otávia durante as negociações posteriores a Áccio com seu captor Augusto, oferecendo-lhes joias de presente e expressando a esperança de que elas demonstrassem simpatia para com ela.[29] Tais arranjos, porém, sempre haviam sido conduzidos longe dos olhos do público, e mulheres como Múcia Tércia jamais teriam sonhado em receber o reconhecimento público por seus esforços com a construção de estátuas ou através de outras honras oficiais.

Lívia agora exercia um papel feminino tradicional num contexto político *público*, e recebia reconhecimento e publicidade por fazê-lo. Ela e suas contrapartes femininas imperiais passavam a ter um papel crucial como embaixadoras da boa vontade, promovendo os valores morais do novo regime através de suas demonstrações cheias de decoro do comportamento feminino tradicional enquanto ao mesmo tempo ganhavam uma publicidade sem precedentes como mediadoras entre o imperador e seus súditos. Embora sua primeira resposta para o pedido do povo de Samos por independência tenha sido não, ao anunciar publicamente os esforços de Lívia a seu favor Augusto esperava adoçar sua recusa e evitar uma queda muito grande de popularidade entre os habitantes da ilha.

Essa disposição aparente para promover o papel da esposa em seu trabalho é um testemunho da determinação de Augusto de politizar sua vida particular. De acordo com biógrafos da Antiguidade, sua obsessão em relação a isso chegara ao ponto de levá-lo a transcrever todas as suas conversas particulares em um caderno de anotações sobre si que ele costumava levar consigo, incluindo as

FAMÍLIA OFICIAL: AS MULHERES DE AUGUSTO   75

conversas mais "sérias" que tinha com Lívia, tamanha era a consciência que ele tinha de como sua vida particular podia refletir em sua imagem pública. Em uma dessas conversas "registradas" que mais tarde seria largamente publicada, Lívia até mesmo ofereceu a Augusto um longo aconselhamento sobre como lidar com uma conspiração para depô-lo liderada pelo neto de Pompeu, o Grande, Lúcio Cornélio Cina, instando-o a desistir da punição por pena de morte a fim de evitar uma acusação de despotismo do público, um conselho que Augusto seguiu prontamente:

> Tenho um conselho a lhe dar — isto é, se você estiver disposto a aceitá-lo e não me censurar por ser uma mulher e ousar sugerir algo que ninguém, nem um de seus amigos mais íntimos, ousaria sugerir (...). Compartilho igualmente de suas bênçãos e suas doenças, e enquanto você estiver seguro, também terei minha participação no reinado, mas se você sofrer algum mal (que os deuses nos livrem), perecerei junto a você (...). Eu (...) sou da opinião de que você não deve infligir a pena de morte [àqueles homens] (...) a espada não pode absolutamente alcançar tudo para você (...) pois o povo não se sente mais atraído por alguém por causa do medo da vingança (...) portanto, preste atenção, meu querido, e tome outra atitude (...) é impossível um homem conduzir uma cidade da democracia para a monarquia e fazer a mudança sem derramamento de sangue, mas se você mantiver sua antiga política, pensarão que você fez essas coisas desagradáveis deliberadamente.[30]

Talvez o efeito pretendido pela preservação de seu discurso fosse fazer Lívia ser vista como a voz da compaixão feminina, intervindo a fim de promover uma conclusão pacífica para um impasse potencialmente violento, da mesma forma que as heroínas romanas do passado haviam feito.[31] Contudo, o intrigante é que este também é claramente o retrato de uma mulher com uma mente política perspicaz, além de uma consciência sagaz do que seria mais bem visto pelo público de seu marido.

Considerando que ela foi retratada como uma figura tão influente em sua vida, o verdadeiro relacionamento pessoal entre Lívia e Augusto é naturalmente uma fonte de fascínio. Porém, com apenas as evidências contraditórias dos biógrafos do imperador em que nos basear, não é fácil medir sua profundidade. Como já vimos, na sociedade romana o casamento costumava ser arranjado não por motivos românticos, mas prosaicos. Não obstante, o amor no casamento foi celebrado em epitáfios funerários e, de forma mais convincente, apesar de toda a sua formalidade retórica, cartas publicadas fornecem vislumbres de relacionamentos íntimos, afetuosos e até mesmo apaixonados entre casais, bem como um luto inconsolável por separações causadas pela morte.[32] O próprio casamento de Augusto e Lívia, realizado em circunstâncias tão controversas, foi um dos mais longos a serem registrados na história romana, tendo durado mais de 50 anos no total. Previsivelmente, era anunciado na arte pública e em algumas das obras literárias mais adulatórias da época como um modelo de harmonia marital. Entretanto, algumas fontes literárias sugerem que Augusto usava suas viagens além-mar como desculpa para encontrar-se com a esposa de seu amigo e conselheiro cultural Mecenas, reforçando a ironia de Antônio ao se referir à hipocrisia de seu inimigo quando este o censurou pelo caso com Cleópatra. Um historiador romano escreve sobre Augusto que "Lívia foi a mulher que ele amou verdadeiramente até sua morte", mas curiosamente inclui a informação de que quando Augusto estava numa idade avançada a própria Lívia colaborou com os flertes do marido ao fornecer-lhe virgens, visto que ele tinha uma grande paixão por deflorá-las.[33] Essa história em particular foi a inspiração para um artigo de um compêndio pornográfico de 1787 compilado por um aventureiro da sociedade que se apresenta pelo pseudônimo de Barão d'Hancarville, os *Monumens du culte secret des dames romaines*, que apresenta a imagem zombeteira de um camafeu que exibe Lívia despida num ato sexual com Augusto com a legenda: "A complacência desta princesa para com o marido era extraordinária. Não satisfeita em procurar em todos os lugares por moças belas para diverti-lo, ela também não se recusava a usar sua bela mão para o prazer e lubrificação de seu imperador."[34]

Perto do fim de sua vida, Lívia supostamente teria oferecido a seguinte explicação a um entrevistador que lhe perguntou como ela obteve tanta influência sobre Augusto, afirmando que conseguia "sendo escrupulosamente casta, fazendo de bom grado o que quer que o agradasse, não se metendo na sua vida, e, particularmente, fingindo nem ouvir nem se dar conta das favoritas que eram os objetos de sua paixão".[35] Se podemos ou não confiar nesse relato ou acreditar que o longo sermão sobre a conspiração de Cina é uma citação fiel às suas palavras é uma pergunta que permanece sem resposta, mas considerando o papel da esposa obediente e casta de um político que ela certamente transmitia, essa frase não poderia ser mais adequada, rendendo-lhe os elogios dos legalistas romanos que a consideravam uma sucessora digna das mulheres da era dourada romana, e inspirando um caso que conta que ela certa vez salvou a vida de alguns homens — que seriam condenados à morte por terem entrado no seu campo de visão nus — afirmando que, para uma mulher casta como ela, homens nus não eram diferentes de estátuas.[36]

Aparentemente, contudo, nem todos admiravam Lívia em seu papel de consorte e confidente do imperador. "Tenho minha parte no reinado...", ela supostamente teria dito durante sua conversa com Augusto sobre a conspiração de Cina. Trata-se de um sentimento que alguns veriam como um pano vermelho para um touro.[37]

Uma fonte de desapontamento no casamento de Lívia e Augusto não podia ser disfarçada por nenhum tipo de ofuscação. Embora ambos tivessem produzido filhos com seus parceiros anteriores, sua união permaneceria infrutífera, apesar de ser o "maior desejo" do imperador, escreveu Suetônio, que eles concebessem juntos. Um bebê prematuro não sobreviveu, levando Plínio, o Velho, a dizer que a união entre eles era uma daquelas raras que apresentavam "uma certa incongruência entre os dois", permitindo que produzissem filhos com outras pessoas, mas não um com o outro.[38] A esterilidade do casal era um infortúnio que foi alvo de zombaria para Cleópatra durante a guerra de palavras que se deu ao longo das preparações para Áccio, e embora possa parecer algo sem grande importância, o fato de Lívia e Augusto não terem tido filhos teve sérias e dura-douras repercussões tanto para a dinastia júlio-claudiana quanto para o próprio princípio da sucessão imperial.[39]

Pois que dinastias requerem herdeiros. Embora Augusto estivesse destinado a viver muito, a sua constituição notoriamente frágil deixou-o várias vezes de cama durante a primeira década de seu reinado, o que levou à atribuição de um caráter de particular urgência ao dilema de quem entre seus parentes o sucederia no final. A primogenitura feminina estava fora de questão, o que tirava do páreo a única filha biológica de Augusto, Júlia. Sobravam dois candidatos principais — Tibério, o filho mais velho de Lívia de seu casamento com Tibério Nero, e Marcelo, o filho mais velho da irmã do imperador, Otávia.

Otávia não fora esquecida nos planos de sucessão de Augusto; muito longe disso. Agora na casa dos 40 anos, desde a dissolução de seu casamento com Antônio ela morava com o irmão e a cunhada no Palatino, onde assumira a responsabilidade de criar pelo menos nove crianças — não apenas seu próprio filho e quatro filhas gerados pelos casamentos com Cláudio Marcelo e Antônio, mas também os filhos de Antônio com Fúlvia e Cleópatra.[40] Como a mãe de uma prole tão grande, ela evocava o exemplo do modelo de maternidade, Cornélia, esta mãe de 12 filhos, uma associação que Augusto encorajava explicitamente.

Um dos legados mais importantes do reinado de 41 anos de Antônio foi a transformação física da vista do horizonte romano. Ele gabava-se notoriamente de ter conhecido Roma como uma cidade de tijolos e a deixado como uma cidade de mármore, e Otávia teria um grande destaque no processo.[41] Durante esse período, o ar das ruas estreitas e blocos de habitações de Roma estava quase constantemente saturado com a poeira e o barulho produzidos com as obras de projetos como o novo mausoléu júlio-claudiano construído às margens do rio Tibre, uma vasta tumba circular de travertino branco cujo espaçoso interior de concreto se tornaria o local para o descanso eterno das cinzas do imperador e de seus sucessores. O zelo orgulhoso de Augusto por essa construção era, contudo, compensado pelo compromisso de conduzir as obras de acordo com sua revolução moral. Assim, vilas e edifícios de luxo construídos durante a era competitiva da República para o benefício da minoria abastada eram agora gradualmente substituídos ou adaptados como espaços de uso comum. Um desses projetos, iniciados pouco depois de 27 a.C., era o Pórtico de Otávia, um peristilo batizado em homenagem à irmã do imperador e adaptado a partir de uma versão anterior construída mais de um século antes pelo importante e rico Cecílio Metelo. Ao visitarmos o pórtico atualmente, encontramos apenas uma sombra frágil do que ele foi. O local foi negligenciado no período posterior à Antiguidade, abrigando um mercado de peixes tumultuado do período medieval até o final do século XIX, e hoje em dia sua fachada dilapidada serve para abrigar os ninhos de pombos e gralhas. Houve um tempo, entretanto, em que essa ruína indefinida era um pátio elegante com fontes em cascatas e um jardim que abrigava uma galeria de pinturas e esculturas valiosas.[42]

O lugar de honra foi dado a uma estátua sentada do modelo escolhido por Otávia, Cornélia. Com base no testemunho de um turista, Plínio, o Velho, que observaria a estátua anos mais tarde e a descreveria como tendo residido "anteriormente no pórtico de Metelo e agora no monumento a Otávia", costumava-se pensar que quando Augusto confiscou o pórtico para Otávia a estátua já estava lá, o que talvez explique por que Augusto escolheu esse lugar em particular como o local de exibição da irmã.[43] Já que sua existência desde a época de Metelo teria

FAMÍLIA OFICIAL: AS MULHERES DE AUGUSTO 79

feito dela a única estátua conhecida de uma mulher importante da história romana na cidade antes da concessão revolucionária a Otávia e Lívia em 35 a.C., o testemunho de Plínio é extremamente importante. Todavia, uma nova teoria sugere que ele pode ter cometido o equívoco devido a um mal-entendido. Em 1878 escavações realizadas no Pórtico de Otávia trouxeram à superfície a grande placa de mármore sobre a qual ficava a estátua em que estava escrito *Cornelia Africani f. Gracchorum* — "Cornélia, filha de Africano, mãe dos Graco". Exames recentes da inscrição sugerem que o rótulo exibe sinais de ter sido cortado de um original diferente, o que implica a crença de que Augusto possuía outra estátua de uma mulher — uma deusa clássica, já que a posição sentada sugere um status divino em estátuas antigas —, e a renomeou como Cornélia e colocou-a no pórtico reconstruído da irmã a fim de enfatizar uma conexão entre as duas. A estátua que Plínio presumia estar no local desde a época de Metelo, portanto, podia estar lá apenas desde a década de 20 a.C.[44]

O patrocínio a obras públicas romanas era algo que anteriormente ao reinado de Augusto era reservado aos homens da sociedade romana. Em outro exemplo da forma pela qual os valores femininos tradicionais agora eram difundidos a partir de plataformas muito pouco tradicionais, a era júlio-claudiana assistiu à decolagem do patronato feminino, e o pórtico de Otávia seria apenas o modelo para as várias construções patrocinadas por mulheres. Ela também serviu de canal entre Augusto e o grande arquiteto, engenheiro e historiador romano Vitrúvio, cujo influente tratado *Da Arquitetura* contém um reconhecimento de gratidão à irmã do imperador por tê-lo recomendado a Augusto, uma nota que deixa claro que Lívia não era o único contato útil no círculo do imperador. Lívia mais tarde superaria Otávia como uma patrona mais prolífica de obras públicas, mas por enquanto era a estrela de Otávia, com seu papel mais visível na estrutura física da cidade, que ocupava o lugar mais elevado no firmamento.

Quando o filho de Otávia, Marcelo, e o filho de Lívia, Tibério, emergiram como os principais candidatos à sucessão de Augusto, aparentemente não havia muito a escolher entre os dois. Ambos tinham a mesma idade e haviam tido os mesmos privilégios na juventude. De fato, ambos haviam sido escolhidos para montarem os cavalos da carruagem de Augusto durante as celebrações triunfantes que se seguiram a Áccio. Marcelo, contudo, que era tido como "um jovem de qualidades nobres, de mente alegre e disposição", ao contrário de seu pálido e silencioso primo, tinha a vantagem de um parentesco consanguíneo com o impe-

80 AS PRIMEIRAS-DAMAS DE ROMA

rador e gozou de uma carreira meteórica.[45] Em 25 a.C., a dinastia júlio-claudiana celebrou seu primeiro "casamento real" com a união de Marcelo, então com 17 anos, com a prima de 14 anos Júlia.[46] O pai da noiva não pôde estar presente, pois continuava distante em sua viagem pelo estrangeiro, de forma que — numa ironia que só seria percebida depois — o comandante supremo militar de Augusto, Agripa, foi convocado a agir como *in loco parentis*.[47]

O fato de Júlia ter usado um véu nupcial e chinelos amarelos levou à confirmação do filho de Otávia como favorito para a púrpura, elevando a própria Otávia à prestigiosa, ainda que extraoficial, posição de mãe do herdeiro aparente. Contudo, a bolha estourou muito rápido. Dois anos depois, no outono de 23 a.C., enquanto Augusto, agora com 40 anos, lutava para recuperar-se de uma doença que quase o levou à morte, Marcelo morreu subitamente de um mal misterioso aos 20 anos, deixando Júlia viúva e se tornando inesperadamente o primeiro ocupante do novo mausoléu da família, que agora se erguia como um bolo de casamento de 40 m de altura sobre a cidade. O luto público pelo rapaz foi extravagante, e o sofrimento de Otávia foi amplamente divulgado.[48] Enterrando-se na reclusão, dizia-se que depois de sua morte ela proibira qualquer menção ao nome do filho, dando vazão à sua dor somente durante uma audiência com Virgílio, o grande poeta e amigo da família, enquanto ele lia para ela uma passagem de seu poema épico, a *Eneida*, no qual o pai fundador de Roma Eneias, que a família de Augusto afirmava ser seu ancestral, teve uma visão do fantasma de Marcelo em um desfile de heróis romanos no submundo. Em sua obra do início do século XIX *Virgil Reading the Aeneid to Livia, Octavia and Augustus*, o artista francês Jean Auguste Dominique Ingres captura com óleo o momento registrado pelo biógrafo da Antiguidade de Virgílio em que Otávia desmaia no colo de Augusto ao ouvir a parte do poema que menciona o nome de seu filho, o rosto empalidecido pela perda.[49]

Ingres, porém, acrescenta outro personagem à cena, cuja presença não foi registrada no relato do desmaio de Otávia feito pelo biógrafo do século XV de Virgílio, Donato. Enquanto Augusto segura a irmã desmaiada e ergue a mão num sinal para que o poeta pare, a outra companhia de Otávia, Lívia, observa-a impassivelmente. Seus olhos semiabertos não traem nenhuma emoção enquanto ela segura a cabeça da cunhada com uma mão e repousa a outra languidamente no encosto de sua cadeira, contemplando com um interesse distante o rosto tomado pelo luto que tem diante de si, os cinzas e azuis de suas roupas refletindo uma

FAMÍLIA OFICIAL: AS MULHERES DE AUGUSTO   81

atitude fria em contraste às cores quentes rosa e vermelho usadas pelos demais presentes. Em uma versão posterior da pintura, duas figuras anônimas observam Lívia com semblantes pensativos das sombras, a suspeita aparentemente despertada por sua atitude absolutamente desprovida de preocupação.[50]

A obra de Ingres reflete um relato conhecido de que após a morte de Marcelo rumores terríveis tomaram Roma. Dedos eram furtivamente apontados para Lívia enquanto afirmavam que ela tivera uma participação na morte de Marcelo, motivada pela inveja de ver o próprio filho Tibério vencido na corrida pela sucessão. Mesmo apesar de nossa fonte para os rumores, Dião Cássio, ter observado que a acusação foi descartada por muitos que apontaram para a elevada incidência de uma doença fatal transmitida pelo ar na cidade naquele ano, o nome de Lívia continuaria manchado. O romance de Robert Graves *Eu, Cláudio, Imperador* faz uma alusão sutil à "atenção persistente" de Lívia ao sobrinho, enquanto na série televisiva baseada no livro a câmera foca a expressão malévola de Lívia quando ela promete tomar conta do rapaz acamado.[51]

Ingres nunca se sentiu satisfeito com sua composição. Ele voltou a trabalhar nela, fazendo modificações, várias vezes, e sua indecisão reflete o caráter inconclusivo da antiga acusação contra Lívia.[52] A morte de Marcelo, contudo, foi apenas o primeiro de uma série de assassinatos por envenenamento que a esperavam ao longo de sua carreira. Embora tentar provar sua culpa neste ou em qualquer outro caso fosse uma tarefa infrutífera, devemos lembrar que o estereótipo da mulher que cometia assassinatos por envenenamento é típico dos mitos e da história da Antiguidade, sintetizado por Cleópatra, o bicho-papão da imaginação da Roma imperial que não apenas empregou o envenenamento no seu próprio suicídio, mas testava as drogas letais de sua farmácia em prisioneiros de guerra. Na verdade, seu exemplo influenciaria o retrato de *femmes fatales* posteriores como Lucrécia Bórgia.[53] A imagem de feiticeiras como Medeia e Circe, que usaram suas drogas e poções para controlar e aterrorizar a humanidade, ajudou a estabelecer uma linha tênue entre sacerdotisas e estereótipos de mulheres assassinas, uma linha sobre a qual Lívia continuaria dançando indecisamente enquanto seu perfil ganhava a atenção do radar romano. As mulheres eram as guardiãs do reino doméstico e guardavam as chaves dos armários de cozinha, e a sátira romana caracterizava-as como um inimigo íntimo, que conhecia os venenos necessários para induzir abortos, drogar seus maridos ou eliminar rivais inconvenientes à herança de seus filhos:

E também a vocês, abastados órfãos sem pai, eu os alerto — temam por suas vidas e não confiem em um único prato. A fumaça escura que sai daquelas massas é o veneno materno. Peçam a outra pessoa que experimente qualquer coisa que lhe seja oferecida pela mulher que o trouxe ao mundo.[54]

As habilidades farmacológicas das mulheres também podiam ser dirigidas a fins positivos, na produção de medicamentos que curavam em vez de causarem algum mal. O *De Medicamentis Liber*, uma extraordinária compilação de remédios romanos tradicionais reunida no século V por um escritor de medicina de Bordeaux, preservou para nós o que afirma terem sido as receitas médicas favoritas das próprias Lívia e Otávia, a exemplo do equivalente hipocrático do livro de culinária escrito por uma celebridade na atualidade. Recorrendo aos textos de Escribônio Largo, um médico que trabalhou na corte imperial durante o reinado do bisneto de Lívia, Cláudio, o livro registra que a própria Lívia recomendou um xarope contendo açafrão, canela, coentro, ópio e mel para curar uma garganta inflamada, além de manter sempre uma pomada de manjerona, alecrim, feno-grego, vinho e óleo em um vaso ao lado de sua cama para calafrios e aliviar a tensão nervosa, uma versão antiga do Vick VapoRub. Além de nos informar a fórmula da pasta de dentes de Lívia, ele também é a nossa fonte para a receita de Otávia de *dentifricium*, que como a da cunhada era uma simples mistura abrasiva que consistia em sal de rocha, vinagre, mel e flor de cevada, assados para formarem bolinhos tostados e perfumados, que também, tal como a de Lívia, levava nardo.[55]

O perfil de Otávia ficou brevemente sob os holofotes depois da morte de Marcelo. Apesar de seu voto de não fazer aparições públicas, ela emergiu das sombras para dedicar uma biblioteca ao filho morto no pórtico homônimo dela — enquanto Augusto inaugurava um teatro nas proximidades chamado Teatro de Marcelo — e continuou fazendo aparições periódicas durante a inauguração de obras de arte encomendadas pelo irmão. O mal, porém, estava feito. Dizia-se que ela nunca se recuperou da morte de Marcelo, nem politicamente nem pessoalmente, e usou roupas de luto pelo resto da última década de sua vida. Em meio ao coro de aprovação da Antiguidade que a pinta como uma das mulheres romanas mais modestas e dignas de elogio — uma das melhores —, uma voz discordante surgiria algumas décadas mais tarde na pessoa de Sêneca, membro do círculo íntimo do imperador Nero que disse que Otávia

FAMÍLIA OFICIAL: AS MULHERES DE AUGUSTO   83

fora incapaz de conter o sofrimento pelo filho, um contraste desfavorável entre seu comportamento e a conduta comedida demonstrada por Lívia ao deparar com seus próprios infortúnios maternos.

É claro que as diferenças entre as duas mulheres iam muito além de suas respectivas experiências com o luto. De acordo com Sêneca, elas se desentenderam irremediavelmente depois da morte de Marcelo. De acordo com relatos, Otávia desenvolveu um verdadeiro ódio pela cunhada, suspeitando de que ela agora alcançaria o antigo desejo de ver um de seus filhos suceder Augusto. Se, porém, Lívia de fato alimentava tais ambições materiais, elas teriam de esperar um pouco mais.[56]

Augusto foi forçado a reformular rapidamente seus planos depois dos eventos de 23 a.C. A morte de Marcelo não apenas deixou uma lacuna na hierarquia dinástica, mas também uma adolescente viúva, Júlia. Permitir que sua filha única permanecesse solteira por muito tempo teria ido contra os ideais cívicos que Augusto buscava ativamente promover — de acordo com a legislação aprovada por ele nos anos seguintes, um ano era o período de tempo máximo que uma mulher poderia permanecer viúva sem compromissos antes de voltar a se casar.[57] Mas Augusto não considerou nenhum de seus enteados, filhos de Lívia, mesmo apesar de geralmente preferir manter as coisas em família no que dizia respeito ao casamento dos filhos da família imperial. Em vez disso, em 21 a.C., aparentemente seguindo o conselho do amigo Mecenas, que alertou Augusto para o fato de que este havia elevado seu tenente Agripa a uma posição tão poderosa que "ele deve ou se tornar seu cunhado, ou ser morto", ele casou Júlia, agora com 18 anos de idade, com o arquiteto de 42 anos da vitória do Áccio, que, por sua vez, se divorciou da filha mais velha de Otávia, Cláudia Marcela, a Maior, para poder tomar a mão da nova noiva, um remanejo marital ao qual Otávia aparentemente deu sua bênção.[58]

Em 1902, construtores de estrada que trabalhavam numa via entre Boscotrecase e Torre Annunziata por acaso descobriram os restos de uma magnífica residência de campo onde Agripa e Júlia passaram pelo menos parte de sua vida de casados. Construída na encosta de uma montanha, nas proximidades da malfadada cidade de Pompeia, a vila possuía uma vista panorâmica ao sul que dava para o Golfo de Nápoles, uma área cheia de retiros campestres das celebridades romanas. As escavações foram interrompidas pela erupção em 1906 do Monte

Vesúvio, que cobriu o esqueleto brevemente exposto da vila, mas inscrições em ânforas e ladrilhos encontrados nas ruínas foram o bastante para confirmar quem haviam sido seus proprietários originais. Graças ao estilo de pintura da decoração interior, o chamado "Terceiro Estilo", popularizado depois de 15 a.C. e caracterizado por esquemas decorativos delicados com fundos monocromáticos, acredita-se que o trabalho de construção da vila provavelmente teve início nos primeiros anos do casamento de Agripa e Júlia.[59]

A Vila Boscotrecase era uma das casas mais impressionantes de sua época, um testemunho para a enormidade da riqueza e do prestígio que seu proprietário conquistara depois de Áccio. Palavras não poderiam fazer justiça aos afrescos brilhantes que foram encontrados em seu interior, e que atualmente se encontram divididos entre o Metropolitan Museum of Art de Nova York e o Muzeo Nazionale de Nápoles. Cores derramavam-se pela casa como um arco-íris líquido, invadindo as paredes com uma rica paleta policromática inspirada pela natureza: cinábrio vermelho, ocre amarelo, turquesa, branco-limão, violeta e verde. Delicadas vinhetas pastorais decoravam as paredes da chamada "Sala Vermelha"; candelabros pintados serviam de pedestais para os "cartões-postais" da paisagem nas paredes sóbrias da "Sala Negra"; e duas pinturas de 1,5 por 1,8 m exibiam o resgate de Andrômeda de um monstro marinho por Perseu e o amor do Ciclope Polifemo pela ninfa do mar Galateia na "Sala Mitológica". Os verdes e o azul-marinho frios da composição criavam uma sensação de paz, tranquilidade e fantasia para a atmosfera desta câmera que também tinha a cor vermelha, e que pode ter sido um quarto, já que este costumava ser o *locus* para cenas mitológicas.[60]

Não podemos dizer se algum desses quartos destinava-se ao uso pessoal de Júlia ou de qualquer outra residente. Um dos traços mais distintivos das casas romanas e gregas é que elas não exibem sinais de segregação entre os sexos. Nada na decoração, estrutura ou restos arqueológicos das casas romanas indica quais dos quartos eram destinados ao uso exclusivo de residentes do sexo masculino ou feminino. Nem sequer temos resquícios como restos de brinquedos que poderiam ajudar a identificar quartos de crianças.[61] Em vez disso, enquanto suas contrapartes atenienses na maioria das vezes ficavam permanentemente confinadas a áreas isoladas de suas casas, esperava-se que Júlia e as outras matronas romanas se fizessem visíveis, ainda que em ocupações estritamente domésticas no *atrium*, onde suas atividades ficavam expostas à vista de todos graças à po-

FAMÍLIA OFICIAL: AS MULHERES DE AUGUSTO   85

lítica das portas abertas empregada pelos importantes homens romanos com o intuito de mostrar seu status e encorajar a suposição de que não tinham nada a esconder em suas vidas pessoais. Esse princípio era aplicado até mesmo nas residências que tinham fora da metrópole. Assim, a Vila Boscotrecase funcionava como uma extensão do império político pessoal de Agripa na cidade, uma casa para a exibição rural onde, com o auxílio de Júlia, ele podia entreter amigos, receber clientes e continuar promovendo o florescimento de sua plumagem. No entanto, tal sociabilidade só ia até aí. Tanto as vilas urbanas quanto as rurais eram divididas em áreas públicas e privadas sutilmente graduadas, o *cubiculum* ("quarto") sendo o mais privado, e o átrio o menos privado. Quanto mais especial e privilegiado o visitante, mais particular e ricamente decorado o cômodo em que ele era recebido. Uma marca do status excepcionalmente elevado de Lívia, e por isso também do nível dos visitantes que ela recebia, era que a imperatriz mantinha uma equipe de *cubicularii*, ou atendentes de quarto, cuja tarefa era supervisionar a entrada de pessoas em seu santuário.[62]

A suntuosidade que encontramos nos cômodos de Boscotrecase pode parecer curiosamente contrária ao mantra de austeridade moral tão rigorosamente pregado por Augusto. Como qualquer sociedade, os romanos tinham seus códigos implícitos de conduta, um entendimento tácito de onde começava e onde terminava a linha entre ostentação aceitável e vulgaridade, e com seus delicados temas decorativos pastorais e mitológicos a casa de Agripa e Júlia estava de acordo com o estilo elegante, mas comedido, da residência imperial do Palatino. Não obstante, Augusto mantinha reservas rígidas em relação às mansões rurais que alguns romanos construíam para si, tomando o cuidado de alertá-los para o fato de que ele mesmo não decorava suas próprias modestas casas de campo com painéis e santuários, mas deixava o trabalho para as características naturais, como terraços e plantações, e quando anos mais tarde uma de suas netas, Júlia, a Menor, construiu uma extravagante casa de campo que não seguia seus preceitos morais, ele mandou demoli-la, um sinal nefasto, se é que isso era necessário, de que Augusto não toleraria a hipocrisia moral dentro de sua própria família.[63]

Júlia, a Menor, era uma das cinco crianças que Júlia teve durante a união de nove anos com Agripa, reforçando as esperanças da dinastia júlio-claudiana, que agora parecia ter confiado seu legado a Júlia e Agripa. O mais velho, um menino chamado Caio, nasceu em 20 a.C., seguido três anos depois por um irmão mais

86 AS PRIMEIRAS-DAMAS DE ROMA

novo, Lúcio, e num sinal claro da intenção de prepará-los como candidatos principais ao trono do avô, Augusto adotou-os oficialmente como seus próprios filhos. A adoção, pela qual um *paterfamilias* assumia a responsabilidade pelo filho de outro homem, ou mesmo outro *paterfamilias*, em sua própria família, era uma prática romana antiga, com frequência empregada por aqueles que não conseguiam produzir seus próprios herdeiros — o próprio Augusto devia sua ascensão em grande parte à sua adoção aos 17 anos por seu tio-avô, Júlio César.[64] Em 13 a.C., quando Caio e Lúcio alcançaram respectivamente as idades de 7 e 4 anos, a casa da moeda romana emitiu uma moeda que trazia o imperador de um lado e do outro um pequenino e volumoso busto de Júlia, os cabelos devidamente arrumados no *nodus*, ladeada pelas cabeças dos dois meninos. Júlia, portanto, tornou-se única mulher a aparecer em uma moeda da casa de cunhagem romana durante o reinado de seu pai. Acima de seu retrato estava a *corona civica*, a coroa de folhas de carvalho que juntamente ao loureiro representava a insígnia de Augusto; ela marcou Júlia como a nova rainha-mãe em potencial, assim como Otávia, mãe de Marcelo, fora anteriormente.[65]

Os nascimentos de duas meninas — Júlia, a Menor, e sua irmã mais nova, Agripina, a Maior — separaram os de Caio e Lúcio, e finalmente veio outro menino, chamado Agripa Póstumo por ter nascido depois da morte de Agripa.[66] Como a madrasta Lívia, Júlia passava grande parte do tempo acompanhando o marido em viagens pelo estrangeiro, e se acreditava que sua filha Agripina nascera na Ilha de Lesbos, perto da costa turca. Inscrições e estátuas ao longo da rota que Agripa e Júlia percorriam homenageavam a fertilidade da filha do imperador; numa dessas inscrições, na cidade grega de Priene, ela foi chamada de *kalliteknos*, que significa "mãe de belos filhos".[67]

Três anos depois do casamento de Júlia com Agripa, em 18 a.C., o zelo reformador de Augusto levou-o a introduzir um novo conjunto muito controverso de leis destinadas em parte a promover o exemplo de fertilidade de Júlia e ao mesmo tempo a servir como forte censura de moral autoatribuída à camada fraca, preguiçosa e licenciosa da aristocracia romana. As *leges Iuliae*, ou "Leis Julianas", foram introduzidas como uma resposta aparente à redução do número de ocorrências de casamentos entre a elite romana, e continham novas medidas rígidas destinadas a combater duramente tal lassidão enquanto ofereciam incentivos econômicos ao casamento e à procriação. O conjunto de leis também estava claramente ligado a planos políticos para consolidar a hierarquia social através

FAMÍLIA OFICIAL: AS MULHERES DE AUGUSTO　　87

da preservação da pureza e da integridade financeira entre as famílias das classes superiores, conforme demonstrado pelas restrições impostas pelas leis tanto ao casamento entre grupos de classes diferentes, tais como senadores e mulheres libertas (ex-escravas que conquistavam a liberdade), quanto a heranças deixadas em testamento para indivíduos de fora da família.[68] O ponto central da nova legislação era a *Lex Iulia de adulteriis*, que pela primeira vez tornava o adultério um crime e prescrevia o procedimento exato para a punição daqueles que fossem surpreendidos em tal ato. Em uma demonstração de extrema desigualdade, quem sofreria na maior parte do tempo as consequências legais de tais medidas seriam as mulheres.

De acordo com as novas leis, uma mulher seria considerada culpada de adultério ao praticar atos sexuais com qualquer pessoa além do marido, enquanto um homem seria culpado de tal crime somente se a mulher com quem se envolvesse fosse casada. Escravas, prostitutas, concubinas e mulheres solteiras eram permitidas, pois o principal objetivo da lei era garantir que a paternidade de uma criança não fosse posta em dúvida. A lei também declarava que uma mulher casada que fosse surpreendida *in flagrante* e seu amante podiam ser mortos pelo pai dela, enquanto maridos traídos, embora não tivessem a permissão de matar a esposa com as próprias mãos e estivessem sujeitos a punições caso o fizessem, eram obrigados a se divorciar imediatamente. Depois de divorciada, a mulher seria julgada junto com o amante em um tribunal especial, e, se declarados culpados, a punição mais provável para os dois era o exílio. Qualquer homem que não se divorciasse de uma mulher caída em desgraça podia ser acusado de "alcovitá-la", igualando uma mulher adúltera a uma prostituta. Uma revisão posterior da lei também proibiu uma mulher adúltera de voltar a se casar com um homem livre romano, e instituiu o confisco de metade do seu dote e de 1/3 de seus bens, mais uma vez ressaltando o fato de que essas leis eram destinadas principalmente às classes mais ricas da sociedade romana.[69] Viúvas e mulheres com idades entre 20 e 50 anos que não fossem culpadas do pecado do adultério, mas que tivessem se divorciado por outras razões, eram obrigadas pela lei a se casar respectivamente dentro de um ano e de seis meses.[70]

Essa nova legislação matrimonial tanto punia culpados quanto recompensava a boa conduta, oferecendo isenção de impostos a membros das classes senatoriais romanas que se casassem e produzissem filhos, enquanto homens de idades entre 25 e 60 anos e mulheres entre 20 e 50 que permanecessem descasados ou sem filhos sofriam multas como a cassação de direitos de herança.[71] Mulheres que cumprissem nos termos da lei suas obrigações de gerar filhos ganhavam o direito de desfrutar alguma independência. Mulheres nascidas livres que produzissem três filhos ou mais ficavam isentas da tutela masculina (mulheres libertas só eram elegíveis a partir de quatro filhos), isso graças à *ius trium liberorum* — a "regra dos três filhos". Mulheres que alcançavam esse ideal eram tidas como exemplos, uma escrava particularmente fértil tendo chegado ao ponto de ser homenageada pelo imperador com uma estátua.[72] Em suma, as "Leis Julianas", batizadas numa referência à família do próprio imperador, prometiam um retorno aos antigos valores familiares e aos "bons e velhos dias" do passado romano, um período imaginário em que as mulheres eram castas e o adultério era considerado uma aberração. Como o próprio Augusto escreveu em um relato documentário do seu reinado, *Res Gestae* ("Minhas Realizações"): "Através de novas leis aprovadas de acordo com uma proposta minha, restabeleci as práticas exemplares de nossos ancestrais que estavam sendo negligenciadas".[73]

Mas o retrato superficial pintado por Augusto dos resultados positivos de sua própria obra mascarava uma realidade mais obscura, feia e ambivalente. Em primeiro lugar, a grande correlação em nossas fontes literárias entre as acusações de adultério contra mulheres casadas e a tentativa de retratar os maridos traídos como homens politicamente impotentes deixa claro que algumas acusações foram motivadas por rivalidades pessoais. Além disso, até que ponto a legislação de Augusto era de fato aplicada ou aplicável é algo relativo.[74] Em Roma não existia uma procuradoria geral, e muitos maridos e mulheres provavelmente prefeririam não passar pelo constrangimento público e inconveniência de um julgamento. Houve demonstrações públicas em defesa da revogação da lei, e ao que parece uma mulher chamada Vistília até mesmo registrou-se como prostituta a fim de escapar a uma acusação de adultério, uma brecha aberta sob os sucessores de Augusto.[75]

Uma das vozes mais subversivas no debate acerca das Leis Julianas era a do poeta Ovídio, que fez um discurso brilhante logo depois da aprovação das reformas matrimoniais do imperador. Além de dar orientações aos homens sobre como atrair mulheres em corridas de bigas — o único evento esportivo imune às novas regras que relegavam todas as mulheres, com a única exceção das Virgens Vestais e das mulheres da família do imperador, às últimas fileiras do teatro e da arena de gladiadores —, sua poesia oferecia às esposas dicas para enganarem seus maridos enquanto flertavam com os amantes durante jantares:

Quando ele bater no sofá, assuma a expressão de Esposa Respeitável,
E tome seu lugar ao lado dele — mas toque meu pé
Quando eu estiver passando. Preste atenção nos sinais que eu fizer
com a cabeça e no que falar com os olhos,
Receba minhas mensagens furtivas, mande respostas.
Falarei silenciosos volumes inteiros ao erguer uma sobrancelha,
Palavras se derramarão dos meus dedos, palavras traçadas com vinho.
Quando estiver pensando na última vez que fizemos amor,
Toque elegantemente sua bochecha rosada com o polegar.[76]

A persistência da zombaria de Ovídio mais tarde contribuiria para o seu exílio no mar Negro no ano 8.

Todavia, o maior castigo de Augusto era sua própria filha. Em um golpe de grande ironia, a recatada garota-modelo do ideal augusto de maternidade, a única mulher a aparecer até então nas moedas cunhadas em Roma e a mãe de dois dos sucessores em potencial de Augusto no final das contas estava se transformando na Dorothy Parker da sua geração, uma popular amante da diversão com um fluxo constante de observações mordazes na ponta da língua, uma mulher que em sua vida privada fazia de tudo para se livrar das algemas que seu conservador pai lhe impunha. Pelo menos este é o retrato que emerge das conversas ocorridas às mesas de reuniões para o jantar sobre as piadas e ditos de Júlia em uma obra do século V chamada *Saturnais*. O autor, Macróbio, selecionou seu material a partir de uma coleção de ditos espirituosos editados no século I por um certo Domício Marso, que, como protegido do socialite da época de Augusto, Mecenas, presumivelmente estava repetindo histórias que circulavam através de fofocas na corte romana da época.[77]

As primeiras manchas a surgirem na imagem de Júlia como exemplo da retidão materna vieram com rumores sobre a paternidade de seus filhos. Alegava-se que ela fora infiel durante seu casamento com Agripa, algo proposto por figuras como Semprônio Graco, membro do famoso clã dos Graco, e embora seu pai não desse atenção a tais suspeitas, seus amigos mais próximos aparentemente não se deixavam enganar. Quando perguntaram a Júlia como era possível que todos os filhos que ela tivera de Agripa se parecessem com ele quando ela tinha tido tantos outros amantes, ela supostamente teria respondido sem se deixar intimidar: "Os passageiros só recebem permissão para embarcar quando o porão está cheio", insinuando que só deixava outros homens se deitarem em sua cama quando estava grávida do marido e, portanto, a salvo.[78]

Não obstante, Júlia aparentemente era uma figura popular entre o público por causa de sua "bondade e atitude gentil (...) aqueles que tinham conhecimento de seus erros ficavam perplexos diante das contradições que suas qualidades implicavam".[79] De acordo com as histórias repetidas nas *Saturnais*, em vez de tomar medidas severas Augusto a princípio adotou uma atitude indulgente para com a filha, aconselhando-a a moderar "as extravagâncias nas roupas e na notoriedade de suas companhias". Ele ficou ofendido quando certo dia ela veio à sua presença usando trajes indecentes. No dia seguinte, ela voltou usando um vestido recatado e com uma expressão de santarrona, abraçando o pai e o deixando maravilhado com a demonstração de decoro respeitável. "Este vestido", ele observou, "é muito mais adequado à filha de Augusto". Júlia prontamente respondeu: "Sim", disse, "pois hoje estou vestida para os olhos de meu pai; ontem eu estava para os do meu marido."[80]

Para uma mulher romana, as roupas eram um verdadeiro campo minado tanto social quanto no que dizia respeito ao estilo. Embora Úvia e outras mulheres exaltadas com frequência fossem retratadas em estátuas usando a *stola* tradicional — um vestido semelhante a um avental com uma gola em V que constituía o equivalente feminino à toga masculina e ao uniforme padrão da cidadã republicana romana —, essa roupa não era mais usada diariamente na época em que Júlia viveu, embora o seu uso pudesse acrescentar um toque extra de respeitabilidade pia para o benefício de seu pai. Em vez disso, a roupa tipicamente usada por matronas abastadas a partir do século I a.C. era uma longa túnica de mangas compridas e uma *palla* (manto). Roupa composta, com mangas largas que iam até o cotovelo e gola alta, as dobras volumosas da *palla* e um pregueado complexo envolvendo o corpo e cobrindo a cabeça quando se saía de casa, ela claramente distinguia as mulheres despreocupadas das classes superiores romanas de suas inferiores sociais — mulheres menos privilegiadas usavam túnicas mais curtas e sem cinto. A quantidade de material envolvido também garantia que o custo da roupa a pusesse além do alcance de todos que não fossem ricos.[81]

Embora o formato geral da vestimenta feminina tenha passado séculos sem sofrer modificações, as mulheres romanas encontravam formas de expressar tanto seu status quanto seu senso de estilo. As ruínas de cal de estátuas antigas não nos fornecem uma ideia clara das cores que as mulheres usavam, mas restos

FAMÍLIA OFICIAL: AS MULHERES DE AUGUSTO

de pigmentos encontrados no mármore dessas esculturas e retratos pintados do Egito e outras províncias do Império corroboram testemunhos literários de que uma vasta variedade de tons estava disponível para o tingimento, de azul-celeste *(aer)*, azul-marinho *(undo)*, verde-escuro *(Paphiae myrti)* e violeta *(purpurae amethysti)* a amarelo alaranjado *(croceus)*, rosa-claro *(albentes rosae)*, cinza-escuro *(pullus)* e castanho *(glandes)* — todas as cores selecionadas por Ovídio para elogiar a compleição feminina. Por outro lado, escolher certas cores — tais como vermelho-cereja *(cerasinus)* e amarelo-esverdeado *(galbinus)* — equivalia a descrever alguém como vulgar, enquanto o pigmento exorbitantemente caro púrpura tornou-se gradualmente um privilégio exclusivo do imperador e sua família.[82] A *palla* podia ser tingida para combinar com a túnica que se usava por baixo, enquanto formas e bordas listradas em tintas complementares também eram populares. Sandálias *(soleae)* e botas *(calcei)* tingidas e incrustadas com joias também ajudavam as mulheres a se sentirem superiores às menos afortunadas. Leques *(flabellae)* feitos de velino ou penas de pavão, fechados com cabos de marfim; sombrinhas *(umbraculae)* com franjas; cintos de cintura alta feitos de cordões trançados numa cor contrastante com a túnica usada por baixo — tudo isso completava o guarda-roupa da mulher romana próspera.[83]

O custo de importar o material e as tintas necessários para a produção dessas roupas era astronômico. Embora alguns comentaristas romanos argumentassem que uma mulher vestida com roupas e acessórios caros era um crédito à riqueza e à posição de seu marido, havia também vozes de desaprovação ao tipo de consumo sartorial conspícuo de algumas mulheres que desprezavam tecidos simples como lã ou linho e exigiam seda, um material que precisava ser importado pelo Império a um elevado custo da China. A maior condenação era reservada a um tipo de seda chamado "seda cosana" — um material transparente e delicado tecido por mulheres da ilha de Cós que aparentemente era o máximo do estilo entre as mulheres das classes mais altas, enquanto por outros era desprezado como um tecido transparente adequado somente para uma prostituta ou uma mulher libertina. Era exatamente esse tipo de vestido que teria sido capaz de produzir uma desaprovação tão inflamada por parte de Augusto caso ele o visse sendo usado pela filha.[84]

Há relatos de vários outros confrontos ocorridos entre pai e filha em razão de roupas e comportamento. Em outra ocasião, ele chegou à casa de Júlia para uma visita e deparou com suas empregadas arrancando cabelos prematuramente brancos da cabeça dela. Augusto sentiu-se frustrado diante de tamanha vaidade, e perguntou a Júlia se ela preferiria ser careca ou ter cabelos brancos. Ao receber a resposta de que ela preferiria ficar com eles brancos, consta que o pai respondeu sarcasticamente: "Então por que essas suas mulheres estão com tanta pressa para deixá-la careca?"[85] A literatura romana está cheia de histórias — algumas plausíveis, outras absurdas — sobre o que as mulheres eram capazes de fazer para conseguir o que queriam — tratando manchas na pele com gordura de galinha e cebola; tirando rugas com graxa; aplicando máscaras faciais feitas de pão, cevada, mirra ou folhas de roseira; clareando a pele com pó de giz, chumbo ou até mesmo estrume de crocodilo para alcançar a almejada compleição pálida; esfoliando a pele com conchas de ostra; raspando os pelos corporais com pedra-pomes. Para o problema de Júlia com os cabelos brancos recomendava-se um tratamento alternativo com minhocas misturadas com óleo.[86]

Embora essas receitas de beleza mais grotescas, como a recomendação do uso de excremento de crocodilo para clarear a compleição, provenham claramente de fontes mais interessadas em censurar as tentativas das mulheres de fugirem à mão do tempo, não obstante, com base em várias descobertas arqueológicas de tubos e recipientes de cosméticos, incluindo um pote perfeitamente preservado de creme facial feito de gordura animal, amido e estanho, é certo que a penteadeira da mulher romana estava sempre muito bem equipada, e era o foco da indústria de cosméticos.[87] A preocupação de Júlia com sua aparência pessoal podia ir contra o mantra de aparência comedida e irreprochabilidade moral de seu pai, mas a colocava na categoria de muitas outras mulheres romanas.

Contudo, como demonstravam a desaprovação social da seda cosana e as críticas satíricas a formas mais elaboradas de cuidados com a beleza, era fácil ultrapassar a linha entre o nível aceitável de autoembelezamento e o que era visto como um narcisismo exagerado. Com sua língua afiada, seus relacionamentos com homens indesejáveis e roupas ousadas, Júlia estava passando a representar todas as características que faziam os romanos desprezarem as mulheres, ameaçando minar de dentro para fora a nova ordem moral instituída por Augusto. Era um jogo perigoso a se jogar, especialmente com um pai que era um homem tão público e poderoso.[88]

Em 12 a.C., a morte de Agripa aos 51 anos de idade em sua propriedade rural de Nápoles enquanto Júlia estava grávida de seu último filho, Agripa Póstumo, deixou a única filha do imperador viúva pela segunda vez aos 27 anos. Mãe de

FAMÍLIA OFICIAL: AS MULHERES DE AUGUSTO   93

cinco filhos, ela agora estava tecnicamente apta a beneficiar-se da cláusula da legislação de seu pai que permitia que mulheres com três filhos ou mais fossem isentadas da proteção de um marido ou guardião do sexo masculino. Em vez disso, contudo, talvez temendo o potencial de Júlia para lhe causar constrangimentos, mas também em busca de opções para a sua sucessão, Augusto decidiu que Júlia no final das contas deveria casar-se com o filho mais velho de Lívia, Tibério, de 30 anos, que, juntamente ao irmão mais novo Druso, vinha ganhando um grande respeito em campanhas militares ao redor dos Alpes. Se Augusto estava considerando a ideia de tornar o enteado seu herdeiro, talvez um candidato interino até que Caio ou Lúcio pudesse assumir, manteve essa ideia para si. Entretanto, sua decisão implicava o divórcio de Tibério de sua esposa Vipsania, que, ironicamente, como filha do falecido Agripa, era enteada de Júlia. Foi uma decisão que trouxe infelicidade; de acordo com relatos, deixou Tibério furioso. Ele era devotado a Vipsania, mãe de seu filho Druso, o Menor, e supostamente caiu em prantos ao vê-la na rua certo dia depois do divórcio. Além disso, desaprovava a meia-irmã Júlia, que rumores diziam há muito alimentar sentimentos não correspondidos por ele.

Otávia, que se manteve longe da vida pública desde o falecimento de Marcelo, viveu tempo o bastante para ver a ex-cunhada Júlia casar-se com Tibério. Se for verdadeiro o relato de Sêneca de que Otávia temia que essa sempre tivesse sido a ambição de Lívia, o casamento deve tê-la deixado mortificada. Sua morte não tardou, tendo chegado em 11 a.C., pelo que diziam de tristeza, o fim ideal para uma mãe.[89] Um Augusto sofrido fez ele mesmo o discurso funerário da irmã, e ela foi enterrada numa cerimônia simples ao lado de Marcelo no mausoléu construído às margens do Tibre. A lápide compartilhada por ela com o filho foi descoberta durante escavações em 1927.[90]

Dois anos depois do funeral de Otávia, em 30 de janeiro de 9 a.C., uma nova formação da família júlio-claudiana reuniu-se para uma cerimônia magnífica que marcou a inauguração do Ara Pacis ("Altar da Paz"), não muito distante do mausoléu e uma das principais atrações do programa de arte pública para promover o governo de Augusto, construído para celebrar o recente retorno triunfante do imperador da Gália e da Espanha e para proclamar a era de Augusto e de sua família como uma era de paz.

Significativamente, também era o 50º aniversário de Lívia. Embora seu papel como mediadora entre o marido e seus súditos houvesse sido consolidado nos últimos 20 anos, Lívia era a única entre as três principais mulheres da família imperial que ainda não havia sido reconhecida em uma moeda cunhada pela casa da moeda romana ou com um prédio público ou monumento importante na cidade. Aquele ano finalmente marcou sua estreia com uma estátua ao lado do marido no Ara Pacis, até então sua representação mais elevada e lisonjeira. Livre do discreto *nodus*, os cabelos longos partidos no meio e caídos sob um véu em uma referência deliberada às poses consagradas às deusas clássicas. Seu marido também usava um véu e uma coroa de folhas ao seu lado, uma exibição do casal como os benevolentes patriarca e matriarca do Império, verdadeiros Júpiter e Juno terrestres.

O Ara Pacis foi o primeiro monumento do estado romano no qual eram representadas mulheres e crianças. Tratava-se tanto de um sinal da disposição cada vez maior do regime augusto a dar um papel público às mulheres da família imperial quanto de mais uma indicação do desejo de Augusto de tornar sua imagem de homem de família uma parte integrante de sua imagem pública. Ainda naquele ano, um banquete foi realizado no Senado no Monte Capitólio em honra aos sucessos militares de Tibério sobre os dálmatas e os panonianos, e tanto Lívia quanto Júlia receberam a honra marcante de presidirem como anfitriãs um banquete separado para as mulheres mais importantes da cidade — a primeira vez registrada na história de Roma em que mulheres receberam um papel importante na celebração do triunfo de um parente do sexo masculino.[91] Como mãe de Caio e Lúcio, e esposa do convidado de honra Tibério, Júlia recebeu um grande status público, embora sua complicada vida particular provavelmente já estivesse gerando comentários curiosos entre os convidados. O casamento com Tibério, que inicialmente fora conduzido com uma aparência de harmonia, havia se tornado um mar revolto, com rumores de que o casal estava dormindo em camas separadas. Dizia-se que esta fora uma decisão de Tibério, tomada na cidade italiana de Aquileia depois da morte de seu primeiro filho ao nascer.[92]

É difícil medir o nível de afinidade entre pais romanos e seus filhos sem considerar nossas próprias expectativas emocionais. Mães como Júlia, que já havia produzido cinco filhos saudáveis, podiam esperar sofrer a perda de pelo menos um filho na infância. Estima-se que 5% de todos os bebês romanos nascidos vivos morriam no primeiro mês, e que quase 1/4 morriam antes do primeiro aniversário. A inevitabilidade de tais perdas talvez seja a explicação para o fato de crianças dessa idade raramente receberem monumentos funerários, embora

FAMÍLIA OFICIAL: AS MULHERES DE AUGUSTO

evidências na forma de cartas, especialmente as trocadas entre o retórico do segundo século Fronto e o então imperador Antônio Pio sobre a perda do neto de 3 anos de idade deste último, indiquem que a morte de crianças numa idade tenra ainda assim era uma ocasião de grande tristeza:

> Ainda que a imortalidade da alma um dia seja comprovada, o que será um tema de discussão entre os filósofos, isso jamais será capaz de aliviar as saudades de um pai (...). Parece que estou vendo uma cópia de seu rosto e acredito mesmo ouvir o eco de sua própria voz. Esta é a imagem que meu sofrimento conjura diante de mim.[93]

A conexão feita pelo biógrafo de Tibério entre a morte do filho dos dois e o rompimento das relações maritais com Júlia de fato indica que essa perda gerou sofrimento o bastante para selar o caixão do casamento. Apesar, no entanto, da morte do neto, Lívia tinha boas razões para ficar satisfeita com a vida em 9 a.C. ao vislumbrar a cena do banquete realizado no Capitólio com a aristocracia romana reunida para celebrar o triunfo do filho e da cidade logo abaixo ressoando a algazarra do povo em sua própria celebração. Seus filhos traziam da Panônia, da Alemanha e dos Bálcãs uma vitória atrás da outra, e por isso eram alvo de grande adulação. Druso, particularmente, tinha a preferência do povo romano, e seu casamento com a filha mais nova de Otávia, Antônia, a Menor, que produzira dois filhos e uma filha — Germânico, Cláudio e Livila — aproximara mais ainda os ramos juliano e claudiano, consolidando o lugar de Lívia como o eixo que os unia. Com a exaltação de sua imagem como a principal *materfamilias* de Roma no Ara Pacis, a vida naquele momento provavelmente parecia muito agradável, particularmente quando ela se lembrava dos difíceis dias de fuga com Tibério Nero.

Porém, uma tragédia cessaria violentamente esse período de festa em setembro daquele ano com a chegada da notícia da morte prematura de Druso num acidente com um cavalo exatamente no momento em que um banquete era preparado por sua mãe Lívia e sua esposa Antônia para celebrar seus sucessos militares.[94] Acompanhada pelo marido, Lívia foi até a cidade de Ticino (atual Pavia) a fim de juntar-se à procissão que trazia o corpo de Druso da rota da campanha na Alemanha para casa, sua rota iluminada por piras acesas por toda a região para representar o grande sofrimento de Roma por um filho tão popular.

Lá encontraram um Tibério inconsolável, que cavalgara quase 300 quilômetros para encontrar o leito de morte do irmão e conduzia o cortejo para casa. Um poema de condolências, *Consolatio ad Liviam*, escrito por uma figura anônima e dedicado a Lívia, recria a cena da recepção e funeral de Druso, retratando Lívia como a imagem da maternidade devastada enquanto chora a morte do filho mais novo: "Será esta a recompensa pela piedade? (...) Poderei suportar ver-te deitado aí, infeliz amaldiçoada que sou? (...) Agora, em meu sofrimento, seguro-te e olho para ti pela última vez (...)."[95]

Ao contrário de Otávia, todavia, para Lívia a perda do filho amado não resultou na reclusão sofrida da vida pública. Seguindo o conselho do *Consolatio*, ela dominaria seus sentimentos e adotaria uma atitude de firmeza que lhe rendeu aplausos. Enquanto Otávia não suportava a perspectiva de vislumbrar imagens do filho, incapaz de suportar a visão dos traços do filho morto gravados no mármore, Lívia seguiu o caminho oposto, encomendando suas próprias estátuas de Druso.[96] A força demonstrada por Lívia colocava-a na companhia de grandes exemplos. Em um ensaio escrito na década de 40, enquanto se encontrava temporariamente exilado durante o reinado do imperador Nero, o filósofo estoico Sêneca convocava a mãe Hélvia a não ser uma daquelas mulheres que passam o resto da vida sofrendo, recomendando que ela seguisse o exemplo da grande Cornélia, que se recusara a se entregar a lágrimas e recriminações depois da morte dos filhos.[97]

Outras estátuas públicas da própria Lívia também foram encomendadas pelo Senado em sinal de respeito. Além de agir como um lembrete para o público dos incentivos legais oferecidos pelas leis julianas às mulheres que produzissem três filhos ou mais, as estátuas de Lívia continham um novo significado, pois lhe foram dedicadas especificamente em reconhecimento a sua contribuição como mãe. Elas eram acompanhadas pela conferência simbólica à imperatriz dos privilégios da "regra dos três filhos" (apesar do fato de que mesmo antes da morte de Druso Lívia já tivesse apenas dois filhos vivos). Estátuas honorárias como essas, dirigidas à exposição ao público e concedidas por decreto do Senado, outrora haviam sido um privilégio exclusivo de homens que tivessem prestado grandes serviços; agora, porém, a contribuição de uma mãe através de seus filhos à sociedade era retratada como algo comparável às realizações dos homens a serviço público, um reconhecimento da nova importância das mulheres e da família na galeria artística romana do poder.[98]

FAMÍLIA OFICIAL: AS MULHERES DE AUGUSTO   97

Lívia também começava a emprestar tanto seu nome quanto seu apoio a inúmeros projetos de obras públicas que se tornariam marcos icônicos espalhados pela cidade.[99] Embora Otávia e outras poucas mulheres já houvessem pisado nesse terreno — incluindo Vipsania Polla, a irmã de Agripa, que também teve um pórtico batizado em sua homenagem e aparentemente teve uma participação no projeto da pista de corrida —, Lívia logo deixou suas contemporâneas para trás.[100] Como parte da regeneração religiosa da cidade por Augusto e de seus precintos sagrados, foi-lhe delegada — ao menos nominalmente — a tarefa de supervisionar a reconstrução de certos templos e santuários que haviam sido abandonados e estavam desmoronando. Promovendo sua emergência na vida pública com uma ênfase ao seu papel tradicional de esposa e mãe, os templos que receberam seu patrocínio eram dedicados a deusas associadas às mulheres e à família. Assim, sob a égide de Lívia, foram restaurados os templos da deusa Bona Dea Subsaxana e um de Fortuna Muliebris, ambos complexos religiosos associados às virtudes femininas da fertilidade e do apoio de uma esposa — Bona Dea era a deusa da fertilidade e da cura homenageada em festivais exclusivamente femininos, enquanto o templo de Fortuna Muliebris ("A Fortuna das Mulheres") na verdade havia sido construído em homenagem a Vetúria e Volúmnia, as salvadoras de Roma do século V.[101] Acredita-se que Lívia também foi a responsável pela inauguração de santuários dedicados a Pudicitia Plebeia e Pudicitia Patricia, cultos de castidade, e ela ainda deu seu nome a edifícios que não estavam relacionados à religião, tais como o mercado público, Macellum Liviae — outra obra apropriada considerando sua associação à administração do lar, arena de responsabilidade da dona de casa romana.[102]

A principal atração do programa de obras de Lívia, contudo, era o Porticus Liviae ("Pórtico de Lívia"). Este era um dos lugares da cidade para se ver e ser visto, descrito por um turista da Antiguidade como um dos grandes espetáculos de Roma.[103] A exemplo do pórtico de Otávia, o lote de terra sobre o qual ele foi construído havia pertencido a um republicano importante, um rico aristocrata descendente de homens libertos chamado Vedius Pollio, consultor financeiro de Augusto que havia conquistado a reputação de exercer práticas financeiras duvidosas e de transformar em comida para seus peixes de estimação os escravos desafortunados que suscitavam sua ira. Ao morrer, Pollio deixou parte de sua propriedade para o imperador, expressando o desejo de que ela fosse usada para a construção de um prédio magnífico que servisse ao povo de Roma. Em vez disso,

Augusto ordenou que o excessivamente extenso templo de Pollio, localizado no labiríntico distrito residencial de Subura, no Monte Esquilino, fosse aplainado e substituído por um pórtico batizado em homenagem a Lívia, um oásis de jardins iluminados pelo sol, obras de arte e passadiços com colunatas abrigados à sombra de densas e cheirosas vinhas que escalavam treliças, um local que logo se tornou um popular ponto de encontro para os habitantes de Subura, fora dali um ambiente populoso e fétido. Nos dias que antecederam seu exílio, Ovídio teve até mesmo a ousadia de recomendá-lo como um bom lugar para encontrar mulheres, o que não era exatamente a mensagem que Augusto tinha em mente.[104]

Não se sabe até onde Lívia — ou Otávia e Vipsania Polla — estava de fato envolvida no desenvolvimento de tais projetos, mas o pórtico foi mais uma demonstração de como Lívia havia se tornado uma figura essencial na propaganda do imperador. Um bom número de mulheres de fora da família imperial foram inspiradas por seu exemplo. Eumáquia, sacerdotisa pública e abastado membro de uma antiga família de Pompeia, que depois da morte de seu pai assumira a administração de seu negócio de vinho, ânfora e exportação de ladrilhos, usou o Porticus Liviae como inspiração para a construção de um imenso pórtico pago por seu próprio dinheiro e localizado perto do fórum de Pompeia, cuja entrada até hoje permanece de pé.[105] Lívia agora era claramente um modelo para as mulheres da elite.

O Porticus Liviae foi concluído em 7 a.C., e sua inauguração presidida pela própria Lívia. O pórtico também abrigava um santuário dedicado a *Concordia*, um culto à harmonia marital que se acredita ter sido acrescentado por Lívia como um tributo especial ao marido em 11 de junho, uma data celebrada como um tipo de Dia das Mães no calendário romano.[106] Na inauguração, estava ao lado dela o seu filho Tibério — uma grande ironia na época, considerando-se o tema — , ainda colhendo os frutos da glória do seu primeiro triunfo e da nomeação como cônsul, mas cujo casamento infeliz estava prestes a levá-lo a cometer um suicídio profissional, para grande consternação da mãe. Quando em 6 a.C. seu padrasto ofereceu-lhe uma prestigiosa colocação de cinco anos na província ocidental de Armênia, Tibério rejeitou-a e em vez disso pediu permissão para abandonar a vida pública e se recolher na ilha de Rodes. Ele justificou sua decisão afirmando que estava cansado do trabalho público e que desejava sair de cena em favor de Caio e Lúcio. Seu anúncio, contudo, causou um desentendimento com Augusto, que condenou a decisão do enteado no Senado, chamando-a de um ato de deserção. De acordo com relatos, Lívia fez de tudo para convencer o

FAMÍLIA OFICIAL: AS MULHERES DE AUGUSTO

filho a mudar de ideia, mas ele mostrou-se irredutível e deixou Roma pelo porto de Óstia sem dizer uma palavra à maioria dos amigos, tendo levado uma vida tranquila nos sete anos que se seguiram, comparecendo às palestras de vários professores de filosofia.[107]

Alguns biógrafos antigos insistiam que Tibério foi de fato motivado por um desejo genuíno de promover os interesses dos filhos de Júlia.[108] Outros relatos, contudo, afirmam que na verdade ele ficou magoado com a ascensão política precoce dos dois e partira amargurado para Rodes. A teoria mais popular de todas, contudo, era que ao isolar-se em Rodes Tibério estava determinado a ficar o mais longe possível de Júlia, cuja companhia não conseguia mais tolerar.

Como resolver um problema como Júlia? A pergunta estava começando a causar verdadeiras dores de cabeça para Augusto. Ele estava cada vez mais desesperado diante da rebeldia da filha; seus sentimentos em relação ao problema resumem-se no comentário feito certo dia para amigos de que tinha que "aguentar duas filhas mimadas — Roma e Júlia". Em sua determinação de colocá-la num caminho mais respeitável, ele escreveu implorando a Júlia que seguisse o exemplo de Lívia logo depois que a diferença entre os acompanhantes das duas numa disputa de gladiadores havia sido comentada por testemunhas — o círculo de Lívia, composto de homens de estado de meia-idade, representava um contraste absoluto com o cortejo de homens jovens libertinos de Júlia. Mas em resposta às calúnias de seu pai contra seus amigos, Júlia escreveu insolentemente — mais uma vez de acordo com as *Saturnais*, de Macróbio: "Meus amigos também estarão velhos quando eu envelhecer." Mesmo diante de todas as críticas de Augusto — em relação às suas roupas indiscretas, ao seu círculo de amigos desordeiros, e até mesmo ao hábito vaidoso de arrancar fios de cabelos brancos — Júlia se recusava a seguir o exemplo de vida austero do pai, aparentemente tendo replicado à súplica de um amigo: "Ele se esquece de que é César, mas eu sempre me lembro de que sou filha de César."[109]

Vários desses comentários ousados atribuídos a Júlia — ou talvez até todos — podem ter sido na verdade inventados por Macróbio ou sua fonte do século I Domitius Marsus. Não obstante, eles indicam como os conflitos entre Júlia e seu pai eram vistos, e quando as consequências finalmente vieram, a desgraça de Júlia foi verdadeiramente espetacular, não deixando espaço para dúvidas em relação à gravidade dos seus erros. O ano 2 a.C., quando veio o golpe, teve um início auspicioso. Ele marcou o aniversário de 25 anos desde que Augusto assumira formalmente o manto de *princeps* e que tivera início a pseudorrestauração da "república". No dia 5 de fevereiro, o imperador foi nomeado pelo Senado *pater patriae* ("Pai da Pátria"), e em agosto celebrações opulentas foram realizadas para marcar a inauguração do Fórum de Augusto. Ao lado de estátuas de bronze do grande homem, um magnífico templo a Marte, o Vingador, abrigava uma trindade de deidades declaradas patronos da família juliana — Marte, Vênus Genetrix e o Divino Júlio. O último representava o adorado Júlio César, que havia sido consagrado como um deus em 42 a.C., o que convenientemente permitia que seu sobrinho-neto se autointitulasse "filho de um deus".[110]

Mas uma nuvem escura cobria a cerimônia. Mal terminou a festa de inauguração, Augusto lançou uma declaração a ser lida no Senado. Furioso, declarava-se, o imperador havia renegado publicamente a filha Júlia ao tomar conhecimento de que ela era suspeita de beber e cometer adultério com uma série de homens. O documento da acusação incluía a grave denúncia de que ela havia praticado sexo na Rostra, a plataforma sobre a qual oradores falavam para as multidões no fórum e onde seu pai proclamara as leis referentes ao casamento e ao adultério em 18 a.C. Havia até alegações mais graves, citadas mais tarde a partir da angustiada correspondência pessoal de Augusto, de que uma coroa de folhas fora pendurada na estátua do sátiro Mársias no fórum, ao lado da qual Júlia passara a se oferecer como prostituta a quem quer que a quisesse, incluindo estrangeiros. A vergonha de Augusto foi tamanha que quando uma mulher liberta de Júlia chamada Phoebe enforcou-se logo depois do escândalo, relatos dizem que ele afirmou que preferiria ter sido pai dela.[111]

O escândalo foi um golpe devastador para as tentativas de Augusto de apresentar sua família como pessoas acima de qualquer suspeita no que diz respeito à pureza moral. A pena por adultério estabelecida pela própria legislação de Augusto era o exílio. Sua fúria foi tamanha que diziam que ele havia considerado a possibilidade de matar a filha, embora no final tenha se contentado em bani-la para a pequenina ilha fustigada por ventos Pandateria, na costa ocidental da Itália. O fato de ele ter tratado o caso dela na categoria de traição, passando-o para o Senado, reflete como Augusto se sentiu traído diante do fracasso dela em atender aos padrões que ele havia estabelecido para a família.

Atualmente, a ilha de Pandateria tem o nome de Ventotene. Com um comprimento de apenas 3 quilômetros, suas casas cor-de-rosa e brancas e ancoradouros de um azul-marinho brilhante a tornam popular para turistas. Na época, contudo,

FAMÍLIA OFICIAL: AS MULHERES DE AUGUSTO   101

era um lugar desolador, tendo abrigado uma fortaleza com uma prisão até 1965. Júlia passou os cinco anos seguintes confinada na ilha, numa existência solitária. Proibida de todos os prazeres suntuários, incluindo vinho e a visita de homens, ela agora era forçada a viver de acordo com os preceitos políticos e morais do pai — embora não tenha ficado completamente só. Por sua própria insistência, de acordo com as informações que nos chegaram, Escribônia, a esposa que Augusto descartou em favor de Lívia, acompanhou a filha de bom grado ao exílio. Como já mencionado no caso da lealdade de Lívia ao acompanhar Tibério Nero em sua fuga, atos como este, de mulheres em apoio a maridos e filhos banidos, eram muito admirados na literatura romana do período imperial. A atitude de Escribônia, portanto, caracterizou-a não como a megera rabugenta da correspondência de Augusto, mas como uma mulher que compreendia seu dever e o papel mais importante que tinha na vida: o de mãe.[112]

Ao longo dos dois últimos séculos, o caso de Júlia foi reaberto, e muitos estudiosos da Antiguidade Clássica estão atualmente convencidos de que as acusações de imoralidade sexual feitas contra ela eram na verdade disfarces para algo mais sinistro.[113] Com base em referências ao incidente de Plínio e Sêneca, deduziu-se que o verdadeiro crime cometido por Júlia não foi o de adultério, mas o de envolvimento em uma trama política contra seu pai. Cinco homens foram nomeados como parceiros de Júlia no adultério — Iullus Antonius, Quintus Crispinus, Appius Claudius, Sempronius Gracchus e Scipio — todos de famílias aristocráticas de renome. Uma possibilidade é a de que seu verdadeiro crime tivesse sido conspirar em uma tentativa de mudar o regime, considerando que houve várias durante o reinado do primeiro imperador. Se esta teoria estiver correta, o nome de Iullus Antonius — primeiro filho de Antônio e Fúlvia, que havia sido bondosamente criado pela madrasta Otávia depois da morte do pai — deve ter produzido o maior calafrio entre todos na espinha do imperador. A união da filha de Augusto ao filho de seu maior inimigo foi uma ironia que perduraria anos, tendo Sêneca se referido a Júlia como "mais uma mulher a ser temida ao lado de um Antônio".[114]

As evidências de que Júlia estava tramando para derrubar o pai são escassas, na melhor das perspectivas. Entretanto, era impossível separar as implicações sexuais de seus crimes das implicações políticas. Seja verdadeira ou falsa, a acusação de adultério contra Júlia, filha do homem que havia adotado novas leis puritanas contra tal imoralidade, produzia consequências muito mais graves do

102 AS PRIMEIRAS-DAMAS DE ROMA

que um mero constrangimento pessoal, e nunca poderia ter sido digerida pelo imperador.[115] Apesar de tudo, segundo os relatos, protestos inflamados seguiram-se ao banimento da popular Júlia. Eles levaram Augusto a uma réplica furiosa na assembleia popular, mas ele acabou cedendo alguns anos depois, permitindo o retorno da filha ao continente, embora a tenha confinado à cidade de Regium, logo abaixo da Itália. Em Regium, Júlia pelo menos recebeu a permissão de aventurar-se pela cidade, bem como uma casa e uma pensão anual do pai. Todavia, Augusto jamais voltou a ver a filha, e ela permaneceu em sua lista negra até o final. O testamento de Augusto estipulou que nem ela nem sua filha Júlia, a Menor, que seria exilada por adultério dez anos mais tarde, poderiam ser enterradas no mausoléu da família, uma punição que, como colocou um escritor, "constituía uma revogação póstuma e muito simbólica da participação do *gens* juliano".[116] Ele também a deserdou, e ao morrer a parte de seu patrimônio a que ela, como filha, teria legalmente direito foi repassada inteiramente para Lívia e Tibério.[117] Ainda que não tenha sofrido a punição conhecida como *damnatio memoriae*, que teria imediatamente condenado todas as esculturas e imagens artísticas dela espalhadas pelo Império, nenhuma imagem sua datada de antes do século II a.C., ano de seu banimento, sobreviveu.[118]

As tentativas de Roma de apagar certos cidadãos de sua memória geralmente deixam traços que as denunciam, cicatrizes evidentes onde o nome ou a imagem de alguém foi apagado de um monumento. No caso de Júlia, não há muitos sinais de isso ter acontecido. As representações públicas existentes dela provavelmente foram preservadas, já que ela era a mãe dos ainda favorecidos Caio e Lúcio. A remoção teria prejudicado o equilíbrio e a estética dos retratos em família nos quais ela já ganhara posição proeminente. Contudo, ordens discretas vindas de cima parecem ter chegado aos ouvidos de artistas e pintores urbanos de todo o Império, uma moratória extra-oficial proibindo produções futuras de representações da filha desgraçada do imperador, enquanto as já existentes provavelmente foram recicladas, remodeladas e renomeadas numa adaptação à imagem de outra mulher posterior da família imperial.[119] Isso explicaria por que a moeda cunhada para ela e os dois filhos em 13-12 a.C. é o único retrato seguramente identificável a ter sobrevivido dela, uma mulher que já fora a coluna central da dinastia da família. Foram encontrados ingressos teatrais romanos de chumbo e peças de jogos de ossos de Oxirrinco, no Egito, que exibem imagens de uma

FAMÍLIA OFICIAL: AS MULHERES DE AUGUSTO 103

mulher que lembra o retrato da moeda, mas não podemos dizer com certeza se são realmente imagens de Júlia.[120]

Júlia foi a primeira mulher da jovem história da dinastia júlio-claudiana a sofrer tamanha queda e condenação, mas não seria a última. Seu destino expusera falhas irreparáveis na aparentemente impenetrável fachada dessa nova era moralmente renovada de Roma, falhas que se provariam difíceis de reparar.[121]

Durante um intervalo de seu regime diário de estudo no exílio autoimposto em Rodes, Tibério tomou conhecimento do destino da esposa, ao que parece a notícia lhe deu um grande prazer — embora ele viesse escrevendo para Augusto com insistência desinteressada para que pai e filha se reconciliassem, talvez na esperança de cair outra vez nas graças do imperador. Contudo, o rompimento irreconciliável do casamento de Tibério havia enfraquecido qualquer direito que ele tivesse de suceder seu padrasto como imperador. Quando seus subsequentes pedidos para retornar a Roma foram finalmente atendidos no ano II por um Augusto relutantemente convencido por Lívia, Tibério acomodou-se numa vida que teria sido de reclusão política, refugiando-se numa casa no remoto Jardim de Mecenas.[122]

Apesar do escândalo da partida de sua mãe de Roma, os filhos de Júlia, Caio e Lúcio, continuaram gozando de grande popularidade como herdeiros de fato de Augusto. Ambos já haviam deixado as túnicas infantis da meninice e passado para a *toga virilis,* a roupa adotada pelos jovens que estavam alcançando a maturidade sexual.[123] Em I a.C., pouco antes da partida de Caio, então com 22 anos de idade, para um posto designado a alavancar sua carreira nas províncias orientais, a casa júlio-claudiana celebrara seu primeiro casamento imperial em uma década, a união de Caio com a prima Lívia, filha de Antônia, a Menor, e do falecido Druso e, portanto, neta de Lívia e Otávia. Tudo parecia conspirar para a coroação de Caio ou seu irmão mais jovem Lúcio como sucessores do avô.[124]

No entanto, dois anos depois do retorno de Tibério a Roma, os planos dinásticos de Augusto foram completamente frustrados. No dia 20 de agosto do ano II, Lúcio morreu de uma doença súbita em Marselha a caminho para assumir um posto no exército na Espanha. No mesmo ano, Caio foi ferido durante um cerco em Artagira, na Armênia, que acabou levando-o à morte 18 meses depois, no dia 21 de fevereiro do ano IV, quando ele tentava fazer a viagem de volta à Itália.[125] A morte prematura desses jovens conhecidos deixou o último filho sobrevivente de Júlia e Agripa, Agripa Póstumo, de 16 anos, na posição de único neto vivo do imperador. Não podendo depositar todas as suas esperanças em um herdeiro adolescente inexperiente, Augusto cedeu ao inevitável. No dia 26 de junho, quatro meses depois da morte de Caio, ele adotou oficialmente Tibério, de 44 anos, o que colocou o filho de sua esposa no topo da linha de sucessão júlio-claudiana. Como precondição para a promoção, Tibério teve que adotar o sobrinho de 17 anos Germânico, filho mais velho de Druso e Antônia. Não querendo correr nenhum risco, Augusto também adotou Agripa Póstumo, tornando-o mais uma opção na linha de sucessão. A disposição das peças no tabuleiro júlio-claudiano havia mudado dramaticamente. O próximo imperador de Roma agora tinha toda a probabilidade de vir da família de Lívia, e não de Augusto.

Em 14 de agosto, aos 75 anos, Augusto partiu de Roma para sua última viagem acompanhado por Lívia. Seu objetivo era acompanhar Tibério, que estava sendo despachado para Ilíria a fim de cuidar de negócios oficiais do Império, até a cidade de Benevento, ao sul de Roma. A última década do reinado de Augusto havia sido tomada por reveses, culminando cinco anos antes na derrota desastrosa para as legiões Romanas na Batalha da Floresta de Teutoburgo, Alemanha, o que por enquanto havia interrompido a expansão romana. Os limites do Império agora eram delineados pelos rios Reno e Danúbio, na Europa, pelo Eufrates a leste, e pelo Saara na África, e poucos novos ganhos territoriais seriam obtidos durante o restante do Império.[126]

A viagem não começou bem. O imperador, que jamais se dera bem com viagens, contraiu diarreia durante o percurso marítimo partindo da costa da Campânia. O grupo interrompeu a viagem na vila de Augusto em Capri a fim de que o imperador tivesse alguns dias para descansar antes de prosseguir para Benevento via Nápoles. Tendo partido com Tibério, Augusto, que ainda se queixava do estômago, deu meia-volta e iniciou a viagem de volta a Roma com Lívia. Porém, jamais chegaria em casa. Em 19 de agosto, aproximadamente às três da tarde, de acordo com relatos oficiais, o primeiro imperador de Roma morreu na propriedade da família na cidade de Nola, em Campânia, não muito longe do Monte Vesúvio. Suas últimas palavras foram proferidas para a esposa, então com 52 anos, a quem supostamente beijou e pediu "Jamais se esqueça do nosso casamento, Lívia, e adeus" antes de fechar os olhos.[127]

Por cinco dias, enquanto o corpo de Augusto era consumido em uma pira no Campo de Marte, Lívia não saiu do seu lado, permanecendo no local numa

FAMÍLIA OFICIAL: AS MULHERES DE AUGUSTO   105

vigília silenciosa muito depois dos enlutados do Senado terem partido com suas esposas. Tradicionalmente, cabia às mulheres romanas lavar e cuidar dos corpos dos mortos antes do enterro, mas a dedicação de Lívia foi algo incomum. Uma testemunha que afirmou — no que provavelmente foi uma declaração pré-coreografada — ter visto o espírito de Augusto subindo das chamas para o céu recebeu a recompensa de um milhão de sestércios de Lívia como sinal de sua gratidão. Depois disso, acompanhada por membros importantes da ordem equestre, ela concluiu seu dever retirando seus ossos do fogo e os colocando no mausoléu às margens do Tibre, onde já descansavam os restos mortais de Marcelo, Agripa e da irmã de Augusto, Otávia.[128]

Esta é uma versão do que aconteceu. Num padrão que se tornará muito familiar no desenrolar da história das mulheres da família imperial romana, há outra tradição que coloca Lívia sob uma luz completamente diferente. Algumas fontes históricas sugerem que Lívia — temendo que Augusto estivesse prestes a voltar atrás da escolha de Tibério como seu herdeiro designado em favor do último filho vivente de Júlia, Agripa Póstumo — na verdade livrou-se do marido untando com veneno os figos maduros que ele, em seu estilo de vida saudável, gostava de tirar das árvores que cercavam sua casa, tendo omitido a notícia de sua morte até Tibério alcançar Nola. Com isso, o anúncio da morte de Augusto pôde ter sido sucedido pela proclamação no próprio local de Tibério como novo imperador, removendo qualquer obstáculo para uma transição tranquila de poder de pai para filho adotado. Agripa Póstumo, o filho mais jovem de Júlia e o último obstáculo em potencial para a sucessão, foi assassinado logo depois da investidura de Tibério. Não foi possível determinar quem ordenou sua morte.[129]

Lívia, a devotada esposa ao lado do leito de morte do marido, ou Lívia, a agente política manipuladora de sangue-frio? Em que retrato devemos acreditar? Trata-se de um dilema muito comum no estudo dessas mulheres, e não é uma questão que pode ser respondida com um grau de certeza satisfatório. Lívia não foi a última imperatriz a ser acusada de assassinar o marido. Na verdade, as incríveis semelhanças conspirativas entre as atitudes que Lívia teria tido depois da morte de Augusto e os relatos escritos pelos mesmos historiadores do comportamento de pelo menos duas futuras imperatrizes deveriam nos levar a demonstrar ao menos um mínimo de ceticismo em relação a tais acusações.[130]

Contudo, há uma questão mais importante na reciclagem dessas histórias a respeito da primeira imperatriz romana: elas apontam para a profunda ansiedade gerada entre a elite romana diante da crescente visibilidade que as mulheres receberiam na vida pública durante o governo de Augusto. Enquanto o poder anteriormente estivera firmemente restrito ao Senado e distribuído entre seus membros patrícios, agora, pela primeira vez em sua história, Roma tinha sua própria família oficial, um clã dinástico a partir do qual os governantes do Império eram exclusivamente selecionados, e que celebrava seus membros femininos, responsáveis pela sua sucessão, com um nível de exposição sem precedentes. Além disso, a designação no Palatino de uma residência imperial equivalente à Casa Branca ou à Downing Street significava que as mulheres agora comandavam uma casa que também era a sede do governo, aproximando-as tanto literal quanto figurativamente do epicentro do poder político, mais do que em qualquer outro momento. Dessa posição privilegiada, elas gozavam de um nível de acesso ao imperador com que outros podiam apenas sonhar: como disse Nancy Reagan certa vez sobre o relacionamento que tinha com seu marido e presidente: "Durante oito anos dormi com o presidente, e se isso não dá um acesso especial, não sei o que mais seria capaz de dar".[131] Seja qual for a verdade a respeito do envolvimento de Lívia na morte de Augusto, a questão relativa a que nível e que tipo de influência ela e outras primeiras-damas teriam constituiria um campo de batalha crucial da política imperial nas décadas que se seguiriam.

3

Conflitos familiares: A princesa do povo e as mulheres do reinado de Tibério

> Todos chamavam Agripina de a honra da pátria, o sangue de Augusto, o único e último exemplo da antiga Virtude Romana: E todos oravam aos Deuses para que preservassem sua Raça e a fizessem viver mais e depois da ruína total daqueles homens maus.
>
> Madeleine de Scudéry, *Les femmes illustres* (1642)[1]

Num dia de inverno do ano 19, uma grande multidão de espectadores acotovelava-se no ancoradouro de Brundisium (Brindisi), no calcanhar sudeste da Itália, esperando pelo retorno do além-mar das filhas favoritas de Roma. Brundisium era a porta da Itália para viajantes da Grécia e da Ásia Menor. Um porto agitado geralmente cheio de navios mercantes descarregando suas mercadorias, fora ali, em 40 a.C., que Otaviano e Antônio haviam celebrado seu acordo de paz, brindando-o com o subsequente casamento de Antônio com Otávia. Hoje, porém, quase 60 anos depois da celebração do malfadado tratado, o palco de Brundisium estava preparado para um velório, e não para uma festa de casamento.

Enquanto todos os olhos estavam voltados para o violento mar cinzento de inverno, alguns dos presentes ousavam até mesmo entrar nas águas geladas na ansiedade de avistar o navio da dama, que já começava a ganhar forma no horizonte vindo da direção de Córcira (Corfu). Outros se agachavam em telhados e paredes próximos, suas silhuetas como torres sob o céu. De acordo com Tácito, o estado de espírito geral era sereno, e as pessoas se perguntavam "se deviam receber seu desembarque em silêncio ou com alguma declaração. Enquanto hesitavam em relação à atitude apropriada, a frota se aproximava gradualmente. Não havia sinal da costumeira remadura veloz, mas uma demonstração deliberada de luto." Quando o navio finalmente aportou e a dama saiu através da prancha para a terra firme, mal conseguindo encarar os seus simpatizantes, viu-se que ela era acompanhada por dois de seus filhos e carregava "a urna da morte nas mãos. Seus companheiros estavam esgotados pelo luto prolongado; de forma que o pesar dos enlutados descansados que agora a encontravam foi mais demonstrativo. Afora isso, os sentimentos de todos eram indistinguíveis; os gritos de homens e mulheres, parentes e estranhos, se misturaram num único gemido universal."[2]

A passageira do navio não era Júlia. A filha de Augusto, aliás, estava morta já havia tempo: perecera de desnutrição no exílio poucos meses depois da morte do pai cinco anos antes. A morte de Júlia foi resultado direto da ação de seu vingativo ex-marido Tibério, que lhe cortou todo o sustento financeiro. Sua mãe idosa, Escribônia, retornara a Roma desde então — se àquela altura ela ainda estava viva não se sabe.[3] A enlutada recém-chegada era Agripina, a Maior, filha mais nova de Júlia do casamento com Agripa, e a urna que ela trazia não pertencia à sua desventurada mãe, mas ao seu extremamente benquisto marido de 34 anos, Germânico, o mais velho filho do casamento entre a filha de Otávia, Antônia, e o filho de Lívia, Druso, e uma das grandes esperanças da dinastia júlio-claudiana.[4] Germânico morrera semanas antes na Síria, em circunstâncias misteriosas; seu corpo foi encontrado num estado tão lastimável como resultado da ação do veneno que, de acordo com alguns, sua pele estava cheia de manchas escuras e sua boca coberta por espuma.

A viagem de Brundisium até Roma pelos 600 quilômetros da sua estrada mais antiga, a Via Ápia, costumava levar de uma a duas semanas. Enquanto Agripina e o cortejo funerário de seu marido avançavam lentamente em direção à capital, onde as cinzas de Germânico seriam depositadas no mausoléu da família, as pessoas assistiam ao seu lento progresso, demonstrando seu luto pelo uso de roupas pretas e roxas; o ar, geralmente tomado pelo odor dos pântanos cheios de mosquitos que os viajantes tinham de enfrentar nessa rota, em vez disso exalava a fragrância dos perfumes e oferendas queimadas feitas por cada povoado ao longo do caminho. Na cidade costeira de Terracina, a uma curta distância de Roma, juntou-se à procissão o irmão mais novo de Germânico, Cláudio, bem como alguns dos filhos do falecido. Na capital, eles encontraram uma cidade de luto, tão tomada pelo sofrimento que as pessoas nem sequer observaram o feriado público que deveria ser dedicado à celebração do festival das Saturnálias, realizado anualmente em dezembro.[5]

Todavia, em meio à lamentação, havia outro sentimento entre as multidões — uma onda de cólera e suspeita. Não passara despercebida a ausência de dois membros da família. Onde, perguntavam-se as pessoas, estava o imperador Tibério? Onde estava sua mãe, Lívia? Por que eles não tinham vindo chorar a morte do príncipe do povo?

O reinado de 23 anos do improvável segundo imperador de Roma Tibério foi um período de altos e baixos. Ele não fora a primeira opção para o posto — nem mesmo a segunda. A competência inegável de Tibério como general não implicava o mesmo nível de talento na política. A púrpura não caía bem a Tibério, personagem reservado e circunspecto, desprovido do carisma e da sensibilidade populista de seu padrasto, Augusto, que diziam ter relutado em ceder as rédeas do Império a alguém com "mandíbulas que se fecham lentamente". Seu reinado foi caracterizado como uma era política irrelevante, acompanhada pelas tensões entre o imperador e as classes senatoriais, que eventualmente se entregaram por completo ao despotismo e à corrupção.[6]

Essa hostilidade entre o imperador e o Senado era um reflexo dos conflitos internos da própria família imperial. Tais conflitos estavam concentrados em parte no desgaste do relacionamento entre Tibério e sua idosa mãe, Lívia, cuja proeminência em sua administração era uma fonte de atritos constantes entre mãe e filho e um alvo da hostilidade dos historiadores antigos determinados a julgar Tibério, que viam o destaque de uma mulher na vida pública como um sintoma do caos político que diziam caracterizar a era júlio-claudiana que se seguiu a Augusto. A morte de Germânico, porém, constituía a crise mais séria do reinado de Tibério. Além de gerar acusações que apontavam para uma trama entre o imperador e sua mãe, ela alimentou uma guerra silenciosa entre Tibério e a viúva Agripina, além de levantar novas questões sobre o decoro do papel das mulheres na vida pública, questões que acompanharam os passos de todas as gerações de mulheres da família imperial que se seguiram.

Lívia havia embarcado no capítulo final de sua vida. Fazia pouco mais de cinquenta anos que seu casamento com Otaviano a havia tirado de uma relativa obscuridade para colocá-la a caminho de tornar-se imperatriz. Assim como ela havia sido a primeira mulher a definir esse papel, a ascensão de seu filho Tibério após a morte de Augusto no ano 14 significava que ela se tornara a primeira imperatriz viúva de Roma e penetrara mais uma vez um terreno desconhecido.

As tentativas de definir o novo papel de Lívia como "rainha mãe" começaram mesmo antes do extravagante funeral de seu marido, com o público lendo no Senado sobre seu testamento, que Augusto copiara detalhadamente em dois cadernos um ano antes de sua morte.[7] Ele confirmava que Lívia e seu filho haviam sido nomeados os maiores beneficiários do patrimônio de Augusto, que totalizava 150 milhões de sestércios. Tibério recebeu 2/3 desse montante, enquanto Lívia ficou com o 1/3 restante.

Tratava-se de uma vasta soma. As mulheres costumavam ser submetidas a limites rígidos no que dizia respeito aos montantes que podiam herdar graças à *Lex Voconia*, uma lei que estava no código civil desde 169 a.C. e que ainda proibia as mulheres de receberem heranças de pessoas cuja riqueza fosse estimada em mais de 100 mil asses (um ás era a unidade da moeda romana).[8] Uma concessão do Senado, contudo, agora permitia que Lívia herdasse uma fortuna que a tornou uma das mulheres mais ricas de Roma, complementando os lucros recebidos das propriedades rurais, olarias e minas de cobre que ela possuía na Itália, na Gália, na Ásia Menor e no Egito, onde era a proprietária de um extenso pântano de papiro, vinhas, fazendas, lagares de azeitona e lagares de vinho, que provavelmente lhe foram repassadas depois que seu marido derrotou Cleópatra em Áccio.[9] Lívia também fora recentemente uma das principais beneficiárias do testamento de uma grande amiga, a Rainha Salomé da Judeia, que deixou para a imperatriz os territórios de Jâmnia, Phasalis e da exuberante Askaray, uma área localizada a oeste do rio Jordão, famosa por palmeirais e pela qualidade de suas tâmaras.

Mais importante que isso, contudo, no que diz respeito ao papel político pretendido para ela no novo regime imperial, o testamento de Augusto também estipulava que Lívia fosse adotada pelo clã da família juliana. Tratava-se de um gesto de um marido para com a esposa sem precedentes históricos. Além disso, tendo demorado tanto para lhe atribuir um nome ou título honorífico equivalente ao seu, o testamento de Augusto declarava que Lívia dali em diante deveria ser conhecida como Júlia Augusta. Seu novo *cognomen* representava uma elevação oficial do seu status e outro marco — não se sabe de nenhuma mulher que tenha recebido anteriormente uma versão feminilizada de um título honorífico do marido.[10] Por conseguinte, *Augusta* tornou-se o cognome oficial para várias

CONFLITOS FAMILIARES: A PRINCESA DO POVO...　　111

sucessoras de Lívia cujos filhos ascenderam ao trono, da mesma forma que *Augustus* tornou-se parte do título de cada imperador romano.[11]

Augusto, contudo, não estava, como alguns já especularam, concedendo à esposa o mesmo status de Tibério ao lhe atribuir a versão feminina de seu próprio nome.[12] Como todas as outras mulheres romanas, Lívia permanecia sem acesso às arenas políticas do Senado, do exército e das assembleias, e não tinha um papel oficial na política do Palatino. No último aspecto, ela tinha algo em comum com as primeiras-damas presidenciais modernas, cujo papel também é constitucionalmente indefinido. Não obstante, não há dúvidas de que ela era agora o que havia de mais próximo a uma rainha que Roma já tivera, e isso logo se tornou um dilema para seu recém-investido filho que se tornou ainda maior quando o Senado propôs conceder a ela honras superiores às que lhe haviam sido conferidas no testamento de Augusto.

A proposta menos controversa, prontamente aprovada, foi que Lívia fosse nomeada sacerdotisa do culto ao seu marido — Augusto havia sido postumamente consagrado como um deus em 17 de setembro, o que permitiu que ele fosse adorado sob o nome de "Divino Augusto". A religião era uma das poucas esferas nas quais as mulheres romanas já tinham permissão de ter certos tipos de papel público, como auxiliar em cerimônias religiosas ou porta-voz do luto público. Contudo, com a exceção das Virgens Vestais, nenhuma mulher podia ter um título de maior importância no sacerdócio romano. Em sua posição sem precedentes, Lívia podia requerer os serviços de um lictor, oficial geralmente designado como acompanhante para magistrados, seguindo-os quando percorriam a cidade. Todavia, foi quando o Senado também sugeriu que Lívia dali em diante ficasse conhecida como *mater patriae* ("Mãe da Nossa Pátria") — uma adaptação do título *pater patriae* concedido uma década antes a Augusto — e, ainda mais provocativamente, que o título de Tibério deveria ser complementado como "filho de Júlia" ou "filho de Lívia", que o imperador sentiu-se forçado a usar o veto imperial.

Tibério justificou sua recusa com o argumento da modéstia, e afirmou que "somente honras razoáveis devem ser concedidas às mulheres", apontando para o fato de que também declinaria de honras gratuitas que lhe fossem concedidas. Ele tinha boas razões para se preocupar. A superexposição do nome e da imagem de Lívia poderia, como o próprio Augusto percebera em vida, ter antagonizado críticos tradicionalistas que ainda defendiam o retorno à República. Eles detecta-

112   AS PRIMEIRAS-DAMAS DE ROMA

riam rapidamente vestígios do monarquismo oriental no modo com que o regime júlio-claudiano se representasse. De acordo com relatos, já havia quem reclamasse de que eram "escravos de uma mulher". Poucos duvidavam, contudo, que o que realmente incomodava Tibério eram irritação e ressentimento pelo que ele via como a promoção de sua mãe à custa da sua própria autoridade.[13] Também não havia como negar o fato de que Lívia era o único elo que legitimava a ligação de Tibério ao seu padrasto e predecessor, e não era apenas o Senado, mas também as províncias, que insistiam em lembrar-lhe tal fato. Muitos não demonstraram nenhum remorso ao gravar em retratos de Lívia o título que o próprio Tibério negara-lhe oficialmente.[14] Assim começou a luta contínua de Tibério para definir e regular o papel de sua mãe dentro do regime.

Em alguns aspectos, a temível Lívia continuou agindo como anteriormente, exibindo durante os primeiros anos do reinado do filho poucos sinais de se orgulhar do papel de guardiã das chaves do acesso ao imperador que já interpretara sob o governo de Augusto. Se algo mudou, foi que sua presença passou a ser ainda mais sentida nos corredores do poder. Ela conduzia sua própria correspondência com reis clientes como Arquelau da Capadócia, e as cartas e comunicações oficiais dirigidas a Tibério das províncias eram endereçadas tanto a ele próprio quanto à sua mãe. Certa ocasião, os espartanos, velhos amigos de Lívia, escreveram separadamente para ela e o filho, comunicando-lhes seus planos de instituir um festival em honra do Divino Augusto e sua família, ao que Tibério respondeu que deixara a resposta a cargo da mãe.[15] Desde antes da morte de Augusto, Lívia também realizava sua própria versão do *salutatio* matutino masculino, o que lhe dava a oportunidade de ouvir tanto senadores quanto pedidos de clientes e amigos. Se ela, como mulher, não podia frequentar o Senado, então este ia a ela.[16] Foram encontradas no *Monumentum Liviae* cinzas de criados — porteiros *(ostiarii)* e saudadores *(salutatores)* — cujo trabalho era filtrar os dignitários e peticionários que requisitavam audiência com a imperatriz, e embora não tenhamos um registro específico de tal encarregado, um *nomenclator* provavelmente ajudava Lívia a lembrar-se dos nomes de todas as visitas.[17]

De seu ponto de vantagem no exílio no mar Negro, Ovídio, o *bête noire* da poesia do regime augusto, certa vez forneceu uma descrição memorável de uma dessas audiências em uma carta para a esposa em Roma. Implorando-lhe que procurasse Lívia — a quem não deixava de descrever como dona de uma beleza etérea como a de Vênus, de um caráter como o de Júpiter e da virtude de uma mulher de tempos antigos — e intercedesse por ele ao imperador, ele aconselhou a esposa a escolher com cuidado o momento da abordagem: "Se ela estiver ocupada com algo mais importante, adie a tentativa e tenha cuidado para não frustrar minhas esperanças com a sua precipitação. Contudo, digo-lhe também que não espere até que ela esteja completamente desocupada, pois ela raramente tem tempo para si." Lendo nas entrelinhas do panegírico cheio de elogios de Ovídio a Lívia fica claro que o poeta na verdade está satirizando a formidável reputação de Lívia, zombando o que antecipa ser o temor da esposa de estar entrando na toca de um monstro, enquanto ao mesmo tempo compara insidiosamente Lívia a uma série de monstros míticos do sexo feminino: "Ela não é a terrível Procne ou Medeia, ou a selvagem Clitemnestra, ou Cila, ou Circe... ou Medusa, com cobras enroladas nos cabelos..."[18]

Cópias descobertas recentemente de um documento lançado pelo Senado romano no ano 19 revelam que Lívia recebeu um agradecimento público no registro oficial pelos favores pessoais prestados a homens de todos os níveis.[19] Isso corrobora outros testemunhos literários além do de Ovídio de que Lívia era uma benfeitora útil para muitos das classes senatoriais. Além de emprestar dinheiro àqueles que estavam em dificuldades financeiras para que pagassem os dotes de casamento das filhas, ela criava os filhos de algumas famílias sob sua própria égide, um arranjo presumivelmente de grande vantagem para os meninos — pois parecem ter sido invariavelmente meninos. Mas o hábito de Lívia de convocar senadores à sua própria casa claramente produzia outro tipo de impressão em outros lugares, onde ele era visto não como a prerrogativa de uma matriarca respeitada, e sim como a atitude arrogante de uma mulher intrometida:

> Pois ela havia se tornado extremamente presunçosa, superando todas as mulheres que a antecederam, e até adquiriria o hábito regular de receber em sua casa qualquer um do Senado e quem quisesse. Este fato entrou para os registros públicos...[20]

Era Tibério, contudo, que lutava mais contra a crescente importância pública adquirida por Lívia. No início de seu reinado, ele vetou as tentativas dela de convidar senadores, membros das classes equestres e suas esposas para um banquete que propôs oferecer em honra do falecido Augusto. Em geral, as mulheres convidavam somente outras mulheres para jantares, de forma que Tibério estava apenas restringindo-a ao papel que ela havia tido nos banquetes realizados sob a égide de Augusto.[21] Em outra ocasião, contudo, dois anos depois de Tibério ter ascendido ao trono, ele censurou a mãe por assumir a frente dos esforços para conter um incêndio que estava ameaçando o templo de Vesta. Segundo relatos, Tibério ficou furioso ao saber que Lívia estava pessoalmente dando direções não apenas ao povo comum, mas também aos soldados — o que era sempre um tema delicado no que diz respeito à esfera de uma mulher. Ela havia feito tudo sem consultá-lo, como se Augusto ainda fosse o imperador, não Tibério.[22]

Por tudo isso, Tibério estava totalmente consciente da importância que Lívia tinha para ele como o elo que o ligava a Augusto. É por essa razão que a maioria das representações de Lívia que sobreviveram pertence ao reinado de Tibério, e não ao de seu marido, e à medida que seu papel público sofria uma metamorfose, o mesmo acontecia à sua representação oficial. Apesar do fato de ela já ter mais de 70 anos de idade quando Tibério tornou-se imperador, nas obras de arte que lhe eram dedicadas Lívia estava ficando cada vez mais jovem.[23] Num processo lento, mas consistente, o rosto arredondado exibido em suas primeiras representações públicas passou por uma plástica, o rígido penteado *nodus*, com seu volumoso topete, foi gradualmente substituído por uma divisão no meio mais delicada e graciosa, suas rugas removidas, sua pele suavizada, sua expressão mais calma e serena.

Essa mudança deveu-se em parte a uma modificação dramática no estilo das representações desde o período republicano. Antes do período de Augusto, quanto mais enrugados e "realistas" fossem os traços do modelo, mais *gravitas* e respeito lhe eram conferidos. Agora, contudo, houvera um retorno aos contornos jovens, idealizadores do início da arte da estatuária, garantindo que os rostos que representavam a família imperial para o mundo nunca envelhecessem. Isso transmitia a noção de uma era perfeita e reconfortantemente suspensa no tempo, uma representação visual da descrição de Virgílio da era augusta como um *imperium sine fine* — "império sem fim".[24]

Lívia agora aparecia em moedas emitidas pela casa de cunhagem romana pela primeira vez, seus cabelos desta vez divididos no meio, um penteado que costumava ser visto apenas nas estátuas de deusas. Na verdade, uma das maiores diferenças entre a representação dos homens e a das mulheres da família imperial desse período é que enquanto a maioria dos imperadores evitava atrair acusações de egocentrismo, insistindo que as esculturas que os representassem — ao menos enquanto vivos — os exibissem em seu uniforme "de trabalho", a toga ou couraça,

CONFLITOS FAMILIARES: A PRINCESA DO POVO... 115

suas dependentes do sexo feminino passavam a ser cada vez mais apresentadas ao público com a aparência de deusas oficiais ligadas à maternidade e à fertilidade, tais como Juno e Ceres, um contraste que provavelmente agradou, pois sugeria um papel mais brando, mais universal, menos perturbadoramente individualizado para as mulheres da família imperial. Escultores e lapidadores por todo o Império seguiram essa tendência, moldando os traços da esposa do imperador à imagem dos de tais deidades. Um camafeu de sardônica, por exemplo, provavelmente uma bugiganga de propriedade particular na Antiguidade que agora faz parte da coleção do Museu Kunsthistorisches, de Viena, exibe Lívia usando as roupas da cultuada deusa mãe Cibele com sua *stola* enquanto contempla um busto em miniatura do deificado marido, que segura na mão direita. Na mão esquerda, uma espiga de milho, um símbolo da fecundidade associado a Ceres, a deusa romana da agricultura.[25]

Tibério precisava que as pessoas aceitassem Lívia tanto como uma "fazedora de reis" quanto como a *materfamilias* romana por excelência. Assim, embora tenha negado algumas outras honras para sua mãe, tais como a tentativa do Senado de rebatizar o mês de outubro como Livius, permitia que seu aniversário fosse observado no calendário oficial romano, uma honra pouco comum para uma mulher. Uma inscrição de Forum Clodii, uma vila nos arredores de Roma, é um registro de que vinho adocicado com mel e bolinhos eram distribuídos no templo da Bona Dea para mulheres de vilas vizinhas em comemoração do aniversário de Lívia em 30 de janeiro.[26]

Como Tibério não voltou a se casar depois da morte de Júlia, permanecendo um imperador solteiro durante todo o seu reinado de 23 anos, Lívia na verdade agia como a substituta de uma esposa imperial. O fato de uma mulher que não a esposa do chefe de estado assumir o papel principal na administração doméstica é um conceito familiar. Dentro da tradição histórica das primeiras-damas americanas, por exemplo, vários presidentes americanos, solteiros e viúvos, ou mesmo aqueles com esposas reclusas, recorreram a filhas, cunhadas e sobrinhas para que atuassem como anfitriãs da Casa Branca.[27] Lívia não tinha uma companheira na administração doméstica da casa imperial romana. A residente mais antiga do Palatino além dela na época era sua cunhada viúva, Antônia, que havia algum tempo assumira o papel de paradigma da mãe enlutada deixado pela mãe Otávia.

Nascida no dia 31 de janeiro de 36 a.C., pouco antes do rompimento do casamento de seus pais, Antônia não tinha muitas memórias do pai ausente, Antônio, que morreu nos braços de sua amante, Cleópatra, no Egito, quando Antônia tinha apenas 6 anos de idade.[28] Tendo crescido sob o teto do tio, Augusto, ao lado de um grupo barulhento de primos e irmãos, ela fora contemporânea de Júlia, e quando a data de seu aniversário de 17 anos se aproximava, foi casada com o filho mais novo de Lívia, Druso — uma união celebrada num poema da corte pelo grego Crinágoras e desprovida das fofocas escandalosas que acompanharam os casamentos da ousada prima mais velha Júlia. O enlace produziu dois filhos e uma filha nascidos entre 15 e 10 a.C. — Germânico, Livila e Cláudio.

A morte de Druso em 9 a.C., quando o menino mais novo, Cláudio, tinha apenas um ano de idade, deixou Antônia viúva aos 27 anos. Sua reação intensa, de acordo com o autor do *Consolatio* escrito para Lívia, não foi diferente da reação da mãe, Otávia, à morte de Marcelo.[29] Estranha e surpreendentemente, dada a expectativa social estabelecida pela legislação matrimonial de seu tio Augusto de que as mulheres romanas deviam encontrar um novo marido assim que possível depois de um divórcio ou de terem se tornado viúvas, Antônia jamais se casaria novamente, optando em vez disso por permanecer, sem ter sido criticada, uma *univira* — literalmente uma mulher de um homem só. Ela tinha, contudo, um bom precedente para proceder dessa forma, seguindo o exemplo de Cornélia, o exemplar mais elevado da feminilidade romana, e como já produzira os três filhos obrigatórios para se beneficiar dos privilégios da regra do *ius liberorum*, podia ter uma vida independente, isenta da necessidade de uma tutela masculina e do escrutínio financeiro que a acompanhava.[30]

Antônia, contudo, permaneceu no Palatino, servindo de companhia à sua venerável sogra.[31] Como Lívia, sabe-se que ela tinha seus próprios aposentos e uma criadagem altamente especializada, da qual dúzias de indivíduos tiveram seus restos enterrados ao lado dos escravos e homens libertos de Lívia no *Monumentum Liviae*, o que nos fornece um olhar através da fechadura da rotina diária de Antônia. Eles nos contam que ela era assistida em sua toalete por uma *ornatrix* (camareira) chamada Panfília e que uma *sarcinatrix* (artesã) chamada Atenais consertava suas roupas. Um médico pessoal, Celadus, cuidava da sua saúde, e Eros, um *lecticarius* (padioleiro), transportava-a pela cidade. Bebidas geladas eram-lhe servidas por um copeiro de nome Liarus, enquanto uma cantora chamada Quintia cantava para ela, talvez acompanhada num dueto por um cantor

CONFLITOS FAMILIARES: A PRINCESA DO POVO...   117

chamado Tertius. Outro membro essencial da criadagem era a mulher liberta Caenis, cujo trabalho era semelhante ao de uma secretária, uma mulher que produziria um impacto muito maior na história imperial romana do que suas origens humildes seriam capazes de indicar.[32]

Antônia também mantinha escravos fora de Roma e era uma considerável proprietária de terras por seu próprio direito, tendo se beneficiado de heranças deixadas por abastados amigos da família como Berenice I da Judeia, bem como da carreira do pai no Oriente. Papiros meticulosamente preservados nas areias secas do Egito testemunham que Antônia possuía propriedades no distrito local de Arsínoe, provavelmente uma cortesia recebida da divisão dos bens que Antônio tinha no Egito.[33] Esses mesmos fragmentos empoeirados também fornecem uma ideia do tipo de problemas diários que tinham lugar nessas propriedades. Certa ocasião, um funcionário chamado Dionísio queixou-se para as autoridades locais de que uma ovelha de um proprietário de terras vizinho causara danos a depósitos de trigo da propriedade de Antônia, enquanto num documento datado de 14 de novembro de 36 um fazendeiro empregado por ela que assina "Aunes, 35 [anos] com uma cicatriz no polegar esquerdo" informa a perda de um porco de pele vermelha.[34]

Não temos correspondências de primeira mão que sugiram se Antônia se interessava ou não por problemas triviais como a perda de porcos, mas através de cartas de membros da família do sexo masculino podemos ter uma ideia de suas responsabilidades diárias no front doméstico; uma de suas prioridades era a educação, juntamente com Lívia, das várias crianças que viviam no Palatino sob a proteção das duas matriarcas.[35] Além dos membros mais jovens da dinastia júlio-claudiana e dos filhos de famílias senatoriais que cresciam sob a supervisão de Lívia, as responsabilidades das duas incluíam jovens príncipes e princesas das famílias reais da Armênia, da Trácia, da Comagena e da Pártia, que faziam longas visitas a Roma numa demonstração de *entente cordiale* entre as superpotências do Mediterrâneo.[36] Entre tais protegidos estava um neto do rei Herodes, o Grande, e herdeiro do reino da Judeia, Marcos Júlio Agripa. Sua mãe, Berenice, era uma grande amiga de Antônio, e por isso Júlio Agripa foi enviado na infância para ser criado com Antônia ao lado de seu filho da mesma idade, Cláudio. Ele continuou sendo uma figura constante nos círculos romanos até o ano 23.[37]

Tais acordos eram um poderoso ativo para as relações públicas do regime júlio-claudiano, reforçando sua autoridade territorial e ao mesmo tempo rendendo uma verdadeira veneração a Lívia e Antônia como modelos de maternidade do Império. Entretanto, os elogios oficiais dispensados ao par como benevolentes patronas dos filhos de outras pessoas são contrabalanceados pelas descrições menos cor-de-rosa do tratamento que dispensavam a Cláudio, registrado pelos biógrafos deste último.[38] Notoriamente caracterizado como a ovelha negra idiota discriminada por sua ilustre família, Cláudio foi acossado desde a infância por deficiências que incluíam coxeadura e tremores físicos — efeitos, acredita-se agora, de uma paralisia cerebral. Estudante aplicado de literatura, mas que precisava da companhia constante, muito ressentida, de um tutor, Cláudio era uma figura frágil em ocasiões públicas, coberto do queixo aos pés por uma capa grossa, e suas aparições tinham de ser cuidadosamente coreografadas.[39] Uma carta rara preservada de Augusto para Lívia, datada de dois anos anteriores à morte dele e aparentemente parte de uma correspondência contínua entre os dois sobre a questão, revela que isso envolvia discussões meticulosas com a mãe e a avó do menino. No trecho reproduzido a seguir, Augusto avalia se deveriam permitir que Cláudio aparecesse com a família nos Jogos de Marte, que estavam se aproximando, e no processo nos oferece um vislumbre intrigante da política da família júlio-claudiana em ação. Seu postscriptum deixa claro que a educação das crianças da casa do Palatino era um assunto de família, e que embora Antônia pudesse compartilhar das decisões tomadas em relação a seu filho, estas cabiam principalmente a Augusto, mas sempre consultando Lívia:

Minha cara Lívia,

Como você sugeriu, discuti com Tibério o que deveríamos fazer em relação ao seu filho Cláudio nos iminentes Jogos de Marte. Ambos concordamos que uma decisão deve ser tomada de uma vez por todas. A questão é se — como devo dizer? — ele é capaz de controlar todos os seus sentidos. Se o for, não vejo problemas em promover seu avanço pelos mesmos cargos que seu irmão; mas caso decidamos considerá-lo fisicamente e mentalmente deficiente, o público (que sempre gosta de zombar e ridicularizar esse tipo de coisa) não deve ter a chance de rir dele e de nós. Temo sofrermos problemas constantes caso a questão de sua adequação para os cargos nesta ou naquela capacidade continue vindo à baila...

No que diz respeito à pergunta imediata da sua última carta, não tenho objeção à participação dele no banquete dos sacerdotes no Festival de Marte, contanto que ele não se recuse a deixar que seu parente, o filho de Silvano, fique por perto para garantir que ele não se faça de tolo. Mas não concordo que ele assista aos Jogos no Circo no camarote Imperial, onde os olhos de toda a plateia estarão postos sobre ele... em síntese, minha cara Lívia, estou ansioso para que uma decisão seja de uma vez por todas alcançada nesse tocante, a fim de salvar-nos de futuras alternações entre esperanças e desespero. Você tem a liberdade de mostrar esta parte da minha carta à nossa parenta Antônia para que reflita ela...[40]

Embora Augusto mais tarde tenha reavaliado seu ponto de vista pouco lisonjeiro das qualidades do neto, comentando em outra carta para Lívia que havia ficado impressionado pelas qualidades do menino como orador, as deficiências de Cláudio aparentemente atraíam o desprezo contundente das mulheres mais velhas, não apenas da avó Lívia e da irmã Livila, mas da própria Antônia, que supostamente teria se referido de modo depreciativo ao filho como tolo e "um monstro: um homem que a Natureza não concluiu, mas apenas começou".[41] Lívia, por sua vez, teria evitado comunicar-se com ele exceto por bilhetes curtos, e uniu forças com Antônia para impedir que o jovem erudito escrevesse sobre a história da guerra civil que antecedeu a elevação de Augusto ao trono.[42]

No que diz respeito ao último gesto, Lívia e Antônia não estavam fazendo mais do que se esperava que todas as mulheres romanas fizessem por seus filhos. Embora relacionamentos carinhosos entre mãe e filho não fossem de forma alguma inéditos — como atestam as cartas entre o imperador do século II Marco Aurélio e sua mãe, Domícia Lucila —, as mulheres romanas de forma geral não recebiam elogios nos registros históricos da Antiguidade por serem "corujas" e sensíveis. Lembremos da desaprovação do comportamento de Otávia por Sêneca, que qualificou sua reação à morte de Marcelo como exagerada. Aos olhos dos moralistas romanos, a melhor coisa que uma mãe podia fazer por seu filho, além de amamentá-lo ela mesma, era estimulá-lo a buscas intelectuais adequadas e afastá-lo de campos de estudo potencialmente perigosos e corrosivos. Tratava-se de uma realização pela qual Cornélia e outras mães eram festejadas, e que as mães de futuros imperadores de Roma também deviam tentar imitar. Uma ilustração do contraste entre os coloridos retratos dos bastidores da vida no Palatino pintados por biógrafos como Suetônio e o ideal oficialmente disseminado do papel da mulher, Lívia na verdade foi elogiada em documentos oficiais emitidos posteriormente no reinado de Tibério pela rigorosa supervisão da educação de Cláudio.[43]

120   AS PRIMEIRAS-DAMAS DE ROMA

Embora fosse cúmplice de Lívia neste e em outros aspectos, Antônia compreensivelmente tinha um perfil público bem mais modesto do que o da sua sogra, o que refletia uma importância menor para os homens da família. Enquanto mais de cem estátuas e moedas identificadas com alguma confiança como sendo de Lívia sobrevivem, o mesmo pode ser dito apenas de 13 representações de Antônia, e em contraste com a imagem pública em constante mutação de Lívia, elas seguem um único protótipo relativamente estático.[44] A principal representação entre estas é a chamada "Antônia da Casa Wilton", batizada em homenagem à residência de seu proprietário, Thomas Herbert, Oitavo Conde de Pembroke e Montgomery. Quando Herbert comprou o busto em 1678, era tão grande a semelhança com retratos de Antônia gravados em moedas que o nome "Antônia" já fora riscado no seu ombro esquerdo, imortalizando sua identidade.[45] A cabeça, que atualmente se encontra no Museu Sackler, em Harvard, exibe uma mulher que já alcançara a vida adulta — embora ainda muito idealizada, visto que Antônia já passara bastante dos 50 anos quando da sua criação — com traços fortes e muito individualizados, lábios finos apertados e um queixo que parece recuar levemente quando visto da lateral.[46]

Uma representação de Antônia com os mesmos traços do exemplar da "Casa Wilton" foi descoberta durante escavações realizadas no fórum da antiga cidade norte africana de Léptis Magna, na Líbia da atualidade. Graças à descoberta em 1934 de uma inscrição correlacionada em neo-púnico, podemos deduzir que ela pertenceu a um majestoso grupo de estátuas em honra da família real colocadas na plataforma do templo da cidade a Augusto e Roma durante os anos 20. Embora a escultura de Antônia seja uma entre poucas das originais pertencentes a esse conjunto já encontradas, a inscrição permite a reconstrução da composição original do grupo, que à primeira vista parece ter sido uma fotografia magnífica da nova aparência da dinastia júlio-claudiana sob Tibério, livre de tensões e demonstrando um front unido. Dominava o centro uma carruagem ocupada por Germânico e Druso, o Menor, respectivamente o filho adotivo e o biológico, bem como herdeiros, de Tibério. Ao lado da carruagem estavam estátuas de tamanho natural das mães e esposas dos jovens, de forma que Germânico era acompanhado de um lado pela mãe Antônia e pela esposa Agripina, a Maior. Atrás dos herdeiros, erguendo-se sobre os membros mais jovens da família, havia quatro estátuas de tamanho maior que o natural de Lívia, Tibério, do deificado Augusto e da deusa Roma. A cabeça sobrevivente da estátua de Lívia tem 68cm

CONFLITOS FAMILIARES: A PRINCESA DO POVO... 121

de altura, enquanto a de seu marido Augusto é ainda mais gigantesca, com uma altura de 92 cm, o que dá ideia da escala colossal e não deixa dúvidas sobre o quanto são antigas.[47]

Ao mostrar dois homens de estado em desenvolvimento, Germânico e Druso, o Menor, acompanhados por suas mães e não seus pais, o grupo de Léptis Magna era extremamente incomum.[48] Sua principal função era honrar essas duas grandes esperanças da dinastia júlio-claudiana, homens nascidos de duas mulheres de ramos opostos da família. Mas ainda há outra história aqui. Se todo o grupo tivesse sobrevivido, as estátuas de Léptis Magna capturariam perfeitamente em mármore o complexo emaranhado de cruzas de relacionamentos, rivalidades e ressentimentos que arruinaria o legado dinástico de Augusto e Lívia e destruiria a família.

As sementes dessa divisão já haviam sido plantadas no ano 4, quando Augusto redistribuiu as cartas dinásticas e forçou Tibério a adotar o filho mais velho de Antônia, Germânico, como condição para sua eventual sucessão. Mal saído da adolescência, embora já exibisse um contraste incrível em relação ao desafortunado irmão mais jovem Cláudio, Germânico formara no ano 5 o que se provaria uma união crucial com a prima Agripina, a Maior, filha de Júlia e Agripa, que na época tinha 19 anos — uma idade relativamente avançada para o primeiro casamento de uma moça da família imperial.[49] O casamento uniu temporariamente os dois ramos da família júlio-claudiana, já que seus filhos seriam tanto netos de Augusto quanto de Lívia.

Na prática órfã desde a idade de 12 anos, quando Júlia foi banida para Pandateria, em 2 a.C., Agripina conseguiu evitar as escandalosas ciladas que se abateram sobre sua mãe e sua irmã mais nova Júlia, a Menor. Segundo relatos, na infância ela era objeto de grande estima do avô Augusto, que mantinha uma correspondência carinhosa com a neta e a elogiou numa carta por sua inteligência, ao mesmo tempo que a aconselhava a adotar um estilo mais simples ao escrever e falar, a exemplo do que ele mesmo mantinha.[50] Para muitos observadores da Antiguidade — e da modernidade — Agripina, ao contrário da desafortunada mãe, representava o que era admirado na matrona romana ideal. A descrição de Tácito dela como "determinada e muito excitável" era temperada pelo conhecimento de sua "lealdade devotada ao marido", enquanto para a historiadora do século XIX Elizabeth Hamilton, que em 1804 escreveu uma obra de três volumes sobre a vida de Agripina, o tema exemplificava o valor de uma mulher educada para a sociedade, embora a autora não aprovasse o que retratou como a ambição de Agripina de compartilhar da fama do marido.[51]

Em um enredo que apresenta grande semelhança em relação ao primeiro casamento de sua mãe, Júlia, com Marcelo, logo Agripina e Germânico se tornaram o casal dourado da dinastia júlio-claudiana. Embora o outro herdeiro, Druso, tenha encontrado uma esposa na irmã do irmão adotivo, Livila, faltava-lhes o glamour de suas contrapartes, Germânico o paradigma popular do belo cavaleiro e Agripina tendo se provado uma boa propaganda para a maternidade, rapidamente dando à luz não menos que nove filhos, seis dos quais sobreviveram à infância.[52] Entre eles estavam dois irmãos que logo integrariam os *enfants terrible* da história romana — um filho, Caio, mais conhecido como Calígula, e uma filha, Agripina, a Menor.

Germânico teve uma ascensão meteórica através dos cargos políticos e militares, tendo sido nomeado cônsul no ano 12, à idade precoce de 26, e em seguida ganhando o comando proconsular das legiões baseadas na Gália e na Alemanha. Agripina acompanhou-o quando ele foi tomar seu posto. Não demorou muito para que se juntasse a eles Caio, então com 2 anos de idade e que recebeu o apelido de Calígula — que significa "botinha" — das tropas do pai. Alguns meses antes da morte de Augusto, o velho imperador escrevera uma carta para sua amada neta falando sobre as providências que havia tomado para garantir uma viagem segura para Calígula logo em seguida à partida dela: "Estou (...) mandando com ele um de meus escravos, um médico que, como disse a Germânico em uma carta, não precisa ser devolvido caso se mostre útil para vocês. Adeus, minha querida Agripina! Faça uma boa viagem de volta ao seu Germânico."[53]

No ano 14, a notícia da morte de Augusto infiltrou-se pelas tropas que patrulhavam as margens do Reno e do Danúbio. Ela gerou um motim. Soldados declararam sua lealdade a Germânico em detrimento de Tibério, enquanto ao mesmo tempo exigiam melhores condições e um pagamento mais elevado. Em meio ao caos, Germânico foi instado a mandar a esposa grávida e o filho para uma posição de segurança. Contudo, Agripina supostamente teria rejeitado com desdém a sugestão de fugir, lembrando o marido de que "tinha o sangue do divino Augusto e viveria à sua altura, não importavam os perigos que isso implicasse". Ao ter sido finalmente persuadida por um Germânico em lágrimas, ela partiu em um comboio com as esposas de outros soldados, o pequeno Calígula em seus

CONFLITOS FAMILIARES: A PRINCESA DO POVO...   123

braços, e sua partida deixou os soldados rebeldes envergonhados, inspirando-lhes respeito ao lembrarem de sua ilustre linhagem e de seu "impressionante histórico como esposa e mãe", bem como constrangimento por terem levado mulheres romanas a precisarem buscar asilo em outro local. A crise imediata chegara ao fim, e a história serviu para confirmar Agripina como herdeira do legado da pacificadora romana deixado recentemente por Otávia.[54]

Contudo, os problemas retornariam no ano seguinte durante a tentativa — em busca de glória — de Germânico de abrir caminho em meio ao território alemão e ampliar as fronteiras do Império. O pânico espalhou-se quando as tropas romanas foram cercadas e o exército alemão em contra-ataque ameaçou atravessar a ponte que os romanos haviam construído sobre o Reno. Mais uma vez, contudo, Agripina salvou o dia, defendendo o forte e servindo de enfermeira para os feridos juntamente com a filha, Agripina, a Menor, mesmo estando grávida:[55]

> Alguns, em pânico, consideraram a infausta ideia de demolir a ponte. Mas Agripina pôs um fim naquilo. Na época, esta mulher de grande coração assumiu um papel de comandante. Ela mesma dispensou roupas a soldados necessitados e vestiu os feridos. Plínio, o Velho, historiador das campanhas alemãs, escreve que ela ficou ao lado da cabeça de ponte para agradecer e parabenizar a coluna que retornava.[56]

Um tratamento cinematográfico da vida de Agripina inevitavelmente a mostraria como uma heroína impetuosa. Contudo, para o público romano, a visão da esposa de um soldado e imperatriz em potencial seguindo o tambor, dirigindo operações militares no lugar do marido e ajudando a promover o constrangimento militar no processo gerava emoções ambivalentes. Para começar havia o fato de Agripina viajar pelo exterior com tanta liberdade. A questão de as mulheres deverem ou não ter permissão de acompanhar seus maridos às linhas de frente ou aos seus postos policiais há muito provocava controvérsia entre certos membros da elite dominante. Durante um debate no Senado cinco anos mais tarde, enquanto discutiam a escolha de novos governadores para a África e a Ásia, o senador Aulo Cecina Severo apresentara uma matéria paralela, propondo que nenhum dos apontados ao governo deveria ter permissão de levar a esposa consigo:

A regra que proibia as mulheres de serem levadas a províncias ou países estrangeiros era salutar. Um cortejo feminino estimula extravagância em períodos de paz e timidez durante a guerra. As mulheres não são frágeis nem se cansam facilmente. Basta relaxar o controle e elas se tornam maquinadoras ferozes, ambiciosas, circulando entre os soldados, dando ordens a comandantes de companhias. Recentemente, uma mulher conduziu desfiles de um batalhão e os exercícios de uma brigada! (...) Elas quebraram as antigas restrições legais da Lei Ópia e outras leis, e se tornaram soberanas em todos os lugares — em casa, nas cortes, e agora no exército.[57]

O caloroso discurso de Severo logo foi contrariado. Um de seus interlocutores insistiu que a incapacidade demonstrada por alguns maridos de controlar suas esposas não era razão para privar a todos da companhia conjugal, e o próprio Druso, o Menor, apontou que Augusto com frequência viajara com Lívia. Entretanto, embora as preocupações de Severo recebessem pouco apoio de seus ouvintes, os debates de fato reconheciam que parte da razão para manter as mulheres por perto era conservar uma atenção cuidadosa sobre o sexo frágil: "Casamentos raramente sobrevivem com o guardião a postos", argumentou-se, "o que aconteceria com alguns anos de divórcio na prática para destruí-los?"[58]

Então havia a questão de Agripina ter conduzido tropas no campo de batalha. A descrição ultrajada de Severo no debate do Senado acerca de "uma mulher" que recentemente conduzira exercícios militares pode não ter sido exatamente uma referência a Agripina, mas outras mulheres — como Fúlvia, esposa de Antônio — em anos recentes haviam sido alvo de tais difamações. Esses preconceitos contra mulheres na linha de frente com frequência estavam intricadamente ligados ao medo de que as mulheres começassem a fazer incursões semelhantes na arena política.[59]

O fato de que esse pensamento também ocorria a Tibério é refletido em relatos de sua reação indignada e cheia de suspeita à missão de uma mulher só de Agripina na fronteira com a Alemanha:

Ele sentia que havia algo por trás daquelas atenções dispensadas ao exército; elas não se deviam simplesmente ao inimigo estrangeiro. "O trabalho do oficial comandante", ele refletiu, "torna-se uma sinecura quando uma mulher inspeciona unidades e se exibe à frente dos estandartes com planos de distribuir dinheiro" (...) a posição de Agripina no exército já parecia ofuscar generais e postos de comando; e ela, uma mulher, suprimira um motim que a assinatura do próprio imperador fracassara em evitar.[60]

CONFLITOS FAMILIARES: A PRINCESA DO POVO...

Nos quatro anos que se seguiram, as chamas da animosidade e do ciúme de Tibério em relação a seu popular jovem protegido e futuro herdeiro continuaram ardendo. Germânico passou mais dois anos no Reno, infligindo uma série de derrotas militares contra os alemães até ser reconvocado pelo imperador a Roma a fim de celebrar seu triunfo em um desfile pela cidade realizado em 26 de maio de 17. Segundo relatos, toda a população veio às ruas prestigiá-lo. Uma antiga tradição republicana foi observada: a de que os filhos do comandante triunfante deviam acompanhar o pai no desfile. Porém, um novo detalhe foi acrescentado: as filhas do *triumphator* — Agripina, a Menor, de 16 meses, e sua irmã mais nova, Drusila —, que haviam seguido ambas o rastro da campanha de Germânico, agora também estavam na carruagem do pai ao lado de seus três irmãos.[61] Tratava-se de um desenvolvimento inteligente da antiga estratégia de Augusto de apresentar-se tanto como um homem de família quanto como um forte protetor do estado.

A subsequente decisão de Tibério de despachar Germânico, acompanhado por Agripina e outros membros da família, em uma viagem diplomática pelas províncias orientais do Império com um mandato aprovado pelo Senado de *maius imperium* — autoridade suprema — sobre os governadores provincianos foi interpretada como uma tentativa de tirar seu rival de cena e afastá-lo de suas legiões.[62] O legado de Áccio deveria ter servido de alerta contra encorajar um oponente a estabelecer autoridade rival no Oriente, e logo a memória daquela batalha emergiu ameaçadoramente quando em 18 o cortejo imperial fez uma pausa no local da grande batalha marítima a fim de que Germânico pudesse fazer uma peregrinação até a localização do acampamento de seu avô Antônio. Mais tarde, visitaram o antigo domínio de Cleópatra no Egito e fizeram um cruzeiro até o Nilo, contemplando a vista das pirâmides, os Colossos de Memnon — estátuas que "cantavam" quando os raios do sol passavam por sobre elas — e outros vestígios da antiga civilização de Tebas. Germânico também decretou medidas populares, tais como reduzir o preço do milho enquanto fazia uma turnê a pé por Alexandria, e inscrições por encomendas particulares dedicadas a Antônia foram encontradas ao longo da rota que seguiram, honrando-a por "ter oferecido os mais perfeitos e maiores princípios da mais que divina família", sugerindo que talvez ela também estivesse presente no grupo.[63]

É difícil evitar a suspeita de que a imagem de três gerações do arquirrival de Augusto, Antônio, contemplando localidades icônicas da antiga área de

126 AS PRIMEIRAS-DAMAS DE ROMA

caça de seus infames parentes talvez tivesse o propósito deliberado de enfurecer Tibério.[64] É certo que este não ficou contente, e lançou uma reprimenda contra Germânico por infringir a ordem de que nenhum senador ou cavaleiro deveria entrar no Egito sem permissão do imperador.[65] Depois de deixar Áccio, o grupo logo parou na Ilha de Lesbos, onde no início de 18 Agripina deu à luz sua terceira filha e última criança, Júlia Livila. O momento lembrou seu próprio nascimento na região havia 30 anos, quando sua mãe, Júlia, acompanhava Agripa em suas viagens, e em um eco comovente da marca deixada por sua mãe no Mediterrâneo, foram encontradas inscrições na área de Lesbos dando títulos a Agripina pela quantidade de filhos que ela gerou, títulos como *karphoros*, ou "carregada de frutos", tais como haviam sido atribuídos a Júlia.[66]

A fertilidade de Agripina era um bom argumento de venda para o regime, expresso em representações que mostram uma mulher com traços regulares fortes, um queixo determinado e uma boca de lábios carnudos, o rosto emoldurado por um penteado muito diferente do estilo estabelecido por suas ancestrais. Os cabelos estão partidos no meio a exemplo do modelo que entrou na moda através das representações de estilo clássico mais recentes de Lívia. Porém, o restante do penteado de Agripina era muito diferente, suas mechas grossas penteadas para trás em ondas arqueadas arranjadas em pequenos cachos densamente agrupados em torno de suas têmporas, como caracóis de creme afunilados. Esses cachos, cada um cuidadosamente enrolado ao centro pela broca do escultor para dar-lhes forma, representam uma grande proeza técnica, mas os cabelos encaracolados também representam a juventude, a vitalidade e a fecundidade na tradição escultural clássica, sendo, portanto, a forma perfeita de homenagear a mãe de seis filhos, um dos quais provavelmente se tornaria o guardião da chama júlio-claudiana.[67]

Relatos nos contam que Lívia e Agripina, as duas figuras notáveis de suas gerações da família júlio-claudiana, detestavam-se intensamente — uma fofoca registrada por Tácito, cujo acesso às memórias perdidas da filha de Agripina, Agripina, a Menor, atribui-lhe credibilidade.[68] A aparência formidável das novas representações de Agripina não teria suavizado tais tensões. Através da cortina de fumaça das nossas fontes é difícil esclarecer com precisão que membros da família júlio-claudiana se davam genuinamente bem. Está claro que Lívia convivia diariamente com Antônia na condução da educação das crianças que estavam sob sua égide, e supostamente mantinha uma relação próxima com a neta Livila.[69] Ela também acumulou um amplo círculo de amigas, mulheres como Salomé da

Judeia, a quem certa vez deu conselhos pragmáticos quando Salomé expressou relutância ao casamento com um homem escolhido para ela pelo irmão, rei Herodes. Lívia aconselhou a amiga a abandonar a ideia de casar-se com o homem que realmente desejava, o árabe Syllaeus, a fim de evitar uma grave fissura dentro da família real herodiana, evidência de um traço de caráter pragmático de Lívia que pode representar uma lição aprendida na infância com as Sabinas — as heroínas do início da história romana que aceitaram seu próprio casamento forçado em vez de se tornarem a causa de uma guerra entre os homens.[70]

A proteção de Lívia ao longo dos anos provara-se um trunfo inacreditavelmente útil para outras mulheres que se viam em situações difíceis. Dois anos depois da morte de Augusto, a imperatriz intervirá numa disputa entre a amiga Pláucia Urgulânia e um ex-cônsul chamado Lúcio Calpúrnio Pisão, que criticava abertamente a corrupção na corte e a quem Urgulânia devia dinheiro. Em vez de atender a convocação à corte lançada por Lúcio, Urgulânia refugiou-se com Lívia no Palatino. Um impasse que ameaçava se tornar um constrangimento para Tibério só foi resolvido quando Lívia pagou a multa de Urgulânia.[71] A amizade de Lívia trouxe um grande respeito para Urgulânia, fato que seu próprio neto, Marco Pláucio Silvano, não ignorou ao tentar esconder o assassinato da esposa Aprônia, que havia jogado de uma janela. Depois que juízes foram nomeados para julgar o caso, Urgulânia mandou uma adaga para Silvano. Considerando a grande amizade existente entre sua avó e a *Augusta*, Silvano interpretou o envio da adaga como uma mensagem do mais alto nível de que ele devia pôr um fim à questão, e usou a adaga em si mesmo.[72]

De um ponto de vista feminista moderno, alguns escolheram ver Lívia como uma defensora do seu sexo, protegendo as amigas de uma caça às bruxas, e não como uma mulher que abusava da sua posição como mãe do imperador. Porém, a visão mais inflexível de comentaristas da Antiguidade como Tácito era de que o elo próximo entre Lívia e mulheres como Urgulânia colocava suas amigas acima da lei. Esta foi uma observação prejudicial à sua imagem, particularmente diante do escândalo que estava prestes a se desdobrar.[73]

Apesar do entusiasmo com que Germânico e Agripina eram recebidos nas pausas que o casal fazia ao longo de sua viagem pelo Oriente, um conflito que lentamente tomava proporções maiores na Síria, uma das províncias sob a supervisão de Germânico, ameaçava estragar a viagem

Não fazia muito tempo que a Síria havia sido posta sob nova administração com a nomeação para o cargo de governador por Tibério de Calpúrnio Pisão, um homem cuja rica esposa, Munácia Plancina, era como Urgulânia uma velha amiga de Lívia. Pisão aparentemente fora nomeado por Tibério como uma assistência para Germânico enquanto este cumpria seus deveres no Oriente. Todavia, de acordo com o relato de Tácito, havia rumores de que a verdadeira razão pela qual ele estava lá era bloquear o caminho de Germânico, e que Plancina fora preparada por Lívia, "cujo ciúme feminino a levara a uma perseguição a Agripina". Consequentemente, o relacionamento entre os dois grupos era instável. Pisão não mostrava respeito pela autoridade de Germânico, enquanto rumores diziam que Plancina, a qual aparentemente "ia além da respeitabilidade feminina ao comparecer a exercícios da cavalaria", havia se envolvido em problemas ao agredir verbalmente sua contraparte feminina. Concluída a viagem pelo Egito, Germânico retornou a Síria, e então a chama do conflito reacendeu-se quando Pisão deixou de seguir seu comando.[74]

No outono do ano 19, ainda na Antioquia, Germânico adoeceu de repente. Suspeitando de que Pisão o havia envenenado e convencido de que seu leito havia sido amaldiçoado, Germânico convocou seus amigos para ficarem ao seu lado e acusou o governador sírio e sua esposa, culpando especialmente Plancina ao lamentar de forma obscura que "caíra na armadilha de uma mulher". Finalmente, ele se despediu da esposa Agripina, implorando-lhe "em nome da memória de si mesmo e dos filhos dos dois que esquecesse o orgulho, se submetesse ao seu cruel destino e ao voltar para Roma evitasse provocar aqueles que eram mais fortes que ela competindo pelo poder". Num aparte, ele também lhe avisou que tomasse cuidado com Tibério. No dia 10 de outubro, aos 33 anos, Germânico morreu, e a notícia de sua doença e morte, que levou semanas para chegar a Roma, gerou ondas de choque, confusão e sofrimento por toda a cidade, estimulando demonstrações de fúria por aqueles que suspeitavam de traição, sua revolta alimentada por rumores de que Plancina celebrara a morte de Germânico com o uso de roupas festivas em meio aos tons sombrios requeridos para os enlutados. Agripina percorreu um lento retorno para a costa italiana através do gélido mar de inverno, e finalmente desembarcou diante da plateia penalizada e solidária de colegas e admiradores de Germânico no porto de Brundisium, trazendo nas mãos a urna dos restos cremados do marido. Nas palavras de Tácito, ela estava "exaurida pelo luto e indisposta, mas sua impaciência a impedia de adiar a vingança".[75]

Quando a conspícua ausência do Imperador e de sua mãe entre os enlutados provocou uma inquietação entre as multidões, Tibério foi forçado a lançar uma declaração instando o povo a adotar um comportamento digno em seu luto. A atmosfera permanecia carregada de suspeita. As pessoas relembravam a morte do pai de Germânico, Druso, o que desenterrou os antigos rumores de que Germânico havia sido morto porque estava planejando restaurar a República. Enquanto isso, diziam que Lívia tivera misteriosas "conversas particulares" com Plancina. Também estivera ausente nas cerimônias funerárias a mãe do falecido, Antônia, ou pelo menos de acordo com Tácito, que afirma não ter encontrado registro nos jornais ou histórias oficiais da sua presença. Ele atribui essa ausência ao fato de Tibério e Lívia terem-na feito ficar em casa a fim de tornar sua própria ausência menos notável.[76]

Pisão de fato foi acusado de assassinato e no final das contas forçado a enfrentar um julgamento em Roma. Qualquer esperança de que Tibério pudesse intervir e salvá-lo foi frustrada, e ele foi encontrado com a garganta cortada antes de um veredito ter sido alcançado. Para Plancina, contudo, a história foi diferente. A proteção de Lívia evidentemente valia muito, pois, embora tenha atraído a mesma raiva dirigida ao marido, "ela tinha mais influência" e "duvidava-se do quanto Tibério podia fazer contra ela". Depois de uma "investigação simulada" de dois dias sobre sua participação no crime, Plancina foi poupada em resultado dos apelos particulares de Lívia em seu favor.[77]

Graças a notáveis descobertas independentes nos anos 1980, duas novas evidências ressurgiram para lançar uma nova luz sobre o episódio. Ao compará-las com o relato dado por Tácito pudemos reconstruir um quadro mais forense dos eventos de 19-20, incluindo no tocante ao papel de Lívia, Agripina e Antônia no caso. A primeira descoberta veio à tona em 1982, quando um quadro quebrado de bronze foi recuperado com o uso de detectores de metal na província romana de Bética (Andaluzia), sul da Espanha. Chamada de *Tabula Siarensis*, ela contém passagens de dois decretos lançados pelo Senado romano em dezembro de 19, dois meses depois da morte de Germânico, listando as honras póstumas que lhes deveriam ser prestadas. Seis anos depois dessa descoberta, os pesquisadores voltaram a encontrar ouro (ou bronze) na mesma região, desenterrando mais placas, que dessa vez preservavam várias cópias de uma das inscrições romanas mais importantes já descobertas — o texto completo de 176 linhas de outro decreto do Senado, datado de 10 de dezembro de 20, um ano depois da morte de Germânico. A segunda descoberta foi chamada de *Senatus Consultum de Cn. Pisone patre*, e anunciava à audiência provinciana do Império o resultado do julgamento de Pisão e Plancina pelo assassinato de Germânico.[78]

Essencialmente, tanto o *Senatus Consultum de Cn. Pisone patre* (que daqui em diante será abreviado como *SC*), publicado nas capitais provincianas e nos quartéis das legiões do exército, quanto a *Tabula Siarensis* corroboram o relato de Tácito dos eventos, embora o último modifique a conclusão de Tácito de que a mãe de Germânico, Antônia, foi excluída dos rituais funerários.[79] O *SC*, portanto, fornece uma visão intrigante do papel que Lívia teve no resultado do julgamento de Plancina. Escrevendo sobre a intervenção particular de Lívia a favor de Plancina, Tácito observou que "Todas as pessoas decentes faziam, ainda que não abertamente, críticas cada vez mais violentas a Augusta — uma avó que aparentemente via e conversava com a assassina do neto, e a resgataria do Senado".[80] Trata-se de uma grave acusação. Mas o *SC* de fato prova que o Senado reconheceu aberta e publicamente que a intercessão de Lívia a Tibério fora de fato a razão para a absolvição de Plancina:

> (...) Nosso *Princeps* fez pedidos frequentes e insistentes à Casa para que o Senado se satisfizesse com a punição de Cn. Pisão Pai e poupasse sua esposa e seu filho, M[arcos], e intercedeu ele próprio por Plancina a pedido da mãe e teve razões muito justas apresentadas a ele por ela para querer garantir seu pedido (...) o Senado acredita que para Iúlia Aug[usta], que prestara um serviço superlativo ao bem comum ao dar à luz nosso *Princeps*, mas também através de inúmeros grandes favores que prestou a homens de todos os níveis, e que justificadamente e merecidamente poderia exercer influência suprema sobre o que pedisse do Senado, mas que usou tal influência comedidamente, e pela devoção suprema de nosso *Princeps* a sua mãe, apoio e indulgência devem ser acordados, e foi decidido que a punição de Plancina deve ser suspensa.[81]

Essas poucas linhas inscritas em bronze estão entre as evidências mais importantes existentes da posição de Lívia na vida pública romana. Se por um lado seria imprudente presumir que as bajulações pomposas à sua "suprema influência" sobre o Senado deveriam ser levadas ao pé da letra — como uma mulher, ela ainda não podia sequer pôr os pés dentro da câmara —, elas provam que os senadores agiam publicamente como se aceitassem pelo menos a *ideia* de que Lívia, se quisesse, podia exercer tal poder.[82] As palavras "grandes favores a homens de todos os níveis"

CONFLITOS FAMILIARES: A PRINCESA DO POVO... 131

também oferecem uma evidência tangível da influência de Lívia, enfatizando seu papel como intermediadora e patrona nos bastidores da burocracia imperial. E, de forma geral, tais linhas reforçam o ideal, do qual o público fora lembrado com a dedicação de estátuas a ela após a morte de seu filho Druso, de que ao dar à luz o *princeps* Lívia havia prestado um "serviço" ao estado comparável aos "serviços" prestados por grandes homens de estado e generais. Em síntese, elas deixam pouco espaço para dúvidas de que a influência política de Lívia, ainda que até certo ponto apenas de forma simbólica, era levada muito a sério.

A *Tabula Siarensis* afirma que Lívia, juntamente a Antônia, Agripina, a Maior, e à irmã mais nova de Germânico, Livila — embora nenhuma tivesse permissão de entrar no Senado —, estava envolvida no processo senatorial da compilação de uma pequena lista de honras funerárias adequadas para Germânico. Tibério tinha a palavra final, e o Senado prontamente despachou o anúncio para todas as colônias e cidades municipais romanas de que arcos monumentais deveriam ser construídos em honra a Germânico, um na montanha da Síria onde ele exercera seu último comando, outro às margens do Reno perto do cenotáfio erguido em memória de seu pai, Druso, e ainda outro em Roma, perto do Pórtico de Otávia e do Teatro de Marcelo. Embora até hoje arcos triunfais tenham sido um assunto estritamente masculino no que diz respeito a quem tem permissão de aparecer neles, decretou-se que o arco romano deveria ter no topo uma estátua de Germânico em sua carruagem vitoriosa ladeada por estátuas de 11 membros da família, incluindo seus pais, sua esposa Agripina e todos os seus filhos e filhas, de forma a ecoar a inclusão de toda a família no alegre triunfo da vida real de Germânico celebrado no ano 17. Esta também constitui a primeira evidência da construção de estátuas de mulheres além de Lívia e Otávia dentro da própria capital.[83]

Apesar da promessa de tal revolução no meio das esculturas públicas, o *SC* ainda assim é uma lembrança da forma proibitivamente e reconfortantemente insípida pela qual as mulheres imperiais na maioria das vezes ainda eram representadas. Ao elogiar a viúva Agripina, a mãe Antônia e a irmã Livila pelo seu comedimento em face do luto, e ao homenagear Lívia por orientar os filhos do falecido a terem o mesmo comportamento, um contraponto à crítica de Sêneca ao sofrimento exagerado de Otávia por Marcelo, ele recicla epítetos laudatórios tradicionais — Agripina, a esposa fecunda, Antônia, a viúva casta, e Livila, a filha e neta obediente:

(...) o Senado expressa grande admiração: por Agripina, pela memória do divino Augusto, por quem era muito estimada, e de seu marido Germânico, com quem vivia numa harmonia única, e pelos muitos filhos nascidos de sua afortunada união (...) e o Senado expressa ainda sua grande admiração por Antônia, mãe de Germânico César, cujo único casamento deu-se para com Druso, pai de Germ[ânico], e que, pela excelência de seu caráter moral, provou-se digna de um relacionamento tão próximo com o divino Augusto; e por Livi[l]a, a irmã de Germ[ânico], que sua avó e seu sogro, que é também seu tio, nosso *Princeps*, têm na mais alta estima — uma estima da qual, mesmo se não pertencesse ela à sua família, poderia merecidamente se gabar, podendo mais ainda por ser uma dama a eles ligada por tais laços familiares; o Senado tem grande admiração por essas damas em igual medida por seu luto sincero e por sua moderação no luto.[84]

Entretanto, nas entrelinhas do encômio apático do Senado das virtudes coletivas dessas mulheres, e por trás das encomendas de esculturas que prometiam unidade familiar, muitos percebiam que nem tudo era harmonia na família júlio-claudiana como queria que pensassem o regime de Tibério.

As tensões entre Agripina e seus parentes em relação à morte suspeita de seu marido não desapareceram depois do encerramento do caso contra Pisão e Plancina. No próprio dia do funeral de Germânico, Tibério supostamente teria ficado furioso pela recepção que Agripina recebeu do povo, que a chamou de "a glória da pátria (...) a única verdadeira descendente de Augusto".[85] A antipatia estabelecida entre os dois tornou-se cada vez maior ao longo dos anos. Tal hostilidade era exacerbada pelos ardis do Iago da história, Lúcio Aélio Sejano. Soldado veterano das campanhas júlio-claudianas da Alemanha e do Oriente, Sejano fora nomeado por Tibério em 14 para o posto de prefeito pretoriano, chefe da guarda pessoal do imperador, e em tal posição começou a ganhar uma influência cada vez maior. Depois da morte de Germânico, o filho biológico de Tibério, Druso, o Menor, tornou-se o herdeiro de fato do trono. Sua morte em 23, porém, à idade de 36 anos — em circunstâncias que mais tarde culminariam numa acusação de envenenamento contra Livila, que diziam estar tendo um caso com Sejano — virou a balança da sucessão novamente para o lado da família de Germânico, e as esperanças passaram a estar depositadas em seus três filhos: Nero César, Druso César e Calígula.[86]

Ambicioso por poder, o ardiloso Sejano agora usava sua oportunidade para tirar vantagem da fissura do ressentimento entre Lívia e Agripina, tentando fomentar o antagonismo da imperatriz e de seu filho contra a viúva de Germânico recorrendo ao que Tácito descreveu como a "insubordinação" e "ambições maternais mal disfarçadas" de Agripina. Ele foi auxiliado em sua empreitada pelo círculo de confidentes do sexo feminino da Augusta, entre as quais uma mulher chamada Mutilia Prisca, que se dizia ter "grande influência sobre a senhora idosa" e Livila, irmã de Germânico.[87]

Enquanto isso, as relações entre Tibério e sua mãe não estavam menos instáveis durante a década de 20 do que haviam estado na década anterior. A iconografia pública que celebra sua harmonia é contrariada por rumores nos registros literários de discussões violentas e diferenças de opinião. No dia 23 de abril de 22, uma estátua que Lívia dedicou ao deificado Augusto perto do Teatro de Marcelo provocou a ira de Tibério quando ela mandou colocar seu próprio nome acima dele na inscrição. Um registro sobrevivente da inscrição no calendário do período, *Fasti Praenestini*, confirma que o nome dela de fato foi colocado antes do de Tibério.[88] Talvez fosse um lembrete indesejável para Tibério das tentativas anteriores do Senado de chamá-lo pela alcunha infantil de "filho de Lívia". A lacuna entre as aparências oficiais e as especulações públicas voltava a ser exposta.

Quando Lívia ficou gravemente doente pouco depois desse desentendimento, qualquer ressentimento entre mãe e filho foi omitido do público. Numa demonstração de devoção filial, Tibério voltou às pressas de Campânia, onde convalescia ele mesmo, para Roma a fim de ficar ao lado dela. Na ocasião, a imperatriz de 80 anos sobreviveu ao susto, e entre as homenagens prestadas pela sua recuperação uma moeda de bronze *dupondius* foi emitida mais tarde no mesmo ano pela casa da moeda romana, exibindo o slogan *Salus Augusta* sob seu retrato, uma estreia por um bom tempo adiada da mulher de vida mais longa e mais influente da dinastia júlio-claudiana.[89] *Salus* significa saúde ou bem-estar, uma referência à recuperação pessoal de Lívia, mas a palavra também celebrava a saúde do Império do qual ela era a figura materna oficial. No mesmo ano, mais moedas de bronze *(sestertii)* foram cunhadas com a imagem de um *carpentum*, uma carruagem com rodas atrelada a mulas que anteriormente fora reservada ao uso exclusivo das Virgens Vestais. Elas foram adornadas com a inscrição SPQR *Iuliae Augustae* — "O Senado e o Povo de Roma Para Júlia Augusta" —, a primeira vez que uma mulher imperial era identificada por seu nome e não por seu contexto numa moeda oficial.[90]

A aparição do *carpentum* em suas moedas representa uma forte indicação de que Lívia agora tinha a permissão de usar esse meio especial de transporte. Ele a separava das outras mulheres aristocráticas, que geralmente tinham de viajar a pé ou em liteiras, e ainda no mesmo ano Lívia também recebeu o direito de sentar-se ao lado das vestais na plateia do teatro romano, um progresso para a sua contínua apropriação dos privilégios especiais concedidos a essas sacerdotisas consagradas, o que havia começado com o presente que lhe fora dado pelo marido da liberdade da tutela masculina em 35 a.C.[91] Todavia, as histórias dos conflitos entre ela e Tibério continuaram. Em 26, o ano em que Tibério decidiu afastar-se de Roma e fixar uma residência mais permanente primeiro em Campânia e depois na ilha de Capri, o ponto mais alto foi alcançado quando Lívia não conseguiu convencer o filho a acrescentar um candidato provinciano de sua escolha ao rol dos juízes. Isso a levou a confrontar o imperador com algumas verdades desagradáveis sobre a verdadeira opinião de seu padrasto sobre ele.[92]

> Tibério concordou (...) com uma condição — a de que cada item fosse marcado com "impingido ao imperador por sua mãe". Lívia perdeu o controle e tirou de um cofre algumas cartas do próprio Augusto para ela comentando sobre a natureza ríspida e teimosa de Tibério. O aborrecimento por ela ter guardado esses documentos por tanto tempo para depois confrontá-lo cruelmente com eles teria sido sua principal razão para ir para Capri.[93]

Enquanto isso, Agripina também continuava provando-se uma pedra no sapato de Tibério. No mesmo ano, uma discussão teve início quando uma de suas primas, Cláudia Pulcra, foi acusada de imoralidade, bruxaria e conspiração contra o imperador. Agripina interpretou a perseguição a Cláudia e outras amigas suas como um ataque pessoal, e de acordo com relatos confrontou furiosamente seu tio enquanto ele estava no meio de um sacrifício em honra do seu predecessor:

> "O homem que oferece vítimas ao deificado Augusto", ela disse, "não deve condenar seus descendentes. Não é em estátuas mudas que o divino espírito de Augusto habita — eu, nascida de seu sangue sagrado, sou sua encarnação! Vejo o perigo que corro; visto luto. Cláudia Pulcra é um mero pretexto. Sua queda, pobre tola, é por ter escolhido Agripina como amiga!"[94]

CONFLITOS FAMILIARES: A PRINCESA DO POVO...   135

Em resposta a esse rompante, consta que um Tibério muito magoado replicou: "E se não és rainha, minha querida, teria eu lhe feito mal?"[95] Depois da condenação de Cláudia, Agripina ficou doente e começou a chorar ao ser visitada por Tibério, implorando permissão para casar-se novamente: "Sinto-me só", ela disse, de acordo com os diários de sua filha homonimamente batizada Agripina, a Menor, que Tácito consultou durante sua pesquisa. "Ajude-me e me dê um marido! Ainda sou jovem o bastante, e o casamento é o único consolo respeitável. Roma possui homens que receberiam de bom grado a esposa e os filhos de Germânico." Contudo, Tibério temia a ameaça política implícita em tal pedido e preferiu ignorá-la.[96]

Apesar de toda a precariedade da posição de Agripina, evidente no suposto fato de que cada movimento seu era espionado pelos agentes de Sejano e de que ela recusou-se a ingerir alimentos oferecidos pelo tio à mesa, parece que a viúva de Germânico não estava desprotegida. Não obstante o bem atestado antagonismo entre Lívia e Agripina, e as tentativas de Sejano de fomentar a discórdia entre elas, o fato é que enquanto sua avó por casamento estava viva Agripina não foi prejudicada.[97]

Essa proteção, porém, não duraria muito tempo. Lívia agora se aproximava gradualmente do fim de sua vida. Numa sociedade em que a expectativa de vida estava abaixo dos 30 para a maioria das pessoas, até mesmo bem-nascidas, e na qual se estima que apenas 6% da população passava dos 60 anos, o fato de ela ter vivido mais de oito décadas era uma façanha notável de durabilidade genética ou um testemunho dos talentos de seus médicos particulares — de acordo com o registro do *Monumentum Liviae*, ela mantinha pelo menos cinco a seu serviço ao mesmo tempo.[98] Como muitos recordistas do desafio à idade, dizia-se que ela tomava uma dose diária de álcool, no seu caso uma taça de vinho tinto da região de Pucinum, norte da Itália, uma prescrição para os idosos mais tarde recomendada por Galeno, médico da corte na época do imperador Marco Aurélio. Se os seus conselhos restantes foram seguidos, essa dose era complementada por uma dieta que incluía o uso de ameixas como laxantes e excluía queijo, escargot, lentilhas, leite e água, bem como por uma rotina de massagens, exercícios suaves e banhos mornos.

A velhice era um período melancólico para as mulheres romanas, mais ainda do que para os homens. As páginas da sátira romana estavam cheias de estereótipos negativos de mulheres desdentadas, velhas encarquilhadas viciadas em sexo, álcool e de tentativas vãs de reverter o processo do envelhecimento com máscaras faciais e maquiagens pesadas. Privadas de sua fertilidade e sua beleza, as mulheres idosas perdiam sua *raison d'etre* na sociedade, embora para algumas mulheres abastadas a viuvez tivesse seus atrativos, trazendo-lhes certo nível de independência financeira e social da autoridade masculina.[99]

Lívia faleceu no ano 29 aos 86 anos, após mais de meio século de sobrevivência no topo da pirâmide feminina da sociedade romana.[100] Historiadores romanos simpatizantes contam que a reação de Tibério à morte da mãe foi de um profundo sofrimento, embora relatos mais hostis afirmem que o imperador não fez nenhuma tentativa de visitar a mãe em seu leito de morte, dando a desculpa de que tinha que cuidar de negócios. Depois, quando o corpo de Lívia já havia chegado a tal estado de composição que a cerimônia não podia mais ser adiada, ordenou que o funeral fosse realizado sem sua presença.[101] O discurso fúnebre foi feito pelo bisneto de 17 anos da *Augusta*, Calígula, o truão por trás do apelido de Lívia de "*Ulixes stolatus*". O funeral foi um evento modesto, mantendo os princípios frugais estabelecidos por Augusto, e as cinzas de Lívia foram depositadas no mausoléu do marido, provavelmente em uma urna cinerária de alabastro do tipo encontrado para outros membros do sexo feminino de sua família.[102]

Em homenagem a Lívia, o Senado mais uma vez propôs honras completamente sem precedentes para uma mulher, incluindo a sugestão de que ela fosse deificada e adorada como uma deusa, e votando para que um arco, monumento de caráter distintamente militar, fosse construído em sua homenagem com o argumento de que "ela salvara vidas não de alguns, educara os filhos de muitos e ajudara muitos a pagarem os dotes de suas filhas".[103] Também ordenaram que todas as mulheres do Império usassem luto durante um ano. Tibério, porém, insistiu para que as coisas continuassem as mesmas, vetando a proposta de deificação de sua mãe e ao mesmo tempo recusando-se a honrar certas heranças financeiras deixadas por ela em seu testamento. Permitiu, contudo, que estátuas marcassem seu falecimento, e concordou com a construção do arco sob a condição de que ele fosse financeiramente responsável por ela. Ele jamais foi construído. Tibério afirmou que ao rejeitar a deificação de Lívia não estava sendo mesquinho, mas simplesmente fazendo o que a mãe queria, e é possível que houvesse alguma verdade nisso. Tal como acontece atualmente, recusas públicas de honras na época podiam servir mais como forma de propaganda do que sua aceitação, uma lição que Augusto aprendeu para jamais esquecer ao recusar os poderes a ele oferecidos pelo Senado quando alcançou o poder pela primeira vez. Mesmo depois da morte de sua amada irmã Otávia, Augusto reduzira as honras inicialmente votadas para ela no Senado. Todavia, poucos na época acreditavam que Tibério tivesse outra coisa além de despeito em mente para com a mulher que o criara e cuja temida autoridade exercida sobre ele era amplamente tida como uma fonte de ressentimento.[104]

O retrato de Lívia como a senhora de ferro de Roma, uma proponente fria e engenhosa de políticas de saia, é um dos mais duradouros da história imperial romana e ganhou ampla aceitação nas narrativas, tanto fictícias quanto não-fictícias, que se seguiriam. Mas além de diminuir o papel de Lívia como pioneira do papel da *materfamilias* romana, ele simplifica ao extremo a complexidade de sua identidade na vida pública de Roma. Todos os imperadores da dinastia júlio-claudiana que seguiram os passos de Augusto eram descendentes diretos de Lívia — somente dois podiam declarar o mesmo parentesco com Augusto — e todos claramente reconheciam a importância de Lívia na legitimidade de sua sucessão.[105] Consequentemente, seu retrato continuou sendo reproduzido, e embora Tibério tenha vetado sua deificação, Lívia ainda assim eventualmente se tornaria a primeira imperatriz romana a ser declarada uma deusa, embora tivesse que esperar alguns anos até que a honra lhe fosse concedida por um de seus descendentes. Nos anos que antecederam esse evento, seus acólitos em comunidades provincianas de Roma como Léptis Magna se anteciparam honrando-a com estátuas consagradas que explicitamente convidavam as pessoas a adorá-la como uma figura divina.[106]

Sua memória também foi mantida viva de outras formas. Contratos de casamento do Egito romano invocavam seu nome, e calendários nos contam que seu aniversário ainda era publicamente celebrado durante a época do imperador Trajano, quase um século depois.[107] Notavelmente, ao que parece, até mesmo algumas de suas roupas e joias foram mantidas num depósito ou em exibição no palácio, onde ainda eram cerimoniosamente dadas de presente a noivas da família imperial 400 anos depois. Inaugurou-se, portanto, uma tradição em nome de Lívia pela qual a primeira-dama recorria ao guarda-roupa de uma predecessora a fim de adquirir por associação parte da majestade e da autoridade que os trajes haviam trazido para sua primeira-dama.[108]

Mais importante ainda, muito depois de sua morte Lívia continuava sendo um nome de peso a ser usado nos círculos políticos romanos, o que se provará mais à frente. Até mesmo Tácito, um de seus maiores críticos, parece trair uma admiração relutante no obituário que escreveu para ela que, mesmo apesar de todos os crimes pelos quais Lívia foi acusada, é difícil não compartilhar:

Sua vida particular era de um rigor tradicional. Mas sua graciosidade excedia padrões antiquados. Ela foi uma esposa obediente, mas uma mãe dominadora. Nem a diplomacia de seu marido nem a insinceridade de seu filho foram capazes de contê-la.[109]

A principal e mais imediata vítima da morte de Lívia foi Agripina, a Maior. Logo depois do falecimento da *Augusta*, uma carta enviada por Tibério de Capri foi lida em voz alta em Roma denunciando sua ex-nora por linguagem insubordinada, e por ter um espírito desobediente.[110] Diziam que as acusações haviam vindo à tona somente naquele momento porque Lívia omitira a carta enquanto estava viva. Além de demonstrar seu respaldo de Lívia, isso também pode ter sido uma evidência da mesma natureza pragmática que a levara a aconselhar sua amiga Salomé a evitar criar um conflito dentro de sua própria família. Como resultado da carta incriminativa que foi lida, e apesar dos protestos realizados do lado de fora do Senado por multidões leais brandindo estatuetas da viúva de Germânico, Agripina no final das contas foi exilada em Pandateria, a mesma ilha minúscula para onde sua mãe Júlia fora banida em desgraça anos antes. Depois de sofrer um tratamento cruel por parte de seus captores, sendo inclusive espancada a ponto de perder um olho e alimentada à força quando tentou pôr um fim à própria vida por inanição, Agripina morreu na ilha na casa dos 40 anos no ano 33. Seus dois filhos mais velhos, Nero César e Druso César, também foram presos e morreram de fome; o último, segundo relatos, terminou por mastigar o enchimento de sua cama numa tentativa desesperada de sobreviver.[111] Quatro filhos ficaram — as filhas Drusila, Júlia Livila e Agripina, a Menor, e o filho mais novo, Calígula. O futuro da dinastia júlio-claudiana agora repousava nas mãos dos quatro.

Agripina, a Maior, foi uma das poucas mulheres romanas do período imperial cuja vida seria usada séculos mais tarde como exemplo de como ser uma "boa" mulher. Sua viagem emocional a Brundisium capturou a imaginação de pintores neoclássicos no século XVIII, entre os quais William Turner, Gavin Hamilton e Benjamin West, cujo famoso quadro *Agrippina Landing at Brundisium with the Ashes of Germanicus* foi encomendado pelo Arcebispo de York, Doutor Robert

CONFLITOS FAMILIARES: A PRINCESA DO POVO...   139

Drummond. Durante uma discussão ao longo de um jantar, Drummond lera a passagem relevante de Tácito para um entusiasmado West, que a tomou como modelo para a pintura, inaugurada em 1768 com a aprovação do rei Jorge III.[112] A súbita popularidade da imagem de Agripina de luto em Brundisium, antes uma passagem obscura na história da arte, emergiu em parte devido à propaganda de guerra da política real inglesa centralizada na influência imerecida do favorito da corte Conde de Bute sobre Augusta, a Princesa Viúva de Gales. Em um exercício com riscos previstos cujo objetivo era melhorar a imagem pública da princesa, foram encomendadas pinturas da cena em Brundisium e analogias públicas entre a mãe do rei George III e esta famosa mãe e viúva enlutada romana.[113] Trinta e dois anos depois, em 1800, West foi um dos convidados para uma festa de Natal dada pelo notoriamente abastado membro da Casa dos Comuns e diletante William Beckford em sua propriedade de Wiltshire, Fonthill Abbey. A glamourosa lista de convidados incluía o maior guerreiro marítimo inglês, Almirante Nelson, seu amigo Sir William Hamilton e a esposa do último, Lady Emma — na época exibindo uma gravidez avançada de Nelson. Numa homenagem modesta ao quadro de West, certa tarde o grupo assistiu a uma apresentação especial de Lady Emma, que já fora modelo artístico e agora se vestia para recriar o famoso desembarque de Agripina, equipada com uma urna de ouro. Sua apresentação foi um sucesso entre a plateia — bem abastecida com doces e vinhos com especiarias — e na carta do colaborador da edição de dezembro de 1800 do popular periódico *The Gentleman's Magazine* se lê que ela encenou "com exatidão e energia cada gesto, atitude e expressão que seriam aceitáveis da própria Agripina (...) os movimentos de sua cabeça, de suas mãos e dos braços nas várias posições da urna, na maneira com que ela a apresentou diante dos romanos, e ao erguê-la aos deuses num ato de súplica, foram de uma graciosidade clássica".[114] A audiência certamente não ignorou a divertida ironia no fato de uma notória amante profissional, na época casada com um dos espectadores e visivelmente grávida de outro, fazer o papel de uma mulher romana reverenciada por sua devotada dedicação.

Agripina não foi a última vítima da morte de Lívia. Plancina também não durou muito depois da perda da amiga. Segundo nos dizem, ela morreu pelas próprias mãos depois que as mortes de Agripina e sua protetora reavivaram as antigas acusações contra ela.[115]

Numa reflexão reveladora da influência que se acreditava que Lívia tivera sobre ele, o próprio Tácito escreveu que até sua morte Tibério tinha em si tanto o bem quanto o mal.[116] Porém, nos oito anos que lhe restavam no trono depois da morte de sua mãe, a influência de Sejano continuou estimulando-o, e o período que se seguiu ao exílio de Agripina e à morte de Lívia foi caracterizado por uma série de caças às bruxas e julgamentos com pena de morte de poderosos membros do Senado. Mas a queda do próprio Sejano provar-se-ia igualmente brutal, e sua conclusão teve a mão de um agente improvável. No ano 31, Antônia, a Menor, tomou conhecimento de que uma conspiração contra Tibério estava sendo tramada pelo ambicioso Sejano na tentativa de interromper a sucessão júlio-claudiana e tomar o poder para si. Tendo convocado sua secretária e confiável mulher liberta Caenis, ela ditou uma carta alertando o primo sobre a trama e a confiou a outra serva, Pallas, para que a entregasse a Tibério em Capri sob proteção da escuridão. Logo depois, em outubro daquele ano, Sejano foi executado, seu corpo jogado à mercê de uma multidão enfurecida, e seus filhos também condenados à morte.[117]

Numa ironia trágica, uma das vítimas das consequências do caso foi a filha da própria Antônia, Livila, acusada no bilhete de suicídio da mulher de Sejano, Apicata, de ter conspirado não apenas no golpe contra o imperador, mas também para encobrir o assassinato de seu próprio marido, Druso — cometido oito anos atrás por seu amante secreto, o marido de Apicata. A pena aplicada a Livila foi a de morte — de acordo com um relato uma sentença executada por sua própria mãe.[118] Parece-nos brutal que o rígido código de conduta de Antônia fosse capaz de induzi-la, segundo relatos, a matar a própria filha de fome, mas essa versão da história consolidou sua reputação como guardiã fiel do austero legado moral deixado por seu avô, Augusto, e a imortalizou como a última mulher a salvar Roma de seus inimigos.

Lívia, por sua vez, tornou-se a primeira mulher na história imperial a sofrer a indignidade do que se tornou conhecido como *damnatio memoriae* — uma ordem para destruir todas as suas estátuas espalhadas pelo Império, apagando seu nome e seu rosto da memória pública.[119] No entanto, ela não seria a última. Seu destino foi um prelúdio nefasto do capítulo seguinte da história das mulheres da casa imperial. Se Agripina, a Maior, foi a matrona romana a quem as grandes damas da geração de Emma Hamilton mais queriam ser comparadas, as mulheres que em seguida usariam o manto imperial foram aquelas com as quais seria muito constrangedor ser comparada.

4

Bruxas do Tibre: As últimas imperatrizes júlio-claudianas[1]

Experimentei a dissipação — jamais a libertinagem: isso detestava, e detesto. Esse foi meu atributo de Messalina indiana: uma aversão arraigada por ele e ela muito me refreou, até mesmo no prazer.

Edward Rochester sobre Bertha Mason, em *Jane Eyre*, de Charlotte Brontë
Jane Eyre (1847)[2]

Deixem que ele me mate — contanto que se torne imperador!

Agripina, a Menor, nos *Anais* de Tácito[3]

A dois dias de viagem para o sul de Roma, uma distância reconfortante da atmosfera cada vez mais azeda e tensa da corte imperial durante os últimos anos de Tibério, está o popular resort costeiro de Baias, na Baía de Nápoles, destino de férias da alta sociedade romana. A Baía de Nápoles era o equivalente aos Hamptons da Antiguidade no Mediterrâneo. Seu clima salubre, as delícias epicuristas de seus frutos marinhos e a clientela cosmopolita faziam dela o refúgio preferido das legiões de romanos ricos que iam para lá quando a cidade começava a esquentar em março e abril. Para os hedonistas, ela oferecia piqueniques em passeios a barco vespertinos preguiçosos pela baía cintilante, festas na praia, concertos e compras luxuriosas, enquanto os mais conscientes em relação à saúde podiam experimentar as várias curas termais do balneário, incluindo inebriantes saunas ao ar livre com vapores sulfúricos emanando do solo vulcânico.[4]

Qualquer um que fosse alguém na era imperial tinha uma casa de verão em Baias ou nas proximidades, do próprio Augusto — que desaprovara as festas embriagadas dos barulhentos habitantes locais com quem sua filha Júlia se relacionava, e certa vez chegou a escrever uma carta sucinta censurando um admirador por tê-la visitado lá — a Antônia, matriarca mais velha da família agora que Lívia e Agripina estavam mortas.[5] A casa de Antônia era uma vila luxuosa no pequeno e exclusivo encravamento de Bauli (atual Bacoli) logo ao sul de Baias. Antiga propriedade do importante republicano Hortênsio — o mesmo Hortênsio de cujos descendentes Augusto expropriou a casa do Palatino, —, a vila de Antônia era uma atração turística obrigatória graças ao excêntrico hábito de sua moradora de manter uma lampreia, de alguma forma adornada com brincos de ouro, no lago de peixes ornamentais. Com seus belos jardins e vistas incríveis para a colunata que atravessava a baía até Pompeia, essa mansão marítima oferecia a Antônia um muito bem-vindo refúgio, não apenas do calor escaldante do verão na cidade, mas das hostilidades letais do Palatino durante os sombrios dias do reinado de Tibério, que resultara nas mortes de dois de seus filhos, Germânico e Livila.[6]

Duas décadas depois e com um novo proprietário, a mesma vila tranquila próxima a Baias seria o cenário do que talvez tenha sido o assassinato mais famoso e descrito com mais cores na história romana depois do de Júlio César. O fato de a vítima desta vez ter sido uma mulher indica como as mulheres haviam se tornado um alvo político maior desde os dias da república. Os anos que antecederam esse evento sangrento foram marcados pela morte de três imperadores e a ascensão de um quarto que seria o último da dinastia fundada por Augusto e Lívia a usar a púrpura. Se os nomes desses homens passaram a representar nos relatos cheios de moralismo dos comentaristas da geração seguinte o pior que o regime imperial podia conter no que dizia respeito à corrupção, escândalos e abusos de poder, suas consortes mostraram-se símbolos da máxima de que a saúde do Império Romano podia sempre ser medida pela conduta de suas primeiras-damas.

Como acontece ao restante dos membros do sexo feminino da família júlio-claudiana, poucos detalhes sobrevivem do início da vida daquela que talvez foi a mais famosa dessa nova geração de mulheres imperiais, Agripina, a Menor, uma dos seis filhos de Germânico e sua admirada esposa Agripina, a Maior. Nascida em 6 de novembro de 15 durante a campanha de seu pai na cidade provinciana

BRUXAS DO TIBRE: AS ÚLTIMAS IMPERATRIZES JÚLIO-CLAUDIANAS 143

alemã de Ara Ubiorum (Colônia) e levada para Roma ainda bebê a fim de ser criada no Palatino com os irmãos, Agripina tinha apenas 4 anos quando chegou a notícia da morte de Germânico na Síria e ela foi levada pelo tio Cláudio para receber a escolta de luto de sua mãe em Brundisium, na Via Ápia. A única coisa que sabemos a respeito dela daquela época é que, juntamente com suas duas irmãs mais novas e seu irmão mais velho Calígula, permitiram-lhe permanecer com a mãe em seus aposentos do Palatino. Só voltamos a ouvir falar dela no ano 28, quando aos 13 anos de idade Agripina foi casada pelo incentivo do tio-avô Tibério com o neto de Otávia, Cneu Domício Ahenobarbo, de impecável sangue azul — mas um tanto sombrio —, um homem acusado de certa vez ter conduzido sua carruagem deliberadamente na direção de uma criança que brincava com uma boneca na estrada de uma aldeia.[7] O casamento eventualmente produziu um filho nascido em Âncio em 15 de dezembro de 37, Lúcio Domício Ahenobarbo, mais conhecido simplesmente como "Nero".

O nascimento de Nero deu-se nove meses depois da morte de Tibério, que dera seu último suspiro no dia 16 de março aos 78 anos, após passar os últimos anos vivendo como um recluso em sua vila no topo de uma montanha em Capri, cujas ruínas ainda se erguem sobre o azul cintilante do Mediterrâneo. Ninguém sentiu sua falta. Sua reclusão autoimposta produziu uma atmosfera de estagnação política e de suspeita em Roma, e seu temperamento moroso e frugalidade natural em nada o ajudaram a conquistar o afeto de um público atingido pela privação de cereais, que dizem ter gritado "Ao Tibre com Tibério" ao tomar conhecimento de sua morte. Relatos de que Tibério se envolvera em atos cruéis e orgias com meninos pequenos em Capri, e que seu físico outrora forte se reduzira a uma desfiguração esquelética e manchada, constituíram um final ignominioso para uma biografia que começara de forma tão promissora.[8]

Depois de anos de adiamento, a questão da sucessão de Tibério fora finalmente decidida. Havia somente três candidatos com credibilidade. Eles eram o irmão mais novo de Germânico, Cláudio, Calígula e Tibério Gemelo — o filho da desgraçada Livila. Cláudio era considerado um candidato desclassificado por causa de suas deficiências, enquanto seus sobrinhos, Calígula e Gemelo, foram ambos nomeados herdeiros, mas o primeiro rapidamente conseguiu anular o testamento do imperador, e Gemelo foi forçado a cometer suicídio no mesmo ano.[9] Calígula, de 24 anos, tornou-se, portanto, o terceiro imperador de Roma, confiando, na falta de qualquer experiência política ou militar real, na memória popular de seu pai Germânico para atrair o apoio do público.

Apesar de seu reinado ter durado apenas quatro anos, o nome de Calígula se tornaria o sinônimo dos maiores excessos da era imperial romana. A história infame de que certa vez ele tentou nomear seu cavalo de corrida favorito cônsul é apenas uma das várias anedotas preservadas ilustrando seu egocentrismo, sua crueldade e sua prodigalidade. Elas incluem a acusação de que ele ordenou que cidadãos fossem atirados a bestas selvagens ou serrados ao meio por transgressões leves como fazer críticas aos seus espetáculos; de que fez pais comparecerem às execuções de seus próprios filhos e conduziu julgamentos com tortura durante refeições; de que ele serviu carne e pão de ouro durante banquetes e bebeu pérolas dissolvidas em vinagre — um eco narrativo da peça certa vez pregada por Cleópatra, essa outra difamadora dos valores romanos. O rumor adicional de que Calígula na realidade havia apressado a morte de Tibério, com quem disseram ter estado em Capri na época, sufocando o avô adotivo com um travesseiro, tornou-se o modelo de usurpações subsequentes do poder imperial.[10]

Contudo, o reinado de Calígula teve um início auspicioso, com uma série de medidas destinadas a agradar multidões, entre as quais uma peregrinação pessoal por um mar tempestuoso até a ilha de Pandateria com o objetivo de recuperar as cinzas da mãe, Agripina, que levou de volta a Roma nas próprias mãos e enterrou durante uma cerimônia grandiosa no mausoléu de Augusto.[11] Era o reverso pungente da viagem que ele fizera quando tinha apenas 7 anos ao acompanhar a mãe em sua própria jornada de volta para casa de Brundisium carregando as cinzas do pai de Calígula. Jogos foram inaugurados em homenagem à mãe do novo imperador, durante os quais uma imagem dela foi carregada em volta da arena em um *carpentum* puxado por mulas, tendo seu desagravo sido concluído com o lançamento de uma nova série de moedas de bronze com a inscrição "O Senado e o Povo de Roma em Memória de Agripina", acompanhada na outra face da moeda por seu retrato e seus títulos.[12] Com isso, Calígula traçou uma linha entre si e o impopular Tibério, que tratara Agripina tão mal.

Os familiares do sexo feminino de Calígula também receberam tratamento de estrelas durante os primeiros dias de seu reinado. Ele insistiu para que suas três irmãs, Drusila, Júlia Livila e Agripina, a Menor, recebessem os mesmos privilégios que as vestais, os melhores assentos nos jogos públicos, e que os nomes delas fossem incluídos ao lado do seu na declaração de juramentos públicos. Elas também se tornaram as primeiras mulheres vivas a aparecerem com identificações explícitas numa cunhagem da casa da moeda imperial — um *sestertius* de bronze produzido em 37-8. As moedas exibiam três imagens completas das irmãs, cada uma seguida do seu nome, mas retratadas com os paramentos de três deidades femininas que personificavam qualidades cruciais para o sucesso romano: *Securitas* ("Segurança"), *Concordia* ("Harmonia") e *Fortuna*.[13]

Antônia, a avó do imperador e sua ex-guardiã, não foi esquecida. O Senado foi convencido a conceder-lhe de uma vez só todas as honras recebidas por Lívia em vida, que incluíam a posição livre de sacerdotisa do culto ao divino Augusto, os privilégios de viagem concedidos às Virgens Vestais e o direito de usar o título de *Augusta*, que Antônia recusou tal como sua mãe Otávia fizera. Calígula casou-se com três mulheres diferentes numa rápida sucessão durante seu reinado (ele havia se casado com a primeira mulher, Júlia Claudila, antes de subir ao trono), mas nenhuma delas jamais ganhou esse título, o que indica que ele ainda era visto como o privilégio de uma imperatriz Viúva, assim como um pronome de tratamento muito delicado para a esposa de um imperador.[14]

Através dessas honras, Calígula estava em primeiro lugar reconhecendo a importância de sua conexão matrilinear com Augusto através de sua mãe, Agripina, e de sua avó, Antônia. Entretanto, a elevação de suas irmãs é crucial. São poucas as informações que temos das quatro mulheres de Calígula, mas todas dignas de nota. A primeira, Júnia Claudila, morreu depois de dar à luz um natimorto; a segunda, Lívia Orestila, que — numa reencenação da união de Lívia e Augusto — Calígula supostamente raptou de seu marido, Pisão, horas depois do casamento dos dois, para se divorciar dela apenas dias depois; num cenário semelhante, sua terceira esposa, a abastada Lolia Paulina, foi sumariamente arrancada do marido, o governador de uma província, aparentemente depois que Calígula ouviu um comentário da avó Antônia sobre sua beleza, embora também tenha sido rapidamente descartada; por fim, por volta dos 39 anos, Calígula casou-se com sua amante Milônia Cesônia, descrita pelo historiador do século III Dião Cássio como "nem jovem nem bela", mas uma mulher que compartilhava as características extravagantes e promíscuas de Calígula, e que ele supostamente teria feito desfilar nua na frente de seus amigos. As quatro mulheres tinham apenas uma característica em comum: nenhuma deu um herdeiro para o imperador. Somente Cesônia teve uma gravidez bem-sucedida de Calígula, e de acordo com relatos deu à luz, pouco depois de seu casamento, uma menina que foi chamada de Júlia Drusila. Calígula teria se convencido da paternidade da menina quando ela tentou arranhar os olhos de outra criança, provando que tinha o mesmo temperamento violento do pai. Na falta de um filho do sexo masculino do imperador, suas irmãs teriam uma importância vital para a linhagem júlio-claudiana.[15]

Historiadores da Antiguidade faziam especulações sombrias quanto às preferências sexuais de Calígula. Havia rumores de que ele tinha um envolvimento incestuoso com as três irmãs, entre as quais Drusila era a sua favorita, e de que Antônia certa vez pegara-os na cama na casa dela. Considerando que praticamente todos os imperadores mais infames de Roma em algum momento foram acusados de incesto, o que reflete a intranquilidade em relação à fusão entre família e governo em um sistema político dinástico, nós provavelmente seríamos mais prudentes se encarássemos com algum ceticismo os rumores de que Calígula ia para a cama com as irmãs.[16] Não obstante, quando Drusila morreu no verão de 38, tornou-se a primeira mulher romana a ser deificada, nesse quesito passando à frente de Lívia, que tivera sua deificação vetada por Tibério. Embora Drusila não tenha recebido um templo em seu nome, uma estátua dela foi colocada em um templo da Vênus Genetrix, o único caso em que a imagem de uma mulher romana foi tão venerada.[17]

Apesar do auspicioso início do reinado de Calígula, sua avó e irmãs sobreviventes não conservaram sua aprovação por muito tempo. Seis semanas depois de ele ter assumido as rédeas do cargo imperial, a venerável Antônia estava morta, a data precisa da morte dada como 1º de maio de 37 por um calendário encontrado no fórum romano em 1916.[18] De acordo com algumas fontes, a causa foi suicídio, embora a conduta desinteressada do neto enquanto observava seu funeral do conforto de sua sala de jantar tenha acrescentado cor aos relatos de que ele apressara sua morte com uma dose de veneno — uma arma assassina tipicamente associada às mulheres, o que reforça a reputação de Calígula de possuir uma perversidade efeminada. O destino das cinzas de Antônia é desconhecido, embora elas provavelmente tenham sido colocadas no mausoléu da família.[19]

Dois anos depois, à medida que o reinado cada vez mais volátil de Calígula se transformava em caos, suas irmãs Agripina, a Menor, e Júlia Livila passaram de modelos femininos a párias públicas, acusadas no ano 39 pelo irmão de terem colaborado com uma trama contra ele urdida pelo ex-marido de Drusila, Marco Lépido. Seus bens foram confiscados e elas foram expulsas para um exílio nas

BRUXAS DO TIBRE: AS ÚLTIMAS IMPERATRIZES JÚLIO-CLAUDIANAS   147

ilhas de Pandateria e Pontia, tal como acontecera à sua mãe e à avó materna. Numa vingança zombeteira teatral, Agripina recebeu a urna com os restos do executado Lépido, que supostamente fora seu amante, e a ordem de reencenar a famosa viagem da mãe com as cinzas de Germânico. Passaram-se mais dois anos, durante os quais Calígula desfez grande parte do bom trabalho realizado no início do seu reinado, entrando em conflitos irremediáveis com o Senado. Muitos dos senadores se sentiam ofendidos pelo seu comportamento cada vez mais bizarro e despótico, que incluía a tentativa de ser adorado por seus súditos como um deus vivo. No final das contas, Calígula foi assassinado com o apoio do Senado por seus próprios guardas no dia 24 de janeiro de 41, durante um intervalo para o almoço na realização dos jogos do Palatino. Sua esposa, Cesônia, e sua filha ainda bebê, Júlia Drusila, também foram assassinadas, a primeira apunhalada — aparentemente tendo oferecido o próprio pescoço à faca do assassino numa demonstração de bravata intimidante — e a segunda esmagada contra uma parede.[20]

A sucessão de Cláudio — o membro desprezível da família imperial — ao trono foi uma solução completamente inesperada para o roteiro júlio-claudiano. O fato de Calígula não ter nomeado um herdeiro havia deixado um vácuo que seu tio de 50 anos, relativamente experiente tanto no serviço militar quanto em cargos públicos e alvo de piadas durante toda a sua vida por causa de suas deficiências, parecia inapto para preencher. Contudo, sem outro candidato adulto aparente para o trono na família imperial e com o Senado ainda incerto quanto ao próximo passo a ser dado, os membros da segurança do imperador, que supostamente teriam encontrado Cláudio escondido por trás de uma cortina no palácio, decidiram a questão literalmente arrastando-o até o quartel da guarda pretoriana e declarando-o sumariamente imperador antes que o Senado pudesse objetar.[21]

Apesar do carimbo de aprovação militar, que ele foi cuidadoso o bastante para consolidar com aumentos consideráveis à sua remuneração, Cláudio enfrentou obstáculos desde o início, o primeiro dos quais a falta de apoio das classes senatoriais, que objetaram à sua coroação imprudente. A hostilidade entre eles perdurou durante seus 13 anos de reinado, e em face disso o imperador recorreu ao apoio de um grupo restrito de homens libertos que se tornaram intermediários cruciais na corte imperial ao longo do período.

O segundo obstáculo era que, tal como acontecera a Tibério, Cláudio não podia reclamar a insígnia máxima de legitimidade — a descendência direta de Augusto. Seu elo mais próximo com a árvore genealógica juliana era sua mãe, Antônia, sobrinha do primeiro imperador de Roma. Isso tornava ainda mais essencial explorar suas conexões com a metade claudiana da dinastia, encabeçada por sua avó paterna, Lívia. Ele não tardou a tirar proveito delas, ordenando em 7 de janeiro de 42 a deificação por tanto tempo adiada de Lívia — o que a elevou ao mesmo status divino de Augusto, com quem sua estátua consagrada agora compartilhava um aposento no templo — e concedendo-lhe a honra de sacrifícios conduzidos sob os auspícios das vestais. Com isso, ainda que não tivesse um ancestral do sexo masculino com o mesmo status, Cláudio ao menos podia reclamar sua própria ancestral divina.[22]

A fim de demonstrar publicamente sua ligação ao lado juliano da família, Cláudio também concedeu o título anteriormente rejeitado de *Augusta* a sua recém-falecida mãe, Antônia, e moedas de ouro, prata e bronze com seu rosto passaram a circular em Roma pela primeira vez. Ironicamente, o menino que Antônia e Lívia supostamente teriam punido como um monstro, um tolo, agora era o responsável por conceder-lhes as maiores honras que já haviam recebido. Por fim, Cláudio reconvocou suas sobrinhas, Agripina, a Menor, e Júlia Livila de seu exílio e lhes reconstituiu a herança confiscada por Calígula — ou pelo menos o que restou dela depois que Calígula vendera as joias, os móveis e os escravos das irmãs. O imperador e seus conselheiros provavelmente acharam que a concessão de indulto às filhas do irmão talismânico de Cláudio, Germânico, ainda relembrado com afeto, só poderia trazer consequências positivas.

Apesar de Agripina, a Menor, ter ficado conhecida como uma das mulheres mais poderosas e controversas nos anais da história imperial, seu retorno ao lar da família em 41 foi seguido quase imediatamente por outro período de relativo anonimato. Agora por volta dos 25 anos de idade, ela já recebera um bom aprendizado no brutal mundo da política júlio-claudiana, que resultara na morte ou no exílio de tantos de seus familiares, inclusive grande parte da sua família imediata. Viúva depois da morte do marido, Domício Ahenobarbo, pouco depois da ascensão de Cláudio, e agora reunida ao filho de 4 anos de idade Nero, que havia sido deixado sob os cuidados da irmã de Ahenobarbo, Domícia Lépida, rapidamente Agripina formou uma segunda união com Crispo Passieno, um rico homem da alta sociedade com uma bela propriedade do outro lado do Tibre e que anteriormente fora casado com Domícia Lépida. Não se sabe muito sobre o que se passou com Agripina nos cinco anos seguintes, mas somos levados a presumir que ela pode ter acompanhado o novo marido em seu proconsulado na Ásia em 42.[23]

Enquanto isso, é uma relativa iniciante no panteão das damas imperiais que domina as fontes literárias que relatam os acontecimentos dos anos 40. Antes de sua elevação à púrpura, Cláudio já fora casado e se divorciara duas vezes, primeiro com Pláucia Urgulanila, neta da velha amiga de Lívia de mesmo nome, e depois com um membro da família de Sejano, Aélia Paetina, com quem Cláudio teve uma filha, Cláudia Antônia.[24] Seu terceiro casamento, realizado pouco depois de ter subido ao trono, foi com Valéria Messalina. Numa ilustração da natureza extremamente convoluta da política matrimonial júlio-claudiana, Messalina era a filha adolescente de outra das irmãs de Domício Ahenobarbo, Domícia Lépida, a Menor, e neta de Otávia tanto pelo lado do pai quanto pelo da mãe.[25] Com tal pedigree, no papel Messalina parecia ser a companheira dinástica perfeita para ajudar a estabilizar a sucessão júlio-claudiana depois do insano e breve reinado de Calígula, particularmente levando em consideração o fato de que sua fertilidade agiu rápido — o único filho do casal nasceu apenas três semanas depois de Cláudio ter subido ao trono em fevereiro de 41. A outra filha do casal, Cláudia Otávia, nascera no ano anterior.

Ao menos publicamente, o início da carreira de Messalina seguia o roteiro escrito por suas predecessoras mais augustas. Desde o momento de sua ascensão, Cláudio devotou uma quantidade considerável de energia à tarefa de tentar conquistar o apoio dos céticos reforçando seu currículo político e militar, e em 43 ele conseguiu obter o que foi a maior conquista do seu reinado ao fazer o que nem mesmo Júlio César conseguira: conquistar a ilha da Bretanha, que agora se tornava o limite setentrional do Império. Durante o desfile triunfal pelas ruas de Roma que se seguiu à conquista em 44, Messalina recebeu permissão para seguir a carruagem do marido num *carpentum* puxado por uma mula, à frente dos generais vitoriosos da campanha. O filho do casal, na época conhecido como Tibério Cláudio César Germânico, recebeu o novo apelido de "Britânico" em reconhecimento da grande vitória do pai. Messalina, por sua vez, recebeu a maioria das honras que àquela altura haviam se tornado uma formalidade para as mulheres júlio-claudianas, incluindo a concessão para ganhar estátuas públicas, além do direito de se sentar nos assentos frontais do teatro outrora ocupados por

150   AS PRIMEIRAS-DAMAS DE ROMA

Lívia, a única mulher que até então tivera o status de ser tanto esposa do imperador reinante quanto mãe do herdeiro que um dia o sucederia.[26]

Entretanto, houve uma honra que Lívia havia recebido e que Messalina não teve. Depois do nascimento de seu filho Britânico, o Senado ofereceu-lhe o título de *Augusta*. Contudo, não foi a primeira vez que um imperador vetou essa oferta do Senado.[27] Tal recusa de Cláudio pode ter feito parte de uma tentativa de amolecer os membros do Senado que ainda estavam descontentes com a natureza autocrática da ascensão peremptória do novo imperador. Mais tarde, todavia, tal recusa se tornaria um argumento usado por uma onda de sinistras zombarias dirigidas à mulher de Cláudio. Escrevendo algumas décadas depois da morte de Messalina e pegando emprestada a descrição do poeta Propércio da era republicana da primeira *bête noire* de Roma, Cleópatra, como uma *meretrix regina* — uma "rainha meretriz" —, o escritor satírico Juvenal rebatizou Messalina de *meretrix Augusta* ("Sua Alteza, a Meretriz"), pervertendo o título mais honorífico do Império para uma mulher.[28]

A piada de Juvenal transmite a imagem estabelecida de Messalina como um prodígio carnal que nenhum triunfo ou título era capaz de transformar numa matrona respeitável. Uma adolescente de apenas 15 anos quando se casou com Cláudio, que era cerca de trinta anos mais velho, a identidade de Messalina tanto na Antiguidade quanto no folclore subsequente era a de uma Lolita romana que enganava o crédulo marido mais velho e tinha um apetite tão voraz e insaciável por sexo que foi incluída no catálogo de Alexandre Dumas das grandes cortesãs de todos os tempos, tornou-se um ícone pornográfico para escritores como o Marquês de Sade — que escreveu sobre o desempenho de uma prostituta dizendo que ela "continuou por quase duas horas, sacudindo-se como Messalina" — e foi usada como o rosto de uma campanha contra a transmissão de doenças venéreas na França nos anos de 1920.[29] O próprio Juvenal usou a jovem imperatriz de cabelos negros como o epítome satírico da mulher infiel, afirmando que ela costumava esperar que o ingênuo Cláudio adormecesse e então saía para trabalhar disfarçada como prostituta sob um pseudônimo:

> Preferindo um capacho ao seu quarto no Palácio, ela tinha a coragem de usar um capuz noturno, a imperatriz prostituta. Assim vestida, com uma peruca loira escondendo seus cabelos pretos, ela entrava num bordel que fedia a lençóis velhos e ia até um cubículo vazio — seu próprio cubículo. Então, lá ficava, nua

e à venda, com os mamilos dourados, sob o pseudônimo de "Loba", deixando à mostra a barriga de onde viestes, nobre Britânico. Ela recebia os clientes sedutoramente quando entravam e pedia seu dinheiro. Mais tarde, quando o cafetão já estava dispensando suas garotas, ela saía relutantemente, esperando até o último momento possível para fechar seu cubículo, ainda queimando com o clitóris inflamado e rijo. Ela ia embora, exausta pelos homens, mas ainda não satisfeita, e, criatura repulsiva, com as bochechas imundas, sujas da fumaça do candelabro, ela levava de volta para o sofá do imperador o mau cheiro do bordel.[30]

Outras fontes narram que Messalina compeliu outras mulheres nobres a segui-la ao adultério, forçando-as a fazer sexo no palácio enquanto os maridos assistiam — um espelho de um dos passatempos favoritos de Calígula — e afastando as suspeitas de Cláudio providenciando criadas para dormirem com ele.[31] Sua libido a consumia de tal forma que ela supostamente teria desafiado uma prostituta profissional para ver quem duraria mais numa maratona de sexo, um desafio que a imperatriz venceu depois de ter satisfeito seu 25º cliente numa sucessão contínua, o que lhe rendeu um lugar num volume recentemente compilado dos "recordes mundiais" do mundo antigo.[32]

Apesar de sucessos como a conquista da Bretanha, os anos que se seguiram a ascensão peremptória e turbulenta de Cláudio foram caracterizados por uma atmosfera de paranoia e suspeita na corte, dirigida, segundo alegações, pela própria imperatriz. Caça às bruxas e julgamentos políticos contra rivais faziam parte da rotina, e uma sensação de competição por posições era sentida dentro da própria família imperial. Messalina e o marido tinham um calcanhar de Aquiles em comum: o fato de que outras pessoas tinham argumentos mais convincentes para estarem nos seus lugares. Ainda havia descendentes diretos de Augusto e Germânico, tais como as recém-desagravadas irmãs Agripina, a Menor, e Júlia Livila, cujos maridos podiam ser alternativas para o imperador Cláudio enquanto as mulheres pareciam candidatas mais atraentes para o papel de imperatriz.

Júlia Livila estava particularmente vulnerável nessa equação. Na época da morte de Calígula, alguns haviam considerado seu marido, o ex-cônsul Marcos Vinícius, um candidato válido à coroa concedida pelos pretores a Cláudio. Apesar do alarde feito com o seu retorno do exílio, não demorou muito para que o regime do tio selasse seu destino e ela fosse mandada de volta para sua ilha sob acusações que comentaristas mais tarde concordariam terem sido fabricadas. A ordem para o seu banimento foi creditada a Cláudio, mas alguns afirmavam que a mão de Messalina estivera por trás da ação. Levada por inveja da beleza e da proximidade de Júlia Livila com o tio, acreditava-se que Messalina inventara uma acusação de adultério com o abastado intelectual Sêneca, que também foi exilado. A morte de Júlia Livila finalmente veio provocada pela inanição, o mesmo destino que tivera sua avó Júlia, o que pôs um fim às esperanças que seu marido pode ter tido de usurpar o lugar de Cláudio. As cinzas de Júlia Livila mais tarde foram trazidas de volta para Roma — a urna funerária de alabastro que as continha atualmente se encontra nos Museus do Vaticano.[33]

A queda de Júlia Livila sob acusações não comprovadas de conduta sexual inadequada reflete o quão permutáveis eram as transgressões de natureza sexual ou política no discurso da sociedade romana. O adultério era uma desculpa conveniente para livrar-se de oponentes. Enquanto isso, relatos diziam que a cobiça sexual da jovem imperatriz havia levado à morte uma longa e ilustre lista de outras vítimas do regime entre 42 e 47. Faziam parte da lista o marido viúvo de Júlia Livila, Marcos Vinícius, e o próprio padrasto de Messalina e governador da Espanha oriental Ápio Silano — ambos condenados depois de terem rejeitado as investidas da imperatriz; além de uma neta de Antônia chamada Júlia, que, como a prima Júlia Livila, era vista pela imperatriz como uma rival em potencial.[34]

Embora aos olhos dos críticos da Antiguidade do regime júlio-claudiano houvesse chance de reabilitação para um marido cuja esposa ou filha estivesse se comportando mal, contanto que ele tomasse as providências adequadas para puni-la — como Augusto certa vez fizera ao banir sua própria filha Júlia —, Cláudio não fez nada para impedir que a lista dos crimes de Messalina aumentasse. Este foi o aspecto fundamental para a sua caracterização na Antiguidade como um governante fraco e castrado, o fantoche não apenas da esposa libertina, mas também de seus conselheiros ex-escravos. Na verdade, o grupo de homens libertos que formava o núcleo do círculo interno confidencial do imperador romano e mantinha as rédeas da burocracia imperial foi acusado de ajudar Messalina em suas façanhas. Dentro desse círculo íntimo, havia três jogadores principais: Narciso (secretário do imperador), Palas (tesoureiro) e Calisto (encarregado das petições). Seus nomes reconhecidamente gregos teriam sido um agravante para a desconfiança do público romano.[35] Narciso era o mais poderoso entre os três, e, ao lado do oportunista promotor público Público Suílio, agiam regularmente como parceiros nos crimes da imperatriz. Juntos, eles usaram uma conspiração frustrada contra Cláudio logo depois da morte de Ápio Júnio Silano em 42 como desculpa para atacar cruelmente seus inimigos, forçando escravos e homens libertos a darem informações contra seus senhores inocentes e mandando homens e mulheres para a forca enquanto distribuíam subornos para poupar os verdadeiros culpados.[36]

O fato de Messalina ser vista agindo como cúmplice de um homem liberto era outro fator importante contra ela e seu marido. Uma sociedade em que a esposa do imperador tinha amizade com ex-escravos estrangeiros e se divertia com uma longa lista de amantes que incluía atores e outros membros da ordem social inferior, como dizem ter feito Messalina, era uma sociedade que estava de cabeça para baixo, uma unidade familiar imperial desajustada.[37] Sintetizando, a esposa de Cláudio era o para-raios de tudo o que era iníquo em seu regime aos olhos de seus críticos.

Enquanto isso, Agripina, a Menor, continuara nas sombras, provavelmente conseguindo evitar o mesmo destino que a irmã ao simplesmente ficar longe das atenções em suas propriedades ou nas do marido, Passieno.[38] Então, em 47, cinco anos depois do segundo exílio de Júlia Livila, ela fez um grandioso retorno à vida pública com uma aparição nos Jogos Seculares, realizados pela última vez na capital durante a era de Augusto. Tradicionalmente um dos eventos mais importantes da ocasião era o desfile de meninos romanos a cavalo num obscuro exercício militar conhecido como Jogo de Troia, que comemorava o lendário conflito troiano que os romanos viam como uma parte crucial da história da fundação da cidade. Entre os participantes desta vez estavam o filho de 6 anos de Cláudio, Britânico, e o filho de 9 anos de Agripina, Nero. O relato mais aceito sobre o dia foi que, dos dois meninos, o público aplaudira o jovem Nero de forma mais calorosa, fato mais tarde promovido como uma profecia sobre seu futuro poder, mas na época visto como fruto da simpatia para com Agripina, filha do popular Germânico e sua sofrida esposa, e ao mesmo tempo um gesto de antipatia para com a atual imperatriz.[39]

Messalina agora tinha certeza de que estava diante de uma forte rival em potencial: Agripina, mãe de outro herdeiro genuíno do sexo masculino que gozava da linhagem direta de Augusto que Messalina não tinha. Além disso, a imperatriz já cometera uma série de erros fatais naquele ano, começando pelo ataque a um plutocrata provinciano, Valério Asiático. Ex-cunhado de Calígula

— a esposa de Asiático, Lolia Saturnina, era irmã da terceira esposa de Calígula, Lolia Paulina — e cúmplice no assassinato do último, Asiático era um homem de muitas conexões e imensa riqueza, e fora o primeiro homem da Gália a alcançar o consulado. Ele usara parte de sua fortuna para adquirir e remodelar uma das propriedades privadas mais magníficas de Roma, os jardins de Lúculo, famoso general, político e glutão do século I a.C.

As circunstâncias da morte de Asiático em 47, conforme descritas por Tácito, compõem uma leitura bizarra. Com inveja de Asiático, que adquirira os jardins que ela pretendia comprar, e com ciúme da amante dele, Popeia Sabina, sua rival como objeto das atenções do famoso ator grego Mnester, Messalina colocou seu braço direito legal Públio Suílio em ação. Asiático foi preso enquanto descansava em Baias e submetido a uma inquisição particular no quarto de Cláudio. Ali, Messalina e Suílio acusaram-no de adultério com Popeia Sabina, de tentar corromper o exército e de ser "delicado demais" — o que, em outras palavras, significava ser sexualmente afeminado, um ataque profundamente insultante à masculinidade de um oponente romano. A impetuosa defesa de Asiático parece ter produzido um momento de vulnerabilidade chorosa para Messalina. Contudo, depois de recuperar o autocontrole, ela encarregou outro de seus agentes, Vitélio, da tarefa de convencer Cláudio de que a morte era a única punição possível para Asiático, embora o condenado devesse ter a permissão de conservar a dignidade administrando-a ele mesmo, opção que Asiático aceitou e executou, lamentando que sua morte fosse o resultado de um *fraus muliebris* — "ardil feminino". Popeia Sabina foi também pressionada a cometer suicídio.[40]

A eliminação de Asiático foi admitida como um erro que teria um grande preço para Messalina. A tática agressiva empregada por Públio Suílio, que estava acumulando uma vasta riqueza com uma onda de julgamentos lucrativos de poderosos clientes, despertou ressentimento, e o fato de o ex-cônsul Asiático não ter tido um julgamento justo diante do Senado sem dúvida antagonizou seus membros. A execução por volta da mesma época do poderoso homem liberto Políbio, um dos secretários de Cláudio que também foi acusado de ser um dos amantes de Messalina, de acordo com os relatos enfraqueceu ainda mais a posição da imperatriz, afastando outros burocratas palacianos como Narciso, que lhe fora um cúmplice essencial. No final das contas foram os aliados desses homens libertos que escreveram a sentença de morte de Messalina.

Num dia de outono em 48, enquanto Cláudio estava fora comparecendo a um compromisso público em Óstia, a 25 quilômetros da cidade, um estranho rumor foi disseminado por Roma. Dizia-se nas ruas que Messalina havia se "divorciado" publicamente do imperador ao celebrar uma cerimônia de casamento com o cônsul ainda não empossado Caio Sílio; uma cerimônia completa, com trajes de noiva, testemunhas e um café da manhã nupcial realizado perto da Piazza del Popolo moderna. A imperatriz vinha escondendo um amor "que beirava a loucura" por Sílio, o homem mais bonito de Roma, uma paixão tão intensa que havia tirado de sua mente todos os possíveis planos de vingança contra Agripina, a Menor. Depois de ter sido forçado por Messalina a divorciar-se da esposa, Júnia Silana, Sílio se conformara com a agradável vida de um homem sustentado pela amante, que o cobria de presentes e honras, e até mesmo transferira alguns de seus escravos, homens libertos e móveis do palácio imperial para a casa dele. Enquanto isso, Cláudio, sempre o ingênuo marido traído, continuava alheio a tudo.

Enquanto o grupo que participava do casamento dançava como bacantes, os homens libertos que outrora haviam ajudado Messalina a fazer seu trabalho sujo traíram-na. Decepcionados com a condenação de Políbio e temendo perder suas próprias posições se sua nova aliança produzisse um golpe de estado, eles mandaram um aviso para Cláudio, que supostamente só conseguiu responder ansiosamente: "Ainda sou imperador?". Ao tomar conhecimento da denúncia, Messalina, em pânico, deixou o novo "marido" e pegou carona para fugir de Roma em um veículo triturador de resíduos de jardim e tentar interceptar Cláudio em sua viagem de volta, observada por grupos de súditos que zombavam dela. Assim que avistou a comitiva do marido, ela começou a gritar pedindo seu perdão, lembrando-lhe que era a mãe de seus filhos. Os homens libertos que a acusavam tentaram desacreditá-la, entregando ao imperador uma lista com os nomes de amantes dela. Depois de ouvir a esposa em silêncio, Cláudio mandou Messalina para casa, para a propriedade que ela roubara de Asiático, prometendo-lhe uma audiência na manhã seguinte.

Mas não haveria um ajuste de contas para Messalina. Seus executores vieram fazer seu trabalho durante a noite, enviados por Narciso, antigo colaborador da imperatriz. Depois de ter ignorado mais cedo o pedido de sua mãe, Domícia Lépida, a Menor, que dedicara pouca afeição à filha durante sua vida, mas agora lhe implorava que tomasse a única atitude honrada e se suicidasse, Messalina tentou em vão reunir coragem para cortar a própria garganta enquanto o esquadrão de execução a cercava. Ela não conseguiu se suicidar, mas foi morta no luxo dos jardins que tanto cobiçara.[41] Tácito conclui sua narrativa do caso:

> Cláudio ainda estava sentado à mesa quando recebeu a notícia de que Messalina havia morrido: não se sabia se por suas próprias mãos ou pelas de outra pessoa. Cláudio não perguntou. Ele pediu mais vinho e seguiu em frente com sua festa como de costume.[42]

Até mesmo Tácito, o crítico mais ruidoso dos júlio-claudianos, teve que admitir que os elementos desse episódio melodramático pareciam fantásticos demais para serem verdadeiros, embora tenha insistido que estava apenas transmitindo o que outros já haviam escrito antes dele.[43] Muitos já se fizeram as mesmas perguntas — por que Messalina teria se permitido ir em frente com um plano tão insano de "casar-se" com outro homem? Estaria ela simplesmente em busca de grandes emoções, como Tácito supôs? Seria o plano realmente uma tentativa arriscada de dar um golpe de estado que contava com a promessa de Sílio de adotar Britânico a fim de tornar a usurpação do trono de Cláudio mais digerível para o público romano? Teria sido uma reação à entrada em cena de Agripina e seu filho Nero? Todas essas teorias já foram sugeridas, e todas são possíveis, embora nenhuma seja completamente satisfatória. A única conclusão sólida a que podemos chegar a partir da queda de Messalina é que ela de fato foi súbita e violenta.[44]

Pois que as cicatrizes profundas da desgraça de Messalina continuam presentes para que todos vejam. Como outra mulher com quem ela já foi várias vezes comparada, a rainha francesa Maria Antonieta — sobre a qual alguém disse "que sua memória repulsiva pereça para sempre" —, até mesmo a memória de Messalina seria atacada.[45] Depois de sua morte, ela tornou-se a segunda mulher depois de Livila a ser submetida pelo Senado à *damnatio memoriae*, que ordenou a remoção de todas as representações e inscrições com seu nome de espaços públicos e privados. Vestígios brutais dessa tentativa de apagar a memória de Messalina da história podem ser encontrados em lacunas deixadas em inscrições em pedra que originalmente indicavam a presença de suas esculturas. Em um mármore descoberto em Roma no século XVI, outrora o suporte de uma dedicação dourada à família de Cláudio doado por um prefeito romano do Egito, o trecho da inscrição que nomeava Messalina como mãe dos filhos do imperador foi apagado deliberadamente por uma goiva. Cicatrizes de supressões cirúrgicas semelhantes podem ser vistas em inscrições de Verona, na Itália, de Léptis Magna, na África do Norte, e de Arneae, na Turquia. Súditos obedientes do sudeste da Turquia até mesmo riscaram com cinzel o nome de Messalina de suas moedas.[46]

As ordens do Senado foram executadas ao pé da letra. Nenhuma representação garantidamente pertencente a Messalina sobrevive; uma repetição do destino de Júlia. No entanto, três representações vandalizadas de coleções de Dresden, Paris e do Vaticano que parecem pertencer à mesma mulher de rosto infantil recentemente foram identificadas como Messalina com razoável grau de acerto. A primeira exibe uma mulher claramente importante, com uma coroa em forma de torre e uma coroa de louros assentada sobre mechas onduladas que seguem o padrão suave com cachos compactos usado por mulheres abastadas dos anos 30 e 40. No rosto, uma longa cicatriz desce serpeando de seu couro cabeludo até o meio do nariz, e atravessa o canto esquerdo de sua boca de lábios grossos, a fissura deixada por um golpe pesado aplicado ao crânio. Nenhum dano como esse é encontrado na segunda estátua, de tamanho natural, da mulher com traços rechonchudos semelhantes que carrega do lado esquerdo do quadril um menino, provavelmente seu filho Britânico, o qual segura com a mão gorducha as dobras do tecido no pescoço dela. Contudo, seu busto foi originalmente descoberto quebrado em fragmentos grandes que desde então passaram a ser reunidos. A coroa elaborada do terceiro busto foi analogamente atacada e quebrada em pedaços, embora com um cinzel. É claro que nenhum desses danos aponta necessariamente para atos de vandalismo, mas sua intensidade, semelhança e a conformidade ao seguirem o mesmo padrão parecem suspeitamente deliberadas, como se alguém tivesse cometido um violento ato de vingança contra os três.[47]

Com apenas algumas poucas reproduções embaçadas de seu perfil disponíveis em moedas provincianas, a única outra pista deixada da aparência física de Messalina é o registro de seus cabelos negros desaparecendo sob a peruca loira no poema satírico de Juvenal sobre as empreitadas noturnas da imperatriz. O romance de Graves, *Eu, Cláudio, Imperador*, apropria-se dos detalhes em sua descrição de Messalina como "uma moça extremamente bela, magra e ágil, com olhos tão negros quanto azeviche e massas de cabelos negros encaracolados".[48] Ao contrário de suas predecessoras júlio-claudianas Lívia, Antônia e a idosa Agripina, nenhum parente veio ao resgate póstumo de Messalina com garantias para limpar seu nome, produzir novas estátuas suas ou lhe dar um enterro digno.

Em vez disso, seu obituário foi escrito apenas por partidários da literatura de dinastias recentes, que ganharam espaço censurando os regimes júlio-claudianos de Cláudio e seu sucessor, Nero, para descrevê-los num contraste infeliz com os governantes de sua própria época.

Nem todos os relatos antigos da queda de Messalina são completamente reprovadores. Não se haviam passado sequer vinte anos depois de sua morte quando uma tragédia de autor anônimo chamada *Otávia*, que se concentrava no resultado do casamento malfadado entre Nero e a filha de Messalina, Cláudia Otávia, descrevia sua heroína homônima culpando Vênus, a deusa do amor, pela conduta louca de sua mãe ao casar-se com Sílio, e por inflamar Cláudio a ponto de levá-lo a tamanha fúria que resultou no assassinato de sua "infeliz" esposa: "ao morrer, ela me deixou num luto eterno".[49] Outra obra da época, *Apocolocyntosis*, ou "Aboborização" — um ensaio satírico que pode ter circulado pela corte do sucessor de Cláudio e que imaginava a cena do burlesco Cláudio abordando os deuses para ter sua deificação ratificada —, reserva seu sarcasmo não para Messalina, mas para o imperador, satirizando seu esquecimento quanto a ter ou não matado sua jovem esposa.[50] Essa perspectiva de Messalina como mais uma vítima desafortunada do que como vilã foi transmitida para recriações modernas dela, tais como uma peça de 1876 chamada *Messalina*, do dramaturgo italiano Pietro Cossa, que retrata sua protagonista como mulher sedutora e vulgar, mas que também era motivada pela devoção ao filho e que foi tragicamente traída pelo homem por quem cometeu a tolice de se apaixonar.[51]

Essas versões, contudo, possuem todas uma coisa em comum: concebem a promiscuidade de Messalina como o ponto central para a sua queda. A imagem da terceira esposa adolescente de Cláudio como a moça que simplesmente não conseguia se satisfazer serviu a um propósito mais vil do que uma mera diversão. Na imaginação moral romana, qualquer mulher sexualmente promíscua cujo corpo estivesse disponível para qualquer homem representava na melhor das hipóteses o fracasso temporário do controle de seu pai ou marido. Mas se ela, como Messalina ou a filha de Augusto, Júlia, também fosse um membro da família de grande importância para o Império Romano, as repercussões eram ainda mais sérias. A humilhação do marido traído, então, não era a única coisa em jogo, mas também a segurança do seu regime e da própria Roma. Pois que se um homem não conseguia manter a própria casa em ordem, como poderia garantir a inviolabilidade do Império cujo coração político estava dentro daquela própria casa? Tratava-se de uma questão que continuaria sendo uma obsessão para o estabelecimento imperial romano.

Depois da morte de Messalina, uma questão de outra natureza passou a ocupar a unidade familiar imperial: quem deveria sucedê-la como esposa de Cláudio? A questão foi resolvida, de acordo com Tácito, através de um concurso de beleza político julgado por um júri formado pelos homens libertos de Cláudio, uma anedota cômica que serviu para enfatizar a impotência de Cláudio diante de seus próprios cortesãos.[52] Foram ouvidas petições apoiando vários candidatos, inclusive a proposta de Narciso da ex-esposa de Cláudio, Aélia Paetina, e a sugestão de Calisto da abastada ex-esposa de Calígula, Lolia Paulina, mas a escolha eventualmente foi a sugestão de Palas: Agripina, a Menor, então com 32 anos. Recém-enviuvada depois da morte de Passieno Crispo, a filha do grande Germânico e a mãe de Nero — que recentemente fora saudado com tanto entusiasmo pelo público dos Jogos Seculares —, suas credenciais eram impecáveis, melhores até do que as de Messalina, e ela ainda vinha acompanhada de riqueza e beleza. Havia apenas um problema: Agripina era sobrinha de Cláudio, e a lei romana proibia claramente uniões incestuosas. Não obstante, o casamento era visto como uma chance boa demais de unificar a família para ser desperdiçada, e o Senado foi persuadido pelo subornador de Cláudio, Vitélio, a anular as restrições que proibiam um homem de casar-se com a filha de seu irmão. No dia 1º de janeiro de 48, menos de três meses depois da morte de Messalina, Agripina tornou-se a quarta esposa de Cláudio.[53]

Dadas as manobras legais que haviam sido necessárias para sancionar o casamento e o fato de que no exato momento em que o matrimônio era realizado o nome e os retratos da última esposa de Cláudio ainda estavam sendo apressadamente varridos das vistas públicas, a questão de como vender a imagem dessa nova imperatriz ao público romano foi tratada com cuidado. Como de costume, as moedas eram o meio primário, e Agripina tornou-se a mais nova mulher da família imperial a estabelecer um precedente nesse quesito ao ter a cabeça exibida juntamente à do marido na mesma moeda.[54] Sob a égide do irmão Calígula as imagens em moedas de Agripina haviam sido gravadas numa escala muito pequena para dar uma ideia de sua aparência, mas as novas cunhagens permitiam que seu perfil fosse visto com mais clareza. Elas mostravam uma mulher com os traços faciais fortes que com frequência caracterizavam seus parentes claudianos, incluindo dentes frontais levemente protuberantes e uma mandíbula grande, um contorno ortodôntico que pode estar conectado ao rumor de que ela tinha um dente canino adicional no lado direito da boca, o que era considerado um sinal de sorte.

Casas de cunhagem provincianas em cidades de todo o Império seguiram a nova atmosfera, exibindo o casal recém-casado lado a lado, seus perfis justapostos. Cláudio ostentava uma coroa de louros, tal como era adequado para um governante militarmente bem-sucedido, e Agripina usava a coroa de espiga de milho associada à deusa da fecundidade e do amor materno, Ceres. Seguindo os atributos vistos anteriormente em retratos de Augusto e Lívia, a mensagem era que ali estavam os herdeiros daquela parceria imperial perfeita.[55] Outros itens doados por patronos privados ajudaram a reforçar a mensagem de continuação dinástica e de grandes promessas, a exemplo da luxuosa peça conhecida como Gemma Claudia, um camafeu de sardônica que tem aproximadamente o tamanho de um ovo de avestruz e se acredita ter sido um presente de casamento para o casal. Ele exibe as cabeças ornadas por louros de Cláudio e Agripina, a Menor, de frente para as imagens dos pais da noiva, Germânico e Agripina, a Maior. Cada par de bustos se projeta das extremidades opostas de duas cornucópias carregadas de frutos, enquanto uma águia gravada no meio olha para os novos títeres da dinastia júlio-claudiana.[56]

Ao conceder mais honras a Agripina do que sua esposa anterior ou qualquer mulher romana que a precedera havia recebido, Cláudio e seus acólitos tinham uma estratégia clara. Eles queriam ressaltar a ideia de que tanto esse casamento quanto o regime estavam recomeçando do zero — as memórias do povo da queda de Messalina não poderiam ser apagadas apenas pelo *damnatio memoriae*. Contudo, elevar a imagem de Agripina dessa forma incluía seus riscos pois, em termos visuais, colocava a esposa do imperador quase no mesmo nível que ele. Como no caso de Lívia, o espectro de Agripina dividindo os holofotes com o imperador regente tornar-se-ia um assunto particularmente delicado na década seguinte.

Pelo menos no que diz respeito a apagar a memória de Messalina, a estratégia funcionou. Desde o início, tanto partidários quanto inimigos do regime de Cláudio tinham uma certeza em comum: a de que Agripina possuía um caráter fundamentalmente diferente do de Messalina. Enquanto Messalina era selvagem, passional e libertina, Agripina era sagaz, racional, e, a exemplo da bisavó Lívia, autodisciplinada. Tão logo seu casamento com Cláudio foi consagrado, as sementes de seu antigo anseio de exercer o poder político por si mesma começaram a germinar:

> A partir desse momento a nação sofreu uma transformação. Toda a obediência foi devotada a uma mulher — e não uma mulher como Messalina, que brincava com assuntos nacionais para satisfazer seus apetites. Tratava-se de uma déspota rigorosa, quase masculina. Em público, Agripina era austera e com frequência arrogante. Sua vida privada era casta — a não ser que houvesse poder em jogo. Seu desejo de adquirir dinheiro não tinha limites. Ela via nele o ponto de partida para a supremacia.[57]

Ninguém de duvidava que Agripina desde o início tinha grandes ambições para o filho adolescente Nero. Sua mão estava por trás da reconvocação da Córsega do amante exilado de sua irmã, Sêneca, que imediatamente recebeu o cargo prestigioso de pretor e foi encarregado da educação do jovem Nero, um papel crucial na preparação de qualquer imperador em potencial e tradicionalmente responsabilidade da mãe do menino. No dia 25 de fevereiro, as esperanças de Agripina foram estimuladas quando Cláudio adotou Nero como seu próprio filho e mudou seu nome de Lúcio Domício Ahenobarbo para a denominação mais júlio-claudiana de Nero Cláudio Druso Germânico César. Isso colocou efetivamente o filho adotivo e o filho biológico do imperador em igual vantagem na competição pela sucessão. Três anos depois do casamento de sua mãe, Nero havia deixado seu rival mais jovem para trás, exibido ao lado da mãe em moedas imperiais enquanto Britânico permanecia completamente invisível nos retratos dinásticos do Principado de seu pai. Em 53, o casamento de Nero, então com 15 anos, com a única filha da união malfadada de Cláudio com Messalina, Cláudia Otávia, de 13, fez com que sua coroação passasse a parecer inevitável.

Com a estrela de Nero em plena ascensão, a de sua mãe também subia. Ela ganhou os privilégios costumeiros para os assentos do teatro, o direito de ser transportada por sua própria carruagem puxada por mulas e outras distinções que haviam se tornado comuns para mulheres importantes da família imperial. O golpe de misericórdia, contudo, veio no ano 50, quando ela foi honrada com o antigo cognome de Lívia, *Augusta*, o título que Cláudio vetara para Messalina.

Embora Lívia houvesse sido chamada de *Augusta* depois da morte do marido e Antônia tivesse ganhado o título postumamente, nenhuma mulher antes de Agripina já o havia recebido enquanto ainda era consorte do imperador reinante, e, além disso, mãe do futuro imperador. Isso marcou o início de uma mudança no costume da concessão do título *Augusta*. Em vez de continuar sendo o privilégio honorífico de mulheres maduras cujos maridos estavam mortos e cujos anos de fertilidade haviam ficado para trás, ele passou a ser concedido cada vez mais a mulheres mais jovens da família imperial que muitas vezes nem mesmo eram esposas do imperador regente, mas que não obstante podiam dar futuros herdeiros à dinastia. Ademais, o fato trazia consigo a mensagem clara de que as esperanças de Britânico de suceder seu pai no trono agora haviam se tornado escassas, na melhor das hipóteses.[58]

No mesmo ano, por todo o Império, a memória de seus ilustres pais e a fama crescente de seu filho renderam para Agripina gestos consideráveis de endosso das províncias. Uma colônia de veteranos para soldados aposentados foi estabelecida em seu nome no seu local de nascimento na Alemanha e batizada como Colonia Agrippinensis (atualmente a cidade de Colônia). Seus residentes dali em diante seriam chamados de *Agrippinenses*.[59] Como seu modelo, Lívia, ela tinha vínculos políticos e pessoais com uma série de outras cidades-clientes provincianas. Seus súditos podiam recorrer a ela como sua benfeitora, e inscrições preservadas provam que ela patrocinou jogos nas províncias asiáticas de Antália e Mitilene.[60] As estátuas de Agripina se multiplicaram pelo Império, exibindo uma grande semelhança com seu pai Germânico e um estilo de cabelo com cachos parecido com o de sua mãe, embora as mechas da Agripina mais jovem fossem moldadas mais próximas à sua cabeça. De qualquer forma, tratava-se de um começo auspicioso.[61]

Todavia, certas atitudes de Agripina, a Menor, logo geraram controvérsia na corte. Em 51, durante uma audiência que marcaria a revelação pública de um arco do triunfo em celebração da vitória de Cláudio sobre os Bretões oito anos antes, sobrancelhas ergueram-se quando o líder derrotado e capturado da resistência britânica, Carataco, desfilou com a família na frente de Cláudio e Agripina e depois foi conduzido acorrentado para pedir clemência primeiramente ao imperador e depois à sua esposa, sentada em sua própria tribuna. A visão de uma imperatriz sentada diante dos estandartes militares do exército romano e recebendo pessoalmente a homenagem de cativos estrangeiros era uma novidade.

BRUXAS DO TIBRE: AS ÚLTIMAS IMPERATRIZES JÚLIO-CLAUDIANAS   163

O hábito de Agripina de comparecer a esta e outras funções públicas do lado de Cláudio foi notada por alguns que o viam como a prova do seu desejo de se tornar uma parceira igualitária no governo do Império.[62] Isso conjurava de modo insidioso os espectros de outras mulheres que haviam quebrado o cordão que isolava a esfera masculina dos assuntos militares — Plancina, que comparecera a exercícios da cavalaria enquanto o marido, Pisão, era governador da Síria; Fúlvia, que organizara tropas nas planícies de Perúsia em nome do marido, Antônio; e Cesônia, que diziam ter acompanhado Calígula a cavalo na inspeção das tropas, usando capacete, capa e escudo.[63] Até mesmo a própria respeitosa mãe de Agripina provocara a ira de Tibério quando botou o exército alemão para correr na ponte que atravessava o Reno. Para alguns observadores antigos, mulheres como ela representavam uma categoria aberrante de fêmeas descritas na literatura romana como uma *dux femina* (uma "mulher general"), um título paradoxal que incluía uma combinação de características masculinas e femininas. A recepção de Agripina, a Menor, de Carataco foi apenas o primeiro de muitos incidentes que lhe renderam a reputação de bancar muito o homem.[64]

Durante os três anos que se seguiram, entre os anos 51 e 54, uma neblina de descontentamento abateu-se sobre a metrópole e seus postos avançados. Apesar de toda a festa resultante do segundo casamento do imperador e das celebrações prolongadas da vitória sobre a Britânia, as ruas da capital foram tomadas por demonstrações contra a escassez de milho, e, numa certa ocasião, o próprio Cláudio foi atacado no fórum por uma multidão que lhe atirou pães. Havia rumores de um conflito interno na família imperial entre os meio-irmãos, gerado pela recusa provocativa de Britânico de chamar Nero por seu novo nome júlio-claudiano. O futuro de Britânico certamente parecia sombrio. Nero estava recebendo muito mais publicidade positiva, e a estratégia de Agripina chegou ao ponto de dispensar antigos criados da família e trazer indivíduos que seriam leais a ela e ao filho. Uma dessas nomeações foi a do novo prefeito do pretório, Afrânio Burro, que já havia sido procurador em propriedades de Lívia e um indivíduo impassível e cujo apoio seria crucial para os eventos que se sucederiam.[65]

Diante do descontentamento público, Cláudio tentou recuperar a popularidade em 52 ao encenar uma batalha naval espetacular no Lago Fucino, a 80 quilômetros de Roma, para celebrar a culminação de 11 anos de um ambicioso projeto de obras públicas para cavar um túnel de drenagem que evitaria a inundação da região. O evento atraiu uma plateia de milhares da cidade e das

164 AS PRIMEIRAS-DAMAS DE ROMA

províncias, além de ter envolvido a participação de 19 mil combatentes-atores que navegaram pelo lago de 19 quilômetros de comprimento em dois grupos de cinquenta navios de cada lado.[66] Um dos presentes nas arquibancadas de madeira naquele dia era o grande escritor romano Plínio, o Velho, que descreveu a visão deslumbrante de Agripina vestindo uma clâmide dourada, uma versão grega da capa militar romana que seu marido usava. A clâmide era a vestimenta usada por um guerreiro estrangeiro, algo muito diferente do uniforme típico de uma mulher romana. O que é revelado, contudo, é que era a roupa usada pela heroína da tragédia de Virgílio *Eneida*, a Rainha Dido, de Cártago, que, como Agripina, assumira responsabilidades tradicionalmente masculinas na tentativa de fundar um novo reino para seu povo.[67]

O que deveria ter sido um golpe de relações públicas espetacular da parte de Cláudio, todavia, acabou sendo um grande insucesso. Na grandiosa inauguração do túnel de drenagem, ele não conseguiu baixar o nível do lago, um erro crasso de engenharia que supostamente teria provocado uma discussão nos bastidores entre Agripina e o agente das obras, Narciso, gerando reclamações por parte dos decepcionados homens libertos em relação ao "excesso feminino ditatorial de ambição" da Augusta.[68] Narciso, o agente da destruição de Messalina, agora se via sendo cada vez mais deixado de lado na corte em favor de Palas, o homem liberto que havia defendido Agripina para o papel de nova noiva de Cláudio e com quem, de acordo com rumores, a *Augusta* estava dividindo sua cama.

O emprego do sexo por Agripina, de acordo com um de seus avaliadores da Antiguidade, era outra diferença essencial entre a ex e a nova mulher de Cláudio. Como Messalina, ela supostamente usara de força assassina para eliminar seus inimigos e também favores sexuais para manter seus partidários próximos. Contudo, se Messalina, retratada como uma mulher promíscua de nascença, usara a política para satisfazer seu amor pelo sexo, Agripina usava o sexo para satisfazer seu amor pela política.[69] Em outras palavras, ela fazia sexo "como um homem", usando-o unicamente como meio de alcançar seus propósitos, tal como seu bisavô Augusto supostamente teria feito durante sua campanha contra o libertino Antônio, relacionando-se com as mulheres de seus inimigos para obter informações contra eles.

Como Messalina, Agripina acumulou uma longa lista de vítimas durante o reinado de Cláudio, mas seus motivos geralmente eram vistos mais como pragmáticos do que como sexuais. Aqueles cuja queda era atribuída a ela incluíam a

BRUXAS DO TIBRE: AS ÚLTIMAS IMPERATRIZES JÚLIO-CLAUDIANAS 165

ex-esposa de Calígula, Lolia Paulina, outrora considerada uma candidata para substituir Messalina como a noiva de Cláudio e que foi acusada de envolvimento com mágicos e astrólogos; sua vasta fortuna foi confiscada e ela mandada para o exílio, onde, de acordo com um relato, foi forçada a cometer suicídio, enquanto outra fonte afirma que ela foi decapitada, e sua cabeça posteriormente levada para ser inspecionada e identificada pela *Augusta*.[70]

A influência exercida sobre Nero por Domícia Lépida — irmã mais velha do primeiro marido de Agripina que havia se tornado a guardiã do menino enquanto Agripina estava exilada sob o reinado de Calígula — também era motivo de ressentimento. Uma sentença de morte foi emitida para Lépida por sedição e tentar amaldiçoar a esposa do imperador. Em 53, Agripina foi acusada de engendrar acusações forjadas contra o senador Estatílio Tauro por cobiçar seus jardins. O fato de esta ter sido exatamente a mesma razão dada para o fato de Messalina ter provocado a condenação de Valério Asiático certamente é um indício de que algumas das acusações contra Agripina, a Menor, não passavam de ficção reciclada. Essa cópia de enredos é recorrente na história das mulheres imperiais romanas — e, aliás, também dos homens —, refletindo a tendência de adotar uma abordagem universal para as "boas" e as "más" esposas de "bons" e "maus" imperadores. Outro personagem favorito e recorrente do historiador da Antiguidade era a esposa imperial que envenenava o marido com o intuito de consolidar o caminho para o sucessor da sua escolha. Nesse aspecto, Agripina mostrar-se-ia a verdadeira sucessora do legado da bisavó Lívia.[71]

Relatos dos últimos anos de Cláudio descrevem-no como um homem de saúde debilitada e arrependido pela decisão tomada ao escolher sua nova esposa, o que o levou a recorrer ao álcool, tendo supostamente balbuciado certo dia que seu destino era casar-se com mulheres ultrajantes e depois as punir. Essa observação sinistra, combinada a indicações de que ele se arrependia de ter adotado Nero e agora queria que Britânico o sucedesse, aparentemente levou Agripina a agir. Embora relatos escritos muito mais tarde não demonstrem dúvidas de que o imperador de 63 anos de idade encontrara a morte pela mão da esposa, havia em circulação versões muito diferentes sobre como ela fizera isso. Uma linha de pensamento era a de que ela empregara o provador oficial de Cláudio, Haloto, para colocar uma droga no jantar de seu senhor em um banquete oficial. Outra afirmava que a própria Agripina havia envenenado o prato favorito de cogumelos de Cláudio, imitando o truque que teria sido usado por Lívia nos figos verdes de

166   AS PRIMEIRAS-DAMAS DE ROMA

Augusto. Outra ainda declarava que Agripina contratara os serviços do famoso envenenador profissional Locusta. Entretanto, quando Cláudio parecia não sucumbir como esperado às toxinas ingeridas através dos cogumelos, uma Agripina em pânico teve o cuidado de convocar o médico da família, Xenofonte, para encher a garganta de Cláudio com o veneno que finalmente teve o efeito desejado.

Seja qual for a versão que decidamos aceitar, o resultado final foi o mesmo. No dia 13 de outubro de 54, a morte de Cláudio foi anunciada. Numa repetição quase idêntica dos eventos que envolveram Lívia depois da morte de Augusto, a notícia do falecimento do imperador foi omitida até o Senado poder ser reunido e todas as providências para a sucessão confirmadas. Assim que Agripina certificou-se de que tudo estava encaminhado, as portas do palácio imperial foram abertas e Nero, com 16 anos, emergiu ao lado de seu prefeito do pretório Burro para ser prontamente saudado por suas tropas como imperador.[72]

Em 1979, arqueólogos que trabalhavam no lado oriental do antigo centro de Afrodisias, na Ásia Menor Romana, fizeram uma descoberta marcante. Durante o século I, Afrodisias, uma pequena, mas próspera, cidade provinciana com uma população de cerca de 50 mil habitantes, tinha um relacionamento especial com a família imperial romana graças em grande parte à antiga declaração da família júlio-claudiana de serem herdeiros da deusa padroeira da cidade, Afrodite. Em homenagem a essa conexão, pouco depois da ascensão de Tibério, o povo de Afrodisias passara várias décadas construindo um elaborado complexo religioso que consistia em um passadiço de 100 metros de comprimento ladeado por pórticos de três andares de painéis em alto-relevo gravados em blocos maciços de mármore branco nativo de granulação média, dedicando o monumento à adoração dos imperadores júlio-claudianos.

Quando os vestígios desse complexo, conhecido como Sebasteion (uma derivação da palavra grega *Sebastos*, que significa "Augusto") foram encontrados, somente cerca de metade dos painéis esculturais de relevos sobreviviam, mas havia várias imagens preservadas dos principais personagens júlio-claudianos, incluindo uma que foi remontada a partir de 11 fragmentos de vários tamanhos, que exibia Agripina, a Menor, de pé ao lado de Cláudio enquanto este era coroado com uma coroa de louros por um representante do Senado romano ou do povo. De acordo com sua representação semidivina, Cláudio aparece praticamente nu, usando apenas uma capa militar que lhe desce dos ombros, enquanto Agripina

BRUXAS DO TIBRE: AS ÚLTIMAS IMPERATRIZES JÚLIO-CLAUDIANAS 167

usa o *chiton* solto tipicamente usado pelas deidades femininas, e, pelo feixe de espigas de milho que segura com a mão esquerda, é claramente associada a Diâmetra, a deusa grega da colheita. Marido e mulher são exibidos apertando as mãos, um gesto que representava não afeto, mas a concordância marital ou política nas representações romanas, ainda que isso agora pareça irônico dada a suposta natureza do falecimento de Cláudio.

No entanto, uma visão ainda mais surpreendente surgiu diante dos olhos dos escavadores quando eles descobriram outro pedaço de mármore quase perfeitamente preservado de 172 cm de altura e 142,5 cm de largura encontrado com a face virada para baixo no pórtico setentrional, onde teria estado originalmente. Tratava-se de um relevo escultural maior do que o tamanho natural de Agripina, de pé ao lado direito do filho Nero, em cuja cabeça ela coloca quase casualmente uma coroa de louros. Mais uma vez, ela usa as vestes de Diâmetra, e pendurada em seu braço esquerdo dobrado está uma cornucópia transbordando de romãs, maçãs e uvas. Nero usa um uniforme militar e seus olhos estão depositados a uma distância média, enquanto a postura de Agripina está voltada para ele, seus olhos aparentemente contemplando o perfil do filho enquanto ela deposita a coroa de louros sobre suas mechas cuidadosamente penteadas. É a primeira representação visual conhecida de um membro da família imperial romana coroando outro, isso para não falar de uma mãe conduzindo a coroação do filho. Como o uniforme de Nero o proclama um herói militar, a apropriação de Agripina do papel de mestre de cerimônias, recompensando-o por triunfos nacionais, é ainda mais espantosa, um contraste completo com sua descrição como uma esposa obediente ao lado de Cláudio e segurando sua mão. Nem mesmo Lívia recebera um papel imbuído de tanto poder na iconografia de seu filho.[73]

A partir do dia em que seu filho de 16 anos saiu do palácio imperial para ser saudado por suas tropas como imperador, Agripina realmente conquistou um lugar na vida pública que se aproximava mais do de um homem do que qualquer mulher já conseguira chegar. Moedas de ouro e prata cunhadas em 54 para marcar a ascensão de Nero exibiam os perfis do imperador e de sua mãe de frente um para o outro, os narizes quase se tocando, do mesmo lado da moeda, ao seu pé a inscrição: *Agripp[ina] Aug[usta] divi Claud[ii] Neronis Caes[aris] mater* — "Agripina Augusta, mãe do divino Cláudio Nero César". Observe-se que foi dada precedência ao nome de Agripina. Nenhuma outra mulher romana recebera anteriormente lugar de destaque na genealogia de um imperador em detrimento de seu pai — Tibério, é claro, vetara promoções semelhantes de seu relacionamento com Lívia —, enquanto a pose frente a frente dos dois retratos parecia não atribuir prioridade a ninguém.[74]

O efeito dessas imagens deveria deixar claro a quem Nero devia sua autoridade como imperador. Durante o primeiro ano de seu reinado, Agripina foi promovida tanto pública quanto particularmente como parceira do filho, uma companhia obrigatória na expressão artística sancionada de sua autoridade. Ela também se tornou uma presença constante ao seu lado em anedotas populares sobre seu principado que circulariam na sociedade romana muito depois da queda dele. Dizia-se que a mãe de Nero reclinava-se ao seu lado enquanto os dois viajavam em sua liteira, escrevia cartas para dignitários estrangeiros em seu nome e, de forma geral, administrava o Império para ele.[75] Quando, como de costume, o novo comandante-em-chefe foi indagado por seu guarda-costas a respeito de uma senha pessoal para ajudar nas providências tomadas para a sua segurança, Nero escolheu *optima mater* — "a melhor entre as mães".[76]

O Senado também concedeu honras incomuns a Agripina, votando para que ela tivesse o direito de ser acompanhada por dois oficiais públicos ou *lictores* — superando Lívia, que recebera a permissão de ter um único lictor em sua comitiva — e declarando que Agripina deveria se tornar a guardiã oficial do divino culto de Cláudio, gesto irônico dadas as insistências clamorosas dos registros literários de que ela fora a responsável pelo seu assassinato.[77] Agripina foi em seguida honrada com uma estrutura impressionante no Monte Célio para um templo dedicado ao culto de seu deificado marido. Quando concluída, a estrutura se tornaria um dos maiores complexos de culto de Roma, embora ele tivesse um caminho difícil pela frente até ser concluído: Nero saqueou todo o templo, que depois ainda seria vandalizado pelo futuro imperador Vespasiano.[78]

O sacerdócio no culto de seus maridos deificados ainda era a única posição que as mulheres da família imperial podiam ter, e não está claro exatamente que tipo de obrigações públicas o cargo requeria. Porém, a aparente habilidade de Agripina de entrar na cova dos leões do poder imperial romano durante os primeiros dias do reinado de seu filho não tinha precedentes, salientando como o direito de Nero ao trono dependia dela. Em parte, esta era uma consequência inevitável do fato de Nero ser tão jovem e precisar de conselheiros à sua volta. Seu primeiro discurso no Senado foi uma tentativa de acalmar seus membros patrícios, oferecendo garantias de que, dali em diante, a separação entre a casa imperial e o estado seria respeitada e o Palatino não interferiria na jurisdição do Senado como acontecera certas vezes no reinado anterior. Essa promessa foi de certa forma frustrada, entretanto, pelo fato de que as reuniões do Senado agora eram realizadas no palácio imperial, precisamente a fim de que Agripina pudesse colar o ouvido na porta e acompanhar os procedimentos da posição de vantagem da sala ao lado. Não podemos deixar de nos perguntar se ela tinha uma forma discreta de deixar claras as suas opiniões sobre as questões. Ela certamente tentava se envolver nas decisões do Senado, o que ficou evidente na sua tentativa — fracassada — de derrubar a antiga norma de Cláudio de que aspirantes a questores deviam ser solicitados a financiar espetáculos gladiatórios de seus próprios bolsos.[79]

O fato de que Agripina não tinha permissão de ser vista — ou provavelmente ouvida — nessas reuniões traz o importante lembrete de que a proibição imposta às mulheres de terem um papel oficial nas questões do estado permanecia firme. Houve momentos tensos quando diversas manobras diplomáticas tiveram de ser empregadas para evitar que esse limite fosse ignorado. Um desses incidentes ocorreu no final do ano 54, quando uma delegação pró-romana da Armênia chegou para uma audiência com Nero a respeito da crise que estava se desenrolando em seu país. Quando Nero começou a ouvir suas alegações, Agripina aproximou-se do grupo. Entretanto, em vez de posicionar-se em sua própria tribuna como já fizera ao receber as súplicas de Carataco como esposa de Cláudio, ela começou a subir os degraus para a tribuna do filho com a aparente intenção de sentar-se ao seu lado. Foi necessário que o sempre presente Sêneca pensasse rápido a fim de evitar uma situação potencialmente desagradável, sussurrando ao ouvido de seu jovem pupilo que ele deveria levantar-se e ir ao encontro da mãe para cumprimentá-la, e, assim, reduzindo o impacto do que poderia ter sido uma gafe política extremamente provocativa.[80]

As tensões em relação à influência de Agripina sobre a política imperial não davam, contudo, sinais de que desapareceriam. A elite política de Roma expressou ceticismo em relação à perspectiva de que um imperador que mal passara dos 17 anos, e *qui a femina regeretur* — "governado por uma mulher" — pudesse possivelmente sufocar insurreições por todo o Império.[81] Uma coisa era uma mulher assumir o papel apropriado na supervisão da criação e educação do filho, como Cornélia, Antônia e Lívia fizeram com grandes aclamações, e Agripina levava seu dever nesse aspecto muito a sério, por exemplo nomeando Sêneca como tutor de seu filho e o afastando de áreas inapropriadas de estudo como a filosofia, considerada um assunto muito ocioso para um imperador em potencial. Por outro lado, o fato de ela tentar abertamente interferir na política era uma questão completamente diferente.[82]

Assim como o relacionamento de Lívia e Tibério, como se sabe, tornou-se cada vez mais tenso depois que ela alcançou seu desejo de preparar o caminho do filho para o trono, fontes exibem um endurecimento na relação entre Agripina e Nero. A primeira evidência oficial de que ela não era mais a mesma veio com o desaparecimento súbito do retrato de Agripina e de seus títulos na cunhagem do filho em 55, menos de um ano depois de sua ascensão, deixando Nero sozinho em suas moedas. Esse desaparecimento abrupto surpreende se considerarmos o alarde com que o rosto de Agripina a princípio foi ostentado nas moedas de todo o Império e recebeu uma proeminência equivalente à do filho. É possível que, agora que Nero se encontrava seguramente estabelecido no trono, tenha sido decidido que não era mais benéfico para sua imagem exibi-lo sob a proteção da mãe, sendo melhor que ele fosse visto sozinho, caminhando com seus próprios pés, um governante por seu próprio direito. No entanto, fontes literárias reforçam o argumento de que o poder de Agripina sobre o filho havia claramente começado a diminuir.[83]

Em um relato, o ponto crítico para o desentendimento entre os dois foi o caso de Nero com uma mulher liberta chamada Acte. Nero jamais demonstrara um pingo de afeto por sua jovem esposa Cláudia Otávia. Seus encontros com Acte eram arranjados sob protestos cheios de censura por parte da mãe, que teria objetado a qualquer rival do sexo feminino nas atenções do filho. Esses rompantes só serviram para afastar Nero. De acordo com outra fonte interna da corte júlio-claudiana, Clúvio Rufo, que escreveu sua versão desse período, mais tarde usada amplamente como material de pesquisa por Tácito, Agripina estava tão desesperada para não perder sua influência sobre Nero que várias vezes chegou ao ponto de se arrumar e tentar seduzir o próprio filho depois de almoços acompanhados por vastas doses de álcool — embora outro historiador da época, Fábio Rústico, tenha afirmado que foi Nero quem tentou seduzir a mãe. Mas as adulações de Agripina não tiveram o efeito desejado e ela perdeu o controle quando Nero lhe mandou de presente um vestido e joias da coleção de roupas de predecessoras imperiais do palácio, apontando que o poder que lhe permitia ter tal gesto provinha inteiramente dela.[84]

BRUXAS DO TIBRE: AS ÚLTIMAS IMPERATRIZES JÚLIO-CLAUDIANAS   171

Consequentemente, Nero passou a recorrer cada vez mais a seu tutor Sêneca e a outros cortesãos em busca de conselhos e apoio. As relações entre Agripina e os mentores mais próximos de seu filho, Sêneca e o prefeito do pretório Burro — os quais deviam sua posição no círculo de Nero a ela —, de acordo com relatos se tornaram frias no início do reinado em resultado da sua determinação de conter a influência da *Augusta*. Narciso já havia saído de cena, uma das primeiras casualidades da mudança de regime de Cláudio para Nero — embora não se saiba ao certo se seu desaparecimento se deu pelo suicídio, por uma doença ou por assassinato.[85] A competição pelos favores do jovem imperador criou tensões dentro do palácio. O amante da imperatriz, Palas, foi dispensado de suas obrigações imperiais, um ato que levou Agripina a zombar do filho, dizendo que Britânico tinha mais direito ao trono do que ele, e que, se ela quisesse, o poder de devolver esse direito a Britânico pela confissão de seus próprios crimes estava em suas mãos. Ela supostamente lançou-lhe um último desafio: "Fui eu quem o fez imperador", o que significava que ela também podia tirar dele o que havia lhe dado.[86]

Perturbado pelas ameaças da mãe, Nero, agora com 17 anos, decidiu providenciar a morte de seu meio-irmão mais novo, e convocou a ajuda do mesmo envenenador, Locusta, que, segundo se supõe, preparara a toxina que matara Cláudio. Depois de um atentado abortado, um assassinato bem-sucedido foi executado em fevereiro de 55 à mesa de jantar da família. Tácito afirma que deram um drinque ao ingênuo Britânico que lhe causou convulsões, roubando-lhe primeiro a fala e depois a respiração. Enquanto seu meio-irmão era arrastado a uma morte dolorosa, Nero casualmente atribuiu o incidente à epilepsia, uma demonstração de frieza que sua negligenciada esposa, Cláudia Otávia, observou sem trair sequer um lampejo de emoção, tão adepta havia se tornado da conservação do controle diante da crueldade de Nero. A expressão no rosto de Agripina ao encarar o filho com horror e choque evidentes, todavia, deixou claro para o grupo presente que ela não tinha conhecimento da trama.[87]

A partir desse ponto, o declínio foi rápido, e num contraste total com as imagens públicas que ressaltavam a unidade familiar nas moedas do início do reinado de Nero, uma guerra agora era abertamente declarada entre mãe e filho. Por um lado, Agripina declarava-se uma aliada leal da nora humilhada Cláudia Otávia. Ao mesmo tempo, no entanto, presidia reuniões secretas com amigos, realizava audiências com tribunos e centuriões, e coletava doações financeiras como se estivesse acumulando um fundo de guerra para uma campanha política. Em retaliação, Nero deu ordens para a remoção do guarda-costas alemão da *Augusta* e para que seus pertences fossem retirados da casa dele a fim de que ela não pudesse mais receber seus partidários lá. Assim, ela foi transferida para a antiga residência de sua avó, Antônia, no Palatino. Nero raramente visitava a mãe, e só o fazia quando acompanhado por um esquadrão intimidante de centuriões. Às vezes, ela se refugiava em suas propriedades rurais, mas seu retiro no campo era perturbado por gangues barulhentas contratadas por Nero para atormentá-la assobiando e vaiando quando passavam a cavalo ou navegando. A multidão de admiradores de Agripina desapareceu, e ela ficou politicamente isolada, visitada de vez em quando somente por velhos amigos como a ex-esposa de Caio Sílio, Júnia Silana, de quem ele havia se divorciado para ir atrás de Messalina.[88]

E até mesmo essa amizade provou-se inconstante, pois Silana aparentemente alimentava uma mágoa secreta de Agripina pelo papel desta na frustração de suas perspectivas de voltar a casar-se com um pretendente nobre, com a justificativa de que não queria que Silana tivesse um marido que herdasse sua considerável fortuna — pois a própria Agripina tinha planos para ela. Isso levou Silana a confiar a dois de seus clientes pessoais, Itúrio e Calvísio, a missão de plantar uma acusação de conspiração contra Agripina, afirmando que ela planejava colocar Rubélio Plauto, tataraneto de Augusto, no lugar de seu filho no trono. Ao tomar conhecimento disso, um Nero inebriado entrou em pânico e tomou a decisão impulsiva de ordenar a execução da mãe. Ele foi contido por seus sábios conselheiros Sêneca e Burro, que insistiram, talvez no seu íntimo reconhecendo que deviam suas promoções a ela, que a mãe do imperador deveria ter a chance de se defender das acusações. Os dois foram visitar Agripina em sua casa, onde ela ofereceu uma refutação feroz e desdenhosa para a acusação, descrevendo Silana como uma mulher sem filhos que não podia compreender os sentimentos de uma mãe para com seu filho, e apontando para o absurdo da ideia de quere-lo morto:

> Se Britânico houvesse se tornado imperador, poderia eu ter sobrevivido? Se Rubélio Plauto ou outro ganhasse o trono e se tornasse meu juiz, não faltariam acusadores![89]

Agripina exigiu a apresentação de provas para a sua trama, e ignorando os apelos surpresos, mas no fundo impressionados de seus interlocutores para que permanecesse calma, insistiu numa entrevista com o filho. Não foram dados detalhes

BRUXAS DO TIBRE: AS ÚLTIMAS IMPERATRIZES JÚLIO-CLAUDIANAS   173

do que foi dito durante tal encontro, mas o resultado foi que, numa reviravolta impressionante, os acusadores de Agripina — entre os quais Júnia Silana, Calvísio e Itúrio — foram exilados. Enquanto isso, amigos e partidários da mãe do imperador foram apontados para uma série de cargos extremamente prestigiosos. Parecia uma vitória completa para Agripina.[90]

Tenha sido a reviravolta uma verdadeira mudança na maré, selando uma reconciliação entre mãe e filho, ou uma história de comentaristas antigos com o objetivo de reforçar suas credenciais como uma mãe dominadora e uma jogadora política sagaz, a vitória de Agripina não significou a emissão de novas moedas romanas com sua imagem nem uma nova onda de esculturas públicas anunciando seu retorno a um nível de proeminência comparável à do filho. Pelo contrário, ela parece ter permanecido nas sombras da vida pública pelos três anos que se seguiram.

Podemos deduzir onde ela morou pelo menos parte desse tempo. Como sua bisavó, Lívia, e sua avó, Antônia, Agripina possuía várias propriedades. Ela não era a única mulher a quem Nero dera propriedades de presente. A mulher liberta que era sua amante, Acte, era na prática a dona de um número considerável de imóveis no Egito, na Sardenha e na Itália que só poderia ter adquirido como presentes do imperador. Agripina já ganhara a casa de Antônia, em Roma, e é provável que ao mesmo tempo tenha herdado o pacote inteiro das propriedades de sua avó no Egito e na Itália, muitas das quais Antônia, por sua vez, herdara do pai, Marco Antônio. Uma das joias desse portfólio imobiliário era a antiga vila de verão de Antônia em Bacoli, com suas luxuosas vistas para o mar e seu lago de peixes ornamentais no jardim.[91]

Foi nessa vila costeira em Bacoli que os problemas entre Agripina e Nero alcançaram sua conclusão fatal e dramática. O interlúdio de paz estabelecido depois da trama frustrada de Silana chegou ao fim em 58 quando Nero começou um caso com a casada Popeia Sabina, filha homônima da antiga rival de Messalina nos afetos de Mnester. Essa Popeia mais jovem era a famosa e bela esposa de Sálvio Oto, amigo e protegido do imperador que havia sido despachado para um governo estrangeiro a fim de deixar o caminho livre para o caso da esposa com Nero.[92] Embora nascida em Roma, Popeia era descrita na Antiguidade em termos claramente destinados a evocar comparações com a nêmese estrangeira mais famosa de Roma, Cleópatra. Diziam que ela havia conservado a pele perfeita tomando banho diariamente com o leite de quinhentos asnos, e, tal como

174   AS PRIMEIRAS-DAMAS DE ROMA

Cleópatra, era-lhe atribuída uma receita de maquiagem — uma mistura oleosa chamada *pinguia Poppaeana* que era usada por outras mulheres. O fato de que, numa coincidência historicamente perfeita, as respectivas rivais de Cleópatra e Popeia chamavam-se ambas Otávia também ajudou a alimentar a imaginação dos escritores romanos.[93]

A extravagância e a sensualidade de Popeia eram características marcantes de todas as femmes fatales romanas.[94] De acordo tanto com Tácito quanto com Dião Cássio, foi Popeia quem colocou lenha na fogueira do ressentimento assassino de Nero em relação à mãe, embora os historiadores também reconheçam que o imperador já vinha há muito tempo tramando seu fim. Temendo que enquanto Agripina estivesse viva Nero jamais se divorciasse de Cláudia Otávia para se casar com ela, Popeia supostamente censurou o imperador por fazer as vontades da mãe, acusando-o de ser seu cãozinho. Ela afirmou que a única razão pela qual ele ainda não a havia tornado uma mulher honesta era a oposição de Agripina e seu desejo de evitar que Popeia denunciasse os crimes da *Augusta*. Seus insultos convenceram Nero de que sua mãe tinha de ser tirada de seu caminho, e ele começou a ponderar sobre a melhor forma de alcançar seu objetivo. O que se seguiu, conforme narrado no relato de Tácito, foi uma vingança extraordinária.[95]

Em março de 59, um convite reconciliatório foi enviado por Nero à mãe Agripina convidando-a para um banquete vespertino em Baias, onde ele presidia um festival em honra da deusa romana Minerva. Ele a recebeu pessoalmente na praia, conduzindo-a para sentar-se no lugar de honra e conversando com ela como se toda a inimizade entre os dois houvesse desaparecido e ele só tivesse olhos para ela.

> A festa durou um bom tempo. Eles conversaram sobre várias coisas; Nero agia de forma infantil e demonstrando intimidade — ou uma seriedade confiante. Quando ela partiu, ele a acompanhou, olhando em seus olhos e permanecendo ao seu lado. Este foi o último ato de sua dissimulação — ou talvez até mesmo o coração cruel de Nero tenha sido afetado pela última visão da mãe a caminho da morte.[96]

Nero considerara e descartara várias opções para livrar-se da mãe, incluindo envenenamento (opção que teve de ser descartada, já que Agripina desenvolvera uma imunidade a esse tipo de emboscada pela ingestão regular de antídotos inibidores) e a espada. No final, porém, a estratégia adotada foi tramada por Aniceto, ex-tutor de Nero. O imperador providenciara uma nova embarcação de luxo para a viagem da mãe de volta para a vila de Bacoli atravessando a baía. Contudo, não se tratava de um barco qualquer. Seguindo as instruções de Aniceto, ele fora construído para se destruir durante a travessia, matando a *Augusta* e descartando seu corpo no mar. Nero escoltou a mãe até a praia, ajudou-a a subir no navio e a observou partir.

O céu sob o qual a comitiva partiu do tranquilo porto estava estrelado. Acompanhavam Agripina sua criada, Acerronia, que estava inclinada sobre o divã de sua senhora, conversando com ela sobre a conduta surpreendente de Nero, e Crepério Galo, um dos funcionários de sua equipe doméstica, que havia se colocado perto do timão. A um dado sinal, a cobertura que abrigava o grupo da imperatriz, que aguentava um grande peso de chumbo, de repente desmoronou. Crepério foi instantaneamente morto por esmagamento, mas a parte superior do divã onde elas estavam deitadas protegeu Agripina e Acerronia. Em meio à confusão, o barco afundou lentamente. Acerronia entrou em pânico, tentando atrair a atenção do resgate gritando que era Agripina. Seu erro fatal, contudo, só atraiu a fúria da tripulação do barco, que a golpeou com seus remos e lanças até a morte. Enquanto isso, Agripina mantinha a boca fechada e nadava silenciosamente em direção à penumbra, escapando apenas com um ferimento leve no ombro. Ela foi resgatada por um grupo de barcos pequenos, que a transportaram de volta à sua vila, onde, colocando curativos e pomadas em sua ferida, Agripina enfrentou a terrível conclusão de quem estava por trás do atentado contra sua vida.

Quando Nero soube que a trama havia dado errado, temeu a vingança da mãe. Tomado pelo pânico, ele convocou Sêneca e Burro. O último alertou-o de que a guarda pretoriana, da qual era comandante, jamais aceitaria fazer mal à filha do grande Germânico. Em vez disso, Aniceto deveria terminar o que começara. Nero concordou com o plano. Ao receber um mensageiro que trazia uma carta cuidadosamente escrita por Agripina na tentativa de ganhar tempo, escondendo suas suspeitas do envolvimento do filho, Nero chegou a se esquecer da trama ao afirmar que o mensageiro era um assassino. Enquanto o esquadrão da morte de Aniceto se aproximava das margens de Baias, a praia e as águas rasas próximas à casa de Agripina enchiam-se de uma grande multidão que ouvira os rumores de como ela por pouco escapara da morte e queria parabenizá-la por seu retorno a salvo. Porém, a multidão se dispersou quando os homens armados invadiram sua propriedade, empurrando os escravos que tentavam impedi-los de passar até alcançarem o quarto onde ela havia se refugiado.

Em total contraste com o terror demonstrado por Messalina diante de sua própria morte, num vago eco da morte de Cesônia, os momentos finais de Agripina foram de uma ousadia eloquente. À meia-luz lançada por um único candelabro, ela encarou seus assassinos, liderados por Aniceto, e declarou que se aquela era uma visita social eles deveriam levar a notícia da sua recuperação; caso contrário, ela jamais acreditaria que seu filho ordenara sua morte. Não obstante, quando foi cercada e os golpes tiveram início, tendo como alvo sua cabeça, ela teve a presença de espírito de proferir o que se tornou uma das grandes declarações finais da história. Expondo o abdome para o centurião que se preparava para atravessá-la com sua espada, ela gritou "Acerte aqui!", apontando para o útero que abrigara o filho traidor. Seus executores abateram-na. Para uma mulher muitas vezes acusada de agir como um homem, tratava-se de uma morte apropriadamente masculina — um assassinato masculino em lugar de um exílio frio seguido de uma morte por inanição, o que havia se tornado um padrão para tantas de suas malfadadas predecessoras.[97]

Um desfecho apócrifo ou o epitáfio lealmente registrado, as famosas últimas palavras de Agripina ressoaram por um bom tempo, inspirando a recriação um tanto grosseira do século XIV:

> Nero (...) ordenou que sua mãe fosse trazida diante dele, pois ele estava vivendo em concubinato com ela, e também mandara chamar seus médicos e ordenara-lhes que matassem sua mãe, pois que havia se apoderado dele o desejo e a vontade de ver o que a barriga de sua mãe ocultava e como uma criança se formava no ventre (...). E quando abriram sua barriga, o imperador olhou dentro do útero e viu sete pequenos compartimentos, cada um adaptado para uma forma humana e preparados para um sétimo filho. Então, foi dominado por uma grande indignação e disse: "Foi daí que saí!". E tirou as calças e se aliviou dentro da barriga da mãe (...)[98]

O verdadeiro comportamento que Nero teve depois da morte de sua mãe foi bem mais discreto. Algumas autoridades afirmavam que ele fora examinar o corpo da mãe, comentando sobre suas perfeições e imperfeições entre drinques a fim

BRUXAS DO TIBRE: AS ÚLTIMAS IMPERATRIZES JÚLIO-CLAUDIANAS 177

de refrescar sua garganta seca antes de ordenar sua cremação. Agripina foi queimada deitada sobre um sofá de banquete, em uma cerimônia funerária comum, suas cinzas não tendo recebido sequer uma lápide. Partindo para Nápoles, Nero justificou-se rapidamente por ordenar a morte da mãe com uma carta enviada para o Senado, na qual acusava Agripina de tramar contra ele e lembrava o público de suas tentativas frequentes de usurpar a autoridade masculina tradicional. A resposta do Senado foi conciliatória, decidindo que os jogos anuais deveriam ser realizados ao mesmo tempo que o festival para a deusa Minerva num reconhecimento específico do atentado frustrado contra a vida do imperador. O aniversário de Agripina, anteriormente incluído no calendário como um dia de celebração, foi reclassificado como um dia de mau agouro.[99]

Não obstante, versos pichados nos muros da cidade na época responderam impudentemente à retórica autojustificatória do imperador, mostrando que nem todos estavam propensos a concordar com os acontecimentos. O primeiro verso apresentado a seguir compara Nero a dois personagens da mitologia grega que cometeram matricídio; o segundo explica uma fórmula pela qual o número de letras que compõem o nome de Nero em Grego era o mesmo que equivalia à frase que descrevia seu crime:

> Alcmeão, Orestes e Nero são irmãos,
> Por quê? Porque todos assassinaram suas mães.

> Conte os valores numéricos
> Das letras no nome de Nero
> E em "assassinou sua própria mãe":
> Você descobrirá que a soma é a mesma.[100]

Ao mesmo tempo que essas sátiras circulavam, rumores persistentes de que Nero se sentia culpado também se espalhavam. Tamanha foi a tensão gerada pela magnitude de seu crime que ele havia até convencido a si mesmo que o fantasma de sua mãe voltara para assombrá-lo.[101] Esta é uma imagem que evidentemente alimentou a imaginação popular, conforme ilustrado na peça trágica *Otávia*, ambientada três anos depois da morte de Agripina, em 62, e provavelmente escrita não mais que uma década depois. No terceiro ato, a sombra fantasmagórica de Agripina faz uma entrada melodramática, confessando seus próprios crimes

178   AS PRIMEIRAS-DAMAS DE ROMA

para a plateia, lamentando em voz alta a ruína de seu destino e prevendo uma morte violenta para Nero e Popeia:

> (...) virá o dia e o tempo em que ele pagará por seus crimes com seu espírito culpado e pagará seus inimigos com sua garganta, abandonado, derrubado e na mais completa pobreza. Ó, como meus esforços e preces falharam! (...) Queria que antes de ter lhe dado à luz e amamentado quando bebê, bestas selvagens tivessem rasgado meu ventre! (...) por que demoro tanto a esconder meu destino no Tártaro, eu, que envergonho minha família como madrasta, mãe e esposa?[102]

Até pouco tempo atrás, acreditava-se que *Otávia* fora a obra do ajudante e conselheiro mais confiável, ainda que posteriormente descartado, Sêneca, que aparece como personagem na peça e cuja admiração por parte de poetas e dramaturgos na Europa medieval — especialmente os do Renascentismo — tornou *Otávia* extremamente popular durante esse período, inspirando a ópera de Monteverdi *L'incoronazione di Poppea* (1642) e muitas outras obras. Embora atualmente se acredite que Sêneca — que três anos antes do fim do reinado de Nero foi implicado numa conspiração mal-sucedida contra Nero em 65, e como resultado cometeu suicídio — provavelmente não tenha sido o autor, quem quer que tenha escrito a peça deixou para trás um vislumbre inestimável da atmosfera da corte nas semanas e meses que se seguiram ao assassinato de Agripina. Durante seu monólogo no quarto ato da peça, o espectro ensanguentado de Agripina lembra-se que depois da sua morte seu filho Nero "derruba as estátuas e inscrições que contêm minha memória espalhadas por todo o mundo — o mundo que meu desafortunado amor lhe deu ainda garoto para governar e para a minha própria desgraça".[103]

Evidências arqueológicas descobertas em anos recentes validam a sugestão de *Otávia* de que, como Livila e Messalina, depois de sua morte houve um expurgo das imagens de Agripina. Durante a década de 1990, uma escavação na área localizada entre o Arco de Constantino e o Coliseum revelou os restos de um monumento do século I que um dia exibia a estátua da mãe do imperador ao lado de outros membros da família. Sobreviveram indicações de que pouco depois da morte de Agripina sua estátua foi removida da posição original ao lado de Cláudio no plinto e as outras estátuas foram reorganizadas para preencher a lacuna deixada por sua ausência.[104]

BRUXAS DO TIBRE: AS ÚLTIMAS IMPERATRIZES JÚLIO-CLAUDIANAS   179

Entretanto, se nenhuma réplica confirmada do retrato da desgraçada Messalina foi ainda identificada, um número considerável de esculturas de Agripina sobreviveu mesmo apesar da proibição de Nero. Dedicatórias a ela também já foram encontradas incólumes, e embora o legado escultural de Agripina não se iguale ao de Lívia em termos de quantidade, pelo menos 35 representações suas conseguiram passar pelo gargalo da história, exibindo-a em várias etapas de sua vida — primeiramente como irmã, depois como esposa e finalmente como mãe de uma sucessão de imperadores romanos.[105] Em uma das descobertas mais recentes, estudiosos da Gliptoteca Ny Carlsberg, de Copenhagen, concluíram em 1994 que uma cabeça de basalto verde de Agripina adquirida pelo museu de um conde da Lituânia no final do século XIX era a parte que faltava de um busto feminino até então anônimo guardado no depósito do Museu Capitolino, de Roma. O busto fora encontrado durante a construção de um hospital militar em 1885, fragmentado em pedaços grandes e usado como material de construção em um alicerce provavelmente cimentado no período medieval, quando muitas esculturas clássicas foram quebradas e recicladas e usadas como sucata.[106]

Tal como acontece a outras mulheres imperiais que a antecederam, compreender a vida de Agripina é exatamente como tentar encaixar as peças de um quebra-cabeça. Ela não atraiu a mesma atenção que uma Messalina ou uma Popeia entre escritores e artistas de períodos posteriores à Antiguidade em busca de manequins à maneira de Pigmalião dotados de uma sensualidade intoxicante, mas o fascínio exercido por ela também prevaleceu. Como o epítome histórico da fêmea astuciosa capaz de coroar reis e da mãe dominadora, ela praticamente não possui concorrentes à sua altura. Na cultura mais recente, apareceu nesse papel com uma frequência cada vez maior, em obras que incluem a ópera de quatro horas de Handel *Agripina*, a qual foi encenada pela primeira vez em 26 de novembro de 1709 e possui um libreto escrito pelo diplomata e cardeal Vincenzo Grimani. [107]

A recriação de Handel e Grimani de Agripina como um personagem dissimulado, mas cômico, que confessa seus pecados, mas afirma que fez tudo por Roma, pode não ser qualificada como uma tentativa de desagravo. Contudo, sua encarnação como um fantasma cheio de remorso e autopiedade na obra de autoria anônima *Otávia*, associada a evidências de que esculturas suas foram erguidas por encomenda de imperadores posteriores como Trajano, sugere que Agripina era lembrada por seus súditos ao menos até certo ponto com respeito

180   AS PRIMEIRAS-DAMAS DE ROMA

e compaixão.[108] Até mesmo Tácito reconhece isso, afirmando que depois de seu terrível assassinato alguns de seus criados se reuniram com o intuito de construir um memorial para ela perto de Bacoli com vista para a baía. Aparentemente, alguns de fato ficaram de luto por Agripina.[109] Essa impressão também fica clara na resposta furiosa de um dos arquitetos da Revolução Francesa, Maximilien de Robespierre, para a estratégia fracassada empregada pelo jornalista Jacques Hébert no julgamento de Maria Antonieta. Quando a falsa afirmação de Hébert de que a Rainha cometera incesto com o filho recebeu uma refutação bem-sucedida, Robespierre foi mordaz em sua exasperação:

Mas que estúpido aquele Hébert! — Como se não fosse o bastante ela ser uma verdadeira Messalina, ele ainda quer torná-la uma Agripina e lhe conceder o triunfo de atrair a simpatia do público em seus últimos momentos.[110]

Há uma última razão para que a memória de Agripina tenha durado tanto depois de sua morte: essa mulher que é um verdadeiro enigma tentou deixar algo mais tangível e pessoal do que rumores e esculturas para a posteridade. Ela escreveu e publicou um conjunto de memórias, algo atualmente esperado quase como uma tradição das primeiras-damas, mas que nenhuma outra mulher romana pelo que se saiba fez. Sua existência é atestada por Plínio, o Velho, e por Tácito, escritores respectivamente dos séculos I e II, cada um dos quais cita os próprios textos de Agripina como parte de suas fontes de pesquisa.[111]

A data da composição das memórias e o conteúdo original não estão claros, embora Tácito descreva-as como escritas na forma de *"commentarii"* — gênero factual, de prosa direta, que surgiu durante a era republicana e era dominado exclusivamente por homens que desejavam publicar relatos de suas próprias carreiras políticas. Augusto, Tibério e Cláudio, os ancestrais júlio-claudianos de Agripina, todos produziram documentos desse tipo. Como Tácito nos conta que usou as memórias de Agripina para compor seu relato da discussão entre a mãe dela e Tibério sobre o desejo da Agripina mais velha de se casar outra vez, sugeriu-se que elas se encaixavam mais na categoria de um diário de fofocas do que na do *commentarii* esperado de políticos de carreira. Contudo, como uma mulher, é evidente que a "carreira" de Agripina girava em torno de questões diferentes das envolvidas na carreira de um homem. Seu papel público era definido por seus papéis de esposa e mãe. O fato de que o único outro fragmento que temos do

BRUXAS DO TIBRE: AS ÚLTIMAS IMPERATRIZES JÚLIO-CLAUDIANAS   181

conteúdo das memórias de Agripina é o relato de que ao nascer foram os pés de
Nero que saíram primeiro, pois o bebê estava invertido no útero, indica que ela
pretendia que seu *commentarii* fosse mesmo uma versão feminina desse gênero
literário tão masculino.[112]

Assim como seu túmulo, nenhuma cópia dos textos de Agripina jamais foi
encontrada, e, a não ser que sejamos agraciados por um milagre papirológico,
provavelmente foram perdidos para sempre. O fascínio que esse documento não
obstante exerce sobre a imaginação é eloquentemente expresso em um poema
do americano William Wetmore Story — o autor de outro drama, *The Tragedy
of Nero*, escrito em 1875:

> O austero diário e vida de Agripina
> Escrito por ela mesma, registrando todos os seus pensamentos
> Atos, paixões — todas as ações da Roma antiga
>
> enxameando à sua volta, cheias de escândalos,
> crimes, alegrias, lutas, triunfos —
> todos os retratos nítidos de homens e mulheres
> enquanto viviam, falavam, amavam — Não como no limbo da História
> aparecem, meros nomes e sombras fantasmagóricas,
> mas vivos, ardentes, inquietos, humanos — que livro a ser encontrado![113]

A carreira de Agripina despertara uma preocupação maior ainda entre a elite
romana em relação à invasão do campo político pelas mulheres. Talvez não seja
coincidência o fato de que ao longo do curso seguinte de um século e meio as
mulheres do Império pareçam ter se tornado quase invisíveis.

5

A pequena Cleópatra: Uma princesa judia e as primeiras-damas da dinastia flaviana[1]

Ó Roma! Ó Berenice! Pobre de mim!
Devo ser imperador e amar?

O imperador Tito, em *Bérénice*,
de Jean Racine[2]

No dia 21 de novembro de 1670, na companhia do Hotel de Bourgogne, na Rue Mauconseil, Paris, o dramaturgo francês Jean Racine aguardava a estreia de sua mais nova tragédia, *Bérénice*, com um pouco de preocupação. Em precisamente uma semana na companhia rival do Palais-Royal, na Rue Montpensier, Pierre Corneille, o dramaturgo mais experiente do teatro trágico francês, revelaria sua própria obra, *Tite et Bérénice*, com precisamente o mesmo tema: o caso de amor malfadado do século I entre Júlia Berenice, filha da família real herodiana da Judeia, e o futuro imperador romano Tito, descendente da dinastia flaviana, que sucedeu a dinastia dos júlio-claudianos no ano 69.

A história de Tito e Berenice, amantes desafortunados forçados a se separar relutantemente em deferência a um senso de dever patriótico, inspirou uma série de recriações durante o século XVII tanto na Inglaterra quanto na França, onde a história de Roma era uma fonte muito visitada de personagens e situações vistas como casos de estudo relevantes para o progresso moral e político da época.[3] As circunstâncias que levaram Racine e Corneille a encenar produções novas baseadas no mesmo assunto com uma semana de diferença ainda assim não deixam de ser estranhas. De acordo com Voltaire, seus esforços competitivos foram respostas a uma encomenda de Henrietta, duquesa de Orleans, comovida pela semelhança que via entre a paixão malfadada de Tito e Berenice e sua própria renúncia nobre ao caso de amor com o cunhado, o rei Sol Luís XIV. Outros, por outro lado, encontraram um paralelo mais próximo no fim do relacionamento de Luís com Marie Mancini. De qualquer forma, havia muito orgulho envolvido nessa competição. No final, contudo, Racine não precisaria ter se preocupado, pois foi sua peça que alcançou uma temporada triunfante, enquanto a de Corneille foi relativamente um fracasso.[4]

A história de Berenice cativou dramaturgos do século XVII, mas ela é ainda mais intrigante para o historiador das primeiras-damas romanas. Ainda que fosse uma amante, e não a esposa, de um futuro imperador, além de ser não um membro da família real romana, mas da família real judaica, Berenice é um elo importante na cadeia que conecta as consortes imperiais de Roma. Ela entrou em cena num período em que, graças à escolha do pai de Tito, Vespasiano — e, mais tarde, do próprio Tito —, o imperador governava sem uma imperatriz. Tratava-se de uma decisão que em princípio prometia o fim das acusações que com frequência nos haviam ligado aos antecessores júlio-claudianos dos flavianos — entre as quais de serem "governantes de saias", influenciados por mulheres. No entanto, como mostra a história de Berenice e a de outras mulheres, elas ainda tinham uma grande projeção na órbita dos imperadores flavianos, mulheres que tanto auxiliavam quanto ameaçavam sabotar o objetivo dos flavianos de projetar uma imagem de revolucionários que varreriam a memória negra de Messalina, Agripina, a Menor e do restante do *ancien régime*.

Júlia Berenice nasceu no ano 28 na família dos herodianos, que governavam o posto avançado da província romana da Judeia, um ano no qual o filho de Lívia, Tibério, ainda governava Roma, e em que o suposto filho de um carpinteiro de Nazaré estava gerando alguma inconveniência para a elite governante local. Bisneta do rei Herodes, o Grande, e de sua bela esposa Mariamme, seu pai era Marco Júlio Agripa — batizado em homenagem à antiga amizade de seus ancestrais com a família de Júlio César. Como vários outros membros do clã real herodiano, Júlio Agripa vivera na casa do Palatino em Roma dos 4 ou 5 anos de idade até os 30, recebendo a mesma educação oferecida ao herdeiro de Cláudio e Tibério, Druso, o Menor, e adquirindo uma reputação de boêmio despreocupado cujas tendências perdulárias eram controladas apenas por sua mãe, Berenice, sempre vigilante em relação à mesada que lhe dava. Depois da morte dela, seus hábitos esbanjadores o deixaram extremamente endividado. A morte do amigo Druso em 23, supostamente pelas mãos de Lívia e de seu amante Sejano, levou-o a fugir de seus credores e navegar para sua terra natal. Por volta de 27, ele teve um filho, Agripa II, com a esposa Cipro, e no ano seguinte veio uma filha, Júlia Berenice, batizada em homenagem a sua avó paterna.

Depois de passar anos mudando-se com a família entre a Judeia e a Síria, e se desentendendo sucessivamente com parentes e amigos em tentativas fracassadas de reconstruir sua fortuna, em 36 Júlio Agripa decidiu que sua única opção era deixar a esposa e os filhos na Judeia, retornar a Roma e tentar ganhar a simpatia da família imperial outra vez. De volta à Itália, suas dívidas voltaram a pegá-lo, e ele só foi salvo de suas dificuldades graças a Agripina, a Menor, a qual em consideração a sua velha amiga Berenice e à amizade de Júlio Agripa com seu filho Cláudio emprestou-lhe as 300 mil dracmas que ele devia ao tesouro romano. Isso manteve os inimigos de Júlio Agripa longe de seu encalço por um bom tempo, e ele usou seu contato com Antônia para fazer amizade com o neto dela, Calígula — uma amizade que lhe renderia dividendos. Seu efeito colateral mais imediato, contudo, foi levá-lo para a prisão no final do verão daquele ano, quando Júlio Agripa supostamente foi ouvido expressando a esperança de que Tibério abdicasse em breve em favor de Calígula. Sua estadia no cativeiro foi um pouco aliviada pelos cuidados de Antônia, que fez o prefeito do pretório, Macro, prometer que Júlio Agripa teria o direito de tomar banho diariamente e receber visitas de amigos que lhe traziam roupas e algumas de suas comidas favoritas.

E então, em 37, Júlio Agripa de repente passou por uma mudança notável de sorte. A morte de Tibério como esperado levou à ascensão de Calígula, que convocou seu aliado da prisão e o nomeou tetrarca de territórios que incluíam o nordeste do mar da Galileia, anteriormente o reino do tio falecido de Júlio Agripa, Filipe. Mais tarde, ele também recebeu o território da Galileia e da Pereia, confiscado por Calígula do cunhado de Agripa, Herodes Antipas. No verão de 38, ele retornou para tomar posse de seu novo reino, onde se reuniu com Cipro, Agripa II e a filha de dez anos Berenice.[5]

Depois de passar a primeira década de sua vida sendo rebocada pela Palestina, pela Síria e pela Judeia como parte das ambiciosas estratégias de seu pai para reconquistar sua fortuna, a elevação dele à realeza resultou numa mudança completa das circunstâncias e perspectivas de Berenice. Enquanto seu irmão

Agripa II foi despachado para Roma assim como seu pai fora a fim de ser educado na família imperial, um casamento adequado foi arranjado para Berenice com Marco Júlio Alexandre, filho de um velho amigo da família chamado Alexandre Alabarco, membro de uma das famílias mais ricas de Alexandria. O casamento foi realizado em 41, quando ela tinha 13 anos.[6]

Aquele ano também testemunhou o assassinato de Calígula e sua sucessão por Cláudio, o velho amigo de infância de Agripa do Palatino. O reinado de Calígula fora caracterizado por uma série de atritos acalorados entre Roma e seus súditos judeus, particularmente quando Calígula tentara ter uma estátua sua fixada num dos santuários considerados mais sagrados pelos judeus, o Templo de Jerusalém. Como reis auxiliares apontados pelos romanos, os herodianos geralmente apoiavam seus mentores em disputas como essa, mas Júlio Agripa usou sua ligação pessoal com Calígula para dissuadir o imperador de uma atitude antagônica. Na verdade, Júlio Agripa exercia uma influência tão poderosa sobre a corte romana que ele supostamente teria colaborado nos bastidores com a trama que levou à ascensão às pressas de Calígula ao trono, recebendo sua recompensa quando o novo imperador ampliou o território sob o jugo de Agripa para incluir a Judeia e a Samaria.[7]

O curto casamento de Berenice com Marco Júlio Alexandre teve um fim abrupto em 44 com a morte de seu marido, e um segundo casamento foi rapidamente providenciado para a princesa de 15 anos de idade com o tio Herodes, irmão de Júlio Agripa, a quem Cláudio concedeu prontamente o minúsculo reino de Cálcis, ao norte da Judeia.[8] Pouco depois, o pai de Berenice faleceu ao sofrer um colapso dramático durante os jogos em Cesareia, o que pôs um fim temporário no domínio herodiano sobre a Judeia, já que seus mestres imperiais optaram por transferir o controle do território para uma sucessão de procuradores apontados por Roma. A morte de seu idoso tio-marido Herodes quatro anos depois, em 48, deixou Berenice viúva pela segunda vez aos 20 anos, e ela agora passou a residir na casa de seu irmão mais velho, que em 50 recebeu o reino do falecido Herodes em Cálcis para governar.[9] Desde sua infância peripatética no encalço do pai, era a primeira vez que Agripa II e Berenice compartilhavam uma moradia permanente. Por pouco mais de 15 anos, ela permaneceu sob o teto do irmão, um arranjo que em retrospecto lhes renderia acusações escandalosas de incesto por parte de comentaristas romanos. De acordo com o historiador Josefo, um infiltrado judeu nas cortes de Vespasiano e Tito, os rumores de incesto deixaram Berenice envergonhada, levando-a a abandonar o palácio em 65, quando tinha 27 anos, e a embarcar em seu terceiro casamento com Polemo, rei da Cilícia, que aceitou até mesmo ser circuncidado e se converter à sua fé. Entretanto, não demoraria muito para que Berenice pedisse o divórcio e voltasse a viver sob a proteção do irmão.[10]

Estes são os fatos conhecidos a respeito da vida de Berenice até esse ponto. Em meados dos anos 60, ela evidentemente era uma mulher de certo destaque público no cenário do Mediterrâneo. Como as esposas dos imperadores romanos, estabelecera-se como benfeitora e patrona pública de obras de caridade. Uma inscrição que se refere a ela como "rainha", ou *basilissa*, sobrevive em Atenas. A inscrição acompanhava uma estátua honorífica (atualmente perdida), e nos anos 20 outra inscrição contendo seu nome foi descoberta em Beirute, um registro do mármore e das colunas dados de presente por Berenice e Agripa II aos cidadãos locais para a restauração de um teatro construído originalmente pelo ancestral dos irmãos, rei Herodes.[11] Ela acumulara uma grande fortuna pessoal graças à aquisição de celeiros de milho e a acordos de casamento. Além disso, demonstrava o mesmo talento especial da "boa" mulher romana de exercer uma influência pacificadora sobre seus parentes governantes — é atribuído a ela, por exemplo, o crédito por convencer o irmão a não executar Justo, um insurgente judeu contra o jugo romano. No ano 60, ela fez uma aparição notável como testemunha silenciosa na famosa audiência com São Paulo em que este defendeu sua fé cristã diante de Festo, o procurador romano da Judeia, e seu irmão Agripa II — um evento descrito na Bíblia.[12]

Contudo, nada registrado até então em sua biografia poderia ter levado ao interesse que ela atrairia no século XVII.

Os eventos de 66 mudaram isso. Foi nesse ano que a Primeira Revolta Judaica teve início, um levante de facções de judeus contra o jugo romano na província — cujos líderes incluíam o acima mencionado Justo — que durou quatro anos. Foi também nesse período que o filho de Agripina, Nero, encontrou sua morte, e não menos que três imperadores se sucederam no espaço de 18 meses até que um quarto — Vespasiano — conseguisse restaurar a estabilidade do Império. Agripa II e sua irmã eram protagonistas no coração desses tumultuosos eventos políticos que colocaram Berenice num curso de colisão com Tito e sua encarnação póstuma como heroína desafortunada em dúzias de dramas, óperas e romances do século XVII em diante.

Os problemas de 66 foram precipitados por Géssio Floro, o cruel novo procurador romano da Judeia recomendado para o posto em 65 por Popeia, a mulher que levara Nero a exilar e executar Cláudia Otávia e assassinar sua própria mãe. Em um gesto extremamente provocativo, Géssio Floro mandou soldados para o Templo de Jerusalém a fim de coletarem impostos que ele afirmava pertencerem ao tesouro romano, o que desencadeou um conflito violento entre tropas romanas e protestantes judeus. Berenice por acaso se encontrava em Jerusalém, e, de acordo com o relato em primeira mão do historiador judeu Josefo, ficou tão chocada diante da brutalidade dos soldados romanos — de cujos atos teve uma visão privilegiada protegida em seu palácio com vista para o templo — que imediatamente despachou vários membros veteranos de sua criadagem e guarda-costas pessoais até Floro, pedindo-lhe que cessasse o massacre. Quando todos os seus enviados tiveram o pedido recusado, ela foi vê-lo pessoalmente, pondo-se de pés descalços diante de seu tribunal, mas foi tratada com desrespeito e só não foi ferida por ter sido protegida por seus guarda-costas.[13]

Berenice, porém, não se deixou abalar, e escreveu uma carta para Céstio Galo, o governador romano da Síria, pedindo-lhe que detivesse Floro. Seu pedido obteve resposta com o envio por Galo de um encarregado de averiguar os fatos que chegou a Jerusalém ao mesmo tempo que um apressado Agripa II, o qual estivera em uma missão diplomática em Alexandria. Na tentativa de acalmar os ânimos, Agripa convocou uma reunião em massa e apelou aos rebeldes mais militantes que não começassem uma guerra com os romanos, colocando sua irmã no teto do Palácio Hasmoneano, de onde ela podia ser vista por todos que se encontravam abaixo comparecendo à reunião. Contudo, o apelo não surtiu efeito, e apesar dos precedentes históricos em que mulheres como Otávia e Agripina, a Maior, evitaram situações violentas com sua diplomacia tranquila e seu comportamento nobre, a aparição de Berenice não conseguiu acalmar os insurgentes. Agripa II e sua irmã não tiveram outra escolha a não ser fugirem da atmosfera perigosa da cidade.[14]

No ano seguinte, os rebeldes judeus infligiram uma série de derrotas desconcertantes às legiões romanas enviadas para sufocá-los. Então, em 67, Nero convo-

A PEQUENA CLEÓPATRA: UMA PRINCESA JUDIA...   189

cou o já praticamente aposentado general Vespasiano, de 57 anos, para comandar a reação romana à rebelião. Vespasiano, veterano extremamente bem-sucedido das campanhas britânicas sob o comando de Cláudio, ficou grato pela oportunidade, pois perdera os favores do imperador um ano antes ao ter adormecido durante uma das leituras de poesia realizadas por Nero com o intuito de promover-se. Ele também era um velho amigo do pai de Berenice, e sua conexão remonta à época da residência do Agripa mais velho na corte de Antônia. Ao ser apontado para o comando, Vespasiano partiu para Antioquia, na Síria, onde se encontraria com uma delegação que incluía a princesa herodiana e seu irmão. Pouco antes de ter partido para a Síria, ele emitiu ordens para o filho de 26 anos Tito, que escolhera para o posto de vice-comandante na campanha, instruindo-o a reunir o restante das legiões de Alexandria e encontrar-se com o pai em Ptolemais.[15]

Não há registros do momento preciso e do cenário do local de encontro entre Tito e Berenice. É possível que eles tenham se encontrado em Ptolemais quando Tito e seu pai se preparavam para a campanha contra os judeus rebeldes. Podem ainda ter se conhecido um pouco depois, no verão daquele ano, quando Tito e Vespasiano passaram várias semanas como convidados de Agripa II em Cesareia Filipe, a cidade 40 km ao norte do mar da Galileia, onde o irmão de Berenice tinha um palácio magnífico.[16] A tela branca que é para nós o início de seu relacionamento já foi pintada com muitas especulações românticas coloridas. *Agrippa's Daughter* (1964), continuação do romancista Howard Fast para o best-seller *Spartacus* — que foi adaptado com grande sucesso para o cinema —, conjura um primeiro encontro digno da Mills & Boon:

Ela se lembrava da primeira vez que o viu, não muito alto — pouquíssimos italianos eram altos —, mas com um bom físico, como um atleta grego, baixinho, nariz afilado, olhos castanhos profundos, uma boca larga sensual, cabelos encaracolados, bem aparados — 28 anos e tão curiosamente desprovido de arrogância, duas linhas verticais entre suas sobrancelhas cheias e escuras marcando-o com um tipo de desespero paciente, como se todos os seus dias estivessem destinados a serem passados sem esperança. Ele ficou de pé e olhou para ela, encarou-a — até que, provocada e constrangida, ela virou nos calcanhares e deixou a sala. Mais tarde, seu irmão Agripa lhe disse: "Ele está apaixonado por você — desesperadamente, estupidamente apaixonado por você".[17]

190 AS PRIMEIRAS-DAMAS DE ROMA

Em outro romance muito popular do século 20, *The Jew of Rome* (1935), de Lion Feuchtwanger, Tito relembra seu primeiro encontro com Berenice e se recorda de "seu rosto fino e alongado", seus "olhos castanho-dourados" e como "sempre havia um sutil toque de rouquidão em sua voz. A princípio, na verdade, não gostei disso."[18]

Por mais encantadoras que sejam essas recriações, a única referência histórica concreta que temos desse relacionamento que se desenvolveu nos quatro anos seguintes se encontra em um rápido comentário de Tácito em *Histórias*. O historiador observa que alguns acreditavam que a relutância de Tito a retornar a Roma no auge da campanha em 68 estava sendo influenciada por seu desejo de não deixar Berenice:

> Alguns acreditam que ele voltou atrás por causa de seu anseio apaixonado por ver a Rainha Berenice; e o coração do jovem não era insensível a Berenice (...).[19]

Entretanto, a morte de Nero em junho de 68 e a confusão que ela gerou — em virtude de o imperador não ter deixado herdeiros — é uma razão mais plausível para o dilema de Tito. Na década posterior ao assassinato de Agripina, Nero passara de uma crise para outra; da revolta na Britânia, liderada pela lendária Rainha Boadiceia, e o grande incêndio que devastou Roma em 64 — pelo qual alguns culpavam o próprio Nero — a uma série de supostas conspirações contra o megalomaníaco jovem imperador ocorridas entre 65 e 68, e que resultaram em execuções vingativas ou suicídios forçados de inúmeros membros eminentes da elite acusados de terem-nas tramado — entre os quais o outrora considerado confiável Sêneca. Além disso, Popeia estava morta, seu corpo embalsamado e perfumado com especiarias sepultado no mausoléu de Augusto com todas as honras nacionais — uma fusão de tradições funerárias orientais e romanas que certamente foram em parte a invenção de uma tradição literária determinada a representá-la como uma reencarnação de Cleópatra.[20] Aparentemente, sua morte foi motivo de grande sofrimento para Nero, que fez o discurso funerário, embora muitas fontes afirmem que na verdade foi ele quem causou sua morte no verão de 65 ao chutar violentamente sua barriga enquanto ela estava grávida de um filho dele.[21]

Em 66, Nero casara-se pela terceira vez com uma nobre chamada Estatília Messalina — nenhuma relação com a infame terceira esposa de Cláudio —, que foi uma imperatriz discreta e conseguiu sobreviver a uma morte violenta pelas mãos de Nero. Isso se deu depois de uma série de declarações de rompimento de governadores provincianos com o imperador, desafios à sua autoridade que o levaram a ser declarado inimigo público pelo Senado no dia 9 de junho de 68. Em pânico, Nero fugiu da cidade para o refúgio de uma vila de propriedade de um de seus homens libertos, onde se matou a punhaladas aos 31 anos, o braço guiado por um de seus secretários.[22]

A vaga deixada no cargo de soberano por Nero foi ocupada por Galba, um governador idoso da província da Espanha que conseguira obter o apoio da guarda pretoriana e do Senado, dando início a um período caótico transcorrido entre o verão de 68 e o inverno de 69 e comumente conhecido como o Ano dos Quatro Imperadores. O breve reinado de seis meses de Galba no Palatino finalmente cortou o cordão umbilical que ligava todos os sucessores de Augusto a Lívia. O novo imperador, contudo, foi cuidadoso para alardear sua ligação com a imperatriz, na casa de quem crescera e em cujo testamento fora nomeado beneficiário. Ele a incluiu nas moedas de seu curto regime num gesto que mostra claramente que o apoio de Lívia, ainda que dado do túmulo, continuava tendo um grande poder.[23]

Isso não foi, entretanto, o bastante para garantir a aceitação de Galba como imperador. As legiões do Reno se recusaram a jurar lealdade a ele. Em vez disso, no dia 2 de janeiro, declararam seu apoio publicamente a Vitélio, governador da Germânia e um velho aliado dos júlio-claudianos. Ao mesmo tempo, Galba era desafiado em outro front por Marco Sálvio Oto, governador da Lusitânia (Portugal), ex-marido de Popeia e o homem cuja vila costeira havia sido o cenário do jantar funesto que precipitou o assassinato de Agripina, a Menor. O próprio Oto também tinha vínculos com Lívia através do avô — que, como Galba, fora criado em sua casa. Assim, um protegido da primeira imperatriz de Roma logo substituiu outro com o assassinato de Galba em 15 de janeiro pela guarda pretoriana e com o reconhecimento imediato de Oto como imperador. Porém, seu reinado mal alcançaria os três meses, com Oto acumulando dívidas e ordenando execuções impopulares até que uma derrota para as tropas de Vitélio o levou a cometer suicídio no dia 16 de abril. O Senado prontamente reconheceu Vitélio como novo imperador.[24]

Então, veio uma nova reviravolta. No dia 1º de julho, as legiões romanas montaram acampamento nas fronteiras orientais do Império romano, no Egito, na Síria e no Danúbio, e declararam Vespasiano sua escolha como imperador, oferecendo-lhe apoio militar. Subitamente, o que parecia impensável aconteceu para Vespasiano, um homem de origens humildes, sem vínculos com Lívia nem nenhum outro membro da dinastia júlio-claudiana. Os nomes de um círculo influente de partidários residentes no Oriente estavam ligados ao *putsch*, encabeçado por Muciano, governador da Síria, mas também composto por Agripa II e Berenice, que Tácito afirmou ter chamado a atenção de Vespasiano por sua "beleza jovem".[25] Alguns entre aqueles que promoveram a imagem de Berenice como uma mulher que se casava por oportunismo supuseram que suas ações traíam uma ambição profunda de tornar-se imperatriz de Roma, mas também parece razoável supor que os jovens membros da família real herodiana tivessem motivos relacionados à política interna compreensíveis para quererem se associar a um bilhete premiado.[26]

Deixando o comando da campanha da Judeia nas mãos de Tito, Vespasiano partiu para o Ocidente. Depois de derrotar Vitélio, o qual foi pego de surpresa e morto exatamente quando se preparava para deixar a cidade, ele foi reconhecido pelo Senado como imperador no dia 21 de dezembro de 69, inaugurando a era da dinastia flaviana, que governaria Roma por um quarto de século. No ano seguinte, Tito obteve uma vitória decisiva sobre os rebeldes judeus ao saquear sua fortaleza em Jerusalém e destruir seu Templo sagrado. A vitória ajudou a legitimar a tomada do poder de Vespasiano e em 71 foi comemorada por um desfile triunfal pelas ruas de Roma, um triunfo ainda lembrado num relevo eterno e triste do Arco de Tito que exibe a menorá e outros tesouros sagrados do Templo sendo carregados erguidos pelas ruas de Roma.

Depois de quase um século, a dinastia júlio-claudiana finalmente fora derrubada. Aqueles que acreditavam em presságios e agouros observaram que o bosque de loureiros na antiga vila de Lívia em Prima Porta também secou e morreu.[27]

Tal como acontecera um século antes a Augusto, que também subira ao poder como resultado de uma guerra civil, o desafio imediato de Vespasiano e seus filhos era justificar a tomada do poder na ausência de quaisquer vínculos com o regime anterior. Assim como Augusto usara o tesouro do Egito de Cleópatra para financiar obras que modificariam a aparência da cidade a fim de promover seus próprios feitos, Vespasiano usou os lucros dos saques da Judeia para legitimar o recém-conquistado poder. Estampando sua marca em Roma, remodelando-a para ostentar a insígnia cultural da sua nova dinastia, ele ordenou obras que, ao contrário dos domos encomendados por Nero para o seu próprio prazer, beneficiariam toda a comunidade — obras como o grande Anfiteatro Flaviano, mais conhecido atualmente como Coliseum. Seguindo outra das estratégias de Augusto, Vespasiano também se absteve de ocupar o grotescamente elegante palácio de Nero — a *Domus Aurea*, ou Casa Dourada, construída depois do incêndio de 64 e localizada em uma propriedade que se estendia por aproximadamente 1,6 km² entre o Monte Palatino e o Esquilino — e o abriu para o público. Em vez disso, ele escolheu uma mansão nos belos Jardins de Salústio como sua residência principal, onde fez do hábito de estar sempre acessível aos súditos uma virtude e ganhou a reputação de um *princeps* modesto, generoso e "pé no chão", que gostava de piadas imorais e de um bom jogo nos frontões.[28]

Não obstante, os flavianos eram extremamente diferentes de seus antecessores júlio-claudianos, descendentes não de um importante clã aristocrático, mas de uma família italiana de classe média. Sua chegada à política do Palatino marcou mudanças em várias esferas. Vespasiano desprezava a perspectiva de encobrir suas origens humildes, e seu principal legado foi a criação de uma nova classe dominante romana, uma elite política que pela primeira vez não fora selecionada particularmente entre um grupo restrito de famílias aristocráticas romanas. Era dessa nova classe política que seria escolhida não somente a próxima geração de imperadores, mas, por extensão, também a próxima geração de imperatrizes.[29]

Pouco impacto tiveram as esposas dos homens que ocuparam o trono por períodos de tempo tão curtos no ano que separa a morte de Nero do golpe bem-sucedido dos flavianos. Galba era viúvo e Oto não voltara a se casar desde que se divorciara de Popeia, embora aparentemente estivesse considerando a possibilidade de se casar com a viúva de Nero, Estatília Messalina, antes de seu reinado ser prematuramente interrompido pelo seu suicídio.[30] Ao chegar a Roma da Germânia, Vitélio encenara uma reunião emocional com a mãe Sextília nos degraus do Monte Capitolino e providenciou sua nomeação com o título de *Augusta*. Contudo, não há menção de honra semelhante à sua esposa Galéria Fundana — que, numa rara exceção à regra historiográfica de que imperadores corruptos tinham esposas corruptas, diziam ter sido uma mulher de "virtude exemplar" que não tomara parte dos crimes do marido. Fundana foi poupada, bem como a filha Vitélia, depois da morte de Vitélio, enquanto Sextília morrera pouco antes.[31]

Como Galba, quando se tornou imperador aos 60 anos, Vespasiano era viúvo, tendo sepultado a esposa e uma filha antes de subir ao trono, e foi o primeiro imperador desde Tibério a permanecer solteiro durante seu reinado. Como pai de dois filhos adultos, Tito e Domiciano, ele não precisava de uma esposa para lhe dar um herdeiro, e aparentemente preferiu governar sem uma imperatriz. Sua decisão pode ter sido motivada por considerações práticas, tais como o desejo de evitar a divisão de seu patrimônio entre mais herdeiros póstumos do que o necessário, mas também por um sagaz cuidado político, em virtude dos dramas e escândalos que haviam acompanhado as consortes da dinastia anterior.

Contudo, uma mulher de certa forma ocupou o lugar de primeira-dama durante a primeira metade do reinado de dez anos de Vespasiano, alguém diferente de suas bem-nascidas predecessoras: Antônia Caenis, uma mulher liberta que trabalhara na casa da mãe de Cláudio, Antônia — a mesma Caenis para quem a venerável matrona em 37 ditara a carta fatal que alertou Tibério sobre a conspiração de Sejano contra sua vida. Depois da morte de sua senhora em 37, ela se tornou a amante de Vespasiano, então com uma carreira em ascensão, em circunstâncias sobre as quais infelizmente não temos maiores detalhes. Um relacionamento formalmente reconhecido, todavia, estava fora de questão. Embora Vespasiano não pertencesse a uma família nobre romana, a *leges Juliae* aprovada por Augusto decretara a proibição de casamentos entre um membro da classe equestre e uma mulher liberta. Em vez disso, Vespasiano casou-se com a filha de um escrivão chamada Flávia Domicília. Depois da morte da última, ocorrida antes de sua ascensão ao trono, Vespasiano reatou com Caenis, que desta vez se mudou para sua casa como sua concubina. O casamento continuava não sendo uma opção. Não obstante, depois que ele se tornou imperador, a ex-escrava permaneceu sob seu teto, e relatos antigos afirmavam que ele a tornou sua imperatriz em todos os aspectos, menos no título.[32]

Caenis é o exemplo raro e fascinante de uma mulher de fora do círculo da família imperial que evidentemente conquistou certo prestígio e fortuna pessoal, e obteve acesso ao processo político, ainda que tais privilégios representassem apenas rachaduras discretas no teto de vidro que mantinha as mulheres fora da vida política romana. Como suas predecessoras casadas, a proximidade do imperador lhe deu oportunidades de adquirir influência, e se dizia que ela lucrara grandes somas de dinheiro com a recomendação para Vespasiano de indivíduos para os cargos de governador e general. Certamente havia precedentes de mulheres libertas e escravas que haviam conquistado uma situação financeira melhor através de sua ligação ao imperador. Registros das propriedades possuídas pela própria concubina de Nero, a liberta Cláudia Acte, mostram que ela adquiriu um grande número de escravos e propriedades na Itália e na Sardenha durante sua vida, o que só pode ter sido possível se ela as recebeu de presente de seu amante imperial.[33]

Caenis não sobreviveu ao reinado de Vespasiano, e faleceu em meados dos anos 70; mas sua inscrição funerária sobrevive em um grande e maciçamente ornamentado altar descoberto em Roma perto da Porta Pia, no local que agora abriga o Ministério Italiano do Transporte. Acredita-se que ela era a dona de uma propriedade privada ali localizada, e mais tarde casas de banho com seu nome foram construídas.[34] Seu epitáfio foi um presente de Aglaus, um dos homens libertos empregados por ela, e foi dedicado simplesmente como partindo dele próprio e de seus filhos:

> Ao espírito da falecida
> Antônia Caenis
> Mulher liberta da Augusta,
> Excelente patrona,
> Aglaus [seu] homem liberto com Aglaus
> E Glene e Aglais
> Seus filhos[35]

Tal como aconteceu à história do caso de Berenice e Tito, aqueles que a interpretaram mais recentemente ressaltaram o modelo romântico da história do duradouro relacionamento de Vespasiano e Caenis, dois indivíduos proibidos de se casarem em razão das convenções sociais, mas que, apesar de uma separação temporária, felizmente voltaram a se reunir na meia-idade. O escritor Lindsey Davis, autor de um romance de 1997 baseado no relacionamento, chama a história de Caenis de "arquétipo da trama Secretária-e-Diretoria".[36] Contudo, apesar do potencial dramático de sua trajetória da pobreza à riqueza e da controvérsia da influência que ela exercia nos bastidores como principal consorte imperial, Caenis não chegou a ocupar uma posição equivalente à de mulheres imperiais como sua antiga senhora Antônia. Ela jamais poderia receber os privilégios especiais de uma imperatriz ou o título de *Augusta*, e a incongruidade de sua posição é ressaltada pela história de Suetônio que conta que o filho mais novo de Vespasiano, Domiciano, recusou-se a conceder à madrasta o privilégio de beijá-lo, limitando-se a apertar sua mão.[37] Nenhuma representação dela foi encomendada, nenhum título foi-lhe conferido, e sua imagem jamais foi gravada em uma moeda.

Na verdade, tampouco nenhuma imagem identificada com precisão sobrevive da esposa de Vespasiano, Flávia Domicília, a mãe de Tito e Domiciano. Essa ausência de retratos oficiais de membros vivos do sexo feminino da nova família imperial representa um rompimento significativo com a tradição estabelecida pelos júlio-claudianos. Porém, uma tradição flaviana de representações femininas eventualmente emergiria, centrada nas figuras da esposa de Domiciano, Domícia Longina, e da filha de Tito, Júlia Flávia. Mas demoraria até a ascensão dos sucessores flavianos no início do século II para que imagens de mulheres voltassem a ser utilizadas com tanta visibilidade como estandartes das virtudes tradicionais romanas.[38]

O reinado de dez anos de Vespasiano foi, portanto, em grande proporção uma mistura judiciosamente filtrada de coisas antigas e coisas novas, representando um rompimento com seus predecessores enquanto ao mesmo tempo copiava suas características mais populares e bem-sucedidas. Seu relacionamento discreto com Caenis não incomodava os membros conservadores do Senado, ainda inquietos depois de Messalina e Agripina, a Menor, o que o deixava livre para seguir as melhores tradições governamentais júlio-claudianas inauguradas por Augusto. No entanto, havia um eco da ascensão de Augusto ao poder que Vespasiano preferiria ter evitado: a presença perturbadora de uma rainha estrangeira. Entra em cena Berenice.

No final do primeiro ano do reinado dos flavianos, o filho um tanto inconsequente de Vespasiano, Domiciano — que diziam ter tido uma juventude desperdiçada seduzindo mulheres casadas — limpara seu nome ao casar-se com Domícia Longina, filha do grande general Corbulo. Foi uma escolha inteligente, embora tenha sido feita à custa do ex-marido de Domícia, Lúcio Aélio Lâmia, que foi forçado a abrir mão da esposa de forma muito semelhante a quando Tibério Cláudio Nero foi induzido a entregar Lívia a Otaviano para o benefício político do último. No caso de Domiciano e Domícia, uma aliança entre um filho do imperador e a filha de Corbulo, o maior líder militar da época e que fora forçado a cometer suicídio por Nero, só podia ajudar a nova dinastia a garantir uma posição entre os defensores das vítimas heroicas da tirania do imperador anterior.

Também rendeu aos provincianos flavianos um vínculo valioso com uma antiga e respeitada família romana de linhagem irreprochável.[39]

A vida amorosa do irmão mais velho de Domiciano, por outro lado, estava causando mais do que um problema para seu pai. Antes da ascensão meteórica de Vespasiano à púrpura, Tito já se casara duas vezes, primeiramente com Arrecina Tertulla, filha do comandante da guarda pretoriana, e depois da morte dela com a bem relacionada Márcia Furnilla, de quem se divorciou depois que ela deu à luz sua filha, Júlia Flávia, por volta de 65. Uma ama-seca da família chamada Fílis foi encarregada do bebê, e a suposição geral é a de que Júlia Flávia foi levada para viver na casa do tio Domiciano quando do casamento deste com Domícia Longina em 71, já que Caenis era considerada inapta a assumir o papel de educadora à maneira que Antônia e Lívia haviam feito com os filhos dos júlio-claudianos.[40] Quanto Tito eventualmente retornou a Roma em 71 para ter sua participação na grande celebração da vitória na Judeia, voltou desacompanhado. Entretanto, no ano 75 Berenice também já fixara residência na cidade, acompanhada pelo irmão Agripa II. Sua estadia na capital, que parece ter durado quatro anos, provar-se-ia um campo minado para as relações públicas da dinastia flaviana.[41]

O que sobreviveu da vida compartilhada por Berenice e Tito em Roma não passa de vislumbres, mas estes são o bastante para dar uma ideia da excitação cheia de tabus, das zombarias satíricas e do ruidoso descontentamento gerado quando Berenice se instalou no retrato familiar dos flavianos. Quando ela chegou, Berenice e Tito seguiram o exemplo de Vespasiano e Caenis, vivendo juntos como se fossem casados. Porém, enquanto o imperador e sua amante coabitavam numa reclusão relativamente discreta nos Jardins de Salústio, Berenice e Tito se mudaram para o palácio imperial do Palatino, um gesto indiscreto que provocou um bocado de irritação. O veredito de alguns era que a amante estrangeira de Tito "já estava se comportando em todos os aspectos como se fosse sua esposa", ecoando a condenação violenta da presença de Cleópatra na casa de César.[42]

Tito não cometeu o erro de encomendar estátuas romanas ou moedas exibindo a imagem de sua amante estrangeira. Na verdade, nenhum retrato da Antiguidade de Berenice sobrevive atualmente, o que era de se esperar de uma princesa da fé judaica, que proibia representações artísticas de indivíduos. A única ideia que temos de sua aparência encontra-se na menção de uma joia que ela costumava usar. Num texto curto escrito depois do fim da dinastia flaviana, o sátiro Juvenal, durante uma diatribe contra a obsessão das mulheres por joias, referiu-se zombeteiramente a um "diamante lendário" que era usado por Berenice que ele disse ter sido muito cobiçado por outras mulheres. Ele citou o diamante como um presente "[d]o bárbaro Agripa para sua irmã incestuosa", ressuscitando o rumor da existência de relação sexual entre os dois.[43]

Ao chamar a atenção para o diamante de Berenice, Juvenal encorajava alegremente leitores conservadores a comprimir os lábios numa desaprovação satisfeita.[44] Um adorno pessoal tão ostentoso compunha grande contraste com o exemplo frugal estabelecido por modelos de perfeição desprovidos de joias da feminilidade romana, como Cornélia e um grupo de matronas romanas que haviam sacrificado suas bugigangas para pagar um resgate aos gauleses que haviam invadido a cidade no século XIV a.C. A última história era um dos contos femininos de valor moral favoritos de Roma. A influência que exercia na imaginação havia sido demonstrada pela primeira vez mais de dois séculos antes da época em que Berenice viveu, durante um notório debate ocorrido em 195 a.C. a respeito da revogação da opressiva Lei Ópia, originalmente aprovada num período de crise durante as Guerras Púnicas com Aníbal 20 anos antes. Tal lei tinha como propósito restringir a extravagância feminina a fim de evitar que fundos vitais fossem desviados do financiamento da guerra, proibindo-as de possuir mais de meia onça (14 gramas) de ouro, de usar roupas tingidas com pigmentos caros — particularmente a púrpura — e de andar em carruagens puxadas por cavalos dentro da cidade. Entretanto, quando parecia haver uma chance de a lei não ser revogada, de acordo com relatos algumas matronas romanas adentraram o fórum para protestar. Depois de um debate furioso, durante o qual o temido cônsul Catão falou a favor de manter a lei, a maré virou para o outro lado e as mulheres puderam voltar a usar sua púrpura.[45]

O furor causado pela controvérsia acerca da Lei Ópia revela muito sobre as atitudes romanas em relação ao consumismo e à vaidade feminina, correntes pelas quais Berenice e suas contrapartes viram-se arrastadas. Por outro lado, havia o ponto de vista — defendido pelos oponentes de Catão durante o debate — de que as roupas e as joias de uma mulher eram para ela o que vitórias e distintivos eram para um homem, permitindo-lhe mostrar sua riqueza e seu status, e no processo também complementar os de seu pai e seu marido. Pinturas originárias de encomendas particulares de mulheres descobertas na área do Império, em locais como Faium, no Egito, mostram-nas carregadas de joias. As pedras preciosas na moda incluíam a pérola, a safira, o rubi, o citrino, a granada, águas-marinhas, esmeraldas ou diamantes inteiros como o de Berenice, incrustados em anéis, brincos, braceletes ou colares, que podiam ser enrolados em correntes duplas ou triplas em volta do pescoço. Algumas casas muito ricas tinham seus próprios joalheiros. Como provam as descobertas realizadas no *Monumentum Liviae*, a própria Lívia tinha alguém para incrustar suas pérolas.[46]

Contudo, procurar essas pérolas será uma tarefa vã para quem examinar as representações de Lívia. Na verdade, uma olhada em praticamente qualquer busto de mármore das mulheres da família imperial anteriores à Antiguidade Tardia revela apenas pescoços, pulsos, dedos e lóbulos de orelhas vazios. Essa falta de adornos — num contraste completo com as evidências visuais das descobertas artísticas e arqueológicas que apontam para o fato de que as mulheres, inclusive a própria Lívia, obviamente usavam joias na "vida real" — reflete a preocupação em relação à ostentação de luxo no corpo de uma mulher.[47] Juvenal não foi o único escritor a satirizar o amor indiscreto das mulheres por bugigangas, tampouco Berenice foi a única mulher a ser criticada. A incrivelmente rica terceira esposa de Calígula, Lolia Paulina, foi criticada por comparecer a um simples banquete de noivado coberta pelo equivalente a 40 milhões de sestércios em esmeraldas e pérolas, enquanto o ancestral de Lolia, Antônio, havia notoriamente tido um caso amoroso com uma mulher esbanjadora que não se importou em dissolver uma pérola inestimável numa taça de vinho para ganhar uma aposta. As críticas também realçavam o fato de que as joias custavam uma fortuna aos homens, e tinham de ser importadas da Índia, do Egito e da Arábia. Em resumo, o diamante de Berenice fez dela uma reencarnação de Cleópatra que havia ido para Roma com o intuito de criar problemas e espalhar seus modos estrangeiros esquisitos e sem princípios.

A afirmação de um de seus biógrafos modernos de que Berenice transformou o Palatino em uma corte oriental reflete mais essas suspeitas sobre influências "não romanas" do que qualquer transformação literal do Palatino, agora um reduto dos flavianos.[48] Entretanto, o fato de a amante de Tito realmente se encontrar num território político controverso é refletido por um comentário críptico do advogado da época Quintiliano, que, em seu famoso guia para a preparação de um orador bem-sucedido, observou que certa vez defendera um caso diante da "Rainha Berenice" do qual ela também era ré.[49] Não sabemos por que Berenice foi chamada É possível que Quintiliano não estivesse se referindo a um julgamento criminal, mas a uma reunião do conselho imperial, e que Berenice tivesse sido convidada — talvez pelo próprio Vespasiano — para dar seu teste-munho ou conselho em alguma questão na qual tivesse experiência, a exemplo da administração da Judeia.[50] Todavia, tratava-se de um cenário provocativo, e outras fontes deixam claro que a residência da princesa herodiana em Roma estava prejudicando a imagem de Tito. A oposição à sua presença prolongada na cidade é atestada por protestos de dois filósofos cínicos, Diógenes e Heras, que foram punidos por seus protestos públicos contra o relacionamento imoral de Tito. Diógenes foi açoitado depois de entrar em um teatro e fazer um longo e amargo discurso denunciando o caso de Berenice e Tito, enquanto Heras teve uma punição mais severa pela condenação pública do casal, e foi em seguida decapitado.[51]

A paixão de Tito por Berenice era vista como parte de uma lista de vícios pelos quais ele adquiriu uma reputação pouco lisonjeira durante o reinado do pai. Alegações de devassidão com eunucos e de aceitar subornos para mudar o resultado de julgamentos legais eram atiradas para todos os lados. O suicídio em 79 de dois senadores, Cecina e Marcelo, depois que Tito declarou-os culpados de conspiração, atraiu a hostilidade de outros senadores para o filho mais velho do imperador. Sugestões de que o povo romano enfrentava a perspectiva de outro Nero no trono caso ele sucedesse ao pai eram publicamente expressas. O mau cheiro da corrupção estava entranhado na família flaviana, e algo precisava ser feito se eles não quisessem ser postos na mesma categoria dos piores membros dos júlio-claudianos.[52]

No dia 24 de junho de 79, Vespasiano morreu depois de dez anos no poder e foi sucedido por seu filho mais velho. Praticamente da noite para o dia, de acordo com seu biógrafo da Antiguidade Suetônio, a reputação de Tito transformou-se da de um mercador dissoluto de vícios na de um sábio e amado imperador, suas festas barulhentas de bebedeira transformadas em reuniões elegantes e cheias de decoro, seu harém de rapazes dançarinos enviado de volta para o palco e sua inconveniente trupe de amigos substituída por um círculo de experientes conse-lheiros políticos. Ele era generoso para com seus súditos; oferecia-lhes espetáculos gladiatórios exuberantes, e ocasionalmente até mesmo dava o ar de sua graça nos banhos públicos, além de supostamente considerar um dia perdido se não tivesse atendido pelo menos um dos muitos peticionários para os quais sempre reservava tempo. Porém, a indicação mais forte da reparação da sua imagem foi a partida de sua amante Berenice da capital.[53]

A PEQUENA CLEÓPATRA: UMA PRINCESA JUDIA...   201

Até mesmo escritores romanos importantes caracterizaram a decisão da separação como difícil para ambas as partes. Suetônio apresentou uma sinopse do momento da separação entre o imperador romano e sua amante herodiana ao dizer: *demisit invitus invitam* — "ele a mandou embora mesmo apesar de nem ele nem ela quererem". Isso se tornaria o catalisador para a reinterpretação de Racine e outros desse comovente conto de dois amantes divididos.[54] Tito curvou-se à opinião pública e Berenice tivera sua *Conge*. Um relato antigo afirma que ela mais tarde retornou à cidade, mas não recebeu nenhum sinal do obstinado Tito, e então Berenice desapareceu novamente.[55]

Não se ouviu mais falar da rainha judia, e só podemos presumir que ela retornou para terminar seus dias na Judeia.[56] O fascínio pelo seu destino desconhecido é perfeitamente capturado em uma cena do romance de 1876 de George Eliot *Daniel Deronda*, que, em parte, conta a história de um jovem que durante o processo de descoberta de suas raízes judaicas se apaixona por uma judia misteriosa chamada Mirah. Ao chegar certo dia à casa do amigo e rival pelo afeto de Mirah, o artista Hans Meyrick, Deronda toma conhecimento de que Hans concebeu um plano para pintar uma "Série Berenice" de cinco movimentos da vida da heroína com Mirah como seu modelo: Berenice agarrada aos joelhos de Géssio Floro em Jerusalém; Berenice ao lado do irmão Agripa quando ele pede a seus conterrâneos por paz; Berenice exultante diante da perspectiva de se tornar imperatriz de Roma; Berenice sendo mandada embora de Roma por Tito, "ao mesmo tempo relutante e triste — *invitus invitam*, como disse Suetônio" —; e Berenice "sentada solitária nas ruínas de Jerusalém" — um final que Meyrick admite ser uma criação de sua própria imaginação: "Isso é o que deve ter acontecido — e talvez tenha... ninguém sabe o que aconteceu com ela".[57]

Como no caso de seu alter ego egípcio Cleópatra, as mesmas qualidades que tornam Berenice um tema tão sedutor para o público moderno foram aquilo que a tornou um alvo de suspeita e insultos entre uma série de observadores romanos. Sua suposta beleza, seu exotismo, o fato de ela ser diferente, o fascínio que ela exercia sobre o imperador, são marcas registradas das mulheres que haviam perturbado a imaginação romana, de Cleópatra a Popeia. O envolvimento de Berenice com Tito forneceu munição para aqueles que argumentavam que permitir que mulheres chegassem muito perto da engrenagem do governo era

202 AS PRIMEIRAS-DAMAS DE ROMA

algo que sempre causaria a queda de dinastias romanas. Poucos anos depois da partida da rainha herodiana de Roma, essas preocupações se concentrariam em Domícia, a esposa do irmão e sucessor de Tito.

O reinado de Tito durou apenas dois anos. Ele enfrentou uma série de desafios difíceis durante esse curto período, mais notavelmente a erupção do Vesúvio no outono de 79, que sepultou as cidades de Pompeia e Herculano sob um mar sólido de cinzas vulcânicas e deixou milhares de mortos e desabrigados. No ano seguinte, um terrível incêndio varreu Roma, destruindo o antigo pórtico de Otávia e outras obras importantes, e como se não bastasse a cidade foi ainda assolada por uma praga. A contribuição pessoal de Tito nos esforços para reduzir os danos causados por esses desastres rendeu-lhe uma grande popularidade que se tornou maior ainda quando o Coliseum foi oficialmente reaberto no ano 80 e se seguiram cem dias de jogos espetaculares em comemoração do evento. Mas essa lua-de-mel durou pouco, interrompida pela morte do imperador, causada por uma febre, aos 41 anos de idade, no dia 13 de setembro de 81, consolidando o caminho para uma série de teorias de conspiração geradas pelas suas misteriosas últimas palavras: "Tenho apenas um arrependimento". Alguns na época interpretaram isso como uma referência à sua recusa de dividir o poder com Domiciano ou a um suposto — embora veementemente negado — caso com a esposa do irmão, Domícia, enquanto outros desde então preferiram interpretar a frase de forma mais romântica como um lamento pela perda de Berenice.[58]

Quem sucedeu a Tito foi Domiciano, de 29 anos, o mais novo dos dois filhos de Vespasiano. Com duração de 15 anos, seu reinado foi o mais longo dos três imperadores flavianos, e, por um lado, seria lembrado como um período de intensa produção cultural, enquanto por outro como uma era de tirania e repressão cruel que anulou grande parte do trabalho feito na esfera das relações públicas por seu pai e seu irmão mais velho — uma característica que levou o Senado a punir esse indivíduo careca, meticuloso e excêntrico com uma ordem de *damnatio memoriae*.

Ao contrário dos predecessores de sua família, Domiciano já era casado quando subiu ao trono no dia 14 de setembro de 81. Domícia Longina, portanto, tornou-se a primeira — e, no final das contas, a única — "primeira-dama" oficial da dinastia flaviana, bem como a primeira esposa de um imperador romano desde Popeia, em 65, a ser nomeada *Augusta*.[59] Ela recebeu o título duas semanas depois da ascensão de Domiciano, uma concessão atipicamente rápida da honra.[60] A marca contida no título de *Augusta* havia claramente mudado desde a época em que ele era concebido meticulosamente apenas a matronas idosas como Lívia e Antônia, que não tinham mais a capacidade biológica de afetar a sucessão. Agora que o princípio do regime imperial já havia sido completamente incorporado, os imperadores não precisavam ser mais tão modestos em relação às honras oferecidas às mulheres de sua família.[61]

Na verdade, Domícia e Domiciano, ambos chegando à casa dos 30, ainda não tinham filhos. Um filho nascido antes de Domiciano tornar-se imperador faleceu na infância e fora postumamente deificado, gesto acompanhado pela cunhagem de moedas honrando Domícia como *Mater Divi Caesaris* — "Mãe do Divino César". Acredita-se que nenhuma outra imperatriz romana recebeu a honra de ser chamada mãe de "deus" ainda em vida, e provavelmente havia uma grande esperança de que Domícia pudesse ainda desenvolver o título oferecendo um herdeiro para a dinastia flaviana na ausência de um filho de Tito.[62] Ao contrário da família cheia de densos ramos de Augusto e Lívia, que regularmente oferecia inúmeras opções em herdeiros júlio-claudianos, todas as esperanças dos flavianos estavam depositadas nas mãos de Domícia, embora houvesse uma fonte alternativa de herdeiros na filha adolescente de Tito, Júlia Flávia, que também recebera o título de *Augusta* mesmo apesar de ser tão jovem.

Como seu pai, nos primeiros anos de seu reinado Domiciano tentou projetar a imagem de herdeiro político de Augusto, embarcando numa remodelação arquitetônica extremamente ambiciosa da cidade, ampliando as fronteiras do Império e fazendo da reforma moral o ponto principal de seu projeto de governo. Nesse sentido, ele seguiu o exemplo de Augusto com a promoção pública da fiação como o passatempo ideal para mulheres ao conceder um lugar de honra no templo de Minerva do seu novo fórum para uma cena de matronas romanas tecendo sob a égide da deusa. Também anunciou a reintrodução da legislação da ética sexual do primeiro imperador, uma política que, como antes, afetava mais as mulheres da elite. A antiga *Lex Iulia* contra o adultério — que não fora reforçada com rigor nos anos que se seguiram ao reinado de Augusto — foi restaurada e a pena de morte renovada para as Virgens Vestais que quebrassem seu voto de castidade. Uma das vítimas da legislação, a principal vestal Cornélia, aparentemente foi submetida à arcaica punição de ser enterrada viva, enquanto seus supostos amantes sofreram uma morte por apedrejamento.[63]

204 AS PRIMEIRAS-DAMAS DE ROMA

Enquanto isso, a *Lex Voconia* de 169 a.C., que limitara os direitos de herança das mulheres, também foi restaurada na tentativa de conter o crescimento de um grupo pequeno, mas significativo, de mulheres romanas que estavam se beneficiando de leis liberais de direitos de propriedade. Essas leis estavam permitindo que certas mulheres da elite acumulassem grandes fortunas sociais a partir de heranças e acordos de divórcio, mulheres como Ummidia Quadratilla, uma matriarca imensamente rica que relatos dizem ter tido uma vida de tanta independência e lazer que pôde financiar sua própria trupe de mímicos para se apresentar para a sua diversão e da sua comunidade.[64] As mulheres podem ter permanecido tão isoladas das instituições do poder político como sempre, mas as tentativas de Domiciano de restaurar as antigas leis augustas de adultério e herança tornam aparente a continuidade de um antigo debate, e que havia uma necessidade maior de conter a crescente liberdade financeira e social das mulheres.[65]

Domiciano, por sua vez, não demonstrava a disposição do pai de adotar uma residência simples. Em vez disso, juntou-se à linha de imperadores que se seguiria — com a exceção de seu pai — ininterrupta desde Augusto e estabeleceu sua própria residência no Palatino. Fazia cem anos que a modesta casa de pedra de Hortênsio fora requisitada para servir de residência para o primeiro imperador de Roma, e o monte sobre o qual a velha casa de Augusto e Lívia ainda permanecia de pé como um museu histórico agora estava completamente irreconhecível. Cada um de seus descendentes fizera seus próprios acréscimos à residência imperial, e os planos de Domiciano de criar um complexo palaciano com o nome de sua família eram tão ambiciosos que transformaram todo o monte. Projetada pelo arquiteto Rabirius, a nova "Domus Flavia" ganhou forma no pico do Palatino, um palácio de tijolos que cobria cerca de 40 mil m^2 e incorporava uma área pública magnífica ornada com paredes e colunas de mármore policromático destinada a entreter convidados, um hipódromo e uma área particular reservada para o uso restrito do imperador e sua família, construída em volta de átrios com jardins cujas fontes e canteiros de flores ofereciam um descanso do tumulto das salas de audiência pública. Autores antigos fizeram questão de elogiar o efeito geral; um poeta chamou a casa de "uma das coisas mais bonitas do mundo".[66]

O amor de Domiciano pela virtuosidade demonstrado pela estética de suas obras reflete-se na transformação exuberante que as tradições da representação das mulheres sofreram sob os flavianos, conforme atestado pelos modelos de

A PEQUENA CLEÓPATRA: UMA PRINCESA JUDIA...   205

Domícia e Júlia Flávia. Do modesto *nodus* usado por Lívia no final do século
I a.C. aos arranjos mais elaborados e ousados de cachos e mechas usados pelas
Agripinas na primeira metade do século I d.C., a era júlio-claudiana testemunhara
uma tendência gradual feminina de soltar os cabelos, por assim dizer. Contudo,
durante o reinado da dinastia flaviana, os cabeleireiros alçaram novos voos de
fantasia com o nascimento do chamado *Toupetfrisur*, um estilo caracterizado
por uma colmeia elevada de cachos estreitamente enrolados, cuja parte externa
alveolada também já foi comparada a esponjas do mar e tortellini.[67]

Para executar esse novo estilo, até oito colunas de cachos minúsculos ascen-
diam a fim de formar um pequeno pico pontudo. O cabelo empilhava-se a um
ponto tão elevado sobre as cabeças de Domícia, Júlia Flávia e as outras mulheres
representadas nesses retratos que já se supôs que armações de arames eram usadas
como um tipo de suporte para moldar as mechas.[68] Tinturas e cremes eram usados
para dar cor e brilho e para fixar, um efeito atualmente perdido, já que as representações de mármore da Antiguidade perderam todas as camadas de tinta que
poderiam ter nos dado uma ideia das cores usadas. Ingredientes medicinais eram
recomendados para o uso dessas tintas para cabelo, de sanguessugas que ficavam
de molho em vinho tinto para tingir os cachos de preto a uma mistura alcalina
de gordura de bode e cinza de faia conhecida como *sapo* para clareá-los. Esses
ingredientes precisavam ser usados com cuidado, como atesta um dos poemas
de Ovídio no qual ele censura com satisfação uma mulher que experimentara
uma técnica doméstica para pintar o cabelo:

"Eu lhe disse que parasse de usar corantes — e agora olhe só para você! Nenhum
cabelo digno de menção para tingir (...). Se seus cabelos caíram, a culpa não é
de nenhuma língua invejosa. Você aplicou a mistura sozinha. Foi você quem fez
isso. A culpa é toda sua."[69]

Penteados elaborados e elevados como o *Toupetfrisur* deviam levar horas para
ficar prontos, sendo necessárias equipes inteiras de *ornatrices* e complementos
como o *calamistrum* (chapinha) ou pentes de marfim, exemplos dos quais foram
descobertos através de escavações.[70] Se o retrato pintado pelos sátiros romanos
é preciso, a *ornatrix* que não satisfizesse sua senhora ou cliente enfrentava uma
dura punição: "Por que o cacho está para cima?", uma mulher exige que a pobre
cabeleireira explique em um desses cenários antes de dar vazão à sua raiva com

um chicote de couro.[71] Sabemos até os nomes de uma das *ornatrices* de Domícia, isso graças a uma placa de mármore feita em sua memória pelo marido que nos diz que seu nome era Telésfore e que ela morreu aos 25 anos.[72]

Observadores do sexo feminino que trafegassem pelos locais públicos onde as representações de Domícia e Júlia Flávia ficavam teriam reconhecido que, ao contrário do acessível *nodus*, os penteados das mulheres da família real flaviana eram um privilégio restrito às muito ricas, que podiam devotar tanto tempo e o trabalho de escravos à criação dessas elaboradas misturas. Não obstante, algumas mulheres aristocráticas evidentemente seguiam a nova tendência. Juvenal zombou da vaidade de uma mulher que "leva na cabeça o peso de fileiras sobre fileiras e empilha sobre ela andares sobre andares", de forma que mesmo que parecesse baixinha ao ser observada por trás ela pareceria estranhamente alta se observada pela frente.[73]

No entanto, como qualquer outra matéria orgânica, poucas amostras de cabelos de verdade sobreviveram da Antiguidade, tornando o relacionamento entre os retratos formais e os penteados usados no dia a dia mais obscuro. Alguns exemplares, contudo, foram encontrados nos lugares que correspondiam às antigas Britânia, Gália e Judeia, em tons que variam do loiro ao preto. Múmias da província do Egito exibem mulheres com penteados exatamente iguais aos modelados nos retratos esculpidos da capital imperial em Roma, mas isso ainda não significa que as mulheres em questão passavam pelo complexo ritual de ter os cabelos penteados assim diariamente.[74]

Podemos também nos perguntar por que os socialmente conservadores flavianos, que em muitos aspectos buscavam desassociar-se dos excessos extravagantes do regime anterior sob Nero, adotariam o que aos nossos olhos parece um estilo de cabelo tão frívolo como o *Toupetfrisur* como a assinatura oficial das representações públicas dos membros do sexo feminino da família. Na verdade, esses penteados rigorosamente preparados transmitiam a mensagem de uma ordem cuidadosamente dominada, cultivada e civilizada que estava em perfeita harmonia com o plano político dos maridos e pais das mulheres que os usavam. Desde a adolescência, uma mulher romana respeitável jamais usava os cabelos soltos em público. Mechas soltas eram o símbolo de mulheres sexualmente impuras ou bárbaras como a rainha guerreira britânica Boudicca. A exceção a essa regra eram as mulheres que estavam de luto, cuja demonstração de negligência para com a aparência era apropriada à sua demonstração de sofrimento. De outra forma, o uso dos cabelos soltos era um privilégio reservado às deusas, isentas às normas cívicas comuns. Para os flavianos, o feito técnico impressionante representado pelo *Toupetfrisur* ecoava as ambições da dinastia de impor moralidade, controle e ordem ao Império.[75]

Outra reforma politicamente relevante da tradição dos retratos tanto para os homens quanto para as mulheres da era flaviana foi o flerte com o estilo "realista" valorizado no período republicano. Durante o período júlio-claudiano, tanto retratos de homens quanto de mulheres da família imperial apresentavam de modo geral uma aparência jovem e maquiada para o mundo, mesmo quando o modelo já alcançara uma idade avançada. Contudo, debaixo dos novos penteados pomposos e pesados adotados por seus sucessores flavianos, as feições femininas voltaram a exibir sua imagem. Um busto de mármore de uma mulher de meia-idade tido amplamente como a imagem de Domícia numa idade madura, atualmente conservado no San Antonio Museum of Art, no Texas, ilustra esse novo fenômeno.[76] Seu cabelo está meticulosamente enrolado em quatro fileiras convexas com cachos moldados com precisão, a exibição máxima da arte da *ornatrix*, mas em vez dos contornos jovens e firmes da típica imagem júlio-claudiana, ela exibe um semblante pesado, as sobrancelhas franzidas sobre olhos com pálpebras pesadas, e com os vincos de suas linhas nasolabiais claramente visíveis contra suas bochechas rechonchudas.[77]

Ao adotar o estilo "realista" usado nas estátuas dos homens do período republicano, os flavianos provavelmente esperavam despertar memórias nostálgicas de uma era habitada por modelos da virtude feminina como Cornélia muito antes que Agripina, a Menor, e Popeia manchassem o livro das primeiras-damas romanas.[78] Mas por trás da magnífica fachada do palácio e de maravilhosos costumes morais, o casamento de Domiciano e Domícia na verdade exibia sinais deprimentes de estar sucumbindo aos piores hábitos dos júlio-claudianos.

Por volta de 83, dois anos depois da ascensão de seu marido, Domícia foi acusada de adultério com um famoso ator mímico de nome Páris — o que é bastante apropriado, considerando o crime cometido por Páris ao fugir com Helena de Troia, esposa de um rei. O ator foi publicamente executado, e seus fãs enlutados, que tentaram marcar o local do seu assassinato com flores, foram ameaçados de sofrerem o mesmo destino. Domícia e o imperador se divorciaram.[79]

Domícia não foi a primeira mulher da casa imperial a ser condenada por se envolver com alguém do show business. Uma das acusações feitas contra a filha de Augusto, Júlia, foi a de ter um caso com um ator chamado Demóstenes, enquanto a primeira esposa de Nero, Cláudia Otávia, foi acusada de adultério com um flautista egípcio como justificativa para a sua execução no exílio. A frequência desses casos reforça a suposição de que acusações de indecência sexual, particularmente com atores ou outros amantes servis, eram uma desculpa clássica para a eliminação de mulheres com propósitos mais políticos.[80] Se, no entanto, havia um motivo político explícito para o exílio de Domícia, ele não está claro em nossas fontes, embora o fato de ela não ter conseguido produzir o herdeiro seja uma razão plausível.[81] Como a pena para o adultério era a deportação, podemos presumir que, como outras esposas romanas caídas em desgraça, Domícia foi banida da cidade, embora não haja uma indicação de que seu destino foi — como o de Júlia, Agripina, a Maior, e outras mulheres imperiais — a ilha de Pandatéria.

Por enquanto, a posição de Domícia como principal dama do Império foi tomada pela sobrinha do imperador, Júlia Flávia. Agora por volta dos 18 anos, ela já experimentara a sensação de estar sob os holofotes públicos. Como seu pai Tito permanecera solteiro desde a partida de Berenice de Roma, ela fora o rosto gravado em suas moedas, exibido numa associação com a deusa Ceres, o modelo mais popular para as mulheres imperiais. Apesar de as esculturas que temos dela possuírem o exuberante penteado de cachos usado por outras damas modernas da sua geração, essas moedas exibem um chinó bem mais modesto que lembra alguns dos retratos de Lívia produzidos numa fase mais avançada do reinado de Augusto, uma indicação da admiração dos flavianos pela primeira imperatriz de Roma. Por outro lado, num rompimento abrupto com a tradição dos retratos de Lívia, tanto Júlia Flávia quanto sua tia Domícia às vezes são exibidas usando o que parece um diadema em forma de lua crescente nos cabelos. Tal insígnia régia ainda não fora vista na cabeça de nenhuma mulher da família imperial.[82]

Júlia Flávia tornara-se noiva do primo Flávio Sabino, mas, de acordo com o relato de Suetônio, esse enlace não fora a primeira opção de seu pai.[83] Quando ela ainda era uma menina, Tito insistira que seu irmão mais novo se separasse de Domícia e se casasse com Júlia Flávia com o intuito de fortalecer a dinastia flaviana. Domiciano repudiou violentamente a sugestão, supostamente pela paixão que tinha por Domícia, embora o infeliz precedente deixado pelo casamento de Cláudio com a sobrinha Agripina, a Menor, também possa ter servido de justificativa para a sua recusa.[84] Depois da partida de Domícia em 83, Júlia Flávia assumiu o papel de companheira do tio, o que gerou exatamente o tipo de fofoca que Domiciano preferiria ter evitado. Os detalhes são imprecisos e contraditórios, mas aparentemente as línguas começaram a falar quando o par passou a viver, nas palavras de um comentarista, "como marido e mulher, não fazendo grande esforço para esconder a situação".[85] O marido de Júlia Flávia, Júlio Sabino, foi executado pelo imperador por traição, e os rumores intensificaram-se com sugestões de que Júlia agora exercia uma influência política especial sobre o tio, persuadindo-o a elevar ao consulado um ex-prefeito do Egito chamado Urso que pouco tempo atrás fora ameaçado de execução por não demonstrar deferência suficiente ao imperador.[86]

No entanto, em apenas um ano, a saga da vida pessoal do imperador sofreu outra reviravolta. Domícia encenou um retorno. De acordo com relatos, multidões se reuniram nas ruas e exigiram o retorno da imperatriz, um eco dos protestos públicos que haviam exigido a volta de Júlia em 2 a.C. e de Cláudia Otávia depois das falsas acusações feitas contra ela por Nero em 62. Ao contrário dos tristes dois últimos casos, o resultado desta vez foi que Domiciano, de acordo com alguns arrependido da separação — embora evidentemente também estivesse buscando pôr um fim nos rumores a respeito dele e da sobrinha —, reconciliou-se com a esposa. Júlia Flávia permaneceu no Palatino, mas veio a falecer por volta de 87 ou 88, aproximadamente aos 22 anos, no que, de acordo com rumores, fora uma tentativa malsucedida de aborto imposta pelo pai da criança — Domiciano.[87]

Esse retrato confuso de incesto e traição não se encaixa com a deificação de Júlia Flávia, ordenada por Domiciano depois da sua morte, quando foram cunhadas moedas que mostravam a sobrinha do imperador sendo carregada para o céu pelo bico de um pavão.[88] O estigma que levara Augusto e Tibério a serem tão cuidadosos em relação à deificação de mulheres da sua família claramente ficara para trás — a filha de Vespasiano, Domicília, que não viveu para ver o pai tornar-se imperador, também foi representada como uma deusa em suas moedas.[89] Mas a história de que Júlia Flávia abortara o filho do tio não desapareceu. Juvenal, escrevendo indiretamente sobre o caso anos depois, criticou a hipocrisia daqueles que pregavam a moralidade enquanto tinham o comportamento oposto — o "adúltero" em questão era Domiciano, e as "leis amargas" uma referência à restauração da legislação moral de Augusto:

Foi exatamente assim com o adúltero de tempos mais recentes, deificado por uma união digna de uma tragédia, que tentou restaurar leis amargas para aterrorizar a todos, até mesmo Vênus e Marte, ao mesmo tempo que Júlia abria seu útero fértil com inúmeros indutores de aborto e expelindo pedaços que lembravam o tio.[90]

Em meio à confusão, um fato claro emerge: o destino de Júlia Flávia é uma prova de que, apesar da facilidade com que a honra da deificação era agora concedida a mulheres da família imperial, homenagens divinizadoras eram mais um benefício de rotina do que uma homenagem pessoal com o propósito de promover o imperador, e não a homenageada. Isso também aponta para o valor que era atribuído às mulheres da família imperial: por mais que pudessem em algum momento ser importantes para o perfil público do imperador, elas eram dispensáveis e substituíveis — meras coadjuvantes numa narrativa muito maior que a da sua própria vida, uma narrativa que sempre ameaçaria engoli-las.

A última década do reinado de Domiciano foi tumultuada, caracterizada por conflitos contínuos com o Senado, que criticava o estilo autocrático do governo do imperador e sua exigência de ser chamado de "Senhor e Deus", e pela execução de inúmeros oponentes. Entre estes se encontrava o cônsul de 95, Flávio Clemente, marido da própria sobrinha do imperador, Flávia Domicília, sob a acusação de ateísmo. Flávia Domicília foi acrescentada à longa lista de mulheres da família imperial que foram exiladas para Pandateria, onde morreu. Mais tarde, ela foi declarada uma seguidora do Cristianismo pela Igreja Ortodoxa Grega e a Igreja Católica Apostólica Romana, e canonizada.[91]

A paranoia de Domiciano diante do que via como ameaças era tão grande que diziam que ela o levara a instalar paredes espelhadas em seu palácio a fim de poder ver seus inimigos chegando. Porém, uma trama genuína para eliminá-lo foi eventualmente engendrada por seus próprios cortesãos, uma conspiração da qual de forma geral acreditava-se que Domícia estava ciente. Uma das fontes afirma especificamente que a imperatriz passara a temer por sua vida, e que, quando por acaso encontrou uma "lista da morte" escrita pelo marido com os nomes de quem ele planejava executar em seguida, informou as próximas vítimas, que executaram o plano de assassinato. O imperador foi morto a punhaladas em seu quarto no dia 18 de setembro de 96.[92]

A PEQUENA CLEÓPATRA: UMA PRINCESA JUDIA...   211

Domiciano foi o último imperador da dinastia flaviana. Ele e Domícia não deixaram filhos para dar continuidade à linhagem da família. Depois de sua morte, seu corpo foi deixado aos cuidados da velha ama-seca da família, Fílis. Ela o cremou em seu jardim na Via Latina e levou suas cinzas escondidas para o templo do *gens* flaviano, que Domiciano estabelecera como o mausoléu da família no local do seu nascimento, a "Rua Pomegranate", no Monte Quirinal. Fílis decidiu misturar suas cinzas às de sua sobrinha, Júlia Flávia, que a ama-seca também criara desde pequena.[93] Uma versão posterior do obituário de Domiciano afirma que Domícia requisitara o corpo do marido, feito em pedaços, e pedira a um escultor que produzisse uma estátua a partir de sua forma recomposta, estátua que mais tarde apareceu no Capitólio, em Roma. É possível que esse relato do século VI tenha sido inventado para explicar as rachaduras na estátua em questão, as quais podem ser em parte cicatrizes curadas da *damnatio memoriae* lançada contra Domiciano.[94] A descrição de uma testemunha do prazer desenfreado e selvagem com que as representações de Domiciano foram vandalizadas depois da morte do imperador por seus súditos nos dá uma ideia das cenas que provavelmente se seguiram a ordens semelhantes para a destruição de esculturas de mulheres malditas como Messalina.

> Foi um prazer quebrar aquela face arrogante em pedaços, ameaçá-la com a espada e atacá-la com selvageria com machados, como se sangue e dor fossem fluir a cada golpe. Ninguém era capaz de controlar sua alegria e essa felicidade por tanto tempo ansiadas, quando a vingança foi vislumbrar sua imagem, separada em membros e pedaços mutilados, e, acima de tudo, contemplar esses retratos vandalizados e abomináveis serem atirados ao fogo e queimarem a fim de serem transformados de coisas que projetavam tanto terror e ameaça em algo útil e prazeroso.[95]

Ao contrário dos retratos desfigurados de Messalina e Domiciano, contudo, os de Domícia permaneceram completamente intactos. Duas moedas de bronze da Ásia Menor cunhadas com as cabeças do imperador e sua imperatriz exibem sinais de danos deliberadamente infligidos ao perfil dele, enquanto o dela continuou intocado. Retratos de Domícia que podem ser datados do período mais avançado de sua vida sobrevivem, uma indicação de que os sucessores de Domiciano viam vantagens na promoção de sua imagem. É possível que eles percebessem o capital político contido na veneração da esposa que era suspeita de ter tomado parte na sua queda, libertando o povo romano de um governante impopular.[96] Nesse aspecto, Domícia conseguiu obter uma própria reputação independente da do marido, desafiando a convenção histórica pela qual o destino e a reputação de uma mulher estavam irrevogavelmente ligados aos do marido.

Como Lívia, a única *Augusta* antes dela a ter vivido mais que seu marido, Domícia conservou um status respeitável na sociedade em sua viuvez. Ainda que, ao contrário da primeira imperatriz romana, ela não tenha mais sido citada nas fontes literárias após o assassinato de seu marido, há indicações de que ela manteve uma fonte independente de dinheiro proveniente de suas olarias. O ano de sua morte não é conhecido, embora a data estampada nos tijolos sobreviventes de suas olarias indique que ela não apenas viveu pelo menos trinta anos mais do que o marido, mas viu dois outros imperadores sucederem-no. Isso teria feito dela uma senhora de 80 anos à altura de sua morte. A inscrição de uma pastilha de mármore encontrada na cidade antiga de Gabii, nos arredores de Roma, registra a dedicação no ano 140 de um templo à memória de "Domícia Augusta" numa faixa de terra doada pelo conselho local financiado por um dos homens libertos da imperatriz e por sua esposa, Policarpo e Europa. Eles também abriram um fundo para permitir que a cidade celebrasse o aniversário de Domícia (11 de fevereiro) todos os anos com a distribuição de alimentos, boa ação divulgada em uma placa de bronze e fixada em locais públicos para que os cidadãos pudessem ler.[97]

A dinastia flaviana representa um interlúdio na história das primeiras-damas romanas. Ao contrário das primeiras décadas do regime imperial, quando a política fora restrita a uma única família, as circunstâncias da ascensão dos flavianos resultou na transferência do trono pela primeira vez para um círculo mais amplo, significando uma mudança na maré dos círculos políticos romanos. Uma nova elite arrivista agora percorria os corredores do poder romano, homens que pegaram carona com Vespasiano e seus filhos, e era desse celeiro de talento que a geração seguinte de imperadores e imperatrizes seria escolhida. Berenice, Caenis, Júlia Flávia e Domícia, mulheres muito diferentes e com relacionamentos diferentes com os imperadores, parecem de certa forma representar o eco final da velha guarda: Berenice e a semelhança com a antiga inimiga de Augusto, Cleópatra; Caenis e sua ligação próxima à família júlio-claudiana; Júlia Flávia, outra mulher imperial acusada de exercer uma influência incestuosa sobre o tio; e Domícia, como tantas entre suas predecessoras, acusada de ter conspirado para o assassinato do marido.

Contudo, esse grupo variado de mulheres também apontava para um novo caminho para as primeiras-damas de Roma. Com o desenrolar da segunda metade de sua história imperial, as consortes da cidade começaram a provir de um círculo bastante diferente de candidatas — de famílias sem um antigo pedigree político, de origens tão humildes quanto o campesinato, de províncias tão distantes quanto a Síria. O direito de ser o membro desse clube feminino da elite não seria mais o privilégio exclusivo de uma única família, e nem sequer de uma região nativa.

6

Boas imperatrizes: As primeiras-damas do século II

O corpo foi queimado na praia, pouco depois da minha chegada, numa preparação para os ritos triunfantes que seriam solenizados em Roma. Não havia quase
ninguém presente na cerimônia muito simples, que foi realizada de madrugada
e foi somente o último episódio da longa homenagem das mulheres à pessoa de
Trajano. Matidia chorava descontroladamente, os traços de Plotina pareciam
embaçados sob o ar que se agitava ao calor da pira funerária. Calma, distante, levemente abatida pela febre, ela permanecia, como sempre, friamente impenetrável.

Memórias de Adriano, de Marguerite Yourcenar (1951)[1]

Numa madrugada de novembro do ano 130, cerca de três décadas depois do
fim da dinastia flaviana, um grupo de importantes turistas romanos se reuniu
aos pés de uma das atrações mais populares do Egito. Fazia parte do grupo o
imperador Adriano, sua esposa Sabina e uma poetisa amadora e membro da casa
real imperial da Comagena chamada Júlia Balbila. O objeto da admiração dos
turistas era o Colosso "cantante" de Memnon, um par de estátuas sentadas de
18 metros de altura erigidas em Tebas por volta de 1400 a.C. em homenagem
ao faraó Amenófis. Ele adquirira seu apelido melódico por causa do grito agudo
semelhante ao toque da corda de uma lira que parecia vir da laringe da estátua,
embora fosse provavelmente apenas o som causado pela evaporação da umidade
noturna nas juntas de arenito sob o calor do deserto. Não obstante, vários entre
as centenas de turistas que anualmente faziam a peregrinação até o gigantesco
monumento escreveram versos em suas pernas para comemorar a experiência
milagrosa de ouvir uma estátua falar.[2]

A atmosfera entre os visitantes VIPs daquela manhã de novembro talvez fosse um pouco sombria. Poucas semanas antes, o amado jovem companheiro de Adriano, Antínoo, que deveria estar entre os membros do grupo, havia morrido afogado em circunstâncias estranhas no Nilo. O grupo do imperador já visitara o Colosso no dia anterior, mas a estátua permanecera em silêncio, e os funcionários encarregados tinham razão de estar nervosos por temerem que a estátua mais uma vez falhasse em encenar seu truque para essa ilustre audiência. Felizmente, desta vez, como o sol veio aquecer os ásperos contornos de pedra do monumento, sua marca finalmente foi ouvida. Em honra do momento, quatro poemas para registrar a visita do grupo imperial foram compostos por Júlia Balbila e gravados na perna e no pé esquerdo do Colosso, ao lado de outras ofertas literárias honorárias já presentes, todas versões mais elegantes e formais da pichação "Estive aqui":

Eu, Balbila, quando a rocha falou, ouvi a voz do divino Memnon, ou Famenoth. Vim aqui com a amável imperatriz Sabina. O curso do sol estava em sua hora primeira, no 15º ano do reinado de Adriano, no 24º dia do mês de Hatur. [Escrevi isso] no 25º dia do mês Hatur.[3]

Setenta anos depois da visita de Adriano e Sabina, outro imperador, Septímio Severo, fez sua própria viagem familiar até a estátua, e, num gesto bem-intencionado, ordenou que os danos causados a ela por um terremoto em 27 a.C. fossem reparados. A consequência imprevista foi que o "canto" cessou, e o fluxo de turistas também. Atualmente, o Colosso de Memnon continua em silêncio, e os poemas gravados por Júlia Balbila estão quase invisíveis, apagados pela areia serpeante do deserto.[4] Assim como esses poemas desapareceram, o mesmo aconteceu a grande parte da imagem de Sabina e das outras mulheres imperiais romanas do século II.

Embora a dinastia flaviana tenha sido sucedida em 96 por um hall da fama imperial, um período notoriamente batizado pelo filósofo da Renascença Nicolau Maquiavel como uma era de cinco "bons" imperadores, as mulheres dessa era permanecem praticamente desconhecidas. Nerva (96-8), Trajano (98-117), Adriano (117-38), Antonino Pio (138-61) e Marco Aurélio (161-80) governaram durante um período de relativa estabilidade política, livre de assassinatos e guerras civis, que viu Roma alçar asas e alcançar o máximo que conseguiria em limites territoriais.[5] Todavia, as mulheres que esses novos imperadores escolheram por esposas receberam pouca atenção tanto nos relatos do período quanto nas obras de artistas e dramaturgos posteriores que se inspiraram com satisfação nos problemas e tribulações de suas irmãs mais infames e glamourosas do século II.

O anonimato de Plotina e Sabina, se comparado a um elenco de suspeitas que incluem Messalina e Agripina, a Menor, poderia ser interpretado como uma indicação de que os imperadores agora haviam conseguido fazer as mulheres de sua família seguirem os ideais da domesticidade tranquila e da moralidade estrita. Talvez, ao manterem suas esposas e filhas longe dos holofotes, Trajano, Adriano e os outros "bons" imperadores do século II tenham sido bem-sucedidos onde seus predecessores júlio-claudianos, e até certo ponto também os flavianos, falharam. Em parte, contudo, essa impressão é cortesia do novo terreno literário no qual nos encontramos. Tácito e Suetônio, os principais responsáveis pelo destino historiográfico de Lívia e suas descendentes júlio-claudianas, escreveram suas histórias como membros das cortes de Trajano e Adriano, servindo aos interesses desses imperadores ao comentarem sobre a depravação dos regimes anteriores e contrastá-la oportunamente ao dos imperadores de sua própria época. Nenhum desses relatos vai além do reinado de Domiciano, levando-nos a recorrer a outras fontes menos satisfatórias para a obtenção da maior parte das informações que temos da história imperial do século II e sobre a posição ocupada pelas mulheres que fizeram parte dela — fontes como a obra de autoria anônima e notoriamente pouco confiável *Historia Augusta*, cheia de fabricações óbvias e citações inventadas.[6]

No entanto, há outra razão importante para esse anonimato aparente. Com o advento das dinastias que governaram Roma no século II, as capacidades reprodutivas de uma mulher foram eliminadas como um elo na cadeia que determinava a transferência de poder de um imperador para outro. Entre a ascensão de Nerva em 96 e a transmissão do trono de Marco Aurélio para seu filho Cômodo em 180, cada candidato bem-sucedido a imperador era selecionado a dedo e oficialmente adotado como filho por seu predecessor, com quem poderia ter uma relação consanguínea distante, ou mesmo nenhuma. Por um lado, a família imperial foi forçada a adotar essa política pelo fato de que os casamentos de Trajano, Adriano e Antônio Pio todos falharam em produzir filhos. Por outro, ela foi encorajada pelos legalistas de seus regimes como um resultado positivo que garantia que os imperadores seriam escolhidos por mérito e que Roma não sofreria outro desastre imperial como Nero.[7]

218 AS PRIMEIRAS-DAMAS DE ROMA

Contudo, enquanto as fontes literárias antigas conservam-se silenciosas em relação às atividades de Plotina e suas colegas do século II, investigações arqueológicas revelam que retratos oficiais das mulheres imperiais do século II em moedas e estátuas estavam tão onipresentes no Império Romano quanto aqueles de suas antecessoras mais notórias.[8] Além disso, o véu sufocante jogado sobre as vidas das imperatrizes do século II da corrente biográfica principal é traído por fontes mais quixotescas, incluindo cartas particulares e inscrições casualmente preservadas, que nos dão vislumbres breves, mas cheios de cores, das esposas de Trajano, Adriano e companhia, produzindo sua própria marca vital nos legados de seus maridos.

O trono subitamente desocupado depois do assassinato de Domiciano em 96 foi temporariamente ocupado por Marco Coceio Nerva, um distinto ex-cônsul que foi a escolha relutante dos assassinos de Domiciano na ausência de outros candidatos. O papel exercido por esse homem idoso e sem filhos foi mais o de um zelador, compelido a aplacar o descontentamento de elementos do exército adotando o popular e beberrão governador da Germânia Superior, Marco Úlpio Trajano, e o apontando como seu sucessor, livrando Roma de outro período de instabilidade. Com a morte de Nerva no dia 28 de janeiro de 98, Trajano fez uma sucessão tranquila no lugar de seu pai adotivo. Seu reinado de 19 anos fez dele um dos líderes mais militarmente bem-sucedidos de Roma, cujas realizações incluem a ampliação dos limites do Império para abarcar a Arábia, a Armênia e a Mesopotâmia, a derrota da oponente Pártia e uma grande vitória no Danúbio nas Guerras Dácias, celebrada com detalhes meticulosos na coluna homônima do imperador erguida no coração de Roma.

Nascido por volta de 53 na província da Bética, sul da Espanha, Trajano foi o primeiro imperador romano proveniente de fora da Itália. Sua ascensão representou uma ruptura com a nova classe política das elites provincianas promovida sob os flavianos, incluindo homens como o próprio pai de Trajano, que havia comandado com sucesso a décima legião no reinado de Vespasiano durante a derrota da revolta judaica e recebera como recompensa um consulado. Se a ascensão de Trajano representava um grande salto para a classe arrivista, o mesmo pode ser dito do novo grupo de mulheres que passou a usar o manto da imperatriz.

Pompeia Plotina foi a primeira dessa nova onda. Pouco se sabe sobre suas origens, mas os indícios levam a crer que ela era de Nemauso (a cidade francesa

1. Lívia supervisionando a produção de roupas para sua família, em um desenho do artista francês André Castaigne. A costura era o passatempo típico da matrona romana.

2. A atriz Siân Phillips em sua famosa performance malévola de Lívia, na adaptação da BBC para o romance de Robert Graves, *Eu, Cláudio, Imperador*.

3. Os exuberantes painéis de jardins da sala de jantar da vila de verão de Lívia em Prima Porta estão entre as mais magníficas pinturas romanas já descobertas.

4. Detalhe de *Virgílio lendo a Eneida para Lívia, Otávia e Augusto*, de Jean Auguste Dominique Ingres (1819). Otávia desmaia ao ouvir o nome do filho, Marcelo, observada por Lívia, suspeita de envolvimento na morte do jovem.

5. Este busto de Otávia foi encontrado em Velletri, cidade natal de sua família, a sudeste de Roma. Ele possui traços fortes, semelhantes aos das representações de seu irmão. Como Lívia, Otávia usa os cabelos penteados num *nodus*.

6. Marco Antônio (à direita) gerou controvérsia ao colocar não apenas seu rosto, mas também o de sua amante, Cleópatra, em moedas produzidas nas casas de cunhagem orientais sob seu controle.

7. A imagem em miniatura da filha de Augusto, Júlia, no reverso de uma moeda cunhada em 13-12 a.C., entre as cabeças de seus dois filhos pequenos, Caio e Lúcio.

8. Este busto de mármore de Antônia, a Menor, é conhecido como "Antônia da Casa Wilton", batizado numa referência à residência de seu antigo dono, o oitavo conde de Pembroke e Montgomery.

9. A tela do pintor americano Benjamin West, *Chegada de Agripina a Brindisi com as cinzas de Germanico*, foi revelada ao público em 1768 e lhe rendeu o patrocínio do rei George III.

10. No filme de 1972 de Federico Fellini, *Roma*, um jovem no cinema imagina a esposa do farmacêutico local, descrita como "pior que Messalina", recebendo clientes que fazem fila ao redor de seu carro e depois girando em cima do veículo em trajes romanos.

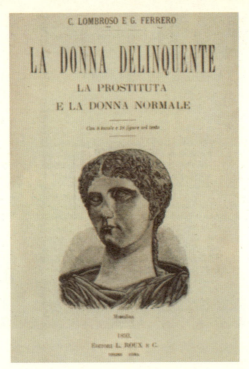

11. Cesare Lombroso e Guglielmo Ferrero usaram um desenho de um busto, que se acredita ser de Messalina, na folha de rosto de sua célebre publicação sobre a criminologia feminina, *La Donna Delinquente* (1893), supondo que em seu rosto o leitor pudesse identificar a propensão da imperatriz para a transgressão das normas.

12. A Gemma Claudia, provavelmente um presente de casamento para Cláudio e Agripina, a Menor. As cabeças sobrepostas de Cláudio e Agripina, a Menor, são exibidas encarando os populares pais da noiva, os falecidos Germânico e Agripina, a Maior.

13. Este relevo de Agripina, a Menor, coroando o filho Nero foi descoberto em 1979 em Afrodisias, na Ásia Menor romana. Ela carrega uma cornucópia de frutas no braço esquerdo, numa alusão a Diâmetra, deusa grega da colheita.

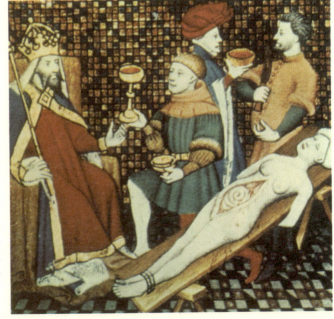

14. Um rumor de que Nero mandara abrir a barriga da mãe falecida a fim de poder ver de onde viera ganhou popularidade na Idade Média. Esta ilustração pode ser encontrada no manuscrito *De casibus virorum illustrium* (*Dos destinos dos homens famosos*), de Giovanni Boccaccio.

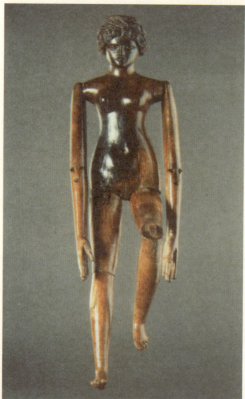

15. Lápide com relevo de terracota do século II de Óstia mostrando uma parteira romana preparando-se para fazer um parto, enquanto outra mulher se encontra atrás da cadeira de parto dando apoio à mãe. Essas cadeiras tinham buracos em forma de lua crescente em seus assentos através dos quais o bebê passava e era recebido pela parteira.

16. Uma boneca de marfim com articulações encontrada no túmulo de uma menina chamada Crepereia Trifaena, que viveu no século II. Observe as proporções adultas da boneca, com seus quadris largos, ideais para comportar um bebê, e os cabelos penteados no estilo popularizado pelas mulheres da família imperial da época, tais como Faustina, esposa de Marco Aurélio.

17. Colar romano com peças de ametista, granada e topázio, datado do século II ou III. A quantidade de joias que uma mulher poderia usar era um tema de reflexão para a imaginação romana. O excesso podia indicar uma natureza frívola e gananciosa, enquanto a escassez podia significar a inferioridade do *status* do marido ou do pai da mulher em questão.

18. Este retrato, pintado de uma múmia do distrito de Faium, Egito, exibe uma mulher repleta de joias, um contraste notável em relação aos retratos oficiais das mulheres imperiais.

19. Pente de marfim encontrado no túmulo de uma mulher, datado do século III ou IV. Parece ter sido gravado com o nome da mulher, Modestina. Muitos itens semelhantes, que faziam parte das penteadeiras das mulheres romanas, foram recuperados, incluindo frascos de perfume, caixas de maquiagem e até mesmo um *calamistrum* (acessório para cachear os cabelos).

20. Busto de Lívia, com os cabelos penteados no austero estilo *nodus* comumente usado pelas matronas romanas do século I a.C.

21. O luxuoso penteado de ondas e cachos precisamente dispostos de Agripina, a Maior, representava um contraste total com o rigidamente simples *nodus* usado por suas predecessoras.

22. Este busto, que de forma geral se acredita ser de Domícia, exibe, para a produção de um efeito notável, o exuberante penteado que se tornou popular durante a dinastia flaviana, na segunda metade do século I.

23. O penteado firme e rígido da esposa de Trajano, Plotina, não parece ter ganhado popularidade entre as mulheres do século II.

24. O coque de estilo franzido desta mulher, que se acredita ser Júlia Mameia, foi precursor de penteados semelhantes usados pelas mulheres no final do século III e início do século IV.

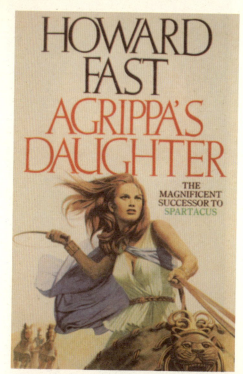

25. O romance de Howard Fast, *Agrippa's Daughter* (1964), descreve Berenice como uma brava, bela e ruiva defensora de seu povo.

26. Esta imagem do Museu do Vaticano, do imperador Antonino Pio do século II e de sua esposa Ânia Galeria Faustina sendo levados para o céu em unidade conjugal, foi a primeira apoteose imperial conjunta representada pela arte romana.

27. O "tondo de Berlim", de Septímio Severo, sua esposa Júlia Domna e seus dois filhos, Caracala e Geta, é o único retrato pintado de uma família imperial a ter sobrevivido à Antiguidade. A destruição do rosto de Geta foi ordenada por seu irmão.

28. Em *The Dream of St Helena* (c. 1570), de Paolo Veronese, dois anjos carregando a Vera Cruz aparecem em sonho para a mãe de Constantino, inspirando-a a procurar o lugar onde ela foi escondida.

29. O momento da descoberta, por Helena, da Vera Cruz, na qual Jesus foi crucificado. Ela é acompanhada por uma criada à esquerda e por Judas Ciríaco à direita. A versão de Judas Ciríaco da descoberta da Cruz era imensamente popular na Idade Média.

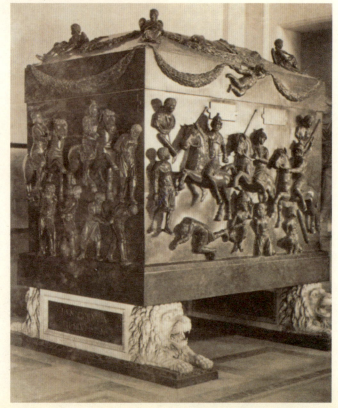

30. O grande sarcófago de alabastro de Helena, mãe de Constantino. Ele se encontrava originalmente em um mausoléu próximo à sua propriedade em Roma, mas foi removido no século XII para servir de túmulo para o papa Anastácio IV. Sua decoração militarista sugere que ele pode ter sido originalmente destinado a um membro do sexo masculino da família de Constantino.

31. O general, vândalo de nascença, Estilicão com a esposa Serena e o filho Euquério.

32. Pulquéria era uma figura proeminente na corte do irmão Teodósio II em Constantinopla. Moedas exibem-na com o penteado adornado por joias, típico dos retratos de mulheres da família imperial do século V; do outro lado, uma imagem da deusa Vitória pintando um símbolo cristão em um escudo.

33. A imperatriz Gala Placídia, surpreendida com os filhos Honória e Valentiniano III por uma tempestade que ameaçava derrubar o barco, profere suas orações a São João Evangelista.

34. Embora seja quase certo que os restos mortais de Gala Placídia estejam sepultados no mausoléu imperial sob o de São Pedro em Roma, certa vez se acreditou que seu corpo estivesse em um sarcófago no chamado Mausoléu de Gala Placídia, em Ravena. A construção é famosa pelo belo interior de mosaicos azuis ricos em simbolismos cristãos.

de Nîmes), na Gália, e nasceu por volta do ano 70, na época em que Vespasiano tornou-se imperador.[9] O fato de ela ter sido escolhida para a noiva de Trajano, o promissor membro do clã ulpiano, indica pelo menos que sua família, da qual não temos nenhuma informação, provinha de um grupo igualmente bem relacionado da classe senatorial. O casamento entre esse filho e essa filha de famílias da nova elite, originários de locais que ficavam a centenas de milhas de distância da capital, refletia a diversidade social presente na nova classe política de Roma.

Plotina tinha quase 30 anos de idade quando se casou com Trajano, o que aconteceu pelo menos dez anos antes de ele se tornar imperador. Contudo, até o dia em que ela colocou os pés no antigo palácio de Domiciano como a nova primeira-dama de Roma, nem um único vestígio da história de sua vida sobrevive. Isso em parte é um reflexo da costumeira indiferença com que se via a educação de uma mulher em relação à do marido. Porém, também está relacionado ao fato de que, como uma mulher que não teve filhos, Plotina não teve nem sequer um papel na formação de um futuro imperador, como aconteceu a Lívia, negando-nos o tipo de pérolas casuais que enriquecem a biografia de Lívia, tais como a fuga de um incêndio na floresta espartana com o pequeno Tibério nos braços.[10]

No entanto, quando Plotina finalmente estreou nos registros históricos, o fez com um sucesso digno da primeira imperatriz de Roma. Depois de subir os degraus e cruzar a porta de sua nova casa no Palatino pela primeira vez, ela supostamente se virou devagar para o mar de rostos que a observavam e proferiu a seguinte frase:

Entro aqui como o tipo de mulher que quero ser ao partir.[11]

Foi uma declaração apropriada para o símbolo feminino de uma nova dinastia determinada a eliminar o gosto desagradável deixado pelas guerras civis internas da família de Domiciano, assim como os flavianos haviam tentado estabelecer o máximo de distância entre si e os piores excessos dos júlio-claudianos. Para Plotina, a chance de seguir os passos de Domícia era como uma faca de dois gumes. Considerada de forma geral uma das arquitetas da queda do marido, Domícia agora vivia num retiro luxuoso, aproveitando os frutos da renda obtida com suas olarias e continuando a receber honras até sua morte. Mas a memória dos danos causados ao legado flaviano pelos conflitos matrimoniais de Domiciano e Domícia, o escândalo da sua separação e o aborto de Júlia Flávia não haviam desaparecido. As fofocas sobre o casal em guerra ainda circulavam, e Plotina, portanto, viu-se numa posição em que podia oferecer um revigorante contraste moral, mas ao mesmo tempo precisava transpor a sinistra sombra moral lançada por sua predecessora sobre o papel de primeira-dama.[12]

Desde o primeiro dia do reinado de Trajano, todos os cuidados foram tomados para moldar uma imagem excepcional de Plotina, que não corresse o risco de ser comparada a Domícia ou qualquer outra de suas infames antecessoras. Depois de ter dedicado seus primeiros dois anos no poder a uma viagem de inspeção das tropas, no ano 100 Trajano apareceu em Roma pela primeira vez desde a sua ascensão, e teve sua chegada anunciada em um discurso enaltecedor de Plínio, o Jovem, feito pelo autor diante de uma plateia composta pelo imperador e pelo Senado.[13] Grande parte do discurso foi feita com o intuito de promover o bom comportamento de Trajano, um contraste explícito ao do seu predecessor tirânico, Domiciano. Contudo, Plínio também teve o cuidado de elogiar a escolha do novo imperador para esposa, observando que enquanto "muitos homens distintos da história" (Plínio não precisava soletrar a alusão aos imperadores anteriores) haviam sofrido danos irreparáveis graças às escolhas inadequadas que haviam feito nesse quesito, Trajano escolhera Plotina, uma mulher de virtude à moda antiga, estilo pessoal modesto e uma atitude gentil que só lhe trazia mais crédito:

> De tua posição ela não exige nada para si, somente o prazer que lhe dá, inabalável em sua devoção não para com o teu poder, mas para contigo. Vós sois exatamente os mesmos um para o outro que sempre foram, e vossa apreciação mútua permanece intacta; o sucesso trouxe-vos nada além de uma nova compreensão da vossa habilidade de viver à sua sombra. Quão modesta ela é em seus trajes, quão moderado o número de seus criados, quão despretensiosa ao andar no exterior! Esta é a obra de seu marido, que moldou e formou seus hábitos; há glória o bastante para uma esposa na obediência.[14]

Plínio não mencionou Plotina pelo nome nem sequer uma vez em seu discurso. Trata-se de uma atitude deliberada, visto que seu encômio à atitude modesta e à devoção dela para com o marido era direcionado não exatamente a Plotina como indivíduo, mas ao que ela aprendeu com Trajano. Enquanto os imperadores anteriores haviam enfrentado o escrutínio de suas vidas particulares que andava de mãos dadas com o cargo elevado que ocupavam, o panegírico de Plínio elogiava Trajano por garantir que toda a sua família seguisse o padrão sem manchas de conduta moral que ele próprio mantinha. A tese comum continuava de pé: um governante que mantinha sua casa em ordem também tinha a capacidade de manter o Império em ordem. O desvio do crédito de Plotina para seu marido pode em parte se dever aos traços inerentes do gênero panegirista, mas também anunciava o lugar que as mulheres do novo regime deveriam ocupar — vários passos atrás, seguras à sombra do imperador.[15]

A imagem da tranquila unidade familiar na casa que servia de sede do governo romano era reforçada no elogio de Plínio ao relacionamento harmonioso que Plotina e a irmã mais velha de Trajano, Ulpia Marciana, cultivavam. Como sua cunhada, Marciana é uma figura enigmática nos anais da história, sua identidade encerrada na do imperador, e a única referência que temos ao seu caráter é a homenagem de Plínio a uma mulher que valorizava a mesma "sinceridade franca e honestidade" que o irmão. Mais uma vez, contudo, Plínio estava menos interessado em ajudar os futuros biógrafos de Marciana do que em chamar atenção tanto para a harmonia entre irmão e irmã quanto para a das cunhadas, um contraste implícito aos conflitos e rivalidades presentes entre mulheres que já haviam residido anteriormente no Palatino como as arqui-inimigas Lívia e Agripina, a Maior, ou Agripina, a Menor, e Popeia:

Nada leva mais rapidamente à divergência, sobretudo entre as mulheres, do que a rivalidade que costuma surgir na proximidade, alimentada pela semelhança de status e inflamada pela inveja até acabar em ódio declarado; é digno de nota, portanto, quando duas mulheres na mesma posição podem dividir uma casa sem exibir um único sinal de inveja ou rivalidade. Seu respeito e consideração uma pela outra é mútuo, e como ambas o amam com todo o seu coração, elas acham que não faz diferença quem vem em primeiro lugar no teu afeto. Unidas como estão no propósito de sua vida diária, nada parece dividi-las; seu único objetivo é seguirem teu exemplo, e, consequentemente, seus hábitos são os mesmos, sendo moldados de acordo com os teus.[16]

Da alusão à sua proximidade e com base nos precedentes, podemos presumir que Marciana acompanhou Plotina e Trajano à sua nova residência no Palatino. Ao contrário do que acontecia na época de Lívia e dos júlio-claudianos, contudo, o palácio imperial do século II não ecoava mais os sons de crianças correndo pelos corredores e brincando nos jardins. A união de Plotina com Trajano permaneceu estéril, enquanto sua irmã viúva, Marciana, tinha apenas uma filha adulta chamada Salônia Matidia. Esta tinha duas filhas, Matidia, a Menor, e Víbia Sabina, mas a descoberta nos anos 50 de um cano d'água de ferro com o nome de Salônia Matidia perto da Piazza Vittorio Emanuele levanta a possibilidade de que ela e as filhas possuíam uma propriedade e não acompanharam a mãe, o tio e a tia ao palácio.[17]

Trajano não tomou providências imediatas para divulgar a existência de seus parentes do sexo feminino através de obras arquitetônicas aprovadas pelo estado ou da moeda oficial, mais uma vez um contraste com seus antecessores júlio-claudianos. Essa reticência é em parte uma consequência da sua missão de monopolizar os holofotes como o homem forte incontestável da política romana. Também era o reconhecimento de que, pela primeira vez na história imperial romana, o imperador no poder não devia seu direito de sucessão nem sua capacidade de fornecer um herdeiro a um membro do sexo feminino de sua família. Assim, foi somente em 112, 14 anos depois que Trajano subiu ao poder, que Plotina teve seu rosto gravado nas moedas do marido. Muitas dessas moedas a associavam à deusa Vesta, guardiã do fogo sagrado de Roma, e a Minerva, deusa da guerra e da sabedoria. Outra tiragem promovia a dedicação de um novo templo a ela chamado *Ara Pudicitia* — Altar da Castidade. Plotina foi a primeira mulher a ser associada em moedas à inscrição "castidade", e nem Vesta nem Minerva, ambas deusas virgens, haviam ainda sido associadas a mulheres imperiais. Não havia razão para associar Plotina a uma deusa da fertilidade como Ceres, já que ela não tivera filhos.[18]

Embora os parentes do sexo feminino de Trajano tenham tido uma estreia tardia na moeda do estado, estátuas suas apareciam com tanta frequência por todo o Império quanto as de suas predecessoras.[19] Todavia, ao contrário das consortes imperiais anteriores, cujas imagens na maioria das vezes evoluíram ao longo dos anos, o retrato oficial de Plotina sofreu poucas mudanças durante sua vida. Depois dos penteados extravagantes usados pelas mulheres da família flaviana, o de Plotina era comparativamente modesto e austero, caracterizado por uma viseira de cabelo firmemente enrolado arqueado sobre uma faixa de cachos em forma de vírgulas comprimidos ao longo da testa, um retorno ao recatado *nodus* de Lívia. Ele se encaixava completamente na descrição feita dela por Plínio como uma esposa deferente e que se vestia modestamente, e é imitado pelos retratos de sua sobrinha, Salônia Matidia, embora aparentemente não tenha feito sucesso entre outras mulheres da elite romana.[20] Mais popular entre as arrivistas era o penteado usado pela cunhada de Plotina, Marciana, com mechas rigidamente esculpidas por suas *ornatrices* em um leque de duas camadas com seguimentos sobrepostos em forma de conchas de mexilhão. Embora mais audacioso, a precisão arquitetônica do penteado de Marciana servia de metáfora para a disciplina que seu irmão estava determinado a impor tanto à sua família quanto ao seu império.[21]

As esculturas imperiais trajânicas deram continuidade à tendência flaviana, optando por não omitir cada ruga e cada mancha do rosto da modelo em homenagem ao realismo dos retratos republicanos. Para os residentes do Império que por acaso olhassem para suas estátuas enquanto andavam pelas ruas e fóruns da cidade ou visitavam seus templos e casas de banho, a visão dos rostos de matrona realistas e rígidos de Plotina, Marciana e Salônia Matidia, encarando-os com lábios comprimidos e sobrancelhas franzidas numa expressão de seriedade sob cachos cuidadosamente adornados, oferecia um lembrete reconfortante aos súditos do Império de que essa dinastia seria estável e desprovida de escândalos.

A maior parte do reinado de 19 anos de Trajano foi passada longe da cidade, em campanhas militares no Danúbio e no Oriente. Em 112, sua irmã, Marciana, morreu aos 60 e poucos anos.[22] No mesmo ano, sonhando com a possibilidade de igualar as conquistas de seu herói, Alexandre, o Grande, Trajano partiu para o Oriente numa preparação para um conflito com a Pártia. Levou consigo Plotina e Salônia Matidia, esta agora a mais velha entre as mulheres da família consanguínea do imperador. Não há sinais de que a viagem da esposa e da sobrinha de Trajano tenha atraído as mesmas críticas geradas pela presença da Agripina mais velha nas viagens militares de Germânico. Sua viagem de volta, contudo, seria acometida por ecos da desafortunada esposa de Germânico. Depois de tomar a capital parta, Ctesifonte (ao sul de Bagdá) em 115 e de anexar a Mesopotâmia, Trajano foi forçado a retirar suas tropas do Oriente pela pressão das insurreições das populações judaicas do Egito, da Palestina e outros territórios limítrofes, ocorridas logo atrás de suas linhas de combate. Durante seu retorno para a Itália no verão de 117, ele ficou gravemente doente perto da costa do sul da Turquia e foi forçado a aportar em Selinute, na costa sudeste da Sicília, onde morreu no dia 8 de agosto, pouco antes de completar 64 anos. O par enlutado Plotina e

Matidia levou as cinzas do guerreiro derrotado em uma urna dourada de volta para Roma, para serem enterradas na base da Coluna de Trajano.

Contudo, a morte de Trajano gerou uma consequência controversa. Em seu leito de morte, ele enviou um boletim para o Senado nomeando o primo de segundo grau Públio Élio Trajano Adriano, governador de 41 anos da Síria, seu sucessor e filho adotivo. A carta, porém, não tinha a assinatura do imperador, mas a de Plotina, o que gerou suspeitas. O que pode ter acontecido é que Trajano estivesse simplesmente fraco demais para escrever, tendo delegado a tarefa à esposa. Mas alguns observadores da época não ficaram satisfeitos com isso e concluíram que a assinatura da imperatriz era o sinal de que havia uma trama em andamento para usurpar a sucessão. O principal autor dessa teoria de conspiração era Cássio Aproniano, o pai do historiador Dião Cássio. Ele conduziu uma investigação sobre a morte de Trajano algumas décadas depois, quando era governador da Sicília, e no final deduziu que a morte de Trajano fora omitida durante vários dias a fim de permitir que a adoção da escolha da imperatriz para sucessor, Adriano, fosse providenciada e anunciada para o Senado. Uma versão floreada da história até mesmo afirma que Plotina contratou alguém para se deitar no quarto escuro de Trajano e imitar a voz fraca do imperador a fim de prolongar a mentira de que ele ainda estava vivo.[23] Foi assim que Plotina, a esposa silenciosa do século II, juntou-se a Lívia, Agripina, a Menor e Domícia na galeria das mulheres imperiais romanas acusadas de encobrir ou conspirar para as mortes dos maridos.[24]

Como no caso das acusações quase idênticas feitas contra Lívia, poderíamos alegar que tais omissões na verdade tinham uma função valiosa para garantir uma transmissão tranquila do trono de um imperador para outro, tendo se tornado parte da estrutura política de muitos regimes monárquicos. Entretanto, dois paralelos modernos tornam o tema ainda mais intrigante. Em 1919, Edith Wilson, a segunda esposa do presidente Woodrow Wilson, foi acusada de forjar sua assinatura em documentos da Casa Branca depois que um derrame o deixou incapacitado, levando os ultrajados acusadores a suporem que ela vinha exercendo um "governo de saias". Quatro anos depois, quando o presidente Warren Harding morreu do que seu médico disse ter sido envenenamento alimentar, na tentativa de desacreditar essa explicação alguns afirmaram que a esposa do presidente, Florence, era a verdadeira culpada pela sua morte. Um livro — obviamente maldoso — sobre o assunto que se tornou um best-seller foi publicado em 1930.[25] Considerando a regularidade com que esses episódios se repetem tanto na Antiguidade quanto na historiografia posterior, com semelhanças tão convenientes, é bastante razoável que os encaremos com cuidado.

Apesar da natureza suspeita da sua posse, o novo imperador, Adriano, estava qualificado para suceder seu primo de segundo grau. Nascido no final da década de 70 na mesma região da Espanha que seu predecessor, Trajano passara a ser seu guardião depois da morte de seu pai, quando Adriano tinha não mais que 9 anos. Sob a égide do primo, ele tivera uma ascensão meteórica, apontado para três tribunados militares antes de completar 21 anos e mais tarde recebendo um comando legionário durante as Guerras Dácias antes de ser nomeado governador da Síria, pouco antes da morte de Trajano em 117. Por reconhecimento ao relacionamento especial que tinha com o imperador, Adriano casara-se com a filha mais nova de Salônia Matidia, Sabina, no ano 100, união supostamente orquestrada pela tia da moça, Plotina.[26] A participação de Plotina no casamento foi o início de um relacionamento próximo entre ela e o novo imperador, que passou o primeiro ano de seu reinado desfazendo algumas decisões militares de Trajano e enfrentando duras dificuldades iniciais com um Senado revoltado com a sua promoção peremptória. Em 118, Adriano retornou para Roma e iniciou uma política ofensiva de relações públicas. Medidas com o intuito de satisfazer o povo — incluindo a devolução de impostos, a concessão de ajuda financeira tanto a plebeus quanto a senadores endividados e o estabelecimento de fundos de caridade para oferecer alimentação a crianças — foram muito úteis para despertar a simpatia de seus súditos. Além disso, um grandioso programa de obras públicas que incluía a reforma do Panteão prometia embelezar a cidade. Em 121, ele partiu numa viagem de quatro anos para inspecionar o Império, ano em que ele e Plotina se corresponderam através de uma série de cartas que mais tarde teriam cópias idênticas produzidas em mármore e exibidas numa mostra pública em Atenas. Essas cartas nos fornecem uma janela rara e notável para a comunicação entre Adriano e sua mãe adotiva; além disso, é o mais próximo que temos de sua própria voz.

A correspondência girava em torno de quem deveria ser escolhido como o novo diretor da escola epicurista de filosofia em Atenas. Falando em nome de Popílio Teótimo, atual diretor da escola, a primeira abordagem de Plotina consiste em um pedido para que Adriano mude a lei atual a fim de estender a candidatura ao posto a pessoas que não sejam cidadãos romanos e de permitir que os regulamentos para a sucessão dos cargos da escola sejam escritos em grego em vez de latim.

> Sabes muito bem, *domine*, o interesse que tenho pela Escola de Epicuro. Tua ajuda é necessária na questão da sucessão; pois, tendo em vista a inelegibilidade como sucessor de qualquer pessoa que não seja um cidadão romano, as escolhas são escassas. Peço-te, portanto, em nome de Popílio Teótimo, o atual sucessor em Atenas, que lhe permita escrever em grego aquela parte das disposições que trata do regulamento da sucessão e lhe conceda o poder de preencher seu lugar com um sucessor de status estrangeiro, caso suas considerações pessoais o tornem conveniente; e que deixes que os futuros sucessores da Escola de Epicuro daqui em diante gozem do mesmo direito que concedestes a Teótimo; considerando ainda que, como a prática é que cada vez que o testador comete um erro na escolha de seu sucessor os discípulos da citada escola depois de uma deliberação geral devem colocar no seu lugar o melhor homem, o resultado será, por conseguinte, alcançado com mais facilidade se ele for selecionado a partir de um grupo maior.[27]

A resposta positiva de Adriano foi posteriormente reproduzida num subscrito, e a inscrição era concluída com a carta congratulatória de Plotina, escrita em grego, para os epicuristas: "Plotina Augusta para todos os Amigos, saudações. Temos agora o que tanto ansiávamos obter".[28]

Em total contraste com seu anonimato passivo nos registros literários, essa inscrição de Atenas coloca Plotina na categoria de uma mulher altamente educada, ativa em causas em que acreditava e com o tipo de acesso ao imperador outrora gozado por Lívia. A carta de Augusto recusando o pedido dos samianos por independência um século antes representara um reconhecimento público dos esforços de Lívia em defesa dos ilhéus, mas essa dedicação a Atenas é o único exemplo preservado de uma petição semelhante que atribui lugar de honra à carta de uma imperatriz em defesa dos peticionários.[29]

O papel de Plotina como patrona de um papel filosófico é interessante, visto que durante o período muitas sátiras foram compostas ridicularizando um grupo de mulheres ricas que se consideravam intelectuais e contratavam gurus filosóficos. Um desses textos descreve uma situação em que um respeitado filósofo estoico chamado Tesmópolis teve que cuidar do cão maltês de sua senhora durante uma viagem a uma vila rural e sofreu a indignidade de o cão ter lambido sua barba e urinado em sua capa.[30] Essa sátira não conteria sua dose de mordacidade se não expusesse traços de correntes reconhecíveis de queixas ao comportamento feminino da época. O novo interesse das mulheres pela filosofia e o próprio patrocínio de Plotina ao seu estudo podem em parte ter estimulado o desenvolvimento na sociedade romana do século II de um amor pela cultura grega, da qual o próprio Adriano fora um aficionado devotado desde a infância. Plotina não foi a primeira mulher imperial a demonstrar interesse pelo assunto — Lívia fora consolada por um filósofo chamado Areu depois da morte do filho Druso — mas foi a primeira a obter uma posição pública como sua promotora —, um papel no qual mais tarde foi seguida com um impacto poderoso por uma de suas sucessoras.[31]

A idade e o status social eram os padrões pelos quais a filosofia aparentemente era julgada um passatempo aceitável para as mulheres. Aquelas que estudavam filosofia sem serem alvos de crítica ao que parece eram viúvas ricas. A viuvez dava mais liberdade para algumas poucas e sortudas mulheres romanas, aquelas que haviam produzido os três filhos necessários para se libertarem da tutela masculina e que tinham suas fortunas pessoais para usar. A idade avançada de Plotina, mais tranquila e próspera do que quase todas as suas antecessoras de mesma faixa etária no Palatino, colocou-a firmemente nessa categoria relativamente emancipada. Tijolos com seu nome foram encontrados espalhados por Roma, o que prova que, como Domícia Longina, ela possuía olarias que lhe ofereciam uma fonte independente de dinheiro na idade avançada, enquanto moedas demonstram que Adriano era meticuloso em prestar à mãe adotiva as honras que lhes eram devidas, exibindo-a sob a nova legenda: "Plotina *Augusta* do Divino Trajano".[32]

Plotina faleceu no sexto ano do reinado de Adriano, em 123 — a idade que ela tinha e as circunstâncias de sua morte são desconhecidas, mas ela provavelmente já havia passado dos 50 anos. O imperador passou nove dias vestindo roupas pretas como símbolo de luto, e deu ordens para que o templo magnífico construído para o seu predecessor, Trajano, fosse reconsagrado para tornar-se o templo do Divino Trajano e da Divina Plotina em reconhecimento da sua consagração como deusa. Suas cinzas foram reunidas às do marido na base da Coluna de Trajano, não muito longe. De acordo com relatos posteriores, Adriano fez-lhe a seguinte homenagem: "Embora ela pedisse muito de mim, nunca lhe recusei nada". Pode não parecer exatamente um elogio, mas, de acordo com Dião Cássio, Adriano simplesmente queria dizer que "Seus pedidos eram de tal qualidade que jamais foram um fardo ou me deram justificativa para me opor a eles".[33]

Antes da morte de Plotina, em 119 veio a de Salônia Matidia — mais uma vez, as circunstâncias são desconhecidas. O discurso fúnebre de Salônia foi feito por seu genro, Adriano, que também deu ordens para a sua consagraçac e encomendou um amplo templo coríntio devotado unicamente a ela no prestigioso Campo de Marte, perto do Panteão, tornando-a a primeira mulher deificada a ser honrada com seu próprio templo dentro dos limites de Roma.[34] Não é difícil identificar os motivos que Adriano tinha para derramar honras sobre uma mulher que o ligava através do casamento a Trajano. Por outro lado, grandes celebrações funerárias davam aos imperadores uma justificativa útil para serem vistos e promoverem sua popularidade na corte entre os súditos. A consagração de Salônia Matidia foi observada no dia 23 de dezembro de 119 com a distribuição de 900 g de perfume e 22,6 kg de incenso para a população local. Outros relatos sugerem que jogos gladiatórios também foram realizados.[35] Mas Adriano também estava atento ao fato de que ao honrar a memória de Salônia Matidia e Plotina oferecendo-lhes as mesmas homenagens públicas que as que eram oferecidas aos parentes consanguíneos de um imperador, ele podia projetar uma imagem de continuidade dinástica pelo novo sistema de sucessão adotiva. Além disso, ao deificá-los, ele garantia que os espanhóis da dinastia trajânico-adriânico fossem bem representados nos corredores do céu, igualando-se aos clãs júlio-claudiano e flaviano.[36]

Com a morte de Plotina e Salônia Matidia, as filhas da última, Matidia, a Menor, e Sabina, tornaram-se os novos membros do sexo feminino principais da família de Trajano. Matidia, a Menor, que viveria mais do que a irmã e o cunhado Adriano, acabou sendo a própria tia solteirona da dinastia, e, como veremos, um membro valorizado e amado do clã que sucedeu a seu cunhado. Não sobreviveram evidências de que ela tenha se casado, o que a torna uma mulher extremamente curiosa da Roma pré-cristianismo. Além disso, ela era mais do que atipicamente rica tanto pelos padrões masculinos quanto pelos femininos; possuía um portfólio surpreendente de imóveis na Itália, na África do Norte e na Ásia Menor. O dinheiro que ela e a mãe doaram a uma fundação de estátuas imperiais na cidade de Vicenza, no norte da Itália, ainda rendia lucros para a cidade em 242. Uma filantropa prolífica, ela gastava milhões de sestércios em projetos comunitários como a fundação de uma biblioteca pública em Suessa

BOAS IMPERATRIZES: AS PRIMEIRAS-DAMAS... 229

Aurunca, Campânia, a construção de uma estrada pública e a doação de uma fundação de caridade para meninos e meninas.[37]

Contudo, o legado de sua irmã mais nova, Sabina, é menos feliz.

Na falta de uma tradição literária rica, precisamos recorrer a vestígios epigráficos fragmentários à procura de mais detalhes sobre o início da vida de Sabina. A partir desses fragmentos, podemos deduzir que ela era a filha produzida pelo casamento de Salônia Matidia com um senador chamado L. Víbio Sabino, o que lhe deu o nome completo de Víbia Sabina, e que provavelmente se casou com o primo Adriano na idade típica para uma noiva — 14 ou 15 anos. Isso indica que o nascimento de Sabina provavelmente se deu por volta do ano de 86, fazendo dela uma mulher de cerca de 30 anos ao se tornar imperatriz.[38] Descrita como "irritável" e "geniosa" em comentários atribuídos ao marido, rumores de conflitos não faltavam ao seu casamento com Adriano, ao ponto de uma fonte afirmar que Sabina tomava precauções para não ficar grávida, uma fofoca provavelmente inventada para justificar o fato de o casal não ter tido filhos.[39]

Ao contrário de sua tia Plotina, nenhuma documentação com provas de que Sabina exercia alguma influência sobre o imperador sobrevive. Tampouco há alguma evidência de ela ter oferecido proteção ou patrocínio nem a indivíduos nem a obras públicas, a exemplo de muitas de suas predecessoras. Uma inscrição descoberta no fórum de Trajano, contudo, registra que ela supervisionou a construção de algum tipo de estrutura dedicada às matronas de Roma que uma de suas sucessoras do século III, Júlia Domna, restauraria.[40] Uma olhada nos registros financeiros de Sabina ao menos nos dá a impressão de uma mulher mais emancipada do que seus perfis literário e artístico sugeririam. Como a irmã, ela herdara uma grande fortuna de família. Além de uma propriedade em Roma, ela deu continuidade à tradição recente de possuir olarias em toda a cidade, além de manter um número considerável de homens libertos a seu serviço. Ela também com certeza é a mesma Víbia Sabina que, por volta da época de seu casamento, está registrada como tendo doado a grande soma de 100 mil sestércios a uma fundação de caridade local, ou *alimentum*, em Veleia.[41]

Sabina passou grande parte do tempo como imperatriz em viagem, estabelecendo um padrão a ser seguido pelas mulheres de futuras administrações. Adriano passou mais da metade de seu reinado de 21 anos em viagens pelo exterior, prática necessária pelas exigências de policiar um Império cada vez mais agitado.

Na primeira de suas longas ausências em 121, ele inspecionou suas tropas na Renânia, e logo depois, em 122, fez a rara aparição para um imperador romano na afastada província da Britânia, acompanhado por Sabina. Lá, lançou mãos à obra na construção de sua famosa muralha, que marcou a fronteira setentrional do Império com grama e pedras.

O legado deixado por essa visita à Britânia foi manchado por relatos de um incidente pessoal constrangedor envolvendo Sabina, que levou ao afastamento de dois importantes membros da equipe do imperador. Temos poucos detalhes do episódio, mas ele está centrado na suposta indiscrição do prefeito do pretório Septício Claro e de Suetônio Tranquilo — o mesmo Suetônio cujas biografias dos césares compõem grande parte do retrato que temos dos imperadores júlio-claudianos e flavianos, e que na época trabalhava como secretário particular de Adriano. Tanto Septício quanto Suetônio aparentemente foram afastados de seus cargos por terem se portado com uma informalidade exagerada diante da imperatriz, e somente o senso do dever uxoriano relacionado à sua posição impediu Adriano de mandar Sabina para o exílio.[42]

Embora a fonte original desse relato seja a ficcionista *Historia Augusta*, esse incidente ocorrido na Britânia inspirou especulações acaloradas entre historiadores modernos, que entraram no clima ao imaginar que Septício e Suetônio de alguma forma entregaram-se juntamente à imperatriz a algum tipo de "confraternização de trabalho selvagem". Por outro lado, outros vereditos modernos de Sabina descrevem-na em tons mais sombrios, afirmando que ela tinha uma "expressão facial amargurada", um "corte de cabelo sem graça" e mantinha a "boca fechada" com base em evidências da sua aparência escultural. Na verdade, porém, as representações de Sabina que sobreviveram ao tempo imitam a passividade suave de outras de suas contrapartes.[43] Seu penteado evoluiu gradualmente, abandonando os cachos meticulosos e as rígidas colmeias enfileiradas das damas flavianas e trajânicas para dar origem a um cabelo ondulado volumoso escovado para trás a partir de uma divisão no centro e preso em um ninho frouxo atrás da cabeça, um estilo inspirado pelas deusas da mitologia grega. O século II foi um período em que, mais do que nunca, a cultura grega dentro do Império Romano passou a ser muito valorizada, e o estilo das representações posteriores de Sabina certamente se encaixava com as novas tendências.[44] O próprio Adriano era notoriamente um apaixonado admirador da Grécia e da cultura grega, o que fica claro na barba que usava em contraste com o rosto bem barbeado dos imperadores anteriores.

Ao retornar do Ocidente, depois de tirar uma licença de um ano em Roma em meados da década de 120, Adriano e seu cortejo deram continuidade ao seu programa de viagens contínuas, e os anos de 128 a 132 foram passados num verdadeiro ziguezague pela África, Grécia, Síria e Judeia. Aqui, a ordem provocativa do imperador para a construção de um templo dedicado ao deus romano Júpiter Capitólio no local sagrado do templo judeu destruído por Tito e Vespasiano, juntamente à tentativa de renovar a fundação de Jerusalém como uma nova colônia batizada em homenagem à família de Adriano, provocou uma reação amarga da população judaica. Em 130, o imperador seguiu para o Egito com um cortejo que se estima ter incluído 5 mil empregados e parasitas. Entre os membros da comitiva estavam Sabina, a poetisa Júlia Balbila e um belo rapaz chamado Antínoo, natural da Bitínia, nordeste da Turquia, e quem as fontes literárias nos dizem ter sido amante de Adriano.[45]

Um imperador romano que tinha relações sexuais tanto com o sexo feminino quanto com o masculino não era algo sem precedentes, e tampouco implicava necessariamente a sua difamação. A ética sexual romana ditava que contanto que a parte penetrada na relação sexual fosse a inferior em termos de idade, sexo ou nível social, a masculinidade não seria comprometida — embora no caso de Calígula e Nero as origens estrangeiras de seus amantes e a exaltação pública desavergonhada à sua paixão tenham servido de prova para a sua depravação.[46] O relacionamento entre Adriano e Antínoo dividiu as opiniões entre escritores da Antiguidade, alguns dos quais retratam a paixão de Adriano pelo rapaz como muito aberta. Contudo, graças ao número impressionante de esculturas a terem sobrevivido desse belo rapaz grego, imagens que inspiraram uma adoração inflamada em colecionadores do século XVIII, Antínoo atualmente é celebrado como um ícone gay. Sem dúvida foi a idolatria dedicada a ele que alimentou grande parte da reação moderna contra Sabina, encarando-a como uma megera amarga de cujas censuras Adriano escapava de bom grado para os braços de seu garoto-deus dourado.[47] Por sua vez, a companhia de viagem de Sabina, Júlia Balbila, atualmente é de vez em quando colocada no papel de prêmio sáfico de consolação da imperatriz, um papel que ganha alguma autenticidade pelo fato de que Balbila escrevia no mesmo dialeto grego usado pela famosa poetisa de Lesbos.[48]

A maior parte do ano 130 passou-se com o grupo de viagem do imperador em Alexandria, aventurando-se em excursões de caça no deserto escaldante,

232 AS PRIMEIRAS-DAMAS DE ROMA

visitas às pirâmides e ao Vale dos reis para render honras nas tumbas dos heróis do imperador, Pompeu e Alexandre, o Grande. Um dia, entretanto, a viagem a lazer que percorria o rio Nilo acabou numa tragédia digna das páginas de um romance de Agatha Christie quando Antínoo morreu afogado em circunstâncias suspeitas — justificativas variam entre um acidente, um suicídio e um caso de sacrifício humano dirigido a ajudar num feitiço para que Adriano tivesse vida longa.[49] A devoção de Adriano à memória de Antínoo tornou-se lendária. Depois de sua morte, supostamente por ordens do imperador, todo o mundo romano de costa a costa foi inundado por imagens desse rapaz obscuro da Bitínia, enquanto a pedra fundamental de uma cidade chamada Antinoópolis foi firmada em 30 de outubro às margens do Nilo, perto de onde ele encontrou seu destino. Templos anunciavam a criação de um novo culto em sua honra, um gesto que atraiu zombaria de alguns que apontavam para o fato de que o imperador não fizera tanto nem sequer pela própria irmã quando esta morreu.[50] Pouco depois, o grupo imperial chegou ao Colosso de Memnon, onde os quatro poemas compostos por Balbila preservam um registro da visita realizada entre 19 e 21 de novembro.[51]

A presença de uma poetisa laureada da Comagena (perto da atual fronteira da Turquia com a Síria) no cortejo da imperatriz de Roma é intrigante. Poetisas eram uma presença constante na sociedade romana desde a época da República, embora os únicos versos em latim escritos por uma mulher que chegaram à atualidade tenham vindo do *stilus* de Sulpicia, contemporânea aristocrata da filha de Augusto, Júlia. As composições tristes de Sulpicia sobre seu caso de amor com um homem chamado Cerinto foram preservadas entre os textos do protegido de seu tio Messala, Tibulo.[52] Poesias de amor, no entanto, eram vistas como uma ocupação suspeita para uma mulher. O fato de a difamada matrona republicana Semprônia ser uma poetisa talentosa foi usado como argumento contra ela, e as damas da sociedade do início do Império que se aventuravam na composição de epigramas mordazes arriscavam ser alvo da ridicularização dos sátiros, que as apelidaram de "poetisas tagarelas" e zombavam delas por tentarem competir com a grande Safo.[53] Balbila, a irmã de um amigo de Adriano ligada à realeza, era uma das discípulas de Safo, como se pode ver pela opção de sua métrica poética. Ela provavelmente foi alvo de críticas semelhantes. As 45 linhas mal preservadas que compõem seu tributo poético a Sabina e Adriano, tudo o que restou de sua *oeuvre*, certamente atraíram críticas negativas. Um crítico moderno as descreveu como "atrozes".[54] Não obstante, elas são fragmentos preciosos de uma categoria raríssima de evidência da Antiguidade — textos de mulheres — do qual o Colosso de Memnon é um repositório surpreendentemente rico. Três outras mulheres — Damo, Dionísia e Cecília Trebula — também assinaram como autoras de linhas gravadas nas pernas do monumento.[55] Logo embaixo das quatro últimas oferendas de Balbila, a própria Sabina acrescentou um peque- no *postscriptum* reconhecendo a performance do Colosso.[56] Diante do silêncio deixado pelas mulheres da Antiguidade, essas crepitações do passado em que, por um momento, uma voz feminina pode ser ouvida à distância, não podem deixar de produzir uma sensação de nostalgia, particularmente se considerarmos a identidade histórica obscura e contraditória da própria Sabina.

Em maio de 134, as viagens de Adriano e Sabina chegaram ao fim com sua chegada à Itália, onde um Adriano exausto agora permaneceria pelos últimos três anos de sua vida, lidando *in absentia* com uma grave insurreição que tivera início na Judeia sob a liderança de Simão bar Kokhba durante a repressão em que mais de meio milhão de insurgentes judeus teriam sido brutalmente executados. Do tranquilo ponto de vantagem de seu magnífico playground imperial em Tivoli, Adriano começou a ponderar sobre a escolha de quem o sucederia como imperador. Sua saúde estava debilitada, e as obras no mausoléu no qual ele seria enterrado perto do Tibre só podiam lembrá-lo da sua própria mortalidade. Como o casamento de Plotina e Trajano, sua união com Sabina não produzira filhos, de forma que ele não podia deixar de cumprir o precedente recente de selecionar um "filho e herdeiro" adotivo de fora de sua família. Em 136, ele decidiu votar em um dos cônsules daquele ano, Aélio César. Contudo, a morte de Aélio dois anos depois forçou Adriano a voltar a considerar a questão. Perto da própria morte, o imperador agora ofereceu o bastão ao respeitado ex-cônsul de 51 anos Aurélio Antonino. Adriano, porém, exigiu como condição que Antonino concordasse em adotar tanto Marco Ânio Vero, sobrinho de sua esposa Ânia Galena Faustina, e um jovem favorito de Adriano, quanto o filho de Aélio César, Lúcio Ceiônio Cômodo, como sucessores de reserva, sugestão com a qual Antonino concordou.

Antes de a morte de Aélio César frustrar os planos de Adriano, foi Sabina quem faleceu pouco antes de seu 50º aniversário. A elegia gravada em pedra de Adriano para a esposa, que os visitantes do Museo del Palazzo dei Conservatori, em Roma, encontrarão embutida na parede da escada principal, parece uma cen- sura fria e silenciosa ao tipo de afirmações fúnebres mais tarde feitas na *Historia Augusta* de que o imperador envenenara a esposa ou a havia levado ao suicídio.[57]

Um delicado relevo em mármore que passou por vários trabalhos de restauração, sua composição exibe Sabina reclinada, suspensa sobre as chamas de sua pira funerária. Seus olhos estão contemplativamente postados à distância, como se ela fosse serenamente transportada num voo diagonal para o céu, montada de lado nas costas de uma mensageira com asas de águia que agita uma tocha acesa como um cabo de vassoura. Ao fundo, os pés em *terra firma*, encontra-se Adriano, o dedo voltado em direção às estrelas como se apontasse o caminho para a esposa.[58]

A cena representa a apoteose, ou a ascensão divina, de Sabina, o que está de acordo com sua deificação póstuma por ordem de Adriano. Moedas cunhadas na mesma época, que exibem Sabina sendo levada para o céu montada numa águia com a inscrição *consecratio* abaixo da imagem, são as peças que atualmente acompanham o relevo.[59] Embora imperadores como Tito já tivessem aparecido no mesmo contexto, a apoteose de uma mulher imperial nunca havia sido retratada pela arte. A exemplo de outras "primeiras vezes" semelhantes na história das mulheres imperiais, trata-se menos de uma homenagem a Sabina e mais de um gesto com o intuito de atrair glória para o legado da família de Adriano.

Adriano viveu apenas cerca de um ano a mais que a esposa. Ele faleceu em Baias no dia 10 de julho de 138, aos 62 anos, provavelmente de doença coronária.[60] Em 139, seus restos mortais foram removidos de seu local de descanso temporário nos jardins de Domícia e enterrados no mausoléu de 50 metros de altura recém-concluído às margens do Tibre, ao lado dos de Sabina. Dois pavões de bronze preservados com os vestígios do túmulo provavelmente montavam guarda sobre Sabina, dado que pavões eram o veículo tradicional para a apoteose feminina, enquanto águias faziam o mesmo papel no caso das deidades masculinas.[61] Adaptado por gerações posteriores como uma fortaleza medieval, uma prisão e um abrigo secreto para o papa em períodos de agitação política, atualmente foi engolido pelo tambor cilíndrico do Castelo Sant'Angelo, que se ergue como uma sentinela nas proximidades do Vaticano. Adriano e Sabina não tiveram uma coexistência pacífica na morte. Quando uma horda de godos enfurecidos saqueou a cidade de Roma em agosto de 410, de acordo com relatos roubaram as urnas que continham as cinzas do casal do mausoléu.[62]

Provavelmente o menos famoso na consciência moderna dos "bons imperadores" do século II, o sucessor de Adriano, Antonino, governou o Império por 23 anos relativamente tranquilos, o reinado mais longo de um imperador desde Tibério.

BOAS IMPERATRIZES: AS PRIMEIRAS-DAMAS...

O fato de ele mal ter colocado os pés fora da Itália e não possuir credenciais militares dignas de nota antes de assumir o cargo não se provou obstáculo. Rico e popular, mas simples o bastante para sujar os pés com súditos humildes na colheita anual de uvas, ele foi recebido de braços abertos pela maioria dos membros do Senado, e, pela devoção que demonstrou ao pressionar com sucesso esse grupo que relutava em deificar Adriano, recebeu o título oficial de Antonino Pio — "Antonino, o Justo".[63]

Uma das justificativas para a consideração de Antonino como um sucessor plausível para Adriano havia sido sua ligação à poderosa família Annii, contraída através do casamento com Ânia Galeria Faustina, filha do barão do azeite de oliva Ânio Vero e de sua esposa Rupilia Faustina.[64] O irmão mais velho de Ânia Galeria Faustina, Vero, casara-se com uma mulher chamada Domícia Lucila, a rica herdeira de uma grande fortuna oriunda das olarias de sua família, e foi a partir dessa união que o sobrinho de Ânia Galeria Faustina, Marco Ânio Vero, que cresceu para se tornar o imperador Marco Aurélio, nasceu em abril de 121.

Embora a família Annii tenha se originado na Bética, sul da Espanha, como a família de Trajano e a de Adriano, o jovem Marco Aurélio foi criado na mansão da família, no rico e sofisticado distrito do Monte Célio, em Roma. A morte prematura de seu pai fez com que Marco fosse tomado sob a proteção de uma série de mentores e tutores, incluindo o próprio Adriano — que aparentemente se encantou com o jovem erudito. Ao sucedê-lo no trono em 138, Antônio Pio honrou a promessa que fizera a Adriano e adotou o jovem de 17 anos Marco e o filho de 8 de Aélio César, Lúcio Ceiônio Cômodo, como herdeiros. Adotando o nome de seu novo pai, Marco tornou-se conhecido como Marco Aurélio Vero César, enquanto o nome de Lúcio mudou para Lúcio Aurélio Cômodo — embora ele tenha ficado mais conhecido como Lúcio Vero. Em reconhecimento ao fato de Marco ser o mais velho, o noivado entre a filha de Antonino Pio, Faustina, e Lúcio foi anulado, e Faustina ficou noiva de Marco.[65]

Apesar da continuamente exposta relutância de Marco, ele era agora obrigado a fixar residência na casa imperial do Palatino. Nas duas décadas seguintes, a tarefa de prepará-lo para o cargo de imperador foi confiada a uma série de conselheiros e educadores, entre os quais estava um ousado instrutor acometido por gota, que ainda se encontrava entre o fim da adolescência e a casa dos 20 anos, chamado Cornélio Fronto. Uma longa correspondência estabeleceu-se entre os dois ao longo dos 20 anos que se seguiram, preservada em uma coleção editada de documentos de Fronto. Todavia, nenhum vestígio dela sobrou depois da limpeza literária realizada no final da Antiguidade, quando a maior parte da literatura clássica foi perdida nas mãos de censores cristãos. Foi então que, mais de mil anos depois, entre 1815 e 1819, um cardeal chamado Angelo Mai, que foi bibliotecário-chefe primeiro da Biblioteca Ambrosiana de Milão e depois da Biblioteca do Vaticano, em Roma, milagrosamente encontrou trechos da correspondência escondidos por séculos sob a cópia sobreposta de um texto cristão.[66]

Embora até agora pouco estudadas, essas cartas não apenas constituem um registro inestimável da amizade entre um jovem príncipe e seu mentor educacional, como também nos fornecem preciosos vislumbres em primeira mão da vida no Palatino e do relacionamento afetuoso de um futuro imperador com as mulheres à sua volta — principalmente com sua mãe, Domícia Lucila. Nos relatos ao seu tutor, Marco com frequência escreve sobre a relação de proximidade com a mãe, que conta que costumava sentar-se em sua cama para cantar para ele antes que a campainha tocasse para o jantar — uma refeição caracterizada como evento informal, consumida certa ocasião na sala de extração de óleo de oliva da vila da família, onde a conversa dos "caipiras" divertiu muito o clã imperial.[67] Crises domésticas rotineiras também são descritas, tais como a semana traumática em que a irmã de Marco, Ânia Cornifícia, foi acometida por "dores nas partes íntimas" (provavelmente uma referência a cólicas menstruais), e Domícia Lucila "no calor do momento bateu com o lado contra o canto da parede, causando-nos e a si mesma uma grande dor pelo acidente".[68] A correspondência também nos dá informações que levam a crer que, ao contrário de Lívia e outras mães romanas da alta sociedade romana, Domícia Lucila seguiu o exemplo da grande Cornélia, amamentando o filho quando bebê — embora isso também possa ter sido uma colocação retórica da parte de Marco com a intenção de dar uma descrição lisonjeira à mãe.[69]

Outro traço em comum com Cornélia era o domínio linguístico de Domícia Lucila, um dos temas mais notáveis da correspondência entre Marco e Fronto. Fronto faz um tributo emocionante à sua inteligência, lisonjeando-a ao escrever-lhe cartas em grego — uma língua na qual homens romanos que queriam se gabar de sua erudição escreviam um para o outro — e enchendo-as de citações literárias de Homero e autores semelhantes. Ele expressa o temor de que ela encontre erros gramaticais nas cartas que lhe envia, por medo de que ela "me menospreze como um godo".[70] Além disso, reconhece seu mérito como supervisora dos estudos de Marco: "é muito provável que você já tenha ouvido sua mãe falar [sobre isso]", escreve ao transmitir uma de suas pérolas de sabedoria para o jovem pupilo.[71]

Não há dúvida de que parte dessas lisonjas se deva à consciência de que ele devia à mãe de Marco sua recomendação para o posto de tutor. Como firmemente estabelecido nas sucessivas famílias imperiais, a nomeação de tutores era uma tarefa geralmente atribuída à dona da casa. Consequentemente, as cartas de Fronto para Marco quase sempre terminam com uma mensagem de lembranças a Domícia Lucila, e não ao seu guardião Antonino Pio, sinal da deferência devida à sua benfeitora.[72] Não obstante, os elogios à inteligência de Domícia Lucila contidos nessas cartas fornecem uma rara confirmação em primeira mão de algo geralmente citado apenas indireta e hipoteticamente nas fontes antigas — a necessidade de que uma mulher fosse bem educada para cuidar da educação dos filhos. Fora isso, Domícia Lucila recebeu um tributo ainda mais raro. Entre todas as mulheres cujas vidas cruzaram as dos césares, ela possui a distinção de ter recebido um agradecimento público por escrito do filho pelo papel que teve em sua vida. Iniciando seu famoso tratado filosófico *Meditações* com uma lista de pessoas a quem devia suas lições de vida mais importantes, Marco deu o terceiro lugar a Domícia Lucila, a qual é antecedida apenas por seu avô e seu pai, deixando Fronto e o restante de seus tutores para trás:

Com minha mãe [aprendi] a ser piedoso e generoso, a não apenas evitar fazer o mal, mas também a evitar os próprios pensamentos malignos, também a incluir a simplicidade na minha dieta e a me afastar dos modos dos ricos.[73]

Com o passar dos anos, contudo, quando o menino tornou-se um homem, o nome de Domícia Lucila desapareceu das cartas trocadas entre Fronto e Marco para ser substituída por outra mulher importante da família imperial. Em abril de 145, depois de um noivado de sete anos, um casamento real entre Marco e Faustina, a filha adolescente de Antonino Pio, finalmente foi realizado. Ele foi celebrado com moedas surpreendentes, que exibiam as cabeças do jovem casal, e a distribuição de dinheiro para o exército. O nascimento do primeiro fruto do casamento de Marco e Faustina, uma filha, foi registrado no dia 30 de novembro de 147, o que resultou na concessão subsequente do título *Augusta* a Faustina, e durante os 23 anos que se seguiram o casal imperial teve um total de 14 filhos.

Cada nascimento e cada enfermidade eram respectivamente celebrados e lamentados por um Fronto coruja: "Vi teus pintinhos, e não voltarei a ter em vida visão mais agradável, tão semelhantes a ti em seus traços que nada pode definir melhor o que é semelhança", ele escreve depois de ver os filhos gêmeos de Marco, Antonino e Cômodo, nascidos no dia 31 de agosto de 161.[74]

Uma mulher que não aparece muito na correspondência e que não estava presente no casamento da filha com Marco é a mãe da moça, Ânia Galéria. A esposa de 20 anos de Antonino Pio faleceu no segundo ano de seu reinado, no inverno de 140. A celebração de sua memória pelo marido ia além de qualquer coisa que um imperador romano jamais fizera em relação à esposa, garantindo que ela continuasse sendo uma presença forte na cidade. Estátuas de prata e ouro foram espalhadas pela capital, e uma fundação de caridade foi fundada em seu nome para ajudar moças pobres, divulgada em moedas que exibiam seu retrato de um lado e as órfãs gratas — agora conhecidas como *puellae faustinianae*, ou "meninas de Faustina" — do outro.[75] Além disso, uma série de moedas foram cunhadas pelo imperador associando-a a várias deusas tradicionais que representavam os valores familiares, incluindo Juno, Ceres e Vesta, bem como a temas personificados tais como *Aeternitas* (eternidade), *Pietas* (piedade) e *Concordia* (harmonia marital). Elas exibiam Ânia Galéria sendo carregada para os céus nas costas de uma águia ou mensageira alada da mesma forma que Sabina fora em seu relevo de mármore, enquanto um culto foi estabelecido em seu nome, centralizado em um templo localizado no próprio fórum romano.[76] Os restos de colunas do templo agora contêm a igreja do século XVII de San Lorenzo in Miranda, mas a inscrição na fachada ainda exibe o nome da imperatriz.

Antonino Pio e Ânia Galéria eram festejados como um exemplo do casal perfeito, tanto na vida quanto na morte. Sob os novos protocolos matrimoniais introduzidos por Antonino, jovens casais noivos eram obrigados a irem ao altar da imperatriz deificada e de seu marido ainda vivo e rezar para que conseguissem seguir o mesmo exemplo de *concordia* em seus próprios casamentos. Ânia Galéria tornou-se, assim como Lívia, a patrona do casamento, e em uma de suas poucas cartas preservadas para Fronto, Antonino Pio escreve para agradecer ao tutor de seu filho adotivo por um discurso recente no qual elogiou a imperatriz: "Pelos céus, eu preferiria viver com ela em Gyara [local de exílio] do que no palácio sem ela".[77]

BOAS IMPERATRIZES: AS PRIMEIRAS-DAMAS... 239

Antonino nunca voltou a se casar, contentando-se, como Vespasiano outrora fizera com Caenis, em tomar uma das antigas escravas da esposa como amante. Entretanto, sua nova companheira parece não ter exercido a mesma boa influência sobre a dieta do imperador que Marco creditava à mãe, Domícia Lucila, nas *Meditações*. Na verdade, a morte de Antonino no dia 7 de março de 161 aos 74 anos foi atribuída em parte ao consumo excessivo de certo queijo alpino. Uma das primeiras providências de seus sucessores, Marco e Lúcio, foi honrar seus pais adotivos com um monumento apoteótico conjunto, mesmo apesar de Ânia Galeria já estar morta havia vinte anos. A Coluna de Antonino Pio, como é atualmente conhecida, foi tecnicamente uma resposta gloriosa à construção homônima de Trajano, um cenotáfio de granito rosa de 15 metros de altura coroado por uma estátua de bronze do imperador, a estrutura fixada no topo de uma base ilustrada de mármore de 2,4 metros de altura. Seus vestígios foram desenterrados com alguma dificuldade na área do Monte Citorio no século XVIII, e desde 1787 a base de mármore branco vem sendo preservada nos Museus do Vaticano, onde atualmente se encontra em um pátio em frente à Pinacoteca, emoldurada por um pano de fundo composto por pinheiros-mansos e pela cúpula de Michelangelo. Três das laterais do pedestal seguem o esquema de decoração tradicional de um relevo apoteótico, enquanto a composição do quarto painel exibe a visão estonteante de Antonino e Ânia Galeria sendo conduzidos para o céu juntos, a carga divina de um anjo ou "gênio" nu cuja ampla envergadura abre-se para tomar toda a largura central dessa lateral do pedestal de mármore.

Tudo na imagem era direcionado ao fortalecimento da ideia de que esse casal, o símbolo da geração seguinte de imperadores romanos, era inseparável, unido pelo quadril e pela mão até mesmo na morte. Era a primeira vez que duas figuras eram exibidas sendo levadas pelo mesmo "gênio" na arte romana, e nada na imagem nos dá a ideia de que eles morreram com uma diferença de vinte anos. Curiosamente, a composição pode ter se inspirado na arte funerária da classe de homens libertos de Roma, que costumava defender a durabilidade do elo marital até mesmo na morte.[78]

Depois da morte de Antonino, o Império Romano pela primeira vez passava a obedecer a dois senhores desde que Otaviano derrubara Antônio. Embora Lúcio Vero sempre houvesse vindo em segundo lugar na preferência para a sucessão, na primeira reunião realizada pelo Senado depois do falecimento de Antonino em 161, Marco Aurélio insistiu que o irmão adotivo e colega no consulado fosse

240 AS PRIMEIRAS-DAMAS DE ROMA

coimperador durante um ano. A única diferença nas posições dos dois foi estabelecida pela ordenação de Marco como primeiro sacerdote (*Pontifex Maximus*) de Roma. Marco agora adotava o nome de Antonino para tornar-se Marco Aurélio Antonino, enquanto Lúcio apropriou-se do nome do irmão, tornando-se conhecido como Lúcio Aurélio Vero, os primeiros Augustos a reinarem juntos na história imperial. Lúcio era solteiro desde que o noivado entre ele e Faustina fora anulado para designá-la a outro pretendente, e agora a filha de 11 anos de Marco era designada para casar-se com o tio adotivo assim que alcançasse a maioridade, unindo os dois ramos da família.

Enquanto isso, Faustina tornou-se a primeira mulher romana a suceder a mãe como imperatriz. Agora na casa dos 30 anos, ela já dera à luz nove filhos. Sua fertilidade notável, lembrando a Agripina mais velha e um contraste extremo com suas predecessoras Plotina e Sabina, foi o motivo para a produção do número extraordinário de nove representações diferentes dela — mais do que as que foram dedicadas a qualquer outra imperatriz romana, o que indica que cada novo parto era celebrado com um novo retrato dela.[79] Na época da ascensão de Marco, ela estava no terceiro mês de gravidez das esperanças para a dinastia: seus filhos gêmeos Cômodo e Antonino, que nasceram no dia 31 de agosto de 161. O anúncio do nascimento foi celebrado com a emissão de moedas que exibiam o perfil de Faustina de um lado, circundado pela legenda *Faustina Augusta*, e do outro dois bebês de frente um para o outro em um berço ricamente adornado com cortinas sob a proclamação *Saeculi Felicitas* — "A Felicidade de uma época!"[80] Parecia um começo auspicioso, e tornou Faustina a primeira imperatriz desde Popeia, um século antes, a ter um filho enquanto o marido estava no poder, uma estatística notável que ressalta a mudança da função dinástica das mulheres ocorrida no período. Apesar do fato de pelo menos metade de seus filhos não terem sobrevivido à infância, a fertilidade prodigiosa de Faustina rendeu alternativas aos requisitos do sistema de adoção através do qual os imperadores romanos eram selecionados desde a morte de Nerva.

Contudo, a lua de mel com o novo regime acabou pouco depois de ter começado. Embora o Império Romano tivesse passado por um período de paz superficial durante o reinado de Antonino Pio, Marco Aurélio e Lúcio Vero enfrentaram várias crises quase imediatamente à sua ascensão. Levantes na Britânia e na Germânia Superior tiveram de ser sufocados, enquanto a guerra com o antigo inimigo de Roma, a Pártia, tornara-se inevitável em razão do aumento gradual das agressões por parte do rei Vologases IV. Quando Vologases ordenou que suas tropas invadissem a província romana da Síria, Marco e Lúcio perceberam que um deles devia ser encarregado dos esforços de guerra. Assim, Lúcio, o mais jovem e fisicamente robusto dos dois irmãos, foi despachado para supervisionar a reação romana, enquanto Marco guardava o forte em Roma.[81]

Com Lúcio distante na fronteira oriental, Marco teve que lidar com vários problemas internos, incluindo as consequências do transbordamento do Tibre na primavera de 162 e do rastro de fome que ele deixou atrás de si. O nascimento de outro filho de Marco e Faustina, um menino nascido no final do ano, deu um motivo de celebração à casa imperial. Mas as cartas trocadas entre Marco e Fronto por volta dessa época dão uma ideia do estresse e da tensão que Marco estava sofrendo, elevados pelas doenças periódicas que acometeram sua esposa e seus filhos. A família felizmente tinha uma familiar idosa e respeitada para dividir o fardo com eles. Agora com 80 anos de idade, perto dali vivia Matidia, a Menor, irmã da falecida Sabina e tia-avó honorária de Marco pela adoção de Antonino Pio. A correspondência entre Marco e Adriano do período seguinte à sua sucessão revela que as filhas pequenas do imperador, Cornifícia e Fadila, às vezes iam se hospedar na casa de Matidia na cidade.[82]

Enquanto isso, na Síria, os partas estavam se mostrando oponentes durões. Graças, contudo, aos esforços de jovens generais talentosos como Avídio Cássio, em 165 a linha de frente parta fora forçada a retroceder até Medeia (hoje Irã), a capital parta foi saqueada e Vologases teve que fugir. Lúcio não podia reclamar grande parte do crédito pela vitória. Ele emprestara seu nome e autoridade à missão, mas passou a maior parte do tempo atrás da linha de frente em um resort perto de Antioquia, o que lhe rendeu a reputação de príncipe playboy. Durante o período, sua futura noiva Lucila alcançou a idade adequada para se casar, e o próprio Marco acompanhou a filha de 13 anos, a mais velha a ter sobrevivido entre seus filhos, até Brundisium, onde a colocou em um barco para Éfeso. Lá, Lucila foi recebida por Lúcio, que tirara licença de suas não muito árduas obrigações militares para casar-se com ela. Depois do casamento, realizado em 164, Lucila tornou-se conhecida como *Augusta* assim como Faustina — mãe e filha agora eram cunhadas e imperatrizes. Em 166, a presença de Lúcio no Oriente não era mais necessária, então ele retornou para celebrar um triunfo conjunto com Marco em Roma no dia 12 de outubro.[83]

A praga levada para a cidade pelas tropas orientais, contudo, tornou amarga a vitória, causando a morte de milhões de habitantes de todo o Império e atrasando o início de uma nova missão militar que tinha como propósito reforçar a fronteira do Danúbio. Em 168, a campanha germânica contra as tribos dos marcomanos e dos quados finalmente teve início, mas em janeiro de 169 a disseminação da praga forçou Marco e Lúcio, cuja presença conjunta no front era considerada necessária, a abandonarem o acampamento de inverno em Aquileia. Dois dias depois de terem iniciado a viagem de volta a Roma, Lúcio sofreu um infarto e morreu pouco antes de completar 40 anos. Pressionado a retornar à campanha danubiana, Marco providenciou rapidamente o noivado da viúva Lucila com um de seus generais, o natural da Síria Cláudio Pompeiano — um casamento contra o qual, de acordo com relatos, tanto mãe quanto filha protestaram em virtude da idade avançada de Pompeiano, queixas que não foram ouvidas.[84]

Todas as atenções de Marco estavam agora concentradas nos esforços de guerra. No inverno de 169-70, enquanto se preparavam para uma ofensiva adiada contra os germânicos, ele estabeleceu-se em Sirmium (Sérvia), sendo acompanhado por Faustina e sua filha mais nova, Aurélia Sabina, de 3 anos de idade. Um grande déficit financeiro forçara Marco a levantar fundos para a sua expedição com o leilão de algumas posses pessoais, incluindo roupões de seda e joias de Faustina. Este foi o prelúdio para que em 174 fosse concedido à esposa do imperador o título "*mater castrorum*" — "Mãe do Acampamento". Na época de Lívia e de Agripina, esse epíteto teria sido uma honra impensável a ser concedida a uma imperatriz, uma transgressão inapropriada e antinatural da esfera mais masculina entre todas, mas tal concessão atesta para as pressões militares agora enfrentadas pelo Império. Ela atribuiu a Faustina o papel de responsável por manter a chama doméstica acesa, servindo como um tipo de queridinha das tropas, embora com aspecto mais materno.[85]

Os invasores marcomanos e quados eventualmente foram reprimidos, mas Marco também estava ocupado com grupos rebeldes nos Bálcãs e na Espanha, e passou os anos seguintes restabelecendo a paz nesses vários conflitos. Em 174, Marco estava de volta em Sirmium, preparando-se para uma nova fase de sua guerra, desta vez contra a perigosa tribo sármata, os yasiges, fixados na planície húngara. A notícia de que o ex-aliado Avídio Cássio havia sido proclamado imperador da Síria, do Egito e de outras partes do Oriente foi uma distração indesejada, mas o desorganizado golpe logo ruiu. Em julho de 175, Marco deixou

Sirmium e, levando Faustina e seu filho Cômodo consigo, embarcou em uma excursão pelo Oriente. No mesmo inverno, Faustina faleceu de repente na vila de Halala, na Capadócia, com cerca de 45 anos.[86]

Duas tradições a respeito da morte de Faustina sobreviveram. A primeira atribui o motivo de sua morte à gota. Esta explicação condiz com evidências presentes na correspondência de Fronto e Marco Aurélio, que com frequência abordava as enfermidades de Faustina. A outra versão, muito mais prejudicial à imagem de Marco Aurélio, afirma que Faustina relutantemente se juntara à malfadada conspiração de Avídio Cássio por temer pelo futuro de seus filhos caso Marco Aurélio viesse a morrer. Para completar, acrescenta que ela era uma adúltera, e que seu filho Cômodo era de um gladiador; e era também uma assassina, que dera ostras envenenadas a Lúcio Vero para impedir que este expusesse seus crimes. De acordo com esse relato, ela cometeu suicídio quando a trama de Cássio fracassou.[87]

A segunda teoria evidentemente repete os sinistros modelos de narrativa, já familiares, das biografias de Lívia e da Agripina mais jovem — o uso de veneno pela mulher, por exemplo — e se baseia principalmente na fictícia *Historia Augusta*. Também entra em contradição com a reação pública de tristeza de Marco Aurélio pela morte da esposa. A vila de Halala foi rebatizada como Faustinópolis em memória da imperatriz, e foram dadas ordens para que o assento anteriormente ocupado por Faustina no anfiteatro durante os jogos passasse a ser ocupado por uma estátua de ouro sempre que Marco Aurélio estivesse presente. Um fundo para a alimentação de meninas desprivilegiadas equivalente ao inaugurado depois da morte da mãe de Faustina foi instituído. Por fim, uma série sem precedentes em termos de quantidade de moedas foi emitida pela casa da moeda romana a fim de celebrar sua consagração como deusa, seu papel como patrona do exército e sua apoteose para as estrelas, conduzindo uma carruagem como Diana, a deusa da caça.[88]

Marco Aurélio faleceu cinco anos depois da morte de Faustina, no dia 17 de março de 180, aos 58 anos. Seu filho de 19 anos, Cômodo, tornou-se o primeiro imperador desde a ascensão de Domiciano a herdar o trono do pai biológico. Seu reinado, contudo, serviu apenas para confirmar a opinião lembrada no panegírico de Plínio para Trajano: de que o princípio da sucessão hereditária arriscava onerar o Império com um mau governante. O reinado de 12 anos de Cômodo seria lembrado como um pesadelo — um retorno megalomaníaco aos dias ruins de Calígula e Nero, um passeio numa montanha-russa sangrenta e grotesca que, entre outros insultos, testemunhou a visão do imperador de Roma desafiando quem quisesse enfrentá-lo na arena e tentando reinventar-se pelas vestes e pela nomenclatura como um Hércules atual.

Marcando o final da era dourada do Império Romano depois da glória dos dias de seus predecessores antoninos, a chegada de Cômodo também foi oportuna para a renovação da antiga ideia de que as mulheres eram os agentes destrutivos que levavam à queda de dinastias. Isso foi confirmado pela acusação, exílio e eventual execução da irmã de Cômodo, Lucila — que supostamente se envolveu em 182 numa conspiração para derrubá-lo — e também de sua esposa, com quem ele se casara em 178 e que foi condenada à morte, em seu caso pela acusação de adultério.[89] Para substituir Brútia Crispina, Cômodo tomou como amante uma mulher chamada Márcia, que, numa reencenação das façanhas de Agripina, a Menor, e Domícia, mais tarde disseram ter conspirado para o seu assassinato. Apesar de toda a dificuldade experimentada no século II para apresentar uma imagem lisonjeira da dinastia reinante através da cuidadosa representação pública de suas mulheres e da seleção de novos privilégios para lhes serem concedidos, a ascensão de Cláudio demonstrou quão facilmente tais esforços podiam ser esquecidos.

7

A imperatriz filósofa: Júlia Domna e o "matriarcado sírio"[1]

Mãe que me carregou no ventre, mãe que me carregou no ventre, socorro! Estou sendo assassinado.

História Romana, Dião Cássio[2]

Sob as sombras da bela basílica do século XVII de San Giorgio in Velabro, local popular para a realização de casamentos logo ao lado da Piazza della Bocca della Verità, em Roma, encontra-se um pequeno arco de mármore. Apesar de datar do ano 204 e de ter escapado por pouco de um ataque a bomba em 1993, sua superfície cinza ricamente decorada está bem preservada, e nas faces opostas de seu compartimento sobrevivem dois painéis em alto-relevo, fotografias de mármore da dinastia imperial romana do início do século III. Na imagem do lado direito, uma mulher de expressão serena, usando um véu e um diadema em forma de lua, está ao lado do marido, que veste uma toga e cujo braço direito está congelado no ato de libar um pequeno altar sobre o qual se encontra uma pilha de pinhas. No painel do lado esquerdo, o jovem filho barbado do casal imita o ato do pai. A cena representa um sacrifício religioso, e a identidade dos três suplicantes é confirmada por uma inscrição que diz que o arco foi encomendado por um grupo de negociantes em honra do imperador reinante, Septímio Severo, de sua esposa, Júlia Domna, e do filho deles, Caracala. São estes os rostos da dinastia romana que subiu ao poder depois da morte de Cômodo e governou o Império Romano por quase toda a primeira metade do século III.

246 AS PRIMEIRAS-DAMAS DE ROMA

Atualmente, o Arco degli Argentari ("Arco dos Negociantes") é protegido por uma cerca que impede que possamos inspecionar sua bela decoração de perto. Contudo, para um observador atencioso que pressione o rosto entre as grades pontiagudas de metal para analisar melhor o trabalho artístico do arco, pode parecer que o braço esquerdo estranhamente dobrado da imperatriz Júlia Domna não foi muito bem moldado. Além desse defeito, a margem direita do painel está vazia, o espaço desocupado se tornando mais óbvio ainda pelo fato de que a cabeça de um caduceu outrora segurado pela imperatriz parece flutuar no ar sobre seu ombro. Se seguirmos a direção do olhar lançado por Júlia Domna através do painel esquerdo do arco, perceberemos que também há uma lacuna evidente ao lado do jovem Caracala onde a superfície do mármore é elevada e grosseiramente texturizada, como se uma ou mais figuras já houvessem estado ali e tivessem sido trabalhosamente eliminadas.[3]

Essas lacunas na verdade são as cicatrizes de um violento exorcismo realizado apenas uma década depois da inauguração festiva do arco, que viu essa cena de união familiar ser violentamente quebrada e vários membros originais do quadro eliminados sem cerimônia. Como num truque de magia que deu errado, as fissuras nessa fachada ilusória de uma família unida não poderiam ter ficado mais expostas — e para esta família, recém-chegados numa cena imperial de tempos incertos, a preservação de uma fachada de união era o que mais importava.

A ascensão da dinastia severa, encabeçada por Septímio Severo e Júlia Domna, é um dos capítulos mais notáveis da história imperial romana. Beneficiários do fim sangrento do malfadado reinado de Cômodo, o tempo que eles passavam no Palatino presenciou a ascensão do primeiro imperador africano de Roma, na pessoa do próprio Severo, e da sua primeira imperatriz do Oriente, na pessoa de Júlia Domna. Duas pessoas cujas distantes origens na época de Lívia e Augusto teriam lhes rendido o rótulo de novos-ricos bárbaros da parte das classes da elite política do ocidente romano agora tinham as rédeas do Império. Com o legado imperial de Severo nas mãos do lado da síria Domna, cujos membros garantiram a sobrevivência da dinastia por 42 anos, a ascensão da família também marcou o retorno ao princípio da sucessão matrilinear, algo que não era visto desde a ascensão do filho de Agripina, a Menor, Nero.

Para muitos historiadores modernos, a influência política de Júlia Domna e de seus familiares do sexo feminino parece tão poderosa que a dinastia severa

A IMPERATRIZ FILÓSOFA: JÚLIA DOMNA E O "MATRIARCADO SÍRIO" 247

já foi várias vezes descrita como um matriarcado, no qual Domna, seguida pela irmã Júlia Mesa e depois pelas sobrinhas-netas Júlia Soêmia e Júlia Mamea, acompanharam sua jovem prole à medida que se sucedia no legado de Severo. Júlia Domna particularmente atraiu a atenção de estudiosos dos séculos XIX e XX em razão de sua associação ao proeminente sofista ateniense Filóstrato, que a apelidou de "a filósofa".[4] A devoção de Domna ao estudo da filosofia, o financiamento de Filóstrato e o apoio dado a um controverso "círculo" de importantes pensadores literários, filosóficos e científicos da época são fatores que a levam a ser festejada como provavelmente a mulher mais intelectualizada a ter usado o manto de imperatriz romana.

Tais qualidades, contudo, nem sempre lhe renderam admiradores. Nascida na Síria, Domna foi acusada no século XIX de transformar Roma em um bastião do "orientalismo" com a introdução do culto a deusas estrangeiras na religião oficial romana (e com o convite à comparação dessas deusas a sua própria pessoa). O grande historiador do século XVIII Edward Gibbon acreditava que a dinastia severa foi a responsável por colocar o pé do Império Romano no caminho para o seu declínio, embora o próprio Gibbon reservasse suas críticas especialmente ao "orgulho e a avareza" das mulheres sírias que sucederam Domna como *Augusta*; por outro lado, ele a elogiava como uma mulher que "merecia tudo o que as estrelas lhe prometessem".[5] Mais recentemente, os "caprichos políticos" de Domna, associados à sua "intelectualidade", levaram à sua descrição como um híbrido pouco lisonjeiro entre Catarina de Médici, Cristina da Suécia e a menina malvada da dinastia júlio-claudiana, Messalina.[6]

Porém, se comparada às suas predecessoras júlio-claudianas Lívia e Agripina, a Menor — as únicas outras mulheres a terem anteriormente exercido o papel de primeira esposa de um imperador e mãe de outro —, Domna recebeu comentários relativamente positivos de observadores da Antiguidade, ganhando elogios pela qualidade dos conselhos dados ao filho Caracala quando este subiu ao trono, e simpatia pelo tratamento hostil sofrido nas mãos de Plautino — o assistente sedento por poder de seu marido —, cuja perseguição levou-a a buscar abrigo no mundo da literatura e do aprendizado. Esse retrato sobreviveu mesmo apesar de Júlia Domna ter ocupado um papel mais proeminente, e supostamente mais poderoso, nas administrações do marido e do filho do que jamais qualquer outra imperatriz tivera antes dela. Surpreendentemente, ela parece ter sido aceita nesses papéis sem protestos de quaisquer fontes sobreviventes contra o fato de uma mulher do Oriente se tornar a imperatriz de Roma — um contraste com o veneno anteriormente dirigido às incursões de Berenice e Cleópatra na cena imperial.

Tais circunstâncias em parte eram o reflexo das mudanças ocorridas no cenário político romano. Júlia Domna e Septímio Severo se tornaram no século III os modelos para a cosmopolita elite romana com uma nova aparência, para a qual o latim já não era necessariamente o primeiro idioma e um nascimento obscuro não impedia que alguém assumisse o cargo mais alto do Império. A hegemonia cultural e política de Roma estava perdendo força — Septímio Severo seria o primeiro imperador a celebrar suas origens provincianas em obras públicas. O próprio Império Romano inclinava-se irresolutamente sobre seu eixo, ainda se agarrando às tradições culturais e religiosas herdadas, mas continuamente atingido por desafios àquela ortodoxia, de influências artísticas a misteriosos cultos orientais como o Cristianismo. O reinado de Marco Aurélio durante a segunda metade do século II também coincidira com as crescentes dificuldades enfrentadas no policiamento de um Império inflado. As pressões militares de garantir a segurança de milhares de milhas de território acumulado haviam aumentado consideravelmente. Roma, a capital do Império, estava separada de sua fronteira mais distante na Síria, a terra natal de Júlia Domna, por mais de 2.400 km. A guerra com a antiga rival oriental de Roma, a Pártia, a intranquilidade entre as tribos teutônicas da Europa, as constantes rebeliões internas contra o imperador e a disseminação de uma praga combinaram-se para gerar uma tensão cada vez maior sobre as engrenagens do Império.

Mais do que nunca, a defesa do Império requeria uma liderança militar forte. Entretanto, a promoção de homens fortes no exército, tão crítica para a segurança do Império, era um tiro que poderia sair pela culatra se algum deles decidisse reclamar para si o cargo mais elevado de todos — o do próprio imperador. Essa questão foi um dos problemas que perturbaram o Império pelo resto de sua duração. Também teve repercussões no papel exercido em cada nova administração pela esposa e pela família do imperador, cujas posições se tornaram cada vez mais precárias diante dos múltiplos desafios à sua legitimidade, muitas vezes potencialmente fatais.

Septímio Severo, nascido em 11 de abril de 145, era nativo da colônia do Norte da África de Léptis Magna, na Tripolitânia (Líbia), filho de uma família provinciana cujos chefes alcançaram a classe senatorial durante o reinado de Trajano. Com o

A IMPERATRIZ FILÓSOFA: JÚLIA DOMNA E O "MATRIARCADO SÍRIO" 249

financiamento da família, o próprio Severo embarcou numa carreira senatorial e fez uma ascensão gradual através dos escalões sob Marco Aurélio. Ao longo do caminho, ele se casou com uma conterrânea, Paccia Marciana, e aos 35 anos, pouco depois da morte de Marco Aurélio em março de 180, recebeu um posto na província romana da Síria como comandante da prestigiosa Quarta Legião Cítica. Foi durante essa viagem por obrigação que Severo atravessou pela primeira vez o caminho da jovem Júlia Domna.

Ela era da cidade de Emesa (atual Homs), localizada no fértil vale do rio Orontes. Outrora sede principal do Reino Árabe, ela mais tarde foi anexada pelo Império Romano e governada por uma série de reis clientes que, como seus aliados próximos, os herodianos, na Judeia, forneciam apoio diplomático e militar a seus superiores romanos em tempos de crise como a Revolta Judaica de 66-70. Pouco depois, quando a dinastia flaviana consolidou seu poder e o último rei emesense morreu, o território foi naturalmente incorporado à província romana da Síria.[7]

Graças ao seu rico solo vulcânico que alimentava plantações bem irrigadas de trigo, frutas e azeitonas, e à sua localização na rota de comércio do Orontes, que transportava mercadorias do Oriente para o Ocidente, Emesa era uma cidade rica, ainda que obscura em termos políticos. Mais conhecida como lar do culto ao deus-sol emesense Elagabalo, Emesa atraía peregrinos que viajavam para adorar um objeto de culto na forma de uma grande pedra negra cônica. Os sacerdotes que guardavam o culto do deus-sol, cujo uniforme de trabalho era uma longa túnica dourada e roxa e uma coroa de pedras preciosas, eram descendentes dos reis clientes que haviam governado Emesa na primeira metade do século I. Quando Septímio Severo visitou o local em 180, talvez atraído pelos relatos de visitantes sobre o grande e famoso templo de Elagabalo, o herdeiro do posto de guardião era o pai de Júlia Domna, Júlio Bassiano. Ele tinha outra filha, Júlia Mesa, e os nomes de sonoridade romana da família eram um reflexo do antigo status privilegiado de governantes auxiliares do Império Romano — embora a *cognomina* das meninas, Domna e Mesa, tivesse origem semita. Domna vinha do árabe *Dumayna*, uma derivação da palavra "preto", e o nome de Mesa parece vir do árabe *masa*, que significa "caminhar balançando-se".[8] Os anos dos nascimentos de Domna e sua irmã são desconhecidos, embora na época da visita de Severo em 180 elas provavelmente fossem adolescentes.[9]

Como acontece ao primeiro encontro de outros imperadores com suas consortes, a exemplo de Tito e Berenice ou Lívia e Augusto, não sabemos quando ou onde Domna conheceu seu futuro marido, que na época da visita a Emesa ainda era casado com Paccia Marciana. Uma suposição razoável é que Severo e Bassiano se conhecessem, e que o último apresentou este promissor general romano a suas filhas. Depois de deixar a Síria, a carreira de Severo permaneceu alguns anos estagnada. Na ausência de nomeações para outros cargos, ele dedicou algum tempo ao estudo particular em Atenas antes de seus serviços voltarem a ser requisitados em 185 por Cômodo, quando foi despachado para a província da Gália Lugdunense a fim de exercer seu primeiro governo. Pouco depois da sua chegada, Paccia Marciana morreu (pelo pouco que se sabe de causas naturais), e a visão do ainda sem filhos Severo se voltou na direção de Emesa, para a filha de Bassiano, Domna. Logo, uma proposta de casamento foi enviada da sede de Severo na Gália para a residência de Bassiano na Síria, e foi prontamente aceita.[10]

Anos depois, foi dito que Severo escolhera Domna como noiva depois de conhecê-la em sua viagem na Síria porque seu horóscopo produzira a previsão de que ela se casaria com um rei, o que parecia um bom presságio para um homem ambicioso como ele. É claro que Severo também não deixou de levar em consideração as vantagens mais práticas da aliança com uma moça que, se for a mesma Júlia Domna mencionada num documento legal do período, era sobrinha-neta de um senador e ex-cônsul chamado Júlio Agripa (nenhuma relação com o pai de Berenice), de cuja fortuna considerável era herdeira de uma parte.[11] A história do horóscopo provavelmente foi inventada e disseminada muitos anos depois da ascensão de Severo com o intuito de fazer o curriculum vitae do novo imperador parecer mais interessante. O casamento entre Severo, de 42 anos, com sua jovem noiva síria foi realizado no verão de 187. O talento de Severo para ser visitado por maus presságios levou-o mais tarde a declarar que tivera um sonho em que uma cama nupcial fora preparada para ele e sua noiva pela esposa de Marco Aurélio, Faustina, no templo de Vênus e Roma, perto do palácio imperial.[12]

A união de Domna e Severo foi rapidamente abençoada pelo nascimento de dois filhos. O primeiro, nascido na Gália no dia 4 de abril de 188, foi chamado de Bassiano em homenagem ao seu avô materno de Emesa, enquanto o segundo, nascido em Roma no dia 7 de março de 189, foi chamado de Geta, um nome compartilhado pelo pai e pelo irmão de Severo. A paternidade coincidiu com um progresso nas perspectivas profissionais de Severo: em 190, aos 45 anos, depois de ter passado um ano na Sicília com sua jovem família, ele alcançou o ansiado cargo de cônsul. A promoção garantiu-lhe um lugar no ápice da sociedade romana, e deu à jovem Domna um gostinho da vida como consorte política e anfitriã em sua residência oficial na cidade. As conversas durante os jantares e eventos prestigiados pelo cônsul e sua esposa estavam cheias de especulações e tensão.[13] O ano que Severo passou no cargo teve como pano de fundo a sangrenta atmosfera dos últimos anos do reinado de Cômodo, durante os quais o comportamento do imperador tornou-se tão errático que de acordo com relatos ele chegou ao ponto de entrar na arena gladiatória e cortar as cabeças da competição — o que teria sido mais impressionante se seus oponentes não fossem avestruzes. O historiador Dião Cássio, beneficiário da eventual ascensão de Severo ao poder, descreveu como ele e os outros senadores eram forçados a prender o riso diante desse espetáculo de luta com pássaros a fim de evitar a ira de seu imperador.[14]

Evidentemente, o desenrolar do reinado de Cômodo tinha um lado mais sério. Os meses anteriores ao começo do consulado de Severo viram a queda do impopular e inescrupuloso Cleandro, camareiro liberto que manipulara o imperador desde a morte do favorito anterior da corte, Perênio, em 185. Acusações de conspiração contra o imperador atravessavam a cidade, seguindo-se uma onda de execuções senatoriais, incluindo a de um parente emesense de Domna chamado Júlio Alexandre. Severo provavelmente ficou feliz por se afastar da atmosfera violenta da cidade em 191, quando foi despachado para assumir o cargo de governador da Panônia Superior por recomendação de Leto, chefe da guarda pretoriana. Finalmente, o comportamento cada vez mais imprevisível e violento de Cômodo convenceu Leto e seu novo camareiro imperial a agirem. No dia 31 de dezembro de 192, com a conivência da amante do imperador, Márcia, Cômodo foi primeiramente envenenado e depois estrangulado no banho, após 12 anos instáveis e sem filhos de reinado. O suposto papel de Márcia no assassinato era mais uma repetição das participações de Agripina, a Menor, e de Domícia nas mortes de seus maridos — de acordo com relatos, ela avisou Leto e Eclecto sobre a existência de uma lista de condenação da qual seus nomes faziam parte, e depois misturou veneno na taça vespertina de vinho de Cômodo, o que teve apenas o efeito de fazê-lo vomitar muito, forçando os conspiradores a contratarem um pugilista profissional para eliminar a vítima de uma vez por todas.[15]

Públio Hélvio Pertinax, filho de um ex-escravo, foi um servo que se distinguiu tanto na carreira militar quanto na civil nos reinados de Marco Aurélio e Cômodo, e já havia sido colocado no trono pelos conspiradores quando a notícia do assassinato de Cômodo chegou a Severo, a 1.009 quilômetros de distância na capital de Panônia, Carnuntum.[16] De acordo com o funcionário público da época, Herodiano, que escreveu a história do Império de 180 a 238, Severo sonhou naquela noite com um cavalo tirando Pertinax do trono e o substituindo pelo próprio Severo, passando por um corredor de aliados batendo palmas, convencendo Severo de que a conquista de uma grande ambição estava logo à frente. Embora Pertinax estivesse tão determinado a não ser acusado de despotismo que imitou Augusto com a adoção do modelo de *princeps senatus* e declinou da oferta do título de *Augusta* para sua esposa, Flávia Titiana, sua administração não possuía os fundos para manter a guarda pretoriana da maneira como ela estava acostumada sob Cômodo.[17] Quando o efeito dominó teve início e Pertinax teve o trono brutalmente usurpado por um ex-cônsul chamado Dídio Juliano em março de 193, Severo estava pronto, mesmo apesar de um rival, Prescênio Níger, governador da Síria, também reclamar a púrpura. Deixando-se levar pela aclamação da sua legião e de legiões vizinhas, Severo marchou para Roma a fim de reclamar o poder, tendo antes providenciado o transporte de Júlia Domna e de seus filhos para o seu lado a fim de garantir sua segurança.

Ele não foi, contudo, tão cavalheiro com a esposa e os filhos de seus rivais. Depois de chegar aos arredores de Roma e de convencer o Senado a condenar Juliano no dia 1º de junho, Severo foi aceito como imperador e seu cortejo foi acolhido na cidade em 9 de junho por uma recepção obedientemente encantadora de seus cidadãos, vestidos de branco, as ruas cobertas de flores. Uma das primeiras atitudes do primeiro imperador foi dar ordens para que Plautiano, seu braço direito, capturasse os filhos de Níger e os fizesse reféns, enquanto Níger foi declarado inimigo do Estado. Níger seria derrotado numa batalha na Antioquia em abril de 194; sua cabeça decepada foi exibida em Roma, e a esposa e os filhos, executados. A ameaça de outro rival na disputa pelo trono, Clódio Albino, governador da Britânia, foi a princípio neutralizada por Severo de forma menos implacável, com a oferta do cargo secundário de César a Clódio. Entretanto, quando dois anos depois Clódio decidiu que isso não bastava, também foi derrotado — desta vez na Gália —, e seu corpo maltratado jogado no Ródano juntamente ao de sua esposa e de seus filhos. O destino da família serviu para lembrar o destino que a derrota teria trazido para Domna e seus próprios filhos.[18]

Durante a década de 1930, os Museus Nacionais de Berlim adquiriram um retrato frágil de um marchand parisiense. Ele exibia o recém-entronado Septímio Severo e Júlia Domna de pé como pais orgulhosos atrás de seus dois filhos.[19] Obra

A IMPERATRIZ FILÓSOFA: JÚLIA DOMNA E O "MATRIARCADO SÍRIO"   253

de arte simples, coberta por uma têmpera de gema de ovo num painel circular de madeira, ela é o trabalho de um artista egípcio, e é provável que tenha sido pintada para marcar uma viagem realizada pelo imperador e pela imperatriz à África por volta do ano 200. O "tondo de Berlim", como ficou conhecido, não é apenas o retrato mais famoso de Júlia Domna e seu marido; é também o único retrato pintado na Antiguidade dos membros de uma família imperial romana a ter sobrevivido, e nos oferece pela primeira vez uma oportunidade única e preciosa de olhar para os rostos dos habitantes do Palatino "em cores". Com seus cachos e sua barba prateados, a aparência de Severo se encaixa nas descrições que encontramos nas fontes literárias romanas, enquanto o tom de sua pele sobre as listras douradas de sua toga é bem mais escuro que o de sua esposa — um contraponto às representações oficiais em mármore, cuja cor natural o exibia como tão branco quanto qualquer imperador que o antecedeu, e uma evidência importante de que Severo foi o primeiro imperador negro de Roma.[20]

O rosto oval de pele leitosa de Domna, por outro lado, tem olhos grandes, sobrancelhas grossas e retas, e lábios carnudos. Pérolas grandes, do tamanho de jujubas, circulam seu pescoço e enfeitam suas orelhas, um rompimento com a abordagem minimalista das joias em mulheres adotado pelos escultores imperiais romanos e mais uma prova do abismo que separava o ideal e a realidade no que diz respeito à vaidade feminina.[21] Seus cachos escuros e grossos, contudo, estão completamente de acordo com suas esculturas. De todas as imperatrizes romanas, o penteado de Júlia Domna foi o mais distintivo, um cabelo ondulado, partido no meio, semelhante a um capacete, que se acredita ter sido criado com a ajuda de uma peruca. Já se supôs, inclusive, que ela introduziu o costume sírio de se usar peruca para as mulheres de Roma. Porém, vários apliques destacáveis de mármore pertencentes a esculturas de mulheres do início e da metade do século II foram encontrados recentemente, alguns com traços de um adesivo de gesso que se presume ter sido usado para fixar a "peruca" de mármore na cabeça. Assim, é possível que algumas predecessoras imperiais de Domna já fossem familiarizadas com a prática de usar perucas na vida real.[22]

O batismo de Domna no papel de primeira-dama romana foi tudo menos o que esse penteado sério pode sugerir. Menos de um mês depois da ascensão de seu marido ao título de *Augusto* e da sua ao de *Augusta*, ela e Severo estavam a caminho do Oriente para lidar com a ameaça de Níger e para recuperar o território parta que se aliara ao seu inimigo. Depois de ter resolvido os dois problemas, Severo seguiu para a Gália e esmagou seu último rival, Clódio, em fevereiro de 197. Ao longo dessas duras campanhas, Domna estava ao lado do marido, suportando as mesmas condições secas do deserto que ele e suas tropas, e ao contrário de algumas de suas antecessoras não recebeu nada além de elogios por seu papel como mascote do exército. Seguindo os passos da esposa de Marco Aurélio, Faustina — outra celebrada seguidora de acampamento —, ela foi recompensada com o título *mater castrorum* ("Mãe do Acampamento") no dia 14 de abril de 195. Uma estátua dela vestindo esse personagem foi fixada na Via Sacra, em Roma, perto do templo de Antonino e Faustina.[23]

Além de consolidar o papel de Domna como guardiã da estabilidade tanto doméstica quanto militar romana, havia outros planos por trás do seu agraciamento com o título dado pela primeira vez a Faustina. Sempre que via uma oportunidade, Severo tentava estabelecer uma ligação entre si e o último "bom" imperador de Roma, Marco Aurélio, chegando ao ponto de usar a mesma barba no estilo grego e a pedir ao médico de Marco, Galeno, que lhe prescrevesse o mesmo medicamento à base de Cássia que ele administrara a seu antigo paciente. As incertezas militares, econômicas e políticas do século III haviam tornado mais importante para Septímio Severo do que fora para seus predecessores estabelecer raízes fortes para a sua dinastia nas tradições sólidas de um passado estável. Dos retratos encomendados e produzidos em grandes quantidades pelos principais escultores, criadores de camafeus e pintores às insígnias e slogans escolhidos para as representações da família em moedas, Severo não apenas se espelhava em seu mais bem-sucedido predecessor antonino, mas afirmava ser o herdeiro natural daquela dinastia. No mesmo ano em que Domna foi ligada a Faustina através do título *mater castrorum*, Severo providenciou a própria adoção pelo clã antonino, declarando-se filho de Marco Aurélio. A estratégia era arriscada, pois também significava adquirir um parentesco com Cômodo, de forma que foi tomada a decisão puramente pragmática de deificar o antigo imperador a fim de, com isso, adoçar o gosto do remédio e legitimar a tomada do poder por Severo.[24] O mais velho entre os filhos de Severo e Domna, Bassiano, foi, por sua vez, rebatizado Marco Aurélio Antonino em homenagem a seu recém-adquirido ancestral. Todavia, como Calígula, um imperador a quem ele infelizmente mais tarde seria comparado, é pelo sobrenome — "Caracala", uma referência à capa com capuz que costumava usar — que ele é mais conhecido.

A IMPERATRIZ FILÓSOFA: JÚLIA DOMNA E O "MATRIARCADO SÍRIO"   255

Como era de se esperar, tais atitudes não deixaram de atrair sua dose de comentários irônicos dos súditos de Severo. Um deles comentou sobre a nova árvore genealógica do imperador afirmando que ficava feliz em saber que ele finalmente havia encontrado um pai.[25] A "autoadoção" forjada de Severo foi certamente uma atitude audaciosa. Não obstante, ao tomá-la, ele demonstrou ser um aluno dedicado de imperadores anteriores como Augusto e Vespasiano, que haviam promovido a própria legitimidade enfatizando — e às vezes embelezando — seus vínculos com antigos líderes admirados. Outro estratagema lucrativo, como já vimos, era ressaltar uma conexão com as esposas de imperadores anteriores — tática adotada, por exemplo, por Galba e Otão em relação a Lívia e por Adriano através de tributos a Plotina. Severo não podia se gabar de uma amizade pessoal ou parentesco com imperatrizes famosas. Assim, em vez disso, resolveu improvisar: ao projetar a imagem de Faustina sobre a de Domna — mesmo apesar de, como ele, ela não ter vínculos sanguíneos nem de nenhum tipo com os antoninos —, Severo produziu a ilusão de que sua dinastia tinha aprovação divina. A história de que ele sonhara com Faustina preparando um leito de núpcias para Domna e ele pouco antes do seu casamento era apenas um componente dessa propaganda, cujo propósito urgente era fornecer um senso reconfortante de continuidade e estabilidade, reduzindo o efeito prejudicial à sua imagem do interlúdio castigado por guerras do início da década de 190 enquanto ao mesmo tempo desviava a atenção do status de intrusos da nova família oficial.[26]

O resultado é que durante seus primeiros anos no poder os quatro cantos do Império Romano foram bombardeados com imagens dos severos como uma unidade familiar. Cada família imperial desde os júlio-claudianos vira-se celebrada em representações coletivas, mas nenhuma tivera a esposa e os filhos do imperador incluídos com tanta regularidade. Em quase todo monumento público que a imagem de Severo era exibida, Domna e seus filhos estavam ao lado dele, ressaltando a importância simbólica da imperatriz como responsável materna do futuro da dinastia severa. As moedas cunhadas reforçavam a mensagem: áureos de ouro cunhados a partir de 202 exibiam um retrato de Domna acompanhado a cada lado pelos perfis de seus filhos. O slogan que acompanhava o retrato, *felicitas saeculi* ("A Fertilidade do Século"), ecoava deliberadamente a mensagem de uma moeda semelhante que exibia Faustina e seus filhos.[27]

Entretanto, essas representações com sua mensagem de união seriam manchadas. Logo, a imagem de um membro da família seria apagada para sempre.

O exército de escravos, homens libertos e funcionários públicos que cuidavam da família imperial no Palatino desde a época de Augusto e Lívia não viu muito seus novos ocupantes na primeira década do reinado de Septímio Severo.[28] Foram providenciadas reformas para o palácio, tais como a adição de um novo camarote imperial do qual Severo e sua família teriam uma vista aérea das corridas no Circo Máximo logo abaixo, mas inicialmente eles não tiveram muitas oportunidades para fazer uso dessa instalação de luxo. Depois de atravessar o Império eliminando rivais internos na competição pelo trono, o novo imperador retornou ao Oriente por mar em 197 a fim de lidar com a ameaça externa do Império Parta, e não voltou a colocar os pés em Roma nos cinco anos que se seguiram. Domna e seus filhos continuaram acompanhando Severo nessa odisseia, bem como seu conselheiro mais próximo e conterrâneo africano, o recém-apontado prefeito do pretório Fúlvio Plautiano.

Para Domna, a viagem significava um retorno bem-vindo à sua terra natal, a Síria, e talvez também uma reunião com os membros de sua família emesense. Ter uma esposa nascida na terra só pode ter rendido índices de aprovação elevados para Severo, e durante um período incerto de transformação no qual o centro de gravidade do imperador estava se afastando cada vez mais de Roma e passando para as suas periferias, era politicamente útil ter olhos e ouvidos perto das fronteiras orientais do Império nos parentes de Domna. Na verdade, vários deles ganharam posições proeminentes dentro do círculo do imperador, talvez com alguma ajuda da interseção de Domna, a exemplo de Lívia e Plotina. A mais notável entre essas promoções foi a do cunhado de Domna, Júlio Avito Alexiano, oficial da classe equestre promovido a membro do Senado no início do reinado de Severo e posteriormente a cônsul. Alexiano era marido da irmã de Domna, Mesa, a qual foi morar com Domna quando esta se tornou imperatriz, adquirindo uma visão interna da política do palácio que mais tarde seria útil para a sua própria carreira.[29]

Em janeiro de 198, Severo celebrava a repetição do feito de Trajano ao capturar a capital da Pártia, Ctesifonte. Foi nessa época que ele decidiu conceder a Caracala o título imperial de *"Augusto"* — que nunca fora compartilhado entre pai e filho com o intuito de colocar o último na posição de herdeiro — e dar a Geta o título secundário de "César". Agora, Domna podia gabar-se de ser a primeira mulher da família imperial a ser ao mesmo tempo esposa e mãe de dois *Augusti*. Depois de uma tentativa abortada de estabelecer um cerco à fortaleza árabe de Hatra, em 199 Severo e seu cortejo partiram numa viagem prolongada ao Egito, ecoando a viagem feita ao Nilo por Adriano e Sabina. A nova família oficial visitou os mesmos monumentos culturais visitados por seus predecessores antoninos, incluindo o Colosso de Memnon, onde Domna pôde ler os versos compostos por Balbila para marcar a visita de Sabina. Foi nessa mesma viagem que Severo deu a ordem infeliz de "consertar" a estátua cantante, silenciando-a para sempre.

Ao contrário da fama de artificialidade do relacionamento de Adriano e Sabina, não há relatos de desarmonia na união entre Severo e sua esposa síria. Na verdade, pouco foi dito sobre seu relacionamento, embora a informação divertida de que Severo falava latim com um sotaque tão forte que o levava a pronunciar o próprio nome como "Sheptimius Sheverus" (em vez de Septimius Severus) nos leve a supor que eles conversavam em grego, língua que Domna provavelmente falava enquanto crescia em Emesa.[30] A única nota dissonante em relação ao seu casamento aparece na *História Augusta*, que afirma que o imperador recusava-se a se divorciar de Domna mesmo embora ela fosse "notória por seus adultérios, e também culpada de tramar contra ele".[31] É mais provável que essa história tenha tido suas raízes ou no tipo de tradições narrativas preestabelecidas para as carreiras de esposas imperiais anteriores, ou numa campanha de difamação contra ela lançada por outro membro do círculo de seu marido — Fúlvio Plautiano, chefe da guarda pretoriana.[32] Também nativo de Léptis Magna, Plautiano vira sua carreira avançar durante o reinado do marido de Domna, mas segundo relatos detestava a imperatriz, por razões que logo veremos.

Em 202, a família imperial finalmente retornou a Roma ao som de trombetas, e a posição de Plautiano como aliado mais poderoso e que gozava de mais confiança da parte do imperador tornou-se ainda mais forte. Em um eco das tentativas do implacável prefeito do pretório de Tibério, Sejano, de ganhar as graças da família imperial, Plautiano assegurou o casamento de sua filha, Plautila, com Caracala, o que o tornou cunhado do futuro Augusto. A união foi realizada em abril como parte das celebrações que marcariam o décimo aniversário do reinado de Severo, e foi descrita por Dião Cássio, um dos convidados, como um evento grandioso no qual os presentes foram exibidos num desfile pelo fórum até o palácio e os convidados foram servidos tanto com pratos refinados de carne cozida quanto com "carne viva crua", como os bárbaros comiam.[33]

Tanto esse detalhe quanto a observação de que o dote dado por Plautiano pela filha teria coberto os custos dos dotes de cinquenta mulheres de status nobre refletiam a opinião pouco lisonjeira que Dião Cássio tinha do pai da noiva, que descreveu como um glutão lascivo que comia e bebia tanto nos banquetes que vomitava na mesa, e cuja luxúria com rapazes e moças contrastava com o tratamento puritano que ele reservava para Plautila, a qual mantinha sempre protegida dos olhos dos homens pela prática da purdah e não deixava receber visitantes.[34] O noivo de 14 anos Caracala, por sua vez, detestava Plautiano e tratava a noiva com um desprezo cruel.[35] Os sentimentos de Domna em relação à nora — que alcançou o mesmo status que a imperatriz ao receber o título de *Augusta* e cujo penteado, ao menos em seus primeiros retratos, era feito de forma a lembrar o da própria Domna — não foram registrados.[36] No entanto, se o testemunho de Dião Cássio está correto, ela tinha razão de temer a intrusão de Plautiano em sua família. Desde a sua entrada em cena, ele fizera de sua missão desacreditar a imperatriz síria, chegando ao ponto de torturar seus amigos na tentativa de obter informações sobre ela que pudesse levar aos ouvidos de Severo:

> Plautiano tinha um domínio tão grande sobre o imperador que com frequência tratava até mesmo Júlia Augusta de forma ultrajante; pois que a detestava cordialmente e estava sempre a insultando violentamente para Severo. Ele costumava conduzir investigações sobre sua conduta, bem como reunir evidências sobre ela através da tortura de mulheres da nobreza. Por essa razão, ela começou a estudar filosofia e a passar seus dias na companhia de sofistas.[37]

O relato de Dião Cássio de que Júlia Domna refugiou-se num mundo particular de estudo e debates filosóficos por causa da perseguição de Plautiano tem sido a motivação para o arquétipo desenvolvido para ela, distinguindo seu papel como primeira-dama de Roma do de todas as suas predecessoras como o de um verdadeiro compromisso intelectual. Ele complementa várias observações feitas por uma das principais figuras literárias da época, um sofista grego e membro da corte imperial chamado Filóstrato, que observou no prólogo de sua obra mais importante, *Apolônio de Tiana* (uma biografia do filósofo neopitagórico do século I) — que teve a ajuda de sua patrocinadora, a própria Júlia Domna, de

A IMPERATRIZ FILÓSOFA: JÚLIA DOMNA E O "MATRIARCADO SÍRIO" 259

cujo "círculo" era membro —: "por admirar e encorajar todo discurso retórico — ela me pediu que transcrevesse essas obras (...) e que cuidasse de seu estilo."[38]

O "círculo" de Júlia Domna há muito é tema de divergências e debates acalorados. Por um lado, ele já foi muitas vezes comparado aos "salões" presididos por anfitriãs educadas da Europa dos séculos XVIII e XIX, e descrito como composto pelos membros mais importantes da sociedade acadêmica severa, entre os quais não apenas sofistas como Filóstrato, mas matemáticos, advogados, historiadores, poetas e médicos de renome.[39] A evidência que contraria a existência de um "salão" formal ou composto por uma lista tão longa e ilustre de membros é que Filóstrato, a única fonte antiga a mencionar tal círculo, na verdade identifica apenas outro membro — um sofista retórico chamado Filisco da Tessália, que "desenvolveu um vínculo íntimo com o círculo de matemáticos e filósofos de Júlia, e obteve dela, com o consentimento do imperador, a cadeira de retórica em Atenas".[40] Como pesquisas importantes provaram, a identidade de vários outros supostos membros do círculo de Domna, incluindo Dião Cássio e o escritor de textos médicos Galeno, foi na verdade presumida tendo como base unicamente o testemunho de um historiador do século XIX, que produziu uma lista composta de suas próprias suposições, mas cujas especulações foram posteriormente citadas por outros estudiosos como fatos.[41]

Embora não possamos especificar quem fazia parte do círculo de Domna, e tampouco afirmar se ela oferecia ou não saraus à maneira da anfitriã da sociedade do século XVIII Madame du Deffand, ou de Madeleine de Scudéry, do século XVII, isso não deve obscurecer o fato de que a imperatriz síria foi realmente uma patrocinadora intelectual de influência considerável. Além disso, ela tinha interesses pessoais em uma grande variedade de temas de estudo, que pelo que se sabe não foram compartilhados por nenhuma outra mulher imperial. Evidentemente, sua colaboração com Filóstrato e Filisco estava limitada ao papel de patrona que já vimos ser exercido por outras mulheres imperiais, tais como Otávia, a quem Vitrúvio atribuiu a inspiração para sua obra *De Architecture*, e Plotina, que intercedeu em nome de um candidato da sua escolha para a cadeira da escola epicurista de Atenas. Contudo, mais do que isso, a própria Domna parece ter tomado parte em conversas não apenas sobre filosofia, mas também sobre retórica, dois temas que costumavam ser apresentados pela maioria das fontes literárias romanas como áreas de estudo exclusivamente masculinas. Uma carta pouco detalhada endereçada por Filóstrato a Júlia Domna, aparentemente a continuação de um diálogo, chegou ao nosso tempo. Nela, Filóstrato tenta persuadir sua patrona dos méritos do estilo retórico floreado dos sofistas, instando-a a refutar os ataques feitos a eles, "em sua sabedoria e conhecimento".[42]

Júlia Domna foi a primeira mulher da era imperial a ter seu interesse e capacidade nos temas "masculinos" da retórica e da filosofia expostos para a aprovação pública.[43] Contudo, a questão a respeito do que deveria constituir a educação de uma mulher ainda era tão controversa quanto na época da xará augusta de Domna, Júlia. Um parodista do século II lamentou a tendência das mulheres da alta sociedade, influenciadas pela paixão romana cada vez maior pela cultura grega, de contratar retóricos, gramáticos e filósofos da Grécia para andarem em seus calcanhares. De acordo com relatos, algumas damas chegavam ao ponto de receber instruções de seus gurus enquanto usavam o banheiro se não tivessem tempo de irem às suas aulas.[44] Outros escritores, em vez de lamentarem a frivolidade feminina, queixavam-se mais diretamente de que uma educação em retórica tirava a sensualidade da mulher: "Você me pergunta por que não quero me casar com você, Gala? Você é tão erudita. Meu pênis na maioria das vezes comete um solecismo."[45]

Sem dúvida, alguns homens da elite se irritavam com as tentativas das mulheres de entrarem em certas áreas de estudo. O trabalho de uma mulher romana era afastar o filho da filosofia, e não se dedicar a ela; era administrar a educação em oratória do filho, e não fazer discursos ela mesma. Isso dito, alguns, entre os quais Sêneca e Plutarco, defendiam temas como a filosofia e a matemática como áreas de estudo apropriadas para as mulheres, argumentando que uma educação mais completa as tornaria em esposas melhores, mais sábias, e em administradoras domésticas mais eficientes. Embora seja possível que o exemplo de Domna fosse visto como uma excentricidade permitida para a imperatriz em razão de seu status elevado e único, ele também pode significar que, pelo menos entre as mulheres das classes privilegiadas, o estudo particular nessas esferas intelectuais não fosse tanto um tabu, nem tão raro quanto nossas fontes mais ressentidas nos levaram a acreditar.

Apesar da caça às bruxas política sendo conduzida por Plautiano contra Domna, um front público de unidade dinástica por enquanto continuava sendo preservado pelos severos. Pouco depois da conclusão em 202 das celebrações do aniversário de dez anos do seu reinado, Severo levou a família inteira, inclusive seus novos membros Plautiano e Plautila, numa viagem à África. O itinerário incluía uma visita à sua cidade natal Léptis Magna. Era a primeira viagem de Domna à região. Léptis, que atualmente é um dos sítios arqueológicos mais bem preservados do Mediterrâneo, foi transformada durante o reinado do seu filho mais famoso, Severo tendo investido somas consideráveis para transformar a cidade num símbolo da marca imperial na África. Quando a família chegou em 202, as obras estavam prestes a ter início com a construção de um grande novo fórum, enquanto uma avenida cercada por colunas que ia dos banhos públicos até o novo porto era concluída. Em todos os lugares aonde iam, os visitantes se deparavam com a visão gratificante de estátuas recém-concluídas da família —- Severo, Domna, seus filhos, os novos recrutas Plautiano e Plautila, e até mesmo a primeira esposa falecida do imperador, Paccia Marciana, também natural da cidade.[46]

Uma das joias da magnífica nova linha do horizonte da cidade era um arco do triunfo de quatro vias que cobria a intercessão das duas estradas principais da cidade. Seguindo a tradição dos monumentos triunfais, seu esquema decorativo era em grande parte uma celebração das conquistas de Severo tanto no front interno quanto no campo militar, exibindo um Septímio barbado e um Caracala adulto com as mãos direitas erguidas num gesto de solidariedade e uma cena de sacrifício religioso.[47] Em ambos os painéis, a imagem de Júlia Domna com seu penteado característico em forma de capacete é facilmente reconhecida entre os homens. Sua presença vigilante tanto na cerimônia entre o marido e o filho quanto no sacrifício — uma representação artística extremamente incomum de uma imperatriz até aquele momento — servia para lembrar seu importante papel simbólico na manutenção da união familiar num momento em que uma forte liderança militar era requisitada dos homens do clã. Suas imagens por acaso também nos fornecem um prenúncio de uma tendência emergente na forma de vestir das mulheres do século III, que se tornaria cada vez mais popular nas décadas seguintes. Em um painel, Domna usa a túnica de mangas curtas tradicionalmente usada pelas matronas até aquele momento. No outro, seus ombros estão completamente cobertos, as aberturas nas mangas costuradas — um sinal de grande discrição e modéstia na vestimenta feminina que se tornaria cada vez mais comum no século seguinte.[48]

Depois de vários meses na África, a família retornou outra vez a Roma, onde já haviam começado os preparativos para o grande evento público dos Jogos Seculares — um festival que ocorria a cada 110 anos para marcar o início de uma nova era na história romana, realizado pela última vez durante o reinado de Domiciano. Domna tornou-se a primeira mulher da família imperial a ser uma das estrelas da ocasião, recebendo 109 mulheres casadas no Capitólio para banquetes religiosos em honra das deusas Juno e Diana.[49] A determinação cada vez maior de Severo de projetar sua imagem como um sucessor natural não apenas de seus predecessores antoninos, mas também do primeiro imperador de Roma, já o havia levado a anunciar uma revitalização das rígidas leis contra o adultério introduzidas por Augusto — com uma emenda que declarava que as mulheres das províncias passavam a ter os mesmos direitos legais gozados pelas mulheres romanas.[50] Considerações semelhantes em relação à projeção da sua imagem estavam em parte também por trás do patrocínio de Domna da restauração do antigo e venerável templo da Fortuna Feminina, o mesmo cuja preservação já fora um projeto de Lívia.[51] Até mesmo os nomes das duas mulheres foram relacionados — Domna era conhecida em suas moedas como Júlia Augusta, o mesmo título concedido a Lívia depois da morte de seu marido.[52]

Enquanto isso, o oponente de Domna, Plautiano, e sua nora Plautila estavam firmemente estabelecidos como membros do clã severo. Um grande número de retratos de Plautila havia sido produzido às pressas logo depois de seu casamento com o filho mais velho do imperador, e alguns dos últimos a exibiam com um penteado anteriormente desconhecido, apelidado de *"skull-braid"* por causa das tranças firmemente presas atrás da cabeça, um estilo que se tornaria popular entre as mulheres de elite e seria usado durante muitos anos.[53] Seu rosto e o de seu pai haviam sido incluídos tanto no arco de Léptis Magna quanto no Arco degli Argentari, dedicado pouco antes dos Jogos Seculares. Contudo, se os relatos estão certos, Severo ficava cada vez mais desconfiado de seu aliado. Ele estava descontente com o número de estátuas de Plautiano que encontrara em Léptis, e, além disso, foi alertado pelo irmão mais velho Geta, que morreu em 204, para tomar cuidado com o prefeito do pretório, que estava se tornando cada vez mais ambicioso.[54] Embora a fissura causada pelas estátuas tenha eventualmente sido resolvida, a aversão de um membro da família por Plautiano aparentemente não diminuíra.

A prova disso veio cheia de violência com os eventos de 22 de janeiro de 205. Segundo o relato detalhado de Dião Cássio, a família imperial acabara de começar a jantar naquela noite quando três centuriões chegaram ao palácio de posse de uma carta que aparentemente continha uma ordem para o assassinato de Severo e Caracala. Em vez de executarem a ordem, os centuriões passaram lealmente a carta para o imperador, que imediatamente mandou convocar Plautiano sob o pretexto de precisar consultá-lo sobre alguma questão. Ao chegar ao palácio e receber a ordem de deixar seus acompanhantes do lado de fora, um Plautiano preocupado foi à presença de Severo sozinho, e foi calmamente interrogado pelo imperador. Entretanto, assim que o prefeito do pretório começou a rejeitar as acusações contra ele, Caracala, que estava por perto, lançou-se contra o sogro e, ao ser segurado por Severo, ordenou que um dos criados matasse Plautiano. O criado atendeu ao pedido prontamente. Alguém — provavelmente o próprio Caracala, embora não tenha sido dito — arrancou um punhado de fios da cabeça de Plautiano, entrou na sala ao lado e triunfantemente os mostrou a Domna e Plautila, que haviam ficado do lado de fora, talvez ainda esperando pelo início do jantar. "Eis teu Plautiano", foi sua declaração cruel, que provocou tristeza em Plautila e uma satisfação silenciosa em Domna.[55]

Do ato de plantar a carta à convocação dos centuriões, todo o episódio de acordo com Dião Cássio fora tramado por Caracala. O filho de Severo agora finalmente se livrava da esposa que desprezava, Plautila, banindo-a para a Ilha de Lípara, onde ela foi mais tarde executada. Suas imagens e as de seu pai foram profanadas. Eram eles que costumavam ocupar o espaço vazio ao lado de Caracala no Arco degli Argentari, e a inscrição no arco também foi modificada para ter seus nomes eliminados. Domna foi a eventual beneficiária da execução, já que ganhou um espaço adicional no arco para as palavras acrescentadas depois que ela recebeu um novo título em 211 — *mater senatus et patriae* ("Mãe do Senado e da Pátria"). Algumas das estátuas de Plautila até mesmo exibem sinais de terem sido fisicamente atacadas e mutiladas, os olhos da jovem *Augusta* arrancados, como se para refletir o desejo de Caracala de punir da mesma forma a pessoa da esposa.[56]

Apesar da eliminação de Plautiano, Caracala evidentemente continuava sendo um jovem cheio de raiva. O foco de sua antipatia agora era transferido para outro alvo — seu irmão mais novo, Geta, junto ao qual se tornou cocônsul em 205. Os dois rapazes agora tinham respectivamente 16 e 15 anos, e a morte de Plautiano incitou uma rivalidade latente que os levou a competir no campo das conquistas sexuais e dos esportes, chegando ao ponto de se desafiarem um ao outro numa corrida de bigas tudo-ou-nada, disputada com tanta agressividade que Caracala caiu da biga e quebrou a perna.[57] Enquanto isso, o pai dos rapazes se tornara cada vez mais inquieto desde seu retorno a Roma em 204, irritado por julgamentos políticos e pequenos surtos de roubos na Itália. O comportamento delinquente de seus filhos também não escapava à sua atenção. Quando recebeu uma carta em 208 do governador da Britânia pedindo-lhe ajuda com bárbaros rebeldes da região, Severo aproveitou a oportunidade para aplicar um pouco de disciplina muito necessária a Caracala e Geta enquanto exercitava seus músculos de soldado uma última vez.[58]

Severo imediatamente tomou providências para levar toda a sua estrutura doméstica, sua esposa e filhos, bem como as engrenagens burocráticas do governo em uma viagem à "desolada e pantanosa" região setentrional da Britânia.[59] O imperador estava com 63 anos e sofria de dores agudas nas pernas e nos pés (possivelmente causadas por gota ou artrite) que fizeram o velho soldado precisar ser levado numa liteira na maior parte do caminho e provavelmente não melhoraram com o clima mais frio da Britânia. Para Domna, aquela era a conclusão da jornada de uma extremidade do Império à outra, da Síria no Oriente à Britânia no Ocidente. Ao chegar, o cortejo imperial, que incluía o cunhado de Domna, Alexiano, estabeleceu-se em Eboracum (York), de onde Severo e seu filho mais velho Caracala conduziram tentativas militares de submeter o norte da Escócia, enquanto Geta permanecia com a mãe em Eboracum, encarregado da tarefa de supervisionar os assuntos administrativos do Império.[60]

As atividades de Domna durante a estadia de três anos na Britânia em sua maioria não foram registradas, com a exceção de um encontro bizarro com a esposa do membro de uma tribo britânica. Depois que um tratado foi firmado entre os romanos e os rebeldes britânicos, Domna e a esposa de um dos representantes dos caledônios, Argentocoxus, aparentemente conversavam sobre a diferença entre o comportamento sexual das mulheres romanas e das mulheres britânicas. Domna supostamente fez uma piada sobre a forma com que as mulheres britânicas tratavam o sexo com seus homens com liberdade e tranquilidade. A resposta de sua interlocutora foi rápida: "Satisfazemos as necessidades da natureza muito melhor do que vocês, mulheres romanas; pois nos relacionamos abertamente com os melhores homens, enquanto vocês se deixam ser corrompidas em segredo pelos piores."[61] A frase, que aparece no relato de Dião Cássio no contexto de uma discussão sobre a reimplantação das leis de adultério augustas, é uma crítica ao típico preconceito romano contra a sexualidade "bárbara" — aqui dirigida às mulheres romanas e constrangendo Domna, de cujos predecessores muitos eram os principais infratores dessa regra moral. Embora seja mais provavelmente uma

A IMPERATRIZ FILÓSOFA: JÚLIA DOMNA E O "MATRIARCADO SÍRIO" 265

anedota fictícia, a passagem não deixa de servir como mais uma evidência de que parte do trabalho de uma imperatriz romana em viagens pelo exterior era, tal como acontece a suas contrapartes modernas, socializar com as esposas e outros membros do sexo feminino das famílias dos dignitários.

Enquanto isso, inscrições provam que Domna recebeu mais um título honorário durante sua estada em Britânia — *mater Augustorum*, ou "Mãe dos Augustos". O título anunciava a promoção de Geta ao status de Augusto, colocando-o ao lado do irmão. A casa da moeda imperial, que continuava emitindo novos modelos de moedas mesmo apesar da ausência da família da capital, lançou áureos dourados comemorativos exibindo os quatro membros da família — Septímio e Domna de um lado, e Caracala e Geta do outro, ambos usando a barba que representava a transição da infância para a vida adulta de um homem. Mas a inscrição que acompanhava a imagem, *Perpetua Concordia* — "Harmonia Eterna" —, tentava desviar a atenção do povo de um assunto desagradável.[62] A rivalidade entre Caracala e Geta alcançara um novo grau de rancor, e havia cada vez mais rumores de que as intenções assassinas de Caracala em relação ao irmão também haviam começado a se voltar para seu pai. Apesar das alegações de que a vida de Severo estava ameaçada — que incluíam uma tentativa de Caracala de atravessar o corpo do pai com uma espada enquanto eles cavalgavam juntos —, o imperador poupou o rapaz de uma punição, permitindo que "o amor pelo filho fosse maior do que o amor pela pátria; ao tomar essa atitude, contudo, ele traiu o outro filho, pois bem sabia o que aconteceria".[63] Essa sinistra previsão logo se realizaria.

No dia 4 de fevereiro de 211, Severo faleceu aos 66 anos em Eboracum. A causa oficial é de que ele havia se entregado às suas enfermidades, embora alguns suspeitassem de que Caracala fosse o verdadeiro responsável.[64] A morte do imperador imediatamente intensificou o já acirrado conflito entre seus dois filhos, para os quais Severo deixara proporções iguais de poder, causando uma grande preocupação a Domna e ao conselho que fora nomeado para guiar os passos dos jovens Augustos. O perigo da situação era ainda mais elevado em razão da localização da família imperial, a uma grande distância da autoridade central do Senado romano, sem o qual a sucessão não podia ser ratificada. Caracala, uma figura popular entre os membros do exército, inicialmente tentou convencê-los a declarar seu apoio exclusivo a ele, mas o fracasso nesse quesito e a interseção de Domna e dos membros do conselho o persuadiram a aceitar uma trégua temporária com Geta. Os restos mortais cremados de Severo foram acompanhados de volta a Roma numa urna púrpura, que talvez uma Domna enlutada tenha carregado em um eco de viagens semelhantes feitas por esposas imperiais anteriores.[65]

O funeral público na capital — durante o qual um modelo de cera do imperador deificado ficou entre os membros do Senado vestidos de preto de um lado e uma delegação de matronas nobres vestidas de branco do outro — mal acabara quando o conflito entre os dois jovens coimperadores irrompeu. As linhas divisórias metafóricas existentes entre eles eram agora literalmente traçadas. A vasta residência imperial não apenas foi dividida entre os dois, com entradas e cômodos independentes estabelecidos, mas, de acordo com um relato, os irmãos deram início a negociações para a divisão em dois do próprio Império.[66] Isso aparentemente foi mais do que Domna — que junto com o conselho fora convocada a uma reunião dos irmãos — podia aguentar; e, segundo Herodiano, ela implorou aos irmãos que entrassem num acordo, seguindo o exemplo de outras mulheres conciliadoras como Otávia e as sabinas:

(...) Júlia [Domna] gritou: "Meus filhos, vocês encontraram uma forma de dividir a terra e o mar (...) mas e quanto a sua mãe? Como vocês propõem dividi-la? Como devo dividir e cortar ao meio este meu corpo infeliz? Muito bem, matem-me primeiro e cada um leve uma parte de meu corpo dilacerado para o seu território, e lá o enterre. Dessa forma poderei ser dividida entre vocês juntamente à terra e ao mar." Com essas palavras, ela começou a chorar e gritar. Depois, jogou os braços por sobre os rapazes e os uniu num abraço, tentando reconciliá-los.[67]

A intervenção de Domna funcionou durante algum tempo. Seus dois filhos governaram juntos e as honras e privilégios concebidos a ela só aumentaram durante esse reinado conjunto. Em 211, os títulos *Pia* ("Piedosa") e *Felix* ("Bem-aventurada") foram acrescidos às inscrições que acompanhavam sua imagem nas moedas. Modelos de moedas emitidos por ocasião do anúncio oficial da deificação de Severo também lhe deram o título adicional de *mater patriae* — "Mãe da Pátria".[68] O último, evidentemente, é o título que Tibério vetara quando de seu oferecimento pelo Senado a Lívia, deixando claro que Domna superara a última grande matriarca do Império — afinal de contas, nem mesmo Lívia podia gabar-se de vínculos matrimoniais e maternos com não menos que três Augustos.

A IMPERATRIZ FILÓSOFA: JÚLIA DOMNA E O "MATRIARCADO SÍRIO"   267

Todavia, antes que o acordo aparentemente harmonioso de divisão do poder entre os filhos de Domna completasse dois anos, ele foi implacavelmente quebrado. No dia 26 de dezembro de 212, Caracala convidou Geta a ir aos aposentos da mãe sob o pretexto de celebrarem uma reconciliação mais completa; logo depois, porém, ordenou que seus centuriões esfaqueassem brutalmente seu irmão mais jovem, então com 23 anos. A narrativa de Dião Cássio do incidente descreve como Geta agarrou-se à mãe, que fora enganada em relação às intenções de Caracala, e gritou para ela quando seus assassinos se aproximavam antes de dar o último suspiro nos braços ensanguentados e impotentes de Domna. Havia tanto sangue na cena que Domna, num terrível estado de choque, nem sequer percebeu que sua mão também havia sido cortada.[69]

O extermínio das representações de Geta foi imediatamente ordenado, resultando na maldisfarçada desfiguração de monumentos como o arco de Léptis Magna e o Arco degli Argentari, onde a inscrição que homenageava Domna como "Mãe dos Augustos" foi cinicamente alterada para "Mãe de Augusto" — pois agora era só um.[70] As moedas que exibiam a imagem de Geta foram derretidas nos quatro cantos do Império, e falar ou escrever o nome do irmão mais novo de Caracala tornou-se um crime capital. A memória de Geta não apenas foi vítima da obliteração, mas também sofreu com atos de degradação. O vazio onde antes ficava seu rosto deixado no tondo de Berlim, por exemplo, exibe sinais de ter sido coberto de fezes.[71]

Algumas poucas imagens de Geta, preservadas principalmente em objetos como joias e selos, escaparam da rede. Um rumor de que Caracala não conseguia olhar para a imagem do irmão morto sem chorar foi interpretado como uma evidência de que as imagens em questão eram lembranças particulares preservadas pela mãe de Geta, Domna.[72] No entanto, se a imperatriz de fato buscava um período de luto pelo filho mais novo, ela não teve oportunidade:

(...) ela não tinha permissão de lamentar nem chorar pelo filho, embora ele tivesse tido um fim tão triste antes da hora (ele tinha apenas 22 anos e 9 meses de idade), mas, pelo contrário, ela era forçada a se alegrar e rir como se fosse a beneficiária de um golpe de sorte, tão observadas eram todas as suas palavras, gestos e mudanças de humor. Assim, a Augusta, esposa do imperador e mãe dos Imperadores, sequer podia ter privacidade para derramar lágrimas por tão grande tristeza.[73]

Caracala era tão rígido nessa determinação que uma relíquia feminina da última dinastia, Cornificina — filha de Marco Aurélio e Faustina, e irmã de Cômodo —, foi condenada à morte pela acusação de ter chorado com Domna pela morte de Geta.[74]

Apesar da evidente impotência de Domna em face da tragédia pessoal da tomada violenta do poder por seu filho mais velho, o período de cinco anos que Caracala passou na liderança da dinastia severa ironicamente foi a época em que ela teve mais influência sobre a estrutura imperial. Na ausência de uma esposa do novo imperador depois da execução de Plautila no exílio em Lípara, restou a Domna fazer o papel de "rainha mãe" de Roma, um papel exercido primeiramente por Lívia e depois por Agripina, a Menor, ao lado de seus respectivos filhos. Num contraste total com o modo de pensar dessas duas matriarcas, sabia-se que a promoção de Domna fora-lhe forçada não pela morte suspeita de seu marido, mas pelo assassinato do filho.

Caracala, como vários de seus predecessores, alimentava fantasias de imitar o herói popular Alexandre, o Grande; assim, em 214, depois de um período de campanhas no Danúbio, a corte imperial foi levada para o Oriente, com destino à Antioquia, na terra natal de Domna, a Síria. Aqui, num tributo à sua erudição, ela foi encarregada da correspondência em grego e latim de Caracala e da rodada diária de petições que chegavam de várias partes do Império para o jovem imperador. Tais deveres costumavam ser a responsabilidade de um *ab epistulis* (um secretário liberto) e embora outras imperatrizes, como Lívia e Plotina, já tivessem escrito e recebido cartas de peticionários para o imperador, não há indícios de que nenhuma outra mulher já tivesse tido um papel formal na administração imperial. Na verdade, não é só isso: apesar de seu comentado desprezo por ele, segundo relatos Domna dava conselhos muito reconhecidos a Caracala em inúmeras questões. Em certa ocasião, por exemplo, censurou-o pelos gastos excessivos com seus soldados, ao que Caracala respondeu com indiferença: "Anime-se, Mãe: pois enquanto tivermos isso" (mostrando-lhe sua espada) "não haveremos de ficar sem dinheiro".[75]

Tais relatos — combinados ao de que Domna oferecia recepções públicas aos homens mais proeminentes do Império da mesma forma que o imperador fazia, e que recebeu sua própria unidade de segurança da guarda pretoriana — levaram alguns historiadores a concluir com excesso de otimismo que ela era na prática uma corregente do filho — em outras palavras, que ela tinha um nível de autoridade executiva que ia além da influência circunstancial adquirida através dos vínculos como nos casos de Lívia e Agripina. A *História Augusta* cita até mesmo uma tradição segundo a qual Caracala casara-se com a "belíssima" Domna (referindo-se erroneamente a ela como sua madrasta), que o tentara ao lhe revelar suas belas formas, acrescentando o incesto à sua lista de depravações, que já incluía o fratricídio. Herodiano, por sua vez, afirma que algumas caricaturas de Caracala circularam pelo Império enquanto ele e a mãe se encontravam em Alexandria, comentando o assassinato de Geta e apelidando Domna de "Jocasta" — uma referência à mãe de Édipo, que se casou com o filho parricida, alheia à identidade dele.[76]

Enquanto as semelhanças entre o relacionamento supostamente incestuoso de Agripina com seu filho e as supostas tentativas de Domna de seduzir Caracala devem ser atribuídas à intenção da fonte de retratar o último como um segundo Nero, não podemos deixar de imaginar qual era a atmosfera na casa real e como ficou o relacionamento entre Domna e Caracala depois do assassinato brutal de seu irmão.[77] Terá Domna pragmaticamente encarado sua situação da melhor forma possível ao agir como embaixadora do filho que lhe restou, ou terá ela sido forçada pela opressão tirânica de Caracala a exercer seu papel sob uma máscara que ocultava o profundo sofrimento pelo filho mais novo e pelo marido? Será que sua decisão de não contestar a situação foi tomada pela reflexão sobre o destino de Agripina, a Menor, nas mãos de Nero? Não é possível saber. Contudo, é provável que tanto ela quanto Caracala ao menos reconhecessem seu valor como a única fonte disponível de autoridade simbólica materna e doméstica a ser explorada pelo seu regime. Plautila estava morta, enquanto Júlia Mesa, irmã de Domna e não de Severo nem de Caracala, não se encaixava na descrição tradicional de representante feminino da dinastia.

O reinado de Caracala teve uma duração total de cinco anos, e possui um marco histórico importante: o édito lançado em 212 que concedia a cidadania romana a todos os habitantes nascidos livres do Império. Esse gesto aparentemente liberal na realidade tinha como propósito aumentar a arrecadação de impostos para injetar dinheiro nos fundos de guerra, que estavam sendo esvaziados pelas ambiciosas campanhas militares de Caracala, a princípio dirigidas às persistentes tribos germânicas, e depois contra os partas. Durante seu reinado, ele fez tentativas frequentes e planejadas de ganhar a aprovação tanto do povo quanto do exército; suas representações o exibiam como um general militar durão, o que nos lembra as tentativas de alguns líderes políticos modernos de convencer seu eleitorado de suas próprias credenciais militares. Porém, no final das contas ele foi assassinado por seus próprios soldados durante uma campanha enquanto fazia suas necessidades numa estrada perto de Carrhae (na Turquia moderna) no dia 8 de abril de 217. Caracala foi sucedido por seu prefeito do pretório, Marco Opélio Macrino, cujo golpe de acordo com Dião Cássio teria sido evitado se uma carta que alertava Caracala não tivesse sido desviada para seleção na Antioquia por Domna, que, é claro, era a encarregada de toda a correspondência com que ele não queria se incomodar.[78]

Quando Domna soube da morte de Caracala, seguida pouco depois pela entrega de suas cinzas numa urna, a notícia aparentemente lhe causou uma consternação profunda:

(...) assim que soube da morte do filho, ela ficou tão abalada que desferiu um golpe violento contra si mesma e tentou ficar sem comer até morrer. Depois, ficou de luto, agora que ele estava morto, pelo mesmo homem que detestara enquanto estava vivo; contudo, não lamentava por desejar que ele estivesse vivo, mas pela irritação de ter de retornar à vida privada.[79]

Relatos de suas atitudes seguintes com pequenas variações chegaram à nossa época. Dião Cássio conta que sua perturbação interna levou-a a considerações fantasiosas de tentar ela mesma tomar o poder antes de retornar ao plano original de morrer de fome. No final, sua morte já era garantida graças a um tumor cancerígeno no seio, que piorou com o golpe que ela desferiu sobre o peito ao saber da morte de Caracala. Herodiano concorda que ela cometeu suicídio, mas aponta para a possibilidade de o novo imperador, Macrino, não ter lhe dado outra escolha. Não obstante, pelo menos em público o usurpador parece ter mostrado deferência à viúva de Septímio Severo, permitindo que ela mantivesse seu guarda-costas e lhe mandando uma mensagem de paz na forma de um ramo de oliveira. Aparentemente, porém, com a morte de seu marido e seus dois filhos — os homens sob cuja égide ela havia bem ou mal adquirido um papel público e um senso de propósito na vida —, Domna não viu expectativas para si na futura administração. Seguindo o exemplo de outra matriarca imperial, Antônia, a Menor, ela decidiu — ou ao menos aceitou — a opção do suicídio, uma morte respeitada pelo exemplo dado em face das adversidades por heroínas romanas como Lucrécia.[80]

Depois da morte de Domna, seus restos mortais foram levados de volta para Roma por sua irmã e companheira, Júlia Mesa. Por razões desconhecidas, eles foram depositados no mausoléu de Augusto, embora mais tarde tenham sido transferidos para junto dos do marido no mausoléu de Adriano.[81] Pouco depois a deificação de Domna foi ordenada, talvez até mesmo pela intervenção direta de Macrino. Ele pode muito bem ter visto as vantagens políticas em liderar os tributos conferidos à mãe de Caracala caso o desprezo dela pelo filho realmente fosse de conhecimento geral. Assim, Domna tornou-se Diva Júlia, juntando-se ao panteão de mulheres imperiais transformadas em deusas antes dela.[82]

Com a morte de seu imperador e sua rainha mãe, e a ascensão de Macrino — o primeiro imperador romano sem um background senatorial —, a brutalmente eliminada linha de sucessão severa parecia ter sido definitivamente frustrada. Caracala não voltara a se casar depois do banimento e da morte de Plautila, e não deixou filhos para desafiar o usurpador. Enquanto se preparava para tirar a própria vida, é possível que Júlia Domna tenha esperado ser relembrada como a primeira e última imperatriz severa.

Contudo, o que não se levou em conta foi a determinação e o oportunismo audaz de sua família emesense.

Depois da morte da irmã Domna, a recém-enviuvada Júlia Mesa, cuja família gozara de 25 anos como hóspedes privilegiados do palácio imperial, foi esquecida. Tendo se juntado a Domna na viagem para o Oriente quando Caracala transferiu a corte severa para a Antioquia, ela agora recebia ordens de Macrino para se estabelecer nas propriedades da família em Emesa. Júlia Mesa era a matriarca de uma família que incluía suas duas filhas, Júlia Soêmia e Júlia Mamea, e dois netos adolescentes, o filho de Soêmia, Avito, e o filho de Mamea, Bassiano. Como não havia precedentes para a transferência da sucessão imperial romana para os filhos da irmã de uma imperatriz, pode ter parecido que Macrino não tinha razão para temer nenhuma ameaça da parte dos meninos sírios. Acontece que ele não conseguiu manter os padrões aos quais o exército se acostumara durante o reinado de Caracala e, desapontados, os soldados começaram a buscar uma nova fonte de compensação.[83]

Não se sabe quem teve a ideia primeiro — tanto Herodiano quanto a *História Augusta* afirmam que foi a própria Mesa, já que ela era rica o bastante para oferecer às legiões o incentivo financeiro necessário para convencer os soldados a abandonarem Macrino. Dião Cássio, contudo, não lhe dá crédito, afirmando que tudo foi planejado por dois amigos emesenses da família chamados Eutiquiano e Gannys. De qualquer forma, em maio de 218 — um ano após a tomada do trono por Macrino — um audacioso plano foi traçado para levar o filho de Soêmia, Avito — que parece ter tido uma forte e conveniente semelhança com o primo Caracala —, a ser declarado imperador. Levado certa noite às escondidas para o acampamento da Terceira Legião Gaulesa em Rhaphanaea, perto de Emesa, na madrugada do dia seguinte Avito desfilou com a mãe, Soêmia, e a avó, Mesa, diante dos soldados; estes, sem dúvida tentados pela bela recompensa que receberiam pela mudança de lado, saudaram o rapaz como o sucessor por direito de Caracala.[84]

Em retaliação, Macrino declarou guerra não apenas a Avito e seu primo Bassiano, "mas também contra suas mães e sua avó". Segundo relatos, ele ficou maravilhado diante da audácia das mulheres, mas não perdeu tempo e despachou seu prefeito do pretório com ordens para matar a filha e o cunhado de Mamea antes de dar início a um ataque aos rebeldes. Seguiu-se um mês de conflito, durante o qual surgiu uma lenda de batalha de acordo com a qual Mesa e Soêmia teriam evitado a retirada de seu exército deixando suas carruagens e rogando aos homens que mantivessem suas posições. No dia 8 de junho, Macrino foi derrotado em Antioquia, e em seguida morto, suas representações condenadas à destruição. A dinastia severa, ou talvez devêssemos dizer dinastia emesense, estava de volta.[85]

Avito tornar-se-ia mais conhecido pelo apelido de Heliogábalo, tomado da deidade emesense cujo culto ele e sua família presidiam. Como o do primo Caracala, seu reinado duraria cinco anos, e, em meio às suas várias controvérsias, foi notável pelo papel surpreendentemente visível exercido em sua administração por sua mãe e sua avó. Heliogábalo teve três esposas enquanto ocupava o trono, entre as quais Ânia Faustina, descendente de Marco Aurélio, mas todas tiveram papéis secundários aos de Soêmia e Mesa, ambas as quais receberam o título de Augusta. A dupla era considerada tão poderosa que foram as únicas mulheres nos registros históricos a terem sido convidadas a comparecer a reuniões do Senado — um passo além da posição de Agripina, que costumava ouvir as reuniões por trás de uma cortina. Segundo os relatos, até mesmo um "Senado de Damas" chegou a ser estabelecido, cujas reuniões realizadas no Monte Quirinal eram presididas por Soêmia.[86]

Esse suposto senado feminino, contudo, não constituiu nenhum fórum revolucionário de mulheres. Ele parece ter se limitado ao estabelecimento de um conjunto meticuloso de regras de etiqueta femininas, ditando, por exemplo, quem podia usar ouro ou joias nos sapatos, quem podia ser transportada de liteira e de que material ela deveria ser feita, e quem devia ter a iniciativa nos beijos que faziam parte do cumprimento social. A antiga tradição literária que declarava a existência da instituição na verdade não tinha interesse em lisonjear a mãe de Heliogábalo, fato que não foi perdido entre os herdeiros posteriores de tal tradição, como Erasmo. Seu tratado de 1529, *Senatulus* ("Pequeno Senado"), foi uma das várias obras medievais e renascentistas a invocarem o "Senado de Damas" de Heliogábalo e Soêmia com o fim específico de satirizar a ideia ridícula de um parlamento feminino, bem como o que ele considerava em sua própria época uma obsessão trivial com o modo de vestir.[87]

Tal como acontece a primeiras-damas romanas anteriores, podemos compreender melhor a reputação de Soêmia e Mesa se a encararmos como um reflexo dos imperadores às quais foram associadas, e, portanto, como um espelho confiável de suas próprias realizações. O cronista anônimo da *História Augusta* escreveu que Heliogábalo estava "completamente sob o controle da mãe [Soêmia], a ponto, na verdade, de não fazer negócios públicos sem seu consentimento, embora ela vivesse como uma prostituta e praticasse todo tipo de lascívia no palácio". Esse retrato, contudo, era menos uma crítica a Soêmia do que a Heliogábalo, cujo reinado competiria com o de Nero e Cômodo como um dos mais licenciosos da história romana.[88] Além de nomear criados como um condutor de mula, um cozinheiro e um serralheiro para posições elevadas, usar maquiagem em público e manter um harém de homens e mulheres de cuja depilação, tanto facial quanto pública, cuidava pessoalmente, a acusação mais polêmica contra Heliogábalo foi a de ter tentado introduzir o culto ao deus emesense Elagabal como a principal divindade do panteão romano. Seu modo de vestir também era problemático. Antes de ele entrar em Roma pela primeira vez, sua avó Mesa tentou alertá-lo de que seus ricos trajes de cores púrpura e dourado não seriam bem vistos pelo público, que, apesar do fluxo cada vez maior de orientais observado na elite,

274 AS PRIMEIRAS-DAMAS DE ROMA

ainda alimentava suspeitas de um comportamento estrangeiro "efeminado". Mas Heliogábalo não lhe deu atenção.[89]

No dia 26 de junho de 221, contudo, forçado a ouvir os alertas de Mesa em relação à precariedade de sua posição, Heliogábalo, de 16 anos, concordou em adotar o primo de 12 anos Severo Alexandre, filho de Júlia Mamea, dando-lhe o título de Augusto e o nomeando seu herdeiro. Assim, criou duas facções, e dois Augustos foram criados na casa imperial, com Soêmia de um lado e a irmã Mamea de outro. Mamea, de acordo com as informações que temos, jogava com sagacidade, mantendo o filho bem longe da esfera de influência de seu primo infame e exercendo o papel tradicional da mãe romana de cuidar de seu currículo educacional. Quando o ciúme de Heliogábalo em relação à popularidade de seu jovem primo tornou-se evidente, Mamea cuidou para que somente seus próprios criados de mais confiança tivessem a permissão de servir os alimentos de Alexandre. Enquanto isso, começou a comprar a guarda pretoriana para garantir a proteção do filho, tendo como cúmplice a mãe, Mesa, que nunca gostara muito de Heliogábalo e cujos anos passados no círculo interno de Domna haviam lhe rendido um aprendizado completo na política palaciana.[90] A tensão na família finalmente alcançou o ápice quando o atentado de Heliogábalo contra a vida de Alexandre foi frustrado e acabou na sua própria ruína. No dia 12 de março de 222, foi o próprio Heliogábalo e sua mãe, Soêmia, que foram brutalmente assassinados. O relato de Dião Cássio de suas mortes pinta uma cena terrível, na qual, lutando para desvencilhar-se, Heliogábalo foi arrastado de seu esconderijo com Soêmia agarrada ao filho. Suas cabeças foram decepadas, seus corpos desnudos e seus cadáveres arrastados pelas ruas de Roma antes de o corpo de Soêmia ser descartado e o de Heliogábalo jogado no Tibre. Embora outras primeiras-damas romanas já houvessem sido mortas brutalmente, essa profanação dos restos mortais de Soêmia marcou a primeira e última vez que o cadáver de uma mulher da família imperial foi submetido a tamanha ofensa.[91] O fato de sua execução e humilhação terem se tornado um evento público é um reflexo não apenas do ódio e da amargura que haviam se desenvolvido dos dois lados da família, mas também do aumento da visibilidade das mulheres na vida pública.

Severo Alexandre, de 14 anos, tornou-se o segundo imperador sírio da jovem dinastia produzida por Júlia Mesa, e sua mãe, Júlia Mamea, agora assumia o lugar da irmã Soêmia como matriarca imperial romana. Tanto ela quanto o filho atraí-

A IMPERATRIZ FILÓSOFA: JÚLIA DOMNA E O "MATRIARCADO SÍRIO" 275

ram menos críticas dos historiadores antigos do que seus predecessores imediatos. Como Heliogábalo, porém, o novo imperador supostamente era dominado pela mãe: "ela assumiu a direção e reuniu homens sábios em volta do filho a fim de que seus hábitos fossem corretamente formados por eles; também selecionou os melhores homens do Senado como conselheiros, informando-lhes de tudo o que precisava ser feito".[92] Tal obediência filial rendeu a Alexandre o apelido nas fontes literárias de "Alexandre Mamea" — "Alexandre, filho de Mamea" —, o inverso da convenção pela qual um homem romano era reconhecido pelo nome do pai. Como sabemos, ao assumir o trono Tibério repudiara furiosamente um título semelhante para identificá-lo como "filho de Lívia". O fato de o matronímico de Alexandre ser usado em inscrições oficiais que se referiam a ele como *Iuliae Mamaeae Aug[ustae] filio Iuliae Maesae Aug[ustae] nepote'* — "Filho da Augusta Júlia Mamea e neto de Augusta Júlia Mesa" — prova que, nesse caso, o título não foi apenas uma forma de zombaria criada por comentaristas posteriores, mas era a indicação de um papel visível e consagrado da mãe e da avó do imperador na imagem pública do novo regime.[93]

Alexandre logo atraiu elogios por sua conduta sóbria, seu tratamento judicioso para com o Senado e suas várias nomeações políticas recebidas positivamente. O próprio Dião Cássio ficou exultante ao receber seu segundo consulado, recompensa que concluiria sua narrativa da história do período. A provocação de permitir a entrada de mulheres na câmera do Senado não foi repetida. Além disso, foi aprovada uma resolução que condenava qualquer um que permitisse o mesmo, confirmando que o acesso político concedido a Soêmia e Mesa não refletia nenhuma mudança real nas atitudes romanas profundamente arraigadas em relação à perspectiva de ter mulheres no governo.[94] Apesar da opinião unida dos comentaristas antigos de que a mãe e a avó de Alexandre o manipulavam como uma marionete, escolhendo seus conselheiros e selecionando amigos para ele, nos primeiros anos do seu reinado é certo que nenhuma honra excepcional extravagante foi concedida publicamente nem a Mamea nem a Mesa. Em vez disso, elas se contentaram com os títulos de Augustas que já lhes haviam sido concedidos, enquanto a suposta preferência de Mamea por um estilo de vida frugal constituía uma apropriação perspicaz do exemplo de Lívia e Plotina.[95]

Com a morte da mãe Mesa (e sua subsequente deificação) por volta de 223, Mamea assumiu o papel feminino principal na família, uma posição da qual não abriu mão nem sequer quando o filho casou-se em 225 e outra mulher voltou a compartilhar com ela o título de Augusta — Salústia Orbiana, filha do poderoso senador Salústio. Rapidamente, as engrenagens do governo entraram em ação para transmitir uma mensagem de "*concórdia*" familiar através da moeda imperial. Orbiana foi a escolha pessoal de Mamea para o filho, e moedas emitidas para celebrar o casamento real exibiam Orbiana e Alexandre de um lado e a sogra da noiva do outro. Entretanto, em 227, depois de apenas dois anos de casamento, quando Salústio foi executado sob acusação de conspiração, Orbiana foi, por sua vez, banida para a Líbia — vítima, dizia-se, do ciúme que Mamea tinha do seu título, mesmo apesar de inscrições e moedas sugerirem que era creditada a Mamea a posição mais importante.[96]

Ao contrário de Caracala, segundo os relatos Alexandre amava a esposa, mas o medo da mãe impediu-o de ir contra seu destino. Essa apresentação de Alexandre como um homem controlado pela mãe e de Mamea como uma mulher dominadora implacável dilui-se em relatos históricos mais favoráveis de Alexandre como um filho devotado que construiu para a mãe um palácio e uma piscina perto de Baias, e de Mamea como uma mãe justa que dava ao filho conselhos sábios. Esse retrato de mãe devotada capturou a imaginação de autores cristãos posteriores, que descreveriam Mamea como uma convertida em potencial, afirmando que ela certa vez chamara o teólogo Orígenes para lhe dar instruções religiosas.[97]

Passaram-se mais oito anos do reinado de Alexandre, durante os quais a escolha de slogans e de deidades patronas para suas moedas e as de sua mãe reconhecia a crescente ameaça militar vinda do Oriente. Em 224, o governante persa Ardacher matara o último rei do Império Parta, Artabano, o prelúdio da fundação por ele da poderosa dinastia sassânica, que governaria a região pelos próximos quatrocentos anos. Depois que tentativas de estabelecer uma relação diplomática com o novo rival de Roma fracassaram, em 231 Alexandre declarou guerra e foram emitidas moedas nas quais Alexandre aparecia como um grande soldado e Mamea era associada à *Venus Victrix* — "Vênus Vitoriosa".[98] Donativos foram distribuídos aos soldados em nome tanto do imperador quanto de sua mãe com o intuito de estimulá-los para a luta e garantir sua lealdade. No entanto, depois de vários embates mal planejados e malsucedidos, o descontentamento tomou conta do exército, e a culpa foi posta em Mamea, censurada pela "timidez feminina" que reforçava o velho ditado de que não havia lugar para uma mulher no campo de batalha.[99]

A IMPERATRIZ FILÓSOFA: JÚLIA DOMNA E O "MATRIARCADO SÍRIO" 277

Os levantes nas fronteiras setentrionais do Império também começaram a se intensificar, e no inverno de 235 Alexandre e Mamea foram para a Renânia a fim de lidar com a ameaça das tribos germânicas. Sua decisão de recorrer mais uma vez à diplomacia não foi bem aceita pelas tropas, ávidas por lutar e pelos espólios que vinham com uma guerra. No dia 22 de março de 235, numa repetição do destino de Heliogábalo e de Soêmia, Alexandre, então com 27 anos, e sua mãe Júlia Mamea foram atacados por soldados sob o comando de um oficial chamado Maxímio Trácio. Assim como os relatos dizem que Heliogábalo e Soêmia se agarraram um ao outro quando os golpes mortais começaram a ser desferidos, Alexandre teria morrido escondido atrás da mãe e a culpando por seu infortúnio enquanto ambos eram atacados.[100]

Alexandre foi o último imperador severo, e Mamea sua última imperatriz. A dinastia tivera uma duração relativamente impressionante de 42 anos, incluindo o pequeno intervalo durante o qual Macrino assumiu o controle temporariamente, mas sua queda representou o início de uma pequena idade medieval na história imperial romana. Isso se reflete na escassez de fontes históricas a registrarem o período e na longa lista de imperadores que nos cinco anos seguintes ascenderam ao trono apenas para caírem como dominós um após o outro. A consequência é que nenhuma mulher romana produziu a menor impressão digna de nota na história do período.

Quando um senso de estabilidade foi eventualmente restaurado, o cenário político parecia muito diferente. A transferência da corte por Caracala de Roma para a Antioquia em 214 foi um prenúncio da criação de novas capitais espalhadas pelo Império durante o final do século III e o início do século IV, medida requerida pelas necessidades estratégicas de diferentes imperadores. A própria estrutura dinástica passou por uma reformulação, com múltiplos governantes mais de uma vez dividindo o poder entre si. Mais significante do que isso, além de um contraponto à tentativa frustrada de Heliogábalo de introduzir um deus emesense no panteão do estado, uma nova força religiosa dominante estava prestes a revolucionar de forma definitiva os âmbitos político, social e cultural do Império. Trata-se de um desenvolvimento que também transformaria a imagem da feminilidade imperial.

8

A primeira imperatriz cristã: As mulheres da era de Constantino

Relata-se (e eu, pessoalmente, acredito) que alguns anos atrás uma dama proeminente por sua hostilidade à Igreja retornou de uma visita à Palestina num estado de exultação: "Finalmente entendi tudo", ela disse aos amigos. "Toda a história da crucificação foi inventada por uma mulher britânica chamada Helena. Ora, o guia me mostrou o próprio lugar onde isso aconteceu. Até mesmo os sacerdotes admitem. Eles chamam sua capela de 'a Invenção da Cruz'."

Prefácio do autor Evelyn Waugh do romance *Helena* (1950)

Em 1945, pouco depois da publicação do seu romance *Memórias de Brideshead*, Evelyn Waugh embarcou em um novo projeto com o título provisório de "A Busca da imperatriz Viúva". Nos cinco anos que se seguiram à publicação do livro em 1950, as emoções que o projeto provocava no autor alternavam-se constantemente entre entusiasmo e frustração profunda. Além disso, Waugh antecipava que ele lhe traria algumas das piores críticas da sua carreira. Contudo, Waugh considerava sua nova obra, por enquanto pouco lida, a "grande obra-prima" de sua carreira. De acordo com sua filha Harriet, era o único de seus livros que ele gostava de ler em voz alta para a família. Seu tema, muito pessoal para o convertido ao Catolicismo Waugh, era a vida e a época de Helena, mãe do primeiro imperador cristão de Roma e uma mulher que Waugh mais tarde descreveria como "na época, literalmente, a mulher mais importante do mundo. Não obstante", ele acrescentava, "não sabemos quase nada sobre ela".[1]

Por mais escassos que sejam os detalhes biográficos que temos de sua vida, a marca deixada na história pela mãe de Constantino é mais profunda que as de

Lívia, Messalina, Júlia Domna e do restante das mulheres imperiais romanas combinadas. Desde sua canonização como uma santa cristã ao aparecimento de seu nome em inúmeros locais do globo, incluindo a ilha em que Napoleão passou os últimos dias de sua vida, os créditos historiográficos e fictícios de Helena são realmente incríveis.[2] Tudo em homenagem a uma mulher obscura de pais desconhecidos e origens humildes que, graças a uma série de mudanças de direção erráticas do rolo compressor imperial romano no final do século III e início do século IV, ganhou já idosa o status de Augusta.

A decisão tomada por seu filho Constantino de defender o até então culto de uma minoria do Cristianismo ao se tornar o imperador romano em 306 teve sobre a civilização ocidental um impacto quase impossível de avaliar. Tal decisão transformou completamente o cenário social, político e religioso da Antiguidade, e deixou um legado que moldou a história ao longo da Idade Média e para além dela. Sua atitude também teve repercussões profundas para a vida das mulheres romanas do século IV em diante. Enquanto Lívia estabeleceu a pedra fundamental para a concepção do papel da primeira-dama romana, Helena agora se tornava o farol e o modelo para um novo tipo de imperatriz, a companheira cristã, a pioneira de uma geração de imperatrizes romanas e bizantinas que se sucederia. Para aquelas a quem inspirou, a honra de ganharem a alcunha de "nova Helena" tornou-se o elogio máximo.

Após o assassinato de Severo Alexandre e sua mãe Júlia Mamea na primavera de 235, o que se seguiu na história imperial romana foi algo semelhante a uma era de trevas, evidenciada tanto na falta de documentação a ter sobrevivido do período quanto no caos político e militar que marcou a época. O Império Romano foi assolado pela pressão dos persas revigorados a leste, por incursões de tribos germânicas como a dos godos na fronteira setentrional do Império Romano e por um sério problema de fluxo financeiro que se consolidou graças aos elevados custos envolvidos em repelir ameaças militares vindas de tantos lugares e de manter os bolsos do exército cheios o bastante para garantir a lealdade dos soldados à família governante. Todos esses problemas combinaram-se para criar uma atmosfera inflamável no coração do governo. Mais do que nunca, os imperadores do século III precisavam ser tanto soldados quanto soberanos, o que aumentava a chance de morrerem em batalha ou serem assassinados por tropas descontentes. A administração ineficiente dos oficiais e o descontentamento geral

A PRIMEIRA IMPERATRIZ CRISTÃ: AS MULHERES...

com a economia podia criar mais ressentimentos na corte. Não menos que 51 reclamantes da púrpura, legítimos e ilegítimos, foram declarados imperadores entre 235 e 284.[3]

O processo de declínio foi temporariamente interrompido pela ascensão ao poder em 270 de Aureliano, que, em sua tentativa de restabelecer certa estabilidade — durante um curto período de tempo bem-sucedida —, repudiou as depredações do território romano pela mulher mais conhecida do período, a rainha síria Zenóbia de Palmira. Zenóbia exercera o papel de regente para o jovem filho Vabalato desde a morte do marido, Odenato, em 268, e notoriamente declarara ser descendente de Cleópatra ao tomar posse do Egito e de outros territórios orientais. Como parte da tentativa de colocar seu filho em uma posição forte da qual ele pudesse negociar um acordo com os romanos, ela providenciou que ambos fossem declarados Augusto e Augusta. Todavia, foi derrotada por Aureliano no antigo lar de Júlia Domna, Emesa, em 272, o qual a levou numa demonstração humilhante de triunfo para Roma, onde Zenóbia foi libertada para viver seus últimos dias dignamente numa vila romana em Tivoli. Aureliano, por sua vez, foi assassinado em 275, quando a administração caótica da política romana foi restabelecida. Pouco se sabe sobre as esposas dos imperadores da metade do século III, que tiveram vidas muito curtas, e nenhuma teve tempo de fazer muito para influenciar a trajetória das primeiras-damas romanas.[4]

Por volta da mesma época em que Zenóbia e o Império Romano competiam pelo controle das províncias orientais, um dos guarda-costas de Aureliano, um oficial do exército nascido na Ilíria chamado Constâncio — que estava destinado a mais tarde tornar-se imperador de Roma — viu-se passando, se podemos acreditar no relato popular, pela vila à beira do mar de Drepanum, na Bitínia (Ásia Menor). Ao parar a fim de passar a noite no local de águas paradas, seus olhos encontraram uma jovem e atraente cocheira, Helena, com quem ele satisfaria sua luxúria e produziria um filho, Constantino.[5]

Apesar da tradição medieval que tentou representá-la como uma nobre natural da Britânia, a descrição do final do século IV do bispo Ambrósio de Helena como uma *stabularia* — uma cocheira, ou talvez a criada de uma estalagem — foi aceita sem objeções no final da Antiguidade. Na verdade, essa linhagem era conveniente para aqueles que nutriam hostilidade a Constantino, os quais se referiam de forma menos caridosa a ela como uma mera prostituta, mas também para uma tradição cristã rica em histórias sobre prostitutas e mulheres com origens humildes que encontravam a redenção pela fé.[6] Com base no obituário escrito pelo defensor mais ruidoso de seu filho, Eusébio de Cesareia, que afirmou que ela tinha 80 anos quando de sua morte em 328 ou 329, podemos afirmar que seu nascimento ocorreu por volta de 250, e que ela tinha cerca de 20 anos quando se envolveu com o soldado Constâncio. Desse momento em diante, a biografia da jovem Helena assume todas as peculiaridades de um conto de fadas ou uma parábola. Pela incerteza em relação à sua origem, cronistas medievais tiveram a possibilidade de tecer narrativas sem restrições para esse romance improvável. Em uma das mais fantasiosas, Constâncio seduziu a filha virgem do dono da hospedaria enquanto retornava de uma missão diplomática. Na manhã seguinte, convencido por uma visão do deus-sol Apolo de que havia engravidado Helena, ele lhe deu uma túnica púrpura e um colar de ouro, dizendo ao seu pai que cuidasse dela. Alguns anos depois, quando um grupo de viajantes romanos hospedados na hospedaria zombou do menino Constantino quando este afirmou ser filho do imperador, Helena provou a declaração do filho mostrando-lhes a túnica, sua cor uma marca exclusiva do imperador, e o relato desse conto extraordinário em Roma no final das contas levou à reunião entre pai e filho.[7]

Apesar da importância de Helena e de seu filho nas tradições históricas do Cristianismo, é difícil estabelecer até mesmo detalhes como o ano do nascimento de Constantino com precisão. Seu local de nascimento, por outro lado, é conhecido: Naissus (Nis, na Sérvia). As circunstâncias de seu nascimento, contudo, são detalhes que não foram explicados por aqueles que afirmam que Helena conheceu Constâncio em Drepanum, embora se presuma que ela o acompanhou no restante de sua jornada militar.[8] Se Constâncio e Helena casaram-se ou não antes de Constantino nascer é outra questão controversa. Enquanto panegiristas cristãos de Constantino como Eusébio escrevem que Constantino era o filho "legal" de Constâncio e se referiam a Helena como a *uxor* ("esposa") do último, outras fontes menos partidárias de Constantino descrevem Helena como sua *concubina*.[9]

Não havia clandestinidade na prática do concubinato no Império Romano. Se era esta a natureza de seu relacionamento com Helena, Constâncio se achava em boa companhia. Como já vimos, Nero, Vespasiano e Cômodo escolheram todos viver com concubinas durante seu reinado. Além disso, a palavra não tinha o sentido de amante casual ou prostituta, mas de uma união monogâmica e de longa duração.[10] Todavia, uma coisa era um imperador viver com sua concubina, e outra era essa concubina ser aceita como a ancestral em potencial de sua futura

A PRIMEIRA IMPERATRIZ CRISTÃ: AS MULHERES... 283

linhagem, e os filhos tidos pelos dois como seus herdeiros no trono. Enquanto uma série de inscrições a terem sobrevivido do reinado do filho de Helena referem-se a ela como *uxor* ou *coniunx* (outra palavra para "esposa") de Constâncio, a promoção de qualquer outro tipo de relacionamento teria sido algo sem precedentes e impensável. Como muitos de seus predecessores haviam descoberto, a necessidade de Constantino de provar sua legitimidade, seu direito de governar, seria urgente para o seu reinado. A falta de evidências das origens de sua mãe e os rumores de seu relacionamento com Constâncio tornaram-se uma cortina de fumaça muito conveniente para as ambições de Constantino, algo que talvez ele mesmo tenha encorajado. Tal situação também criou uma tela em branco sobre a qual escritores posteriores, favoráveis ao seu legado ou não, puderam criar a Helena da sua imaginação.[11]

Depois de uma entrada rápida nos livros de História, Helena logo voltou a desaparecer. Em novembro de 284, um oficial do estado-maior de origem humilde chamado Diocleciano, dando continuidade à tendência dos últimos anos da ascensão de imperadores de linhagem obscura, assumiu as rédeas do Império e pôs um fim na síndrome da porta giratória que vira dúzias de imperadores serem ejetados nos últimos 50 anos. No dia 1º de março de 293, a fim de permitir um policiamento e uma administração mais eficientes das fronteiras cada vez mais vulneráveis do Império, Diocleciano estabeleceu a tetrarquia, uma nova e radical estrutura administrativa pela qual o poder seria dividido entre um conselho de quatro imperadores. Ele seria composto de dois colegiados seniores, ambos com o título de Augusto, e dois imperadores juniores ou Césares subordinados aos dois primeiros. Diocleciano, que conservou a autoridade executiva geral, e seu colega Maximiano assumiram os postos superiores, enquanto como seus subordinados apontaram um prodígio militar comprovado chamado Galério e o homem que seduzira Helena, Constâncio — mais tarde apelidado de Cloro, ou "o Pálido".[12]

Os quatro tetrarcas raramente estariam no mesmo local ao mesmo tempo. Embora nenhum estivesse confinado a uma única diocese, cada um gravitava em torno de certas cidades e áreas. Diocleciano e Galério passavam a maior parte do tempo no Oriente, enquanto Maximiano e Constâncio policiavam as províncias ocidentais. Os vínculos que uniam os quatro eram fortalecidos pela adoção e pelo casamento. Diocleciano adotou e se tornou mentor de Galério, que também se casou com sua filha, Valéria. Enquanto isso, Constâncio deixou Helena de lado pela filha de Maximiano, Teodora. A data desses casamentos não está clara, de forma que não podemos saber se Diocleciano e Maximiano simplesmente deci-diram promover os homens que já eram seus genros, ou se os casamentos foram planejados especificamente para consolidar as posições de Galério e Constâncio na tetrarquia.[13] De qualquer forma, Constâncio provavelmente reconheceu desde o início que Helena, a garçonete da Bitínia, não era esposa para um político. Não temos nenhuma informação sobre os 15 anos seguintes de sua vida.

Com o advento da tetrarquia, não apenas uma, nem sequer duas, mas *quatro* mulheres passaram a compartilhar os deveres de uma imperatriz. Muito pouco se sabe sobre Valéria e Teodora, e tampouco sobre a esposa de Diocleciano, Prisca, e sobre a de Maximiano, Eutropia, mesmo apesar de seu papel simbólico na união dos tetrarcas como uma família. Até esse ponto, não havia indicação de que Diocleciano pretendesse que os filhos biológicos dos tetrarcas fizessem parte dos planos para o futuro da sucessão, e, portanto, não havia propagandas de suas esposas como guardiãs maternas de uma herança dinástica. Por outro lado, está claro que sua experiência como símbolos femininos do Império foi bastante diferente da de Lívia e até de imperatrizes mais recentes como Júlia Domna.

Roma, que via cada vez menos o imperador e sua família desde que as pres-sões militares nas fronteiras do Império haviam passado a desviar a atenção do imperador para outros lugares, não era mais o movimentado eixo do Império. A cidade continuava sendo a sede do Senado e conservava o papel simbólico de capital ancestral do Império, mas, como sede política, havia sido deixada de lado. A antiga casa do Palatino, residência principal do *princeps* romano e sua família desde a época de Augusto e Lívia, encontrava-se agora praticamente desocupada, seus salões de cinábrio com paredes alaranjadas — que outrora haviam ecoado o riso de Júlia e presenciado os assassinatos sangrentos de Calígula e Geta — reduzidos a um lar secundário para ocasionais visitantes imperiais que só acu-mulava poeira.[14] Palácios nas novas fortalezas da tetrarquia — Tréveris, Milão, Aquileia, Sardica, Sirmium, Tessalonica, Antioquia e Nicomédia — assumiram o papel principal.

Esta não era a única diferença em relação aos dias de Augusto e Lívia. Os sacrifícios feitos pelo primeiro imperador e sua família para transmitir a imagem de um estilo de vida pessoal de uma "família normal" no seu modo de vestir e se portar haviam ficado para trás. Em vez disso, o tetrarca principal, Diocleciano, buscava elevar a dignidade do cargo imperial pela adoção de adornos geralmente

A PRIMEIRA IMPERATRIZ CRISTÃ: AS MULHERES...   285

associados a cortes orientais. Entre estes havia camareiros eunucos cujas restrições sociais e físicas impediam que ameaçassem a posição do próprio imperador, mas que controlavam o acesso a ele e lhe ofereciam conselhos. Também foi introduzido o requisito de que aqueles que fossem admitidos em seu santuário se prostrassem diante dele e beijassem a bainha de sua túnica quando permitido, como se ele fosse superior aos meros mortais.[15]

A tradição artística dos retratos idealizados da família real, em que o imperador era representado ao lado da esposa e dos filhos, também desaparecia gradualmente para ser substituída por uma iconografia dos tetrarcas em seu discreto isolamento, adornados por joias e separados dos mortais.[16] Valéria, Teodora e os rostos das outras esposas dos tetrarcas ainda apareciam em moedas e retratos individuais, mas com os penteados modernos da época, um tipo de coque trançado, ornado por diamantes, como se preso por uma rede, e no formato de uma cabeça de cobra, preso com alfinetes incrustados com joias.[17] Mas as representações grupais de toda a família imperial em mármore e pedra, do tipo que dominara as praças e ruas das cidades entre os séculos I e III, começaram a ser substituídas por retratos dos tetrarcas com os cabelos cortados à escovinha, expressões barbadas de durões e uniformes militares ou vestes cerimoniais, a semelhança homogeneizada de seus traços ajudando a projetar uma imagem de união. O exemplo preservado mais famoso é o grupo em alabastro de Diocleciano, Maximiano, Galério e Constâncio "se abraçando", que agora pode ser visto no vértice sudoeste da Basilica di San Marco, em Veneza. Não havia espaços para esposas aqui. Administrar o Império era sem dúvida o trabalho de um homem.

Embora todos os tetrarcas passassem grande parte de seu tempo na estrada, com um vasto cortejo composto por milhares de conselheiros, secretários e exércitos pessoais, cada um tinha laços mais fortes com certas cidades. O complexo palaciano de Diocleciano em Nicomédia, que supostamente tinha 208 hectares e era uma pequena cidade por si só, possuía uma "casa" individual para sua esposa e sua filha.[18] Para Constâncio e a esposa Teodora, seu "lar" era a cidade estrategicamente bem localizada de Tréveris às margens do rio Mosela, na Gália, uma cidade próspera famosa pela produção de vinho. Divergências nas políticas dos tetrarcas orientais e ocidentais já podiam ser identificadas. Em fevereiro de 303, Diocleciano, defensor vigoroso da religião romana tradicional, declarou uma guerra de perseguição à população cristã do Império. Embora o édito demandasse medidas como a queima de escrituras e até mesmo a tortura e a execução dos rebeldes mais persistentes, Constâncio demonstrava estar pouco interessado a seguir a prescrição ao pé da letra no Ocidente, limitando-se a demolir igrejas. Grande parte da hostilidade tradicional das autoridades romanas em relação ao Cristianismo vinha do fato de que, como uma religião monoteísta, ela exigia lealdade a um único deus e proibia o culto de imperadores deificados. Contudo, as mesmas características da devoção dogmática a uma única deidade que levantavam tantas suspeitas mais tarde seriam usadas com um poderoso e espetacular efeito político por Constantino. Dentro de vinte anos, esse culto de uma minoria perseguida, cujos aderentes na época constituíam no máximo um décimo da população, seria promovido intensamente como a religião oficialmente favorecida pelo Império.

O paradeiro de Helena durante esse período é desconhecido.[19] Seu filho Constantino se encontrava na corte de Diocleciano, na Nicomédia, onde foi educado talvez sob a égide de Prisca, embora nenhuma fonte a ter sobrevivido lhe dê esse crédito, e nas campanhas militares de Galério, também no Oriente. Com isso, foi reinventada a tradição de príncipes de casas reais orientais serem educados no Palatino aparentemente como hóspedes sob a supervisão de damas imperiais como Antônia, mas desta vez também assumia o caráter de garantia em troca da lealdade de suas famílias. Não se sabe se Helena acompanhou Constantino para Nicomédia. Certamente não há evidência de nenhum contato entre eles. Contudo, seja qual for o caso, não demoraria muito para que se reunissem. No dia 1º de maio de 305, o idoso e fisicamente debilitado Diocleciano convenceu seu relutante co-Augusto Maximiano a abdicar com ele, e Constantino e Galério foram ambos elevados às honras de tetrarcas principais. Eles foram substituídos como césares por Severo, outro membro do exército, e pelo sobrinho de Galério, Maxímio Daia. Embora os três filhos de Constâncio com a sucessora de Helena, Teodora, fossem jovens demais para governar, Constantino, que agora tinha 30 anos, pode ter parecido uma escolha óbvia para preencher uma das posições secundárias. O fato de isso não ter acontecido supostamente deveu-se a um lobby de Galério para deixar Constantino à margem, e, considerando a evidência de que Constantino mais tarde foi ridicularizado como "filho de uma prostituta" por seu futuro rival na tetrarquia Maxêncio, reforça a possibilidade de a legitimidade incerta de Constantino ter sido usada como argumento, remetendo-nos à época em que Otaviano e Antônio trocavam insultos sobre os pecadilhos um do outro.[20]

Contudo, em 306, a simetria da tetrarquia foi irremediavelmente prejudicada quando Constâncio faleceu em Eboracum (York), na Britânia, e Constantino, que havia ido para o lado do pai, no dia 25 de julho foi proclamado seu sucessor pelos exércitos de Constâncio. Apesar da indignação dos outros tetrarcas diante dessa reformulação não autorizada do seu roteiro, eles foram forçados a aceitar esse novo membro no colegiado imperial, embora só tivessem permitido que ele ficasse com o posto de César, elevando Severo a Augusto. Constantino imediatamente assumiu as rédeas da sede principal de seu pai em Tréveris. Foi nessa cidade que algumas das tradições lendárias mais fortes sobre Helena se originaram, segundo as quais Constantino, que agora contava cerca de 35 anos, convidou a mãe para juntar-se à sua corte. Vários indícios favoráveis à teoria de que Tréveris tornou-se o lar de Helena já foram citados, alguns arqueológicos, outros baseados em referências literárias. No século IX, por exemplo, Altmann de Hautvillers escreveu uma biografia de Helena em que afirmava que ela nascera em Tréveris, numa família rica e nobre, e que doara um palácio ao bispo de Tréveris a ser usado como a catedral da cidade, uma história repetida em vários outros locais.[21]

Durante escavações iniciadas sob a catedral de Tréveris em 1945-6 para a reparação de danos causados por uma bomba, os minúsculos restos fragmentários de um afresco de teto foram descobertos a 3 metros abaixo do chão da igreja moderna entre os vestígios de uma casa romana construída no início do século IV. Foram necessários quase quarenta anos para que todos os delicados fragmentos de gesso fossem recuperados e cuidadosamente colados. Mas quando o quebra-cabeça foi concluído, viu-se que ele consistia em 15 retratos quadrados emoldurados em *trompe-l'oeil*, arranjados como num tabuleiro de damas, cada um contendo a imagem de uma figura diferente. Quatro retratos pertenciam a mulheres luxuosamente vestidas e cobertas de joias em várias poses — uma com uma lira, outra retirando um colar de pérolas de uma caixa de joias, outra segurando um espelho, e a última um *kantharos* (um vaso para líquidos) dourado — todas com um nimbo, o precursor da auréola cristã.[22]

A natureza exuberante do esquema de decoração, com o uso generoso da cor púrpura, o pigmento mais caro e exclusivo da paleta da Antiguidade, convenceu muitos de que o teto e a sala na qual os fragmentos foram encontrados faziam parte do palácio imperial de Constantino em Tréveris; e, de forma ainda mais controversa, que as quatro mulheres exibidas eram membros da família de Constantino, uma entre as quais é Helena — embora não haja um acordo quanto a qual exatamente. Entretanto, a teoria de que esse edifício de decoração cara fazia parte do complexo imperial é muito mais convincente. O estilo usado

288 AS PRIMEIRAS-DAMAS DE ROMA

pelas mulheres no afresco, que reproduz a tendência de usar joias maiores e mais extravagantes, também demonstra que o luxo, o prazer e exuberantes adornos pessoais na época de Helena ainda constituíam uma parte importante das aspirações das mulheres romanas, embora essa noção fosse ser desafiada depois da ascensão ao poder de Constantino.[23]

Uma das outras mulheres identificadas no afresco de Tréveris é Fausta, filha do membro fundador da tetrarquia Maximiano e irmã da viúva de Constâncio, Teodora. Em 307, a adolescente Fausta casou-se com o filho de Helena — uma repetição histórica, pois para que o casamento se realizasse Constantino precisou se desfazer de sua companheira anterior, Minervina, com quem tinha um filho, Crispo. O casamento de Constantino com Fausta consolidou uma antiga aliança entre ele e o ex-tetrarca Maximiano, que não aceitara de bom grado a abdicação que lhe fora imposta em 305 e recentemente deixara a aposentadoria. A união foi celebrada em um panegírico de 307 dirigido tanto ao noivo quanto a seu sogro. Seu autor anônimo fez o melhor que pôde para dar a entender que o casamento era o resultado de um longo noivado, afirmando que já era previsto por um retrato pintado no palácio imperial de Aquileia que mostrava Fausta ainda menina, "adorável por sua beleza divina", oferecendo como presente de noivado um capacete emplumado ao jovem namorado.[24]

O casamento de Fausta e Constantino foi uma celebração dupla, marcando a promoção do noivo ao posto de Augusto. Também coincidiu com o surgimento de tensões dentro da tetrarquia. Em Roma, o ambicioso filho de Maximiano, Maxêncio, determinado a não deixar o cunhado Constantino ganhar vantagem sobre ele, subornara a guarda imperial a declará-lo imperador no dia 28 de outubro de 306. Ele fez da antiga capital sua fortaleza, devolvendo ao Palatino o posto de residência oficial, e repudiou todas as tentativas de substituí-lo. Apesar de a princípio ter apoiado o filho, Maximiano logo se desentendeu com ele, e Maxêncio também começou a perder o apoio dos habitantes de Roma, insatisfeitos com a escassez de alimentos. Um alarmado Diocleciano tentou restabelecer sua autoridade, convocando uma reunião com Galério e Maximiano em 308 para promover um novo tetrarca, Licínio, para substituir Severo, que foi forçado a abdicar depois de fracassar em sufocar a rebelião de Maxêncio, e condenar Maxêncio como um usurpador. Entretanto, a insistência de Maximiano de recuperar parte de seu antigo poder resultou na sua prisão e suicídio em 310; Galério morreu de câncer na bexiga em 311, e Diocleciano voltou a aposentar-se em seu grandioso palácio em Split, onde terminou seus dias vítima de doença ou suicídio. Sua esposa, Prisca, e sua filha viúva, Valéria, tiveram um destino mais brutal de acordo com o relato hostil do contemporâneo cristão Lactâncio. Valéria perdeu a proteção de Maxímio Daia depois que rejeitou seu pedido de casamento e foi condenada a um ano de exílio na mais dura pobreza antes de ser decapitada juntamente a Prisca; seus corpos foram atirados ao mar.[25]

Quatro tetrarcas agora competiam pela supremacia: Maxêncio, Constantino, Licínio e Maxímio Daia. Em 312, Constantino encontrou Maxêncio perto de Roma na Batalha da Ponte Mílvia para decidir quem sairia triunfante na luta pela metade ocidental do Império. A ocasião seria relembrada em parte pela forma burlesca com que Maxêncio foi derrotado, atingido por sua própria armadilha quando ocorreu o desmoronamento da ponte que ele havia mandado destruir para surpreender as tropas de Constantino e acabou atingindo seu próprio exército, fazendo os homens caírem no Tibre; mas também pelo momento na noite anterior à batalha em que Constantino afirmou ter tido uma visão no céu, e que se tornou o ponto definitivo de sua vida e um marco crucial da história do Cristianismo. Os relatos do episódio apresentam grandes contradições e geraram uma série de teorias engenhosas, para não dizer absurdas, na tentativa de racionalizar o que Constantino pode ter visto — de um fenômeno atmosférico conhecido como efeito auréola até um cometa atravessando o céu. Todavia, a parte principal da história foi que, tenha sido em sonho ou acordado, Constantino viu um símbolo cruzado no céu — não com formato cruciforme, mas em forma de lábaro, um símbolo monogramático composto pelas iniciais do nome de Cristo em grego — e ouviu uma voz instando-o a mandar as tropas para a batalha com este símbolo de Deus marcado em suas armaduras.[26]

Constantino obedeceu, e de 312 em diante, enquanto ele assumia o controle do Império do Ocidente — composto por Gália, Britânia, Espanha, Itália e África do Norte — e estabelecia uma aliança com sua contraparte do Oriente Licínio, que derrotou Maxímio Daia e conquistou o controle dos territórios orientais, a sorte do Cristianismo sofreu uma reviravolta para melhor. Em 313, num eco do acordo de paz firmado por Otaviano e Antônio em Brundisium, Constantino e Licínio se encontraram em Milão a fim de formalizar seu pacto, que foi selado com o casamento do último com a meia-irmã de Constantino, Constância. Uma declaração foi lançada em nome dos dois imperadores ordenando o fim da perseguição dos cristãos.

No entanto, a década seguinte viu o acordo desconfortável entre Constantino e Licínio desintegrar-se em uma guerra máxima pelo controle total. Um dos principais campos de batalha do conflito dos dois era a alma religiosa do Império. Embora não tenha seguido o caminho suicida de renunciar aos deuses tradicionais de Roma e produzir descontentamento entre a parte não cristã do Império, Constantino passou a devotar uma quantidade cada vez maior de tempo e recursos à Igreja Cristã, assumindo o papel de seu defensor contra o tratamento cada vez mais intolerante dispensado por Licínio aos seus seguidores do Oriente. Em 324, Constantino derrotou Licínio sob um estandarte de batalha cristão e reunificou o Império. Apesar das tentativas de Constância de negociar um acordo para que seu marido fosse poupado, Licínio foi assassinado um ano depois e Constância voltou para a casa do irmão, agora o único imperador de Roma. Helena, que agora estava com quase 80 anos, logo foi proclamada Augusta, um título que compartilhou com a nora Fausta.[27]

A geração seguinte de imperatrizes romanas teria como modelo a mãe de Constantino.

A cristianização do Império Romano que se seguiu à vitória de Constantino em 324 produziu um impacto duradouro sobre o papel das mulheres, e não apenas aquelas que exerceriam o papel de Augusta daquele ponto até o fim do domínio romano sobre o Ocidente no século V, mas também para as mulheres de diferentes estilos de vida espalhadas por todo o Império. Ela teve implicações sociais e legais para questões que as afetavam, como o casamento, o divórcio, a reprodução, a saúde, a ética sexual e a herança financeira, enquanto também lhes deu a oportunidade de exercer várias posições secundárias de liderança dentro da nova religião, enquanto eram praticamente excluídas da hierarquia tradicional dos cultos romanos tradicionais (as Virgens Vestais eram uma exceção notável). Isso pode explicar por que, antes da ascensão de Constantino, mais mulheres do que homens das classes romanas mais elevadas parecem ter sido atraídas pela fé cristã. Alguns cristãos até mesmo seguiam uma teologia com um princípio feminino implícito, com o culto à Virgem Maria (chamada de *Theotokos*) ao lado do Filho e do Pai. Um novo modelo feminino também emergiu nas fontes literárias e históricas do período — a heroína ou mártir cristã, cujos ideais virginais levavam à sua comparação com um dos mais antigos modelos de castidade de Roma, Lucrécia.[28]

A PRIMEIRA IMPERATRIZ CRISTÃ: AS MULHERES...   291

Havia, porém, uma diferença importante entre Lucrécia e suas irmãs cristãs: enquanto Lucrécia fora representada como a matrona romana consumada que heroicamente sacrificara a vida para não permitir que a desonra de seu estupro manchasse seu casamento, o século IV assistiu ao desenvolvimento de um novo ideal para as mulheres — o de abdicar do casamento, preservar a virgindade e levar uma vida ascética. Esse novo modelo de virtude foi colocado em competição com os valores civis tradicionais do casamento, que sempre haviam colocado as mulheres no papel de esposas e de símbolos da fertilidade e da procriação. A contradição tornou-se o centro de uma séria divisão entre diferentes ramos da recém-outorgada fé, que já apresentava fissuras com disputas teológicas e cismas relacionados à definição oficial do que constituía ser cristão.

O conflito entre os defensores do asceticismo e do casamento não envolvia, como era de se esperar, apenas cristãos contra não cristãos. Para os cristãos comuns, o casamento conservava sua importância tradicional, e Constantino dirigiu muitas de suas reformas legais ao fortalecimento dessa instituição. Convidando observadores a comparações com Augusto, o projeto de Constantino na esfera familiar da lei incluía a introdução de penas draconianas para um comportamento sexual inadequado fora do casamento, com as consequências sofridas principalmente pelas mulheres. Elas só poderiam se divorciar se seus maridos fossem assassinos, feiticeiros ou profanadores de túmulos, e uma falsa acusação implicaria a deportação da acusadora. Enquanto os homens também precisavam apresentar argumentos equivalentes para um divórcio, ainda podiam cometer adultério e sair impunes a não ser que seduzissem uma mulher casada. Mulheres que cometiam indiscrições semelhantes eram submetidas à pena de morte. Escravas que ajudavam suas senhoras nesse tipo de comportamento licencioso eram punidas pelo derramamento de chumbo quente em suas gargantas. Constantino até mesmo argumentou que uma moça que fosse estuprada deveria ser punida por não ter se salvado gritando por ajuda.[29]

Uma das descobertas arqueológicas mais preciosas do século IV — uma caixa de prata de 60 centímetros de comprimento doada como presente de casamento para uma jovem herdeira cristã chamada Proiecta por volta do ano 380, parte de um tesouro encontrado por trabalhadores que cavavam a base do Monte Esquilino em 1793 — fornece um testemunho eloquente do encontro entre a ideologia cristã e a ideologia não cristã do final da Antiguidade. Enquanto a dedicatória à noiva e ao noivo era "Secundus e Proiecta, vivam em Cristo", suas gravuras apresentavam tanto a deusa Vênus quanto uma mulher rica cuidando do banho dos dois com a ajuda de criados — cenas que provavelmente atestam para a verdadeira função da caixa como uma penteadeira — proclamavam que uma mulher podia viver uma vida cristã sem abrir mão de luxos exteriores como a riqueza e a beleza.[30]

Essa mensagem, contudo, não se encaixava com as críticas de escritores cristãos como Jerônimo, que no final do século IV tinha como principal alvo as ricas e bem vestidas damas romanas que se enfeitavam com seda e joias.[31] Jerônimo não era como Juvenal. Como vários outros pais da Igreja, ele tirava vantagem da amizade com algumas mulheres. Contudo, o que essas amigas tinham em comum era a decisão de trilhar um novo caminho, vivendo uma vida de celibato e simplicidade ascética.[32] Pois que pela primeira vez, com a ajuda da revolução constantiniana, as mulheres tinham a opção de rejeitar o dever tradicional para com a família. Elas não eram mais irrevogavelmente obrigadas a se casar e ter filhos. Uma solteirice prolongada era algo raro antes do século IV. O casamento sempre dera respeitabilidade às mulheres; e embora algumas romanas como Antônia houvessem encontrado um nicho para si como *univirae* (mulheres que não voltavam a se casar depois da morte de seus primeiros maridos), a não ser que fosse uma virgem vestal, permanecer solteira era uma opção que no mínimo acarretava o pagamento de impostos mais elevados para uma mulher.[33] Em 320, porém, antes da derrota de Licínio e com o intuito de agradar seus novos simpatizantes religiosos, Constantino aboliu as punições ao celibato que faziam parte do estatuto romano desde o reinado de Augusto. As antigas leis que proibiam as mulheres de agirem por si próprias na lei ou nos negócios também foram revogadas, e as proibições contra o recebimento de heranças pelas mulheres foram reduzidas.[34]

Consequentemente, uma pequena, mas importante classe de mulheres emergiu no século IV — mulheres ricas, educadas e celebradas na literatura cristã como "noivas de Cristo", que trocavam a fidelidade a um homem pela fidelidade a Deus. Elas estudavam as Escrituras, aprendiam hebraico (na época algo raro até para os homens), viajavam para a Terra Santa, no Oriente, onde fundavam monastérios para ascetas que compartilhavam suas opiniões, e — como no caso de uma mulher da Gália chamada Egéria — escreviam diários de suas viagens. Algumas chegavam até mesmo a serem admitidas na hierarquia da Igreja, nomeadas diaconisas que podiam ajudar na instrução particular de mulheres devotas.[35]

Isso tudo representou um "progresso" para as mulheres do Império Romano? Alguns diriam que sim — que a legislação de Constantino e o movimento asceta combinados constituíram uma oportunidade de libertação para as mulheres cristãs, liberando-as dos vínculos do casamento, dos perigos do parto e da tirania doméstica, e lhes dando a chance de viajar, estudar e desenvolver amizades platônicas com homens, algo anteriormente impossível.[36] Outros, por outro lado, apontam que tais argumentos faziam parte da propaganda dos fundadores da Igreja, e que a vida ascética ainda era extremamente restritiva. O estereótipo das mulheres como filhas de Eva — vaidosas, frívolas e perigosas — prevalecia, e aquelas que ganhavam elogios da corrente asceta cada vez mais forte do Cristianismo eram vistas como pessoas que haviam superado a fraqueza do seu sexo. Entre elas estavam mulheres como uma do início do século III, a cristã Víbia Perpétua, vítima da perseguição da Igreja por Septímio Severo que pouco antes de seu martírio no anfiteatro de Cártago escreveu sobre uma visão que tivera na qual havia se transformado em um homem e derrotado seu oponente, o Demônio; e também Egeria, a peregrina asceta do século IV que, de acordo com seu admirador Jerônimo, conquistou o deserto egípcio com uma "coragem masculina". Enquanto esposas do século I como Fúlvia, Agripina, a Menor, e Agripina, a Maior, haviam sido seguidamente castigadas por exibirem atitudes masculinas, o Cristianismo agora encorajava suas devotas contrapartes a desprezarem as correntes comportamentais que limitavam seu sexo. Isso colocou as mulheres ascetas num curso de colisão com a *matrona* romana tradicional, que ainda representava a moralidade para a maioria, mas que, enquanto o século IV dava lugar ao V e aos séculos seguintes, viu-se cada vez mais excluída da participação da elite que ditava a moralidade em Roma.[37]

Apesar desses desafios do século IV à dinâmica familiar tradicional, a importância da continuidade dinástica continuava sendo uma preocupação das casas imperiais e aristocráticas, e a imagem do imperador e sua família em moedas, estátuas e pinturas, tanto na arte e na arquitetura pública quanto em iniciativas privadas, continuava tão onipresente como sempre sob Constantino e seus sucessores.[38] A elevação de Helena e Fausta do status de *nobilissimae feminae* ("as mais nobres entre as mulheres") ao título de Augusta logo depois da vitória de Constantino sobre Licínio em 324 foi uma honra proclamada em moedas amplamente disseminadas, conservando o tratamento dispensado a mulheres imperiais anteriores. As moedas de Helena exibiam seu busto coroado com uma faixa de joias seguido de seu título, enquanto uma figura feminina alegórica de pé com um bebê no colo sob a legenda SECURITAS REIPUBLICE ("Segurança da República") ocupava o reverso.[39] As moedas de Fausta apresentavam um estilo semelhante, mostrando-a na companhia dos jovens membros de sua prole, batizados com as aliterações Constantino II, Constâncio II e Constante. No total, Fausta e Constantino tiveram cinco filhos — três meninos e duas meninas (chamadas Constantina e Helena) nascidos entre 316 e o início da década de 320.[40]

Alguns dos tributos menos oficiais produzidos em honra do novo imperador e sua família pelas províncias do Império tinham o valor sensacionalista da parafernália das coroações modernas. Por exemplo, a descoberta em novembro de 1992 na vila Hoxne, em Suffolk, de um depósito prateado enterrado no século V, revelou um item curioso, um pimenteiro oco, com um disco giratório para a moagem dessa cara especiaria importada da Índia e moldado para representar uma imperatriz — possivelmente até mesmo a própria mãe de Constantino, Helena.[41] Havia, contudo, uma séria e particular urgência política no enobrecimento de sua mãe por parte de Constantino. Depois da sua proclamação como Augusta, apareceram inscrições em Roma e em outras partes do Império com seu nome acompanhado do novo título, lembrando seus leitores de seu status tanto como "mulher" e "esposa" do falecido Constâncio Cloro quanto como mãe e avó de Constantino e seus filhos. Os dignitários locais que financiaram essas inscrições, que geralmente acompanhavam estátuas honoríficas ou homenagens de rotina, mostravam-se, portanto, dispostos a agirem como co-conspiradores da tentativa de Constantino de provar-se o herdeiro legítimo do Império, e eliminar a possibilidade de seus meio-irmãos reclamarem seu direito pelo casamento de Constâncio com Teodora.[42]

É difícil identificar esculturas e retratos pintados da época de Helena e sua nora Fausta, apesar das tentativas de combiná-las com as mulheres dos afrescos de teto de Tréveris. No caso de Helena, sobrevivem inscrições da época, que, combinadas a evidências literárias posteriores, provam que esculturas já existiram, por exemplo, no fórum da nova capital de seu filho, Constantinopla.[43] Elas foram, porém, separadas das estátuas, de forma que não há acordo em relação a nenhuma imagem que a identifique seguramente como uma representação de Helena, nem sequer no que diz respeito à mais famosa comumente identificada como dela — a cabeça de uma estátua sentada nos Museus Capitolinos. Essa estátua já foi tão admirada que se tornou o modelo para o famoso retrato do início do século XIX do grande escultor italiano Canova da mãe de Napoleão,

Letícia Bonaparte, da coleção de Chatsworth House, em Derbyshire. Na época, entretanto, acreditava-se que a estátua fosse de uma das Agripinas — uma escolha infeliz de modelo para a mãe de Napoleão caso ela fosse a mais nova — e ela só foi hesitantemente reclassificada como Helena na década de 1960.[44] Sem dúvida o penteado da Helena do Capitolino, com sua trança grossa em torno da cabeça, lembra mais o estilo com fita que se tornaria popular entre as damas do século IV do que com os aglomerados de cachos usados por Agripina, a Maior, e sua filha. Essa incerteza na identificação é comum em se tratando das representações das mulheres do final da Antiguidade, que mais do que as representações de suas predecessoras imperiais tinham como intuito transmitir uma expressão generalizada de virtude e não necessariamente ser fiel a traços físicos individuais.[45]

Não obstante, existem lembretes mais duradouros do impacto causado por Helena no cenário do Império de Constantino. Entre estes, o fato de seu filho ter rebatizado seu suposto local de nascimento em Drepanum como Helenópolis, imitando o gesto de Marco Aurélio para com a esposa Faustina quando a cidade de Halala passou a ser chamada de Faustinópolis depois que ela faleceu no local.[46] Drepanum foi identificada no início do século XIX como a vila de Hersek da Turquia atual pelo topógrafo inglês Coronel William Leake. Fortes traços da ligação de Helena com a cidade de Roma também sobrevivem no lado sudeste da cidade, fortes o bastante para sugerir que, mesmo apesar da marginalização de Roma como epicentro político do Império sob o governo da tetrarquia, essa área, parte do rico distrito do Monte Célio, tornou-se sua principal residência durante o reinado de seu filho. Algum tempo depois da derrota de Maxêncio na Ponte Mílvia em 312, Helena adquiriu uma grande propriedade na cidade, o *fundus Laurentus*, cujos lucros eram revertidos para a Igreja. Essa área se tornou o ponto principal da declaração da família como uma casa cristã, e contém a maioria das evidências fora da Terra Sagrada para as atividades de Helena como patrocinadora tanto de obras cristãs como de não cristãs. Uma das primeiras igrejas de Roma foi nomeada em homenagem a São Marcelino e São Pedro, e construída na propriedade de Helena. Uma inscrição descoberta perto da Basílica de Santa Cruz em Jerusalém, em Roma, também preserva a informação de que Helena restaurou casas de banho nas proximidades que haviam sido destruídas por um incêndio, e que são chamadas de *Thermae Helenae* ("Banhos de Helena") em homenagem a ela.[47]

A própria basílica, um dos templos cristãos mais famosos de Roma, atualmente é um rico repositório de relíquias da história de Helena. Ela fica localizada na área de um complexo de edifícios conhecido como Palácio Sessoriano, uma residência imperial privada adjacente ao *fundus Laurentus*, que, além dos restaurados "Banhos de Helena", possuía amenidades que incluíam um circo, um pequeno anfiteatro e jardins. Muitos acreditam que o Palácio Sessoriano foi cedido para o uso de Helena e foi sua residência em Roma. Apenas poucos vestígios da estrutura original sobrevivem, mas durante o reinado de Constantino, provavelmente no final da década de 320, um dos aposentos do local foi remodelado para se tornar uma capela, conhecida como *basilica Hierusalem* (basílica de Jerusalém) ou *basilica Heleniana* (basílica de Helena). A Basílica de Santa Cruz em Jerusalém é sua encarnação moderna, e é o lar de várias estátuas e pinturas que homenageiam a mãe de Constantina. Tanto o tema dessas obras de arte quanto os diferentes nomes dados ao prédio ao longo dos anos refletem a famosa lenda ligada à construção da capela — de que ela foi construída para abrigar uma relíquia, a Vera Cruz, recuperada por Helena em Jerusalém. O capítulo mais famoso da vida de Helena estava prestes a ter início — mas não antes que uma tragédia familiar mergulhasse a jovem dinastia de seu filho em uma nova e prejudicial controvérsia.

Em 326, dois anos depois do início de seu reinado como único imperador, Constantino fez uma rara visita a Roma a fim de celebrar sua *vicennalia* — o aniversário de 20 anos da sua aclamação como imperador depois da morte de seu pai, Constâncio, em 306. No mesmo ano, ele introduziu as reformas nas leis do matrimônio, com suas duras penas para os crimes sexuais. O projeto moral draconiano de Constantino atraiu críticas de parte da população romana, que já se ressentia de seus planos de fundar uma "nova Roma" na cidade grandiosa e reluzente de Constantinopla. O embelezamento de Constantinopla, que se erguia como um albatroz sobre a estreita península marítima que separava a Europa e a Ásia onde ficava a cidade de Bizâncio e hoje fica Istambul, eventualmente seria realizado à custa da herança não cristã de Roma, que foi literalmente saqueada para preencher os espaços vazios da nova cidade. Constantino suscitou ainda mais antagonismo entre os tradicionalistas romanos durante a *vicennalia* ao decidir não subir os degraus do templo Capitolino de Júpiter e fazer o sacrifício imperial tradicional à deidade guardiã de Roma, a primeira vez que desprezou tão abertamente o antigo panteão religioso de Roma.[48]

O ano 326 foi um *annus horribilis* para Constantino também na esfera doméstica. As mortes bizarras tanto de seu filho mais velho Crispo quanto de sua esposa Fausta lançaram uma sombra sobre seu reinado, e nos últimos anos deste alimentariam sua depreciação por autores anticristãos, que também implicaram Helena em suas acusações de comportamento criminoso. Fruto do relacionamento de Constantino com a obscura Minervina, Crispo teve uma carreira auspiciosa na corte do pai; foi elevado ao posto de César em 317, quando ainda era um adolescente, e ganhou elogios pelo papel essencial que teve no comando da frota que destruiu os recursos navais de Licínio. Em 321 ou 322, ele se casou com uma mulher chamada — por uma coincidência bizarra — Helena, e, de acordo com a crença de uma escola de pensamento, o palácio de Tréveris era na verdade a residência matrimonial do jovem casal, e o mito de Helena nascido em Tréveris confundiu a vida das duas mulheres. Apesar dos rumores sobre a ilegitimidade de Crispo, ele era continuamente honrado nas moedas oficiais e na literatura panegírica da época como a mascote do Império e o braço direito do pai:

> Empregando a Deus, o rei universal, e o filho de Deus, o salvador de todos os homens, como seu guia e aliado, pai e filho, juntos (...) obtiveram prontamente a vitória [sobre Licínio].[49]

Eusébio, o biógrafo mais simpatizante de Constantino, escreveu essas palavras em 324 ou pouco depois disso, logo após a vitória em questão. Contudo, numa edição posterior de sua obra, esse encômio emocionado foi cortado, e não se mencionou mais o filho mais velho de Constantino.[50] Em algum momento na primavera ou verão de 326, Crispo foi condenado à morte, e seu nome, como sugere a supressão de Eusébio, sofreu uma *damnatio memoriae*. As declarações posteriores referentes às circunstâncias de sua morte são confusas e contraditórias. Porém, todos os relatos concordam em afirmar que Constantino foi o responsável pela morte de Crispo; um desses relatos acrescenta o detalhe de que a execução foi realizada em Pola, na costa ocidental da Croácia. Pouco depois, Fausta, havia quase vinte anos casada com Constantino, também sofreu uma morte terrível — escaldada ou sufocada num banho deliberadamente superaquecido.[51]

As razões por trás dessas eliminações brutais continuariam sendo contestadas séculos depois. Um dos relatos mais antigos a ter sobrevivido, escrito no final do século IV, fazia a afirmação bastante repetida de que Crispo rejeitara as investidas sexuais de sua madrasta, e então, em busca de vingança, Fausta acusara-o de estupro. Depois de mandar executar o filho, Constantino foi acometido por um grande remorso, e, incentivado pela ultrajada mãe, Helena, ordenou que Fausta fosse forçada a entrar em seu túmulo escaldante. Embora os detalhes a respeito da história variem entre os diferentes relatos, esse conto de sedução e traição evidentemente alimentou bastante as más línguas durante os séculos IV e V, mesmo apesar de ser desprezado como calúnia pelos simpatizantes literários de Constantino. Todavia, ele lembra muito uma trama da tragédia grega, ou até mesmo um cenário bíblico — a tentativa da esposa de Potifar de seduzir José —, para que possamos aceitá-lo sem questionamento.[52]

Argumentos alternativos foram apresentados recentemente para justificar a morte de Fausta, incluindo a teoria de que ela teria sido acidental, resultado de uma tentativa fracassada de indução de aborto no vapor quente do banho.[53] Entre os vários métodos de aborto recomendados pelos médicos romanos — que incluíam exercícios pesados, sangria e supositórios vaginais feitos de cardamomo, malva e absinto — estavam longos banhos quentes, perfumados com linhaça, alforva, malva e absinto.[54] Mas as cicatrizes reveladoras da *damnatio memoriae*, incluindo um exemplo em Sorrento no qual uma inscrição originalmente dedicada a Fausta foi obviamente modificada para substituir seu nome pelo de Helena, são provas suficientes para afirmarmos que houve um escândalo de algum tipo, talvez relacionado às tensões políticas existentes entre Crispo e os filhos de Fausta. Este seria um assunto que um dos sobrinhos e sucessores de Constantino, Juliano, o Apóstata, um obstinado não cristão, usaria para manchar seu nome, afirmando que ele havia recorrido ao Cristianismo na tentativa de reparar seus pecados.[55]

Tendo como pano de fundo esses incidentes infelizes, Helena embarcou na viagem que definiria sua vida, uma jornada iniciada quando ela já tinha quase 80 anos, faltando apenas dois anos para a sua morte. Enquanto a poeira das mortes de Fausta e Crispo baixava, a mãe idosa do imperador partiu por volta de 327 numa "peregrinação" à Terra Santa, acompanhada apenas por seu próprio cortejo. O objetivo da viagem, de acordo com Eusébio, era traçar os passos de Jesus Cristo e "inspecionar com preocupações imperiais as províncias orientais com essas comunidades e povos". Ele registraria ainda os pontos altos da viagem, que incluíram a inauguração de igrejas nos locais de importantes episódios da história de Cristo, incluindo a caverna da natividade em Belém e o ponto no Monte das Oliveiras em que Jesus supostamente teria subido para os céus. Além da Igreja da Natividade e da Igreja da Ascensão, ela supervisionou a construção de um grande número de outras igrejas na região, todas construídas em nome de seu filho. Enquanto o impressionante desfile da Augusta atravessava cada nova cidade, multidões de habitantes locais se reuniam para vê-la passar, esperando beneficiar-se das generosas doações de dinheiro e roupas que ela fazia aos pobres, cortesia do tesouro imperial ao qual Constantino lhe dera permissão de recorrer. Outros, entre os quais soldados e mineradores, também se beneficiaram dessa generosidade:

> (...) ela deu presentes incontáveis às corporações de cidadãos de cada cidade, e particularmente a cada pessoa que a abordava; e fez incontáveis distribuições também aos escalões da soldadesca com magnificência, a alguns dando dinheiro de presente, a outros fornecendo com abundância o que era necessário para cobrirem o corpo. Libertou pessoas da prisão e das minas onde trabalhavam em condições duras, libertou as vítimas de fraude, e ainda trouxe indivíduos de volta do exílio.[56]

Eusébio insiste que a viagem de Helena foi motivada pela fé cristã, mas também reconheceu as necessidades do dever imperial que requeriam sua atenção. O momento escolhido para a viagem inevitavelmente alimentou suspeitas de que a partida de Helena estava ligada às mortes de Fausta e Crispo, que se tratava de um truque com o intuito de distrair a atenção da atmosfera residual dos assassinatos e também de aplacar o descontentamento das províncias orientais, recentemente tomadas de Licínio. A noticiada presença no grupo da mãe de Fausta, Eutropia, só serviu para colocar lenha na fogueira, sugerindo que a última talvez fora eleita para uma demonstração da unidade da família de Constantino.[57]

Quanto à genuinidade da "conversão" de Constantino ao Cristianismo, a fé religiosa da própria Helena já foi submetida a um meticuloso escrutínio. No obituário que escreveu para ela, Eusébio declarou que Constantino "havia-a feito temente a Deus, embora ela não o fosse anteriormente". Essa versão dos eventos foi tanto embelezada quanto contestada por autores cristãos do final da Antiguidade e suas contrapartes medievais, que afirmavam que Helena era uma seguidora do judaísmo, e que ela escrevera para Constantino de sua cidade natal, Drepanum, tentando convencer o filho a também se converter a essa fé. No entanto, o papa Silvestre, popularmente conhecido na arte e na literatura como o homem que batizou Constantino depois de tê-lo curado de lepra, havia triunfado num debate teológico público com 12 rabinos, e, através da ressuscitação milagrosa de um touro morto, impressionou Helena e a levou a converter-se ao Cristianismo. Enquanto isso, outros cronistas insistiam que fora Helena quem convertera Constantino, e não o contrário.[58]

Embora as mulheres de fato tivessem exercido um papel importante na conversão das pessoas ao Cristianismo muito antes de Constantino se tornar imperador, a questão a respeito de Helena ter se convertido antes ou depois de Constantino, e o quão fervorosa era a sua convicção na nova fé, jamais será solucionada. A visão de uma Augusta viajando pelas possessões do Império, fazendo doações caridosas e inaugurando novos projetos de construção evidentemente não era novidade. Lívia, Agripina, a Maior, Sabina e Júlia Domna haviam todas passado longos períodos na estrada acompanhando os maridos e fazendo exatamente isso, e a familiaridade desse tipo de viagens ao estrangeiro contraria teorias de conspiração que insistem que a viagem de Helena foi uma estratégia rapidamente orquestrada a fim de acalmar a maré depois das mortes de Fausta e Crispo. Helena tampouco inventou o conceito da peregrinação à Terra Santa — outros viajantes cristãos já a haviam feito antes dela.

Todavia, Helena foi a primeira peregrina cuja viagem produziu informações detalhadas a terem sobrevivido até nossa época. Além disso, o ponto crucial que a diferencia de Sabina, de Domna e de outras é que Helena foi a primeira mulher imperial a fazer tal viagem sozinha — em outras palavras, sem ser acompanhada pelo marido ou pelo filho — e sob o estandarte da fé religiosa pessoal. Com isso, ela não apenas popularizou a peregrinação à Terra Santa como se tornou a pioneira de uma geração de mulheres da família imperial e da elite que seguiram seus passos. Entre essas mulheres estão: Paula, amiga íntima de Jerônimo que escreveu um epitáfio registrando a viagem que fez na década de 380; Egéria, que viajou na mesma época e escreveu seu próprio relato de suas viagens; e as duas Melânias — Melânia, a Velha, membro ascético da elite senatorial que fundou monastérios em Jerusalém, e sua neta, Melânia, a Nova. A última era amiga de Aélia Eudócia, esposa do imperador Teodósio II, do século V, e inspirou a imperatriz a fazer a viagem à Terra Santa não apenas uma, mas duas vezes.[59]

Helena foi o modelo para Aélia Eudócia e as outras mulheres viajantes dos séculos IV e V, incluindo-se aí sua cunhada Pulquéria e sua avó Eudócia — cujas histórias enriquecerão nossa galeria de mulheres romanas. Foi ela quem deu origem ao modelo do comportamento filantrópico que elas seguiriam e que estabeleceu o itinerário dos locais sagrados que elas e outros peregrinos cristãos visitariam. Um deles, evidentemente, era Jerusalém, onde Helena fora encarregada por Constantino do monitoramento das obras públicas. Pouco depois da partida da mãe, Constantino escrevera para o bispo de Jerusalém, Macário, encomendando uma igreja magnífica a ser construída na recém-escavada área próxima ao local da crucificação, o Gólgota, onde se acreditava ter sido descoberta a tumba de Jesus.[60] Embora alguns escritores posteriores presumissem que a Igreja do Santo Sepulcro fora uma encomenda pessoal da mãe de Constantino — e a peregrina Egéria tenha escrito em seu diário de viagens de 381-4 que Helena havia acompanhado a decoração da obra, financiada pelo filho —, é quase certo que a igreja e as escavações que acompanharam sua construção só poderiam ter sido iniciadas por ordem de Constantino. Ainda assim, apesar do fato de nenhum comentarista durante sua vida ter se referido à revelação, foi durante as atividades ocorridas em Jerusalém que a história atribui a Helena a descoberta pessoal do local onde estava escondida a Vera Cruz, aquela em que Jesus fora crucificado e que constitui o símbolo mais adorado no Cristianismo.[61]

O fato de um objeto considerado a Vera Cruz ter sido descoberto na primeira metade do século IV, talvez nas escavações realizadas sob a Igreja do Santo Sepulcro, é muito plausível. Não podemos negar que uma profusão de "relíquias" extremamente cobiçadas originárias dessa descoberta apareceram durante o período em igrejas de locais tão distantes quanto a África do Norte. Por volta de 350, o bispo Cirilo, de Jerusalém, referiu-se à dispersão desses fragmentos de madeira da cruz pelo Mediterrâneo, e numa carta enviada ao imperador da época, Constâncio II, até mesmo comentou sobre a "parte da madeira da Cruz" ter sido encontrada em Jerusalém durante o reinado do pai desse governante, Constantino.[62] Porém, o relato mais antigo a ter sobrevivido do papel pessoal de Helena na descoberta da cruz data de 60 anos depois da sua morte, quando o bispo Ambrósio de Milão leu seu obituário para o imperador Teodósio I no dia 25 de fevereiro de 395. Relembrando a mãe da dinastia cristã cujo manto fora herdado por Teodósio, Ambrósio descreveu como Helena decidiu procurar a madeira da cruz no Gólgota, e como identificou a Vera Cruz entre uma confusão de candidatas:

E então ela abre o chão; ela remove a poeira. Ela encontra três cadafalsos em forma de garfo jogados juntos, que haviam sido cobertos pelos escombros; que o inimigo escondera (...) ela hesita, como mulher, mas o Espírito Santo inspira uma investigação cuidadosa, com o pensamento de que dois ladrões haviam sido crucificados com o Senhor. Assim, ela busca a madeira do meio, mas pode ter acontecido que os escombros houvessem misturado as cruzes uma com a outra, e por acaso trocado-as entre si. Ela retornou ao texto do Evangelho, e descobriu que no cadafalso do meio um título fora exposto, "Jesus de Nazaré, Rei dos Judeus".[63]

A Helena de Ambrósio continuou cavando em busca dos pregos com os quais Cristo havia sido crucificado, e, ao descobri-los, providenciou para que um fosse inserido numa rédea e o outro numa coroa de joias, ambos os quais mandou para o filho. Esses símbolos cristãos foram, portanto, guardados pela dinastia constantiniana, e efetivamente se tornaram parte das joias da coroa romana — um epitáfio útil para um sermão que tinha como intuito glorificar um dos herdeiros cristãos de Constantino.

Não foi Ambrósio quem inventou a história da descoberta de Helena. Ela pode ser traçada até um autor chamado Gelásio de Cesareia, que publicou uma versão (atualmente perdida, mas reconstruída graças a fragmentos) da descoberta da cruz poucos anos antes, em 390. Seu relato — no qual Helena conseguiu identificar a Vera Cruz quando, ao pressioná-la sobre o corpo de uma mulher gravemente doente, a cruz a salvou — deu origem a uma série de imitações do século V. [64] Estudiosos até hoje continuam debatendo sobre a questão referente a Helena de fato ter sido a responsável pela descoberta da cruz. O argumento mais convincente contra a versão de ela ter encontrado a cruz, não obstante sua autenticidade, é que Eusébio, o hagiógrafo de Constantino e autor contemporâneo do único relato que temos da viagem de Helena à Terra Santa, não faz nenhuma referência a ela. Como Eusébio poderia ter perdido a oportunidade de publicar tamanho triunfo para Constantino e sua mãe?[65]

Apesar da omissão de Eusébio, seria impossível exagerar a popularidade e o escopo que a lenda da descoberta de Helena ganhou na literatura e na arte do final da Antiguidade até o presente. Várias versões originárias da narrativa de Ambrósio se desenvolveram no século V, incluindo um relato sírio que ignorava Helena completamente e afirmava que uma esposa fictícia do imperador Cláudio chamada Protonike descobrira a cruz. A narrativa mais famosa e influente, contudo, é a denominada versão de Judas Quirico, também originária da Síria, de acordo com a qual um judeu rebelde chamado Judas relutantemente levara Helena ao local onde as três cruzes estavam enterradas, imediatamente ao que ela provou qual delas era a Vera Cruz, ao utilizá-la para ressuscitar um homem morto. Convencido por esse milagre, Judas se converteu e foi batizado com o nome cristão de Ciríaco ("do Senhor"), e a história é concluída com Helena ordenando que todos os judeus fossem banidos da Judeia. Na Idade Média, essa versão tinha uma grande preferência graças, sem dúvida, ao sentimento antissemita, tendo sobrevivido em outros 200 manuscritos do século VI em diante, e foi usada como material para antigos poemas ingleses tais como o do século IX de Cynewulf *Elene* e na compilação do século XIII de Jacopo de Varazze de lendas de santos, a *Legenda Áurea*, um dos livros mais lidos e traduzidos da Europa Ocidental.[66]

A arte e a literatura adotaram a popular associação entre Helena e a Vera Cruz de uma série de formas. *The Dream of St Helena*, de Paolo Veronese, que pode ser encontrado na Galeria Nacional de Londres, mostra Helena segurando a cabeça com o cotovelo encostado em uma janela aberta, sonhando enquanto uma cruz carregada por dois querubins aparece no céu.[67] Uma imagem iconográfica padronizada de Helena e Constantino de pé, um de cada lado da cruz, desenvolveu-se a partir do século IV na arte bizantina, uma interpretação da qual pode ser vista num altar dourado e prateado conhecido como Stavelot Triptych que faz parte da coleção da Pierpoint Morgan Library, em Nova York. Esse curioso objeto, que se acredita ter sido trazido de Constantinopla para o Ocidente por volta de 1155, exibe várias cenas da vida de Helena e da de Constantino, incluindo a descoberta e a verificação da cruz, enquanto no painel central Helena e Constantino são retratados um de cada lado do que se diz ser um relicário da Vera Cruz.[68] Uma estimativa de 1.150 relíquias separadas da cruz no total foi obtida a partir das fontes disponíveis desde o século IV. Atualmente, nas igrejas espalhadas por toda a Europa que afirmam possuir relíquias da Vera Cruz entre suas coleções, é quase certo encontrar um afresco ou janela de vidro colorido com o retrato de Helena — seja na Catedral de Colônia ou na Basílica de Santa Cruz em Jerusalém, em Roma.[69]

Helena voltou da Terra Santa para Roma em 328 ou 329, e morreu pouco depois. A data e o local exato da sua morte são desconhecidos, mas como moedas com sua imagem deixaram de ser produzidas depois da primavera de 329, podemos inferir que ela não viveu além desse ano. De acordo com Eusébio, ela tomou providências para deixar todos os seus assuntos em ordem à medida que seu fim se aproximava, escrevendo um testamento favorecendo Constantino e seus netos, que dividiriam entre si seus imóveis e outros bens. Seu filho estava com ela quando Helena morreu, "rezando e segurando suas mãos (...) sua alma foi, então, reconstituída em uma essência incorruptível e angelical enquanto ela era levada para seu Salvador".[70]

O destino dos restos mortais de Helena, a exemplo de sua vida, está cheio de controvérsias. De acordo com Eusébio, uma escolta militar acompanhou-a enquanto "ela era carregada até a cidade imperial, e lá depositada nas tumbas imperiais". Como a cidade imperial em questão quase certamente se refere a Roma, a implicação é que ela não estava nessa cidade quando morreu, e como Constantino aparentemente se encontrava numa campanha militar em Tréveris contra as tribos germânicas no outono de 328, pode ter sido aqui que Helena deu seu último suspiro.[71] Porém, um escritor do século V, Sócrates Escolástico, interpretou a cidade imperial como sendo Constantinopla, onde o filho de Helena foi sepultado, dando origem a um mercado turístico medieval pelo qual viajantes iam até a cidade maravilhar-se com o túmulo de "Constantino e Helena". Uma versão alternativa foi divulgada afirmando que depois da queda de Constantinopla em 1204 os restos mortais de Helena foram transferidos para Veneza.[72]

É quase certo, todavia, que o verdadeiro local de repouso de Helena fosse um mausoléu abobadado que Constantino construiu em sua propriedade, *fundus Laurentus*, ao lado da basílica dedicada a Marcelino e Pedro.[73] Essa propriedade é conhecida atualmente como a Tor Pignattara, e guias medievais para a área reconheciam a possibilidade de essa espaçosa estrutura de um único cômodo ser o túmulo de Helena. Uma lista de ricos presentes que Constantino supostamente teria deixado no mausoléu da mãe — entre os quais quatro candelabros de prata de 3,6 metros de altura e 90 quilogramas cada, e um candelabro decorado com 120 golfinhos — registra que um enorme altar prateado ficava diante de seu sarcófago de alabastro. Na metade do século XII, o papa Anastácio IV decidiu que o sarcófago deveria ser usado como seu próprio túmulo e deu instruções para que ele fosse transferido para a Basílica de Latrão, e depois disso, por ordem do papa Pio VI, ele acabou no Vaticano, onde, àquela altura muito danificado, foi restaurado. Ele permanece lá desde então, um objeto imenso com uma decoração militar, o que indica que foi originalmente construído para abrigar os restos de um membro da família imperial do sexo masculino, talvez até o próprio filho de Helena.[74]

A PRIMEIRA IMPERATRIZ CRISTÃ: AS MULHERES... 305

Quando Anastácio se apropriou do sarcófago de Helena para o seu próprio funeral, é quase certo que ele estivesse vazio. Uma fonte do século IX informa que em 840, durante orações noturnas, um monge chamado Theogisus roubou parte dos cobiçados restos de Helena e os carregou de volta para a abadia beneditina de Hautvillers, perto de Reims. Três séculos mais tarde, para evitar maiores depredações ao túmulo, o papa Inocêncio II (1130-43) ordenou que o que restou do cadáver de Helena, incluindo sua cabeça, fosse transferido para a segurança da Igreja de Santa Maria in Aracoeli, no centro de Roma. Atualmente, os visitantes dessa igreja, situada no antigo Monte Capitolino, encontram uma urna de alabastro cuja inscrição afirma guardar os restos de Santa Helena.[75]

Santa Maria in Aracoeli é uma das muitas igrejas e monastérios espalhados pela Europa que já afirmaram guardar as relíquias do corpo de Helena em um momento ou outro, as quais variam da Catedral de Tréveris a Echternach, em Luxemburgo. Considerando a acirrada competição comercial para a venda de relíquias na Idade Média, que levou seu "túmulo" em Hautvillers a ser assaltado várias vezes entre os séculos XI e XVII, temos toda razão para acreditar nos relatos medievais de que a tumba de Helena era um dos principais alvos de ladrões de túmulo, mesmo apesar de vários comerciantes de relíquias inevitavelmente comercializarem imitações.[76] Todos queriam um pedaço de Helena, cuja santidade no século XI era um fato comumente reconhecido tanto no Oriente quanto no Ocidente, e desde sua morte até os dias de hoje cidades e igrejas rivais contestaram o direito à propriedade de sua história.[77]

O resultado é que a vida após a morte de Helena é uma colorida tapeçaria formada de declarações e contestações, fatos e ficções, histórias e mitos. Entre aqueles que já a reclamaram com os argumentos mais apaixonados está a cidade inglesa de Colchester, que ainda nomeia Helena como sua santa padroeira. No século XII, a influente e extremamente nacionalista *Historia Regum Britanniae*, de Godofredo de Monmouth, foi uma das grandes responsáveis por popularizar a crença de que Helena não era uma mera cocheira da Ásia Menor, mas, na verdade, além de ser natural da Britânia, era filha do próprio rei de Colchester, rei Coel (da cantiga "Old King Cole" — "Velho rei Cole"). Essas lendas estavam, por um lado, preocupadas com a representação da Helena canonizada que havia descoberto a Vera Cruz e que pelo menos a partir do século IX passou a ser festejada no dia 18 de agosto do calendário da Igreja Católica ocidental; mas também com a da Helena Augusta, a romana da família imperial que podia estabelecer uma ligação entre a Inglaterra e o imperador romano do qual monarcas britânicos como Henrique VIII afirmavam descender.[78]

O fato de a Inglaterra, a fria extremidade setentrional do território do Império Romano, possuir uma das tradições mais ricas relacionadas a Helena pode parecer estranho. No entanto, a raiz dessa tradição está nos fortes vínculos entre o pai de Constantino e a província que mais tarde permitiriam que Henrique afirmasse ser descendente do imperador: Constâncio Cloro morreu em York, e foi lá que Constantino foi proclamado imperador em julho de 306. Uma olhada no mapa da região revela inúmeros testemunhos da popularidade de Helena — entre os quais a cidade de Saint Helens, Merseyside, e 34 igrejas com o nome dela só em Yorkshire.[79] A *Historia Anglorum* de Henry de Huntingdon é uma das histórias britânicas do século XII que sugerem que Constâncio havia assinado um tratado de paz com Coel e então se casado com a virtuosa filha do rei, Helena.[80] Foi essa Helena que Evelyn Waugh usou como modelo para a criação da heroína homônima em seu romance, que ele acabou chamando de *Helena* em vez de usar o título original "A Busca da imperatriz Viúva". Waugh também afirmou em correspondência com o amigo John Betjeman ter se inspirado na esposa do poeta, Penelope, o que em parte pode explicar a tendência irritante dessa Helena da década de 1940 de usar expressões como "bobagem" e "bestial".[81]

Apesar das críticas ocasionais que ela ganhou de comentaristas cristãos como Juliano, que a chamou de "madrasta malvada" de seu pai Júlio Constâncio (filho da segunda esposa de Constâncio, Teodora), foi o retrato análogo de Eusébio de Helena como a Maria do Cristo de Constantino que ganhou popularidade. Talvez precisamente por causa da maleabilidade da sua imagem, Helena tornou-se o modelo para as imperatrizes que se seguiram a ela.[82] Seu exemplo de peregrinação à Terra Santa e sua associação à Vera Cruz foram encorajados nas esposas dos imperadores que assumiram o controle do Império no final do século IV, e cujos descendentes afundariam com o navio do Império Romano do Ocidente, agora no seu crepúsculo.

Nem todos os primeiros turistas ficaram tão impressionados como Wilde pelos encantos de Ravena. O guia definitivo de Thomas Nugent para a *Grand Tour*, seguido fielmente por cada cavalheiro que fazia a viagem, descreve desdenhosamente a chuvosa cidade como "pantanosa e insalubre".[1] Contudo, o guia destaca pelo menos um local como parada obrigatória. Atrás da Basílica de São Vital está o denominado Mausoléu de Gala Placídia, uma pequena capela cruciforme de tijolos rosados famosa por seus incríveis mosaicos interiores e seu teto abobadado cor de anil pontilhado com estrelas brilhantes, descrito por um poeta como uma "noite azul decorada com ouro". O efeito supostamente inspirou o compositor Cole Porter, que passou a lua de mel na cidade nos anos 1920, a escrever um de seus sucessos mais famosos, "Night and Day", e alguns encontraram paralelos entre a decoração do teto e a descrição dos anjos na *Divina Comédia* de Dante, parte da qual ele compôs enquanto estava exilado em Ravena.[2]

Alguém que visitasse a capela entre os séculos IV e VI poderia ter sido orientado por quem estava a par do assunto a espiar pelo buraco da fachada de um dos grandes sarcófagos lá localizados. Através dele, de acordo com relatos, podia ser visto o corpo embalsamado de uma mulher, luxuosamente trajada e sentada em uma cadeira de cipreste. Acreditava-se que o corpo pertencia à mulher com cujo nome a construção foi batizada, Gala Placídia, uma das últimas imperatrizes do Império Romano. Os visitantes da atualidade, porém, não encontrarão o mesmo olho mágico. Se pudermos acreditar nos relatos medievais, a razão para isso é que em 1577 algumas crianças que brincavam perto do sarcófago, na tentativa de ver melhor sua ocupante, enfiaram uma vela fina acesa pela abertura e acidentalmente puseram fogo no cadáver, reduzindo-o a cinzas.[3]

A interessante história da vida de Gala Placídia — filha de um imperador, irmã de outro, esposa de um terceiro e finalmente mãe de um quarto — está intimamente entremeada à história de como a metade ocidental do Império Romano entrou no seu famoso "declínio" durante o século V, deixando sua metade oriental perseverando sob a administração dos imperadores bizantinos. Ela viveu numa era de grandes motins religiosos, políticos e sociais, definida por três pontos centrais de tensão: a pressão cada vez maior sofrida pelo território de Roma por invasores bárbaros; a metamorfose da face do poder imperial, que viu uma sucessão de imperadores jovens e inexperientes dominados por uma quadrilha implacavelmente competitiva de conselheiros, oficiais e líderes militares;

9

Noivas de Cristo, filhas de Eva: As primeiras-damas da última dinastia romana

Mesmo na ocasião da minha primeira visita a Ravena em 1913, o túmulo de Gala Placídia pareceu-me significativo e atipicamente fascinante. Na segunda vez, vinte anos depois, tive a mesma sensação. Mais uma vez fui tomado por um estranho estado de espírito no túmulo de Gala Placídia; mais uma vez fiquei profundamente emocionado (...) Eu já havia várias vezes me perguntado como teria sido para essa mulher tão erudita e exigente viver ao lado de um príncipe bárbaro. Seu túmulo parecia um legado final através do qual eu poderia alcançar sua personalidade.

Carl Jung, *Memórias, Sonhos, Reflexões* (1963), 265-7

A cidade de Ravena, no nordeste da Itália, tem atraído um fluxo constante de visitantes notórios desde o século XVII, quando constituía uma das paradas obrigatórias da *Grand Tour**. Lugar de peregrinação para os adoradores de Dante, que morreu lá em 1321 e está sepultado no centro da cidade, Ravena também foi residência temporária de Lorde Byron entre 1819 e 1821, enquanto ele tinha um caso com uma nobre local, e em 1878 foi o tema de um poema premiado escrito pelo estudante Oscar Wilde. Mais importante, os restos fragmentários da suntuosa arquitetura Bizantina de Ravena relembram seus dias de glória no início do século V, quando ela foi escolhida para substituir Milão como a capital ocidental do Império Romano.

---

*Excursão tradicional pela Europa que teve origem por volta de 1600 e era feita principalmente por jovens da alta sociedade. (*N. da T.*)

NOIVAS DE CRISTO, FILHAS DE EVA: AS PRIMEIRAS-DAMAS... 309

e os embates frequentes entre facções rivais dentro da agora dominante religião do Cristianismo pela definição ortodoxa da sua fé.

Foi tendo esse pano de fundo precário que uma nova geração de primeiras-damas romanas tentou se estabelecer como verdadeiras herdeiras do modelo de Helena, a primeira Augusta cristã. Gala Placídia e sua sobrinha Pulquéria — a principal dama da corte romana oriental de Constantinopla durante grande parte da primeira metade do século V — foram suas imitadoras mais bem-sucedidas. Contudo, essas mulheres abordavam tal objetivo de formas que variavam bastante. Pulquéria, em virtude da transformação religiosa e política do Império engendrada pela ascensão de Constantino, trilhou um caminho diferente do de qualquer imperatriz romana anterior, preparando o caminho para as imperatrizes bizantinas e as primeiras rainhas medievais que se seguiriam a ela. A jornada de Gala Placídia, por outro lado, de cobiçado prêmio matrimonial a esposa, mãe e viúva de imperadores, foi de muitas formas uma colagem das de suas predecessoras, indo até Lívia. Assim, as histórias das duas constituem uma conclusão adequada para essa narrativa sobre as primeiras-damas de Roma.[4]

Para chegarmos à época de Placídia e Pulquéria, nosso porto final nessa odisseia através da vida das mulheres reais do Império de Roma, precisamos navegar pelas águas turbulentas da segunda metade do século IV, onde estão as raízes de sua árvore genealógica. Os anos que se seguiram à morte de Helena no final da década de 320 haviam visto seu filho ter que lidar com muitas disputas religiosas e militares por todo o seu precariamente unificado Império. Tendo enfim inaugurado sua nova capital, Constantinopla, no local onde ficara a antiga cidade de Bizâncio em 330, foi lá que ele passou grande parte dos seus sete últimos anos no poder antes de morrer em uma vila imperial em Nicomédia a 22 de maio de 337, pouco depois de ter sido oficialmente batizado na fé cristã que defendera com um efeito tão impactante.

Depois de sua morte, um acordo de divisão de poder foi estabelecido entre seus três filhos — Constâncio II, Constantino II e Constante —, todos frutos do casamento com Fausta. Contudo, um conflito corpo a corpo entre os irmãos e uma tentativa de golpe por parte de um usurpador chamado Magno Magnêncio deixaram apenas o filho mais velho, Constâncio II, ainda *in situ* em 350. Magno Magnêncio, que tinha ascendência franca, fazia parte de uma nova geração de oficiais romanos nascidos bárbaros cujas famílias haviam recebido permissão de

310 AS PRIMEIRAS-DAMAS DE ROMA

se estabelecer dentro do Império e que haviam tido uma carreira meteórica até alcançar cargos do alto comando do exército. Isso era um sintoma não apenas dos problemas de mão de obra enfrentados pelo esgotado mecanismo militar romano, mas de um dilema cada vez maior diante do qual se viram os imperadores do século IV: como acomodar o grande número de imigrantes de tribos bárbaras — como os francos, os alamanos e os godos — que agora buscavam segurança dentro dos limites do Império.

Embora Constâncio II tenha sido culpado por ordenar, depois da morte de seu pai, que o exército romano executasse os descendentes do sexo masculino do casamento de seu avô, Constâncio Cloro, com Teodora — garantindo que eles não pudessem oferecer ameaça aos netos de Helena —, ele não obstante recrutou um deles, seu primo Galo, para ser seu representante imperial no Oriente enquanto ele se vingava pessoalmente da usurpação de Magnêncio e recuperava o controle sobre o Império em 351. Galo, que foi nomeado César e recebeu em casamento a mão de Constância, irmã do parceiro mais velho, logo foi acusado de exceder as atribuições de seu mandato no Oriente e executado por ordem de Constâncio II em outubro de 354. Porém, em outro gesto conciliatório para com os descendentes de Teodoro, o meio-irmão de Galo, Juliano, foi nomeado como seu substituto, e foi ele quem sucedeu a Constâncio II quando este morreu de febre no dia 3 de novembro de 361.

O reinado de dois anos de Juliano é mais conhecido por suas tentativas de restaurar o paganismo no Império Romano, o que lhe rendeu o epíteto de Juliano, o Apóstata. Ele foi, contudo, o último imperador não cristão de Roma, e também o último imperador a tentar governar o Império sozinho. Sua morte em junho de 363 foi seguida por seis meses de um governo interino do obscuro Joviano. Então, depois da morte em 364 de Joviano, com suspeitas de asfixia, um oficial panônio chamado Valentiniano pegou o bastão, instalando sua corte em Tréveris e apontando seu irmão Valente para comandar as operações no Oriente a partir de Constantinopla. No dia 24 de agosto de 367, Valentiniano saudou publicamente o filho Graciano — de sua primeira esposa, Marina Severa — como seu sucessor, dando-lhe o título de Augusto quando ele tinha somente 8 anos, e, com isso, abrindo um precedente para a fundação de uma geração de imperadores mirins que teriam um impacto enorme sobre a forma com que o governo seria regido no final do século IV e início do século V.

NOIVAS DE CRISTO, FILHAS DE EVA: AS PRIMEIRAS-DAMAS...　311

Tendo policiado o Império contra incursões bárbaras em sua fronteira noroeste durante pouco mais que uma década, Valentiniano morreu de infarto no dia 17 de novembro de 375, deixando Graciano, de apenas 16 anos de idade, como cogovernador ao lado de seu tio Valente. Uma reclamação rival do poder logo emergiu, todavia, na pessoa do meio-irmão de Graciano, Valentiniano II, o filho de 4 anos de idade da segunda esposa de Valentiniano, Justina. A elevação de Valentiniano II foi planejada por dois generais ambiciosos que ameaçaram Graciano e Valente com uma revolta do exército caso eles não concordassem em permitir que o menino se tornasse membro do colegiado imperial. Assim, um acordo foi firmado pelo qual os meios-irmãos e seu tio compartilhariam o poder, um testemunho da influência dos generalíssimos que dominariam a política romana no século V. Uma derrota catastrófica sofrida por Valente e seu exército nas mãos dos godos na batalha de Adrianópolis em 9 de agosto de 378 deixou a vaga aberta para um novo Augusto no Oriente, a qual logo foi preenchida em 19 de janeiro de 379 pelo recém-apontado *magister militum* (general militar de campo) Teodósio, o espanhol que fundou a dinastia teodosiana, que administraria o período final do Império Romano.

Durante o período incerto da transição entre a casa de Constantino e a casa de Valentiniano, poucas imperatrizes tiveram tempo ou a oportunidade para produzir um impacto digno de nota nos anais da história. A esposa de Galo, Constantina, uma das duas filhas de Constantino e Fausta, morreu na Bitínia enquanto se encaminhava para pedir clemência para o marido ao irmão Constâncio II. O adolescente Graciano criou uma útil conexão familiar ao se casar com a filha de Constâncio II, Constância. Todavia, ela faleceu logo depois de seu 21º aniversário e faz somente aparições passageiras nos registros literários e materiais, embora seus sogros valentinianos não tenham deixado de explorar os vínculos com Constantino e Helena que ela lhes deu.[5] Eusébia, segunda esposa de Constâncio II, também merece menção pelo papel que exerceu como advogada do jovem Juliano na metade da década de 350, tendo convencido o marido a convidar o parente adolescente à corte imperial em Milão e a permitir que ele frequentasse a universidade de Atenas. De acordo com relatos, ela alimentou as paixões intelectuais do jovem ao lhe dar uma coleção de livros e encorajou sua promoção ao status de César em 6 de novembro de 355. Em reconhecimento de sua dívida para com Eusébia, Juliano escreveu um "Discurso de Agradecimento" para ela, elogiando sua virtude e seus atos nobres; um documento notável, dado que é o primeiro exemplo de um discurso oficial elogioso dirigido exclusivamente a uma mulher da família imperial.[6]

Num paradoxo familiar, a Eusébia que emerge a partir do discurso de Juliano e de outras fontes como uma benemérita devota e bondosa em outros lugares foi pintada como uma mulher maquinadora que só pensava em seus próprios interesses, alguém cuja atitude de gentileza para com Juliano mascarava uma determinação fria de eliminar rivais mais fortes de seu marido. Ela foi acusada de envenenar secretamente a esposa de Juliano, Helena — filha de Constantino e Fausta — a fim de induzir-lhe abortos seguidos, garantindo que o fato de a própria Eusébia não ter tido filhos não a colocasse em desvantagem. No entanto, tal perversidade, que nos remete às reputações de terem envenenado rivais inconvenientes de Lívia e Agripina, a Menor, não é nada se comparado ao retrato da segunda esposa de Valentiniano, Justina. Filha de conexões valiosas de um governador provinciano, Justina era viúva do usurpador Magno Magnêncio antes de se casar com Valentiniano. De acordo com um relato, a primeira esposa deste, Marina Severa, havia feito amizade com Justina e costumava lhe dar banho. Acontece que Valentiniano ficou tão apaixonado pela descrição de sua esposa do corpo nu de Justina que, em sua determinação de casar-se com ela, foi conivente com uma mudança na lei que lhe permitiu ter duas esposas — uma lei que, incidentalmente, não é mencionada em fontes legais da Antiguidade, demonstrando que a história não tem uma base factual muito forte.[7] Justina deu quatro filhos a Valentiniano antes da morte do imperador em 375 — o menino imperador Valentiniano II e três meninas, uma das quais, Gala, casar-se-ia com outro imperador, Teodósio, e daria à luz Gala Placídia. Quando seu enteado Graciano tornou-se imperador, foi Justina quem foi convocada à fronteira do Danúbio pelos ambiciosos generais que queriam colocar Valentiniano II, de 4 anos, no trono, e a partir daí nada a impediu de defender os interesses de seu filho.

Justina é a síntese de uma imagem duradoura das imperatrizes desse período — mulheres ambiciosas que foram regentes de facto para seus filhos, imperadores mirins, e que fizeram tanto inimigos quanto amigos. Entretanto, ao contrário de "rainhas-mães" anteriores como Agripina, a Menor, ou até mesmo as imperatrizes severas Júlia Mesa e Júlia Mamea — todas mulheres que supervisionaram os reinados de seus jovens filhos —, as reputações históricas de Juliana e sua coorte giram em torno principalmente de seu comportamento religioso. O ascetismo cristão no final do século IV e início do século V continuava a fortalecer seu desafio às estruturas sociais romanas, criando um modelo alternativo para a conduta feminina ideal que algumas mulheres da corte imperial do século V, como veremos, adotaram de bom grado.[8] Mas, embora isso possa ter rendido a essas mulheres elogios de alguns moralistas cristãos, outros cronistas do final da Antiguidade e do período medieval, que não apoiavam essas doutrinas modernas, usaram sua conduta como base para críticas e suspeita.

Enquanto isso, doutrinais controvérsias dividiam a Igreja Cristã, centralizadas principalmente no antigo debate sobre a natureza de Jesus Cristo. Enquanto o ponto de vista ortodoxo estabelecido pelo Conselho de Niceia realizado por Constantino em 325, e cuja memória é atualmente conservada pelo Credo Niceno-Constantinopolitano, afirmava que o Filho era "da mesma substância" que o Pai, os fiéis que seguiam os ensinamentos do herege Ário insistiam que o Pai e o Filho eram entidades semelhantes, mas distintas. Tanto Eusébia quanto Justina eram seguidoras do arianismo, o que fomentou suspeitas contra elas entre os cristãos. Muitos afirmavam que Eusébia era a responsável pela forte simpatia de seu marido, Constâncio II, por essas crenças heterodoxas, enquanto o arianismo de Justina a colocou em conflito com fundadores da Igreja como Ambrósio de Milão, cujo biógrafo Paulino acusou-a de certa vez ter enviado um assassino para matar o bispo em seu quarto.[9]

Conflitos entre mulheres da família imperial e homens poderosos da Igreja seriam um tema recorrente para as sucessoras de Eusébia e Justina, levando várias delas a serem condenadas por escritores cristãos como Evas e Jezebéis. Esses conflitos alimentaram a imagem dessa geração de imperatrizes como regentes poderosas que dominavam seus filhos e irmãos fracos e mimados, e que presidiam suas próprias cortes, tomando decisões executivas independentemente do imperador. Contudo, elas também são um reflexo da batalha pela propriedade da alma do Império travada pelos imperadores romanos e pela Igreja Cristã durante o período, uma batalha na qual as mulheres da família imperial estavam começando a ter um papel cada vez mais importante como soldados de infantaria não apenas do culto divino de seus maridos e pais, mas também de Deus.[10]

Quando o espanhol Teodósio tomou as rédeas do Império na capital oriental de Constantinopla em janeiro de 379, sua esposa, Aélia Flacila, tornou-se a primeira imperatriz da dinastia teodosiana, a última casa a reinar antes da autoridade dos imperadores romanos chegar ao fim no Ocidente em 476. Como as matriarcas

314 AS PRIMEIRAS-DAMAS DE ROMA

fundadoras dos anos anteriores, Aélia Flacila se tornou um ponto de referência comportamental para as mulheres da sua dinastia. Ela pertencia a uma linhagem espanhola, e seu nome, Aélia, dali em diante seria adotado como um título honorífico nas moedas das imperatrizes teodosianas.[11] Por volta de 376, ela se casara com Teodósio, filho de um herói de guerra a princípio celebrado, mas depois desgraçado. Ao contrário de suas contrapartes ocidentais Eusébia e Justina, Aélia Flacila esposou a mesma fé nicena-constantinopolitana de seu marido, e certa ocasião foi creditada por convencer Teodósio a não conceder uma entrevista ao pária e bispo ariano radical Eunômio de Cízico, com isso evitando a possibilidade de que o imperador pudesse se mostrar suscetível ao poder de persuasão do bispo.[12] Esse cuidado com a saúde religiosa do marido fez de Aélia Flacila a antítese de Eusébia e outras imperatrizes arianas que tentaram tornar seus maridos hereges, e rendeu à imperatriz espanhola uma reputação de devoção entre os escritores cristãos que monopolizam a historiografia do período.

Aélia Flacila ficou famosa por sua filantropia e suas obras de caridade, particularmente dedicadas aos deficientes físicos, e foi elogiada por um historiador da Igreja por dedicar "todo tipo de atenções aos aleijados e mutilados, recusando toda ajuda de sua família e seus guardas, visitando pessoalmente as casas onde os sofredores se abrigavam e dando a cada um aquilo de que precisava". O mesmo historiador acrescenta com reverência que a imperatriz "também visitava as câmaras de hóspedes das igrejas e atendia aos desejos dos feridos, manuseando pessoalmente utensílios de cozinha e testando caldos, trazendo um prato e assando pão e oferecendo porções, e lavando uma xícara e cumprindo todos os afazeres que devem ser deixados para criados e empregadas".[13] Obras de caridade não eram uma novidade nas atividades de uma imperatriz — as duas Faustinas, por exemplo, haviam estabelecido fundos de alimentação para órfãs no século II. Agora, contudo, tal magnificência era pintada como o ato de uma boa cristã, evocando convenientemente comparações a outra benemérita da memória recente: Helena, que também cuidara dos doentes e dos necessitados.[14]

O status de Aélia Flacila como herdeira do legado de Helena e como modelo para futuras imperatrizes foi consolidado quando, por volta de 383, ela ganhou o antigo título de Lívia de Augusta, uma homenagem recusada a Eusébia, Justina e todas as outras imperatrizes que haviam se sucedido após a morte de Helena ao longo de sessenta anos. A concessão de tal honra coincidiu com a promoção de seu filho mais velho, Arcádio, ao status de Augusto ao lado de seu pai e dos parceiros imperiais ocidentais Graciano e Valentiniano II. No processo, Aélia Flacila também se tornou a primeira imperatriz desde Helena a ter moedas cunhadas em seu nome. Vale a pena notar que depois de sua morte as imperatrizes da corte oriental em Constantinopla continuaram recebendo o título de Augusta em suas moedas, enquanto as casas de cunhagem dos territórios ocidentais do Império ficaram para trás. Na verdade, nenhuma imperatriz ocidental desse período recebeu sequer uma moeda em seu nome antes de 425, ressaltando as diferenças entre as atitudes em relação ao papel de imperatriz das cortes ocidental e oriental, diferenças que mais tarde provocariam recriminações entre ambas.[15]

As moedas de Flacila introduziram alterações significativas no típico estilo das imperatrizes. Embora conservasse o penteado trançado e a faixa cheia de joias usados por Helena, o efeito geral da aparência de Flacila era muito mais luxuoso, com rosetas de pedras preciosas cobrindo suas têmporas em tamanha profusão que seu penteado, fixado por alfinetes de cabeça de pérola, é quase escondido. Ela também usa um diadema, equipado com uma grande joia adornando a testa, e cordões ruidosos de pérolas pendurados na nuca. Tamanha exuberância refletia a estética autocrática desprovida de constrangimentos que agora prevalecia na corte do final do Império Romano, uma grande diferença da modéstia minimalista da época de Lívia, quando a restauração da república ainda era defendida por muitos. As roupas de Flacila também atestam para a distância e o tempo percorridos desde as primeiras mulheres imperiais romanas. Em vez da túnica e da *palla* tradicionais, o traje convencional das mulheres da Antiguidade, ela é exibida usando um manto púrpura conhecido como *paludamentum*. Ele é fixado em seu ombro com um broche decorativo cuja aparência é muito semelhante a broches de ônix e sardônica com delicadas pedras de esmeralda, vidro e ouro em forma de lágrimas provenientes de descobertas arqueológicas feitas por toda a Europa.[16]

O *paludamentum*, um traje de estilo militar que lembra o *chlamys* que Agripina, a Menor, outrora usara escandalosamente em público, anteriormente fora reservado ao guarda-roupa dos imperadores. O toque de androginia presente no retrato de Flacila é repetido com a inclusão de Vitória no reverso, a primeira vez que essa deusa já aparecera em uma moeda cunhada para uma imperatriz.[17] Ao serem estilizadas com roupas e insígnias dos imperadores, as imperatrizes passavam a exercer um novo papel delicadamente reimaginado — uma fusão dos postos de Augusto e Augusta, uma permissão mais aberta para que elas fossem vistas como representantes das decisões políticas tomadas pelo regime de seus maridos. A mensagem não deixou de alcançar os cidadãos de Antioquia, que, enquanto se rebelavam contra os impostos imperiais na primavera de 387, dirigiram sua ira tanto à estátua de Aélia Flacila quanto às de seu marido e seus filhos, destruindo-as.[18]

A presença do símbolo cristão do lábaro nas moedas de Aélia Flacila também era crítica para esse novo papel, pois proclamava a fé religiosa da esposa de Teodósio, seu status como herdeira do legado de Helena e guardiã da vitória imperial através da sua devoção, atualizando o paradigma de que uma esposa imperial boa e dedicada era o símbolo de harmonia tanto doméstica como política no coração do poder imperial. Agora, já não era mais apenas a fidelidade matrimonial de Aélia Flacila, mas também sua fé cristã que prometia estabilidade para o Império.

Aélia Flacila morreu em 387, oito anos depois que seu marido ascendera ao trono, e foi enterrada em Constantinopla. Àquela altura, os membros do colegiado imperial de Teodósio das capitais de Tréveris e Milão estavam metidos numa grande confusão. Graciano, coimperador desde 367, foi assassinado em 383, deixando o meio-irmão de 12 anos, Valentiniano II, segurando as pontas sozinho no Ocidente. Um usurpador chamado Magno Máximo fez-se ser declarado Augusto com o apoio das tropas que comandava na Britânia e na Gália. A princípio, Máximo fez tentativas de diálogo para cooperar com o jovem Valentiniano II, e, no Oriente, Teodósio concordou em reconhecer seu novo coimperador, provavelmente temendo arriscar sua própria posição caso fizesse um oponente com uma excelente reputação militar. Contudo, a situação mudou em 387, quando a invasão da Itália através dos Alpes por Máximo forçou Valentiniano II a fugir de sua corte em Milão.

De acordo com o relato do anticristão exaltado Zósimo, que demonstra a tendência do historiador antigo de misturar a esfera sexual com a política, Justina, mãe do jovem imperador do Ocidente expulso, não deixaria uma nova oportunidade passar. Tendo buscado abrigo com o filho e três filhas no palácio de Teodósio em Tessalonica, ela implorou-lhe que não aceitasse Máximo como cogovernante, mas que restaurasse seu filho Valentiniano II ao trono, e, em troca, aceitasse sua filha Gala como substituta para Aélia Flacila. Considerando que Máximo era também espanhol, com credenciais nicenas impecáveis, ao contrário do arianismo de Justina e seu filho, havia aqueles que em particular insistiam que Teodósio rejeitasse o apelo de Justina e varresse a ilegalidade do golpe de Máximo para baixo do tapete. Porém, segundo Zósimo, a beleza de Gala era uma tentação grande demais para que Teodósio pudesse resistir, embora o historiador tenha deixado de mencionar que os sinuosos vínculos familiares que ela podia dar a Constantino eram igualmente atraentes, e que o casamento daria a Teodósio uma justificativa moral para substituir Máximo por um imperador inexperiente que ele poderia manipular com mais facilidade para os seus próprios fins. Assim, Teodósio fez de Gala sua segunda esposa e honrou as obrigações para com seus novos sogros, derrotando Máximo e restaurando Valentiniano II ao poder no Ocidente em 388, ainda que, sendo o mais recente no cargo, mas não obstante o mais velho dos dois Augustos, tenha mantido o posto superior.[19] Um ano ou dois depois do casamento com Gala, enquanto Teodósio ainda estava longe em campanha, sua filha Gala Placídia nasceu.[20]

Embora tenha nascido na metade oriental do Império, o futuro de Gala Placídia estava no Ocidente. Quatro anos depois de ter sido restaurado ao poder por Teodósio, Valentiniano II foi encontrado morto na Gália e seu palácio foi tomado por outro usurpador, Eugênio. O imperador supremo Teodósio agora se recusava terminantemente a delegar o controle sobre o Ocidente a um parceiro mais ameaçador, já decidido a dá-lo a um de seus filhos, e obteve uma famosa vitória sobre Eugênio no rio Frigidus em setembro de 394. Meses depois, no dia 17 de janeiro de 195, Teodósio morreu aos 49 de uma doença em Milão depois de ter confiado seu ajudante-de-ordens e *magister militum* Estilicão — outro oficial romano de origens bárbaras que se casara com a sobrinha de Teodósio, Serena, em 384 — como guardião de seus filhos — Arcádio, de 18 anos, Honório, de 10, e a meia-irmã dos dois, Gala Placídia, que tinha por volta de 7. Pelo menos, foi este o acordo segundo Estilicão, cuja palavra era a única garantia dos últimos desejos de Teodósio.[21]

Arcádio e Honório agora se tornavam coimperadores, Arcádio governando de Constantinopla e o muito mais novo Honório da corte ocidental de Milão, com Estilicão atuando como regente de facto para o último. Gala Placídia também ficou em Milão, para onde fora convocada a fim de visitar o pai em seu leito de morte.[22] Entretanto, quando Milão não pôde mais oferecer a proteção requerida contra a ameaça dos cada vez mais preocupantes invasores godos à fronteira do Império do Reno-Danúbio, a cidade de Ravena foi escolhida como nova capital, uma fortaleza de forma geral mais segura, protegida por pântanos em três

318   AS PRIMEIRAS-DAMAS DE ROMA

extremidades e por uma costa marítima na outra. Em 402, quando Gala Placídia
tinha aproximadamente 13 anos, a corte do Império levantou acampamento para
um palácio na região sudeste de Ravena. Enquanto Constantinopla fora uma
cidade dos sonhos, seu vasto palácio imperial recebendo a brisa quente do mar,
Ravena era uma sede malcheirosa e utilitária, mais parecida com uma base militar
do que com uma capital, e havia poucas perspectivas de seus jovens residentes
imperiais deixarem seu perímetro.[23]

Haviam ficado para trás os dias em que os soldados-imperadores romanos e
seus cortejos viajavam de capital imperial a capital imperial, de província a província, de posto de campanha a posto de campanha; e os meios-irmãos de Gala
Placídia eram, de certa forma, espectadores passivos em suas próprias cortes.
Muito jovens e experientes para liderarem seus próprios exércitos nas campanhas
militares, mantidos firmemente sob o controle de seus conselheiros, Honório,
Arcádio e suas respectivas famílias em Ravena e Constantinopla levavam vidas
isoladas se comparadas às de seus predecessores, enterrados em seus palácios,
aventurando-se em ocasionais aparições públicas durante viagens de verão para
lugares mais frescos. O acesso à presença do imperador era cuidadosamente
regulado por eunucos e funcionários públicos que serviam de criados de seus
aposentos pessoais, e um grosso e sufocante verniz de procedimentos cerimoniais
obstruía os canais da vida palaciana diária.[24]

Consequentemente, as mulheres imperiais desse período eram muito mais
sedentárias e isoladas do que suas várias predecessoras itinerantes, a não ser que,
como Helena, tivessem permissão para embarcar em peregrinações aos locais
sagrados do Cristianismo. Embora Teodósio houvesse estabelecido uma situação
maior entre o imperador e sua corte, o manto púrpura e a carruagem dourada
de viagem de sua esposa eram pelo menos ocasionalmente vistos no exterior e
saudados em sua viagem de volta por uma guarda de honra e uma multidão
respeitosamente exultante.[25] Depois de 395, no entanto, os dependentes do sexo
feminino do imperador, assim como seus irmãos mais novos, filhos e maridos,
passaram a ficar na maior parte do tempo confinados ao ar rarefeito de um palácio, provavelmente vendo poucos seres humanos além de algumas criadas mais
próximas que lhes serviam em seus aposentos cuidadosamente segregados. Isso é
comprovado por um discurso de João Crisóstomo elogiando a esposa de Arcádio,
Eudóxia, quando esta participou certa noite de uma procissão à luz de velas com
algumas relíquias de Constantinopla. Ele comentou que era provavelmente a

NOIVAS DE CRISTO, FILHAS DE EVA: AS PRIMEIRAS-DAMAS...   319

primeira vez que até mesmo alguns dos camareiros eunucos que percorriam os corredores do palácio viam a imperatriz.[26]

Embora Gala Placídia fosse forçada a levar uma vida mais enclausurada, o modelo de educação para uma moça na sua posição não havia mudado muito desde a juventude de Júlia, Livila e outras moças da família júlio-claudiana. Uma carta escrita por volta do ano 400 pelo erudito asceta Jerônimo para sua importante amiga Laeta, aconselhando-a sobre a educação de sua filha Paula, defendia basicamente a mesma prescrição pedagógica que a descrita pelo teórico educacional Quintiliano no século I. Uma criança devia aprender a ler e escrever em latim e grego através de "blocos" do alfabeto e de uma canção do "ABC". Referências nas composições de Claudiano, poeta e observador da vida na corte do século IV, sugerem que as filhas de Serena e Estilicão, Maria e Thermantia, tinham aulas de latim e grego. É, portanto, seguro supor que Placídia recebeu uma educação semelhante — e até mais parecida, dado que o principal idioma pelo menos da corte ocidental era o grego.[27] Ela também parece ter ajudado em certo momento a bordar um cinturão para o cavalo do irmão mais velho, Honório, seguindo a recomendação de Jerônimo para Laeta de que Paula devia cultivar uma habilidade ao carretel que ao menos lhe permitisse fazer suas próprias roupas, provando que o bordado continuava sendo um talento desejável para moças romanas bem criadas tal como fora na época em que Augusto divulgava o fato de que suas parentas faziam suas túnicas.[28] Qualquer ambição da parte de Paula de vestir-se com a última moda da seda deveria ser reprimida, avisava Jerônimo, e maquiagem, joias e orelhas furadas proibidas, lembrando as repreensões à vaidade de Júlia por Augusto e os elogios a Lívia pelo fato de não usar enfeites. A única coisa que era fundamentalmente diferente na educação recomendada por Jerônimo a Paula em relação à de suas predecessoras romanas da alta sociedade era que a nova educação destinava-se a prepará-la para uma vida de ascetismo virginal, e não para a posição de esposa.[29]

A carta de Jerônimo também aconselhava sobre o cuidado a ser tomado em relação à escolha das companhias e criados domésticos de Paula. Uma das poucas evidências sobreviventes do início da vida de Placídia é que sua babá chamava-se Elpidia, e era uma confidente leal que continuaria servindo à família até ela se tornar adulta. Entregar seu bebê para ser alimentado por outra mulher era tão criticado pelos escritores cristãos quanto havia sido por Tácito, mas a companhia

320   AS PRIMEIRAS-DAMAS DE ROMA

de Elpidia sugere que a mãe de Placídia, Gala, como a maioria das mães de sua classe, havia ignorado tais recriminações.[30]

A proximidade entre Placídia e sua babá Elpidia representa um grande contraste com a imagem do seu relacionamento com a mãe adotiva Serena. Enquanto um círculo de influentes e ambiciosos cortesãos exercia o poder para o irmão de Placídia, Arcádio, em Constantinopla, Serena e seu marido vândalo Estilicão eram sem dúvida o novo casal no poder do Império do Ocidente, um posto representado visualmente em um famoso díptico de marfim da catedral de Monza gravado por volta do ano 400. Seu painel esquerdo contém um retrato de Serena de pé, os cabelos penteados num rolo grosso ao redor da cabeça e vestindo a volumosa túnica de pescoço alto que cobria um vestido de baixo mais apertado e se tornara a moda prevalente para as mulheres da Antiguidade. Embora um estilo de túnica mais curto e que expunha o tornozelo, chamada dalmática, houvesse começado a aparecer nos retratos de algumas mulheres cristãs a partir do século III, a túnica de Serena é presa abaixo do busto por um cinto de joias, e pedras preciosas do tamanho de seixos adornam suas orelhas e seu pescoço — um exemplo da crescente tendência ao uso de enfeites pessoais exuberantes, embora ainda modestos se comparados às representações com diadema e cheias de joias das mulheres da era bizantina posterior.[31]

À esquerda de Serena, mal alcançando sua cintura, está a cabeça com os cabelos meticulosamente bem cortados de seu pequeno filho Euquério, vestindo a versão infantil do *paludamentum* militar usado por seu pai no painel direito do díptico. Estilicão, cuja túnica curta e reta com calças proclama suas origens bárbaras, está de pé encostado em um escudo enquanto os dedos de sua outra mão tocam uma longa lança.[32] Trata-se do retrato de uma autoridade combinada garantida: Serena, a tradicional matrona romana, segurando um ramo arrancado na mão como símbolo do posto de guardiã da fertilidade do Estado; Estilicão, o protetor militar durão de prontidão. A ambição dos dois era óbvia e compreensível — em 398 eles haviam casado sua filha mais velha, Maria, com Honório, de 13 anos, o que os tornou não apenas os guardiães, mas avós de um herdeiro em potencial do Império do Ocidente. O simbolismo da unção foi ressaltado pelo fato de que Honório deu à noiva como presente de casamento algumas das joias usadas por Lívia e em seguida por outras mulheres imperiais. Quando a união mesmo depois de seis anos fracassou na produção de filhos e chegou ao fim com a morte da noiva em 404, Thermantia foi convocada a substituir a irmã a fim de tentar fazer melhor, embora esse segundo casamento também não tenha produzido filhos.[33]

Num poema escrito em homenagem ao consulado de Estilicão em 400, Claudiano alude timidamente à perspectiva de outro casamento na família — entre o filhinho de Estilicão e Serena, Euquério, e a irmã de Honório, Placídia: "os Amores alados cercam a noiva, filha e irmã do imperador (...) Euquério agora ergue o véu do tímido rosto da donzela (...)". O véu em questão, porém — ainda o amarelo usado pelas noivas da época de Lívia, embora agora incrustado com joias, mais adequado ao ascetismo imperial do século V — jamais foi usado.[34] Enquanto Honório era unido primeiramente a Maria e depois a Thermantia na tentativa vã de produzir filhos, Placídia permaneceu resolutamente solteira ao longo de sua adolescência, uma situação muito incomum entre as moças da elite e quase inédita para parentas próximas de um imperador, apesar da exceção da cunhada de Adriano, Matidia, a Menor. Votos de celibato estavam, é claro, recentemente em voga entre moças das famílias nobres de Roma, mas nenhum escritor cristão menciona Placídia como devota ao movimento monástico, como a protegida de Jerônimo, Paula. Estaria Placídia recusando-se, como já foi afirmado, a entrar no jogo de seus pais adotivos? É muito mais provável — dado que moças na sua posição evidentemente tinham pouco poder de decisão nesse quesito — que Estilicão ainda esperasse que Honório lhes concedesse um herdeiro através de uma de suas filhas. Para esse oficial meio-vândalo, teria sido um ato imprudente colocar seu próprio filho abertamente na posição de rival de Honório ao casá-lo com Placídia quando as esposas do imperador ainda tinham dificuldades para produzir filhos. Enquanto isso, Estilicão teria tido boas razões para temer que, caso Placídia se casasse e produzisse filhos nesse ínterim, eles teriam uma grande chance de reclamar direito ao trono e frustrar suas ambições de fundar sua própria dinastia romana. Assim, Placídia por enquanto permanecia solteira, sua marginalização refletida no fato de que ela foi o único membro da família imperial da corte ocidental a não ser citado em um extraordinário medalhão de ouro encontrado no século XVI no sarcófago cheio de joias de sua cunhada Maria.[35]

A coragem de Estilicão fora duramente testada desde o primeiro dia em que ele se tornara guardião do Império Romano do Ocidente. Desde o reinado de Valente em 376, quando um grupo de refugiados godos, sob a pressão de uma onda migratória de hunos vindos do norte, havia buscado asilo dentro dos limites de Roma, os romanos vinham tendo um grande trabalho tentando lidar com as aspirações territoriais desses novos predadores. Teodósio adotara uma política de contenção relativamente bem-sucedida, dando-lhes terras em troca de auxílio militar. Todavia, entre 405 e 408, as fronteiras do Danúbio e do Reno do Império do Ocidente sofreram uma série de ataques de mais grupos de incursão compostos por godos e outros povos bárbaros. Para aumentar os problemas de Estilicão, um usurpador presunçosamente autodenominado Constantino III estava liderando um motim das tropas da Britânia e da Gália. Além disso, os Bálcãs estavam sendo tratados como um parque de diversões por outro grupo de 20 mil saqueadores composto por imigrantes godos e liderado por Alarico, que já vinha havia alguns anos tentando forçar o Império Romano do Ocidente ou o do Oriente a lhe dar uma faixa de terra. Em 406, um ramo de oliveira foi estendido a Alarico pelo próprio Estilicão, que prometeu um acordo em troca da assistência militar dos bárbaros para garantir o controle ocidental sobre o território da Ilíria, oferta que Alarico aceitou prontamente. Mas os problemas de Estilicão nas fronteiras logo foram superados por perigos enfrentados mais perto de casa, especificamente na corte de Honório, onde ele fizera muitos inimigos. Depois da morte do irmão de Honório, Arcádio, em Constantinopla no ano de 408, o rumor de que Estilicão estava tramando para colocar o próprio filho, Euquério, no trono oriental espalhou-se — um rumor no qual Honório aparentemente estava disposto a acreditar. No dia 22 de agosto de 408, Estilicão foi encurralado e assassinado numa igreja em Ravena.

O acordo de Alarico foi reduzido a poeira. Ele decidiu apostar. Em novembro de 408, Alarico chegou com um exército de cerca de 40 mil guerreiros à fronteira de Roma — que mesmo apesar do seu isolamento político era ainda a joia simbólica na coroa imperial —, cercando-a e exigindo resgate. Depois de um cerco de dois anos, frustrados com as mentiras repetidas de Honório, os godos marcharam através da Porta Salária e saquearam a cidade em agosto de 410, despojando-a até seus bolsos transbordarem. Depois do saque, as pessoas se perguntavam quem abrira o portão e deixara os bárbaros entrarem. Vários cronistas da Antiguidade apontavam para uma mulher, embora não conseguissem concordar em relação à sua identidade. O relato do século VI de Procópio colocava a culpa em uma nobre chamada Proba. Outros, por outro lado, afirmavam que mesmo antes de os bárbaros entrarem na cidade o Senado romano já havia encontrado a verdadeira culpada: a viúva de Estilicão, Serena.

NOIVAS DE CRISTO, FILHAS DE EVA: AS PRIMEIRAS-DAMAS...　　323

Serena e sua filha restante Thermantia haviam sido declaradas párias depois da morte de Estilicão. Thermantia recebera um divórcio sumário e fora enviada de volta para a mãe, enquanto Serena ficara com nada, já que os bens do marido haviam sido todos confiscados. Mãe e filha buscaram refúgio em Roma — possivelmente tendo até tentado encontrar um lar na velha residência imperial do Palatino. Naquele verão também estava morando em Roma Gala Placídia, que agora tinha por volta de 20 anos, ainda não havia se casado e evidentemente continuava sendo excluída da corte do irmão em Ravena. Contudo, quando Serena foi acusada de ter negociado secretamente com Alarico, segundo o relato de Zósimo o Senado Romano decidiu consultar a prima e ex-filha adotiva de Serena, Placídia, único membro da família imperial disponível, quanto à decisão de condenar à morte a esposa do antigo regente por seus crimes. A resposta de Placídia foi "sim", e a sentença de estrangulamento foi aprovada para a viúva de Estilicão.[36]

A ideia de que qualquer mulher romana pudesse abandonar seu dever tradicional como companheira e guardiã da família traindo-a com invasores bárbaros significava um anátema até mesmo para os cronistas mais antigos, que haviam condenado a virgem vestal Tarpeia por ter traiçoeiramente aberto os portões de Roma para as sabinas em troca de ouro. Esse estereótipo negativo também era um prato cheio para escritores como Zósimo, que usava tais falhas do caráter feminino como uma prova para afirmar que os deuses tradicionais haviam abandonado Roma à própria sorte, e que a nova religião, o Cristianismo, havia enfraquecido o Império Romano.[37] Todavia, o próprio Zósimo admitiu não acreditar que Serena houvesse tido a intenção de conspirar com Alarico. Naturalmente, seu relato da aquiescência de Placídia à sentença de morte sugerida pelo Senado alimenta questões referentes ao relacionamento que as duas tiveram ao longo dos anos. Independentemente de ela pensar que a ex-mãe adotiva era culpada ou não, é difícil não suspeitar que a condenação de Serena não foi a culminação amarga de anos de uma relação hostil.

Depois de terem passado três dias enchendo os bolsos, Alarico e seus godos partiram para o sul numa nova busca por um lar permanente. Porém, um novo membro havia se juntado ao grupo. Entre os saques de ouro, prata, seda, peles e especiarias com os quais os godos haviam carregado seu comboio, eles haviam também levado um valioso souvenir humano: a irmã do imperador, a própria Gala Placídia. A sensação que Gala Placídia experimentou ao se ver como refém de um bando de milhares de imigrantes bárbaros pode apenas ser imaginada. Seguir-se-iam, entretanto, seis anos passados na companhia desses homens como objeto de regateio das repetidas tentativas de acordo entre seus captores e os romanos para as contínuas exigências dos godos por uma faixa de terra. Enquanto o comboio dos godos se afastava de Roma, seu futuro parecia arriscado e incerto.[38]

Enquanto Honório e seus conselheiros ocidentais lidavam com o problema do sequestro de sua irmã, que provavelmente não estava no topo da sua lista de prioridades se considerarmos os problemas contínuos apresentados pelo usurpador Constantino e grupos de predadores bárbaros, a corte de Constantinopla passara por um ano relativamente problemático. Enquanto Estilicão segurara as rédeas no Ocidente, o reinado do meio-irmão mais velho de Gala Placídia, Arcádio, fora conduzido para ele por um grupo de cortesãos eunucos, um dos quais, Eutrópio, providenciara o casamento do jovem imperador em 27 de abril de 395 com Eudóxia, filha de um general franco que, como Estilicão e Magno Magnêncio, viera de uma origem bárbara para tornar-se do exército romano. A imagem pública de Eudóxia em moedas expressava devoção à memória de Helena, exibindo a imagem de uma cruz com uma coroa de flores — uma referência clara à associação entre Helena e a Vera Cruz. Em outras moedas, uma mão vinda do céu coroava a cabeça da imperatriz com uma coroa de flores. Esta imagem, conhecida como a *manus Dei* ou *dextera Dei* — a mão de Deus —, denotava a aprovação divina e já era comum nas moedas de Arcádio. Como seus modelos Helena e Aélia Flacila, Eudóxia também foi aclamada por apoiar o credo nicenoconstantinopolitano, o que lhe rendeu elogios pelo bispo de Constantinopla na época, João Crisóstomo. Porém, um desentendimento tempestuoso teve início entre a imperatriz e o bispo quando ela fez objeção a um de seus sermões. A situação agravou-se quando o bispo se irritou com o barulho produzido por uma multidão de simpatizantes de Eudóxia enquanto ele conduzia uma cerimônia na Igreja de Santa Sofia. Isso rendeu à imperatriz a acusação por parte do grupo de apoio de Crisóstomo de ser uma enviada do demônio. Quando ela morreu em consequência de um aborto no dia 6 de outubro de 404, rumores afirmaram que ele fora causado pelo nervosismo gerado pelo conflito.[39]

Arcádio não se casou novamente, e quando sua própria morte veio, em 408, deixou o trono para o filho de 7 anos, Teodósio II, que teria um reinado de 42 anos, manipulado por uma série de cortesãos poderosos. Conflitos internos, e não externos, continuaram sendo a principal fonte de perturbação na corte, geralmente ocorridos entre funcionários públicos rivais disputando uma autoridade maior sobre o imperador pré-adolescente. Entre 405 e 414, o prefeito do pretório Antêmio assumiu a direção do projeto imperial do Ocidente, enquanto a supervisão diária do menino imperador e de suas irmãs Pulquéria, Marina e Arcádia foi delegada a um eunuco gorducho chamado Antíoco Ele era o responsável por arranjar tutores para as crianças, selecionar companheiros de brincadeiras para elas, e assim por diante.[40] Enquanto isso, a educação religiosa dos meninos ficava a cargo do substituto de João Crisóstomo no posto de bispo de Constantinopla, Ático, que demonstrava uma preocupação paternal pelas jovens princesas, para as quais compôs um panfleto intitulado "Sobre a Fé e a Virgindade".

Dois anos mais velha que Teodósio II, Pulquéria tinha apenas 9 anos quando ela e seus irmãos ficaram órfãos após a morte de Arcádio em 408. Não demoraria, contudo, para que ela assumisse o papel de líder das irmãs e do irmão, e desde tenra idade ela exibia sinais de uma forma de vontade persistente e imperiosa. Um desentendimento com o eunuco Antíoco levou-o a ser dispensado de seu posto em 412. Dois anos depois, aos 15, Pulquéria foi proclamada Augusta. No dia 30 de dezembro do mesmo ano, um busto dela foi de acordo com relatos inaugurado na Casa do Senado ao lado dos Augustos.[41] No entanto, não foi sua promoção precoce ao status de Augusta que lhe deu a imagem de uma jovem determinada, mas sua decisão no mesmo ano, 414, de seguir o ideal cristão asceta de uma vida de celibato e de insistir que a irmã fizesse o mesmo.[42]

Ao contrair esse voto, Pulquéria traçava uma linha profunda entre si e suas predecessoras, embora ao mesmo tempo estabelecesse um elo ideológico com o modelo das imperatrizes mais recentes, Helena. Em uma cultura dinástica na qual o principal papel de uma mulher para com seus parentes do sexo masculino ainda era como símbolo de virtude matrimonial e maternal, optar por abandonar completamente essa equação ao alcançar a idade da fertilidade e proclamar tal intenção publicamente era algo inédito. A decisão de Pulquéria reflete a mudança das opções disponíveis para as mulheres do século V que buscavam levar uma vida virtuosa, e o quão profundamente esses rebeldes novos cristãos haviam sido absorvidos pela cultura da elite romana. A amiga próxima de João Crisóstomo, Olímpia, e a famosa Melânia, a Jovem, por exemplo, haviam ambas sido forçadas ao matrimônio, mas depois rejeitaram terminantemente as escolhas de suas famílias de novos maridos. Com a fortuna que herdaram, financiaram a construção de monastérios em Constantinopla e Jerusalém, e, com isso, deram ao seu status de independência uma forte legitimidade religiosa. O fato de Pulquéria, membro da dinastia reinante, juntar-se a elas sem sequer ter sido casada e recrutar a irmã para fazer o mesmo era uma vitória notável para a ala ascética da Cristandade.[43]

A vida diária no palácio de Teodósio II refletia as novas tendências religiosas da família, assumindo uma aparência semelhante à de um monastério. O menino imperador e as irmãs levantavam-se assim que amanhecia e cantavam antífonas juntos, decorando as Sagradas Escrituras. Teodósio II mal se mexia sem a permissão das irmãs. Pulquéria tomava todas as decisões pelo irmão, confiando a outros a tarefa de lhe ensinar a arte da montaria, a lutar e a escrever cartas, mas assumindo o controle pessoal de sua educação em etiqueta principesca, instruindo-o sobre como portar-se com suas roupas, como se sentar elegantemente e como andar. Ela o fez refinar sua risada barulhenta, ensinou-lhe a adotar uma expressão de seriedade de acordo com a ocasião e lhe mostrou como apresentar modos polidos em audiências com peticionários. Acima de tudo, insistia que ele rezasse e fosse à igreja regularmente.[44]

A imagem de Pulquéria cuidando do irmão mais novo, tentando prepará-lo para o papel de imperador, não é incompatível com a descrição da função tradicional das mulheres imperiais — evidentemente, fazia parte do dever de qualquer mulher romana a supervisão da criação e a educação dos filhos. Contudo, era menos comum tais deveres ficarem a cargo de uma irmã. O que é realmente notável, porém, é que a descrição das atividades de Pulquéria não para por aí — para Sozomeno, o historiador da Igreja da época, Pulquéria era a verdadeira governante do Império Romano, algo em que ele aparentemente não via problema nenhum:

O Poder Divino que é o guardião do universo previu que o imperador seria distinto por sua devoção, e, portanto, determinou que Pulquéria, sua irmã, deveria ser sua protetora e seu governo. A princesa ainda não alcançara os 20 anos, mas já recebera uma mente sábia e divina que ia além da sua idade. Primeiro, ela devotou sua virgindade a Deus (...) depois de ter retomado tranquilamente os cuidados com o Estado, governou o Império Romano de forma excelente e com grande ordem (...).[45]

Se Tácito houvesse escrito o obituário de Pulquéria, não teria sido tão complacente. Aliás, alguns se mostraram menos inclinados a serem tão lisonjeiros. Ao escrever sobre o século VII, João de Nikiû reprovou Pulquéria por disciplinar publicamente o irmão e por usurpar as responsabilidades de um homem — um eco direto das críticas dirigidas a mulheres imperiais "pouco femininas" como Agripina, a Menor, havia quase quatro séculos.[46]

Não obstante, as regras haviam mudado para a mulher imperial do final da Antiguidade. Já não eram mais apenas os sucessos e a imagem projetada pelo marido que determinavam o tipo de reputação que ela teria nos séculos posteriores. Agora, suas crenças religiosas também podiam ser benéficas ou prejudiciais aos olhos de seus críticos. Ao ligar seu status a um voto de virgindade, Pulquéria pôde forjar uma poderosa identidade para si que independia de um marido — identidade que a Rainha Virgem Elisabete I adotaria séculos mais tarde. Ao longo dos quarenta anos seguintes de sua vida, a princesa teodosiana desenvolveria tal identidade à perfeição.[47]

Enquanto a reformulação do modo de vida da família em Constantinopla era creditada a Pulquéria, a 1.600 quilômetros sua meia-tia Gala Placídia fazia seus próprios votos. Os godos estavam sob nova direção. Alarico morrera de febre na Itália pouco depois do saque de Roma, e seu lugar foi ocupado pelo seu braço direito Ataulfo. Em sua tentativa de conseguir o fugaz acordo de concessão de terras para seu povo, Ataulfo primeiro tentou obter um resgate em troca da devolução de Gala Placídia à corte de Ravena, que, por sua vez, estava sob a influência de um novo líder político forte — o substituto de Estilicão, Flávio Constâncio. Entretanto, com Honório ainda hesitante e Flávio Constâncio incapaz de trazer os dois campos à mesa de negociações, Ataulfo decidiu adotar uma medida diferente. Em janeiro de 414, ele casou-se com sua prisioneira romana na cidade de Narbona, ao sul da Gália — uma área bem conhecida pelos epicuristas romanos pela sua produção de mel de alecrim.[48]

Uma descrição do casamento de Ataulfo e Placídia sobrevive na história escrita pelo diplomata oriental da época Olimpiodoro de Tebas. Ele conta que a cerimônia foi realizada na casa de um importante cidadão de Narbona chamado Ingênuo, e que seus convidados eram uma mistura de bárbaros e romanos, incluindo o senador Prisco Átalo, que havia sido feito refém pelos godos juntamente a Placídia, embora libertado anteriormente através de uma negociação. A noiva usou "trajes reais" e se sentou em um salão "decorado à maneira romana" para receber seus convidados. O noivo também deixara de lado as roupas bárbaras para se vestir com a "capa de um general romano" e outros trajes tipicamente romanos. Entre os presentes de casamento estava a oferta pessoal de Ataulfo a Placídia — um grupo de cinquenta belos jovens vestidos de seda, cada um carregando dois grandes pratos com imensas pilhas de ouro e pedras preciosas, lembranças brilhantes do saque de Roma. Este último detalhe é o único toque de embaraço da parte dessa testemunha de primeira mão — fora isso, o casamento não parece ter sido diferente de uma união voluntária entre dois indivíduos da alta sociedade do Império Romano. Não há uma única referência a um sinal de coerção ou relutância da noiva para estragar o quadro.[49]

As possibilidades românticas da união entre uma princesa romana e um rei gótico — que, de acordo com testemunhas oculares, era belo e forte — são quase boas demais para serem verdade.[50] Contudo, mesmo se nos deixarmos levar pela tentação de acreditar que Placídia havia se apaixonado pelo seu captor bárbaro, que a união era harmoniosa e que Ataulfo estava atraído pela "nobreza, beleza e pureza casta" de Placídia, a descrição de Olimpiodoro do casamento também faz referência a motivos mais práticos.[51] Os costumes romanos seguidos no casamento — desde o fato de Ataulfo ter decidido usar o uniforme de um general romano à presença de vários dignitários romanos importantes e que até mesmo cantaram músicas de casamento tradicionais romanas — indicam as ambições políticas de Ataulfo. O casamento com Placídia fez dele cunhado do imperador, um imperador cuja falta de filhos dava outro trunfo a Ataulfo, pois não demorou muito para que Placídia engravidasse. Os godos se estabeleceram temporariamente em Barcelona, e foi lá que Placídia teve um filho, provocativamente batizado Teodósio em homenagem ao pai da noiva. Apesar de toda a pompa, uma mulher mais uma vez cumprira seu dever mais importante e básico aos olhos de toda dinastia. O rei dos godos agora era pai do herdeiro em potencial do Império Romano. Ataulfo provavelmente pensou que agora tinha Honório e Flávio Constâncio na palma da mão.[52]

A morte de seu filho ainda bebê, contudo, enfraqueceu Ataulfo, e a corte ocidental mostrou-se intransigente. Em vez de entrar num acordo com Ataulfo, eles bloquearam as linhas de suprimentos dos godos. A atmosfera no acampamento gótico ficou pesada, e no verão de 415, pouco mais de um ano depois das festividades em Narbona, Ataulfo foi assassinado por um godo, e Placídia ficou

NOIVAS DE CRISTO, FILHAS DE EVA: AS PRIMEIRAS-DAMAS... 329

viúva aos 26 anos. O sucessor de seu marido, Segerico, agiu com uma falta de consideração humilhante para com a irmã do imperador romano, forçando-a a andar à frente de seu cavalo junto aos prisioneiros menos importantes dos godos. Mas o regime de Segerico durou apenas uma semana antes que ele também fosse assassinado, e o novo líder dos godos, Vallia, não estava disposto a negociar essa problemática refém com Flávio Constâncio e os romanos. Ele a trocou com os romanos por cereais e uma faixa de terra para cultivo na Gália, localizada entre Toulouse e Bordéus. Em 416, seis anos depois de ter sido sequestrada de Roma, Gala Placídia era devolvida ao lar.[53]

Ela retornou para uma estrutura política mais confiante do que a que deixara. Flávio Constâncio era um político formidável que havia selado sua autoridade na corte ocidental uma década depois da morte de Estilicão, não apenas garantindo a devolução de Placídia pelos godos, mas usando a assistência militar dos últimos para dizimar intrusos bárbaros na Espanha e finalmente trazer a cabeça do problemático usurpador britânico Constantino III para Ravena em uma vara. Flávio Constâncio era um bom partido para qualquer noiva, mas aparentemente Placídia não pensava dessa forma. Quando lhe foi sugerido que Constâncio se tornasse seu segundo marido, ela não concordou, irritando muito seu pretendente, e foi necessária a intervenção de seu irmão para forçá-la a se casar.[54]

O segundo casamento de Gala Placídia ocorreu no dia 1º de janeiro de 417 e foi celebrado ao som de trombetas. Mas a harmonia matrimonial que caracterizou seu casamento com Ataulfo não está presente nos relatos de sua vida com Constâncio. O que a levou a relutar ao segundo casamento é uma questão curiosa. Alguns sugeriram que ela ainda tinha sentimentos por Ataulfo, cuja reputação de partido arrebatador era um contraste desagradável com a descrição de Constantino como "abatido e mal-humorado, um homem com olhos saltados, um pescoço longo e uma cabeça grande, que sempre se curvava sobre o cavalo que montava, lançando olhares rápidos para um lado e para outro com o canto dos olhos". Enquanto Ataulfo e Placídia haviam projetado a imagem de um casal unido, chorando juntos pelo bebê que enterraram num caixão de prata em uma capela nos arredores de Barcelona, o relacionamento de Placídia e Constâncio foi descrito como frio e distante. Ele foi retratado como um tirano cada vez mais amargo e sovina por influência da esposa, e Placídia como uma megera controladora que certa vez ameaçou se divorciar de Constâncio se ele não executasse um feiticeiro viajante chamado Libânio que afirmou ser capaz de fazer os bárbaros desaparecerem num passe de mágica, algo que Placídia considerou uma blasfêmia.[55]

O casamento preencheu ao menos um dos critérios pelos quais as dinastias romanas avaliavam as uniões matrimoniais: ele produziu dois filhos — uma menina chamada Justa Grata Honória, nascida em 419, e o varão herdeiro do imperador, Valentiniano III, nascido em 421. Combinado ao fato de que Honório continuava sem filhos, o nascimento de Valentiniano III não lhe deixou opção a não ser compartilhar o título de Augusto com Flávio Constâncio, assim declarado no dia 8 de fevereiro de 421. Ao mesmo tempo, ele concedeu o título de Augusta à irmã, o que deu a Gala Placídia a honra de ser a primeira mulher do Império do Ocidente — desde a esposa de Constantino, Fausta — a receber o antigo epíteto de Lívia.[56] Tais promoções, contudo, não deixaram satisfeita a corte de Constantinopla de Teodósio II, cujos dignitários mais importantes sentiram-se ressentidos por não terem sido consultados e se recusaram a reconhecer o novo Augusto e sua família.[57] Antes que Flávio Constâncio pudesse acertar as coisas com seus críticos do Império do Oriente em Constantinopla, contudo, ele morreu de repente no dia 2 de setembro daquele ano, deixando Ravena sem um governante efetivo e precipitando uma escaramuça pela supremacia política no Ocidente.

A perda da proteção de Flávio Constâncio, por mais tumultuoso que seu relacionamento pessoal pudesse ser, deixou Placídia e seu filho Valentiniano III expostos. Todavia, ela não ficou sem aliados, os mais leais dos quais eram um círculo de criados góticos que haviam permanecido em sua companhia desde seu retorno a Ravena e o recém-apontado *comes* ("Conde") da África do Norte, Bonifácio. Honório era outra fonte óbvia de apoio, e, durante um tempo, irmão e irmã se uniram. Não demorou, porém, para que a velha calúnia usada na política — a de incesto — poluísse o relacionamento. Rumores familiares surgiram, afirmando que havia mais do que afeto fraternal entre os dois irmãos, o que supostamente teria levado seus respectivos cortejos a trocarem socos nas ruas de Ravena. Finalmente, a unidade familiar foi permanentemente quebrada, e na primavera de 423, pouco mais de um ano depois da morte de Constâncio, Placídia foi isolada do lar e da família pela segunda vez em sua vida, forçada a retirar-se para a corte oriental em Constantinopla.[58]

Foi então que Placídia viu-se num barco no meio do mar, provavelmente perguntando-se como seria sua recepção na corte de seus parentes do Oriente e contemplando a tumultuosa década anterior de sua vida. Ela enterrara dois maridos, perdera um filho e agora estava diante de um futuro solitário e incerto, que pareceu ainda mais incerto quando uma tempestade teve início enquanto ela atravessava o mar, ameaçando afundar seu barco. Uma ilustração em miniatura preservada no fundo azul da ilustração de um manuscrito do século XIV na Biblioteca Classense, em Ravena, recria a cena em que a Augusta coroada e seus filhos, Honória e Valentiniano III, agarravam-se ao seu barquinho enquanto ele era atingido por ondas sob um céu ameaçador.[59] Desesperada, ela contaria, Placídia fez uma prece a São João Evangelista, prometendo construir uma igreja em sua honra se ele a salvasse e aos filhos da tempestade. Sua prece foi ouvida e o barco chegou à terra são e salvo.

Era a primeira vez que Placídia colocava os pés em Constantinopla desde que era uma criança na corte do pai, Teodósio I, e no que diz respeito à estrutura da família imperial, encontrou-a diferente em vários aspectos, desde a rígida rotina diária de orações observada por seu sobrinho e suas sobrinhas à forma proeminente com que Pulquéria e as irmãs eram representadas na iconografia imperial. Uma grande coluna erigida no campo de paradas militares em homenagem à vitória recente de Teodósio II sobre os persas continha o reconhecimento ao papel que os "votos de suas irmãs" haviam tido no triunfo, enquanto moedas de ouro cunhadas desde o início da década exibiam Pulquéria acompanhada de uma personificação da Vitória segurando uma grande cruz.[60]

Não há dúvidas de que Pulquéria era considerada por seus contemporâneos uma grande influência na corte do irmão. Todavia, num eco dos julgamentos sofridos por Lívia, Júlia Domna e outras mulheres imperiais, as opiniões do final da Antiguidade estavam muito divididas no que diz respeito aos benefícios dessa influência. Alguns aprovavam sua condução dos assuntos do irmão, enquanto outros afirmavam que "na época de Pulquéria" havia muita corrupção, com cargos políticos sendo vendidos a quem pagasse mais. Podemos tirar pelo menos uma conclusão com segurança: mesmo que tenha sido guiada por uma genuína convicção religiosa, a decisão de Pulquéria de sair do mercado matrimonial e dedicar-se a Deus foi uma estratégia política e pessoal extremamente rentável. Ela lhe deu acesso a uma rica fonte de fama e respeito, por sua conduta devota, da parte de comentaristas tanto da época quanto posteriores, capaz de sobreviver até mesmo à desgraça ou queda de um marido ou irmão, um luxo pelo qual muitas das predecessoras de Pulquéria teriam ficado gratas.[61]

Além disso, ela escolhera aliar-se ao culto da Virgem Maria, conhecida como *Theotokos* ("Mãe de Deus"), atitude extremamente provocativa para os líderes religiosos que acreditavam que dizer que Deus nascera de um útero humano constituía sacrilégio, mas que lhe rendeu uma grande popularidade entre um número cada vez maior de "mariólogos". Entre eles estavam Ático, o bispo de Constantinopla, e um popular padre local e protegido de Ático chamado Proclo, cujos sermões muitas vezes evocavam a imagem de Maria trabalhando no tear — um símbolo religioso praticando o passatempo feminino doméstico favorito de Roma, o que para Pulquéria era a imagem mental ideal com a qual se identificar. Aqueles que criticassem Pulquéria sabiam que arriscavam ser vistos como pessoas que estavam atacando não apenas a irmã do imperador, mas a própria Virgem Maria.[62]

Pulquéria, que, como sabemos, tinha o título de Augusta desde os 15 anos, passara recentemente a ter uma companheira nesse pedestal, um novo membro da família imperial. No verão de 421, dois anos depois da chegada de Placídia a Constantinopla, Teodósio II alcançara a idade de 20 anos e estava pronto para uma esposa. O cronista bizantino do século VI João Malalas conta a história de como Pulquéria embarcou na tarefa de encontrar uma noiva para o irmão. De acordo com Malalas, vivia em Constantinopla na época uma moça chamada Atenais, natural de Atenas e órfã de um proeminente sofista grego chamado Leôncio, que ocupara a cadeira de retórica em Atenas. Graças ao pai, ela tivera um nível de educação extremamente elevado para uma mulher, com lições de astronomia, geometria, literatura grega e latina, e filosofia. Entretanto, depois da morte de Leôncio, os irmãos de Atenais haviam se recusado a aumentar a porção miserável que lhe coubera pelo testamento do pai, e, expulsa de casa, ela foi acompanhada por duas tias até Constantinopla a fim de pedir a intervenção de Pulquéria para convencer os irmãos a cederem.[63]

Quando viu Atenais, dona de uma beleza extraordinária combinada à sabedoria e inteligência, Pulquéria percebeu imediatamente que ela seria a esposa perfeita para seu irmão, o qual especificara uma boa aparência como uma qualidade essencial para sua futura noiva. Teodósio II conseguiu dar uma olhada por si mesmo na moça e ficou instantaneamente impressionado — uma adaptação do século VII da versão de Malalas acrescentou os detalhes de que ela era "uma jovenzinha pura, de aparência esbelta e graciosa, um nariz delicado, uma pele tão branca quanto a neve, olhos grandes, traços encantadores, tranças encaracoladas loiras e pés dançantes".[64] O único argumento contra ela era seu paganismo, mas esse obstáculo foi removido quando Atenais aceitou se submeter a um batismo cristão sob o novo nome de Eudócia. Assim, a história de como uma moça obscura de Atenas foi catapultada para o papel de esposa do imperador Romano se tornou uma lenda.

Estudiosos da atualidade compreensivelmente tentaram diluir alguns dos detalhes mais floreados desse conto de uma moça que vai da pobreza à riqueza, sugerindo que Eudócia não era tão obscura quanto parecia, e que, na verdade, foi a escolha dos inimigos de Pulquéria na corte, entre os quais estavam o tio de Eudócia, Asclepiodoto, prefeito do pretório do Oriente naquele ano. Esses conspiradores, de acordo com uma teoria, estavam determinados a tirar o jovem Teodósio II do controle de sua irmã. Não obstante, o nome original de Eudócia, sua suposta origem familiar e seu batismo na fé cristã pelo bispo Ático se encaixam com o testemunho de outros comentaristas da Antiguidade — embora eles omitam o papel de Pulquéria nos arranjos para o casamento. As pretensões intelectuais da noiva de Teodósio II também têm fortes evidências, com a sobrevivência de várias composições atribuídas à sua autoria e edição, incluindo os Centos Homéricos, uma adaptação de 2.400 linhas da poesia de Homero para um tema bíblico que mais tarde seria lida pela poetisa Elizabeth Barrett Browning, entre outros.[65]

O casamento entre Teodósio II e Eudócia foi realizado no dia 7 de junho de 421, e a noiva foi declarada Augusta em janeiro de 423, quando a primeira dos três filhos produzidos pela união já nascera — Licínia Eudóxia. Pouco depois, Gala Placídia bateu à porta da corte oriental com os dois filhos. Pequenos e preciosos vislumbres da curta estadia de Placídia em Constantinopla sobreviveram. Dada a hostilidade com que Teodósio II recebera a notícia de que ela e Flávio Constâncio haviam recebido os títulos de Augusto e Augusta sem sua aquiescência no início do ano, ela não tinha certeza de que teria uma recepção calorosa na corte dele.

Mal Placídia chegara e se familiarizara com o ambiente, contudo, seu destino sofreu uma nova reviravolta. No dia 27 de agosto de 423, apenas dois meses depois de ter partido de Ravena, foi anunciada a morte de seu irmão Honório, vítima de edema aos 39 anos, tendo deixado um legado de imperador-fantoche ineficaz. No dia 20 de novembro, um funcionário civil eminente chamado João obteve apoio o bastante das patentes mais elevadas do Oriente — com a notável exceção do velho amigo de Placídia, Bonifácio — para declarar-se Augusto. Emissários de

João chegaram à corte de Constantinopla em busca de um acordo com Teodósio II. Depois de alguma deliberação, contudo, o imperador do Oriente decidiu
restaurar o *status quo* dinástico, talvez por um senso de dever familiar, ou talvez
pelo temor de que, por ter se recusado a reconhecer a legalidade de João, Bonifácio cortasse o fornecimento de grãos essencial para Roma da África do Norte.
Assim, apontou dois generais, o time de pai e filho de Ardabur e Aspar, para
comandarem uma força-tarefa militar encarregada da missão de derrubar João
e instaurar o filho de 5 anos de Gala Placídia, Valentiniano III, como herdeiro
por direito do trono de Honório. Placídia e Valentiniano III foram escoltados até
Tessalonica, onde, no dia 23 de outubro de 424, Valentiniano III foi declarado
César em preparação para a sua planejada ascensão a imperador.

A campanha para depor João teve, então, início, com Placídia e Valentiniano
III como espectadores ansiosos. Enquanto João despachava seu superintenden-
te palaciano Flávio Aécio para tentar recrutar a assistência auxiliar dos hunos
como mercenários contra a formidável força militar que marchava contra ele,
Ardabur e Aspar capturavam o porto de Salona, perto da Split moderna, e dali
lideraram suas tropas para a Itália. O futuro imperador e sua mãe foram deixados em Aquileia, enquanto as tropas do Oriente enfrentavam as do Ocidente.
Apesar de alguns reveses, no verão de 425 João fora capturado e trazido diante
de Placídia e Valentiniano III em Aquileia, onde teve a mão cortada — a punição
tradicional para um ladrão — e foi sujeitado a um tratamento degradante diante
de uma multidão no hipódromo da cidade antes de ser finalmente decapitado.
De Aquileia, o grupo imperial seguiu triunfante para Roma, onde, no dia 23 de
outubro de 425, Placídia presenciou a investidura de seu filho, agora com 6 anos
de idade, como um Augusto sem equivalente no Ocidente.[66]

Depois de ter sido irmã de um imperador romano e esposa de outro, Gala Placídia agora era mãe de um terceiro, tudo isso dentro do espaço de pouco menos
de uma década. Daquele ano em diante, e pela primeira vez desde o reinado de
Constantino quase um século atrás, as casas de cunhagem do Império do Ocidente voltavam a reconhecer uma Augusta em suas moedas, e apesar de suas
objeções iniciais, Teodósio II agora também reconhecia Placídia nesse posto. Na
verdade, foi nas moedas de Aélia Flacila, Eudóxia e Pulquéria que os cunhadores
do Ocidente buscaram inspiração, desenhando uma Placídia coberta de joias e
com um diadema sobre seus cabelos ondulados, a capa *paludamentum* fixada por

um broche decorativo e a manga adornada pelo monograma do lábaro cristão. Uma "mão de Deus" surgia acima de sua cabeça, pronta para coroá-la, enquanto o reverso das moedas exibia o mesmo perfil da deusa Vitória segurando uma grande cruz cristã que era visto nas moedas das imperatrizes do Oriente. As casas de cunhagem orientais também homenagearam a mãe de Valentiniano III, embora se referissem a ela como AEL[IA] PLACIDIA, na tradição das descendentes de Aélia Flacila, em vez de GALLA PLACIDIA, como ela era conhecida no Ocidente.[67]

Seu destino alcançara um círculo completo, e ela não se esqueceu da dívida que contraíra para com São João Evangelista por atender às suas preces durante a travessia tempestuosa para Constantinopla três anos antes. Pouco antes da coroação de seu filho como imperador, ela encomendou a construção de uma basílica dedicada a São João em Ravena. A igreja original, que já passara por várias reconstruções ao longo de sua história, foi completamente destruída em 1944 por bombardeios aéreos com o intuito de atingir a estação de trem de Ravena, mas, graças às observações do historiador do século IX Andrea Agnello, sabemos que sua inscrição comemorativa dizia: "Ao santíssimo e bendito João Evangelista, Gala Placídia Augusta, com seu filho Placídio Valentiniano Augusto e sua filha Justa Grata Honória, cumprem o voto por terem sido livrados do perigo do mar".[68]

A única referência visual que temos do interior da igreja encontra-se na ilustração do pequenino manuscrito medieval acima mencionado do barco de Placídia sendo arremessado contra o mar tempestuoso, cujo ilustrador teve acesso aos famosos mosaicos que cobriam as paredes da igreja.[69] Temos mais alguma ajuda, porém, de um visitante do século XVI chamado Girolamo Rossi, que descreveu os mosaicos com detalhes. Seu relato informa que, além de comemorar seu resgate no mar, o intuito da igreja de Placídia era celebrar e legitimar a restauração de sua família ao trono romano. Em volta do pórtico da igreja foram colocados retratos de todos os membros mais importantes das casas de Constantino e Valentiniano, todos com uma firme ou plausível conexão consanguínea com Placídia. Do lado direito estava seu pai, Teodósio, seus meios-irmãos, Arcádio e Honório, seu filho morto Teodósio, do casamento com Ataulfo, e o próprio imperador Constantino, com quem podia afirmar ter uma distante conexão através do primeiro casamento de seu meio-tio Graciano com Constância, neta de Constantino. À esquerda estavam o próprio Graciano, o pai de Placídia, Valentiniano I, imagens de seus irmãozinhos Graciano e João, que haviam morrido na infância, e, finalmente, um "Divino Constantino", cujo nome acredita-se ser um erro de Rossi quando este queria se referir ao segundo marido de Placídia, Flávio Constâncio. Rossi também observou inscrições próximas a um banco do coro reconhecendo os parentes de Constantinopla de Placídia — seu sobrinho Teodósio II e a esposa dele, Eudócia, e seus filhos, Arcádio e Licínia Eudóxia.[70] É curioso observar que não há menção a Pulquéria. Talvez isso se deva simplesmente ao fato de Rossi não tê-la visto, mas pode também ser uma mensagem que dizia delicadamente que para Placídia e a corte ocidental uma Augusta descasada e sem chance de produzir um herdeiro não contava.

Ao ligar publicamente seu gesto de agradecimento a São João a uma lembrança da lista de imperadores através dos quais sua família podia traçar sua linhagem até o próprio grande Constantino, Placídia estava transmitindo uma forte mensagem para qualquer um que pensasse em desafiar o direito de governar do recém-entronado Valentiniano III — e a mensagem realmente precisava ser forte. A elevação sumária de um menino de 6 anos de idade ao emprego mais poderoso do Ocidente não era o bastante para conter aqueles que recentemente haviam apoiado João. Placídia teria um papel importante e difícil na proteção de seu filho de tentativas tanto de influenciá-lo quanto de tirá-lo do poder. Não havia na lei romana nada parecido com o posto de "regente", mas Teodósio II não obstante considerou apropriado conceder um mandado a Placídia na administração dos assuntos do filho.[71]

A primeira crise que ela enfrentou nesse papel veio quase imediatamente após a vitória do usurpador João, quando o ajudante de ordens do último, Flávio Aécio, retornou de sua embaixada entre os hunos com 60 mil deles acompanhando-os. Embora ainda não estivessem sob a liderança de seu famoso representante, Átila, os hunos possuíam talentos militares formidáveis. Isso os tornava mercenários úteis com quem fazer negócios, mas também perigosos inimigos em potencial. Com Aécio retornando com um ansioso exército deles em 425, eles teriam de ser subornados a fim de não atacarem. Pelo papel exercido na persuasão dos hunos a aceitarem um acordo e por não causar problemas, Aécio ganhou um importante posto de comando na Gália.

Ao longo da década seguinte, três rivais principais emergiram em busca de exercer influência sobre o jovem imperador — o cada vez mais poderoso Aécio, o antigo protetor de Placídia, Bonifácio, e o *magister militum praesentalis* (general militar de campo sênior) Flávio Félix. Cabia a Placídia evitar que o equilíbrio do poder entre eles fosse perturbado e, com isso, ameaçasse seu filho. Ao mesmo

NOIVAS DE CRISTO, FILHAS DE EVA: AS PRIMEIRAS-DAMAS... 337

tempo, ela se ocupava com a promoção de uma conexão de seu nome e dos de seus filhos com o de Helena, arte da mesma estratégia que tinha como intuito reforçar o direito indiscutível de Valentiniano III ao trono. Durante o final da década de 420, uma série de obras religiosas teve início em nome da imperatriz e de seu filho, incluindo a renovação do interior da própria capela de Helena, Santa Cruz em Jerusalém. Novos mosaicos foram acrescentados ao interior da capela com uma inscrição registrando que, com essa doação, "Valentiniano, Placídia e Honória, Augustos, cumpriram seu voto para com a Santa Igreja Hierusalem".[72]

No início da década de 430, todavia, Placídia não podia mais conter os diferentes egos que competiam para controlar seu filho em Ravena. Em maio de 430, Félix e sua esposa Padusia, que já fora uma confidente de Placídia, foram executados por ordem de Aécio, que adquirira crédito o bastante desde o apoio concedido à tentativa de João de tomar o poder para ser promovido ao posto de *magister militum*. Placídia reconvocou Bonifácio de volta da África do Norte e o promoveu a um posto acima do de Aécio a fim de conter a ascensão do último. Pouco depois, no final de 432, Bonifácio e Aécio enfrentaram-se numa batalha perto de Rimini, e embora entre esses dois titãs Bonifácio tenha se saído melhor, ele morreu logo em seguida em consequência dos ferimentos adquiridos na batalha. Assim, em 433, Aécio conquistara uma posição inexpugnável graças ao sagaz cortejo do apoio dos apaziguados hunos, e conseguiu estabelecer um punho de ferro sobre a corte ocidental do qual Placídia e Valentiniano se viram incapazes de se livrar.[73]

A apropriação temporária de Aécio das rédeas do poder no Ocidente não enfrentou objeções de Constantinopla, que até mesmo lhe mandou o benefício da experiência militar de Aspar, que havia comandado o exército que forçara João a abrir caminho para Valentiniano III. Ambos estavam acostumados a um modelo de governo em que um jovem imperador não passava de uma autoridade simbólica entre os conselheiros mais experientes que os cercavam. Entre os que se acotovelavam por uma posição superior nesse grupo da corte oriental durante os anos 430 e 440 estavam o *magister officiorum* Paulino (chefe da administração palaciana), o prefeito do pretório Ciro e o eunuco Crisáfio, todos agentes numa rivalidade emergente entre a esposa e a irmã do imperador.

É possível que se esperasse que Pulquéria assumisse um papel secundário na estrutura imperial desde o casamento de seu irmão com Eudócia em 421. Ela

338   AS PRIMEIRAS-DAMAS DE ROMA

certamente estava passando mais tempo nos palácios secundários da família
imperial nos arredores de Constantinopla, tais como o Palácio de Rufinianae,
às margens do mar de Mármara. Esta era uma das inúmeras opções de acomodações disponíveis para Pulquéria, ela e as irmãs sendo as donas de uma série
de propriedades particulares impressionantes dentro da cidade — tantas, na
verdade, que os distritos de Constantinopla tinham seus nomes, como a região
"Pulcherianiai". Todavia, Pulquéria não se tornaria uma figura de fundo depois
do casamento de seu irmão, o que é realçado pelo fato de ele ter lhe concedido
um *praepositus augustae* — um equivalente ao mordomo eunuco que exercia o
papel de chefe da sua própria criadagem — e sua própria escolta armada para
conduzi-la em viagens às ruas da cidade.[74]

Pulquéria também continuou sendo uma advogada leal do marianismo, e em
431 alcançara um grande triunfo sobre o novo bispo de Constantinopla, Nestório,
com quem tinha um relacionamento tão antagônico quanto o existente entre sua
mãe, Eudóxia, e João Crisóstomo. Nestório fora nomeado em 428, dois anos e
meio depois da morte do velho mentor de Pulquéria, Ático, e ficara ultrajado ao
descobrir apenas cinco dias depois de ter assumido o posto que Pulquéria recebera
permissão de entrar regularmente no santuário da Grande Igreja para receber
a comunhão ao lado dos padres e de seu irmão Teodósio II. Num ato corajoso
considerando o relacionamento cada vez mais hostil entre a Igreja e o Estado
do final da Antiguidade, Nestório aparentemente ordenou que da próxima vez
Pulquéria fosse dispensada no portão, e daquele dia em diante uma guerra aberta foi travada entre a imperatriz e o bispo, o qual contrariava veementemente a
prática de chamar Maria de "Mãe de Deus" em vez de "Mãe de Cristo". Instado
pela irmã, Teodósio II relutantemente convocou um concílio ecumênico em
Éfeso no mês de junho de 431 a fim de resolver a questão, e os argumentos de
Nestório foram derrotados por um aliado próximo de Pulquéria, o bispo Cirilo
de Alexandria. Quatro anos depois, Nestório foi banido para um monastério
egípcio por ordem de Teodósio. Nestório, contudo, não tinha dúvidas de quem
estava realmente por trás de sua derrota, e nem os apoiadores da imperatriz, que
haviam se reunido em uma multidão em frente à Grande Igreja depois do triunfo
em Éfeso, entoando palavras de apoio à vitória do ponto de vista dos mariólogos:

Vida longa a Pulquéria! Foi ela quem fortaleceu a fé! (...) Vida longa à ortodoxa![75]

NOIVAS DE CRISTO, FILHAS DE EVA: AS PRIMEIRAS-DAMAS...   339

Talvez a cunhada de Pulquéria, Eudócia, se mostrasse uma endossante menos entusiástica do último sentimento. Rumores na corte sobre o relacionamento frio entre as duas mulheres haviam se espalhado de tal forma que ainda circulava na corte séculos mais tarde um boato de acordo com o qual Pulquéria certa vez havia enganado o ingênuo irmão para fazê-lo tornar a esposa uma escrava.[76] Essas histórias não faziam nenhum bem ao mantra imperial da *concordia*, de forma que a chegada em outubro de 437 a Constantinopla do filho de 18 anos de Gala Placídia, Valentiniano III, para o seu casamento com a filha de 15 anos de Eudócia, Licínia Eudóxia, foi uma oportunidade para a dinastia teodosiana fazer uma exibição de lealdade familiar. Para celebrar a união entre as casas imperiais do Ocidente e do Oriente, o pai da noiva apareceu ao lado da filha e do genro em uma moeda de ouro especialmente cunhada para o casamento, com a inscrição *feliciter nuptiis* ("felizes núpcias"). Teodósio II e Valentiniano III foram retratados segurando um orbe para promover a imagem de um Império unido, e depois de ser unido em matrimônio o casal partiu numa viagem de lua de mel igualmente dividida entre os territórios do Ocidente e do Oriente, passando o inverno em Tessalonica e chegando na primavera a Ravena, onde foram saudados pela irmã do noivo, Honória, e Gala Placídia, que permanecera na cidade para deter qualquer tentativa de Aécio de tirar vantagem da ausência de seu filho.[77]

Enquanto Valentiniano III e Licínia Eudóxia recebiam as congratulações de seus súditos do Ocidente em 438, a mãe da noiva, Eudócia, partiu em sua própria viagem. Uma nova amizade fora o catalisador de sua partida súbita; contudo, se a situação entre ela e Pulquéria estava tão ruim quanto as fontes indicam, Eudócia sem dúvida recebeu de bom grado a oportunidade de ficar longe da cunhada. No ano anterior, Eudócia fizera amizade com Melânia, a Jovem, a famosa herdeira asceta que trinta anos antes havia pedido a ajuda da esposa de Estilicão, Serena, na disputa por uma herança, o que dera origem a uma pequena altercação em razão da recusa de Melânia a tirar o véu na presença de Serena.[78] Forçada a deixar Roma depois que os godos saquearam a cidade, Melânia acabou em Jerusalém, onde fundou um monastério feminino no Monte das Oliveiras e um masculino perto da Igreja da Ascensão. Em 436, foi visitar o tio, que estava em Constantinopla para comparecer ao casamento de Valentiniano e Licínia, e durante sua estadia recebeu permissão de ter audiências com o imperador e a imperatriz. A conexão entre as duas mulheres foi tão significativa que Melânia insistiu para que Eudócia fosse se hospedar com ela em Jerusalém.[79]

340 AS PRIMEIRAS-DAMAS DE ROMA

A oportunidade de imitar Helena em sua viagem à Terra Santa foi obviamente o principal motivo para que Eudócia aceitasse o convite de Melânia. Como acontecera à peregrinação da própria Helena, aquele era o equivalente da Antiguidade a uma oportunidade da dinastia reinante de fazer sua propaganda, a chance de ganhar popularidade com uma exibição de devoção religiosa e de generosidade da imperatriz. Assim, Eudócia partiu munida de presentes e doações para as igrejas de Jerusalém e outros locais da região, e depois de ter sido recebida por Melânia em Sídon, instalou-se como hóspede no monastério do Monte das Oliveiras. De lá, ela seguiu adiante para embarcar num itinerário de aparições públicas meticulosamente programadas, sem dúvida distribuindo dinheiro e mostrando interesse por vários programas de construção de igrejas, seguindo o exemplo de Helena, cuja Igreja da Ascensão ficava logo ao lado do monastério onde ela estava acomodada, bastando subir uma montanha.[80]

Muitos turistas que visitavam a Terra Santa na Antiguidade levavam consigo lembranças de sua viagem. Quando Eudócia fez seu retorno triunfante a Constantinopla no verão de 439, levou consigo um suvenir particularmente impressionante. Durante sua visita, ela pedira especificamente para comparecer à inauguração de uma grande igreja, construída para abrigar as relíquias de São Estêvão, o primeiro mártir, cujos ossos haviam sido identificados pela palavra de um padre palestino em 415. O leal biógrafo de Melânia apresentou-a como a mente por trás do santuário, mas o fato de Eudócia ter tido uma participação em sua construção é fortemente sugerido por relatos de acordo com os quais ela levou relíquias de Estêvão para Constantinopla. Ser o guardião de relíquias sagradas era algo que conferia uma distinção poderosa a alguém da Antiguidade. Teria sido satisfatório para Eudócia retornar a Constantinopla com sua própria versão, embora mais modesta, da Vera Cruz de Helena, e talvez ela tenha se permitido ficar feliz por ser sua portadora e não Pulquéria, embora esta tenha sido quem depositou as relíquias na igreja de São Lourenço em Constantinopla. Um painel de marfim de data e tema indeterminados preservado em Tréveris pode ser uma representação do momento exato da chegada das relíquias ao seu destino, recebidas por Pulquéria, que, de pé no centro da cena, segura uma cruz como se fosse o mestre de cerimônias.[81]

Eudócia não colheu por muito tempo os lucros de sua realização. Dentro de um ano, seu relacionamento com o marido havia se deteriorado drasticamente. Um novo indivíduo dava as cartas na corte de Teodósio, o camareiro eunuco

NOIVAS DE CRISTO, FILHAS DE EVA: AS PRIMEIRAS-DAMAS... 341

Crisáfio, que, graças ao acesso privado aos aposentos do imperador, teria usurpado até mesmo o lugar de Pulquéria como confidente de seu irmão. Ele não demorou para explorar tal influência ao máximo. Pouco depois de Eudócia ter retornado de Jerusalém, Crisáfio supostamente passou a agravar o relacionamento problemático entre as duas imperatrizes, colocando lenha no ciúme que Eudócia tinha de sua cunhada, maliciosamente lembrando-lhe que Pulquéria tinha seu próprio *praepositus*, algo que a esposa do imperador não tinha. O fato de Pulquéria logo ter deixado de aparecer em público em Constantinopla, confinando-se em um dos palácios imperiais, parece confirmar que Crisáfio estava alcançando o efeito desejado. Passados dois anos, Eudócia se tornara uma vítima da atmosfera venenosa do palácio, acusada de ter cometido adultério com o *magister officiorum* Paulino. O ultrajado Teodósio ordenou a execução de Paulino. Eudócia fugiu para Jerusalém, onde viveria os últimos 18 anos da sua vida.[82]

Escrevendo do exílio em 451, o amargurado bispo Nestório atribui a tragédia a uma punição divina para Teodósio e Eudócia por seu comportamento herege.[83] Autores cristãos dos séculos VI e VII, contudo, relembrariam Eudócia com mais cordialidade, descartando as acusações contra ela como invenções de historiadores hereges e afirmando que ela era "sábia e casta, imaculada e perfeita em toda sua conduta". Ao descrever os anos de retiro de Eudócia em Jerusalém, um historiador do século VI escreveu que era cético em relação aos rumores ao redor de sua fuga, apontando que ela continuara a doar igrejas e monastérios tal como fizera quando hóspede de Melânia. A fúria de Teodósio em relação ao suposto caso, porém, não arrefeceu, e ele despachou seu cavalariço, Saturnino, para executar dois clérigos que serviam sua ex-esposa. Eudócia retaliou na mesma moeda, ordenando a morte de Saturnino, um gesto de impertinência pelo qual Teodósio privou-a dos serviços de uma criadagem imperial.[84]

Com os antigos vínculos de Eudócia à corte imperial cortados, ela conseguiu estabelecer uma nova vida para si em Jerusalém, com sua casa, suas próprias regras e uma identidade separada da do marido e da corte imperial. Com isso, ela juntou-se a uma lista de elite de imperatrizes romanas como Lívia e Domícia Longina, que também haviam conseguido estabelecer vidas relativamente independentes em retiro. O exemplo de Eudócia provou-se uma inspiração para sua própria neta, filha de Licínia e Valentiniano III, que ganhou seu nome. Essa Eudócia mais jovem aguentaria vários noivados infelizes e casamentos dinásticos antes de fugir de seu marido vândalo Hunerico em 471 e fazer sua jornada até Jerusalém, onde de acordo com relatos caiu de joelhos diante do local de descanso da avó e abraçou seu túmulo, situado no templo favorito da imperatriz de São Estevão desde sua morte em 460. Cem anos mais tarde, um viajante italiano anônimo, conhecido pelos historiadores simplesmente como Peregrino de Placência, em uma viagem religiosa pelos locais mais sagrados do Oriente escreveu sobre uma visita que fez ao túmulo de Eudócia e observou que tanto sua memória quanto a de Helena ainda estavam vivas na Terra Santa — a de Helena como uma caridosa guardiã dos pobres e a de Eudócia como uma amiga de Jerusalém, cujos muros ajudara a financiar. Ser comparada com Helena era o melhor epitáfio que Eudócia poderia ter pedido.[85]

Enquanto Eudócia estabelecia uma nova vida para si em Constantinopla, Pulquéria tramava para conseguir sua antiga vida de volta. Em 450, sua chance chegou graças a um acidente fatal sofrido no dia 28 de julho por Teodósio II enquanto montava a cavalo, e também à execução no mesmo ano do poderoso Crisáfio. Sucedeu seu irmão um oficial de estado-maior subalterno chamado Marciano, cuja candidatura foi fortemente apoiada pelas importantes figuras militares Aspar e Zeno, ambos esperando garantir para si mesmos posições poderosas de influência ao catapultarem Marciano para o trono. O outro personagem essencial na ascensão de Marciano foi a própria Pulquéria, que aparentemente se deu conta de que, não tendo Teodósio II conseguido produzir um herdeiro varão, havia apenas uma forma de manter o poder imperial na família. Depois de passar os últimos 36 anos de sua vida buscando uma identidade para si mesma através do voto público de virgindade que fizera aos 15 anos, Pulquéria agora se curvava ao inevitável, casando-se pela primeira vez aos 51 anos. No dia 25 de agosto de 450, ela e Marciano apareceram no campo de paradas militares Hebdomon, na região costeira nos arredores de Constantinopla, e diante das tropas Pulquéria colocou pessoalmente o diadema e o *paludamentum* militar púrpura em seu marido, coroando-o efetivamente como o novo Augusto. Não se via uma mulher conduzir a coroação de um imperador desde que Agripina, a Menor, fora imortalizada em mármore em Afrodisias colocando a coroa de louros na cabeça do filho Nero.[86]

Pulquéria comprometera seu voto de castidade, mas não o quebrara. Marciano concordou com a sua condição que a união não fosse consumada, e para silenciar os cínicos, fofoqueiros e críticos que sem dúvida identificaram uma fonte de mu-

NOIVAS DE CRISTO, FILHAS DE EVA: AS PRIMEIRAS-DAMAS... 343

nição cômica e política na atitude de Pulquéria, moedas de ouro foram emitidas exibindo a união entre ela e Marciano sendo abençoada pelo próprio Cristo, de pé como uma figura paterna entre os dois. Tratava-se de um rompimento completo com a antiga iconografia imperial usada em moedas. Um formato quase idêntico voltaria a ser usado cerca de quarenta anos depois para comemorar o casamento do imperador e da imperatriz bizantinos Anastácio e Ariadne, no qual mais uma vez foi a imperatriz que legitimou a sucessão do imperador. Depois disso, contudo, levaria quatrocentos anos para que esse retrato voltasse a aparecer na arte imperial.[87]

A liderança de Marciano foi testada quase imediatamente por um problema diplomático e militar urgente advindo dos hunos. Sob a nova liderança de Átila, os hunos haviam passado a última década aterrorizando tanto a corte oriental quanto a ocidental. Desinteressados como os godos haviam sido no estabelecimento de um assentamento permanente dentro do Império e com seus serviços mercenários não mais requisitados por Aécio no Ocidente, a principal exigência dos hunos era dinheiro. Átila adotou uma política eficiente de chantagem dos romanos, que lhe davam ouro o bastante para que não atacassem suas fortalezas nem pilhassem seus territórios. Também adotou uma estratégia altamente agressiva particularmente em relação à corte de Teodósio II, e depois de um atentado fracassado cometido pelos romanos à vida do rei huno, em 450 a corte de Constantinopla passou a uma estratégia mais conciliatória, desembolsando ouro o bastante para fazer Átila se afastar.

Enquanto isso, a ascensão dos hunos criara um problema diferente para Gala Placídia, que agora estava com cerca de 60 anos. Os últimos 17 anos desde que Aécio explorara o poder militar huno para assumir a autoridade sobre os assuntos do filho dela parecem ter sido tranquilos se comparados à turbulência doméstica envolvendo Pulquéria e Eudócia no Oriente. Desde a morte de Flávio Constâncio em 421, Placídia permanecera solteira, e embora não haja evidências de que tenha adotado o modo de vida doméstico escolhido pelas sobrinhas em Constantinopla, ela não obstante provou-se uma serva comprometida do Deus cristão. Trocava cartas com Pulquéria e Teodósio II sobre a controvérsia a respeito do miafisismo — o debate sobre a verdadeira natureza de Cristo.[88] Também mantinha uma correspondência regular com o papa Leão I, e durante a década de 440 aliara-se ao pontífice para ajudar na reforma da igreja atualmente conhecida como Basílica de São Paulo Extramuros, que fora construída por seu pai no local do túmulo de São Paulo, em Roma. Uma inscrição que passou por restaurações maciças no arco do triunfo reconhece seus esforços.[89]

Placídia agora passava a maior parte de seu tempo em Ravena. Em fevereiro de 450, porém, voltou a Roma com outros membros da família a fim de participar das celebrações em honra de São Pedro e também conduzir a transferência dos restos mortais de seu filho com Ataulfo que morrera na infância, o pequeno Teodósio, cujo caixão de prata fora exumado de seu local de descanso em Barcelona e trazido para o mausoléu da família em Roma, localizado perto da Basílica de São Pedro.[90] Por volta da mesma época, um escândalo envolvendo sua filha Honória fermentava. Honória, de 32 anos, havia crescido para tornar-se uma princesa imperial rebelde, causando um constrangimento imenso à mãe ao ficar grávida do administrador do Estado, Eugênio, aos 17 anos. Eugênio foi executado e Honória partiu desgraçada para Constantinopla, e passou a viver uma vida de convento nos arredores do palácio da prima Pulquéria, onde deu à luz o bebê de quem ninguém mais teria informações. Tendo tido permissão de retornar a Ravena, agora rebaixada do status de Augusta, um marido respeitado, mas pouco importante, foi encontrado para ela. Esse homem era Herculano Basso, que não objetaria ao seu passado manchado e certamente não usaria o casamento como uma escada para alcançar o poder. Entretanto, rebelando-se furiosamente contra os planos de casamento de seus parentes para ela, Honória tomou a atitude drástica e melodramática de escrever a Átila, oferecendo-lhe dinheiro para que interferisse em sua situação. Ela anexou seu anel na carta e a enviou através de seu eunuco Jacinto, que depois que Valentiniano descobrisse a traição da irmã seria torturado e decapitado pelo imperador.[91]

A emoção de Átila ao receber a carta de Honória deve ter sido algo a se ver. Tendo recentemente estabelecido um acordo de paz com Constantinopla, seus olhos já se reviravam ambiciosamente diante do pensamento nas riquezas em potencial a serem conquistadas em Ravena, e através de sua carta Honória involuntariamente lhe mostrou como dar sua cartada. Interpretando a mensagem e a anexação do anel como uma oferta de casamento, ele prometeu com um heroísmo cômico vingar sua noiva, e provocativamente despachou várias embaixadas hunas para Ravena entre 450 e 451, insistindo que Honória e sua parte no poder imperial — o que ele chamava de o "cetro do Império" — fossem-lhe entregues imediatamente. Uma resposta curta foi enviada por Valentiniano III, que apontava que não fazia parte do poder de Honória receber o denominado cetro, já que o

NOIVAS DE CRISTO, FILHAS DE EVA: AS PRIMEIRAS-DAMAS...   345

governo do Império Romano não pertencia a mulheres, mas apenas a homens. Átila, evidentemente, não tinha expectativas de que sua exigência fosse atendida, mas não obstante planejou usá-la como desculpa para declarar guerra ao Império do Ocidente. Enquanto isso, Honória havia sido entregue para ser punida pela mãe, mas em vez de lhe aplicar uma sentença de morte, como Antônia fizera com a filha desviada Livila, Gala Placídia contentou-se em insistir que Honória se casasse com Herculano, depois do que esta presumivelmente se retirou para uma vida tranquila em uma das propriedades do marido, e ninguém mais ouviu falar dela.[92]

Átila continuou exigindo seu direito sobre Honória mesmo depois de ter sofrido uma derrota devastadora nas mãos de Aécio na região francesa de Champagne em 451. Não foi, contudo, o fim das ambições de Átila no Oeste. Ele conseguiu submeter os territórios de Valentiniano a pelo menos outro ano de saques depois da derrota de 451. Entretanto, encontrou em Marciano, o novo marido de Pulquéria, uma atitude mais resistente do que a de seu predecessor, Teodósio II, e depois que Átila comprometeu-se a uma campanha no Ocidente todos os pagamentos vindos de Constantinopla foram suspensos imediatamente. Átila ainda viveria mais dois anos antes de ter uma morte ignominiosa em 453, resultante de um sangramento nasal que o sufocou enquanto ele dormia profundamente depois de uma bebedeira na noite do seu casamento.[93]

O escândalo causado pela imprudência de sua filha também acabaria sendo a cortina final da vida de Gala Placídia. Enquanto Pulquéria seria aclamada publicamente como uma "Nova Helena" pela participação seminal, que definiu a fé cristã, do Concílio de Calcedônia em 451 e produziu uma forte reação de luto em Constantinopla ao falecer aos 54 anos em julho de 453, a morte de Gala Placídia parece ter passado quase despercebida nos relatos da tensa desintegração do governo de seu filho. Ela morreu poucos meses depois da desgraça da filha Honória e do seu casamento apressado com Herculano Basso no dia 27 de novembro de 450, por volta dos 62 anos de idade. Não sobreviveram detalhes dos seus últimos dias nem informações em relação à causa da morte ou ao local do enterro.[94]

Quase exatamente mil anos depois, no dia 25 de junho de 1458, coveiros trabalhavam na Colina do Vaticano, em Roma, na capela de Santa Petronilla — uma mártir que supostamente foi convertida ao Cristianismo por São Pedro durante o século I, e cujos restos encontravam-se depositados nessa capela, ao lado da Basílica de São Pedro, desde o século VI. Eles encontraram um sarcófago de mármore contendo dois ataúdes de cipreste banhados em prata, um pequeno e

346 AS PRIMEIRAS-DAMAS DE ROMA

um grande. Dentro dos dois caixões foram encontrados os corpos de um adulto e uma criança. Os dois estavam cobertos por mortalhas douradas que pesavam um total de 7,25 kg. Fora isso, nada que apontasse para a sua identidade foi preservado, com a exceção de uma cruz com uma inscrição.

A suposição equivocadamente feita na época foi a de que os corpos pertenciam a Constantino e um de seus filhos. Isso mesmo apesar de não haver nenhuma indicação de que os indivíduos fossem do sexo masculino ou feminino, e de a tradição histórica afirmar desde o início que o enterro de Constantino se dera em Constantinopla. Contudo, havia outra razão de excitação na descoberta dos coveiros, pois antes de ser designada como o local de repouso dos restos mortais da santa, a capela de Santa Petronilla era o mausoléu imperial de Honório. Durante o século XVI, quando o prédio foi derrubado para abrir espaço para a reconstrução da Basílica de São Pedro, mais sarcófagos foram descobertos nas fundações. Entre eles, descoberto no dia 3 de fevereiro de 1544, estava o da esposa de Honório, Maria, filha de Serena e Estilicão. Seu caixão de mármore continha quase duzentos objetos preciosos, incluindo ouro, ágata e vasos de cristal, além de joias preciosas entre as quais uma esmeralda gravada com um busto do marido da imperatriz. Um pingente com uma inscrição em formato de cruz que listava os nomes de Honório, Maria, Estilicão, Serena, Thermantia e Euquério — tudo que resta atualmente do tesouro — ajudou na identificação da ocupante do sarcófago. Mas de quem eram os corpos encontrados pelos coveiros?

A dica para a resposta encontra-se no menor dos dois caixões. De acordo com nossas fontes literárias, somente uma criança foi enterrada no mausoléu: o bebê de Gala Placídia e Ataulfo, Teodósio, cuja transferência dos restos para cá e seu depósito pela mãe da criança em um caixão de prata foi um fato registrado, datado do ano de 450. Apesar da lenda do século XVI de que crianças que brincavam no mausoléu de Gala Placídia haviam incendiado o cadáver da mulher, o corpo que estava ao lado do pequeno Teodósio no mausoléu sob a Basílica de São Pedro — que desde então não voltou a ser escavado — provavelmente era o da imperatriz.[95] Trata-se de uma conclusão tanto excitante quanto emocionante. Apesar de suas personalidades serem tão elusivas, apesar dos floreios e fofocas em torno das pessoas públicas dessas mulheres, Gala Placídia e todo o grupo imperial feminino eram mulheres de carne e osso que viveram, respiraram e tiveram sentimentos. Uma descoberta como a que foi feita debaixo da Basílica de São Pedro só pode nos fazer lamentar ainda mais a perda de suas vozes ao longo da história.

Epílogo

Gala Placídia e Pulquéria foram as últimas mulheres a produzirem um impacto significativo nos anais da história de Roma antes que os respectivos assassinatos de Aécio e do filho de Placídia, Valentiniano III, em 454 e 455 precipitassem a queda espasmódica do Império do Ocidente. Sob a pressão de grupos bárbaros como os vândalos, os francos e os revigorados godos, um imperador depois do outro ocupou o trono de Ravena apenas para ser imediatamente eliminado, até que o último imperador romano, Rômulo Augusto, foi deposto em 476 pelo germânico Odoacro, filho de um dos seguidores de Átila. Nesse ínterim, as mulheres continuaram sendo usadas como fichas matrimoniais de barganha, emprestando um selo de legitimidade às ambições da nova ordem política do Império do Ocidente. A viúva de Valentiniano III, Licínia Eudóxia, e suas filhas Eudócia e Placídia — respectivamente cunhada e netas de Gala Placídia — sentiram o gostinho do destino inicial de sua predecessora quando foram sequestradas de Roma em 455 por Genserico, líder dos vândalos, depois que ele submeteu a cidade ao seu segundo saque na memória recente. Ao alcançar seu destino em Cártago, a fortaleza dos vândalos na costa norte-africana, Eudócia foi casada com o filho de Genserico, Hunerico, de quem teve um filho que se tornaria rei dos vândalos. A libertação de Licínia Eudóxia e da jovem Placídia foi eventualmente negociada em 462 pelo imperador do Oriente Leão I. Através dos filhos de Placídia, que se casou com Olíbrio, o imperador do Ocidente de 472 que teria uma vida tão curta, o sangue de Gala Placídia continuou fluindo pelas veias da nobreza no Império do Oriente.[1]

AS PRIMEIRAS-DAMAS DE ROMA

O Império Romano não estava completamente morto. O Império do Oriente sobreviveu à queda de sua ala oeste e seguiu vivo sob o estandarte do Império Bizantino, cuja história está cheia de imperatrizes com biografias coloridas como: Teodora, a artista de circo que se tornou a esposa do imperador do século VI Justiniano; sua sobrinha Sofia, que supostamente tomou as rédeas do Império quando seu marido, Justino II, enlouqueceu durante a década de 570; e Irene, que governou em nome do filho, Constantino VI, no século VIII. Todas elas, por sua vez, tornaram-se modelos para as rainhas medievais da Europa. Quanto às próprias imperatrizes bizantinas, não havia dúvidas quanto a quem elas deveriam procurar na história em busca de inspiração. O número de estátuas da mãe de Constantino, Helena, continuou maior do que o das de qualquer outra mulher homenageada em Constantinopla. De acordo com uma pesquisa feita no século VIII acerca das antiguidades da cidade, das 28 estátuas na época identificadas em Constantinopla, Pulquéria, Eudóxia e até mesmo a esposa desgraçada de Constantino, Fausta, eram imortalizadas cada uma por duas ou três. Contudo, não menos que seis das estátuas — quase um quarto, em outras palavras — pertenciam à primeira Augusta cristã.[2]

Não é de se surpreender que os nomes de Lívia, Messalina, Agripina e Júlia não aparecessem no documento. Para todos os efeitos, as esposas e mulheres que tinham estabelecido o modelo comportamental para as primeiras-damas de Roma havia quase quinhentos anos agora eram não mais que uma memória distante: os prédios romanos aos quais outrora haviam emprestado seu patrocínio tinham sido dilapidados ou destruídos para fornecer material de construção para o Império cristão; muitas das estátuas feitas para elas haviam sido recicladas e remodeladas para assumirem os traços faciais dos novos ícones femininos; uma grande proporção das obras literárias responsáveis pela preservação de seus nomes enfrentava a ameaça da extinção, graças à alocação da grande maioria dos recursos para cópias à grande onda da literatura bíblica e litúrgica produzida durante o final da Antiguidade e o início da Idade Média. Demorariam muitos séculos para que a atenção dos autores e artistas se voltasse novamente para as mulheres do início do Império Romano, e mesmo então, como vimos, quase invariavelmente com intenções hostis em mente.

Os fantasmas dessas mulheres não obstante influenciaram muito o cenário político do qual as imperatrizes e rainhas da Europa medieval e moderna nasceram. Embora o temor em relação ao poder das mulheres de corromper o

EPÍLOGO 349

processo político já existisse muito antes da chegada de Lívia ao Palatino, essas preocupações haviam se cristalizado em torno dela e suas sucessoras, e por sua vez se tornaram parte integral dos critérios morais pelos quais as soberanas e consortes imperiais seriam julgadas nas gerações que se seguiriam.

Trata-se de um legado com o qual vivemos atualmente. Nunca antes as esposas de candidatos aos cargos de primeiro-ministro e presidente estiveram sujeitas a tamanho escrutínio público — celebradas e ridicularizadas por seu estilo, criticadas por suas declarações políticas e convocadas a fazer discursos e entrevistas com o fim de promover seus maridos como homens de família preocupados. Enquanto isso, manipuladores de opinião agem nos bastidores avaliando suas origens pessoais e profissionais em busca de fraquezas a serem exploradas. Em março de 2008, uma reação frenética da mídia recebeu a chegada das esposas dos líderes mundiais que compareceram à conferência do G20 em Londres — o que acarretou o fato de que mais atenção foi dada a elas do que aos tópicos econômicos da reunião. Na cultura política atual dirigida a personalidades, a esposa de nenhum político — como também, em certos casos, o marido de nenhuma mulher política — pode esperar escapar completamente a esse escrutínio. Alguns o recebem de braços abertos — entre os quais há até os que podem ser considerados culpados de tirar vantagem da proximidade do processo político. Outros se escondem de tal escrutínio, mas acabam relutantemente se deixando empurrar para o centro dos holofotes se isso for ajudar nos índices de aprovação de seu parceiro. A questão referente ao papel apropriado a ser exercido pela esposa/marido ou familiares de um(a) político(a) em sua campanha e administração produz muitas respostas diferentes. E, nesse aspecto, as "primeiras-damas" do Império Romano ainda têm muito a dizer.

Agradecimentos

A maior parte do tempo que dediquei às pesquisas para o livro foi passada na biblioteca da Faculdade de Antiguidade Clássica ou na Biblioteca da Universidade de Cambridge. Gostaria de expressar minha gratidão aos bibliotecários dessas instituições e à faculdade de Antiguidade Clássica por me conceder os privilégios de retirada e acesso de Professora Visitante. Sou grata também à equipe da Biblioteca Britânica e do Museu Britânico pela ajuda em várias pesquisas.

Tenho uma dívida para com Duncan Fowler-Watt por ter me inspirado logo cedo um entusiasmo pela Antiguidade Clássica e me encorajado a me candidatar para estudar na Newnham College, Cambridge — onde tive a imensa sorte de ter como professores Mary Beard, Simon Goldhill e John Henderson. Juntos, foram eles que mais influenciaram a formação das minhas ideias sobre o mundo antigo. Todos os três foram gentis o bastante para ler e fazer comentários sobre capítulos individuais deste livro, assim como Christopher Kelly e Caroline Vout. Sou muito grata ao tempo e ajuda que me concederam — quaisquer erros que tenham passado são inteiramente meus. Também gostaria de expressar meu agradecimento a Ronnie Ancona, Franco Basso, Paul Cartledge, Pam Hirsch, Daniel Orrells, Adrian Poole e Agnes Schwarzmaier pela assistência com dúvidas individuais, e também aos maravilhosos e informativos guias Ulisse e Evan, que respectivamente conduziram a mim e vários membros da minha família ao redor de Roma durante visitas ocorridas em maio de 2008 e outubro de 2009.

A escola The Leys, de Cambridge, tem sido meu local de trabalho durante cinco dos últimos dez anos. Sou grata à paciência e apoio de todos os meus colegas de lá, especialmente aos do Departamento de Antiguidade Clássica: Elaine Culshaw, Alex Welby e principalmente Caroline Wiedermann. Muito obrigada também a outro amigo e ex-colega no ensino, Rod Jackson, que me convidou para falar a seus alunos da Escola Cranleigh, permitindo-me testar algumas ideias para o livro. Muitos dos meus próprios alunos me pediram que mencionasse seus nomes individualmente — sinto muito não ser possível, mas, muito mais do que jamais saberão, vocês me mantiveram sã ao me darem algo em que pensar além do meu próprio trabalho, ao me fazerem rir. Sou muito grata a todos.

Tenho uma dívida imensa para com minha incansável agente, Araminta Whitley, com Ellah Allfrey, minha primeira editora encarregada na Jonathan Cape, e para com Alex Bowler, que editou o manuscrito com uma inteligência e um discernimento tranquilos. Obrigada também a todos da Cape que trabalharam na produção. Da Free Press, Estados Unidos, quero agradecer a Leslie Meredith e sua assistente Donna Loffredo pela fé no livro e pelas contribuições editoriais inestimáveis. Também sou grata a minha agente americana Melissa Chinchillo, e devo grandes agradecimentos a Bettany Hughes, que me deu uma introdução em edição e desde então tem sido uma fonte generosa de encorajamento e orientação.

Aude Doody, Katie Fleming, Miriam Leonard e Daniel Orrells não apenas são os melhores classicistas, mas os melhores amigos que alguém poderia ter, e eu não teria conseguido sem o seu apoio. Julian Alexander aguentou heroicamente as perguntas de uma escritora por horas, e lhe devo muito, inclusive não menos pelo uso da mesa da sua cozinha para escrever e pelos conselhos inteligentes sobre a hora de abrir o vinho.

Por último, agradeço do fundo do coração à minha família, tanto daqui da Inglaterra quanto das Bermudas — acima de tudo aos meus pais, pelo seu amor, apoio e generosidade extrema, sem os quais nada disso teria nenhuma importância.

Um postscriptum: Enquanto escrevia este livro, ganhei um sobrinho e uma neta. Por uma pura e feliz coincidência, seus pais decidiram batizá-los, respectivamente, Augusto e Lívia. Não sei se devo esperar que eles sigam os passos de seus homônimos. Porém, posso certamente desejar que alcancem tudo que quiserem.

A autora é grata aos detentores dos respectivos direitos autorais por me deixarem usar trechos dos seguintes textos:

AGRADECIMENTOS

- Suetônio, *The Twelve Caesars*, traduzido por Robert Graves (1957). Londres: Penguin. Reproduzido por permissão da Carcanet Press Limitada.
- Tácito, *The Annals of Imperial Rome*, traduzido com uma introdução de Michael Grant (Penguin Classics 1956, sexta edição revisada, 1989). Copyright © Michael Grant Publications Ltd, 1956, 1959, 1971, 1973, 1975, 1977, 1989. Reproduzido por permissão da SLL/Sterling Lord Literistic, Inc.. Direitos autorais pelo Howard Fast Literary Trust.*

---

*Com as respectivas edições em português: *A Vida dos Doze Césares* e *Anais*. (*N. da T.*)

Nota sobre as convenções usadas para nomes e datas

Nomes:

As genealogias imperiais romanas são verdadeiros labirintos. Fiz tudo o que pude para evitar confusões para o leitor, tentando dar nomes distintos a todos os citados no livro, embora inevitavelmente haja diversas personagens com variantes do nome "Júlia", por exemplo. Espero que as árvores genealógicas apresentadas no livro se mostrem úteis.

Durante a república, a maioria das mulheres romanas usava apenas um nome. Durante o período imperial, contudo, tornou-se comum uma mulher nascida livre ter dois nomes. O primeiro costumava ser uma forma feminina do *nomen* de seu pai ou de seu clã; o segundo era uma versão do *cognomen* dele — que identificava a que ramo do clã ele pertencia. Assim, por exemplo, Lívia Drusa era filha de Marco Lívio Druso Claudiano, e Valéria Messalina era filha de Marco Valério Messala Barbato. Entretanto, rompendo com a convenção, certas mulheres imperiais também eram batizadas segundo suas predecessoras dinásticas. Por exemplo, Lívia Júlia — conhecida pelo apelido "Livila" — foi batizada com o nome da avó paterna Lívia, e não com o uso do *cognomen* Druso do pai, Cláudio, enfatizando a importância de Lívia na dinastia júlio-claudiana.

As mulheres não mudavam seus nomes quando se casavam. Ex-escravas libertas conservavam seus antigos nomes de escravas e acrescentavam o nome do "clã" da família a quem haviam servido. Assim, Caenis, a secretária de Antônia, a Menor, mais tarde se tornou Antônia Caenis.

Famílias com mais de uma filha com o mesmo nome distinguiam-nas com o uso de adjetivos comparativos ou ordinais — dessa forma, Antônia, a Menor (ou Antônia, a Jovem), era a irmã mais nova de Antônia, a Maior (ou Antônia, a Velha). No caso das duas Agripinas, contudo, o "Maior" distinguia a Agripina mais velha de sua filha mais famosa, Agripina, a Menor.

Datas:

Na ausência da indicação "a.C.", entenda-se que a data é "d.C.".

Notas

Introdução: *Eu, Claudia...*

1. Plutarco, *César* 10.8. Senhora Landingham, secretária e porteira do presidente, faz a citação no episódio "18th and Potomac", da 2ª temporada da série *The West Wing*.
2. Sobre a análise de representações dos imperadores, ver Vout (2009), 262. Esse busto de Faustina, a Menor, é uma cópia do original encontrado no Vaticano, Braccio Nuovo, 2195. Museu de Arqueologia Clássica, Faculdade de Antiguidade Clássica, Cambridge: n. 601.
3. Sobre como *Eu, Cláudio, Imperador* foi escrito, ver Spivey (1999). vii, e Seymour-Smith (1995), 227-33. Sobre a recepção do drama televisivo, ver Joshel (2001), *passim*, e 159, n. 35 sobre a representação de Lívia em particular. Tanto no livro quanto na adaptação para a televisão, a mãe de Nero é chamada de Agrippinilla, como forma de distingui-la de Agripina, a Maior.
4. Jonathan Stamp, diretor criativo de *Roma*, teve publicada a afirmação de que a matrona romana republicana Clódia Metelli foi a verdadeira inspiração para Atia, mas o legado de *Eu, Cláudio, Imperador* parece claro em sua representação: ver também Ragalie (2007), 5-7. Sobre o admitido débito de Graves para com historiadores da Antiguidade, ver Spivey (1999), ix.
5. Uma publicação de 1893 sobre a fisionomia e a patologia de mulheres criminosas do médico italiano Cesare Lombroso e do historiador Guglielmo Ferrero — dos quais o último foi 18 anos depois o responsável por uma narrativa da história das imperatrizes romanas intitulada *As Mulheres dos Césares* — tinha na página de rosto um busto da esposa de Cláudio, Messalina, cujas proporções faciais supostamente combinavam com as das prostitutas do século XIX: ver Wyke (2002), 328-30.
6. Sobre a tradição literária das "personalidades femininas" e suas raízes na história de Roma, ver Winterer (2007), 41f; Hicks (2005a) e (2005b); McLeod (1991). Sobre a recepção de Messalina na história contemporânea, ver os capítulos 9 e 10 de Wyke (2002), para um relato completo e fascinante.

358   AS PRIMEIRAS-DAMAS DE ROMA

7. Ver também análises revisionistas recentes de Nero; por exemplo, Elsner e Masters (1994).
8. Ver Elsner e Masters (1994), 2, sobre o problema em relação à história de Nero; também Edwards (2000), xvi e D'Ambra (2007), 160.
9. Sobre as preocupações relativas à biografia como gênero, vide Lee (2009) e (2005).
10. Referências literárias a mulheres imperiais individuais como *princeps femina* incluem Ovídio, *Epistulae ex Ponto* 3.1.125, Ovídio, *Tristia* 1.6.25 e o anônimo *Consolatio ad Liviam* 303 (todos em referência a Lívia) e Macróbio, *Saturnais* 2.5.6 (em referência a Lívia e Júlia). Ver também Purcell (1986), 78-9 sobre o termo; e Barrett (2002), sobre a analogia da "primeira-dama" aplicada a Lívia.
11. Sobre os hábitos das primeiras-damas americanas, ver Caroli (1995), 5-7 (sobre Martha Washington); 148 (sobre Edith Wilson); 56 (sobre Martha Johnson Patterson); 90 (sobre Lucy Hayes); 71-2 (sobre Mary Lincoln); 275-6 (sobre Nancy Reagan).
12. Ver Caroli (1995), 35.

1. *Ulisses de vestido: O nascimento de uma primeira-dama romana*

1. Abertura para o artigo de Hays sobre Lívia, no Vol. 2 de *Female Biography*.
2. Essa descrição dramatizada da fuga de Lívia é baseada em *Tibério,* de Suetônio 6; também Dião Cássio, *História de Roma* 54.15.4 e Veleio Patérculo 2.75.
3. Tradução admitidamente aproximada do apelido que Calígula supostamente deu à bisavó: Suetônio, *Calígula* 23.2. Ver Purcell (1986), 79 sobre a tradução do epíteto.
4. O nascimento de Lívia costuma ser datado de 59 ou 58 a.C.: ver apêndice 5 em Barrett (2002) para um resumo completo dos argumentos. Optei pela data mais ortodoxa de 58.
5. Suetônio, *Tibério* 1. Sobre a genealogia de Lívia, ver Barrett (2002), 4-8.
6. O ano do casamento de Lívia e Tibério Nero não é conhecido com precisão, mas ver Barrett (2002), 11 sobre 43 a.C ser a data mais provável.
7. Cícero, *Letters to his Friends* 13.64.2: trad. Treggiari (1991), 129.
8. Barrett (2002), 11 sobre a idade provável de Tibério Nero.
9. Treggiari (2007), 95; ver também D'Ambra (2007), 73. Sobre a carta de Cícero, e sobre o consentimento das mulheres ao casamento de forma geral, ver Gardner (1986), 41f.
10. Sobre as mulheres, o casamento e a lei, ver Gardner (1986), 5 e 13.
11. Gardner (1986), 42-3 sobre as oportunidades limitadas de sociabilização.
12. O uso de uma lança nesse contexto mostrou-se difícil de interpretar. Talvez, conforme sugere Plutarco, seu intuito fosse lembrar a reivindicação marcial das noivas sabinas pelos romanos: ver Olson (2008), 21f para mais sobre o assunto.
13. Recriei a cena com base nos estudos atuais sobre os casamentos romanos, especialmente no de Treggiari (1991), 161ff. Para detalhes específicos, ver também Hemelrijk (1999), 9 sobre o joga-fora dos brinquedos; Lefkowitz e Fant (1992), n. 271 para um convite de casamento do século III especificando a hora do dia; Croom (2000), 95-6, citando *Naturalis Historia,* de Plínio, o Velho 9.56-114, para a incrustação de pérolas em *socci;* Shelton (1998), n. 56 para a versão de Catullus da canção de casamento com suas "piadas fesceninas sujas".
14. Suetônio, *Tibério* 5 sobre a data e o local do nascimento de Tibério.
15. Barrett (2002), 177.

NOTAS   359

16. Suetônio, *Tibério* 14.1; Plínio, o Velho, *Naturalis Historia* 10.154.

17. Rawson (2003), 101-2.

18. Kleiner e Matheson (1996), 92, cat. n. 56, para ilustração do espéculo de Pompeia; Lefkowitz e Fant (1992), n. 355 sobre instruções para a parteira: Sorano, *Gynaecology* 1.67-9.

19. Rawson (2003), 106.

20. Ver o episódio de Favorinus descrito em Aulo Gélio, *Noites Áticas* 12, como abaixo.

21. Sobre o *lustratio,* ou ritual de limpeza, vide Rawson (2003), 110-11.

22. Aulo Gélio, *Noites Áticas* 12.

23. Hemelrijk (1999), 66, citando Tácito, *Diálogo* 28 que também afirma que Aurélia, mãe de Júlio César, e Ácia, mãe de Augusto, amamentaram seus filhos. Ver também Gardner (1986), 241f sobre amamentação, com uma discussão rápida sobre os fragmentos de uma carta do século III de um pai ou mãe que aparentemente pede ao genro que providencie uma ama de leite para sua filha: "Não permito que minha filha amamente."

24. Suetônio, *Tibério* 6.

25. Suetônio, *Tibério* 4; Dião Cássio, *História de Roma* 48.15.3.

26. *Inscriptiones Latinae Liberae Rei Publicae* 1106 e 1112: traduzido P. J. Jones (2006), 98; ver também Hallett (1977), 151-7.

27. Sobre a reputação de Fúlvia, ver Delia (1991).

28. Marcial, 11.20.3-8 preserva o poema. Sobre o prazer de Fúlvia diante da morte de Cícero, ver Dião Cássio, *História de Roma* 47.8.3-4. Ver Wyke (2002), 170 e Pelling (1988), 141 sobre os abusos e as funções de Fúlvia.

29. Ver Milnor (2009), 277-8 sobre a atitude virtuosa adotada pelas mulheres na esfera pública. Sobre as heroínas e vilãs da República romana, ver Hillard (1992) e Joshel (1992). Sobre sua adoção pelas mulheres inglesas e americanas no século XVIII, ver Hicks (2005a) e (2005b).

30. Cícero também sugeriu um relacionamento incestuoso entre Clódia Metelli e seu irmão, um tema padrão das injúrias políticas romanas que também seriam direcionadas a: Calígula e Drusila; Nero e Agripina, a Menor; Berenice e Agripa II; Domiciano e Júlia Flávia; Júlia Domna e Caracala; e Gala Placídia e Honório.

31. Plutarco, *Vida de Antônio* 10.5.

32. Ver Fischler (1994). 117: *Inscriptiones Latinae Selectae* 8403.

33. Cartledge e Spawforth (1989), 94 sobre as conexões claudianas na região: ver também Barrett (2002), 17.

34. Lefkowitz e Fant (1992), n. 179.

35. Tácito, *Histórias* 1.3.1. Há também referências ao apoio dado por certas mães às candidaturas de seus filhos; por exemplo, nos casos de Hélvia e Sêneca, ou Servília e Brutus: ver Dixon (1988), 5. Sobre o conceito de *sui iuris,* ver Gardner (1986), 6.

36. Plutarco, *Vida de Antônio* 31: ver também Wallace-Hadrill (1993). 32, e Wood (1999), 30-1. Otávia nasceu por volta de 69 a.C. e era irmã de pai e mãe de Otaviano — ele tinha uma meia-irmã mais velha também chamada Otávia. Em seu relato, Plutarco confunde as duas irmãs. A fim de manter a clareza, omiti qualquer menção a essa meia-irmã de Otaviano da narrativa principal.

37. *Antônio e Cleópatra,* II. vi.119-23. O drama televisivo em questão é *Roma,* da HBO.

38. Plutarco, *Vida de Antônio* 87 sobre os filhos de Antônio e Otávia.

39. Há uma teoria segundo a qual Fúlvia foi a primeira mulher a ser representada numa moeda, mas a identificação é muito imprecisa para utilizá-la com segurança: ver Wood (1999), 41-3, e Wallace-Hadrill (1993), 32 como apoio à teoria de que Otávia foi a primeira.

40. Kleiner (2005), 262, sugere que Otávia e seus cabeleireiros inventaram o *nodus*.

41. Wood (1999), 44 sobre a aceitabilidade da representação de casais reais nas moedas helenísticas.

42. Para uma pesquisa completa sobre as representações de Otávia em moedas, ver Wood (1999), 41-51.

43. Barrett (2002), 18-19 sobre a data do retorno de Lívia e Tibério Nero.

44. Sobre o casamento com Cláudia, vide Suetônio, *Augusto* 62; e Plutarco, *Vida de Antônio* 20. Vide Barrett (2002), 22 sobre a teoria de que o casamento com Cláudia na verdade não se realizou.

45. Sobre a mudança de Lívia para ter ido morar com Augusto, ver Barrett (2002), 26.

46. Suetônio, *Augusto* 62.2.

47. Suetônio, *Augusto* 69. Para os argumentos discutindo se essa esposa era Lívia ou não, ver Barrett (2002), 24 e Flory (1988), 352-3. Sobre Augusto ter se apaixonado por Lívia: Dião Cássio, *História de Roma* 48.34.

48. Veleio Patérculo, 2.79 e 2.94.

49. Barrett (2002), 26 sobre argumentos com respeito à relação do nascimento de Druso com o casamento. A descoberta de um calendário em Veroli, no Lácio, em 1922 revelou a data do casamento: Flory (1988), 348.

50. Suetônio, *Cláudio* 1.1. Ver também Dião Cássio, *História de Roma* 48.44-5.

51. Sobre a tradição historiográfica desse episódio, ver Flory (1988).

52. Ver também Vout (2007), 1-3 sobre esse episódio.

53. Gardner (1986), 146-7 e Pomeroy (1975), 158 sobre a tutela e custódia das crianças — em alguns casos, porém, as crianças realmente parecem ter tido permissão de permanecer com as mães.

54. Fantham (2006), 23.

55. Sêneca, *Epistulae Morales* 70.32; Propércio 4.11.65. A genealogia de Escribônia é extremamente complicada. Precisamos ter certo cuidado em relação ao termo *"gravis"*, ao qual os tradutores reagem de formas diferentes: ver Severy (2003), 149.

56. Sobre Catherine Macaulay e Hortênsia, ver Winterer (2007), 44f. Sobre a casa de Hortênsia, ver Tamm (1963), capítulo iv; Kleiner (1996), 34; Claridge (1998), 128-30; Barrett (2002), 177f.

57. Para uma análise de perto das mulheres da família de Cícero, ver Treggiari (2007).

58. Ovídio, *Amores* 3.2.

59. Alguns saraus evidentemente eram restritos aos homens, exceto pelas mulheres contratadas para diverti-los. Sobre o hábito das mulheres de consumir álcool, ver Treggiari (2007), 19. Ver o contemporâneo de Cícero Cornélio Nepos sobre o costume das mulheres romanas de jantar fora, no prólogo de *Vida dos Capitães Célebres,* 6.

60. Hemelrijk (1999). 10; ver também Treggiari (1991), 414.

61. Ver Hemelrijk (1999), 42-4 sobre a presença de mulheres em jantares.

NOTAS   361

62. Ver Treggiari (2007), 7; também Treggiari (1991), 420 sobre o *salutatio* das mulheres.

63. Casson (1974), 139.

64. Sobre a descoberta da vila de Prima Porta e sua identificação, ver Zarmakoupi (2008), 269-70; também Reeder (2001), 13f. A identificação atualmente é amplamente aceita, embora ainda haja espaço para dúvidas plausíveis. A vila, no mínimo, certamente reflete o tipo de propriedade de que Lívia poderia ter sido dona.

65. Reeder (2001), 84 sobre o nome da vila. É também possível que a vila fosse conhecida como *ad gallinas*.

66. Casson (1974), 145.

67. Reeder (2001), 12.

68. Reeder (2001), 84. Ver Plínio, o Velho, *Naturalis Historia* 15.136 sobre a história da galinha, e Macaulay-Lewis (2006) sobre a descoberta das portas perfuradas na vila.

69. A história possui pequenas variações de acordo com os diferentes relatos: comparar Plínio, o Velho, *Naturalis Historia* 15.136-7; e Suetônio, *Galba* 1.1. Ver Flory (1995) sobre o presságio.

70. Plutarco, *Vida de Antônio* 35. Há uma possibilidade de que Otávia na verdade não estivesse grávida aqui de Antônia, a Menor, que nasceu em janeiro de 36, mas de outra filha, que não sobreviveu: ver nota de Philip Stadter na tradução de Plutarco, *Vida de Antônio* (nessa edição em inglês, *Life of Antony*), de Waterfield (1999), 525.

71. Plutarco, *Vida de Antônio* 31; Barrett (2002), 30 sobre o epíteto inspirado pela ocasião em Tarento.

72. Ver Wood (1999), 50, e figs. 9 e 10; Zanker (1988), 61.

73. Plutarco, *Vida de Antônio* 36.

74. Cícero, *Cartas a Ático* 15.15.

75. Há inúmeros livros sobre Cleópatra e sua lenda, e não tenho intenção de tentar competir em seu território. Para o essencial da biografia e da representação artística de Cleópatra, ver Walker e Higgs (2001) e Kleiner (2005); sobre sua vida depois do ocorrido, Hamer (1993) e Wyke (2002), 195-320.

76. Bondanella (1987), 215 sobre os custos exorbitantes da produção do filme.

77. Ver Walker e Higgs (2001), cat. 381-2 para as tampas de relógio; cat. 390-1 para figurinos, e Hamer (2001), 306, sobre as pinturas de Tiepolo, uma das quais pode ser vista na Galeria Nacional, em Londres: cat. no. 6509: *The Banquet of Cleopatra*.

78. Ver Pelling (2001), 298, sobre o papel de Plutarco na criação da "lenda de Cleópatra"; e Pelling (1988), 37, sobre Shakespeare ter se baseado na tradução de North de Plutarco, que, por sua vez, baseara-se em uma tradução para o francês de 1559.

79. Pelling (1988), 33-6 sobre a verdade, a ficção e a reconstrução do relato de Plutarco.

80. Plutarco, *Vida de Antônio* 28-9.

81. Plutarco, *Vida de Antônio* 53-4. Ver Fischler (1994), 118 sobre essa passagem.

82. Dião Cássio, *História de Roma* 49.38.1.

83. Sobre a concessão da *sacrosanctitas* e da *tutela* ver Hemelrijk (2005); Flory (1993) e Purcell (1986), 85-7. Sobre o conceito de *tutela*, ver Gardner (1986), 14f.

84. Essa estátua é discutida com mais detalhes no capítulo 2 deste livro. Flory (1993) cita várias referências na literatura romana a outras mulheres que supostamente receberam

estátuas públicas, nenhuma das quais sobrevive, mas quase todas eram mulheres da história mitológica de Roma; cf. Hemelrijk (2005). A única exceção digna de nota é uma estátua dourada de Cleópatra, que de acordo com relatos foi colocada por Júlio César no templo da Vênus Genetrix. Sobre a possibilidade de as estátuas de Lívia e Otávia terem sido uma reação propagandista à de Cleópatra, vide Flory, 295-6, e também Hemelrijk, 316, para o argumento de que, na verdade, ela pode ter sido colocada lá por Otaviano, e não por Júlio César.

85. Sobre as estátuas e inscrições em honra de mulheres no Oriente grego, ver Flory (1993), 296 e Hemelrijk (2005), 309; para mais detalhes, ver Smith (1987), Kajava (1990) e Van Bremen (1996).

86. Posicionamento baseado na última visita em 2008.

87. Sobre a cabeça de Velletri (Museo Nazionale Romano inv. 121221), ver Wood (1999), 52f.

88. Wood (1999), 96 sobre o traço "claudiano" dos dentes grandes de Lívia.

89. Wyke (2002), 217-18, e Kleiner (1992), fig. 3. Cleópatra, por sua vez, colocou Antônio em suas moedas.

90. Suetônio, *Augusto* 69.

91. Ibid.

92. Edwards (1993), 47.

93. Ver Hamer (1993), 6 sobre o episódio na arte.

94. Plínio, o Velho, *Naturalis Historia* 12.84 e 9.120-1. Edwards (1993), 186-91 sobre ataques relacionados à alimentação e aos gastos.

95. Sobre o uso de leite de burro em cosméticos femininos, ver Richlin (1995), 198f.

96. Plutarco, *Vida de Antônio* 57. Curiosamente, Plutarco na verdade observa que as pessoas tinham mais pena de Antônio do que da pobre Otávia, pois Cleópatra não era mais bonita do que ela.

97. Dião Cássio, *História de Roma* 50.3 e Plutarco, *Vida de Antônio*, 58.

98. Plutarco, *Vida de Antônio* 58-9 e Dião Cássio, *História de Roma* 50.4. Ver Zanker (1988), 57-8 sobre a identificação de Antônio com o deus oriental Dionísio.

99. Plutarco, *Vida de Antônio* 60; Dião Cássio, *História de Roma* 50.4-6.

100. Plutarco, *Vida de Antônio* 60; Dião Cássio, *História de Roma* 50.8.

101. É evidente que é possível que essa tenha sido uma história inventada para fazer a vitória de Otávia parecer ainda maior: ver Pelling (1996) 55, n. 297.

102. Plutarco, *Vida de Antônio* 65.

103. Virgílio, *Eneida* 8.678-708.

104. Plutarco, *Vida de Antônio* 85. Shakespeare, *Antônio e Cleópatra*, "É muito bom, e adequado para uma princesa, / Descendente de tantos reis reais". (V.ii.325-6).

105. Ver Flory (1987), sobre os critérios usados para a concessão do título Augusta durante o período júlio-claudiano.

106. D. Kleiner em K. Galinsky, ed. (2005) *The Cambridge Companion to Augustus* (Cambridge: Cambridge University Press), 203.

NOTAS　　　363

2. Família oficial: As mulheres de Augusto

1. *I, Claudius*, 2º Episódio: "*Waiting in the Wings*".
2. Michael Bloomberg, prefeito de Nova York, mantém notoriamente telefones listados no catálogo público.
3. Suetônio, *Augusto* 72. Sobre a coroa de carvalho e as folhas de loureiro decorando a porta, ver Ovídio, *Fastos* 4.953-4 e Augusto, *Res Gestae* 34; cf. Favro (1996), 203.
4. Richardson (1992), 73; cf. obituário de Pietro Rosa na edição de 13 de setembro de 1891 do *New York Times*.
5. O cano de chumbo apresentava o nome de Júlia Aug[usta], nome honorário usado por Lívia quando mais velha: ver mais no capítulo 3. Isso levou à identificação atual da casa como a Casa di Livia. Não há mais evidências conclusivas de que Lívia possuía seus próprios aposentos independentes. Contudo, evidências literárias de fato sugerem que diferentes membros da família imperial tinham seus próprios aposentos, o mesmo podendo ser dito até mesmo de seus criados. Sobre a "Casa de Lívia" e sobre a posteriormente descoberta "Casa de Augusto", identificada com a antiga casa de Cutulo, ver Tamm (1963), capítulo iv; Richardson (1992), 73; e Claridge (1998), 128-31.
6. Dião Cássio, *História de Roma* 54.16.5; Ovídio, *Epistulae Ex Ponto* 3.1.142.
7. Sobre a reputação de Cornélia, ver Valério Máximo 4.4 pr.: Lefkowitz e Fant (1992.), n. 259.
8. Sobre as receitas de pasta de dente das imperatrizes, ver Levick e Innes (1989), 17-18.
9. Ver D'Ambra (2007), 60.
10. Edwards (1993), 166 sobre uso de pedra local. Suetônio, *Augusto* 64 sobre o imperador tomando o cuidado de se certificar de que suas filhas e netas aprendessem a fiar.
11. Treggiari (1975), 54 e 74.
12. Sobre tudo que foi citado, ver o artigo seminal de Treggiari (1975). Sobre os calçados femininos romanos, ver Croom (2000), 107 e Olson (2008), 56.
13. Essa competição teve início em 1992 depois que Hillary Clinton provocou hostilidade ao dizer numa entrevista que decidira não "ficar em casa e assar biscoitos" — e foi forçada a se retratar colocando sua receita para concorrer com a de Barbara Bush num concurso patrocinado pela revista *Family Circle*.
14. Suetônio, *Augusto* 64. Edwards (2000), 313, n. 76 sugere essa explicação para as "crônicas diárias".
15. No total, Otávia teve cinco filhos biológicos: Marcelo e duas filhas, Cláudia Marcela, a Maior, e Cláudia Marcela, a Menor; e duas filhas de Antônio: Antônia, a Maior, e Antônia, a Menor. A fim de conservar a clareza, preferi não entrar em detalhes sobre as vidas das duas Cláudias Marcelas, nem da Antônia mais velha.
16. Hemelrijk (1999), 17 sobre a falta de informações a respeito da infância das moças romanas; D'Ambra (2007), 62, e figs. 25 e 26 sobre a boneca de marfim do sarcófago de marfim do século II de Crepereia Trifaena no Museu Capitolino, em Roma.
17. Olson (2008), 16; cf. Croom (2000), 91-3.
18. Treggiari (1975). 52 e 56 sobre Dorcas e a educação dos membros da família de Lívia.
19. Ver Hemelrijk (1999), 79-88.

20. Hemelrijk (1999), 22.
21. Macróbio, *Saturnais* 2.5.2. Sobre a educação de Agripina, a Maior, ver o Capítulo 3 deste livro.
22. Sobre a produção e disseminação de retratos da Antiguidade, ver Fittschen (1996), 42 e Wood (1999), 6.
23. Sobre o *nodus* de Júlia, ver Wood (1999), 64 e figs. 20 e 21; também Wood (1999), 1-2 sobre os retratos como modelos para outras mulheres do Império.
24. Plutarco, *Peri tou Ei tou en delphois* 385F; cf. Barrett (2002), 37.
25. Casson (1974), 180 sobre o estilo das viagens do imperador.
26. Dião Cássio, *História de Roma* 54.7.2. Para um relato detalhado das viagens de Lívia e Augusto, ver Barrett (2002), 34-8.
27. Ver Reynolds (1982), 104-6: Documento 13. Inscrições sugerem que a família dela tinha um relacionamento patrono-cliente com a ilha: ver Barrett (2002), 37.
28. Sobre as datas de estadia deles em Samos, ver Barrett (2002), 37-8. Sobre as estátuas de Samos, ver Flory (1993), 303, n. 27. Ver também Reynolds (1982), 105 sobre a concessão da liberdade aos samianos.
29. Fischler (1994). 118 e n. 10 para mais exemplos. Ver também Dixon (1983). Sobre Cleópatra: ver Plutarco, *Vida de Antônio* 83.
30. Passagem de Dião Cássio, *História de Roma* 55.16-21.
31. O hábito de Augusto de consultar Lívia em assuntos como esse remete ao paralelo moderno de Harry e Bess Truman. Ele publicou o fato de que consultava a esposa em decisões importantes, e a correspondência que mantiveram foi publicada em 1983: ver Caroli (1995), 203-4.
32. D'Ambra (2007), 77-8 discute isso; cf. Lefkowitz e Fant (1992), nos. 242-6 para exemplos epistolares e também as cartas de Fronto, retórico do século II, sobre esse relacionamento com sua esposa Cratia.
33. Dião Cássio, *História de Roma* 54-19-3 sobre o caso de Augusto com Terência; Suetônio, *Augusto* 62 sobre o amor do imperador por Lívia e *Augusto* 71 sobre ela encontrar virgens para ele. Ver também Aurélio Vítor, *de Caesaribus* 1.7 e o anônimo *Epitome de Caesaribus* 1.23: o primeiro diz que Augusto não teve sorte no casamento, enquanto o segundo diz que Lívia era apaixonada pelo marido.
34. Pierre d'Hancarville (1787), *Monumens du culte secret des dames romaines,* n. IV *Auguste et Livie.* Meus agradecimentos a Daniel Orrells por chamar minha atenção para essa obra.
35. Dião Cássio, *História de Roma* 58.2.5.
36. Sobre Lívia como sucessora para mulheres da era dourada, ver *Consolatio ad Liviam* 343; sobre os homens nus, ver Dião Cássio, *História de Roma* 58.2.4.
37. Dião Cássio, *História de Roma* 55.16.2.
38. Suetônio, *Augusto* 63; Plínio, o Velho, *Naturalis Historia* 7.13.
39. Ver Barrett (2002), 35.
40. Seu filho mais velho com Fúlvia, Iullus Antyllus, fora executado por Otaviano depois da vitória do último, mas o filho mais novo Iullus Antonius acabou se casando com a filha de Otávia, Cláudia Marcela, a Maior. Antônio também teve três filhos com Cleópatra: os gêmeos Alexandre Hélio e Cleópatra Selene, e um filho, Ptolomeu Filadelfo.

NOTAS 365

41. Suetônio, *Augusto* 28.
42. Ver Kleiner (1996), 32. Sobre a história do pórtico, vide Ridley (1986), 179-80.
43. Plínio, o Velho, *Naturalis Historia* 34.31. Ver Flory (1993), 290, e Plutarco, *Caio Graco* 4 sobre a estátua.
44. Sobre a inscrição, ver Flory (1993), 290-2 e Hemelrijk (2005), 312f sobre a possibilidade de Augusto ter ordenado que uma estátua grega de uma deusa fosse reciclada para representar Cornélia.
45. Qualidades de Marcelo: Veleio Patérculo 93. Sobre a aparência e o comportamento de Tibério, ver Suetônio, *Tibério* 68.
46. Não foi o primeiro noivado de Júlia — um compromisso anterior, firmado quando ela tinha dois anos com o filho mais velho de Antônio, Antyllus, foi dissolvido quando a rápida reaproximação dos dois homens de 37 a.C. foi quebrada.
47. Fantham (2006), 29.
48. Sobre a morte de Marcelo e as homenagens que lhe foram feitas: Fantham (2006), 29f. Sêneca, *Consolatio ad Marciam* 2 afirma que Otávia nunca se recuperou da morte de Marcelo.
49. Donato, *Life of Virgil* [*Vitae Vergilianae*] 32. A obra baseou-se em uma de Suetônio.
50. Siegfried e Rifkin, eds. (2001) 16-22, sobre as obras de Ingres baseadas em *Vergilianae*.
51. Graves (1934), 37; *I, Claudius,* BBC, episódio 1.
52. Ver referência 50.
53. Currie (1998), 147. Sobre Cleópatra, ver Plutarco, *Antônio* 71.
54. Juvenal, *Sátiras* 6.629-33.
55. Marcelo Empírico, *De Medicamentis liber* 15.6 e 35.6: ver Barrett (2002), 111-12 para uma tradução. Sobre a pasta de dentes de Otávia, ver Levick e Innes (1989), 17-18.
56. Sêneca, *Consolatio ad Marciam* 2.
57. Sobre ter se casado depois de viúva, ver Severy (2003), 53; sobre leis matrimoniais, de forma geral, ver Gardner (1986), capítulo 3.
58. Dião Cássio, *História de Roma* 54.6.5 sobre conselho de Mecenas a Augusto a respeito do papel de Otávia no assunto, ver Plutarco, *Antônio* 87. Não se sabe ao certo qual foi a data do nascimento de Agripina, mas se acredita que ela tenha nascido por volta de 63 a.C.
59. Sobre a Vila Boscotrecase, ver Crawford (1976) e von Blanckenhagen e Alexander (1962); sobre Agripa ter possuído uma casa na região, ver Dião Cássio, *História de Roma* 54.28.2. Matteo della Corte, que publicou o único registro das descobertas e da planta baixa da vila em 1922, acreditava que ela pertencia ao filho de Júlia e Agripa, Agripa Póstumo, em razão da descoberta de um ladrilho com seu nome. Ele foi questionado em 1926 por Michael Rostovtzeff, cuja teoria de que a casa pertencia originalmente a Agripa antes de ser passada para as mãos de seu filho é hoje amplamente aceita.
60. Para maiores informações sobre as pinturas de Boscotrecase, ver Ling (1991), 55-6; e Fantham (2006), 77.
61. D'Ambra (2007), 96; Wallace-Hadrill (1988), 50-2 sobre a ausência de andares superiores nas casas de Pompeia, que pode ter um significado.
62. Treggiari (1975), 52 sobre os *cubicularii* de Lívia. Observe-se que, embora "quarto" seja a tradução geralmente usada para *cubiculum,* na verdade essa palavra não possui exatamente

366   AS PRIMEIRAS-DAMAS DE ROMA

a mesma conotação da nossa noção moderna desse aposento. O ponto principal a ser levado em consideração é que este é o aposento mais privado da casa.

63. Suetônio, *Augusto* 72 sobre o palácio de Júlia, a Menor, e as residências de campo de Augusto.

64. O ato é chamado de *adoptio* quando a pessoa que é adotada — que pode ser do sexo masculino ou feminino — já se encontrava sob o *patria potestas* de outra pessoa; quando, por outro lado, alguém do sexo masculino é adotado e não se encontrava sob o poder paternal *(sui iuris)* ou até ele mesmo um *paterfamilias*, o ato era *adrogatio*. Indivíduos do sexo feminino não podiam ser adotados segundo o processo anterior, nem, ao menos a princípio, podiam ser as autoras de atos de adoção, embora imperadores posteriores pareçam ter permitido isso nos casos em que a mulher tivesse perdido filhos.

65. C. B. Rose (1997), 225, n 154.

66. A data exata do casamento de Júlia e Agripa é desconhecida, bem como os anos dos nascimentos de suas filhas, Júlia e Agripina, a Maior, mas com base na estimativa da duração do seu casamento e nas datas de nascimento de seus outros filhos, uma data anterior a 16 a.C. provavelmente é a mais precisa para Júlia — que pode ter nascido antes de Lúcio — e uma posterior a 16 a.C. seria mais precisa para Agripina: ver Fantham (2006), 108.

67. C. B. Rose (1997), 13: I. Priene 225. Vide Fantham (2006), 66 para outras inscrições em honra de Júlia.

68. Sobre a proibição do casamento entre senadores e mulheres de certas classes, ver Gardner (1986), 32. Sobre a herança para qualquer pessoa com um grau de parentesco acima de seis, ver Gardner (1986), 178.

69. *Lex Papia Poppaea* of AD 9. Ver Edwards (1993), 40.

70. Gardner (1986), 77. Essas estimativas foram posteriormente revisadas e modificadas para um período de dois anos para as viúvas e de 18 meses para divorciadas. Havia uma forma de reparação para mulheres que conseguissem provar que haviam sido equivocadamente acusadas de adultério ou cujos maridos tivessem-nas traído com mulheres casadas: ver Gardner (1986), 90.

71. Gardner (1986), 178.

72. Sobre o *ius trium liberorum,* ver Gardner (1986), 20. Mulheres ainda sob *patria potestas,* em outras palavras mulheres cujos pais ainda estavam vivos, precisavam esperar até a morte do pai antes de a lei poder ser aplicada a elas. Sobre a estátua, ver Zanker (1988), 157.

73. Edwards (1993), 34. Essa tradução de *Res Gestae* 8.5 é dela.

74. Edwards (1993). 56. Sobre a improbabilidade de a lei ser aplicada com muita frequência, ver Gardner (1986), 121 e 124.

75. Suetônio, *Augusto* 34.2 sobre as demonstrações públicas; o caso de Vistília na realidade foi a julgamento durante o reinado do sucessor de Augusto, Tibério: ver Tácito, *Anais* 2.85.

76. Ovídio, *Amores,* 1.4. Sobre as novas leis de Augusto para a ocupação de assentos, vide Rawson (1987), 85, 89 e 113; também Edmondson (1996), 88-9.

77. Ver Richlin (1992), 76 e Fantham (2006), 81.

78. Macróbio, *Saturnais* 2.5.9. Sobre Domitius Marsus como fonte, ver Fantham (2006), 81; e Richlin (1992), 69 e n. 7. Sobre o suposto caso com Semprônio Graco enquanto ainda casada com Agripa, ver Tácito, *Anais* 1.53.

NOTAS

79. Macróbio, *Saturnais* 2.5.2.
80. Macróbio, *Saturnais* 2.5.3-5.
81. Croom (2000), 74 e 87, e Olson (2008), 32.
82. Sobre cores, vide Ovídio, *Ars Amatoria* 3.169; sobre cores vulgares, ver, por exemplo, Marcial, *Epigramas* 10.29.4; cf. Olson (2008), 11-12.
83. Olson (2008), 55-7 e Croom (2000), 104-7 e Stout (1994) sobre acessórios femininos.
84. Sobre os custos da confecção de roupas, ver Croom (2000), 21; sobre a seda cosana, ver Olson (2008), 14 e Croom (2000), 121.
85. Macróbio, *Saturnais* 2.5.7.
86. Olson (2008), ch. 2 *passim* sobre as artes cosméticas empregadas pelas mulheres romanas, e 73 sobre o tratamento para cabelos brancos.
87. D'Ambra (2007), 115 sobre o pote de creme facial e o sucesso da indústria de cosméticos.
88. Sobre a retórica da vaidade feminina, ver Wyke (1994).
89. Sêneca, *Consolatio ad Marciam* 2.3-4 sobre o comportamento de Otávia depois da morte de Marcelo.
90. Richardson (1992), 248.
91. Ver Flory (1998), 491 sobre o papel das mulheres romanas em um triunfo.
92. Suetônio, *Tibério* 7.
93. Fronto, *De Nepote Amisso, ii* (Haines. Vol. 2. 229-9).
94. Sobre o banquete de Druso, ver Dião Cássio, *História de Roma* 55.2.-4; e Flory (1998), 491.
95. *Consolatio ad Liviam,* 133-7. Minha própria tradução. Suetônio, *Cláudio* 1 afirma que Augusto era suspeito de ter tido uma participação na morte de Druso, tendo como argumento a reputação de seu enteado de apoiar a república, embora o próprio Suetônio descarte essas alegações. Para mais sobre essa sequência de eventos, ver Barrett (2002), 42-4.
96. Ver Flory (1993), 299.
97. Sêneca, *Consolatio ad Helviam;* cf. Lefkowitz e Fant (1992), n. 261.
98. Ver Flory (1993), 297-300.
99. Ver Kleiner (1996), para uma reavaliação dos papéis das mulheres a esse respeito; também Purcell (1986), 88-9 sobre a contribuição de Lívia.
100. Dião Cássio, *História de Roma* 55.8.4 sobre a pista de corrida de Vipsania Polla.
101. Sobre o festival de Bona Dea, ver Beard, North e Price (1998), Vol. 1: 296-7 e Takacs (2008), 101; cf. Juvenal, *Sátiras* 6.314-41. Ver Takacs (2008), 23 sobre a origem do templo de Fortuna Muliebris.
102. Kleiner (1996), 32-3.
103. Strabo 5.3.8. Barrett (2002), 200-1 para maiores detalhes sobre o pórtico.
104. O pórtico desapareceu há muito tempo, mas um fragmento de uma planta de mármore de Roma datada da era da dinastia severa preservou para nós as informações de sua existência, sua localização e da planta baixa geral. Ele foi construído no formato de um retângulo, com 115 m por 75 m, em torno de um pátio com jardim. Ovídio, *Ars Amatoria* 1.71-2, nos conta que havia uma galeria de arte nele, e Plínio, o Jovem, menciona ter encontrado amigos lá: *Epistulae* 1.5.9.
105. Kleiner (1996), 33-4 sobre o pórtico de Eumáquia e outras mulheres que financiavam a construção de suas próprias obras.

368   AS PRIMEIRAS-DAMAS DE ROMA

106. Severy (2003), 131f sobre o culto da *Concordia*, e 134 para a ideia do Dia das Mães e o festival da *Matralia*.

107. Ver Suetônio, *Tibério* 10; Tácito, *Anais* 1.53; Veleio Patérculo 2.99; Dião Cássio, *História de Roma* 55.95-8.

108. Ver a referência anterior, e Fantham (2006), 83 sobre os possíveis motivos de Tibério.

109. Macróbio, *Saturnais* 2.5.3; 2.5.6; 2.5.8.

110. Ver Ovídio, *Fasti* 2.127f sobre o evento. Sobre a consagração de Júlio César, ver Beard, North e Price (1998), Vol. 1, 208.

111. Veleio Patérculo, 2.100; Sêneca, *de Beneficiis* 6.32; Plínio, o Velho, *Naturalis Historia* 21.8-9; Tácito, *Anais* 3.24; Suetônio, *Augusto* 64-5; Dião Cássio, *História de Roma* 55.10.12-16. Ver também Syme (1984) sobre "a crise de 2 a.C.".

112. Dião Cássio, *História de Roma* 55.10.14.

113. Ver Ferrill (1980) para uma visão geral dos estudiosos sobre o destino de Júlia.

114. Sêneca, *De Brevitate Vitae* 4.5: tradução de Richlin (1992), 68.

115. Edwards (1993), 42-7 e Fischler (1994), 118-19 sobre adultério e injúrias políticas.

116. Varner (2004), 46.

117. Linderski (1988), 190. Ver Suetônio, *Augusto* 65 e 101; Dião Cássio, *História de Roma* 56.32.4.

118. Wood (1999), 30.

119. Wood (1999), 30 e 74; C. B. Rose (1997), 21 e Varner (2006), 86-8 sobre o possível tratamento dispensado aos retratos de Júlia após seu exílio.

120. Wood (1999), 69-70, e Fantham (2006), 137.

121. Sobre os julgamentos posteriores de Júlia, ver Fantham (2006), capítulo 10.

122. Suetônio, *Tibério* 11 e 15; Barrett (2002), 52.

123. Ver Olson (2008), 15, sobre a *toga virilis*.

124. C. B. Rose (1997). 18.

125. Barrett (2002), 53 para uma síntese.

126. Potter (2007), 55. Uma exceção óbvia evidentemente foi a Britânia, conquistada por Cláudio em 43 d.C.

127. Suetônio, *Augusto*. 97-9; Veleio Patérculo 2.123.

128. Dião Cássio, *História de Roma* 56.42-6.

129. Tácito, *Anais* 1.5-6: Dião Cássio, *História de Roma* 56.30.

130. Essas questões aparecem novamente nos capítulos 4 e 6 com relação a Agripina, a Menor, e Plotina: ver Barrett (1996), 24-5 sobre comparação de Agripina.

131. *My Turn: The Memoirs of Nancy Reagan* (1989), 216, citado por Caroli (1995), 279.

3. Conflitos familiares: A princesa do povo e as mulheres do reinado de Tibério

1. *Les femmes illustres, or Twenty heroick harangues of the most illustrious women from history*. Londres: Dormand Newman (1693), trad. James Innes.

2. Essa descrição da jornada de volta para casa de Agripina é baseada em um excerto de Tácito, *Anais* 3.1.

NOTAS 369

3. Sobre a idade e a longevidade de Escribônia, ver Fantham (2006), 17-18 e 158, n. 30. Sabemos que ela ainda estava viva em 16, dois anos depois da morte de Júlia, visto que Sêneca (*Epistulae Morales* 70, 12) refere-se ao fato de ela ter dado um conselho a seu parente Escribônio Libo quando ele foi implicado numa conspiração contra Tibério.

4. A data de nascimento de Germânico foi 24 de maio de 15 ou 16 a.C. Optei por usar aqui a última.

5. Sobre a viagem entre Brundisium e Roma pela Via Ápia, ver Casson (1974). 199f.

6. Para uma descrição de Tibério, ver Suetônio, *Tibério* 21.

7. Suetônio, *Augusto* 101.

8. Dião Cássio, *História de Roma* 56.10 e 56.32. Ele se refere equivocadamente à soma de 100 mil sestércios em vez dos cem mil asses especificados pela *Lex Voconia*. Ver Barrett (2002), 175 sobre isso e sobre a *Lex Papia Poppaea* de 9, que restringia os direitos de herança de mulheres com menos de três filhos, com algumas exceções especiais, incluindo a própria Lívia: ver Dião Cássio, *História de Roma* 55.2.5-6. Sobre os valores das diferentes formas da moeda romana: *Oxford Classical Dictionary*, 3 ed., s.v. "Roman coinage".

9. Crawford (1976), 39; Barrett (2002), 174-5 e 183.

10. Tácito, *Anais* 1.8; Suetônio, *Augusto* 101; Dião Cássio, *História de Roma* 56.46.1. Cf. Barrett (2002), 151; C. B. Rose (1997), 22.

11. Ver Flory (1987), 113 e *passim,* sobre a história e o significado do nome Augusta e para uma visão geral de quem recebeu o título durante a era júlio-claudiana.

12. Flory (1987), 114 sobre a prevalência dessa crença no século XIX; também Barrett (2002), 154.

13. Tácito, *Anais* 1.14; Suetônio, *Tibério* 50. Cf Flory (1987), 121.

14. Wood (1999), 90.

15. Dião Cássio, *História de Roma* 57.12.2; Tácito, *Anais* 2.42; Josefo, *Antiguidades* 17.1.1; C. B. Rose (1997), 23 sobre a resposta de Tibério para o embaixador de *Gythium*, em Esparta.

16. Barrett (2002), 164-5.

17. Ver Treggiari (1975) sobre esses indivíduos.

18. Ovídio, *Epistulae ex Ponto* 3.1, tradução minha.

19. *Senatus Consultum de Cn. Pisone Patre:* ver Griffin (1997), 252.

20. Dião Cássio, *História de Roma* 57.12.2.

21. Dião Cássio, *História de Roma* 57.12.5: cf. Purcell (1986), 90.

22. Suetônio, *Augusto* 50. Cf. Dião Cássio, *História de Roma* 61.33.12 sobre Agripina, a Menor, ter acompanhado Cláudio para supervisionar os esforços no combate ao fogo em uma demonstração do desejo de compartilhar o poder com ele. Isso indica que este era um dos deveres de imperadores interessados e suas famílias, e ainda assim podia ser visto como a tentativa de uma mulher se tornar visível demais.

23. Eu sigo a linha adotada por Susan Wood, que, por sua vez, segue a teoria de Rolf Winkes sobre a datação das representações de Lívia: ver Wood (1999), 91-5; cf. Winkes (2000) e Bartman (1998).

24. Virgílio, *Eneida* 1.279.

25. Ver Fejfer (2008), 345 sobre representações de homens e mulheres.

26. Purcell (1986), 91-2, e nn. 76-7.

370 AS PRIMEIRAS-DAMAS DE ROMA

27. Ver Caroli (1995), capítulo 2, sobre as primeiras-damas do século XIX.
28. Kokkinos (2002), II.
29. *Consolatio ad Liviam* 299-328.
30. Kokkinos (2002), 15-16. Sobre *univirae* e opções em relação ao casamento de divorciados, ver Gardner (1986), 51.
31. Kokkinos (2002), 16 e 148: cf. Valério Máximo 3.3.
32. Sobre os criados de Antônia, ver Kokkinos (2002), 57-65 e Treggiari (1973).
33. Crawford (1976), 43; ver também Kokkinos (2002), 71-2.
34. Kokkinos (2002), 75-7.
35. Sobre mulheres que administravam sua vida e seus próprios negócios, ver Gardner (1986), 21-2, e 234-5. Sobre a criação de crianças sob a égide de Lívia e Antônio, ver, por exemplo, Suetônio, *Oto* 1.
36. Kokkinos (2002), 25.
37. Josefo, *Antiguidades* 18.143; cf. 18.165.
38. Ver Suetônio, *Cláudio* 2-4.
39. Suetônio, *Cláudio* 2.
40. Suetônio, *Cláudio* 4.
41. Suetônio, *Cláudio* 3.
42. Suetônio, *Cláudio* 41.
43. *Senatus Consultum de Cn. Pisone Patre:* ver Griffin (1997), 253.
44. Wood (1999), 160 e 175.
45. Erhart (1978), 194.
46. Antônia da Casa Wilton: ver Erhart (1978); Wood (1999), 158-62; Kokkinos (2002), 122-5; Kleiner e Matheson (1996), 60.
47. Sobre o grupo de estátuas de Léptis Magna: Kokkinos (2002), 109-10; Wood (1999), 110-11; Barrett (2002), 208; C. B. Rose (1997), 29. Druso, o Menor, era ladeado por sua mãe, Vipsania, e sua esposa Livila.
48. C. B. Rose (1997), 30.
49. Sobre a data do nascimento de Agripina, a Maior, ver o capítulo 2.
50. Suetônio, *Augusto* 86. The *Senatus Consultum de Gn. Pisone Patre* também comenta a estima de Augusto pela neta Agripina: ver Griffin (1997), 253.
51. Hicks (2005a), 68; Rendall (1996) Tácito, *Anais* 1.33.
52. Ver Tácito, *Anais* 2.43.6, sobre a fertilidade celebrada de Agripina.
53. Suetônio, *Calígula* 8-9.
54. Tácito, *Anais* 1.41. Ver O'Gorman (2000), 71-2 sobre as semelhanças entre a passagem e Veleio Patérculo 2.75.3 quando Lívia foge com seu bebê Tibério nos braços. Cf. Suetônio, *Augusto* 48 e Dião Cássio, *História de Roma* 57-5-2 para versões alternativas da história.
55. Barrett (1996), 27 sobre a gravidez de Agripina.
56. Tácito, *Anais* 1.69.
57. Tácito, *Anais* 3-33.
58. Tácito, *Anais* 3.34.
59. Ver Santoro L'hoir (1994).
60. Tácito, *Anais* 1.69.

NOTAS

61. Tácito, *Anais* 2.41. Ver Flory (1998) sobre a presença de mulheres em triunfos romanos, esp. 491-2 sobre o triunfo de Germânico.
62. Tácito, *Anais* 2.42.
63. Kokkinos (2002), 17 e 43.
64. Wood (1999), 145 sobre essa ideia.
65. Tácito, *Anais* 2.59.
66. C. B. Rose (1997), 24-5.
67. Wood (1999), 217-37 sobre os tipos de representações de Agripina. Sobre cabelos encaracolados e fertilidade, ver Wood (1999). 130-1 e 228.
68. Tácito, *Anais* 1.33 e 2.43.
69. *Das Senatus Consultum de Cn. Pisone Patre:* ver Griffin (1997), 253. Ver também Tácito, *Anais* 412.
70. Josefo é nossa fonte para essa história, embora ele dê versões com pequenas variações dela nas *Antiguidades* (17.1.1) e na *Guerra dos Judeus* (1.28.6): na última, Lívia é a intermediária para o pedido de Salomé a Herodes por permissão para casar-se com Syllaeus, mas Salomé é forçada a casar-se contra a vontade com a escolha de Herodes, Alexas.
71. Tácito, *Anais* 2.34.
72. Tácito, *Anais* 4.22.
73. Ver Fischler (1994), 126f sobre atitudes em relação à interferência das mulheres no processo judicial.
74. Tácito, *Anais* 2.43 e 2.55.
75. Tácito, *Anais* 2.71-75.
76. Tácito, *Anais* 2.82; 3.3 e 3.6.
77. Tácito, *Anais* 3.10-15.
78. Sobre a descoberta do quadro, ver Eck, Caballos e Fernandez (1996); também Griffin (1997), 249-50, e a análise de Eck, Caballos e Fernandez por Harriet Flower, na *Bryn Mawr Classical* Review 97.7.22.
79. Ver Griffin (1997), 258 e Flower (2006), 250 sobre a precisão factual de Tácito; também Kokkinos (2002), 38.
80. Tácito, *Anais* 3.17.
81. Trad. M. Griffin (1997), 252: linhas 111-120.
82. Ver também o *Consolatio ad Liviam* 47-50 para a repetição da mesma ideia.
83. C. B. Rose (1997), 26 sobre o arco significar um marco para as mulheres; Ver também Flory (1998), 491-2; e Kokkinos (2002), 37-9.
84. Trad. M. Griffin (1997), 253: linhas 136-146. Adaptei a tradução "Lívia" para deixar claro que a mulher em questão é a irmã de Germânico, Livila.
85. Tácito, *Anais* 3.4,
86. O filho de Druso, o Menor, Tibério Gemelo, era o quarto possível candidato ao trono. Contudo, ver Tácito, *Anais* 4.3 onde Tibério afirma que a partir de então convocaria os filhos de Germânico a lhes fornecer apoio durante seu reinado.
87. Tácito, *Anais* 4.12.
88. Barrett (2002), 172.

89. Eu concordo com Wood (1999), 109, que argumenta que este é, de fato, um retrato de Lívia, e não uma personificação: cf. Barrett (2002), 93.
90. C. B. Rose (1997), 28.
91. Wood (1999), 209 sobre formas de transporte para as mulheres; Flory (1987), 119 sobre acúmulo de honras das vestais.
92. Dião Cássio, *História de Roma* 57.12.6 sobre as pessoas segundo as quais a intimidação de Lívia atraíra Tibério para Capri; Tácito, *Anais* 4.57 para a versão alternativa de que foram as intrigas de Sejano que o compeliram a ir.
93. Suetônio, Tibério 51.
94. Tácito, Anais 4.52.; cf. Suetônio, *Tibério* 53 sobre Agripina ter dito mais do que seria prudente sobre a morte de seu marido.
95. Tradução minha de Suetônio, *Tibério* 53; mesma linha citada em Tácito, *Anais* 4.52.
96. Tácito, *Anais* 4.53.
97. Tácito, *Anais* 4.54. Ver Barrett (2002), 98 sobre Agripina ter sido colocada em prisão domiciliar.
98. Ver Treggiari (1975).
99. O veterano da Primeira Guerra Mundial Henry Allingham, que morreu em 2009 aos 113, atribuía sua longevidade a "uísque e mulheres selvagens", enquanto segundo relatos a dieta de Jeanne Calment incluía muito vinho do porto, a mulher mais velha do mundo antes de ter falecido em 1997 aos 122 anos. Sobre a dieta e o tratamento satírico dispensado aos idosos, ver Parkin (2002), 253. Sobre o amor de Lívia pelo vinho da região de Pucinum, ver Plínio, o Velho, *Naturalis Historia* 14.8.
100. Ver Barrett (2002), Apêndice 5 sobre as datas de nascimento e morte de Lívia.
101. Veleio Patérculo, 2.130; cf. Suetônio, *Tibério* 51 e Tácito, *Anais* 5.1.
102. Davies (2000), 103.
103. Dião Cássio, *História de Roma* 58.2. Ver Barrett (2002), 188f sobre a caridade de Lívia.
104. Dião Cássio, *História de Roma* 58.2; também Dião Cássio, *História de Roma* 54.35.5 e Flory (1993), 305-6 sobre as honras funerárias de Otávia e Lívia. Tácito, *Anais* 5.2 sobre a rejeição da deificação de Lívia.
105. Calígula e Nero eram descendentes de Augusto por Agripina, a Maior, filha de Júlia; o único vínculo entre Cláudio e Augusto era a avó do primeiro, Otávia.
106. Ver Wood (1999). 121-2 sobre o exemplo de Léptis Magna.
107. Barrett (2002), 223.
108. Ver Claudiano, *Epithalamium* 10, sobre o casamento do imperador Honório e Maria, quando o noivo deu à noiva algumas das joias de Lívia; o fato é discutido posteriormente nos capítulos 4 e 9.
109. Tácito, *Anais* 5.1.
110. Tácito, *Anais* 5.3.
111. Tácito, *Anais* 5.4; 6.23; Suetônio, *Tibério* 53.
112. Staley (1965), 10; Duffy (1995), 212.
113. Hicks (2005a), 45-6.
114. *The Gentleman's Magazine,* 28 de dezembro de 1800. Ver Flora Fraser (1986), *Beloved Emma: The Life of Lady Emma Hamilton* (Londres: Weidenfeld & Nicolson), 276-8 sobre o episódio.

NOTAS 373

115. Tácito, *Anais* 6.26.
116. Tácito, *Anais* 5.3.
117. Josefo, *Antiguidades* 18.181-2.
118. Dião Cássio, *História de Roma* 58.11.3-7. Tácito, *Anais* 4.11 sobre o papel de Apicata. Ver Wood (1999), 181-4 sobre a morte de Livila.
119. Tácito, *Anais* 6.2. Sobre Livila como a primeira, ver Kleiner (2001), 49-50. Sobre o *damnatio memoriae* de uma forma geral, ver Flower (2006), Elsner (2004) e Varner (2001) e (2004).

4. *Bruxas do Tibre: As últimas imperatrizes júlio-claudianas*

1. Uma descrição de Lívia em uma avaliação de *I, Claudius* da BBC por Gerald Clarke, na revista *Time*, Segunda-feira, 14 de novembro de 1977: citada em Joshel (2001), 153.
2. Charlotte Brontë, *Jane Eyre* (1847), 338 (Penguin Classics).
3. Tácito, *Anais* 14.9.3.
4. Ver D'Arms (1970), 134ff sobre as atrações da Baía de Nápoles.
5. Suetônio, *Augusto* 64.2, sobre a carta para L. Vinícius: "Você demonstrou péssimos modos ao visitar minha filha em Baias."
6. Sobre o lago de peixes, ver Plínio, o Velho, *Naturalis Historia* 9.172. Sobre Antônia ter herdado a vila, ver d'Arms (1970), 68-9. Sobre a identificação de Bauli como Bacoli, e a localização da vila de Antônia, ver D'Arms (1970) 181, e Kokkinos (2002), 153.
7. Suetônio, *Nero* 5.
8. Suetônio, *Tibério* 75.
9. Suetônio, *Calígula* 23; cf. Dião Cássio, *História de Roma* 58.7.
10. Suetônio, *Calígula* 27; 32; 37; sobre a morte de Tibério, ver *Calígula* 12; cf. *Tibério* 73 para uma versão alternativa.
11. Suetônio, *Calígula* 15; Dião Cássio, *História de Roma* 59.3.3-5. A inscrição da urna de cinzas de Agripina foi recuperada da ilustração do mausoléu: em Kokkinos (2002), 29, fig. 18.
12. C. B. Rose (1997). 32
13. C. B. Rose (1997), 33: sobre as personificações de *Securitas, Concordia* e *Fortuna.*
14. Suetônio, *Calígula* 15 e *Cláudio* 11.2. Ver Flory (1993), 123-4 sobre evidências para a conferência póstuma do título e o desenvolvimento do significado de Augusta através do período inicial do Império Romano.
15. Sobre Júlia Claudila, ver Suetônio, *Calígula* 12; Sobre Lívia Orestila, Lolia Paulina e o nascimento de Júlia Drusila, ver Suetônio, *Calígula* 25; sobre Cesônia, ver Dião Cássio, *História de Roma* 59.23.7 e Suetônio, *Calígula* 25.
16. Ver Wood (1999). 211. Sobre promiscuidade, incesto e sobre as consequentes preocupações daninhas a respeito do reinado feminino através da história, ver Hunt (1991), 123; também Heller (2003).
17. Ver C. B. Rose (1997), 35-6.
18. Kokkinos (2002), 36.
19. Suetônio, *Calígula* 23.
20. Sobre o exílio de Agripina, a Menor, e Júlia Livila, ver Dião Cássio, *História de Roma* 59.22.8. Sobre o assassinato de Cesônia, ver Josefo, *Antiguidades* 19.2.4.

374 AS PRIMEIRAS-DAMAS DE ROMA

21. Suetônio, *Cláudio* 10.
22. Suetônio, *Cláudio* 11; Dião Cássio, *História de Roma* 60.5.2. Ver Flory (1995) sobre a deificação de mulheres romanas.
23. Barrett (1996), 84 sobre a propriedade de Crispo Passieno.
24. Cláudio teve dois filhos do primeiro casamento, um menino, que morreu em um acidente, e uma menina, Cláudia, que desonrou depois de divorciar-se da mãe dela. Cláudia Antônia, sua filha com Aélia Paetina, foi banida durante o reinado de Nero, depois de recusar-se a casar com o imperador logo depois da morte de Popeia.
25. A mãe de Messalina, Domícia Lépida, era filha da irmã mais velha de Antônia, a Menor — Antônia, a Maior. O pai de Messalina, Marco Valério Messala Barbato, era filho de outra filha de Otávia, Cláudia Marcela, a Menor.
26. Dião Cássio, *História de Roma* 60.22.2 e Suetônio, *Cláudio* 17. Sobre Messalina no triunfo de Cláudio, ver Flory (1998), 493.
27. Dião Cássio, *História de Roma* 60.12.5.
28. Juvenal, *Sátiras* 6.117; cf. Wyke (2002), 325, n. 6.
29. Sobre Dumas, ver Wyke (2002), 324, n. 3; sobre Sade, ver Cryle (2001), 283, citando Sade, *Oeuvres complètes* 9:44; sobre propagandas contra doenças venéreas, ver Kidd (2004), 343-4. Ver também Wyke (2002), 390 e n. 82 sobre Messalina como uma estrela de filmes adultos.
30. Juvenal, *Sátiras* 6.117-32.
31. Dião Cássio, *História de Roma* 60.18.1-3. De acordo com relatos, Augusto também usou esse tipo de prática sexual.
32. Plínio, o Velho, *Naturalis Historia* 10.172. O registro como recorde mundial pode ser encontrado em A. Klynne, C. Klynne e H. Wolandt (2007) *Das Buch der Antiken Rekorde* (C. H. Beck Verlag, Munique). Não vi o volume em questão, mas sua publicação foi coberta pela imprensa britânica.
33. Dião Cássio, *História de Roma* 60.8.5; Tácito, *Anais* 14.63.2; Suetônio, *Cláudio* 29 e Sêneca, *Apocolocyntosis* 10.4. Sobre a urna de Livila, ver Davies (2004), 103: Braccio Nuovo inv. 2302. Sobre o episódio como um todo, ver Barrett (1996), 81-2.
34. Sobre Ápio Silano, ver Dião Cássio, *História de Roma* 60.14-2-4; sobre Marcos Vinícius, ver Dião Cássio, *História de Roma* 60.27.4. Outras vítimas incluem Catonius Justus, guarda pretoriano que ameaçou informar Cláudio sobre o comportamento escandaloso de Messalina: ver Dião Cássio, *História de Roma* 60.18.3. Sobre a neta de Antônia, Júlia, filha de Druso, o Menor, ver Dião Cássio, *História de Roma* 60.18.4. Ver Bauman (1992), 170 sobre os ecos do comportamento sexual agressivo de Fúlvia em Messalina.
35. Meus agradecimentos a Simon Goldhill por apontar o detalhe para mim.
36. Dião Cássio, *História de Roma* 60.14.3-4; 60.15.5-16.2 sobre tramas dos homens libertos; Suetônio, *Cláudio* 29 e Dião Cássio, *História de Roma* 60.18 sobre o imperador estar à mercê de homens libertos e esposas.
37. Seus supostos amantes incluíam o ator Mnester e o homem liberto Políbio.
38. Barrett (1996). 88.
39. Tácito, *Anais* 11.11.
40. Tácito, *Anais* 11.1-3; cf. Dião Cássio, *História de Roma* 60.27.2-4. O fato de haver relatos sobre outras mulheres da história imperial — entre as quais Pulquéria — que eliminaram

NOTAS 375

oponentes a fim de porem as mãos num jardim ou vinha indica que estereótipos eram reciclados ao longo dos séculos.

41. De acordo com uma notícia do *Times,* 17 de maio de 2007, restos de mosaicos dos jardins foram revelados durante escavações a 9 metros abaixo do solo, perto da Escadaria de Espanha.

42. Esse relato é baseado especialmente em Tácito, *Anais* 11.26-38, que apresenta o relato completo do episódio. Ver também Dião Cássio, *História de Roma* 60.31.1-5, e Suetônio, *Cláudio* 36-7.

43. Tácito, *Anais* 11.27.

44. Fagan (2002), e Wood (1992), 233-4 sobre as possíveis razões da queda de Messalina.

45. Hunt (1991), 122 sobre Maria Antonieta e Messalina.

46. Flower (2006), 185 e C. B. Rose (1997), 41.

47. Ver Wood (1992) e (1999), 2.76f.

48. Robert Graves (1934), *I, Claudius,* 381 (Londres: Penguin, 2006) [*Eu, Cláudio, Imperador* (A Girafa, 2007)].

49. *Otávia* 266-8.

50. Ps-Sêneca, *Apocolocyntosis* 11.

51. Wyke (2002), 335-43 sobre a peça de Cossa, e ver também capítulos 9-10 *passim* para mais exemplos da recepção de Messalina durante o final do século XIX e o século XX.

52. Ver Ginsburg (2006), 17 sobre essa reunião.

53. Sobre a lei contra o incesto, ver Gardner (1986), 36-7; e Bauman (1992), 180.

54. C. B. Rose (1997). 42; Ginsburg (2006), 57.

55. Sobre as moedas com retratos de Agripina, ver Wood (1999), 289-91 e C. B. Rose (1997), 42.

56. Wood (1999). 306-7; Ginsburg (2006), 91f.

57. Tácito, *Anais* 12.7.3,

58. Tácito, *Anais* 12.26. Flory (1987), 125-6 e 129-31 sobre a mudança do significado de Augusta. Sobre Agripina promover o filho como herdeiro, ver, por exemplo, Dião Cássio, *História de Roma* 60.33.9.

59. Tácito, *Anais* 12.27.1. Ver Barrett (1996), 114-15.

60. Barrett (1996), 124.

61. Sobre os tipos de esculturas de Agripina e a semelhança com seus pais, ver Ginsburg (2006), 81; Wood (1999). 297.

62. Tácito, *Anais* 12.37.4; Dião Cássio, *História de Roma* 60.33.7.

63. Suetônio, *Calígula* 25.

64. Sobre Agripina como *dux femina,* ver Santoro L'hoir (1994). 21-5, e *passim;* também Ginsburg (2006), 26-7.

65. Suetônio, *Cláudio* 18; Tácito, *Anais* 12.43 sobre a escassez de grãos; Barrett (1996), 121-2 sobre esse período.

66. Tácito, *Anais* 12.56-57; Dião Cássio, *História de Roma* 60.33.3.

67. Plínio, o Velho, *Naturalis Historia* 33.63; Tácito, *Anais* 12.56.3.

68. Tácito, *Anais* 12.57.

69. Tácito, *Anais* 12.7.2.

376 AS PRIMEIRAS-DAMAS DE ROMA

70. Tácito, *Anais* 12.22.1-3; Dião Cássio, *História de Roma* 60.32.4.

71. Ver O'Gorman (2000), 71-2 e 129-32 sobre paralelos entre Lívia e Agripina, a Menor, de acordo com Tácito.

72. Morte de Cláudio: Suetônio, *Cláudio* 43-5; Tácito, *Anais* 12.66-9; Dião Cássio, *História de Roma* 60.34.1-3; Josefo, *Antiguidades* 20.8.1.

73. Sobre o Sebasteion de Afrodisias, ver Smith (1987); também Ginsburg (2006), 89; e C. B. Rose (1997), 47-8, e Gradel (2002), 21.

74. C. B. Rose (1997), 47. Wood (1999), 293 observa que, embora Antônio e Otávia já tivessem sido representados numa pose semelhante, estas foram cunhagens das casas orientais de Antônio, e não de Roma.

75. Dião Cássio, *História de Roma* 61.3.2.

76. Tácito, *Anais* 13-2.3.

77. Ibid.

78. Suetônio, *Vespasiano* 9. Gradel (2002), 68: o templo mais tarde seria novamente destruído, embora a Forma Urbis nos dê uma ideia da sua planta baixa.

79. Tácito, *Anais* 13.5.1. Barrett (1996), 150: a prática de o Senado reunir-se no Palatino não era inédita, mas certamente nunca foi usada para a conveniência de uma mulher.

80. Tácito, *Anais* 13.5.2. Há um paralelo moderno surpreendente com Julia Tyler; a vivaz segunda esposa do décimo presidente dos EUA, John Tyler (1841-5), aparentemente ofendeu convidados ao recebê-los sentada sobre uma plataforma suspensa: Caroli (1995), 46.

81. Tácito, *Anais* 13.6.2.

82. Suetônio, *Nero* 52. Santoro L'hoir (1994), 17-25 para mais informações sobre a educação de uma mulher para o poder.

83. Tácito, *Anais* 13.12.1.

84. Tácito, *Anais* 13.12-13; Suetônio, *Nero* 28 afirma que Agripina e Nero consumaram a paixão numa liteira, e que ele até mesmo escolheu uma amante que se parecia com ela.

85. Tácito, *Anais* 13.1.3.

86. Dião Cássio, *História de Roma* 61.7.3; Tácito, *Anais* 14.

87. Tácito, *Anais* 13.15-16.

88. Tácito, *Anais* 13.18-19. Suetônio, *Nero* 34.

89. Tácito, *Anais* 13.21.5.

90. Tácito, *Anais* 13.19-22 sobre todo o episódio.

91. A respeito da posse de Agripina sobre a vila de Antônia, ver Tácito, *Anais* 13.18.5; Bicknell (1963); Kokkinos (2002), 154-5.

92. Tácito, *Anais* 13.45-6; cf. Suetônio, *Oto* 3.

93. Juvenal, *Sátiras* 6.462. Sobre a reputação dos hábitos de Popeia, ver Griffin (1984), 101; sobre a coincidência do nome de Cláudia Otávia, ver Vout (2007), 158.

94. Ver Vout (2007), 158-9.

95. O que se segue se baseia muito em Tácito, *Anais* 14.3f; ver também Dião Cássio, *História de Roma* 62.12-13.

96. Tácito, *Anais* 14.4.4.

97. Dião Cássio, *História de Roma* 62.13.5.

98. Jean de Outremeuse, século 14: citado em G. Walter (1957), *Nero,* 264 (Londres: Allen & Unwin). Ver também Elsner e Masters (1994), 1.

NOTAS

99. Tácito, *Anais* 14.12.1.

100. Suetônio, *Nero* 39. Os números gregos são expressos por letras. Se convertermos as letras do nome de Nero escrito em grego para números, sua soma é 1.005, exatamente como acontece às letras para a frase em grego "assassinou sua própria mãe": ver nota na tradução de Graves.

101. Suetônio, *Nero* 34.

102. *Octavia*, 629-45. O assunto da peça é o destino de Cláudia Otávia, primeira esposa de Nero, de quem ele se divorciou e baniu para Pandateria a fim de poder se casar com Popeia. Mais tarde, ela foi condenada à morte.

103. *Otávia*, 609-11. Sobre a contestação à autoria de Sêneca e a peça na posteridade, ver Kragelund (2007), 24f.

104. Kragelund (2007), 27.

105. Ginsburg (2006), 80; ver também Wood (1999), 251-2.

106. Moltesen e Nielsen (2007), esp. 9-10, 113 e 133.

107. Ver Dean e Knapp (1987), 114-19 sobre a ópera de Handel.

108. Wood (1999), 302-4 sobre a tradição escultural póstuma de Agripina.

109. Tácito, *Anais* 14.9.1.

110. *Letters Written in France in the Summer 1790: Helen Maria Williams,* ed. N. Fraistat, e S. S. Lanser, (2001), 173 (Peterborough, Ontario Broadview Press).

111. Tácito, *Anais* 4.53.3; Plínio, o Velho, *Naturalis Historia* 7.46.

112. Ver Hemelrijk (1999), 186-8 sobre as "memórias" de Agripina.

113. William Wetmore Story, *Poems* 1:16 citado por W. L. Vance (1989), em *America's Rome* (New Haven and London: Yale University Press).

5. *A pequena Cleópatra: Uma princesa judia e as primeiras-damas da dinastia flaviana*

1. "Kleopatra im kleinen": Theodor Mommsen, *Römische Geschichte,* V, 540 (1885).

2. *Berenice*, Ato IV, linhas 1208-9, trad. R. C. Knight (1999).

3. Sobre a aparição simultânea das duas obras e da popularidade do conto na França e na Inglaterra do século XVII, ver Walton (1965), 10-16; sobre o tema de Roma na Europa da modernidade, ver Schroder (2009), 390. Ver também o apêndice de Jordan (1974) para uma análise detalhada das aparições de Berenice na literatura pós-Antiguidade.

4. Walton (1965), 12. Marie Mancini: ver Antonia Fraser (2006) *Love and Louis XIV: The Women in the Life of the Sun-King,* 52 (Londres: Weidenfeld & Nicolson) [*O Amor e Luís XIV — As Mulheres na Vida do Rei Sol* (Record, 2010)]; também Schroder (2009), 392. Para o envolvimento de Henrietta, ver L. Auchincloss (1996), *La Gloire: The Roman Empire of Corneille and Racine* (Columbia, SC: University of South Carolina Press), 61-2, citando o prefácio de Voltaire para *Tite et Berenice.*

5. Esse relato das atividades de Agripa é baseado em Josefo, *Antiguidades 18.6.* Ver também Jordan (1974), 30-48.

6. Josefo, *Antiguidades* 19.5.1.

378 AS PRIMEIRAS-DAMAS DE ROMA

7. Josefo, *Antiguidades* 18.8.2; 19.4.1; 19.5.1.
8. Josefo, *Antiguidades* 19.5-1.
9. Josefo, *Antiguidades* 19.8.2 e 20.5.2.
10. Josefo, *Antiguidades* 20.78.3. Sobre o rumor de incesto, ver *Antiguidades* 20.145; Juvenal, *Sátiras* 6.157-8. O casamento com seu tio Herodes produziu dois filhos, Bernicianus e Hyrcanus, mas pouco se sabe sobre eles.
11. Macurdy (1935), 246 e Jordan (1974), 113.
12. O apelo por clemência em nome de Justos data do período da Revolta Judaica: Josefo, *Vida* 65. Sobre a audiência com São Paulo, *Atos* 25-6. Sobre Berenice como uma mulher de posses, ver Jones (1984), 61.
13. Josefo, *Guerra dos Judeus* 2.15.1.
14. Josefo, *Guerra dos Judeus* 2.16-17.1.
15. Suetônio, Vespasiano 4; Josefo, *Guerra dos Judeus* 3.1-2.
16. Josefo, *Guerra dos Judeus* 3.7.
17. *Agrippa's Daughter,* 234-5 (edição de 1981).
18. *The Jew of Rome* (1935), 94-5.
19. Tácito, *Histórias* 2.2.
20. Vout (2007), 158.
21. Suetônio, *Nero* 35; Tácito, *Anais* 16.6.1-2.
22. Suetônio, *Nero* 49; Dião Cássio, *História de Roma* 63.29.2.
23. Suetônio, *Galba* 5; Barrett (2002), 223.
24. Suetônio, *Oto* 1 sobre os vínculos com Lívia.
25. Tácito, *Histórias* 2.81.
26. Cf. Crook (1951), 163.
27. Suetônio, *Galba* 1.
28. Suetônio, *Vespasiano* 20-2 sobre a personalidade e os passatempos do novo imperador.
29. Boyle e Dominik (2003), 4-5 e 10-11 sobre o comportamento populista de Vespasiano e a criação de uma nova aristocracia do poder.
30. Suetônio, *Oto* 10.
31. Tácito, *Histórias* 2.64 sobre Galena Fundana, e 2.89 sobre Sextília. Cf. Suetônio, *Vitélio* 14 onde é dito que Vitélio morreu de fome ou deu veneno à mãe, caracterizando-o como outro Nero. Flory (1993), 127-8 sobre a concessão do título de Augusta.
32. Suetônio, *Vespasiano* 3; Dião Cássio, *História de Roma* 65.14.
33. Dião Cássio, *História de Roma* 65.14 sobre a influência e a riqueza de Caenis.
34. Richardson (1992), 48.
35. Trad. Kokkinos (1992), 58. O altar foi mostrado numa exibição sobre Vespasiano no Coliseum em 2009.
36. Site oficial de Lindsey Davis, referindo-se ao seu romance de 1997 *The Course of Honour.*
37. Suetônio, *Domiciano* 12.
38. Ver Kleiner (1992b), 177-81 e (2000), 53 sobre representações das mulheres flavianas e a ausência de uma tradição nos reinados de Vespasiano e Tito.
39. Ver Varner (1995), 188.
40. McDermott e Orentzel (1979). 73 Phyllis: Suetônio, *Domiciano* 17.

NOTAS 379

41. Dião Cássio, *História de Roma* 65.15.3-4 sobre a chegada de Berenice a Roma. Para argumentos sobre a cronologia da sua chegada e partida, ver Braund (1984) e Keaveney e Madden (2003).
42. Dião Cássio, *História de Roma* 65.15.4; ver também Braund (1984).
43. Juvenal, *Sátiras* 6.156-7. Croom (2000), 128 e Roussin (1994), sobre o costume judaico de não produzir representações.
44. Não devemos inferir que Juvenal estivesse simplesmente seguindo as tendências de desaprovação, mas parodiando a reação propriamente dita.
45. Ver Livy, 5.50.7; 34.1-8; Olson (2008), 106. Para citações posteriores das matronas romanas do século IV, ver Hicks (2005a), 43 e 65.
46. Treggiari (1975), 55.
47. Sobre joias romanas e as atitudes relativas à sua exibição, ver Fejfer (2008), 345-8; Wyke (1994) e Olson (2008), 54-5 e 80f.
48. Jordan (1974), 212.
49. Quintiliano, *Institutio Orationis* 4.1.19.
50. Ver Crook (1951), 169-70 e Young-Widmaier (2002) para interpretações desse episódio.
51. Dião Cássio, *História de Roma* 65.155.
52. O *Epitome de Caesaribus* 10.4 afirma que Tito na verdade mandou matar Cecina por suspeitar que ele havia estuprado Berenice. Isso contraria os relatos de Suetônio e Dião Cássio: ver Crook (1951), 167. Sobre a reação à estadia de Berenice em Roma de forma geral, ver Braund (1984).
53. Suetônio, *Tito* 7; também Boyle (2003), 59, n. 180.
54. Suetônio, *Tito* 7.
55. Sobre o possível retorno de Berenice, ver Dião Cássio, *História de Roma* 66.18.1; também B. W. Jones (1984), 91.
56. A única pista que temos em relação aos movimentos dela depois desse ponto está na descoberta nos anos de 1920 de uma inscrição em Beirute, registrando a inauguração de uma colunata no local por Berenice: ver Boyle (2003), 59, n. 180; Macurdy (1935), 247 e Hall (2004), 63.
57. *Daniel Deronda,* capítulo XXXVII, 392-3 (Paz e Terra).
58. Dião Cássio, *História de Roma* 66.26.3 e Suetônio, *Tito* 10. Burns (2007), 93 sobre a frase como um possível lamento por Berenice.
59. Suetônio, *Domiciano* 3.1. Popeia e sua bebê, Cláudia Otávia, receberam ambas o título de Augusta, mas não há evidência de que o mesmo tenha acontecido a Estatília Messalina, terceira e última esposa de Nero. Ver Flory (1987). 12.6.
60. Varner (1995), 194.
61. Flory (1987), 129-31.
62. Varner (1995), 194.
63. Suetônio, *Domiciano* 8. Templo de Minerva: Loven (1998), 90.
64. Ummidia Quadratilla: D'Ambra (2007), 134; e Plínio, o Jovem, *Epistulae* 7.24.
65. Boyle (2003), 24f.
66. Marcial, *Epigramas* 8.36. Ver Tomei (1998), 45-53 sobre a Domus Flavia.
67. Matheson (2000), 73 e 216.

380   AS PRIMEIRAS-DAMAS DE ROMA

68. Ver também Bartman (2001), 10 sobre como um material tecido de forma frouxa e endurecido com cera de abelha ou resina podia ser usado como molde para o penteado.
69. Ovídio, *Amores* 1.14.1-2 e 42-3. Sobre as tintas usadas nos cabelos das mulheres, ver também Olson (2008), 72-3.
70. Ver sessão de prataria para uma ilustração do penteado do Museu Britânico.
71. Juvenal, *Sátiras* 6.490.
72. Lefkowitz e Fant (1992), n. 334 *(8959)*.
73. Juvenal, *Sátiras* 6.502-4. Ver Fittschen (1996), 42 e 46 sobre as mulheres imitarem os estilos das imperatrizes.
74. Bartman (2001), 7-8.
75. Bartman (2001), 5f.
76. Ver Matheson (2000), 132 e n. 52. Ver Varner (1995) para detalhes completos sobre a tradição das representações de Domícia.
77. Kleiner e Matheson (1996), 169 e cat. n. 125. San Antonio Museum of Art: 86.134.99.
78. Bartman (2001), 8-9.
79. Dião Cássio, *História de Roma* 67.3.2.
80. Júlia e Demóstenes: Macróbio, *Saturnais* 1.11.17; Cláudia Otávia e flautista: Tácito, *Anais* 14.60. Ver Varner (2004), 86-7 e Vinson (1989), 440 sobre comportamentos sexuais impróprios como pretextos para ataques políticos.
81. D'Ambra (1993), 9.
82. Wood (1999), 317 sobre comparação com representações de Lívia; Kleiner (1992b), 178 sobre o diadema; cf. Varner (1995), 194-5, que diz que Domícia foi a primeira mulher cuja representação oficial incluía o diadema.
83. Ver Wood (1999), 21, n. 35.
84. Suetônio, *Domiciano* 22.
85. Dião Cássio, *História de Roma* 67.3.2.
86. Dião Cássio, *História de Roma* 67.4.2.
87. Suetônio, *Domiciano* 3.1; cf. *Domiciano* 22. Dião Cássio, *História de Roma* 67.3.2 afirma que o relacionamento de Júlia e Domiciano continuou até mesmo depois do retorno de Domícia.
88. McDermott e Orentzel (1979), 93.
89. Wood (1999). 318.
90. Juvenal, *Sátiras* 2.29-33. Ver também Plínio, o Jovem, *Epistulae* 4.11.7.
91. Sua canonização foi revogada pela Igreja Católica Apostólica Romana em 1969. Essa Flávia Domicília era a filha da filha de mesmo nome de Vespasiano.
92. Dião Cássio, *História de Roma* 67.15.2-4; Suetônio, *Domiciano* 14; Aurélio Vítor, *de Caesaribus* 11. Sobre as paredes espelhadas de Domiciano, ver Tomei (1998), 48.
93. Suetônio, *Domiciano* 1 e 17. Os corpos de Vespasiano e Tito, que a princípio haviam sido colocados no mausoléu de Augusto, mais tarde foram transferidos para cá: Johnson (2009), no. 8 do apêndice A.
94. Procópio, *História Secreta* 8.15-20.
95. Plínio, o Jovem, *Panegyricus [Panegírico]* 52.4-5, trad. em Varner (2004), 112-13.
96. Varner (1995), 202-5 e fig. 13, e Matheson (2000), 132.

NOTAS   381

97. Varner (1995), 205; McDermott e Orentzel (1979), 81f. Para mais inscrições em tijolos como evidências das posses das mulheres, ver Setala (1977).

6. Boas imperatrizes: As primeiras-damas do século II

1. Marguerite Yourcenar, Memoirs of Hadrian [Memórias de Adriano] [1951] (2000), 5, trad. Grace Frick.
2. Colosso de Memnon: Brennan (1998), 215-7; Hemelrijk (1999). 164-70.
3. Trad. Lefkowitz e Fant (1992), 10, n. 26.
4. Hemelrijk (1999), 164 e n. 87 sobre a erosão dos poemas.
5. Para um resumo útil da história da conquista imperial romana, s.v. "Rome" no Oxford Classical Dictionary, 1329.
6. Sobre a Historia Augustas não ser confiável: ver Goodman (1997), 4-5.
7. Ver Plínio, o Jovem, Panegírico 7-8; e Griffin (2000), 94-5.
8. Boatwright (2000), 61; Keltanen (2002), 140f.
9. O local de nascimento dela é deduzido do fato de que depois de sua morte Adriano mandou construir uma basílica em Nemauso em sua honra: ver McDermott (1977), 195 e Keltanen (2002), 109f sobre as origens de Plotina.
10. Boatwright (1991), 518 sobre o status de arrivistas de Plotina e sua família.
11. Dião Cássio, História de Roma 68.5.5.
12. Ver Roche (2002), 41-2.
13. Feldherr (2009), 402 aponta que não podemos confiar na interpretação mais óbvia de que o panegírico de Plínio é uma homenagem a Trajano, mas o argumento quanto a Plotina representar a mulher romana ideal permanece o mesmo.
14. Plínio, o Jovem, Panegírico 83.
15. Roche (2002), 48-9.
16. Plínio, o Jovem, Panegírico 84.2-5. Ver McDermott (1977), 196.
17. Boatwright (1991), 521-3. Observe-se a pequena incerteza quanto aos nomes completos de Matidia, a Menor, e Víbia Sabina.
18. Keltanen (2002), III sobre Pudicitia como o primeiro caso e Vesta como a associação comum.
19. Embora não costumem aparecer em monumentos do Estado: Kleiner (2001), 53.
20. Fittschen (1996), 42.
21. Fittschen (1996), 42, sobre o estilo de Marciana, e sobre outros penteados femininos do período não exibidos pelas mulheres imperiais. Cf. Kleiner e Matheson (1996), cat. no. 21.
22. Boatwright (1991). 515 e 532.
23. Dião Cássio, História de Roma 69.1; Aurélio Vítor, de Caesaribus 13; Historia Augusta (Adriano) 4.10.
24. Ver Bauman (1994), sobre a tradição literária e histórica, a começar por Lívia.
25. Caroli (1995), 148-9 sobre o caso Edith Wilson; e 164 sobre a controvérsia a respeito de Florence Harding; o livro em questão era The Strange Death of President Harding: From the Diaries of Gaston B. Means as Told to May Dixon Thacker (Nova York: 1930).
26. Historia Augusta (Adriano) 2.10.

382   AS PRIMEIRAS-DAMAS DE ROMA

27. Trad. P. J. Alexander (1938), "Letters and speeches of the Emperor Hadrian", *Harvard Studies in Classical Philology* 49: 160-1, com modificações com base em Hemelrijk (1999), 117.

28. Trad. J. H. Oliver (1989), *Greek Constitutions of Early Roman Emperors from Inscriptions and Papyri*, 177 (Documento 73), (Filadélfia: American Philosophical Society).

29. Ver também Boatwright (1991), 531.

30. Luciano, *de Mercede Conductis* 33-4.

31. Hemelrijk (1999), 37-41 e 51-2 sobre atitudes em relação à filosofia e aos estudos das mulheres.

32. Boatwright (1991), 521 sobre as olarias de Plotina. Para as moedas dela, ver Keltanen (2002), 113.

33. Dião Cássio, *História de Roma* 69.10.3. cinzas de Plotina: Kleiner (1992b), 262.

34. Keltanen (2002), 114, n. 55; Boatwright (1991), 533; Opper (2008), 211-12.

35. Opper (2008), 211. Ver Davies (200), 118; Opper (2008), 211.

36. Ver Davies (2000), 118; Opper (2008), 211.

37. Boatwright (1991), 522 e Hemelrijk (1999), 120-1.

38. Opper (2008), 242f.

39. *Historia Augusta* (Adriano) 11.3; *Epitome de Caesaribus* 14.8.

40. Lefkowitz e Fant (1992), n. 186.

41. Boatwright (1991), 523.

42. *Historia Augusta* (Adriano) 11.3.

43. Burns (2007), 135. Para vereditos modernos de Sabina, ver Burns (2007), 125-6, citando M. Grant (1975), *Twelve Caesars*, 2 (Nova York: Charles Scribner's Sons); também Perowne (1974), 117; Royston Lambert (1984), *Beloved of God: the Story of Hadrian and Antinous*, 39 (Londres: Phoenix). Meus agradecimentos a Carrie Vout por chamar minha atenção para o último exemplo.

44. Keltanen (2002), 118 e Kleiner (1992b), 241-2.

45. Brennan (1998), 233 e n. 73 sobre o tamanho do cortejo. Sobre fontes a respeito do relacionamento entre Adriano e Antínoo, ver Vout (2007), 54f.

46. Vout (2007), 18 sobre o diferencial de poder nas relações sexuais entre homens.

47. Sobre relacionamentos de imperadores com outros homens, como no caso de Nero e Sporus, ver Vout (2007), 18 e 138, e capítulo 2 sobre Adriano e Antínoo e a criação da lenda do último.

48. Brennan (1998), 221 e n. 34.

49. Ver Vout (2007), 54-6 sobre várias explicações para a morte de Antínoo.

50. Dião Cássio, *História de Roma* 69.11.5.

51. Sobre a datação dos poemas, ver Hemelrijk (1999), 164-8.

52. Observe-se que a autoria de Sulpicia é questionada.

53. Hemelrijk (1999), 177 e n. 134.

54. Hemelrijk (1999), 168, citando E. Bowie (1990) "Greek Poetry in the Antonine Age", em D. A. Russell, ed., *Antonine Literature* (Oxford: Clarendon Press), 62.

55. Brennan (1998), 229f sugere que Damo podia ser Cláudia Damo de Atenas, e que ela estava no cortejo de Adriano.

NOTAS   383

56. Hemelrijk (1999), 118.
57. *Historia Augusta* (Adriano) 23.9.
58. Sobre esse relevo, ver Davies (2000), 105-6; Kleiner (1992b), 254; Beard e Henderson (1998), 213-14.
59. Keltanen (2002), 124.
60. Opper (2008), 59 sobre essa teoria.
61. Davies (2000), 109.
62. S. Perowne (1960), *Hadrian* (Londres: Hodder & Stoughton), 117.
63. *Historia Augusta* (Antonino Pio) 5.2 e 6.4-6; Birley (2000a), 47.
64. Birley (2000a), 28f sobre as origens familiares do *gens Ânia*, incluindo possíveis vínculos familiares com Escribônia e Salônia Matidia.
65. Birley (2000b), 151.
66. Ver Freisenbruch (2004), para uma visão geral das cartas de Fronto.
67. Fronto para Marco Aurélio: Vol. 1, p. 183 de Haines.
68. Marco Aurélio para Fronto: Vol. 1, p. 197 de Haines.
69. Marco Aurélio para Fronto: Vol. 1, p. 115 de Haines.
70. Fronto para Marco Aurélio: Vol. 1, p. 125 de Haines.
71. *Discourse on Love*, 9: Vol. 1, p. 29 de Haines. Domícia Lucila sobre filosofia: *Historia Augusta* (Marco Aurélio) 2.6. Ver Hemelrijk (1999), 68-9 sobre o papel da mãe na educação do filho
72. Van den Hout (1999), 56, n. 21.15.
73. Marco Aurélio, *Meditações* 1.3.
74. Fronto para Marco Aurélio: Vol. II, pp. 119-20 de Haines. Sobre os filhos de Marco e Faustina, ver Apêndice 2F em Birley (2000a).
75. *Historia Augusta* (Antonino Pio) 6.7-8 e 8.1; Keltanen (2002), 128; Davies (2000), 109.
76. Keltanen (2002), 126-7; cf. Beard e Henderson (1998), 2.17.
77. Keltanen (2002), 128-32 sobre o casamento de Antonino e Ânia Galeria como um modelo. Carta de Antonino para Fronto: Vol. 1, p. 129 de Haines.
78. Sobre o relevo da apoteose, ver Kleiner (1992b), 287-8; Beard e Henderson (1998), 193-4 e 217-19.
79. Fittschen (1996), 44.
80. Keltanen (2002), 135.
81. Dião Cássio, *História de Roma* 71.1.3.
82. Boatwright (1991), 522 sobre possível localização da residência de Matidia. Marco Aurélio para Fronto sobre suas filhas ficarem com Matidia: Vol. I, p. 301 de Haines.
83. *Historia Augusta* (Marco Aurélio) 9.4-6 e 20.7; *Historia Augusta* (Vero) 7.7.
84. *Historia Augusta* (Marco Aurélio) 20.6-7; Dião Cássio, *História de Roma* 73.4.5.
85. Dião Cássio, *História de Roma* 72.10.5; *Historia Augusta* (Marco Aurélio) 17.4; 26.8.
86. *Historia Augusta* (Marco Aurélio) 26.5; Dião Cássio, *História de Roma* 71.29.1. Sobre a provável idade de Faustina, ver Birley (2000), 34-5.
87. Dião Cássio, *História de Roma* 72.29; *Historia Augusta* (Marco Aurélio) 19.1-9; *Historia Augusta* (Vero) 10.1.
88. Keltanen (2002), 138-40; Davies (2000), 109.
89. Dião Cássio, *História de Roma*, 73.4.5-6; Herodiano 1.8.3-5.

384 AS PRIMEIRAS-DAMAS DE ROMA

7. A imperatriz filósofa: Júlia Domna e o "matriarcado sírio"

1. Matriarcado sírio: Balsdon (1962), 156; I. Shahid (1984) (Washington, D.C.: Dumbarton Oats Research Library and Collection), *Rome and the Arabs,* 42; W. Ball (2000), 415; Burns (2007), 201.

2. Últimas palavras de Caracala para a mãe, Júlia Domna: Dião Cássio, *História de Roma* 78.2.3.

3. Ver Varner (2004), 177.

4. Filóstrato, *Lives of the Sophists* [*Vidas dos Sofistas*] 622.

5. Gorrie (2004), 66, n. 25 citando as publicações de A. von Domaszewski, que formam a base original para esse ponto de vista; ver também Levick (2007), 1 e 167, n. 3. ponto de vista de Gibbon: *The Decline and Fall of the Roman Empire* (ed. J. B. Bury) Vol. 1, 139 e 171 (Londres: Methuen) [*Declínio e Queda do Império Romano.* Companhia das Letras, 2005].

6. Bowersock (1969), 102, n. 5, citando M. Platnauer (1918) *The Life of Emperor Lucius Septimius Severus,* 128. (Oxford; Oxford University Press).

7. Sobre a chegada de Severo a Emesa e localização geral, ver Birley (1971), 68-71; também Ball (2000), 36f e Levick (2007), capítulo 1, *passim.*

8. Levick (2007), 18; Birley (1971), 72 e 222.

9. Levick (2007), 19 sobre a idade provável de Júlia Domna.

10. Ver Birley (1971), 73-6; Levick (2007), 28-9 sobre essa sequência de eventos.

11. Ver Zwalve (2001) e Birley (1971), 72 sobre disputa legal envolvendo um Júlio Agripa.

12. Dião Cássio, *História de Roma* 75.3; *Historia Augusta* (Severo) 3.9.

13. Levick (2007), 34 sobre o portfólio de suas propriedades.

14. Dião Cássio, *História de Roma* 72.21.1-2.

15. Márcia: Dião Cássio, *História de Roma* 72.22.4; Herodiano 1.17.7-11.

16. Birley (1971), 97.

17. Flávia Titiana: *Historia Augusta* (Pertinax) 6.9.

18. *Historia Augusta* (Albino) 9.5; *Historia Augusta* (Severo) II.9.

19. Ver E. Doxiadis (1995), *The Mysterious Fayum Portraits: Faces from Ancient Egypt* (Londres: Thames & Hudson), 88 e 225a sobre o tondo de Berlim. Ele se encontra no Staatliche Museen, em Berlim, onde foi adquirido na década de 1930.

20. *Historia Augusta* (Severo) 19.7-9 sobre a aparência de Severo.

21. Fejfer (2008), 348.

22. Baharal (1992), 114.

23. Gorrie (2004), 63-4 e n. 14. Ver também Lusnia (1995), 123 sobre a esposa de Cômodo, Crispina, também possuir esse título.

24. Cascio (2005), 137-9.

25. Dião Cássio, *História de Roma* 77.9.4. Ver Cooley (2007), 385-6.

26. Ver Newby (2007), 224 e Cooley (2007), 385-7 sobre tentativas de Severo de estabelecer ligações com os Antoninos.

27. Newby (2007), 222-4 sobre representações dinásticas severas; Lusnia (1995), 138-9 sobre o papel essencial de Júlia na propaganda imperial.

NOTAS

28. Birley (1971), 107.
29. Dião Cássio, *História de Roma* 79-30-3. Sobre a promoção de parentes de Domna, ver Birley (1971), 134; Levick (2007), 48.
30. Birley (1971), 76 e 35.
31. *Historia Augusta* (Severo) 18.8.
32. Ver Hemelrijk (1999). 306, n. 130.
33. Dião Cássio, *História de Roma* 77.1.2.
34. Dião Cássio, *História de Roma* 76.15.
35. Herodiano 3.10.8; Dião Cássio, *História de Roma* 77.3.
36. Varner (2004), 164-5 sobre tipologia das representações de Plautila.
37. Dião Cássio, *História de Roma* 76.15.
38. Filóstrato, *Apolônio de Tiana* 1.3.
39. Whitmarsh (2007), 33 sobre conversa a respeito de uma cultura de "salão"; ver também Bowersock (1969), 101-2.
40. Filóstrato, *Lives of the Sophists* [*Vidas dos Sofistas*] 622. Ver também Hemelrijk (1999), 124.
41. Bowersock (1969), 101-9, sobre a *Histoire de Rome*, de Victor Duruy, 1879 como origem das especulações sobre o círculo de Júlia Domna; cf. Hemelrijk (1999), 122-4.
42. Filóstrato, *Epistle* [Epistolae] 73: trad. Penella (1979). 163; citado em Hemelrijk (1999), 125.
43. Hemelrijk (1999), 25 e 233, n. 38 sobre Júlia Domna ser a primeira mulher desde Cornélia que se sabe ter estudado retórica; ver também Levick (2002) sobre a raridade de mulheres filósofas.
44. Luciano, *De Mercede Conductis* 36.
45. Marcial, *Epigramas* 11.19.
46. Birley (1971), 149.
47. Kampen (1991), 231.
48. Croom (2000), 79-80. Sobre o arco severo de Léptis Magna, ver Newby (2007), 206-11; Varner (2004), 178-9.
49. Lusnia (1995), 138.
50. Kleiner e Matheson (1996), 152.
51. Gome (2004), 69.
52. Lusnia (1995), 120-1.
53. Kleiner e Matheson (1996), 85-6, n. 46.
54. Dião Cássio, *História de Roma* 76.16.
55. Dião Cássio, *História de Roma* 77.4.
56. Varner (2004), 163-8 sobre a mutilação dos retratos de Plautiano e Plautila; ver também Kleiner e Matheson (1996), 86.
57. Dião Cássio, *História de Roma* 77.7.
58. Birley (1971), 170.
59. Dião Cássio, *História de Roma* 77.12.
60. Herodiano 3.14.2 e 3.14.9.
61. Dião Cássio, *História de Roma* 77.16.5.

386 AS PRIMEIRAS-DAMAS DE ROMA

62. Lusnia (1995), 131-2 sobre Domna como *mater Augustorum*, e sobre as novas moedas; ver também Gorrie (2004), 64.
63. Dião Cássio, *História de Roma* 77.14.7.
64. Dião Cássio, *História de Roma* 77.15.2.
65. Herodiano 3.15.6-7.
66. Herodiano 4.1.5; 4.3.5.
67. Herodiano 4.3.8.
68. Ver Lusnia (1995), 133-4.
69. Dião Cássio, *História de Roma* 78.2.2-6.
70. Varner (2004), 176-7.
71. Varner (2004), 182.
72. Varner (2004), 184.
73. Dião Cássio, *História de Roma* 78.2.5-6.
74. Herodiano 4.6.3.
75. Dião Cássio, *História de Roma* 78.10.
76. Herodiano 4.9.3.
77. Hemelrijk (1999), 306, n. 130 sobre a "neronização" de Caracala, como discutido por R. J. Penella (1980), em "Caracalla and his Mother in the *Historia Augusta*", *Historia* 29: 382-5.
78. Dião Cássio, *História de Roma* 79.4.3.
79. Dião Cássio, *História de Roma* 79-23.1.
80. Dião Cássio, *História de Roma* 79.24; Herodiano 4.13.4.
81. Cássio 7924. Ver Levick (2007), 145, e Varner (2004), 168, n. 116.
82. Levick (2007), 145 sobre a deificação de Júlia Domna.
83. Herodiano 5.3.2-3; *Historia Augusta* (Macrino) 9; Dião Cássio, *História de Roma* 79.30. Ver Kosmetatou (2002), 401 e Birley (1971), 191-3 sobre essa sequência de eventos.
84. Herodiano 5.4.1-4; Dião Cássio, *História de Roma* 79-3of. Um rumor aparentemente foi plantado segundo o qual Avito era na verdade o produto de um caso entre Soêmia e Caracala: Herodiano 5.3.10.
85. Dião Cássio, *História de Roma* 78.38. Sobre a destruição das representações, ver Varner (2004), 185.
86. *Historia Augusta* (Elagabalo) 4.1.
87. Icks (2008), 175.
88. *Historia Augusta* (Elagabalo) 2.1.
89. *Historia Augusta* (Elagabalo) 21.4; Herodiano 5-5-5-7.
90. Herodiano 5.7-8.
91. Dião Cássio, *História de Roma* 80.20; cf. Herodiano 5.8.9. Varner (2004), 199.
92. Fragmento de Zonaras 12.15. Trad. E. H. Cary (em tradução de Dião Cássio, *História de Roma*).
93. Kosmetatou (2002), 399-400 e 414.
94. *Historia Augusta* (Elagabalo) 18.3.
95. Kosmetatou (2002), 402-11 sobre a imagem pública em particular de Mamea.
96. Herodiano 6.1.9-10; *Historia Augusta* (Alexandre) 20.3; Kosmetatou (2002), 409-10.
97. *Historia Augusta* (Alexandre) 26.9; Eusébio, *Ecclesiastical History* [História Eclesiástica] 6, 21, 3f.

NOTAS   387

98. Kosmetatou (2002), 412.
99. Herodiano 6.8.3.
100. Herodiano 6.9.6-7.

8. *A primeira imperatriz cristã: As mulheres da era de Constantino*

1. Discurso na Eleição Para o Reitorado de Edinburgo, *The Times*, 8 de novembro de 1951: citado por Drijvers (2000), 28, de Donat Gallagher, ed. (1983) *The Essays, Articles and Reviews of Evelyn Waugh* (Londres: 1983), 407.
2. Ver Pohlsander (1995) e Harbus (2002) para visões gerais detalhadas.
3. Drinkwater (2005), 28.
4. Zenobia: Drinkwater (2005), 51-3 e Sartre (2005) 513-15.
5. As principais fontes para as origens de Helena são Ambrósio, *De Obitu Theodosii* 42; Eutrópio, *Breviarum* 10.2; o anônimo *Origo Constantini* 2.2; Filostórgio, *História Eclesiástica* 2.16; e Zósimo 2.8.2 e 2.9.2. Ver também Drijvers (1992), Pohlsander (1995) e Harbus (2002).
6. Ver McClanan (2002), 180 sobre os padrões de narrativa da redenção nas vidas das santas. No século VI, por exemplo, a humilde origem da esposa de Justiniano, Teodora, foi transformada na história do arrependimento de uma cortesã.
7. Ver Lieu (1998), 149f sobre essa tradição.
8. Pohlsander (1995), 15.
9. Ver Drijvers (1992), 17-18 sobre a legalidade do casamento e o uso do termo *uxor*; também Leadbetter (1998), 78-9 sobre o concubinato e a legitimidade.
10. Gardner (1986), 58 sobre o uso imperial de concubinas, ver também Arjava (1996), 205-10.
11. Sobre a necessidade de Constantino de provar sua legitimidade e desencorajar rumores desfavoráveis sobre o relacionamento de Helena e Cloro, ver Leadbetter (1998), 79-81. Para a sugestão de que Constantino deliberadamente omitiu detalhes sobre suas origens e as de Helena, ver Harbus (2002), 10.
12. Sobre o acordo da tetrarquia: ver Bowman (2005), 74-6, e Rees (2004), 76-80.
13. Leadbetter (1998), 77-82 para mais ligações entre os casamentos e a criação da tetrarquia; ver também Pohlsander (1995), 17, Harbus (2002), 19 e Lenski (2006), 59-60.
14. Ver Lancon (2000), 18, e *Panegyrici Latini* 12.19.3.
15. Ver Rees (2004), 46-51.
16. Elsner (1998), 84-6.
17. Croom (2000), 101.
18. Lactâncio, *A Morte dos Perseguidores* 7.9.
19. Para conclusões sobre esse quesito, ver Pohlsander (1995). 14-15 e Drijvers (1992), 21. E. D. Hunt (1982), 30 sugere, contudo, que ela teria acompanhado o filho para Nicomédia.
20. Zósimo 2.9.2.
21. Drijvers (1992), 22-3; ver também Harbus (2002), 44f e Pohlsander (1995), 7-8, e o capítulo 4, *passim*, sobre as ligações de Helena a Tréveris.
22. Teto de Tréveris: M. E. Rose (2006); Ling (1991), 186f, Pohlsander (1995), 37-46.
23. Sobre a mudança de atitude em relação às joias no final da Antiguidade, ver Fejfer (2008), 349-51 e M. E. Rose (2006), 101.

388 AS PRIMEIRAS-DAMAS DE ROMA

24. *Panegyrici Latini*.6.2; ver também R. Rees (2002), *Layers of Loyalty in Latin Panegyric, AD* 289-307 (Oxford: Oxford University Press), 168-171 sobre a "verdade" da afirmação do panegirista.

25. Sobre as mortes de Prisca e Valéria no verão de 314: ver Lactâncio, *On the Deaths of the Persecutors* [*A Morte dos Perseguidores*] 39-41 e 50-1.

26. Os principais relatos são Eusébio, *Vida de Constantino* 1.28: Lactâncio, *On the Deaths of the Persecutors* [*A Morte dos Perseguidores*]. 44. Ver Cameron e Hall (1999), 204-6.

27. Ver Lenski (2006), 72-3 para uma visão geral da queda de Licínio; Eusébio, *Vida de Constantino* 3.47 sobre o recebimento de Helena do título Augusta.

28. Beard, North e Price (1998), 298-9 sobre o princípio feminino e o Cristianismo, e sobre mulheres da elite aderentes da nova fé. Santo Agostinho, *Cidade de Deus* 1.19 analisa o exemplo de Lucrécia para reprovar os críticos das mulheres cristãs que não cometeram suicídio depois do saque de Roma em 410.

29. Leis de Constantino: ver Gardner (1986), 120; Cameron (1993), 58; G. Clark (1993), 21-36; Evans-Grubbs (1995), 317-21.

30. Elsner (199), 40-1 e 96 sobre o imaginário acerca do caixão de Proiecta.

31. Cameron (1992), 177; também Clark (1986), 25-6.

32. Sobre a nova tendência ascética e a tensão com os valores romanos tradicionais, ver as excelentes monografias de Cooper (1996) e Clark (1986).

33. Gardner (1986), 78.

34. G. Clark (1993), 51- Evans-Grubbs (1995). 137-8 sobre o estratagema político por trás das leis de Constantino.

35. E. A. Clark (1986), 47-52.

36. E. A. Clark e Richardson (1996), 3; E. A. Clark (1986), 46-52.

37. Cooper (1996), 113-15.

38. Cooper (1996), 144, sobre a importância prevalente do parentesco; Elsner (1998), sobre a arte e o poder imperial no final da Antiguidade.

39. Brubaker (1997), 57-8. Sobre *nobilissima femina*, ver Pohlsander (1995), 20.

40. Sobre as moedas de Helena e Fausta, ver Walter (2006), 20f, e Pohlsander (1995), 179-84. Por razões de tempo e clareza, omiti outras menções à Helena mais jovem, mas ela se casou com Juliano, o Apóstata, e morreu em 360.

41. Admite-se a possibilidade de ele representar outra imperatriz do período, mas segui a interpretação de C. Kelly (1999), em G. W. Bowersock, P. Brown e O. Grabar, eds., *Late Antiquity: a Guide to the Postclassical World* (Cambridge, MA e Londres: Belknap Press), 173.

42. Sobre a retórica da legitimidade de Constantino, ver Leadbetter (1998), 80-1; sobre as inscrições, ver Drijvers (1992), 45-54.

43. McClanan (2002), 16. Sobre as evidências para as representações de Helena, ver Drijvers (1992), 189-94 e Pohlsander (1995), 167-78.

44. Haskell e Penny (1981), 133 e fig. 69; C. M. S. Johns (1998) *Antonia Canova and the Politics of Patronage in Revolutionary and Napoleonic Europe* (Berkeley: University of California Press), 112-16.

45. McClanan (2002), 185.

NOTAS

46. Mango (1994), 146 e Pohlsander (1995), 3-4.
47. Helena e Roma: Drijvers (1992), 30-4; Pohlsander (1995), 73f; Brubaker (1997), 57-8.
48. Sobre a pilhagem dos tesouros artísticos de Roma para o embelezamento de Constantinopla, ver Elsner (1998), 73; sobre a recusa de fazer o sacrifício a Júpiter, ver Lenski (2006), 79. A prática do sacrifício foi finalmente declarada ilegal por Teodósio I, em 391.
49. Eusébio, *Ecclesiastical History* [História Eclesiástica] 10.9.4, trad. Pohlsander (1984), 98. Sobre a confusão entre as duas Helenas, ver Drijvers (1992), 29.
50. Pohlsander (1984), 98.
51. Para uma visão geral dos relatos da morte de Crispo e Fausta, ver Pohlsander (1984) e Woods (1998).
52. Frakes (2006), 94 sobre o cenário de Potifar.
53. Woods (1998), 77.
54. Lefkowitz e Fant (1992), n. 355.
55. Sobre a inscrição de Sorrento, ver Brubaker (1997), 59; McClanan (2002), 16-17; Frakes (2006), 94-5.
56. Eusébio, *Vida de Constantino* 3.44. Para o relato completo de Eusébio da viagem de Helena, ver *Vida de Constantino* 3.42-7. Ver também E. D. Hunt (1982); Drijvers (1992), capítulo 5, *passim;* Pohlsander (1995), capítulo 8, *passim.*
57. E. D. Hunt (1982), 33; Lenski (2004), 16.
58. Drijvers (1992), 34-7; Pohlsander (1995), 24; Lieu (2006), 303-4.
59. Helena como uma pioneira: ver E. D. Hunt (1982), 49; Brubaker (1997). 58-62; Holum (1999), 70-5.
60. Eusébio, *Vida de Constantino* 3.30-2.
61. Envolvimento de Helena: ver Pohlsander (1995), 102f; Harbus (2002), 20-1.
62. E. D. Hunt (1982), 39.
63. Ambrósio, *De obitu Theodosii* 45.
64. Ver E. D. Hunt (1982), 42-7; Drijvers (1992.), 4-6; Pohlsander (1995), 107.
65. Para uma visão geral dos argumentos relativos à questão de Helena realmente ter descoberto a Cruz, ver Pohlsander (1995), capítulo 9, *passim.*
66. Drijvers (2000), 47-8; Harbus (2002), 20-2; Lieu (2006), 304-5.
67. Pohlsander (1995), 228.
68. Pohlsander (1995), 217. Walter (2006), 37-52 sobre o desenvolvimento desse gênero na arte.
69. Pohlsander (1995), 117 e E. D. Hunt (1982), 48.
70. Eusébio, *Vida de Constantino* 3.46.2.
71. Drijvers (1992), 73.
72. Pohlsander (1995), 155.
73. Ver Johnson (1992), 148-9 para argumentos sobre a razão pela qual Roma deve ser indicada.
74. Johnson (2009), 110-17 para maiores detalhes sobre o mausoléu de Helena; também Elsner (1998), 21.
75. Pohlsander (1995), 152-60; Drijvers (1992), 75-6.
76. Pohlsander (1995), 160; Johnson (2009), 149.
77. Sobre a santidade de Helena, ver Pohlsander (1995), capítulo 15, *passim.*

390 AS PRIMEIRAS-DAMAS DE ROMA

78. Dias de Helena: E. D. Hunt (1982), 28-9 e Harbus (2002), 3. Helena e o rei Coel: Harbus (2002), 1; Helena e Henrique VIII: Harbus (2002), 120f.
79. Pohlsander (1995). 11.
80. Drijvers (2000), 44.
81. Drijvers (2000), 31-6 sobre a gênese e a recepção de *Helena*, de Waugh.
82. E. D. Hunt (1982), 29, por exemplo, sobre Pulquéria ser saudada como a "Nova Helena".

9. Noivas de Cristo, filhas de Eva: As primeiras-damas da última dinastia romana

1. Thomas Nugent (2004) [1756] *The Grand Tour: a Journey through the Netherlands, Germany, Italy and France*, Vol. 3: 192.
2. Rizzardi (1996), 106 sobre o poema de Gabriele D'Annunzio, *Le città del silenzio (The Cities of Silence):* cf. Dante, *Paraíso* XXXI, 130-2.
3. Ricci (1907), 14-15.
4. Richlin (1992), 81. Tecnicamente, Gala Placídia era meia-tia de Pulquéria, pois esta era filha do meio-irmão de Placídia, Arcádio.
5. Ver Brubaker (1997). 54 e 60, e Oost (1968), 38.
6. Ver Tougher (1998) sobre esse discurso; também James (2001), 11-12.
7. Sócrates Escolástico, *Historia Ecclesiastica* 4.31. Meus agradecimentos a Christopher Kelly por sua ajuda com relação a esse ponto.
8. Ver Richlin (1992), 81f.
9. Paulino, *Vida de Ambrósio;* Sozomeno 7.13. Ver James (2001), 93-4; E. A. Clark (1990), 24.
10. Ver MacCormack (1981), 263-4 sobre as novas virtudes das imperatrizes.
11. James (2001), 128.
12. Sozomeno 7.6.
13. Teodoreto 5.18. Ver também McClanan (2002), 18-19.
14. Eusébio, *Vida de Constantino* 3.44.
15. Ver Holum (1982), 32-4; Brubaker e Tobler (2000), 580; Brubaker (1997), 60; James (2001), 101-2; McClanan (2002), 26.
16. Stout (1994), 86-7.
17. Brubaker e Tobler (2000), 573 sobre a aparência da "Vitória"; Holum (1982), 28 sobre o *paludamentum.* Ver também James (2001), 26 sobre as semelhanças com o mosaico de Teodora em São Vital, Ravena.
18. *The Chronicle of John, Bishop of Nikiû* [Crônicas de João, Bispo de Nikiû], 83.44-52. Ver Holum (1982), 41 e Mayer (2006), 205.
19. Justina: Zósimo, 4.43. Ver Holum (1982), 44-6, Oost (1968), 46-50 e Curran, 105-7 sobre essa sequência de eventos. O vínculo familiar com Constantino existia através de Constância, esposa de Graciano, que, por sua vez, era meio-irmão de Valentiniano II, pai de Gala. Ver James (2001), 60-1.
20. Oost (1968), 1 sobre o provável ano de nascimento de Gala Placídia. Para um questionamento da teoria, ver Rebenich (1985), 384-5, que coloca sua data de nascimento em 392 ou 393.

NOTAS 391

21. Ver Heather (2005), 216-17 sobre a ascensão de Estilicão ao poder.
22. A mãe dela, Gala, morreu em trabalho de parto dez anos antes, em 384.
23. McCormick (2000) 136.
24. McCormick (2000), 156f.
25. Holum (1982), 25 sobre o *adventus* de Flacila como descrito em Gregório de Nissa, *Oratio*.
26. Holum (1982), 57. McCormick (2000), 141 sobre a atmosfera rarefeita para as imperatrizes.
27. McCormick (2000), 135. Educação de Maria: ver Claudiano, *Epithalamium of Honorius and Maria* [*Epithalamium de Nuptiis Honorii Augusti*] 231-7.
28. Educação de Placídia: Oost (1968), 63-4. Girth: ver Claudiano, *Carmina Minora* 47-8.
29. Sobre a educação das meninas no final da Antiguidade, como discutido em Jerônimo, ver Nathan (2000), 152; sobre os conselhos de Jerônimo, ver Hemelrijk (1999), 63 e 262, n. 23.
30. Elpidia: ver Olimpiodoro, fragmento 38, em Blockley (1983), 201. Nathan (2000), 150 sobre *nutrices*. Olimpiodoro refere-se a Elpidia como uma "*trophos*" — que geralmente quer dizer "ama de leite", como o latim *nutrix*.
31. Ver Harlow (2004a), 207-12 sobre as roupas de Serena e suas futuras imitadoras.
32. Harlow (2004a), 214-15 sobre roupas de Estilicão.
33. Joias de Lívia: Claudiano, *Epithalamium of Honorius and Maria* [*Epithalamium de Nuptiis Honorii Augusti*] 13.
34. Claudiano, *On Stilicho's Consulship* [*De Consulatu Stilichonis*] 2.356-9 sobre a sugestão do noivado de Euquério e Placídia; e *Epithalamium of Honorius and Maria* [*Epithalamium de Nuptiis Honorii Augusti*] 13, 211 e 285 sobre o *flammeum* da noiva.
35. Segui a linha adotada por Oost (1968), 72-4 quanto às razões que levaram Gala Placídia a permanecer solteira. Sobre a descoberta do túmulo de Maria, ver Johnson (2009), 173-4.
36. Olimpiodoro, fragmento 7.3, em Blockley (1983), 159; Zósimo 5.38.
37. Cooper (2009), 187-8.
38. Olimpiodoro, fragmento 6, em Blockley (1983), 153. Ver Heather (2005), 224 e 239.
39. Sócrates Escolástico, *Historia Ecclesiastica* 6.18. Para maiores detalhes sobre a vida de Eudóxia, ver McClanan (2002), 19-20 e Mayer (2006).
40. Antíoco: Holum (1982), 80-1.
41. Ver James (2001), 42 e Holum (1982), 97 sobre essa inauguração. A fonte é a *Chronicon Paschale*.
42. Sozomeno 9.1.
43. Ver E. A. Clark (1990), 26f sobre o significado dessa escolha.
44. Sozomeno 9.1.
45. Sozomeno 9.1.
46. *The Chronicle of John, Bishop of Nikiu* [Crônicas de João, bispo de Nikiû] 87.36: citado em James (2001), 18.
47. Richlin (1992), 66.
48. M. Toussaint-Samat (1992) *A History of Food* (Oxford: Blackwell), 26. Ver Olimpiodoro, fragmento 22, em Blockley (1983), 185.
49. Olimpiodoro, fragmento 24, em Blockley (1983), 187-9.
50. Oost (1968), 104, por exemplo, descreve Ataulfo como um "alguém a quem não faltava um charme masculino".

392   AS PRIMEIRAS-DAMAS DE ROMA

51. Jordanes, *Getica* 160. Ver Harlow (2004b), 142; também Orosius 7.40.2 e 7.43.
52. Olimpiodoro, fragmento 26, em Blockley (1983), 189. Ver Heather (2005), 240.
53. Olimpiodoro, fragmento 26 e fragmento 30, em Blockley (1983), Vol. 2: 189 e 195.
54. Olimpiodoro, fragmento 33, fragmento 36 e fragmento 37, em Blockley (1983), 197-2.01.
55. Olimpiodoro, fragmento 23, fragmento 26 e fragmento 36, em Blockley (1983), 187, 189 e 201.
56. Ver James (2001), 119-22 sobre as mulheres que recebiam o título de Augusta no final da Antiguidade.
57. Ver Oost (1968), 165-6.
58. Olimpiodoro, fragmento 38, em Blockley (1983), 201-3.
59. Ver Rizzardi (1996), 121, fig. 14 e 127, n. 66. Também Rebenich (1985), 372-3.
60. Holum (1982), 109-11; Brubaker e Tobler (2000), 579-80.
61. Sobre as reações à influência de Pulquéria, ver Holum (1982), 100-1 e James (2001), 66-8.
62. Pulquéria e a Mariologia: Constas (1995), 169 e 188-9.
63. *The Chronicle of John Malalas* ["Crônicas" de João Malalas] 14.3-4, 191-3. Esse é o primeiro e o mais completo relato do casamento de Teodósio II e Eudócia: ver Holum (1982), 114, n. 2 para outros.
64. *Chronicon Paschale* a. 420, trad. Holum (1982), 114.
65. Eudócia: ver Cameron (1981), 270-9; Holum (1982), 112f e Herrin (2001), 134-5. Sobre Eudócia e Elizabeth Barrett Browning, ver M. D. Usher (1998) *Homeric Stitchings: the Homeric Centos of the Empress Eudocia* (Lanham, MD e Oxford: Rowman 6 Littlefield), 1.
66. Olimpiodoro, fragmento 38, fragmento 39 e fragmento 43, em Blockley (1983), 203-7.
67. Holum (1982), 129-30; Rizzardi (1996), 114. Ver também MacCormack (1981), 228.
68. Tradução minha. Sobre a igreja, ver Oost (1968), 274.
69. Rebenich (1985), 373.
70. Ver Brubaker (1997), 54, e 67, n. 14-17.
71. Sócrates Escolástico, *Historia Ecclesiastica* 7.24.3. Sobre a "regência" de Placídia, ver Oost (1968), 194-5 e Heather (2005), 260-1.
72. Brubaker (1997), 61.
73. Heather (2005), 261-2.
74. Holum (1982), 131-2; McCormick (2000), 137-9.
75. Modificado da tradução de Holum (1982), 170: de *Acta conciliorum oecumenicorum* I, 1, 3, 14. Ver também Constas (1995), 173-6 sobre o episódio, e Elsner (1998), 224-5 sobre o relacionamento entre a Igreja e o imperador durante esse período.
76. Teófanes AM 5941: ver Holum (1982), 130.
77. Oost (1968), 246.
78. Cooper (2009), 198, sobre Gerontius, *Life of Melania the Younger.*
79. Dietz (2005), 125; E. A. Clark (1982), 148; Brubaker (1997), 61-2; Lenski (2004), 117.
80. Holum (1982), 186-7 para maiores detalhes sobre a viagem de Eudócia.
81. Ver Holum (1982), 104f; E. A. Clark (1982), 143 e Elsner (1998), 231.
82. Ver Cameron (1981), 263-7 e Holum (1982), 176f. Omiti detalhes sobre a elaborada história da "maçã" aqui, mas a versão original vem da *The Chronicle of John Malalas* ["Crônicas" de João Malalas] 14.8: ver Cameron (1981), 258-9 para detalhes.

NOTAS   393

83. Cameron (1981), 259, citando Nestório, *Bazar de Heráclides:* 2.2.

84. Ver James (2001), 15-16 e 23, n. 36-7, citando *The Chronicle of John, Bishop of Nikiu [Crônicas de João, Bispo de Nikiû]* 87.1 e Evágrio, *História Eclesiástica* 1.2.1-1. Saturnino: ver Prisco, fragmento 14, em Blockley (1983), 291 e 388, n. 86 e Lenski (2004), 118.

85. Dietz (2005), 147 e Lenski (2004), 118.

86. Holum (1982), 208-9.

87. Brubaker e Tobler (2000), 580-1.

88. Richlin (1992), 82-3: *Patrologia Latina,* J.P. Migne (ed.), 54.859-62, 863-6, 877-8.

89. Brubaker (1997), 55 e Oost (1968), 270.

90. Ver Oost (1968), 290-1.

91. Prisco, fragmento 17, em Blockley (1983). 301-3. Idade de Honória: sigo Holum (1982), 1 sobre a data do caso de Honória com Eugênio. Cf. Oost (1968), 282-3.

92. Prisco, fragmento 17 e fragmento 20, em Blockley (1983), 303-5.

93. Morte de Átila: Prisco, fragmento 21, em Blockley (1983), 309.

94. Morte de Pulquéria: Holum (1982), 216 e 226; morte de Gala Placídia: Oost (1968), 291-2.

95. Johnson (2009), 167-71. Fui convencida pelos argumentos dele de que Gala Placídia e Teodósio são os dois corpos encontrados em 1458. Ver também as palavras melancólicas de Oost (1968): "o que quer que seja mortal dela pode muito bem até hoje descansar sob o transepto da imponente basílica de Michelangelo." (p. 1).

Epílogo

1. Oost (1968), 307.

2. Ver Cameron e Herrin (1984), 48-51 para uma lista das obras de arte no *Parastaseis Syntomoi Chronikoi;* também James (2001), 14-15 sobre Helena como principal modelo para as imperatrizes bizantinas.

Bibliografia selecionada

Textos e Traduções

A não ser quando tiver sido observado nas referências, todas as traduções citadas de obras gregas e romanas foram tiradas de:

Ambrósio, *De Obitu Theodosii*
Irmã Mary Dolorosa Mannix, trad. *Sancti Ambrosii Oratio de obitu Theodosii*. Washington: Catholic University of America, 1925.
Anon, *Historia Augusta*
David Magie, trad. *Scriptores Historiae Augustae*. 3 vols. Londres: Heinemann, 1921-23.
Aulo Gélio, *Attic Nights*
J. C. Rolfe, trad. *The Attic Nights of Aulus Gellius*. 3 vols. Londres: Heinemann; Cambridge, MA: Harvard University Press, 1927.
Dião Cássio, *Roman History*
E. H. Cary, trad. *Dio's Roman History*. 9 vols. Londres: Heinemann, 1914-1927.
Cícero, *Letters to Atticus*.
D. R. Shackleton-Bailey, trad. *Letters to Atticus*. 4 vols. Cambridge, MA; Londres: Harvard University Press, 1998.
Claudiano, *On the Consulship of Stilicho*
M. Platnauer, trad. *Works*. 2 vols. Londres: Heinemann, 1922.
Eusébio, *Life of Constantine*
Averil Cameron e S. G. Hall, trad. *Eusebius, Life of Constantine*. Oxford: Clarendon Press, 1999.
Fronto
C. H. Haines, trad. *The Correspondence of Marcus Cornelius Fronto with Marcus Aurelius Antoninus, Lucius Verus, Antoninus Pius and various friends*. 2 vols. Londres: Heinemann, 1919-20.
Herodiano, *History of the Empire*
C. R. Whittaker, trad. *Herodian*. 2 vols. Londres: Heinemann; Cambridge, MA: Harvard University Press, 1969.
Jordanes, *Getica*

396 AS PRIMEIRAS-DAMAS DE ROMA

C. C. Mierow, trad. *The Gothic History of Jordanes*. Princeton, NJ; Londres: Princeton University Press, 1915.

Juvenal, *Satires*

S. M. Braund, trad. *Juvenal and Persius*. Cambridge, MA; Londres: Harvard University Press, 2004.

Macróbio, *Saturnalia*

P. V. Davies, trad. *Macrobius: The Saturnalia*. Nova York: Columbia University Press, 1969.

Marco Aurélio, *Meditations*

A. S. L. Farquharson, trad. *The Meditations of Marcus Aurelius Antoninus*. Oxford: Oxford University Press, 1989.

Martial, *Epigrams*

D. R. Shackleton-Bailey, trad. *Epigrams*. 3 vols. Cambridge, MA; Londres: Harvard University Press, 1993.

Olimpiodoro

C. Blockley, trad. *The Fragmentary Classicising Historians of the Later Roman Empire*, Vol. 2 of 2. Liverpool: Cairns, 1983.

Ovídio, *Amores*

P. Green, trad. *The Erotic Poems*. Harmondsworth: Penguin, 1982.

Filóstrato, *Life of Apollonius*

C. P. Jones, trad. *The Life of Apollonius of Tyana*. 3 vols. Cambridge, MA; Londres: Harvard University Press, 2005.

Filóstrato, *Lives of the Sophists*

W. C. Wright, trad. *Philostratus and Eunapius: The Lives of the Sophists*. Londres: Heinemann; Cambridge, MA: Harvard University Press, 1968.

Plínio, o Velho, *Natural History*

H. Rackham, trad. *Natural History*. 10 vols. Cambridge, MA: Harvard University Press; Londres: Heinemann Press, 1938-1963.

Plínio, o Jovem, *Letters*

B. Radice, trad. *Letters and Panegyricus*. 2 vols. Londres: Heinemann Press, 1969.

Plínio, o Jovem, *Panegyricus*

B. Radice, trad. *Letters and Panegyricus*. 2 vols. Londres: Heinemann Press, 1969.

Plutarco, *Life of Antony*

R. Waterfield, trad. *Plutarch: Roman Lives*. Oxford: Oxford University Press. 1999.

Ps-Sêneca, *Octavia*

J. G. Fitch, trad., *Seneca: Oedipus, Agamemnon, Thyestes, Hercules on Oeta, Octavia*. Cambridge, MA; Londres: Harvard University Press, 2004.

Sozomeno, *Ecclesiastical History*

C. Hartranft, trad. *A Select Library of Nicene and Post-Nicene Fathers of the Christian Church*. Segunda série. Vol. 2. Oxford: Parker and Company; Nova York: The Christian Literature Company, 1891.

Suetônio, *Lives of Caesars*

R. Graves, trad. *The Twelve Caesars*. Londres; Penguin, 1957.

Tácito, *Annals*

BIBLIOGRAFIA SELECIONADA 397

M. Grant, trad. *The Annals of Imperial Rome*. Londres: Penguin, 1956.

Tácito, *Histories*

C. H. Moore, trad. *Histories*. Cambridge, MA: Harvard University Press; Londres: Heinemann, 1914-1937.

Teodoreto, *Ecclesiastical History*

The Revd. Blomfield-Jackson, trad. *A Select Library of Nicene and Post-Nicene Fathers of the Christian Church*. Segunda série. Vol. 3. Oxford: Parker and Company; Nova York: The Christian Literature Company, 1892.

Veleio Patérculo

F. W. Shipley, trad. *Velleius Paterculus: Compendium of Roman History*. Londres: Heinemann; Cambridge, MA: Harvard University Press, 1967.

Virgílio, *The Aeneid*

D. West, trad. *Virgil, The Aeneid: A New Prose Translation*. Londres: Penguin.

Leituras Secundárias

Archer, L. J., Fischler, S. e Wyke, M. (eds.), (1994) *Women in Ancient Societies: "An Illusion of the Night"*. Basingstoke.

Arjava, A. (1996) *Women and Law in Late Antiquity*. Oxford.

Baharal, C. (1992) "The Portraits of Julia Domna from the Years 193-211 A.D. and the Dynastic Propaganda of L. Septimius Severus", *Latomus* 51: 110-18.

Ball, W. (2000) *Rome in the East: The Transformation of an Empire*. Londres.

Balsdon, J. P. V. D. (1962) *Roman Women: Their History and Habits*. Londres.

Barrett, A. A. (1996) *Agrippina: Sex, Power and Politics in the Early Empire*. Londres.

———— (2002) *Livia: First Lady of Imperial Rome*. New Haven. CT e Londres.

Bartman, E. (1998) *Portraits of Livia: Imaging the Imperial Women in Augustan Rome*. Cambridge.

———— (2001) "Hair and the Artifice of Roman Female Adornment", *American Journal of Archaeology* 105: 1-25.

Bauman, R. A. (1992) *Women and Politics in Ancient Rome*. Londres e Nova York.

———— (1994) "Tanaquil-Livia and the Death of Augustus", *Historia* 43.2: 177-188.

Beard, M. e Henderson, J. (1998) "The Emperor's New Body: Ascension from Rome", em Wyke (ed.).

———— (2001) *Classical Art: From Greece to Rome*. Oxford.

Beard, M., North, J. e Price, S. (1998) *Roman Religion*. 2 vols. Cambridge.

Bicknell, P. J. (1963) "Agrippina's Villa at Bauli", *Classical Review* 13: 261-3.

Birley, A. R. (1971) *The African Emperor: Septimius Severus*. Londres.

———— (2000a) *Marcus Aurelius: A Biography*. Londres.

———— (2000b) "Hadrian to the Antonines", em Bowman, Garnsey e Rathbone (eds.).

Blockley, C. (1983) *The Fragmentary Classicising Historians of the Later Roman Empire*. 2 vols. Liverpool.

Boatwright, M. (1991) "The Imperial Women of the Early Second Century A.D.", *American Journal of Philology* 112: 513-40.

———— (2000) "Just Window Dressing? Imperial Women as Architectural Sculpture", em Kleiner e Matheson (eds.).

Bondanella, P. (1987) *The Eternal City: Roman Images in the Modern World*. Chapel Hill, NC.

Bowersock, G. (1969) *Greek Sophists in the Roman Empire*. Oxford.

Bowman, A. K. (2005) "Diocletian and the First Tetrarchy, AD 284-305", em Bowman, Garnsey e Cameron (eds.).

Bowman, A. K., Champlin, E. e Lintott, A. (eds.) (1996) *The Augustan Empire, 43 BC-AD 69*. The Cambridge Ancient History, Vol. 10. Cambridge.

Bowman, A. K., Garnsey, P. e Cameron, A. (eds.) (2005) *The Crisis of Empire, AD 193-337*. The Cambridge Ancient History, Vol. 12. Cambridge.

Bowman, A. K., Garnsey, P. e Rathbone, D. (eds.) (2000) *The High Empire, AD 70-192*. The Cambridge Ancient History, Vol. 11. Cambridge.

Boyle, A. J. (2003) "Reading Flavian Rome", em Boyle e Dominik (eds.).

Boyle, A. J. e Dominik, W. J. (eds.), (2003) *Flavian Rome: Culture, Image, Text*. Leida.

Braund, D. C. (1984) "Berenice in Rome", *Historia* 33: 120-23.

Brennan, T. C. (1998) "The Poets Julia Balbilla and Damo at the Colossus of Memnon", *Classical World* 91.4: 215-34.

Brubaker, L. (1997) "Memories of Helena: Patterns in Imperial Female Matronage in the Fourth and Fifth Centuries", em L. James (ed.), *Women, Men and Eunuchs: Gender in Byzantium*. Londres.

Brubaker, L. e Smith, J. M. H. (eds.), (2004) *Gender in the Early Medieval World: East and West, 300-900*. Cambridge.

Brubaker, L. e Tobler, H. (2000) "The Gender of Money: Byzantine Empresses on Coins (324-802)", *Gender and History* 12.3.: 572-94.

Burns, J. (2007) *Great Women of Imperial Rome: Mothers and Wives of the Caesars*. Londres e Nova York.

Cameron, Alan (1981) "The Empress and the Poet: Paganism and Politics at the Court of Theodosius II", *Yale Classical Studies* 27: 217-89.

Cameron, Averil (1992) *Christianity and the Rhetoric of Empire: The Development of Christian Discourse*. Berkeley e Londres.

———— (1993) The *Later Roman Empire: A.D. 284-430*. Londres.

Cameron, A. e Garnsey, P. (eds.) (1998) *The Late Empire, AD 337-425*. The Cambridge Ancient History, Vol. 13. Cambridge.

Cameron, A. e Herrin, J. (eds.) (1984) *Constantinople in the Early Eighth Century: the Parastaseis syntomoi chronikai*. Leida.

Cameron, A., Ward-Perkins, B. e Whitby, M. (eds.) (2000) *Late Antiquity: Empire and Successors, AD 425-600*. The Cambridge Ancient History, Vol. 14. Cambridge.

Caroli, B. B. (1995) *First Ladies*. Nova York e Oxford.

Cartledge, P. e Spawforth, A. (1989) *Hellenistic and Roman Sparta: A Tale of Two Cities*. Londres.

Cascio, E. Lo (2005) "The Emperor and his Administration: The Age of the Severans", em Bowman, Garnsey e Cameron (eds.).

Casson, L. (1974) *Travel in the Ancient World*. Londres.

Claridge, A. (1998) *Rome*. Oxford.

Clark, E. A. (1982) "Claims on the Bones of Saint Stephen: The Partisans of Melania and Eudocia", *Church History* 51.2: 141-156.

BIBLIOGRAFIA SELECIONADA

_____ (1986) *Ascetic Piety and Women's Faith: Essays on Late Ancient Christianity.* Lewiston, N Y.

_____ (1990) "Early Christian Women: Sources and Interpretations", em L. L.

Clark, E. A. e Richardson, H. (eds.) (1996) *Women and Religion: the Original Sourcebook of Women in Christian Thought.* Nova York.

Clark, G. (1993) *Women in Late Antiquity: Pagan and Christian Lifestyles.* Oxford e Nova York.

Constas, N. P. (1995) "Weaving the Body of God: Proclus of Constantinople, the Theotokos, and the Loom of the Flesh", *Journal of Early Christian Studies* 3.2: 169-194.

Cooley, A. (2007) "Septimius Severus — the Augustan Emperor" em Swain, Harrison e Elsner (eds.).

Coon, K. J. Haldane e E. W. Sommer (eds.), *That Gentle Strength: Historical Perspectives on Women in Christianity.* Charlottesville, VA and Londres.

Coon, L. L. (1997) *Sacred Fictions: Holy Women and Hagiography in Late Antiquity.* Filadélfia.

Cooper, K. (1996) *The Virgin and the Bride: Idealized Womanhood in Late Antiquity.* Cambridge, MA e Londres.

_____ (2007) "Poverty, Obligation, and Inheritance: Roman Heiresses and the Varieties of Senatorial Christianity in Fifth-century Rome", em K. Cooper e J. Hillner (ed.), *Religion, Dynasty, and Patronage in Early Christian Rome.* Cambridge. (2009) "Gender and the Fall of Rome", em P. Rousseau (ed.), *A Companion to Late Antiquity.* Oxford.

Crawford, D. J. (1976) "Imperial Estates", em M. I. Finley (ed.), *Studies in Roman Property.* Cambridge.

Crook, J. A. (1951) "Titus and Berenice", *American Journal of Philology* 72; 162-75.

Croom, A. T. (2000) *Roman Clothing and Fashion.* Stroud, Glos.

Cryle, P. (2001) *The Telling of the Act: Sexuality as Narrative in Eighteenth and Nineteenth-century France.* Newark e Londres.

Curran, J. (1998) "From Jovian to Theodosius" em Cameron e Garnsey (eds.).

Currie, S. (1998) "Poisonous Women and Unnatural History in Roman Culture" em Wyke (ed.).

D'Ambra, E. (1993) *Private Lives, Imperial Virtues: The Frieze of the Forum Transitorium in Rome.* Princeton, NJ.

_____ (2007) *Roman Women.* Cambridge.

D'Arms, J. H. (1970) *Romans on the Bay of Naples: A Social and Cultural Study of the Villas and their Owners from 150 B.C. to A.D. 400.* Cambridge, MA.

Davies, P. J. E. (2000) "*Damnatio memoriae* and Roman architecture", em Varner (ed.).

_____ (2004) *Death and the Emperor: Roman Imperial Funerary Monuments from Augustus to Marcus Aurelius.* Austin, TX.

Dean, W. e Knapp, J. M. (1987) *Handel's Operas: 1704-1726.* Oxford.

Delia, D. (1991) "Fulvia Reconsidered", em S. B. Pomeroy (ed.), *Women's History and Ancient History.* Chapel Hill, NC.

De Serviez, J. R. (1752) *The Roman Empresses.* Londres.

D'Hancarville, Barão [pseud. de Pierre François Hugues] (1780) *Monumens de la vie privée des douze Césars, d'après une suite de pierres gravées sous leur règne.*

_____ (1787) *Monumens du culte secret des dames romaines.*

Dietz, M. (2005) *Wandering Monks, Virgins, and Pilgrims: Ascetic Travel in the Mediterranean World AD 300-800.* University Park, AP.

Dixon, S. (1983) "A Family Business: Women's Role in Patronage and Politics at Rome", *Classica and Mediaevalia* 34: 91-112.

_____ (1988) *The Roman Mother*. Londres.

_____ (1990) *Reading Roman Women: Sources, Genres and Real Life*. Londres.

_____ (1992) *The Roman Family*. Baltimore, MD.

_____ (2007) *Cornelia: Mother of the Gracchi*. Londres.

Drijvers, J. W. (1992) *Helena Augusta: The Mother of Constantine the Great and the Legend of Her Finding of the True Cross*. Leida.

_____ (2000) "Evelyn Waugh, Helena and the True Cross", *Classics Ireland* 7: 25-50.

Drinkwater, J. (2005) "Maximinus to Diocletian and the 'crisis'", em Bowman, Garnsey e Cameron (eds.).

Duffy, M. H. (1995) *"West's Agrippina, Wolfe and the Expression of Restraint"*, *Zeitschrift fur Kunstgeschichte* 58.2: 207-25.

Eck, W, Caballos, A. e Fernandez, F. (1996) *Das Senatus Consultum de Cn. Pisone Patre*. Munique.

Edmondson, J. C. (1996) "Dynamic Arenas: Gladiatorial Presentations in the City of Rome and the Construction of Roman Society During the Early Empire", em W. J. Slater (ed.) *Roman Theater and Society*. Ann Arbor, MI.

Edwards, C. (1993) *The Politics of Immorality in Ancient Rome*. Cambridge e Nova York.

_____ (2000) *The Lives of the Caesars: Suetonius. Translated with an introduction and notes*. Oxford.

Elsner, J. (1998) *Imperial Rome and Christian Triumph: The Art of the Roman Empire AD 100-450*. Oxford.

_____ (2003) "Iconoclasm and the Preservation of Memory", em R. S. Nelson e M. Olin (eds.), *Monuments and Memory, Made and Unmade*. Chicago e Londres.

Elsner, J. e Masters, J. (eds.), (1994) *Reflections of Nero: Culture, History and Representation*. Londres.

Emmanuel, M. (1994) "Hairstyles and Headdresses of Empresses, Princesses, and Ladies of the Aristocracy in Byzantium", *Deltion tes Christianikes Archiologikes Hetaireias* 17: 113-20.

Erhart, K. (1978) "A Portrait of Antonia Minor in the Fogg Art Museum and its Iconographical Tradition", *American Journal of Archaeology* 82: 193-212.

Evans Grubbs, J. (1995) *Law and Family in Late Antiquity: The Emperor Constantine's Marriage Legislation*. Oxford e Nova York.

Fagan, G. (2002) "Messalina's Folly", *Classical Quarterly* 52.2: 566-79

Fantham, E. (2006) *Julia Augusti: The Emperor's Daughter*. Londres.

Fantham, E., Foley, H., Kampen, N. B., Pomeroy, S. B. e Shapiro, H. A. (eds.), (1994) *Women in the Classical World: Image and Text*. Nova York e Oxford.

Favro, D. G. (1996) *The Urban Image of Augustan Rome*. Cambridge.

Fejfer, J. (2008) *Roman Portraits in Context*. Berlim.

Feldherr, A. (ed.) (2009) *The Cambridge Companion to the Roman Historians*. Cambridge.

Ferrero, G. (1911) *The Women of the Caesars*. Londres.

Ferrill, A. (1980) "Augustus and his Daughter: A Modern Myth", em C. Deroux (ed.) *Studies in Latin Literature and Roman Society*, II, vol. 332-66.

Fischler, S. (1994) "Social Stereotypes and Historical Analysis: The Case of the Imperial Women at Rome", em Archer, Fischler e Wyke (eds.).

BIBLIOGRAFIA SELECIONADA

Fishwick, D. (1987-92) *The Imperial Cult in the Latin West: Studies in the Ruler Cult of the Western Provinces of the Roman Empire.* 2 vols. Leida.

Fittschen, K. (1996) "Courtly Portraits of Women in the Era of the Adoptive Emperors (AD 98-180) and their Reception in Roman Society", em Kleiner e Matheson (eds.).

Flory, M. B. (1984) *"Sic Exempla Parantur.* Livia's Shrine to Concordia and the Porticus Liviae". *Historia* 33 (1984): 309-30.

———— (1987) "The Meaning of *Augusta* in the Julio-Claudian Period", *American Journal of Ancient History* 13.2: 113-38.

———— (1988) *"Abducta Neroni Uxor.* The Historiographical Tradition on the Marriage of Octavian and Livia", *Transactions of the America Philological Association* 118: 343-59.

———— (1993) "Livia and the History of Public Honorific Statues for Women in Rome", *Transactions of the American Philological Association* 123: 287-308.

———— (1995) "The Deification of Roman Women", *Ancient History Bulletin* 9.3: 127-34.

———— (1998) "The Integration of Women into the Roman Triumph", *Historia* 47: 489-94.

Flower, H. I. (2006) *The Art of Forgetting: Disgrace and Oblivion in Roman Political Culture.* Chapel Hil, NC.

Frakes, R. M. (2006) "The Dynasty of Constantine down to 363", em Lenski (ed.).

Fraschetti, A. (2001) *Roman Women,* trad. L. Lappin. Chicago e Londres.

Freisenbruch, A. (2004) "The Correspondence of Marcus Cornelius Fronto". Dissertação (não publicada). Cambridge.

Frost, H. (1983) "The Nymphaeum at Baiae", *International Journal of Nautical Archaeology* 12: 81-3.

Gabriel, M. M. (1955) *Livia's Garden Room at Prima Porta.* Nova York.

Gardner, J. F. (1986) *Women in Roman Law and Society.* Londres.

Garlick, B., Dixon, S. e Allen, P. (eds.) (1992) *Stereotypes of Women in Power: Historical Perspectives and Revisionist Views.* Londres e Nova York.

Ginsburg, J. (2006) *Representing Agrippina: Constructions of Female Power in the Early Roman Empire.* Nova York e Oxford.

Goodman, M. (1997) *The Roman World 44 BC-AD 180.* Londres.

Gorrie, C. (2004) "Julia Domna's Building Patronage, Imperial Family Roles and the Severan Revival of Moral Legislation", *Historia* 53: 61-72.

Gradel, I. (2002) *Emperor Worship and Roman Religion.* Oxford.

Graves, R. (1934) *I, Claudius.* Londres.

Griffin, M. (1984) *Nero: The End of a Dynasty.* Londres.

———— (1997) "The Senate's Story", *Journal of Roman Studies* 87: 249-63.

———— (2000) "Nerva to Hadrian", em Bowman, Garnsey e Rathbone (eds.).

Hall, L. J. (2004) *Roman Berytus: Beirut in Late Antiquity.* Londres.

Hallett, J. P. (1977) "Perusinae Glandes and the Changing Image of Augustus", *American Journal of Ancient History* 2: 151-71.

———— (1984) *Fathers and Daughters in Roman Society: Women and the Elite Family.* Princeton.

———— (2002) "Women Writing in Rome and Cornelia, Mother of the Gracchi", em L. J. Churchill, P. R. Brown e E. Jeffrey (eds.), *Women Writing Latin: From Early Antiquity to Early Modern Europe,* Vol. 1. Nova York e Londres.

Hamer, M. (1993) *Signs of Cleopatra: History, Politics, Representation.* Londres e Nova York.

———— (2001) "The Myth of Cleopatra since the Renaissance", em Walker e Higgs (eds.).

Harbus, A. (2002) *Helena of Britain in Medieval Legend.* Cambridge.

Harlow, M. (2004a) "Female Dress, Third-Sixth Century: The Messages in the Media?", *Antiquité Tardive* 12: 203-15.

———— (2004b) "Galla Placidia: Conduit of Culture?" em F. McHardy e E. Marshall (eds.), *Women's Influence on Classical Civilization.* Londres e Nova York.

Haskell, F. e Penny, N. (1981) *Taste and the Antique: The Lure of Classical Sculpture, 1500-1900,* New Haven, CT e Londres.

Heather, P. (2005) *The Fall of the Roman Empire: A New History.* Londres.

Heller, W. (2003) *Emblems of Eloquence: Opera and Women's Voices in Seventeenth-Century Venice.* Berkeley.

Hemelrijk, E. H. (1999) *Matrona Docta: Educated Women in the Roman Elite from Cornelia to Julia Domna.* Londres.

———— (2005) "Octavian and the Introduction of Public Statues for Women in Rome", *Athenaeum* 93.1: 309-17.

Henderson, J. G. (1989) "Satire writes Woman: Gendersong", *Proceedings of the Cambridge Philological Society* 35: 50-80.

Herrin, J. (2001) *Women in Purple: Rulers of Medieval Byzantium,* Londres.

Hicks, P. (2005a) "The Roman Matron in Britain: Female Political Influence and Republican Response ca. 1750-1800", *Journal of Modern History* 77.1.

———— (2005b) "Portia and Marria: Female Political Identity and the Historical Imagination, 1770-1800", *The William and Mary Quarterly* 62.2: 265-94.

Hillard, T. (1992) "On the Stage, Behind the Curtain: Images of Politically Active Women in the Late Roman Republic", em Garlick, Dixon and Allen (eds.).

Holum, K. (1982) *Theodosian Empresses: Women and Imperial Dominion in Late Antiquity.* Berkeley e Londres.

———— (1999) "Hadrian and St Helena: Imperial Travel and the Origins of Christian Holy Pilgrimmage", em R. Ousterhout (ed.), *The Blessings of Pilgrimage.* Urbana.

Hopkins, M. K. (1965) "The Age of Roman Girls at Marriage", *Population Studies* 18: 309-27.

Hunt, E. D. (1982) "Constantine and the Holy Land: Helena — History and Legend", em E. D. Hunt, (ed.), *Holy Land Pilgrimage in the Later Roman Empire AD 312-460.* Oxford.

Hunt, L. (1991) "The Many Bodies of Marie Antoinette: Political Pornography and the Problem of the Feminine in the French Revolution", em L. Hunt (ed.), *Eroticism and the Body Politic.* Baltimore, MD.

Icks, M. (2008) *Images of Elagabalus.* Nijmegen.

James, L. (2001) *Empresses and Power in Early Byzantium.* Londres.

Johnson, M. J. (1992) Where were Constantius I and Helena Buried?, *Latomus* 51: 145-50.

———— (2009) *The Roman Imperial Mausoleum in Late Antiquity.* Cambridge.

Jones, B. W. (1984) *The Emperor Titus.* Londres.

Jones, P. J. (2006) *Cleopatra: A Sourcebook.* Norman, OK.

Jordan, R. (1974) *Berenice.* Londres.

Joshel, S. R. (1992) "The Body Female and the Body Politic: Livy's Lucretia and Verginia", em A. Richlin (ed.), *Pornography and Representation in Greece and Rome.* Nova York e Londres.

BIBLIOGRAFIA SELECIONADA

————(1995) "Female Desire and the Discourse of Empire: Tacitus' Messalina", *Signs: Journal of Women in Culture and Society* 21.1: 50-82.

————(2001) "I, Claudius: Projection and Imperial Soap Opera" em S. R. Joshel, M. Malamud e D. McGuire, Jr (eds.), *Imperial Projections: Ancient Rome in Modern Popular Culture.* Baltimore, MD e Londres.

Kajava, M. (1990) "Roman Senatorial Women and the Greek East: Epigraphic Evidence from the Republican and Augustan Periods", em H. Solin e M. Kajava (eds.), *Roman Eastern Policy and Other Studies in Roman History.* Helsinque.

Kampen, N. B. (1991) "Between Private and Public: Women as Historical Subjects in Roman Art", em S. B. Pomeroy (ed.), *Women's History and Ancient History.* Chapel Hill, NC.

Kaplan, M. (1979) "Agrippina semper atrox: A Study in Tacitus' Characterization of Women", em C. Deroux (ed.), *Studies in Latin Literature and Roman History,* Vol. I. Brussels.

Keaveney, A. e Madden, J. (2003) "Berenice at Rome", *Museum Helveticum* 60: 39-43.

Kelly, C. (2006) *The Roman Empire: A Very Short Introduction.* Oxford.

————(2008) *Attila the Hun: Barbarian Terror and the Fall of the Roman Empire.* Londres.

Keltanen, M. (2002) "The Public Image of the Four Empresses: Ideal Wives, Mothers and Regents?", em P. Setälä, R. Berg, R. Hälikkä, M. Keltanen, J. Pölönen e V. Vuolanto (eds.), *Women, Wealth and Power in the Roman Empire.* Roma.

Kidd, W (2004) "Marianne: from Medusa to Messalina: Psycho-sexual imagery and political propaganda in France 1789-1945", *Journal of European Studies* 34-4: 333-48.

Kleiner, D. E. E. (1992a) "Politics and Gender in the Pictorial Propaganda of Antony and Octavian", *Echos du Monde Classique* 36: 357-67.

————(1992b) *Roman Sculpture.* New Haven, CT e Londres.

————(1996) "Imperial Women as Patrons of the Arts in the Early Empire", em Kleiner e Matheson (eds.).

————(2000) "Family Ties: Mothers and Sons in Elite and Non-Elite Roman Art", em Kleiner e Matheson (eds.).

————(2001) "Now you See Them, Now You Don't: The Presence and Absence of Women in Roman Art", em Varner (ed.).

————(2005) *Cleopatra and Rome.* Cambridge, Mass. e Londres.

Kleiner, D. E. E. e Matheson, S. B. (eds.), (1996) *I Claudia: Women in Ancient Rome.* New Haven, CT.

————(2000) *I, Claudia II: Women in Roman Art and Society.* Austin, TX.

Knight, R. C. (1999) *Berenice: Jean Racine.* Uma tradução de R. C. Knight, complementada e editada por H. T. Barnwell. Durham.

Kokkinos, N. (2002) *Antonia Augusta: Portrait of a Great Roman Lady.* Londres.

Kosmetatou, E. (2002) "The Public Image of Julia Mamaea: An Epigraphic and Numismatic Enquiry", *Latomus* 61: 398-414.

Kragelund, P. (2007) "Agrippina's Revenge" em M. Moltesen e A. M. Nielsen (eds.), *Agrippina Minor: Life and Afterlife.* Copenhagen.

Lancon, B. (2000) *Rome in Late Antiquity: Everyday Life and Urban Change, AD* 312-609, trad. A. Nevill. Edimburgo.

Leadbetter, B. (1998) "The Illegitimacy of Constantine and the Birth of the Tetrarchy", em Lieu e Montserrat (eds.).

Lee, H. (2005) *Body Parts: Essays on Life Writing*. Londres.

⸻ (2009) *Biography: A Very Short Introduction*. Oxford.

Lefkowitz, M. R. e Fant, M. B. (1992) *Women's Life in Greece and Rome: A Sourcebook in Translation*. Londres.

Lenski, N. (2004) "Empresses in the Holy Land: The Creation of a Christian Utopia in Late Antique Palestine", em L. Ellis e F. L. Kidner (eds.), *Travel, Communication and Geography in Late Antiquity: Sacred and Profane*. Aldershot.

⸻ (ed.), (2006) *The Cambridge Companion to the Age of Constantine*. Cambridge.

Levick, B. (2002) "Women, Power, and Philosophy at Rome and Beyond", em G. Clark and T. Rajak (eds.), *Philosophy and Power in the Graeco-Roman World: Essays in Honour of Miriam Griffin*. Oxford.

⸻ (2007) *Julia Domna: Syrian Empress*. Londres.

Levick, B. e Innes, D. (1989) "Luxurious Dentifrice in Rome", *Omnibus* 18: 17-18.

Lieu, S. N. C. (1998) "From History to Legend: The Medieval and Byzantine Transformation of Constantine's *Vita*", em Lieu e Montserrat (eds.).

⸻ (2006) "Constantine in Legendary Literature", em Lenski (ed.).

Lieu, S. N. C. e Montserrat, D. (eds.) (1998) *Constantine: History, Historiography and Legend*. Nova York.

Linderski, J. (1988) "Julia in Regium", *Zeitschrift für Papyrologie und Epigraphik* 72: 181-200.

Ling, R. (1991) *Roman Painting*. Cambridge.

Loven, L. L. (1998) "*Lanam fecit* — Woolworking and Female Virtue", em Loven e Stromberg (eds.).

Loven, L. L. e Stromberg, A. (eds.) (1998) *Aspects of Women in Antiquity: Proceedings of the First Nordic Symposium on Women's Lives in Antiquity*. Jonsered.

Lusnia, S. (1995) "Julia Domna's Coinage and Severan Dynastic Propaganda", *Latomus* 54: 119-40.

Macaulay-Lewis, E. (2006) "The Role of *Ollae Perforatae* in Understanding Horticulture, Planting Techniques, Garden Design and Plant Trade in the Roman World", em J. P. Morel, J. T. Juan e J. C. Matamala (eds.), *The Archaeology of Crop Fields and Gardens*. Bari.

MacCormack, S. (1981) *Art and Ceremony in Late Antiquity*. Berkeley, CA e Londres.

MacDonald, W. L. (1965) *The Architecture of the Roman Empire*. New Haven, CT e Londres.

Macurdy, G. H. (1935) "Julia Berenice", *American Journal of Philology* 56: 246-53.

Mango, C. (1994) "The Empress Helena, Helenopolis, Pylae", *Travaux et Memoires* 12: 143-58.

Matheson, S. B. (2000) "The Elder Claudia: Older Women in Roman Art", em Kleiner e Matheson (eds.).

Mayer, W. (2006) "Doing Violence to the Image of an Empress: The Destruction of Eudoxia's Reputation", em H. A. Drake (ed.), *Violence in Late Antiquity: Perceptions and Practices*. Aldershot.

McClanan, A. (2002) *Representations of Early Byzantine Empresses: Image and Empire*. Londres.

McCormick, M. (2000) "Emperor and Court", em A. Cameron, B. Ward-Perkins e M. Whitby (eds.), *Late Antiquity: Empire and Successors AD 425-600*. Cambridge Ancient History, Vol. 14. Cambridge.

McDermott, W. C. (1977) "Plotina Augusta and Nicomachus of Gerasa", *Historia* 26: 192-203.

McDermott, W. C. e Orentzel, A. E. (1979) *Roman Portraits: The Flavian-Trajanic Period*. Columbia e Londres.

McLeod, G. (1991) *Virtue and Venom: Catalogs of Women from Antiquity to the Renaissance*. Ann Arbor.

Milnor, K. (2005) *Gender, Domesticity and the Age of Augustus: Inventing Private Life*. Oxford.

———— (2009) "Women in Roman Historiography", em Feldherr (ed.).

Moltesen, M. e Nielsen, A.-M. (eds.) (2007) *Agrippina Minor: Life and Afterlife*. Copenhagen.

Nathan, G. S. (2000) *The Family in Late Antiquity: The Rise of Christianity and the Endurance of Tradition*. Londres.

Newby, Z. (2007) "Art at the Crossroads? Themes and Styles in Severan Art", em Swain, Harrison e Elsner (eds.).

Nixon, C. E. V. e Rodgers, B. S. (1994) *In Praise of Later Roman Emperors: The Panegyrici Latini*. Berkely; Oxford.

O'Gorman, E. (2000) *Irony and Misreading in the Annals of Tacitus*. Cambridge.

Olson, K. (2008) *Dress and the Roman Woman: Self-Presentation and Society*. Abingdon.

Oost, S. I. (1968) *Galla Placidia Augusta: A Biographical Essay*. Londres e Nova York.

Opper, T. (2008) *Hadrian: Empire and Conflict*. Londres.

Parkin, T. G. (2002) *Old Age in the Roman World: A Cultural and Social History*. Baltimore, MD.

Pelling, C. (1988) *Plutarch: Life of Antony*. Cambridge.

———— (1996) "The Triumviral Period", em Bowman, Champlin e Lintott (eds.).

———— (2001) "Anything Truth Can Do, We Can Do Better: The Cleopatra Legend", em Walker e Higgs (eds.).

Penella, R. J. (1979) "Philostratus' Letter to Julia Domna", *Hermes* 107: 161-8.

Perowne, S. (1974) *Caesars' Wives: Above Suspicion?* Londres.

Pohlsander, H. (1984) "Crispus: Brilliant Career and Tragic End", *Historia* 33: 79-106.

———— (1995) *Helena: Empress and Saint*. Chicago.

Pomeroy, S. B. (1975) *Goddesses, Whores, Wives and Slaves: Women in Classical Antiquity*. Londres.

Potter, D. (2007) *Emperors of Rome: The Story of Imperial Rome from Julius Caesar to the Last Emperor*. Londres.

Price, S. (1984) *Rituals and Power: The Roman Imperial Cult in Asia Minor*. Cambridge.

Purcell, N. (1986) "Livia and the Womanhood of Rome", *Proceedings of the Cambridge Philological Society* 32; 78-105.

Ragalie, M. (2007) "Sex and Scandal with Sword and Sandals: A Study of the Female Characters in HBO's *Rome*", *Studies in Mediterranean Antiquity and Classics:* Vol. 1: Iss. 1, Article 4.

Rawson, B. (1987) "Discrimina Ordinum: The Lex Julia Theatralis", *Papers of the British School at Rome* 55: 83-113.

———— (ed.) (1991) *Marriage, Divorce, and Children in Ancient Rome*. Canberra.

———— (ed.) (1992) *The Family in Ancient Rome: New Perspectives*. Ithaca, Nova York.

———— (2003) *Children and Childhood in Roman Italy*. Oxford.

Rebenich, S. (1985) "Gratian, a Son of Theodosius, and the Birth of Galla Placidia", *Historia* 34: 372-85.

Reeder, J. C. (2001) *The Villa of Livia Ad Gallinas Albas: A Study in the Augustan Villa and Garden*. Providence, RI.

Rees, R. (2004) *Diocletian and the Tetrarchy*. Edimburgo.

Rendall, J. (1996) "Writing History for British Women: Elizabeth Hamilton and the Memoirs of Agrippina" em C. Campbell-Orr (ed.), *Wollstonecraft's Daughters: Womanhood in England and France 1780-1920*. Manchester.

Reynolds, J. (1982) *Aphrodisias and Rome*. Londres.

Ricci, C. (1907) *Ravenna*. Bergamo.

Richardson, L. (1992) *A New Topographical Dictionary of Ancient Rome*. Baltimore, MD.

Richlin, A. (1992) "Julia's Jokes, Galla Placidia, and the Roman Use of Women as Political Icons", em Garlick, Dixon e Allen (eds.).

—— (1995) "Making up a Woman: The Face of Roman Gender", em H. Eilberg-Schwartz e W. Doniger (eds.), *Off With Her Head! The Denial of Women's Identity in Myth, Religion and Culture*. Berkeley, CA.

Ridley, R. T. (1986) "'Augusti Manes Volitant per Auras': The Archaeology of Rome under the Fascists", *Xenia* 11: 19-46.

Rizzardi, C. (ed.) (1996) *Il Mausoleo di Galla Placidia a Ravenna*. Módena.

Roche, P. A. (2002) "The Public Image of Trajan's Family", *Classical Philology* 97: 41-60.

Rose, C. B. (1997) *Dynastic Commemoration and Imperial Portraiture in the Julio-Claudian Period*. Cambridge.

Rose, M. E. (2006) "The Trier Ceiling: Power and Status on Display in Late Antiquity", *Greece and Rome* 53.1: 92-109.

Roussin, L. A. (1994) "Costume in Roman Palestine: Archaeological Remains and the Evidence from the Mishnah", em Sebesta e Bonfante (eds.).

Santoro L'hoir, F. (1994) "Tacitus and Women's Usurpation of Power", *Classical World* 88: 5-25.

Sartre, M. (2005) "The Arabs and the Desert Peoples", em Bowman, Garnsey e Cameron (eds.).

Schmitt-Pantel, P. (1992) *A History of Women in the West,* Vol. 1: *From Ancient Goddesses to Christian Saints*. Cambridge, MA e Londres.

Schroder, V. (2009) "Re-Writing History for the Early Modern Stage: Racine's Roman Tragedies", em Feldherr (ed.).

Sebesta, J. e Bonfante, L. (eds.) (1994) *The World of Roman Costume*. Madison, WI.

Setälä, P. (1977) *Private Domini in Roman Brick Stamps of the Empire: A Historical and Prosopographical Study of Landowners in the District of Rome*. Helsinque.

—— (1998) "Female Property and Power in Imperial Rome", em Loven e Stromberg (eds.).

Setälä, P., Berg, R., Hälikkä, R., Keltanen, M., Pölönen, J. e Vuolanto, V. (eds.) (2002) *Women, Wealth and Power in the Roman Empire*. Roma.

Severy, B. (2003) *Augustus and the Family at the Birth of Empire*. Nova York e Londres.

Seymour-Smith, M. (1995) *Robert Graves: His Life and Work*. Londres.

Sharrock, A. (1991) "Womanufacture", *Journal of Roman Studies* 81: 36-49.

Shaw, B. D. (1987) "The Age of Roman Girls at Marriage: Some Reconsiderations", *Journal of Roman Studies* 77: 30-46.

Shelton, J-A. (1998) *As the Romans Did: A Sourcebook in Roman Social History*. Nova York e Oxford.

Siegfried, S. (2001) "Ingres's Reading — The Undoing of Narrative", em Siegfried, S. e Rifkin, A. (2001) *Fingering Ingres*. Oxford.

Smith, R. R. R. (1987) "'The Imperial Reliefs from the Sebasteion at Aphrodisias". *Journal of Roman Studies* 77: 88-138.

BIBLIOGRAFIA SELECIONADA

_____ (1988) *Hellenistic Royal Portraits.* Oxford.

Spivey, N. J. (1999) "Introduction" to *Robert Graves, The Claudius Novels.* Londres.

Staley, A. (1965) "The Landing of Agrippina at Brundisium with the Ashes of Germanicus", *Philadelphia Museum of Art Bulletin* 61: 10-19.

Stout, A. M. (1994) "Jewelry as a Symbol of Status in the Roman Empire", em Sebesta e Bonfante (eds.).

Supple, J. J. (1986) *Racine: Berenice.* Londres.

Swain, S., Harrison, S. J. e Elsner, J. (eds.) (2007) *Severan Culture.* Cambridge.

Syme, R. (1984) "The Crisis of 2 BC" em A. Birley (ed.), *Roman Papers,* Vol. 3. Oxford.

Takács, S. A. (2008) *Vestal Virgins, Sibyls and Matrons: Women in Roman Religion.* Austin, TX.

Tamm, B. (1963) *Auditorium and Palatium: A Study on Assembly-Rooms in Roman Palaces During the First Century BC and the First Century AD.* Estocolmo.

Tomei, M. A. (1998) *The Palatine,* trad. L. Guarneri Hynd. Milão.

Tougher, S. (1998) "In Praise of an Empress: Julian's Speech of Thanks to Eusebia", em M. Whitby (ed.), *The Propaganda of Power: The Role of Panegyric in Late Antiquity.* Boston, MA.

Treggiari, S. (1973) "Domestic Staff in the Julio-Claudian Period", *Histoire Sociale* 6: 241-55.

_____ (1975) "Jobs in the Household of Livia", *Papers of the British School at Rome* 43: 48-77.

_____ (1991) *Roman Marriage: Iusti Coniuges from the Time of Cicero to the Time of Ulpian.* Oxford.

_____ (2007) *Terência, Tullia, and Publilia: The Women of Cicero's Family.* Londres.

Van Bremen, R. (1983) "Women and Wealth", em A. Cameron e A. Kuhrt (eds.), *Images of Women in Antiquity.* Londres.

_____ (1996) *The Limits of Participation: Women and Civic Life in the Greek East in the Hellenistic and Roman Periods.* Amsterdã.

Van den Hout, M. P. J. (1999) *A Commentary on the Letters of M. Cornelius Fronto.* Leida.

Varner, E. R. (1995) "Domitia Longina and the Politics of Portraiture", *American Journal of Archaeology* 99.2: 187-206.

_____ (ed.) (2001a) *From Caligula to Constantine: Tyranny and Transformation in Roman Portraiture.* Atlanta, GA.

_____ (2001b) "Portraits, Plots and Politics: *Damnatio Memoriae* and the Images of Imperial Women", *Memoirs of the American Academy in Rome* 46: 41-93.

_____ (2004) *Mutilation and Transformation: Damnatio Memoriae and Roman Imperial Portraiture.* Leida.

Vinson, M. (1989) "Domitia Longina, Julia Titi and the Literary Tradition", *Historia* 38: 431-50.

Von Blanckenhagen, P. H. e Alexander, C. (1962) *The Augustan Villa at Boscotrecase.* Mainz.

Vout, C. (2007) *Power and Eroticism in Imperial Rome.* Cambridge.

_____ (2009) "Representing the Emperor", em Feldherr (ed.).

Walker, S. e Higgs, P. (eds.) (2001) *Cleopatra of Egypt: From History to Myth.* Londres.

Wallace-Hadrill, A. (1988) "The Social Structure of the Roman House", *Papers of the British School at Rome* 56: 43-98.

_____ (1993) *Augustan Rome.* Londres.

_____ (1994) *Houses and Society in Pompeii and Herculaneum.* Princeton, NJ.

_____ (1996) "The Imperial Court", em Bowman, Champlin e Lintott (eds.).

Walter, C. (2006) *The Iconography of Constantine the Great: Emperor and Saint.* Leida.

Walton, C. L. (ed.) (1965) *Berenice.* Londres.

Whitmarsh, T. (2007) "Prose Literature and the Severan Dynasty", em Swain, Harrison e Elsner (eds.).

Winkes, R. (2000) "Livia: Portrait and Propaganda", em Kleiner e Matheson (eds.).

Winterer, C. (2007) *The Mirror of Antiquity: American Women and the Classical Tradition* 1750-1900. Ithaca, NY e Londres.

Wood, S. (1988) "Agrippina the Elder in Julio-Claudian Art and Propaganda", *American Journal of Archaeology* 92: 409-26.

_____ (1992) "Messalina, wife of Claudius: Propaganda Successes and Failures of his Reign", *Journal of Roman Archaeology* 5: 219-34.

_____ (1999) *Imperial Women: A Study in Public Images, 40BC-AD 68.* Leida.

Woods, D. (1998) "On the Death of the Empress Fausta", *Greece and Rome* 45.1: 70-86.

Wyke, M. (1994) "Woman in the Mirror: The Rhetoric of Adornment in the Roman World", em Archer, Fischler e Wyke (eds.).

_____ (ed.) (1998) *Parchments of Gender: Deciphering the Body in Antiquity.* Oxford.

_____ (2002) *The Roman Mistress: Ancient and Modern Representations.* Oxford.

Young-Widmaier, M. R. (2002) "Quintilian's Legal Representation of Julia Berenice", *Historia* 51.1: 124-29.

Zanker, P. (1988) *The Power of Images in the Age of Augustus,* trad. A. Shapiro. Ann Arbor.

Zarmakoupi, M. (2008) "Designing the Landscapes of the Villa of Livia at Prima Porta", em D. Kurtz, H. C. Meyer e E. Hatzivassiliou (eds.), *Essays in Classical Archaeology for Eleni Hatzivassiliou 1977-2007.* Oxford.

Zwalve, W. J. (2001) "In Re Iulius Agrippa's Estate: Q. Cervidius Scaevola, Iulia Domna and the Estate of Iulius Agrippa", em L. de Blois (ed.), *Administration, Prosopography and Appointment Policies in the Roman Empire.* Amsterdã.

Índice Remissivo

Áccio, batalha de, 28, 49, 52, 59, 61-2, 74, 79, 83-4, 110, 125

Acerronia, 175

Ácia, 19, 33, 40, 42

Acte, 170, 173, 195

Adriano
  carreira militar, 225
  casa-se com Sabina, 225, 228
  e a morte de Sabina, 233
  e Plotina, 225-8
  e Salônia Matidia, 228
  escolhe seu sucessor, 233
  mausoléu, 234
  morte, 234
  primeiro ano no poder, 225
  referências rápidas, 17, 216-8, 227, 255, 257
  relacionamento com Antínoo, 231-2
  torna-se imperador, 224-5
  últimos anos do reinado, 233
  viagens pelo exterior, 229, 231
  visita Egito, 215, 231

Adrianópolis, batalha de, 311

adultério, 87-8, 203, 207, 262, 291

Aécio (Flávio Aécio), 334, 336-37, 339, 343, 345, 347

Aélia Eudócia *vide* Eudócia (antes Atenais)

Aélia Flacila, 313-6, 334

Aélia Paetina, 149, 159

Aélio César, 233, 235

Afrânio Burro *vide* Burro

África do Norte *vide* África/África do Norte

África do Norte, 35, 40, 123, 231, 253, 261, 289, 334, 337

Afrodisias, 73, 166, 342

Afrodite, 166

Aglaus, 195

Agnello, Andrea, 335

Agripa II, 185-9, 192, 197-8, 201

Agripa Póstumo, 86, 92, 104-5

Agripa, 47, 61, 80, 83-6, 89, 92-3, 104-5, 108, 126

Agripina, a Maior
  casa-se com Germânico, 121-2
  cinzas levadas de volta para Roma por Calígula, 144
  denunciada por Tibério, 138
  e morte de Germânico, 128-9
  e *Tabula Siarensis,* 131
  elogiada em *Senatus Consultum de Cn. Pisone patre,* 132
  exílio e morte, 138
  favorita de Augusto, 121
  nascimento dos filhos, 122
  nascimento, 86
  posição precária, 134-5
  referências rápidas, 129, 140, 142-3, 145, 160, 188, 221, 293, 295, 300

AS PRIMEIRAS-DAMAS DE ROMA

relacionamento com Lívia, 126, 133, 135
relacionamento difícil com Tibério, 132, 134
representações, 126
representada em moedas, 144
representada no quadro de West, 139
reputação, 20, 121-2, 138-40
vida com Germânico, 122-5, 127
volta para a Itália com cinzas de Germânico, 128
Agripina, a Menor
assassinato, 174-6
atitudes de Nero depois da sua morte, 176-7
casa-se com Cláudio, 159
casa-se com Cneu Domício Ahenobarbo, 143
casa-se com Passieno Crispo, 148-9
chamada do exílio por Cláudio, 148
como esposa de Cláudio, 159-63, 165
durante primeiros anos do reinado de Nero, 167-70
e aparição de Nero nos Jogos Seculares, 153
e coroação de Nero, 166
esculturas sobreviventes, 179
exilada, 146-7
expurgo de suas imagens, 178
infância, 125, 143
interesse prolongado em, 179-81
memórias perdidas de, 21-2, 126, 135, 180-1
nascimento, 142-3
papel na morte de Cláudio, 166
Popeia insufla ressentimento de Nero contra, 174
recebe privilégios de Calígula, 144-5
referências rápidas, 18-20, 122-3, 138, 151, 155, 160, 191, 196, 207-9, 221, 224, 244, 246-7, 251, 268-9, 293, 312, 315, 327
relacionamento com Nero se deteriora, 170-2
representada nos painéis de Afrodisias, 166-7, 342
retrato na peça *Octavia*, 177-8
sobrevive a acusações feitas contra ela, 172-3

sua propriedade, 173
volta à vida pública, 153
Alamanos, 310
Alarico, 322-3, 327
Albanas, Colinas 48
Alemanha, 95, 104, 122, 124, 132, 162, 167, 240, 242
Alexandre (Severo Alexandre), 274-7, 280
Alexandre Alabarco, 186
Alexandre Hélio, 53
Alexandre, o Grande, 51, 223, 232, 268
Alexandria, 53-4, 58, 60, 62, 125, 188-9, 231, 269
Alexiano *vide* Júlio Avito Alexiano
Alfídia, 29
Altmann de Hautvillers, 287
amas de leite, 34
Ambrósio, bispo, 281, 301-2, 313
Amenófis, faraó, 215
Anastácio IV, papa, 304
Anastácio, 343
Âncio, 46, 48, 143
Andrômeda, 84
Anfitrite, 51
Ânia Cornifícia, 236
Ânia Faustina, 272
Ânia Galeria Faustina, 233, 235, 238-9
Aniceto, 175-76
Ânio Vero, 235
Annii, família, 235
Ano dos Quatro Imperadores, 191
Antália, 162
Antêmio, 325
Antínoo, 216, 231-32
Antinoópolis, 232
Antíoco, 325
Antioquia, 128, 189, 268, 270-2, 277, 284, 316
batalha de, 252
Antônia da Casa Wilton, 120
Antônia, a Maior, 40
Antônia, a Menor
alerta Tibério sobre conspiração, 140
casa-se com Druso, 95, 115

ÍNDICE REMISSIVO

concessão de honras, 145, 148

e funeral de Germânico, 129, 131

e Júlio Agripa, 185

e morte de Livila, 140

elogiada em *Senatus Consultum de Cn. Pisone patre*, 132

infância, 41, 115

inscrições dedicadas a, 125

morte, 145-6

não volta a se casar depois da morte de Druso, 115-7

referências rápidas, 50, 69, 103-4, 108, 126, 146, 162, 169, 172-3, 194-5, 203, 270, 286, 292, 345

representações de, 120-1

sua propriedade, 116-7, 142

tratamento de Cláudio, 118-9

vida doméstica e responsabilidades, 117-8

Antonino Pio (Aurélio Antonino), 95, 216-7, 233-5, 237-40

Antonino, 239-40

Antônio, Marco

acordo em Tarento, 50-1

apoiado por Tibério Cláudio Nero, 29, 35

cartas para Otaviano, 58-9

casa-se com Otávia, 40

choque com Otaviano, 28, 35, 38, 53

Cleópatra comete suicídio no túmulo de, 62

conteúdo do testamento publicado, 58

deixa a Itália sem Otávia, 51

derrota final por Otaviano, 62

derrotado em Ácio, 28, 52, 62

divorcia-se de Otávia, 60

e doações da Alexandria, 58

e Fúlvia, 35-6

enfrenta e derrota Brutus e Cássio, 28

guerra com Otaviano, 61

histórias sobre seu apetite e seus gastos, 58-9

invasão à Pártia fracassa, 53

moedas, 50-1, 56, 58

morte, 62

pacto com Otaviano em Brundisium, 40, 53

recusa-se a permitir que Otávia junte-se a ele, 54

referências rápidas, 32, 37, 42-4, 55, 57, 64, 76-8, 101, 107, 116, 125, 163-4, 173, 199, 286, 289

relacionamento com Cleópatra, 40, 51-2, 54, 58-60

retrato pintado por Otaviano de, 54-5, 58-9

sucessos militares contra a Armênia, 58

trato com Sexto Pompeu, 42

Apicata, 140

Ápio Silano, 152-3

Apocolocyntosis, 158

Apollo Belvedere, 17

Apolo, 50, 66, 282

Appius Claudius, 101

Aprônia, 127

Aquileia, 94, 242, 284, 288, 334

Ara Pacis, 93-5

Ara Pudicitia, 222

Ara Ubiorum, 143

Arábia, 199

Arcádia, 325

Arcádio (filho de Teodósio II), 336

Arcádio (imperador), 314, 317-8, 320, 322, 324-5, 335

Arco de Tito, Roma, 192

Arco degli Argentari, Roma, 246, 262-3, 267

Ardabur, 334

Ardacher, 276

Areu, 227

Argentocoxus, 264

Ariadne, 343

Arianismo, 313

Ário, 313

Armênia, 58, 98, 103, 117, 169, 218

Arneae, 157

Arquelau da Capadócia, 112

Arrecina Tertulla, 197

Arsínoe, distrito, 117

Artabano, 276

Artagira, 103

asceticismo, 291-3, 312-3

Asclepiodoto, 333

Ásia Menor, 110, 211, 228

Asiático (Valério Asiático), 153-4, 165

Askaray, 110

Aspar, 334, 337, 342

Ataulfo, 327-9, 344, 346

Atenais (artesã), 116

Atenais (mais tarde conhecida como Eudócia) *vide* Eudócia (Aélia Eudócia; antes Atenais)

Atenas, 51, 53-4, 1887, 226, 250, 311, 332
escola epicurista de filosofia, 225-6, 259

Ático, 46-8, 51, 71

Ático, Bispo, 325, 332-3, 338

Átila, 343-5

Auctus, 68

Augusta, a Princesa Viúva de Gales, 139

Augusto (antes Otaviano)
acordo com Antônio em Tarento, 50
acordo com Sexto Pompeu, 42
Agripina, a Maior, favorita de, 121
Antônio escreve cartas referindo-se a casos de, 58-9
casamento com Lívia não produz filhos, 77
casa-se com Lívia, 43-5
casa-se e se divorcia de Escribônia, 32-6
celebrações para marcar inauguração do Fórum de Augusto, 100
choque com Antônio, 28, 35, 38, 52
confisca casa de Hortênsio, 46
deificação, 111
derrota Antônio, 62
derrota Sexto Pompeu, 47, 54
desentendimento com Tibério, 98
desonra Júlia, 100
Domiciano retrata-se como herdeiro de, 203
e a sucessão, 77, 103-4, 121
e casamento de Júlia com Agripa, 83
e casamento de Júlia com Tibério, 93
e casamento de Otávia e Antônio, 40
e decisões sobre Cláudio, 118-19
e educação feminina, 70-1
e morte de Marcelo, 80, 82
e morte de Otávia, 93
e o papel de Lívia, 72-5, 94, 97
em guerra com o Egito, 61-2

enfrenta e derrota Brutus e Cássio, 28
estilo de vida, 66-8
expulsa Lépido, 54
legislação, 86-8
manda Júlia para exílio, 100
morte, 104-5
motim gerado por sua morte, 122
obtém testamento de Antônio e o torna público, 60
pacto com Antônio em Brundisium, 40, 52
permite que Júlia volte para o continente, 102
permite que Tibério volte para Roma, 103
poema sobre Fúlvia, 36
primeiro casamento com Cláudia, 42-3
projetos de construção em Roma, 78-9, 97-8
referências rápidas, 19, 28, 32-3, 48, 51, 107, 116, 122, 133-4, 136, 140, 142, 148, 160, 164, 166, 192-4, 196, 209, 226, 252, 262, 284, 286, 291, 319
registra suas conversas particulares, 74-5
relacionamento matrimonial, 75-6
reservas em relação a luxo e mansões, 85
retrato pintado de Antônio, 54-5, 58
sua imagem pública e de sua família, 52, 54-8, 63-4, 67-9
tem problemas com Júlia, 89-93, 99
testamento, 109-10
torna-se imperador, 63
última viagem, 104
viaja pelo Império com Lívia, 72-4
vitória em Ácio, 28, 52, 61

Aulo Cecina Severo, 123-4

Aunes, 117

Aurélia Sabina, 242

Aureliano, 281

Avídio Cássio, 241-3

Avito (mais tarde conhecido como Heliogábalo) *vide* Heliogábalo

Avito (marido de Júlia Mesa) *vide* Júlio Avito Alexiano

Baía de Nápoles, 141

Baias, 37, 141-2, 154, 174-5, 234, 276

Balbila (Júlia Balbila), 215-6, 231-3, 257
Bálcãs, 95, 242, 322
bar Kokhba, Simon, 233
Barcelona, 328-9, 344
Barrett Browning, Elizabeth, 333
Bassiano (filho de Júlia Mamea), 271-2
Bassiano (filho de Septímio Severo) *vide* Caracala
Bauli, 142, 173, 175, 180
Beckford, William, 139
Beirute, 187
Belém, 298
   Igreja da Natividade, 298
Benevento, 104
Berenice (amante de Tito), 20, 184-90, 195-208, 212, 248
Berenice I da Judeia, 117, 184-6
Bética, 129, 218, 235
Betjeman, John, 306
Biblioteca Classense, Ravena, 331
Bitínia, 231, 281, 311
Boadiceia, Rainha, 190
Boccaccio, Giovanni, 52
   De claris mulieribus, 20
Bolena, Ana, 20
Bona Dea, 46, 97
   templo, 97, 115
Bonaparte, Letícia, 295
Bonifácio, 330, 333-4, 336
bordado de lã, 67, 319
Bórgia, Lucrécia, 20, 81
Boudicca, Rainha, 206
Britânia, 149, 189-90, 230, 240, 264-5, 286, 289, 305-6, 316, 322
Britânico, 149-50, 153, 157, 161-3, 165, 171
Brontë, Charlotte: *Jane Eyre*, 141
Brundisium, 40-2, 53, 107-8, 128, 138-9, 143-4, 241, 289
Brútia Crispina, 244
Brutus, 28-9, 35, 46
Burro (Afrânio Burro), 163, 166, 171-2, 175
Burton, Richard, 52
busto de Velletri, 57

Bute, Conde de, 139
Byron, Lorde, 307
Bywaters, Frederick, 20

Caecilia, 71
Caenis, 20, 117, 140, 194-7, 212
Caio Cláudio Marcelo *vide* Marcelo (Caio Cláudio Marcelo)
Caio Otaviano, 33
Caio Sílio *vide* Sílio
Caio, 85, 93-4, 98, 102-3
Calcedônia, Concílio, 345
Cálcis, 186
Calígula
   assassinato, 147
   chama Lívia de *Uhxes stolatus*, 28, 136
   como candidato para sucessão, 138, 143
   faz elogio a Lívia, 136
   na infância, 122-3, 143
   não consegue nomear herdeiro, 147
   referências rápidas, 159, 163, 199, 231, 284
   reinado, 144-7, 185-6
   torna-se imperador, 143
Calisto, 152, 159
Calpúrnio Pisão *vide* Pisão
Calvísio, 172-3
Campânia, 133-4, 229
Campo de Marte, Roma, 104, 228
Canova, 294
Capadócia, 243
Capitólio, Roma, 262
Capri, 104, 134, 138, 140, 143-4
Caracala (antes Bassiano)
   antipatia em relação ao irmão Geta, 263-4
   bane Plautila, 263
   casa-se com Plautila, 257-8
   conflito com Geta, 265
   e a morte de Plautiano, 263
   e morte de Geta, 267-8
   morte do pai e trégua com Geta, 265
   morte, 270
   nascimento, 250
   reação de Domna à morte de, 270

rebatizado e apelido, 254
recebe título de Augusto, 256
referências rápidas, 245-7, 261, 271-2, 277
reinado de, 268-70
vai para a Britânia, 264
Carataco, 162
Carnuntum, 252
Carrhae, 270
Cártago, 293, 347
Casa Dourada *(Domus Aurea)*, Roma, 193
casamento, 29-32, 290-2
Cássio Aproniano, 224
Cássio, 28-9, 35, 46
Castelo Sant'Angelo, Roma, 234
Catão, o Velho, 55, 172
Catarina de Médici, 20, 247
Catarina, a Grande, 20
Cátulo, 66
Cecília Trebula, 233
Cecílio Metelo, 78-9
Cecina, 200
Celadus, 116
celibato, 292, 325
Célio Rufo, 37
Centros Homéricos, 333
Ceres, 115, 160, 208, 222, 238
Cerinto, 232
Cesareia, 186
Cesarion, 51
Cesônia (Milônia Cesônia), 145, 147, 163
Céstio Galo, 188
Champagne, 34-5
Charmion, 62
Chatsworth House, 295
Chaucer, Geoffrey, 52
Cibele, 115
Cícero, 29-30, 32, 36-7, 46-8, 51, 9, 71, 74
Ciclope Polifemo, 84
Cipro, 185
Circe, 81
Circo Máximo, Roma, 256
Cirilo de Alexandria, 338
Cirilo de Jerusalém, 301

Ciro, 337
Cláudia Antônia, 149
Cláudia Marcela, a Maior, 83
Cláudia Otávia, 22, 149, 158, 161, 170-1, 174, 188, 208-9
Cláudia Pulcra, 134
Cláudia, 42-3
Claudiano, 319, 321
Cláudio Pompeiano, 242
Cláudio
    adota Nero, 161
    atitude de Lívia e Antônia em relação a, 118-9
    atmosfera de paranoia e suspeita na corte de, 151
    casa-se com Agripina, a Menor, 159-60
    casa-se com Messalina, 149
    chama sobrinhas do exílio, 148
    como candidato para a sucessão,
    concede título à mãe falecida, 148
    conquista a Britânia, 149
    culto divino, 167
    deficiências, 118-9
    dois primeiros casamentos, 148
    e a morte de Asiático, 153-4
    e banimento de Júlia Livila, 151-2
    e Carataco, 162
    e comportamento sexual de Messalina, 151
    e intranquilidade pública, 163
    e Júlio Agripa, 185-6
    e morte de Messalina, 155-6
    e relacionamento de Messalina com Sílio, 154, 156
    em relatos antigos da queda de Messalina, 158
    encena batalha naval, 163-4
    falta de apoio das classes senatoriais, 147
    infância, 117-8
    nascimento dos filhos, 149
    nascimento, 116
    ordena deificação de Lívia, 148
    referências rápidas, 19, 81, 95, 119, 164, 166-7, 169, 171, 184, 209, 302
    retratado na obra de Robert Graves, 18

tenta convencer céticos, 149

textos de, 22

torna-se imperador, 147

últimos anos e morte, 165-6

vai ao encontro de procissão liderada por Agripina com cinzas de Germânico, 108, 143

veta concessão do título de Augusta a Messalina, 150

visto como fantoche, 152

Cleandro, 251

Cleópatra (filme), 52

Cleópatra Selene, 53

Cleópatra

caso com Júlio César, 51

derrota em Áccio, 28, 52, 62

disposta a parceria com Roma, 51

e Berenice, 197, 199, 201, 212

e doações de Alexandria, 58

e testamento de Antônio, 60

em guerra com Otaviano, 61

morte, 62-3

Popeia comparada a, 173-4, 190

projeta sua imagem através de seu reino, 56

referências rápidas, 37-8, 57, 64, 74, 76-7, 81, 110, 116, 125, 144, 248, 281

relacionamento com Antônio, 40-1, 51-5, 58

representada nas moedas de Antônio, 58

retratada em relatos romanos, 52, 59-60

Clódia Metelli, 37

Clódio Albino, 223, 224

Clódio, 37

Cloélia, 36-7

Clúvio Rufo, 170

Coel, rei, 305-6

Colchester, 305

Coliseum, Roma, 193, 202

Colonia Agrippinensis, 162

Colônia, 303 *vide também* Ara Ubiorum; Colonia Agrippinensis

Colosso de Memnon, 125, 215-6, 232-3, 257

Coluna de Antonino Pio, Roma, 239

Coluna de Trajano, Roma, 224, 227

Comagena, 117, 215, 232

Cômodo, 17, 217, 238, 240, 243-6, 250-2, 254, 273, 282

Concordia, 98

Consolatio ad Liviam, 96, 116

Constância (esposa de Graciano), 311, 335

Constância (esposa de Licínio), 289-90

Constâncio (Flávio Constâncio) *vide* Flávio Constâncio

Constâncio Cloro, 281-7, 294, 310

Constâncio II, 294, 301, 309-11, 313

Constante, 294, 309

Constantina, 294, 311

Constantino II, 294, 309

Constantino III, 322, 324, 329

Constantino VI, 348

Constantino

acordo com Licínio desintegra-se, 290

assume controle do Império do Ocidente, 289

casa-se com Fausta, 288

confia à mãe supervisão de obras em Jerusalém, 301

derrota Licínio e reunifica Império, 290

e batalha da Ponte Mílvia, 289

e Cristianismo, 280, 285, 289

e falta de evidências sobre as origens da mãe, 283

e iconografia de Helena e da Vera Cruz, 303

e morte da mãe, 304

e mortes do filho e da esposa, 296-7

e o público romano, 296

e religião e fé da mãe, 297-8, 300

educação, 286

enterro em Constantinopla, 346

importância das imagens no reinado de, 294

legislação, 290-4, 296

nascimento dos filhos, 294

nascimento, 282

proclamado sucessor do pai, 286-7

referências rápidas, 21, 281, 302, 306, 311, 313, 317, 335

últimos anos do reinado e morte, 309

Constantinopla, 294, 296, 303-4, 309-10, 313, 315-8, 320, 324-6, 327, 330-5, 337-46, 348
   Santa Sofia, 324
   São Lourenço e, 340
Copenhagen: Ny Carlsberg Glyptotek, 179
Corbulo, 196
Córcira, 107
Coriolano, 20
Corneille, Pierre: *Tite et Berenice,* 183
Cornélia (mãe dos Graco), 34, 55, 67, 71, 78-9, 96, 116, 119, 169, 198, 207, 236
Cornélia (virgem vestal), 203
Cornélio Cina, 75
Cornélio Fronto *vide* Fronto
Cornificia, 241, 268
Córsega, 161
Cossa, Pietro: *Messalina,* 158
Crepério Galo, 175
criação das crianças, 33-5, 69-72 *vide também* educação
Crinágoras, 116
Crisáfio, 337, 341-2
Crispo, 288, 296-300
Cristianismo, 210, 248, 282, 286, 289-90, 293, 298-301, 309, 312-4, 316, 323, 325
Cristina da Suécia, 247
Ctesifonte, 223, 256
cultura grega, 230, 260
Cynewulf: *Elene,* 303

dálmatas, 94
damnatio memoriae, 102, 140, 156, 160, 202, 211, 297-8
Damo, 233
Dante, 307
   Divina Comédia, 308
Danúbio, 104, 122, 192, 218, 223, 242, 268, 312, 317, 322
Davis, Lindsey, 195
De Medicamentis Liber, 82
Deffand, Madame du, 259
Delfos, 73

Demóstenes, 208
Diâmetra, 167
Diana, 70, 243, 262
Dião Cássio, 81, 145, 174, 224, 227, 245, 251, 257-9, 263-4, 267, 270, 272, 274
Dídio Juliano *vide* Juliano
Dido, Rainha de Cártago, 164
dinastia flaviana, 183, 192-213, 215-6, 219, 249
dinastia júlio-claudiana, 28, 63-181, 191-3, 207, 212, 217, 219, 221-2
   mausoléu (mausoléu de Augusto), 78, 80, 93, 102, 105, 136, 144, 190, 271
dinastia sassânica, 276
dinastia severa, 246-76
dinastia teodosiana, 311, 313-46
Diocleciano, 283-88
Diógenes, 200
Dionísia, 233
Dionísio (funcionário), 117
divórcio, 86-87, 290-1
Doações de Alexandria, 58
Dolabela, 30
Domícia Lépida, 148, 165
Domícia Lépida, a Menor, 149, 155
Domícia Longina, 19, 196-7, 202-12, 219-20, 224, 227, 251, 341
Domícia Lucila, 119, 235-7, 239
Domiciano, 194, 196-7, 202-4, 207-11, 217-20, 262
Domicília, 210
Domício Ahenobarbo, 143, 148
Domício Marso, 89, 99
Domna (Júlia Domna)
   casa-se com Severo, 250
   círculo" de, 259
   conhece Septímio Severo, 248-9
   deificação, 271
   durante reinado de Caracala, 268-9++
   e Jogos Seculares, 261
   e morte de Caracala, 270
   e morte de Geta, 267-8
   e Plautiano, 257-8, 263

ÍNDICE REMISSIVO

e relacionamento entre Caracala e Geta, 265, -6

e tomada do poder por Severo, 252

em viagem à África, 231

influência política, 246-7, 268

interesses intelectuais, 247, 259-60

morte, 276

na Britânia, 264-5

nascimento de filhos, 250

opinião contemporânea a respeito de, 247

parentes alcançam posições proeminentes, 256-7

patrocina restauração do templo da Fortuna Feminina, 262

permanece no mausoléu de Augusto, 271

recebe mais honras e privilégios, 266

referências rápidas, 229, 245, 274, 300, 301

relacionamento matrimonial, 257

representações de, 253, 255, 261

títulos, 254-5, 263, 265-6

viaja com o marido, 254, 256

visita o Egito, 257

Domus Aurea (Casa Dourada), Roma, 197

Domus Flávia, Roma, 204

Donato, 80

Dorcas, 70

Drepanum (mais tarde Helenópolis), 281-2, 295, 299

Dresden, 157

Drummond, Doutor Robert, 139

Drusila, 125, 138, 144, 146-7

Druso (filho de Tibério), 120-2, 124, 132, 184-5

Druso (par de Germânico), 43-5, 69, 93, 95-6, 103-4, 108, 116, 129, 131, 140, 227

Druso César (filho de Germânico), 132, 138

Dryden, John, 52

Dumas, Alexandre, 150

Eboracum, 264-5, 286 *vide também* York

Echternach, 305

Eclecto, 251

educação, 70-2, 260, 319

Éfeso, 241

concílio ecumênico em, 338

Egeria, 292-3, 300-1

Egito, 51-3, 61-2, 102, 110, 116-7, 125-6, 137, 173, 191-2, 198, 200, 215, 223, 231, 242, 257, 281

Elagábalo, 249, 273

Elgin, Lorde, 17

Eliot, George: *Daniel Deronda*, 201

Elisabete I, Rainha, 327

Elpidia, 319-20

Emesa, 249-50, 257, 271-2, 281

Eneias, 29, 80

Erasmo: *Senatulus*, 273

Eros (padioleiro), 116

Escócia, 264

escola epicurista de filosofia, Atenas, 225, 259

Escribônia, 42-3, 45, 47, 69, 101, 108

Escribônio Largo, 82.

Espanha, 72, 93, 129, 218, 225, 235, 242, 289, 329

Esparta, 27-8, 38, 39, 73, 112

Estatília Messalina, 190, 193

Estatílio Tauro, 165

estátuas, 55-8, 74, 114, 120-1, 125, 157, 162, 178, 207, 222-23, 228

Estevão, São

relíquias de, 304

templo de, Jerusalém, 306, 308340, 342

Estilicão, 317, 319-24, 327, 346

Eudócia (Aélia Eudócia; antes Atenais), 300, 333, 336, 339-42

Eudócia (filha de Valentiniano III), 300, 341, 347

Eudóxia, 318, 324, 333-4, 338, 348

Eufrates, rio, 104

Eugênio (administrador do Estado), 344

Eugênio (usurpador), 317

Eumáquia, 98

Eunômio de Cízico, 314

Euquério, 320-2, 346

Europa, 212

Eusébia, 311-4

Eusébio, 282, 297-9, 302, 304, 306

Eutactus, 68

Eutiquiano, 272

Eutropia, 284, 299

Eutrópio, 324

Fábio Rústico, 170

Fadila, 241

Faium, 198

família Claudiana (Claudii), 29, 39, 44, 57

família liviana, 29, 44

Fast, Howard
  Agrippa's Daughter, 189
  Spartacus, 189

Fausta, 319, 288, 290, 293-4, 297-300, 309, 311-2, 314, 348

Faustina, 17-8, 235, 237-8, 240-3, 250, 254-5, 295, 314

Faustinópolis (antes Halala), 243, 295

Favorinus, 34

Festo, 187

Feuchtwanger, Lion: *The Jew of Rome,* 190

Filipe de Cesareia, 189

Filipo, batalha de, 28-9, 35, 46

Fílis, 197, 211

Filisco da Tessália, 259

Filóstrato, 247, 258-9
  Apolônio de Tiana, 258

Flacila *vide* Aélia Flacila

Flávia Domicília (esposa de Vespasiano), 194, 196

Flávia Domicília (sobrinha de Domiciano), 210

Flávia Titiana, 252

Flávio Aécio *vide* Aécio

Flávio Clemente, 210

Flávio Constâncio, 327-30, 333, 336, 343

Flávio Félix, 336

Flávio Sabino, 208

Floro, Géssio, 188, 201

Fondi, 29

Fonthill Abbey, 139

Fordyce, James: *Sermons to Young Women,* 20

Fortuna Muliebris/Fortuna Feminina, templo, 97, 262

Fórum Clodii, 115

Fórum de Augusto, 100

França, 183

Francos, 310, 347

Frigidus, rio, 317

Fronto (Cornélio Fronto), 95, 235-8, 241, 243

Fucino Lago, 163

Fúlvia, 35-42, 48, 52-4, 78, 101, 163, 293

Fúlvio Plautiano *vide* Plautiano

fundus Laurentus, 295, 304

Gabii, 212

Gala Placidia *vide* Placidia

Gala, 312, 316, 320

Galateia, 84

Galba, 191, 193, 255

Galeno, 135, 254, 259

Galeria Fundana, 193

Galeria Nacional, Londres, 303

Galério, 283-6, 288

Gália Lugdunense, 250

Gália, 72, 93, 110, 122, 219, 250, 252, 254, 285, 289, 316-7, 322, 329, 336

Galileia, 185

Galo (Céstio Galo), 188

Galo, 310-1

Gannys, 272

gauleses, 198

Gelásio de Cesareia, 302

Gemelo (Tibério Gemelo), 143

Gemma Claudia, 160

Genserico, 347

Gentleman's Magazine, The, 139
  Germânico, filho de Druso e Antônia, a Menor, 95, 116
  adotado por Tibério, 104, 121
  animosidade e ciúme da parte de Tibério, 125-6
  casa-se com Agripina, a Maior, 121-2
  como comandante militar, 122-3, 125
  consulado, 122
  e Pisão, 128
  estátua na Léptis Magna, 120-1

evidências sobre eventos que se seguiram à morte de, 129-33

morte, 20, 108-9, 128

referências rápidas, 132, 138-41, 160, 162, 223

retorno de cinzas para a Itália, 108, 110

suspeitas em torno da morte de, 108, 129

viagem diplomática pelas províncias orientais, 125-6, 127

Geta (filho de Septímio Severo), 250, 257, 264-5, 267-8, 284

Geta (irmão de Septímio Severo), 262

Gibbon, Edward, 247

Godofredo de Monmouth: *Historia Regum Britanniae*, 305

godos, 234, 280, 310-11, 317, 321-3, 327-9, 339, 347

Gólgota, 301

Graciano, 310-2, 315-6, 335

Gracos (Caio e Tibério), 35, 56

Graves, Robert, 19

   Cláudio, o Deus, 18

   Eu, Cláudio, Imperador, 18, 81, 157

Grécia, 38, 72-3, 230 *vide também* nomes de lugares

Grimani, Vincenzo, 179

Guerras Dácias, 218, 225

Guerras Púnicas, 198

Halala (mais tarde rebatizada como Faustinópolis), 243, 295

Haloto, 165

Hamilton, Elizabeth, 121

Hamilton, Gavin, 138

Hamilton, Lady Emma, 139-40

Hamilton, Sir William, 139

Hancarville, Barão d': *Monumens de culte secret des dames romaines*, 76

Handel, George Frederick: *Agrippina*, 179

Harding, Florence, 224

Harding, Warren, 224

Harvard: Museu Sackler, 120

Hatra, 257

Hautvillers, 305

Hayes, Lucy, 24

Hayes, Rutherford B., 24

Hays, Mary: *Female Biography*, 27

Hebdomon, 342

Hébert, Jacques, 180

Helena (esposa de Licínio), 297

Helena (filha de Constantino), 294, 312

Helena (mãe de Constantino)

canonização, 21, 280

como exemplo e modelo de conduta, 306, 309, 314-5, 324-5, 337, 340, 342

descartada para casamento de Constâncio com Teodora, 283

descoberta da Vera Cruz, 301-3

Drepanum rebatizada em honra de, 295

e afrescos na catedral de Tréveris, 288

e direito de Constantino de governar, 281-2

e escândalo acerca de Constantino, 296, 298

e Inglaterra, 305-6

e Roma, 295-6

fama e reputação, 280

fé religiosa, 299-300

morte, 303-4

pinturas e inscrições, 293

proclamada Augusta, 290

referências rápidas, 286, 309, 348

relacionamento com Constâncio, 281-3

restos mortais, 304-5

romance de Waugh sobre, 279, 306

tradições ligando-a à corte de Tréveris, 287

visita à Terra Santa, 298-300, 302-03

Helenópolis (antes Drepanum) *vide* Drepanum

Hélvia, 96

Henrietta, duquesa de Orleans, 184

Henrietta, Heliogábalo (antes Avito), 272-5, 277

Henrique de Huntingdon: *Historia Anglorum*, 306

Henrique VIII, rei, 306

Heras, 200

Herbert, Thomas, oitavo Conde de Pembroke e Montgomery, 120

Herculano Basso, 344-5
Herculano, 202
Herodes (irmão de Salomé), 127
Herodes (marido e tio de Berenice), 186
Herodes Antipas, 185
Herodes, rei (marido de Salomé), 73
Herodiano, 252, 266, 269-70, 72
Hersek, 295
Historia Augusta, 217, 230, 233, 243, 257, 269, 272-3
Homero, 236, 333
Honória (Justa Grata Honória), 330-1, 335, 337, 339, 344-5
Honório, 317-22, 324, 327-8, 330, 333-5, 346
Horácio, 71
Hortênsia, 39, 46, 71
Hortênsio (Quinto Hortênsio), 39, 46, 71, 142
Hotel de Bourgogne, Paris, 183
Hoxne, 294
Hunerico, 341, 347
hunos, 321, 334, 336, 343

I, Claudius (série televisiva), 18-9, 65
Igreja Católica Romana, 210
Igreja da Ascensão, Jerusalém, 298, 339
Igreja da Natividade, Belém, 298
Igreja do Santo Sepulcro, Jerusalém, 301
Ilíria, 322
Império Bizantino, 348
Ingênuo, 327
Ingres, Jean Auguste Dominique: *Virgil Reading the Aeneid to Livia, Octavia and Augustus,* 80-1
Inocêncio II, papa, 305
Irene, 348
Isola Sacra, 33
Itália, 35, 48, 110, 173, 185, 195, 228, 233, 289, 316, 334
   vide também nomes de lugares
Itúrio, 172-3
Iullus Antonius, 101

Jacinto, 344
Jacopo de Varazze: *Legenda Áurea,* 303

Jâmnia, 110
Jardim de Mecenas, Roma, 103
Jardins de Lúculo, Roma, 154
Jardins de Salústio, Roma, 193, 197
Jerônimo, 292-3, 300, 319
   Jerusalém, 188, 192, 231, 295-6, 301, 326, 339-42
   Igreja da Ascensão, 298, 339-40
   Igreja do Santo Sepulcro, 301
   Monte das Oliveiras, 298, 339
   Palácio Hasmoneano, 188
   Templo, 1186, 188, 192
Jesus Cristo, 298, 313
João (usurpador), 333, 38
João Crisóstomo, 318, 324-5, 338
João de Nikiû, 327
João Evangelista, St., 331, 335
Jogos Seculares, 153, 159, 261
Johnson, Andrew, 24
joias, 197-9, 315, 319
Jorge III, rei, 139
Josefina Bonaparte, 20
Josefo, 186, 188
Joviano, 310
Judaísmo, 299
Judas Ciríaco, 303
Judeia, 184-6, 192, 197, 201, 231, 233, 303
judeus, 186-9, 192, 223, 231, 233, 249, 303
Júlia Balbila *vide* Balbila
Júlia Domna *vide* Domna
Júlia Drusila, 146-7
Júlia Flávia, 196-7, 203, 205-6, 208-12, 220
Júlia Livila, 126, 138, 144, 146, 148, 151-2
Júlia Mamea *vide* Mamea
Júlia Mesa *vide* Mesa
Júlia Soêmia *vide* Soêmia
Júlia
   Augusto exasperado pelo comportamento de, 99-100
   bom humor, 89
   casa (Vila Boscotrecase), 84
   casa-se com Agripa, 84
   casa-se com Marcelo, 80

casa-se com Tibério, 93
desaprovação de Augusto, 90-2
deserdada e proibida de ser enterrada no
    mausoléu da família, 102
e alegações de comportamento sexual ina-
    propriado, 100
e trama política contra Augusto, 101
exilada, 100
infância, 45, 69-71
infidelidades sexuais, 89-90
jamais se reconciliou com Augusto, 102
morte, 108
nascimento dos filhos, 85-6
nascimento, 43
popularidade, 90
recebe permissão para viver em Regium, 102
referências rápidas, 19, 25, 64, 67, 77, 86,
    115, 121, 126, 142, 208-9, 319, 348
representações, 102-3
repudiada por Augusto, 100
rompimento de relações matrimoniais, 94-
    5, 99
segunda viuvez, 92
status público, 94
viuvez, 80, 83
Júlia, a Menor, 85-6, 102, 121
Juliano (Dídio Juliano), 252-3
Juliano Apóstata, 298, 306, 310-1
Júlio Agripa (pai de Berenice), 117, 184-6
Júlio Agripa (senador), 250
Júlio Alexandre, 251
Júlio Avito Alexiano, 256
Júlio Bassiano, 249
Júlio César, 27, 29, 38, 42, 44, 51, 59, 63, 86,
    100, 150
Júlio Constâncio, 306
Jung, Carl: *Memórias, Sonhos, Reflexões*, 307
Júnia Claudila, 145
Júnia Silana, 155, 172-3
Juno, 115, 238, 262
Júpiter
    Capitólio, 231
    templo, Roma, 296

Justa Grata Honória *vide* Honória
Justina, 311-4, 316
Justiniano, 348
Justino II, 348
Justo, 187
Juvenal, 150, 157, 197-9, 206, 209

Kunsthistorisches, Museu, Viena, 115

Lactâncio, 289
Laeta, 319
Lago Lucrino, 48
Laocoonte, 17
Leake, Coronel William, 295
Leão I, imperador, 347
Leão I, papa, 343
leges Iuliae (leis julianas), 86, 88, 96
Lei Ópia, 198
leis julianas (*leges Iuliae*), 86, 96, 194, 203
Leôncio, 332
Leonor da Aquitânia, 220
Lépido (Marco Lépido; triúnviro), 28, 35, 40,
    51, 54
Lépido (Marcus Lépido; ex-marido de Dru-
    sila), 146-7
Léptis Magna, 120-1, 137, 157, 248, 261-2, 267
Lesbos, 86, 126, 231
Leto, 251
Lex Voconia, 110, 204
Liarus, 116
Libânio, 330
Líbia, 276
Licínia Eudóxia, 333, 336, 339, 341, 347
Licínio, 288-90, 293, 297
Lincoln, Mary, 24
Lípara, 263, 268
Lívia Orestila, 145
Lívia
    acompanha Augusto em sua última viagem,
        104
    acompanha Augusto em viagem pelo Im-
        pério, 71-4
    amizade com Salomé, 126-7

amizade com Urgulânia, 127

carta de Augusto a respeito de Cláudio, 117

casa em Prima Porta, 48-56

casamento com Augusto não produz filhos, 77-8

casa-se com Otaviano, 42-5

Cláudio concede honras a, 148

Cleópatra tenta conquistar simpatia de, 62

criadagem, 67-9, 84-5

deificação vetada por Tibério, 136

deificação, 137, 146

destino de Agripina depois da morte de, 138

e casa no Palatino, 66

e Cláudio, 117-8

e decisões de Tibério de ir para Rodes, 98-9

e eventos sociais, 46-8

e funeral de Germânico, 131

e loureiro, 49-50, 65

e morte de Augusto, 104-5

e morte de Druso, 95-6

e morte de Marcelo, 81

e Plancina, 128-30, 139

e projetos de construção em Roma, 97-8

e retorno de Tibério a Roma, 103

e sucesso dos filhos, 95

e testamento de Augusto, 110

estátuas em reconhecimento de sua contribuição como mãe, 97

estilo de vida, 66-8

honras concedidas a, 55-6

imagem pública como esposa de Augusto, 54, 57, 67, 69

importância póstuma de, 136-7

morte e funeral, 136

não recebe título especial quando Augusto ascende ao poder, 63

papel e proeminência no reinado de Tibério, 109-115, 131

papel, 73-7, 94

pontos de vista contrastantes em relação a, 22

receitas médicas, 82

referências rápidas, 18, 20, 23, 25, 32, 58, 79, 99, 101-2, 108, 120, 149, 160-2, 165, 168, 169-70, 191-2, 196, 199, 203-05, 217, 219, 221, 224, 226, 243, 255, 262, 266, 268-9, 275, 280, 284, 300, 309, 312, 314, 319, 331, 341, 348

relacionamento com Agripina, a Maior, 126

relacionamento com Otávia, 82

relacionamento com Tibério deteriora-se, 109,

relacionamento matrimonial, 76

representações, 57, 94, 114

situação do reinado de Tibério piora depois da morte de, 140

supervisão de criação de crianças, 116

vida antes do casamento com Otaviano (mais tarde Augusto), 27-35, 38-9, 42

Livila, 95, 104, 116, 119, 122, 126, 131-3, 138, 140, 142, 345

Lochias, 68

Locusta, 146, 148

Lolia Paulina, 145, 154, 159, 165, 199

Lolia Saturnina, 154

Londres, 349

Galeria Nacional, 303

loureiros, 49-50, 65

Lucila, 241-2, 244

Lúcio (filho de Júlia), 86, 93-4, 98, 102-3

Lúcio (irmão de Marco Antônio), 36, 38, 53

Lúcio Aélio Lâmia, 196

Lúcio Aélio Sejano *vide* Sejano

Lúcio Calpúrnio Piso, 127

Lúcio Vero (Lúcio Ceiônio Cômodo, mais tarde Lúcio Aurélio Cômodo), 233, 235, 239-43

Lucrécia, 36-8, 58, 64, 271, 290

Luiz XIV, rei, 184

Macário, bispo de Jerusalém, 301

Macaulay, Catherine, 46

Macellum Liviae, 97

Macrino (Opélio Macrino), 270-2, 277

Macro, 185

ÍNDICE REMISSIVO

Macróbio: *Saturnais*, 89, 99
Magnêncio (Magno Magnêncio), 309-10, 312
Magno Máximo, 316
Mai, Angelo, 236
Malalas, João, 332
Mamea (Júlia Mamea), 247, 271-2, 274-7, 280, 312
Mancini, Marie, 184
Mankiewicz, Joseph L., 52
Maquiavel, Nicolau, 216
Mar Negro, 89, 112
Marcelo (Caio Cláudio Marcelo), 40, 77
Marcelo (filho de Otávia), 69, 77, 79-83, 93, 105, 116, 119, 131
Marcelo (senador), 200
Márcia Furnilla, 197
Márcia, 244, 251
Marciana (Ulpia Marciana), 221-3
Marciano, 342-3, 345
Marco Antônio *vide* Antônio, Marco
Marco Aurélio
    adotado por Antonino Pio, 233, 235
    casa-se com Faustina, 237
    correspondência com Fronto, 235-8, 241, 243
    e casamentos de Lucila, 241-2
    e morte de Faustina, 243, 295
    Faustina fica noiva de, 233
    fixa residência no Palatino, 235
    homenagem a pais adotivos, 239
    Meditações, 237, 239
    morte, 243
    nascimento dos filhos, 237-8, 241
    nascimento e infância, 235
    referências rápidas, 18, 119, 135, 216-7, 248, 251
    reinado de, 240-2
    relacionamento com sua mãe Domícia Lucila, 236
    Septímio Severo tenta estabelecer ligações com, 253-4
    torna-se coimperador com Lúcio Vero, 240
Marco Júlio Alexander, 184, 186

Marco Lépido *vide* Lépido
Marco Lívio Druso Claudiano, 29
Marco Lívio Druso, 29
Marco Sálvio Oto *vide* Oto
Marcomanos, 242
Marcos Vinícius, 151
Marcus Verrius Flaccus, 71
Maria Antonieta, 20, 156, 180
Maria, 319-21, 346
Maria, Virgem, 290, 332, 338
Marina Severa, 310, 312
Marina, 325
Marselha, 103
Marte, o Vingador, templo de, Roma, 100
Mary, Rainha da Escócia, 20
Matidia, a Menor, 222, 228, 241, 321
mausoléu de Adriano, Roma, 234, 271
mausoléu de Augusto (mausoléu da família júlio-claudiana), Roma, 78, 80, 93, 102, 105, 136, 144, 190, 271
Mausoléu de Gala Placídia, Ravena, 308
Maxêncio, 286, 288
Maximiano, 283-86, 288
Maxímio (Magno Maxímio), 316
Maxímio Daia, 286, 289
Maxímio Trácio, 279
Mecenas, 76, 83, 89
Medeia, 81, 241
medicamentos, 82
Melânia, a Nova, 300, 325, 339-40
Melânia, a Velha, 300
Menófilo, 68
Mesa (Júlia Mesa), 247, 249, 269, 271-5, 312
Mesopotâmia, 218, 223
Messalina, 18, 149-61, 164-5, 172, 176, 178, 196, 211, 247, 348
Metelo (Cecílio Metelo), 78-9
Metropolitan Museum of Art, Nova York, 84
Milão, 284, 289, 307, 311, 316-7
    Biblioteca Ambrosiana, 236
Milônia Cesônia *vide* Cesônia
Minerva, 174, 177, 203, 222
Minervina, 288, 297

Mitilene, 162
Mnester, 154
Monte Citorio, 239
Monte das Oliveiras, 298, 340
Monte Quirinal, Roma, 211, 273
Montes Sabinos, 48
Monteverdi, Claudio: *L'incoronazione di Poppea*, 178
Monumentum Liviae, 68, 112, 116, 135, 199
Monza, catedral de, 320
Múcia Tércia, 74
Muciano, 192
Munácia Plancina *vide* Plancina
Muralha de Adriano, 230
Museo del Palazzo dei Conservatori, Roma, 233
Museo Nazionale, Nápoles, 84
Museo Nazionale, Roma, 49, 56
Museus Nacionais de Berlim, 252
Museus Nacionais, Berlim, 252
Mutilia Prisca, 133

Naissus, 282
Napoleão III, 84
Nápoles, 27, 38, 177
  Baía de, 141
  Museo Nazionale, 49, 56
Narbona, 327
Narciso, 152, 154, 159, 164, 171
Nauloco, batalha de, 47, 54
Nelson, Almirante, 139
Nemauso, 218
Nero César, 132, 138
Nero
  adotado por Cláudio, 161
  Agripina ressente-se da influência de Domícia Lépida sobre, 165
  casa-se com Cláudia Otávia, 161
  casa-se com Estatília Messalina, 190
  começa caso com Popeia, 173
  comportamento depois da morte de Agripina, 176-8
  conspiração mal sucedida contra, 174

crises no reinado de, 190
desentendimento com Britânico, 163
e acusações contra Agripina, 171-2
e assassinato de Agripina, 174-5
e morte de Britânico, 171
e morte de Popeia, 190
e rebelião dos judeus, 189
morte, 190-1
nascimento, 143
nos Jogos Seculares, 153, 159
palácio, 193
papel de Agripina durante início do reinado, 167-9
referências rápidas, 17, 21, 82, 96, 156, 158, 188, 195, 209, 231, 246, 269, 273, 282, 342
relacionamento com Agripina, 170-2
reúne-se à mãe Agripina, a Menor, 148
Sêneca é encarregado da educação de, 161
torna-se imperador, 165-6
Nerva, 216-8
Nestório, 338, 341
Netuno, 51
Niceia, Concílio de, 313
Niceno-Constantinopolitano, Credo 313
Nicomédia, 284-6, 309
Níger (Prescênio Níger), 252-3
Nilo, rio, 125, 216, 232, 257
Nola, 104
Nova York
  Metropolitan Museum of Art, 84
  Pierpoint Morgan Library, 303
Nugent, Thomas, 308
Ny Carlsberg Glyptotek, Copenhagen, 179

Obama, Michelle, 24
Octavia (tragédia), 158, 177-9
Odenato, 281
Odoacro, 347
Olíbrio, 347
Olímpia, 325
Olimpiodoro, 327-8
Opélio Macrino *vide* Macrino

Orbiana (Salústia Orbiana), 276
Orígenes, 276
Orleans, Henrietta, duquesa de, 184
Orontes, rio, 249
Óstia, 99, 155
Otávia
    aparece em moedas, 41-2, 50, 56
    casa-se com Antônio, 40
    Cleópatra tenta conquistar simpatia de, 61
    como modelo de maternidade, 41, 78
    deixada para trás por Antônio, 51
    divórcio de Antônio, 60
    e casamento de Júlia com Tibério, 93
    e morte do filho Marcelo, 80, 82
    estátuas de, 56-8
    honras e privilégios concedidos a, 55
    imagem pública promovida por Otaviano (mais tarde Augusto), 54-7, 64, 77
    morte e funeral, 93
    papel como pacificadora, 50, 53
    papel no patrocínio de construções, 79
    Pórtico de Otávia batizado em homenagem a, 78
    referências rápidas, 22, 52, 67, 69, 74, 82, 86, 97-8, 101, 105, 107, 115, 119, 123, 131, 137, 149, 188, 259, 266
    relacionamento com Lívia, 82
    reputação, 40-1
    viaja para Atenas, mas é proibida de juntar-se a Antônio, 54
Otaviano *vide* Augusto
Oto (Marco Sálvio Oto), 173, 191, 193, 255
Ovídio, 22, 47, 88-9, 91, 98, 112, 205
Oxirrinco, 102

Paccia Marciana, 249-50, 261
Padusia, 337
Palácio Hasmoneano, Jerusalém, 188
Palácio Sessoriano, Roma, 296
Palais-Royal, Paris, 183
Palas (tesoureiro no reinado de Cláudio), 152, 159, 164, 171

Palatino, Roma, 32, 45, 65-7, 69, 71, 77, 85, 106, 115-19, 127, 142-3, 172, 197, 199, 204, 209, 219, 221, 235-6, 256, 284, 286, 288, 323
Palestina, 185, 223
Pallas (criada de Antônia, a Menor), 140
Pandateria (atualmente Ventotene), 100, 121, 138, 144, 147, 208, 210
Panfília, 116
Panônia, 225
Panteão, Roma, 225
Paris (ator), 207
Paris, 157
    Hôtel de Bourgogne, 183
    Palais-Royal, 183
Parmeno, 68
Parthenon, 17
Pártia/Império Parta, 50-1, 53, 117, 218, 240-1, 248, 253, 256, 269, 276
Passieno Crispo, 126, 153, 159
Patterson, Martha Johnson, 24
Paula, 300, 319, 321
Paulino (biógrafo de Ambrósio), 313
Paulino *(magister officiorum),* 337, 341
Paulo, São 187
penteados, 30-1, 41, 57, 70, 72, 94, 114, 126, 157, 167, 205-8, 222-3, 230, 253, 262, 285, 295
Peregrino de Placência, 342
Pereia, 185
Perênio, 251
Persas, 280, 331
Perseu, 84
Pertinax (Públio Hélvio Pertinax), 252
Perúgia, 36
Perúsia, 35, 40, 53, 163
Phasalis, 110
Phoebe, 100
Pierpoint Morgan Library, Nova York, 303
Pilia, 48
Pio VI, papa, 304
Pisão (Calpúrnio Pisão), 127-30, 132, 163
Placídia (Gala Placídia)

assiste à investidura de Valentiniano III, 334

casa-se com Ataulfo, 327-8

casa-se com Flávio Constâncio, 329

começo da vida, 317, 319-20

e casamento de Honória, 345

e Cristianismo, 343

e declaração do seu filho como herdeiro do trono, 334

e reforma e consertos de igreja, 337, 343

e sentença de morte de Serena, 323

em Roma para novo enterro de seu filho Teodósio, que morrera ainda bebê, 344

encomenda construção de basílica dedicada a São João em Ravena, 335

imagem em moedas, 334

mausoléu de, 308

morte, 346

nascimento dos filhos, 330

nascimento e morte de seu filho Teodósio, 328

nascimento, 317

papel durante reinado de Valentiniano III, 336, 339

permanece solteira durante a adolescência, 321

posição exposta depois da morte de Flávio Constâncio, 330

recebe título de Augusta, 330

referências rápidas, 25, 309, 312, 347

restos mortais descobertos, 346

sequestrada pelos godos, 323-4

vai para Constantinopla, 331, 333

viuvez, 328-9

volta a Roma, 329

Placídia, 347

Plancina (Munácia Plancina), 128-30, 132, 139, 163

planície húngara, 242

Pláucia Urgulânia, 127, 149

Pláucia Urgulanila, 149

Pláucio Silvano, 127

Plautiano (Fúlvio Plautiano), 247, 252, 256-8, 260-3

Plautila, 257, 261-3, 268-9

Plínio, o Jovem, 220, 222, 243

Plínio, o Velho, 59, 77-9, 101, 123, 164, 180

Plotina (Pompeia Plotina), 22, 215, 217-28, 255, 259, 268, 275

Plutarco, 38, 51-4, 260

   Vida de Júlio César, 17

Pola, 297

Polemo, rei da Cilícia, 187

Políbio, 154

Policarpo, 212

Pollio (Vedius Pollio), 98

Pompeia Plotina *vide* Plotina

Pompeia, 33, 39, 98, 202

Pompeiano (Cláudio Pompeiano), 242

Pompeu, 38, 40, 59, 74-5, 232

Ponte Mílvia, batalha da, 289

Pontia, 147

Popeia Sabina, 154

Popeia, 19, 60, 173-4, 178, 188, 190, 191, 207, 221

Popílio Teótimo, 226

Porsena, 36

Porta Pia, Roma, 195

Porta Salária, Roma, 322

Porter, Cole, 308

Pórtico de Otávia, Roma, 78-9, 131, 202

Porticus Liviae (Pórtico de Lívia), Roma, 97-8

Praeneste, 38

Prescênio Níger *vide* Níger

Priene, 86

Prima Porta Augustus, 48

Prima Porta, 48-50, 65, 68, 192

Prisca, 284, 286, 289

Prisco Átalo, 327

Proba, 322

Proclo, 332

Procópio, 322

Proiecta, 291

Propércio, 150

Protonike, 302

Ptolemais, 189

Ptolemeus, os, 56

Públio Hélvio Pertinax, 251

ÍNDICE REMISSIVO

Públio Suílio, 154
Pucinum, região, 135
Pudicitia Patricia, 97
Pudicitia Plebeia, 97
Pulquéria
  casa-se com Marciano, 342
  como herdeira do papel de Helena, 309
  e casamento de Teodósio com Atenais (mais
    tarde Eudócia), 332-33
  e culto à Virgem Maria, 332
  e Nestório, 338
  e relíquias de São Estevão, 340
  faz voto de celibato, 325
  forja forte identidade para si, 327
  infância, 325
  morte, 345
  opiniões sobre a forte influência de, 327, 331
  papel depois do casamento com o irmão,
    338
  papel na educação de Teodósio II, 326
  personalidade forte, 325
  publicamente aclamada como a "Nova He-
    lena", 345
  referências rápidas, 300, 334, 336, 344, 347
  relacionamento com Eudócia, 339, 341
  representada na iconografia imperial, 331

quados, 242
Quintia, 116
Quintiliano, 199, 319
Quinto Délio, 52
Quinto Hortênsio Hórtalo, 46
Quinto Hortênsio *vide* Hortênsio
Quintus Crispinus, 101

Rabirius, 204
Racine, Jean, 201
  Bérénice, 201
Ravena, 307, 317-8, 322-3, 329-30, 333, 339,
  344, 347
  Biblioteca Classense, 331
  Mausoléu de Gala Placídia, 308
  São João, Basílica de, 335

Reagan, Nancy. 24, 106
Regium, 102
Remo, 32
Reno, 104, 122-3, 125, 131, 191, 317, 322
Rhaphaneae, 272
Rimini, 337
Robespierre, Maximilien de, 180
Ródano, rio, 252
Rodes, 98, 103
Roma (série televisiva), 19
Roma
  Adriano dá início à ofensiva de relações pú-
    blicas em, 225
  arco para Germânico construído em, 131
  celebrações de aniversário de Severo, 257
  cinzas de Agripina levadas para, 144
  cinzas de Germânico levadas para, 108
  cinzas de Trajano levadas para, 224
  Coluna de Trajano, 224, 227
  Constantino visita, 296
  construções, monumentos e locais:
    Ara Pacis, 93-5
    Arco de Tito, 192
    Arco degli Argentarii, 246, 262-3, 267
    Campo de Marte, 104, 228
    Capitólio, 262
    Casa Dourada (*Domus Aurea*), 193
    Castelo Sant'Angelo, 234
    Circo Máximo, 256
    Coliseum, 193, 202
    Coluna de Antonino Pio, 239
    Domus Flavia, 204
    fórum de Augusto, 100
    fundus Laurentus, 295-6, 304
    Jardins de Lúculo, 154
    Jardins de Mecenas, 103
    Jardins de Salústio, 193, 197
    Macellum Liviae, 97
    mausoléu de Augusto (mausoléu da famí-
      lia júlio-claudiana), 78, 80, 93, 102,
      105, 136, 144, 190, 271
    Monte Capitolino, 94, 193, 305
    Monte Célio, 168, 235, 295

Monte Esquilino, 98, 193
Museu Capitolino, 179, 294
corpos de Heliogábalo e Soêmia arrastados
   pelas ruas de, 274
corpos de Placídia e Teodósio encontrados
   em, 346
deixada de lado como sede política, 284
demonstrações durante reinado de Cláudio,
   163
Germânico celebra triunfo militar em, 125
imagem de Cleópatra carregada em procissão triunfante por, 62
incêndio durante reinado de Nero, 190
incêndio e praga durante o reinado de Tito,
   202
investidura de Valentiniano III em, 334
Jogos Seculares durante reinado de Severo,
   261
ligações de Helena com, 295, 304-5
Marco Aurélio lida com problemas em,
   240-1
mausoléu de Adriano, 234, 271
Maxêncio se estabelece em, 286
Monte Quirinal, 211, 273
Monumentum Liviae, 68, 112, 116, 135, 199
Museo del Palazzo dei Conservatori, 233
Museo Nazionale, 49, 56-7
Palácio Sessoriano, 296
Palatino, 32, 45, 65-6, 69, 71, 77, 85, 106,
   115-9, 127, 142, 172, 197, 199, 204,
   209, 219, 221, 235, 256, 286, 288, 323
Panteão, 225
Porta Pia, 195
Porta Salária, 322
Pórtico de Otávia, 78-9, 131
Porticus Liviae (Pórtico de Lívia), 97-8
procissão triunfal de Cláudio em, 149
procissão triunfal para celebrar vitória na
   Judeia, 192, 197
projetos de construção durante o reinado de
   Augusto, 78-9, 97-8
reações à morte de Germânico em, 128

restos mortais de Domna levados de volta
   para, 271
restos mortais de Severo levados de volta
   para, 265-6
San Giorgio in Velabro, 245
San Lorenzo in Miranda, 238
Santa Cruz em Jerusalém, 295-6, 303, 337
Santa Maria in Aracoeli, 305
Santa Petronilla, capela de, 345-6
Santos Marcelino e Pedro, 295, 304
santuários dedicados a Pudicitia Plebeia e
   Pudicitia Patricia, 97
São Paulo Extramuros, 343
São Pedro, 344
saqueada pelos godos, 234, 322
saqueada pelos vândalos, 347
segundo enterro do filho de Placídia, Teo-
   dósio em, 344
Septímio Severo aceito como imperador
   em, 252
Serena declarada culpada de entregá-la aos
   bárbaros, 323
Stavelot Triptych, 303
Subura, 98
Teatro de Marcelo, 82, 131, 133
templo de Bona Dea, 97, 115
templo de Fortuna Muliebris/Fortuna Feminina, 97, 262
templo de Júpiter, 296
templo de Marte, o Vingador, 100
Tibério retorna a, 103
Tor Pignattara, 304
Trajano chega a, 219-20
triunfo conjunto de Marco e Lúcio em, 241
Vespasiano ordena construções em, 193
Via Sacra, 254

Roma, deusa, 120
Rômulo Augusto, 347
Rômulo, 32
Rosa, Pietro, 66
Rossi, Girolamo, 335

roupas femininas, 30, 70, 90-1, 261, 315, 320

Rubélio Plauto, 172

Rufinianae, 338

Rupilia Faustina, 235

Saara, 104

Sabina (Víbia Sabina), 215-6, 222, 225, 228-34, 238, 257, 300

Sabinas, 37, 50, 127, 266

sacrosanctitas, 55

Sade, Marquês de, 150

Safo, 232

Saint Helens, 306

Salomé, Rainha da Judeia, 73, 110, 126-7, 138

Salona, 334

Salonia Matidia, 222-3, 225, 228-9

Salústia Orbiana, 276

Salústia, 276

Sálvio Oto *vide* Oto

Samaria, 186

Samos, 73-4

San Antonio Museum of Art, Texas, 207

San Giorgio in Velabro, Roma, 245

San Lorenzo in Miranda, Roma, 238

San Marco, Veneza, 285

Santa Cruz em Jerusalém, Roma, 295-6, 303, 337

Santa Maria in Aracoeli, Roma, 305

Santa Petronilla, capela de, Roma, 345-6

Santa Sofia, Constantinopla, 324

Santos Marcelino e Pedro, Roma, 295, 304

São João, Basílica de, Ravena, 335

São Lourenço, Igreja de, Constantinopla, 340

São Paulo Extramuros, Roma, 343

São Pedro, Roma, 344

Sardenha, 173, 195

Sardica, 284

Saturnálias, festival, 109

Saturnino, 341

Scipio, 101

Scudéry, Madeleine de, 259

Les femmes illustres, 107

Segerico, 329

Sejano (Lúcio Aélio Sejano), 132, 135, 140, 149, 185, 194, 257

Semprônia, 232

Semprônio Graco, 89, 101

Senado Feminino, 273

Senado, 42060, 94, 96, 98, 100, 105-6, 109-13, 115, 123-4, 129-33, 136, 140, 144, 147, 150, 154, 156-7, 159, 166, 168-9, 177, 191-2, 202, 210, 224-5, 235, 239, 252, 265-6, 272, 275, 284, 322-3

Senatus Consultum de Cn. Pisone patre, 130

Sêneca, 2, 45, 82-3, 93, 96, 101, 119, 131, 152, 161, 169, 171-2, 175, 178, 190, 260

Septício Claro, 230

Septímio Severo *vide* Severo (Septímio Severo)

Serena, 317, 319-23, 339, 346

Severo (Aulo Cecina Severo), 286-8

Severo (Septímio Severo)

busca estabelecer legitimidade da sua dinastia, 255

casa-se com Júlia Domna, 250

casa-se com Paccia Marciana, 249

como cônsul, 250

conhece Júlia Domna, 248-9

e modificações no cenário político, 248

e Plautiano, 262-3

início da carreira, 248-9

lida com ameaça dos partas, 256

morte, 265

na Britânia, 264

na Síria, 248-50

não pune Caracala, 265

nascimento dos filhos, 250

pintado no "tondo de Berlim", 253

primeiros anos do reinado, 255

referências rápidas, 245, 266, 293

reforma do palácio, 256

relacionamento matrimonial, 257

restaura leis de adultério, 262

tenta estabelecer ligações com Marco Aurélio, 254

torna-se imperador, 241-2, 246

viagem à África, 261
viagem ao Egito, 216, 257
Severo Alexandre *vide* Alexandre
Severo, 286-8
Sextília, 193
Sexto Pompeu, 38, 4247, 54
Sexto Tarquínio, 36, 38
Shakespeare, William: *Antônio e Cleópatra*, 40, 52, 62
Sicília, 38, 50, 54, 223, 250
Sídon, 340
Silana (Júnia Silana), 155, 172-3
Sílio (Caio Sílio), 155-6, 158, 172
Silvano (Pláucio Silvano), 127
Silvestre, papa, 299
Síria, 108, 127-8, 131, 143, 163, 185, 188-9, 192, 225, 231, 241-2, 247-9, 256-7, 268, 303-
Sirmium, 242, 284
Sócrates Escolástico, 304
Soêmia (Júlia Soêmia), 247, 271-72, 277
Sofia, 348
Sorano, 33-4
Sorrento, 298
Sozomeno, 326
Split, 289
Story, William Wetmore: *The Tragedy of Nero*, 181
Subura, 98
Suessa Aurunca, 228
Suetônio, 19, 43, 59, 66, 77, 119, 195, 200-1, 208, 217, 230
Suílio (Públio Suílio), 13152, 1540, 131
Sulpicia, 232
Syllaeus, 127

Tabula Siarensis, 129-31
Tácito, 19, 22, 39, 43, 107, 121, 126-30, 133, 135, 138-9, 141, 154, 156, 159, 170-1, 174, 180, 190192, 217
Tarento, 550-1, 53
Tarpeia, 323
Tarquínio (Sexto Tarquínio), 37-8

Tarquínio, o Soberbo, rei, 37
Tarso, 51, 53
Taylor, Elizabeth, 52
Teatro de Marcelo, Roma, 82, 131, 133
Tebas, 125, 215
Telésfore, 206
Teodora (esposa de Constâncio Cloro), 283-6, 294, 310
Teodora (esposa de Justiniano), 348
Teodósio (filho de Ataulfo e Gala Placídia), 328, 335, 344, 346
Teodósio I, 301, 311-4, 316-8, 322, 335
Teodósio II, 300, 324-6, 330-6, 338-43, 345
Terência, 30, 46-7
Terra Santa, 298, 300, 302, 306, 340, 342
Terracina, 108
Tertius, 117
Tesmópolis, 226
Tessalonica, 284, 316, 334, 339
Teutoburgo, Floresta, batalha de, 104
teutônicas tribos, 248
Theogisus, 305
Thermantia, 319, 321, 323, 346
Thompson, Edith, 20
Tibério Cláudio Nero, 27-31, 35, 38-9, 42-6, 73, 77, 95, 101, 196
Tibério Gemelo, 143
Tibério
   adota Germânico, 121
   animosidade e ciúme em relação a Germânico, 125-6
   antipatia entre Agripina, a Maior, e, 132, 134
   aponta Pisão como ajudante de ordens de Germânico, 127
   banquete em honra de sucessos militares de, 94
   características do seu reinado, 109, 138
   casa-se com Júlia e se divorcia de Vipsania, 93
   como candidato para sucessão, 77, 79
   conspiração contra, 140
   denuncia Agripina, 138

ÍNDICE REMISSIVO

e morte de Druso, 95
e morte de Germânico, 108-9, 128-30
e morte de Júlia, 103
e papel e proeminência de Lívia, 111-5, 130
e rumores sobre a morte de Marcelo, 81
e soltura de Plancina, 128
infância, 134-5, 38, 45-6, 69
morte, 144-5
nascimento, 32-3
proclamado novo imperador depois da morte de Augusto, 105
reação à morte de Lívia, 136
referências rápidas, 18, 20, 102, 119, 122, 141-2, 163, 168, 170, 185, 170, 185, 194, 209, 257, 266, 275
rejeita proposta de deificação de Lívia, 136
relacionamento com a mãe, Lívia, deteriora-se, 132, 134
retorna a Roma, 103
rompimento de relações matrimoniais, 95, 98-9
últimos anos, 144
vai para Rodes, 98-9
viaja com Augusto, 104
Tibre, rio, 36, 233, 241, 274, 289
Tibulo, 232
Ticino, 95
Tiepolo, Giovanni Battista, 52
tintas:
  para o cabelo, 205-6
  para roupas, 90-1
Tito, 20, 183-4, 187-90, 192, 195-7, 200-3, 208, 234
Tivoli, 233, 281
tondo de Berlim, 253, 267
Tor Pignattara, Roma, 304
Trácia, 117
Trajano, 22, 137, 179, 216-25, 228, 243, 248, 256
tratamentos de beleza, 92
Tréveris, 284, 287-8, 294, 297, 304, 310, 316, 340
  Catedral, 287-7, 305

tribos germânicas, 269, 277, 280
Túlia, 30, 46
Turner, William, 138
Turquia, 157, 223, 231
tutela, 55

Ulpia Marciana *vide* Marciana
Ummidia Quadratilla, 204
Universidade de Cambridge: Museu de Arqueologia Clássica, 17
Urgulânia (Pláucia Urgulânia), 127-8
Urso, 209
Vabalato, 281
Vale dos Reis, 232
Valente, 310-1, 321
Valentiniano I, 310-2, 325
Valentiniano II, 311-2, 315-7
Valentiniano III, 330-1, 334-7, 339, 341, 344-5, 347
Valéria, 283-5, 289
Valério Asiático *vide* Asiático
Vallia, 329
vândalos, 347
Vaticano, 1, 17, 157, 234, 304
  biblioteca, 236
  Museus, 152, 239
Vedius Pollio, 97
Veleia, 229
Veneza, 304
  San Marco, 285
Ventotene (antes Pandateria) *vide* Pandateria
Vênus Genetrix, 100
  templo de, 146
Vênus Victrix, 276
Vera Cruz, 196, 301-3, 305-6, 324
Vero, 235
Verona, 157
Veronese, Paolo: *Vision of St. Helena*, 303
Vespasiano
  e rebelião dos judeus, 189
  estampa sua marca em Roma, 193
  morte, 200

referências rápidas, 17, 20, 168, 184, 187, 197, 200, 209, 212, 218, 239, 282
reinado de, 192-6
relacionamento com Caenis, 194-6
toma o poder, 192
Vesta, 222, 238
Vesúvio, 84, 202
Vetúria, 37, 50, 64, 97
Via Ápia, 36, 68, 108, 143
Via Flamínia, 48
Via Latina, 211
Via Sacra, Roma, 254
Víbia Perpétua, 293
Víbia Sabina *vide* Sabina
Víbio Sabino, L., 229
Vicenza, 228
Viena: Kunsthistorisches Museum, 83-5
Vila Boscotrecase, 83-5
Vipsania Polla, 97-8
Vipsania, 93
Virgem Maria, 290, 332, 338
Virgens Vestais, 30, 55, 60, 88, 111, 133, 144, 148, 203, 290, 323
Virgílio, 71, 80, 114
   Eneida, 80, 164
Vistília, 88
Vitélia, 193
Vitélio (agente de Messalina), 154, 159

Vitélio (governador da Germânia), 191-3
Vitória, 315, 331, 335
Vitrúvio: *Da Arquitetura*, 79, 230
Vologases IV, rei da Pártia, 241
Voltaire, 183
Volúmnia, 37, 50, 64, 97

Washington, Martha, 24
Waugh, Evelyn: *Helena*, 279, 306
West Wing, The, 17
West, Benjamin: *Agrippina Landing at Brundisium With the Ashes of Germanicus*, 138
Wilde, Oscar, 307
Wilson, Edith, 24, 224
Wilson, Woodrow, 24, 224

Xenofonte, 166

yasiges, 242
York, 264 *vide também* Eboracum
Yourcenar, Marguerite: *Memórias de Adriano*, 215
Zeno, 342
Zenóbia, 281
Zósimo, 316-7, 323

Este livro foi composto na tipologia Adobe
Garamond Pro Regular, em corpo 11/15, e
impresso em papel off-white no Sistema Cameron
da Divisão Gráfica da Distribuidora Record.